História da psicologia moderna

Tradução da 11ª edição norte-americana

Dados Internacionais de Catalogação na Publicação (CIP)

S387h Schultz, Duane P.
História da psicologia moderna / Duane P. Schultz, Sydney Ellen Schultz ; tradução Priscilla Rodrigues Lopes ; revisão técnica Maria Fernanda Costa Waeny. — 4. ed. — São Paulo, SP : Cengage, 2023.
496 p. : il. ; 28 cm.

6. reimpr. da 4. ed. brasileira de 2020.
Inclui bibliografia, glossário e índice.
Tradução de: Modern psychology: a history (11. ed.).
ISBN 978-85-221-2795-5

1. Psicologia - História. I. Schultz, Sydney Ellen. II. Lopes, Priscilla Rodrigues. III. Waeny, Maria Fernanda Costa. IV. Título.

CDU 159.9(091)
CDD 150.9

Índice para catálogo sistemático:
1. Psicologia : História 159.9(091)

(Bibliotecária responsável: Sabrina Leal Araujo — CRB 8/10213)

História da psicologia moderna

Tradução da 11ª edição norte-americana

Duane P. Schultz

Sydney Ellen Schultz

Tradução parcial da atualização desta edição:
Priscilla Rodrigues da Silva e Lopes

Revisão técnica desta edição:
Maria Fernanda Costa Waeny
Doutora em Psicologia Social (História da Psicologia) pela PUCSP
Professora do Mestrado em Psicologia - Psicossomática da Universidade Ibirapuera

CENGAGE

Austrália • Brasil • México • Cingapura • Reino Unido • Estados Unidos

CENGAGE

História da Psicologia Moderna
Tradução da 11ª edição norte-americana
4ª edição brasileira
Duane P. Schultz e Sydney Ellen Schultz

Gerente editorial: Noelma Brocanelli

Editora de desenvolvimento: Salete Del Guerra

Supervisora de produção gráfica: Fabiana Alencar Albuquerque

Título original: Modern psychology: a history of modern psychology
11th edition

ISBN 13: 978-1-305-63004-8

ISBN 10: 1-305-63004-1

Tradução: Priscilla Rodrigues da Silva Lopes (tradução parcial da 11ª edição), Cintia Naomi Uemura (tradução parcial da atualização da 10ª edição), Marilia de Moura Zanella (tradução parcial da atualização da 9ª edição) e Suely Sonoe Murai Cuccio

Revisão técnica da 11ª edição: Maria Fernanda Costa Waeny

Revisão técnica da atualização da 10ª edição: Maria Fernanda Costa Waeny

Revisão técnica da 9ª edição: Maria Fernanda Costa Waeny, Rita de Cássia Vieira e Roberta Gurgel Azzi

Copidesque: Carlos Villarruel, Sandra Scapin

Revisão: Solange Aparecida Visconte, Olívia Zambone, Luicy Caetano de Oliveira e Joana Figueiredo

Diagramação: Crayon Editorial

Design de capa: Buono Disegno/Renata Buono

Imagens da capa: Shutterstock

ISBN-13: 978-85-221-2795-5
ISBN-10: 85-221-2795-6

Cengage Learning
Condomínio E-Business Park
Rua Werner Siemens, 111 – Prédio 11 – Torre A – Conjunto 12
Lapa de Baixo – CEP 05069-900 – São Paulo – SP
Tel.: (11) 3665-9900 Fax: 3665-9901
SAC: 0800 11 19 39

Para suas soluções de curso e aprendizado, visite
www.cengage.com.br

Impresso no Brasil
Printed in Brazil
6. reimpressão – 2023

Sumário

Capítulo 5

ESTRUTURALISMO

Capítulo 6

FUNCIONALISMO: AS INFLUÊNCIAS ANTERIORES

Capítulo 7

FUNDAÇÃO E DESENVOLVIMENTO DO FUNCIONALISMO

Capítulo 8

PSICOLOGIA APLICADA: O LEGADO DO FUNCIONALISMO

Capítulo 9

BEHAVIORISMO: AS INFLUÊNCIAS ANTERIORES

Capítulo 10

O INÍCIO DO BEHAVIORISMO

Capítulo 11

BEHAVIORISMO: PERÍODO PÓS- FUNDAÇÃO

Capítulo 12

A PSICOLOGIA DA GESTALT

Capítulo 13

O INÍCIO DA PSICANÁLISE

Capítulo 14

PSICANÁLISE: PERÍODO PÓS- FUNDAÇÃO

Capítulo 15

O DESENVOLVIMENTO CONTEMPORÂNEO

Capítulo 16

APONTAMENTOS PARA A PESQUISA EM HISTÓRIA DA PSICOLOGIA NO BRASIL

Prefácio

O tema central deste livro é a história da psicologia moderna, mais especificamente o período que se inicia no fim do século XIX, quando a psicologia se torna uma disciplina separada e independente. Além de recapitular, resumidamente, pensamentos filosóficos anteriores, nos concentramos nas questões relacionadas diretamente com o estabelecimento da psicologia como um novo e distinto campo de estudo. O que apresentamos nesta obra é a história da psicologia moderna, e não de todos os trabalhos filosóficos que a antecederam.

Contamos a história da psicologia com base em pessoas, ideias e escolas de pensamento, assim como com o espírito da época que influenciou seu desenvolvimento. Desde o início formal da psicologia, no ano de 1879, seus métodos e objetos de estudo mudavam à medida que cada ideia nova atraía adeptos, passando a dominar a área durante um período. Assim, o nosso interesse concentra-se na sequência evolutiva das abordagens que definiram a psicologia ao longo dos anos.

Cada escola de pensamento é discutida como um movimento inserido em um contexto histórico e social. As forças contextuais compreendem o espírito intelectual de cada época (o *Zeitgeist*), além dos fatores sociais, políticos, econômicos, como os efeitos das guerras, do preconceito e da discriminação.

Embora os capítulos estejam organizados tendo como base as escolas de pensamentos, reconhecemos que esses sistemas são frutos dos trabalhos individuais de intelectuais, pesquisadores, organizadores e promotores das ideias. São seres humanos, e não forças abstratas, que escrevem os artigos, realizam as pesquisas, apresentam os trabalhos, divulgam as ideias e transmitem o conhecimento às gerações posteriores de psicólogos. Abordaremos as contribuições de homens e mulheres como figuras centrais, observando que seus trabalhos, muitas vezes, foram influenciados não apenas pelo contexto da época em que surgiram, mas também por suas experiências pessoais.

Descrevemos cada escola de pensamento com base na relação com as ideias e descobertas científicas anteriores e posteriores. Cada escola evoluiu ou divergiu da ordem predominante e, por sua vez, inspirou pontos de vista que a desafiaram, que se opuseram a ela e, por fim, acabaram por substituí-la. O enfoque histórico permite-nos traçar o padrão e a continuidade da evolução da psicologia moderna. Aqui estão alguns exemplos dos novos conteúdos.

Novidades desta edição

Ao longo dos textos, há menções relacionadas a novas ideias, como:

- Voando – como as aves evoluem para evitar os carros
- Está tudo em nossa cabeça? – o papel crescente da ciência cerebral na psicologia
- Por que o FBI invadiu a casa de James McKeen Cattell?
- As últimas novidades da psicologia positiva – movimento de florescimento de Seligman
- Apresentações em salas de aula multimídia na psicologia – cem anos atrás

- O retorno da personalidade anal de Freud
- Eles só saem à noite – o papel da psicologia no treinamento de "morcegos-bomba" na Segunda Guerra Mundial
- O uso da Coca-Cola como um popular tônico para os nervos em neuróticos
- A pesquisa "surpreendente" de Alessandro Volta
- Ada Lovelace: a virgem "noiva da ciência"
- O pequeno Albert finalmente encontrado? – a busca pelo bebê mais famoso da psicologia
- Mais sobre Freud: a promoção da cocaína, sua vida pessoal e a fuga dos nazistas
- Os computadores estão interpretando sonhos. Será mesmo?
- Por que John B. Watson foi assombrado pela depressão e por pensamentos suicidas?
- O que você pensa pode afetar o cérebro de outra pessoa?
- Onde você vive tem importância? – felicidade entre culturas
- Por que, na Inglaterra, Alan Turing foi preso por atentado ao pudor em 1952 e perdoado pela Rainha em 2013?
- As 1.500 cartas de amor de Freud – finalmente publicadas
- Reflexos patelares e o peixe dourado – o que eles significam para a psicologia?
- Como a mídia abordou a nova psicologia dos Estados Unidos cem anos atrás
- Diferenças étnicas na forma como os estudantes interpretam seus cursos de psicologia
- Turismo no hospício – os manicômios construídos no século XIX agora atraem turistas
- O abraço entusiasmado da psicologia pelo público norte-americano nos anos 1920
- A neurociência contemporânea é uma nova forma de frenologia?
- A relação entre as figuras mecânicas do século XVII e os robôs de hoje em dia
- O papel do significado e do propósito na felicidade
- O grande impacto da Segunda Guerra Mundial no crescimento da psicologia norte-americana

À medida que preparávamos a 11ª edição deste livro, muitos anos depois de ter escrito a primeira, nos surpreendemos mais uma vez com a natureza dinâmica da história da psicologia. Essa história não é estática nem está acabada, mas está em contínuo processo de desenvolvimento. Uma quantidade enorme de material acadêmico vem sendo continuamente produzido, traduzido e reavaliado. Informações de aproximadamente 180 fontes foram adicionadas, sendo algumas delas publicações recentes, que datam de 2014; o conteúdo da edição anterior também foi revisado.

Incluímos informações sobre *sites* que fornecem material adicional sobre pessoas, teorias, movimentos e pesquisas discutidos neste livro. Exploramos centenas de *sites* e escolhemos os mais informativos, confiáveis e atualizados na data da publicação. As seções **Texto Original** apresentam trabalhos originais de pessoas-chave na história da psicologia, mostrando o estilo pessoal e distintivo de cada teórico e o estilo utilizado à época, em uma perspectiva incomparável acerca das metodologias na psicologia e de seus problemas e objetivos. Esses tópicos foram reavaliados e editados para maior clareza e compreensão.

No início de cada capítulo há uma "abertura provocativa", uma breve narrativa desenvolvida a partir de uma pessoa ou de um evento, com o objetivo de introduzir o tema principal do capítulo. Essas seções definem prontamente o assunto e transmitem ao aluno a ideia de que a história é sobre uma pessoa verdadeira e a respeito de situações reais. Esses tópicos incluem, entre outros:

- O pato mecânico que comeu, digeriu e evacuou em uma bandeja de prata. Com toda a violência, em Paris de 1739, o pato se tornaria uma metáfora para um novo conceito de que o funcionamento do corpo humano é semelhante ao de uma máquina.
- O palhaço no *campus* e a percepção.
- A fascinação de Charles Darwin por Jenny, o Orangotango, com vestido de babados e tomando chá em uma xícara.
- Por que Wilhelm Wundt não conseguia entender a ideia de se realizar tarefas múltiplas e o que isso significou para a nova psicologia.
- O cavalo mais famoso da história da psicologia.
- A apreensão da droga cafeína no Tennessee, em 1909, substância considerada mortal, e o psicólogo que provou que o governo estava errado.
- Por que John B. Watson segurou o martelo, enquanto sua bonita e jovem assistente no curso de pós-graduação segurou o bebê.
- O Zoológico do QI: Priscilla, o Porco Meticuloso, e a Ave Inteligente que venceram B. F. Skinner em um jogo da velha.
- O que Wolfgang Köhler estava de fato fazendo na ilha mais famosa na história da psicologia.
- O sonho de infância de Sigmund Freud sobre sua mãe e o que isso realmente significava.

Novas fotos, tabelas e figuras foram selecionadas para esta edição. Os capítulos contêm resumos, questões para discussão e sugestões de leitura detalhadas. Termos importantes estão em negrito no texto e são definidos nos glossários da margem e do final do livro.

Para a edição brasileira foi incluído o Capítulo 16 que traz um pouco sobre a pesquisa da psicologia no Brasil, escrito pela professora Maria Fernanda Costa Waeny.

Material de apoio on-line

Estão disponíveis no site da Cengage (www.cengage.com.br), na página do livro, os seguintes materiais:

- Slides em Power Point para os **professores**.
- Testes com respostas para **alunos e professores**.

Agradecimentos

Somos gratos aos muitos instrutores e alunos que nos contataram ao longo dos anos, oferecendo sugestões valiosas. Temos o prazer de reconhecer a contribuição de David Baker, diretor dos Archives of the History of American Psychology (Arquivos da História da Psicologia Americana) da Universidade de Akron, e sua equipe, que forneceram atencioso e precioso auxílio com as fotografias.

Capítulo 1

O estudo da história da psicologia

Você viu o palhaço? E o gorila?

Suponha que você esteja atravessando o campus e seja abordado por uma pessoa vestida de palhaço. Ela está vestindo uma roupa brilhante amarela e roxa, com mangas largas decoradas com bolinhas, sapatos vermelhos, maquiagem exagerada nos olhos, peruca branca, nariz vermelho grande e sapatos azuis desengonçados – e está conduzindo um monociclo. Nós não conhecemos o seu campus, mas raramente vemos palhaços andando pelo nosso. Se os víssemos, provavelmente os notaríamos. Você não os notaria? Como você não perceberia a presença de algo tão óbvio e estranho como um palhaço?

Isso foi o que Ira Hyman, um psicólogo na Western Washington University, em Bellingham, Washington, queria descobrir. Ele pediu a um estudante que se vestisse como um palhaço e passeasse pelo pátio principal do campus onde centenas de pessoas estavam indo e vindo das aulas (Hyman, Boss, Wise, McKenzie e Caggiano, 2009; Parker-Pope, 2009).

Quando os pesquisadores perguntavam aos estudantes se eles tinham visto algo estranho, tal como um palhaço, apenas metade dos alunos que estavam andando sozinhos, responderam que tinham visto. Mais de 70% daqueles que estavam andando com outras pessoas viram o palhaço, mas somente 25% daqueles que estavam falando em seus telefones celulares tomaram ciência do palhaço. Você deve estar pensando que isso deve ter sido decepcionante para um palhaço que tentava chamar a atenção, mas qual é a relação disso com a história da psicologia? É uma boa pergunta; antes de respondê-la, porém, vamos observar um gorila – ou, pelo menos, alguém vestido como um.

Essa pesquisa se tornou um dos estudos mais famosos da psicologia do século XXI. Um grupo de estudantes foi convidado a assistir a um breve vídeo que mostrava duas equipes formadas por três pessoas cada, as quais se moviam rapidamente enquanto passavam uma bola de basquete umas para as outras. Uma equipe vestia camisetas pretas e a outra, camisetas brancas. O trabalho dos alunos era contar o número de vezes que a equipe vestida de branco passava a bola (veja o vídeo em www.theinvisiblegorilla.com/videos.html). Simplesmente uma questão de contar, certo? Tudo o que tinham de fazer era prestar atenção.

Perto da metade desse vídeo de menos de um minuto, uma mulher vestida dos pés à cabeça com uma fantasia de gorila entrava no meio do grupo, batia no peito e ia embora. Enquanto isso, os jogadores continuavam passando a bola, como se nada tivesse acontecido.

Quando o vídeo terminou, perguntaram aos indivíduos se tinham visto algo incomum enquanto estavam contando, e metade deles respondeu que não. Eles não tinham visto o gorila! Esse fenômeno recebeu o nome de "cegueira por desatenção" e foi demonstrado inúmeras vezes em vários países ao redor do mundo, com diversos grupos de sujeitos.

Por exemplo, 83% de um grupo de radiologistas não viu a foto de um gorila que foi inserida nas imagens de Tomografia Computadorizada que estavam examinando (Drew, Vo e Wolfe, 2013). Indivíduos mais velhos eram menos propensos a ver o gorila que os mais jovens, e indivíduos brancos eram menos propensos a ver um afro-americano entrar na quadra de basquete do que uma pessoa branca (Graham e Burke, 2011; Brown-Iannuzzi, Hoffman, Payne e Trawalter, 2013).

Então, o que as pesquisas do palhaço e do gorila têm a ver com a história da psicologia? Os estudos demonstram com clareza que temos dificuldade para focar mentalmente em mais de uma coisa ao mesmo tempo; isso, porém, não é uma descoberta recente. Resultados similares foram demonstrados há mais de 150 anos, em 1861, por um psicólogo alemão, ao qual costuma ser creditado o início da psicologia da forma como conhecemos hoje.

Esse experimento de há muito tempo (descrito no Capítulo 4) também nos mostra que o estudo do passado é relevante para o presente, mas mostra, primeiramente, que precisamos nos inteirar sobre o que foi feito no passado. A história tem muito a nos ensinar sobre o mundo atual, e os primeiros passos na área da psicologia nos auxiliam a compreender a natureza da psicologia no século XXI. Esta é uma das respostas para a pergunta que você pode estar se fazendo, ou seja: "Por que eu estou fazendo este curso?"

Por que estudar a história da psicologia?

Acabamos de apontar um motivo para você estudar a história da psicologia. Outro motivo é o fato de este curso estar sendo oferecido na sua faculdade o que indica que a instituição de ensino acredita na importância de se aprender sobre a história dessa disciplina. Cursos de história da psicologia têm sido ministrados desde 1911, e em muitas universidades a disciplina consta na grade curricular principal.

Uma pesquisa de 374 universidades nos Estados Unidos, realizada em 2005, descobriu que 83% delas ofereciam cursos em história da psicologia (Stoloff et al., 2010). Outra pesquisa de 311 departamentos de psicologia constatou que 93% ofereciam tais cursos (Chamberlin, 2010). De todas as ciências, a psicologia é única deste ponto de vista. A maioria dos departamentos de ciências não oferece estudos em história de suas áreas, nem as faculdades consideram que história seja vital para o desenvolvimento dos alunos.

Ao determinar como o interesse acadêmico na história desta área o ajudará a entender a psicologia atual, considere o que já conhece de outros cursos de psicologia, ou seja, que não há uma única forma, abordagem ou definição de psicologia com a qual todos os psicólogos concordem. Você aprendeu que existe uma diversidade enorme, e até mesmo divisão e fragmentação, na formação profissional e científica, bem como nos temas.

Alguns psicólogos dedicam-se às funções cognitivas, enquanto outros lidam com as forças inconscientes; e há, ainda, os que trabalham somente com o comportamento observável ou os processos fisiológicos e bioquímicos. A psicologia moderna compreende várias áreas de estudo que pouco parecem ter em comum, exceto o grande interesse na natureza e no comportamento humanos, e uma abordagem que tenta, de algum modo, ser científica.

A única linha de trabalho que une essas diversas áreas e abordagens e lhes dá um contexto coerente é sua história, ou seja, a evolução da psicologia ao longo do tempo como uma disciplina independente. Somente a exploração das origens da psicologia e o estudo do seu desenvolvimento é que proporcionam uma visão clara da natureza da psicologia atual. O conhecimento histórico organiza a desordem e estabelece um significado ao que parece ser um caos, colocando o passado em perspectiva para explicar o presente. O ato de investigar pessoas, eventos e experiências do passado ajuda a esclarecer as forças que fizeram da psicologia o que ela é hoje.

Este livro mostra que estudar a história da psicologia é a maneira mais sistemática de integrar as áreas e questões da psicologia moderna. O curso lhe permitirá reconhecer as relações entre ideias, teorias e esforços de pesquisa, bem como o ajudará a entender de que maneira as peças do quebra-cabeças da psicologia se unem para formar uma imagem coerente.

Acrescentamos, ainda, que a história da psicologia por si só é fascinante, pois envolve drama, tragédia, heroísmo e revolução, além de um pouco de sexo, drogas e comportamentos realmente extravagantes. Apesar do início hesitante, dos erros e dos conceitos equivocados, no geral há uma nítida e contínua evolução na formação da psicologia contemporânea que nos permite explicar sua riqueza.

O desenvolvimento da psicologia moderna

Aqui vai outra pergunta: por onde começamos nosso estudo da história da psicologia? A resposta depende de como definimos *psicologia*. As origens da área que chamamos psicologia podem ser determinadas em dois períodos distintos, com cerca de 2 mil anos de distância um do outro. Portanto, a psicologia é tanto uma das disciplinas mais antigas quanto uma das mais novas.

Podemos, inicialmente, traçar ideias e fazer especulações a respeito da natureza e do comportamento humano já no século V a.C., quando Platão, Aristóteles e outros filósofos gregos discutiam muitas questões comuns aos psicólogos de hoje. Entre essas ideias estão alguns dos tópicos básicos abordados nos cursos de psicologia: memória, aprendizagem, motivação, pensamento, percepção e comportamento anormal. Parece haver pouca discordância entre os historiadores da psicologia que "os pontos de vista de nossos antepassados ao longo dos últimos 2.500 anos estabeleceram a estrutura na qual praticamente todo o trabalho subsequente tem sido feito" (Mandler, 2007, p. 17). Desse modo, um início possível para o estudo da história da psicologia poderia nos levar aos antigos textos filosóficos sobre problemas que, mais tarde, foram incluídos na disciplina formalmente conhecida como psicologia.

Em contraposição, podemos optar por considerar a psicologia como uma das áreas mais novas de estudo e começar nossa cobertura há aproximadamente 200 anos, quando a psicologia moderna surgiu da filosofia e de outras abordagens científicas emergentes para proclamar sua própria identidade como uma área formal de estudo.

Como podemos distinguir entre a psicologia moderna, abordada neste livro, e as suas raízes, ou seja, os séculos que antecederam seus precursores intelectuais? A distinção não se relaciona tanto com os tipos de perguntas sobre a natureza humana, mas com os métodos para responder tais perguntas. São a abordagem e as técnicas empregadas que distinguem a antiga filosofia da psicologia moderna e marcam o surgimento da psicologia como uma área de estudo própria, fundamentalmente científica.

Até o último quarto do século XIX, os filósofos estudavam a natureza humana especulando, intuindo e generalizando com base em suas próprias experiências. Entretanto, uma transformação importante ocorreu quando os filósofos começaram a aplicar as ferramentas e os métodos já utilizados com sucesso nas ciências biológicas e físicas para explorar questões relacionadas à natureza humana. Somente quando os pesquisadores passaram a confiar na observação e na experimentação cuidadosamente controladas para estudar a mente humana é que a psicologia começou a adquirir uma identidade distinta das suas raízes filosóficas.

A nova disciplina da psicologia precisava de métodos precisos e objetivos para lidar com o assunto. A maior parte da história da psicologia, depois de sua separação das raízes filosóficas, é a do desenvolvimento contínuo de ferramentas, técnicas e métodos para atingir precisão e objetividade crescentes, refinando não só as perguntas que os psicólogos faziam, mas também as respostas que obtinham.

Se procurarmos entender as questões complexas que definem e dividem a psicologia atual, o ponto de partida mais adequado seria o século XIX, período em que a psicologia se tornou uma disciplina independente, com métodos de pesquisa distintos e fundamentação teórica. Embora seja verdade, como já observamos, que os filósofos como Platão e Aristóteles se preocupavam com problemas que ainda hoje são de interesse geral, eles abordavam esses problemas de modo muito diferente do que o utilizado pelos psicólogos atualmente. Aqueles estudiosos não eram *psicólogos* no mesmo sentido utilizado hoje em dia.

Um grande estudioso da história da psicologia, Kurt Danziger, faz referência às abordagens filosóficas antigas para questões da natureza humana como a "pré-história" da psicologia moderna. Ele acredita que a "história da psicologia se limita ao período em que ela, reconhecidamente, surge como disciplina, e que é extremamente problemático falar em uma história da psicologia antes disso" (Danziger apud Brock, 2006, p. 12).

A ideia de que os métodos das ciências físicas e biológicas podiam ser aplicados ao estudo dos fenômenos mentais originou-se tanto do pensamento filosófico quanto das pesquisas fisiológicas realizadas entre os séculos XVII e XIX. Essa época apaixonante forma o pano de fundo de onde surgiu a psicologia moderna, e é por ela que começaremos. Veremos que, enquanto os filósofos do século XIX abriam caminho para uma investida experimental ao funcionamento da mente, os fisiologistas, independentemente, abordavam alguns dos mesmos problemas sob um ponto de vista diferente.

Os fisiólogos do século XIX fizeram grandes progressos para a compreensão dos mecanismos corporais subjacentes aos processos mentais. Seus métodos de estudo diferiam daqueles usados pelos filósofos, mas a possível união dessas disciplinas tão discrepantes – filosofia e fisiologia – formou uma nova área de estudo que rapidamente ganhou sua própria identidade e *status*. A nova área cresceu rapidamente, tornando-se uma das disciplinas mais populares entre estudantes universitários atualmente.

Embora a maioria dos psicólogos concorde que a psicologia é uma ciência, pesquisas realizadas com a população geral indicam que até 70% do público continua cético em relação ao *status* científico da área (Lilienfeld, 2012). Esperamos que, no final deste curso, você veja que grande parte do campo da psicologia atual continua a avançar graças ao uso de uma metodologia científica cada vez mais rigorosa.

Dados históricos: reconstruindo o passado da psicologia

Historiografia: como estudamos história

Neste livro, *História da psicologia moderna*, tratamos de duas disciplinas – a história e a psicologia –, usando os métodos da história para descrever e compreender o desenvolvimento da psicologia. Como a análise da evo-

Historiografia: princípios, métodos e questões filosóficas da pesquisa histórica.

lução da psicologia depende dos métodos da história, apresentamos uma rápida introdução sobre a definição de **historiografia**, que se refere às técnicas e aos princípios empregados na pesquisa histórica.

Os historiadores enfrentam vários problemas que não ocorrem com os psicólogos. Os dados históricos, isto é, os materiais usados pelos historiadores para reconstituir vidas, fatos e épocas, diferem claramente dos dados científicos. O aspecto mais distintivo é o modo como são coletados. Por exemplo, se psicólogos querem investigar as circunstâncias que levam uma pessoa a ajudar outras que estejam em situação difícil ou se a criança imita o comportamento agressivo exibido na televisão ou em videogames, criarão situações ou estabelecerão condições nas quais estes dados possam ser gerados.

Os psicólogos podem conduzir uma experiência em laboratório, observar o comportamento do mundo real sob condições controladas, fazer uma pesquisa ou calcular a correlação estatística entre duas variáveis. Usando tais métodos, esses cientistas obtêm uma medida de controle sobre as situações ou eventos que escolheram estudar, os quais, por sua vez, podem ser reconstruídos ou replicados por outros cientistas em épocas e lugares diferentes. Assim, é possível verificar os dados posteriormente, estabelecendo condições similares àquelas do estudo original e repetindo as observações.

Ao contrário, dados históricos não podem ser reconstruídos ou replicados. Uma situação ocorrida em algum momento do passado, às vezes há séculos, talvez não tenha recebido o cuidado devido dos historiadores em registrar as particularidades do evento na época ou em registrar os detalhes com exatidão.

Hoje, os pesquisadores não podem controlar ou reconstruir os eventos do passado para examiná-los à luz do conhecimento atual. Sem o registro de um incidente histórico, como o historiador deve lidar com ele? Quais dados pode utilizar? E como saber com certeza o que ocorreu?

Embora não possam repetir a situação para gerar os dados corretos, os historiadores ainda têm informações significativas para análise. Os dados sobre os acontecimentos do passado estão disponíveis na forma de fragmentos, descrições anotadas por participantes ou testemunhas, cartas e diários, fotografias e peças de equipamentos de laboratório, entrevistas e outras descrições oficiais. É com base nessas fontes, nesses fragmentos, que os historiadores tentam recriar os eventos e as experiências do passado.

Essa forma de trabalho é semelhante à empregada pelos arqueólogos que analisam fragmentos de civilizações passadas, tais como pontas de flechas, pedaços de potes de argila ou fragmentos de ossadas humanas, para tentar descrever as características dessas civilizações. Algumas escavações arqueológicas produzem fragmentos de informações mais detalhadas que outras, permitindo uma reconstrução mais precisa. Do mesmo modo, as escavações da história podem produzir fragmentos de dados extremamente substanciais, a ponto de deixar poucas dúvidas em relação à precisão do registro. No entanto, há outras circunstâncias em que os dados podem ser perdidos, distorcidos ou, de alguma forma, comprometidos.

História on-line[1]

www.uakron.edu/ahaop

Os Archives of the History of American Psychology [Arquivos da História da Psicologia Americana] contêm uma coleção maravilhosa de documentos e obras, incluindo trabalhos profissionais de renomados psicólogos, equipamentos de laboratório, pôsteres, *slides* e filmes.

1 Como os endereços da internet podem sofrer alterações, a editora não se responsabiliza por quaisquer problemas nas conexões dos sites publicados. (N.E.)

www.apa.org/action/index.aspx

Este link de arquivos históricos da APA (American Psychological Association) permite localizar os materiais mais relevantes, mantidos pela Biblioteca do Congresso em Washington, DC, assim como histórias orais, fotos, biografias e obituários.

psychclassics.yorku.ca/[site associado: psychclassics.asu.edu/]

Este fantástico site é mantido pelo psicólogo Christopher Green na York University, em Toronto, Canadá. Inclui o conteúdo completo de livros, capítulos de livros e artigos de importância na história da psicologia. Use a ferramenta de busca Google e localize *York University History and Theory of Psychology Question & Answer Forum* para postar questões sobre história da psicologia, responder a questões que outras pessoas enviaram, ou navegue pelo site para descobrir o que as pessoas estão dizendo. Green oferece um blogue e um *podcast* semanal, *Esta semana na História da Psicologia* (em inglês, *This Week in the History of Psychology*), em yorku.ca/christo/podcasts.

historyofpsychology.org/

O site da Society for the History of Psychology (Divisão 26 da American Psychology Association) oferece recursos aos estudantes, livros on-line, periódicos e loja que vende pôsteres, camisetas, canecas para café, bonés de beisebol e outros artigos com estampas de renomados profissionais, homens e mulheres do passado da psicologia. Ver também a página no Facebook: www.facebook.com/pages/Society-for-the-History-of-Psychology/86715677509?ref=mf.

O canal da APA no YouTube apresenta uma variedade de vídeos curtos voltados para estudantes e para o público geral, incluindo resumos rápidos de programas de pesquisa, dicas de saúde mental, temas como "escolhendo um psicólogo" e "reconhecendo os sintomas da depressão" e animados e bem humorados vídeos sobre psicoterapia **(www.youtube.com/use/TheAPAvideo)**.

História perdida e encontrada

Em alguns casos, o registro histórico é incompleto porque os dados foram perdidos, algumas vezes deliberadamente. Considere o caso de John B. Watson (Capítulo 10), o fundador do behaviorismo. Antes de morrer, em 1958, aos 80 anos, ele queimou sistematicamente suas cartas, manuscritos e notas de pesquisa, destruindo todo o registro não publicado de sua vida e carreira. Logo, esses dados estão para sempre perdidos para a história.

Alguns dados foram extraviados. Em 2006, mais de 500 páginas manuscritas foram descobertas nos armários de uma casa na Inglaterra. Tratava-se de atas de reuniões da Royal Society dos anos de 1661 a 1682, registradas por Robert Hooke, um dos cientistas mais brilhantes dessa época. Esses documentos logo revelaram o trabalho feito com um novo instrumento científico, o microscópio, e detalhou a descoberta da bactéria e do espermatozoide. Também foi encontrada a correspondência mantida entre Hooke e Isaac Newton a respeito da gravidade e do movimento dos planetas (ver Gelder, 2006; Sample, 2006).

Em 1984, os trabalhos de Hermann Ebbinghaus, que se destacou no estudo da aprendizagem e da memória, foram encontrados cerca de 75 anos após a sua morte. Em 1983, foram descobertas dez caixas enormes contendo diários manuscritos de Gustav Fechner (Capítulo 3), que desenvolveu a psicofísica. Esses diários registravam o período de 1828 a 1879, época significativa dos primórdios da história da psicologia, ainda que, por mais de cem anos, psicólogos desconhecessem sua existência. Muitos autores escreveram livros sobre os trabalhos de Ebbinghaus e Fechner sem ter acesso a essas importantes coleções de documentos pessoais.

Examinemos o caso de Charles Darwin (Capítulo 6), que foi tema de mais de duzentas biografias. Certamente, podemos afirmar que o registro escrito da sua vida e do seu trabalho hoje está completo e bem apurado. Mas, recentemente, em 1990, mais de cem anos depois da sua morte, muito material novo foi colocado à disposição, até os cadernos e as cartas pessoais que não estavam acessíveis para a análise dos biógrafos anteriores. Descobrir esses novos fragmentos de história significa que mais peças do quebra-cabeça podem se encaixar.

Em raras e insólitas circunstâncias, os dados históricos podem ter sido roubados e não recuperados, senão, após muitos anos. Em 1641, um matemático italiano roubou mais de 70 cartas do filósofo francês René Descartes (Capítulo 2). Uma dessas cartas foi descoberta em 2010, em uma coleção abrigada em uma universidade nos Estados Unidos, e posteriormente devolvida à França (Smith, 2010).

História alterada e oculta

Outras informações podem ter sido deliberadamente ocultadas ou alteradas a fim de proteger a reputação das pessoas envolvidas. Ernest Jones, o primeiro biógrafo de Sigmund Freud, minimizou propositalmente a menção sobre o uso que Freud fazia da cocaína, comentando em uma carta: "Acho que Freud usava mais cocaína do que deveria, no entanto, não menciono esse fato [na minha biografia]" (Isbister, 1985, p. 35). Veremos mais tarde, quando discutirmos Freud (no Capítulo 13), que informações descobertas mais recentemente confirmam o uso de cocaína por mais tempo do que Jones estava disposto a admitir em seu livro.

Quando a correspondência do psicanalista Carl Jung foi publicada, as cartas foram selecionadas e editadas de forma que apresentassem uma impressão positiva de Jung e do seu trabalho. Além disso, descobriu-se que a chamada autobiografia de Jung não foi escrita por ele, mas por um leal assistente. As palavras de Jung foram "alteradas ou excluídas para a sua imagem ficar de acordo com a desejada por seus familiares e discípulos [...] Obviamente, o material desabonador foi omitido" (Noll, 1997, p. xiii).

Em um exemplo semelhante, um estudioso que catalogou os escritos de Wolfgang Köhler (Capítulo 12), o fundador da escola de pensamento conhecida como psicologia da Gestalt, talvez tenha sido um admirador devoto demais. Quando ele revisou o material selecionado para publicação, omitiu determinadas informações com o objetivo de melhorar a imagem de Köhler. Os trabalhos haviam sido "cuidadosamente selecionados para apresentar um perfil favorável de Köhler". Posteriormente, um historiador, ao rever os trabalhos, confirmou o problema básico com os dados da história, "a saber, a dificuldade para se determinar se os trabalhos são uma verdadeira ou falsa representação de uma pessoa, favorável ou desfavorável, influencia quem selecionou os trabalhos que seriam publicados" (Ley, 1990, p. 197).

Os dados da história também podem ser afetados pelas ações dos participantes ao recontar eventos importantes. As pessoas podem, consciente ou inconscientemente, produzir relatos distorcidos para se proteger ou melhorar sua imagem pública. Por exemplo, Freud gostava de se descrever como um mártir da causa psicanalítica, um visionário que foi desprezado, rejeitado e difamado pela comunidade médica e psiquiátrica da época. O primeiro biógrafo de Freud, Ernest Jones, reforçou essas queixas em seus livros (Jones, 1953, 1955, 1957).

Dados descobertos posteriormente revelam uma situação totalmente diferente. O trabalho de Freud não foi ignorado durante sua vida. Quando ele estava na meia-idade, suas ideias exerciam uma grande influência sobre a geração mais nova de intelectuais. Sua prática clínica estava em expansão e ele podia ser descrito como uma celebridade. O próprio Freud obscureceu o registro. A falsa impressão que ele promoveu foi perpetuada por vários biógrafos e, durante décadas, nossa compreensão da influência de Freud durante sua vida foi incorreta.

Esses exemplos ilustram as dificuldades enfrentadas pelos pesquisadores para avaliar o valor do material histórico. Será que os documentos ou outros fragmentos de informação são realmente representações precisas da vida e do trabalho da pessoa ou foram escolhidos apenas para causar certa impressão, seja positiva, negativa ou neutra? Um biógrafo contemporâneo colocou o problema da seguinte forma: "Quanto mais estudo o caráter humano, mais me convenço de que todos os registros, todas as lembranças são em maior ou menor grau baseadas em ilusões. Quer queira, quer não, a visão é distorcida pela parcialidade, pela vaidade, pelo sentimentalismo ou simplesmente pela imprecisão, assim, não existe verdade absoluta" (Morris apud Adelman, 1996, p. 28).

Freud aborda a questão de forma ainda mais direta: "Qualquer um que escreve uma biografia compromete--se com mentiras, supressões, hipocrisia, adulação e até mesmo com ocultar sua própria falta de compreensão, já que a verdade biográfica não existe" (citado em Cohen, 2012, p. 7).

Oferecemos mais um exemplo de fragmentos de informações omitidos. O pai da psicanálise, Sigmund Freud, morreu em 1939, e, passados 70 anos de sua morte, vários de seus documentos e cartas foram publicados ou divulgados aos pesquisadores. Em 2011, o primeiro volume das 1.500 cartas de Freud à mulher com quem iria se casar foi finalmente publicado – as cartas foram mantidas em segredo durante todos esses anos (Bollack, 2011). Uma grande quantidade de documentos, 153 caixas com papéis de Freud, é mantida pela Biblioteca do Congresso, em Washington, e alguns desses documentos permaneceram indisponíveis durante muitos anos a pedido dos herdeiros de Freud. O motivo formal para essa restrição era proteger a privacidade dos pacientes de Freud e suas famílias e, talvez, a reputação do próprio Freud e de seus familiares.

Uma carta para Freud de seu filho mais velho está selada até o ano de 2032. Correspondências com seu sobrinho não serão liberadas até 2050. Uma carta de um dos mentores de Freud não foi aberta até 2012, mais de 177 anos depois da morte do homem, o que nos faz questionar o que teria de tão notável nessa carta para exigir segredo por tão longo período. Algumas coleções, incluindo cartas para sua filha, Anna, e sua cunhada, são mantidas em perpetuidade, o que significa que não há uma data para sua divulgação. Os psicólogos não sabem como esses documentos e manuscritos afetarão nossa compreensão de Freud e de seu trabalho. Entretanto, até que esses fragmentos de dados estejam disponíveis para estudo, nosso conhecimento a respeito de uma das figuras centrais da psicologia permanecerá incompleto e, talvez, impreciso.

Mudando as palavras da história: distorções na tradução

Outro problema referente aos dados históricos são as informações que chegam de forma distorcida aos historiadores em razão de erro de tradução de uma língua para outra. Referimo-nos novamente a Freud como exemplo do impacto desorientador das traduções. Não são muitos os psicólogos com fluência suficiente em alemão para ler Freud no idioma original, e a maioria confia na opção mais adequada feita pelo tradutor para uma palavra ou frase; todavia, a tradução nem sempre transmite a intenção original do autor.

Os três conceitos fundamentais da teoria da personalidade de Freud são o id, o ego e o superego, termos já familiares na introdução à psicologia. No entanto, essas palavras não representam com precisão as ideias de Freud. Elas são o equivalente em latim das palavras de Freud em alemão: id para *Es* (que literalmente se traduz como "isso"), ego para *Ich* ("Eu") e superego para *Über-Ich* ("sobre-Eu").

Com o uso de *Ich* ("Eu"), Freud desejava descrever algo íntimo e pessoal, diferenciando-o de *Es* ("isso"), sendo esse último algo distinto do "Eu" ou externo a ele. A opção do tradutor pelo uso das palavras *ego* e *id*, em vez de "Eu" e "isso", transformou estes conceitos pessoais em "termos técnicos frios, que não denotam as associações pessoais" (Bettelheim, 1982, p. 53). Desse modo, a distinção entre "Eu" e "isso" (*ego* e *id*) não expressa com a mesma força a intenção de Freud.

Analisemos a expressão *livre associação*, cunhada por Freud. Aqui, a palavra "associação" implica a conexão entre uma ideia, ou um pensamento, e outra, de modo que cada uma agisse como um estímulo para provocar a seguinte em uma cadeia de estímulos. Isso não é o que Freud propôs. O seu termo em alemão era *Einfall*, que, literalmente, significa intrusão ou invasão, e não associação. A intenção de Freud não era descrever uma simples conexão de ideias, mas expressar algo da mente inconsciente que, incontrolavelmente, invade ou penetra à força o pensamento consciente. Assim, nossos dados históricos – conforme as palavras de Freud – foram mal interpretados no ato da tradução. Um provérbio italiano expressa bem essa ideia: *Tradutore – Traditore* (tradutor – traidor).

O que esses problemas com os dados históricos significam para o estudo da história da psicologia? Eles mostram, principalmente, que a compreensão da história é dinâmica. Ela se modifica e evolui continuamente, além de ser refinada, aprimorada e corrigida sempre que novos dados são revelados ou reinterpretados. Portanto, a história não pode ser considerada terminada ou completa. Ela está sempre em progresso, ou seja, é uma história sem fim. A narrativa do historiador pode apenas aproximar ou discutir a verdade; no entanto, o registro é complementado a cada nova descoberta ou análise sobre os fragmentos dos dados históricos.

No contexto: forças que moldaram a psicologia

Uma ciência como a psicologia não se desenvolve no vazio, sujeita apenas às influências internas. Por fazer parte de uma cultura mais ampla, a psicologia também sofre influência das forças externas, que dão forma à sua natureza e direção. Para entender a história da psicologia, é necessário analisar o contexto em que a disciplina se desenvolveu, as ideias predominantes na ciência e cultura da época, ou seja, o ***Zeitgeist*** ou clima intelectual da época, além de examinar as forças sociais, econômicas e políticas existentes.

Zeitgeist: clima intelectual e cultural ou espírito da época.

Descreveremos diversos exemplos, neste livro, sobre como essas forças contextuais influenciaram o passado da psicologia e continuam a moldar o presente e o futuro. Elas influenciam até mesmo a forma como definimos e tratamos os distúrbios mentais (Clegg, 2012). Vamos, a seguir, considerar alguns exemplos de forças contextuais, como empregos, guerras e preconceito e discriminação.

Empregos

Os primeiros anos do século XX testemunharam mudanças drásticas na natureza da psicologia nos Estados Unidos e no tipo de trabalho que os psicólogos estavam desenvolvendo. Principalmente em razão do cenário econômico, muitas oportunidades surgiram para os psicólogos aplicarem seus conhecimentos e técnicas em busca das soluções para os problemas do mundo real. A primeira explicação para essa situação tinha um sentido prático, assim como declarou um psicólogo: "Eu adotei a psicologia aplicada para ganhar a vida" (H. Hollingworth apud O'Donnell, 1985, p. 225).

No fim do século XIX, o número de laboratórios de psicologia nos Estados Unidos crescia bastante, e aumentava a quantidade de psicólogos em busca de oportunidades de trabalho. Por volta de 1900, havia três vezes mais psicólogos com doutorado do que laboratórios nos quais pudessem trabalhar. Felizmente, o número de vagas para professores aumentava à medida que os Estados do meio-oeste e do oeste criavam as universidades. Sendo uma ciência muito recente na maioria das universidades, a psicologia recebia a menor verba orçamentária. Comparado aos demais departamentos, como os de física e química, o de psicologia, muitas vezes, era o que apresentava o menor orçamento anual. Havia menos verba para projetos de pesquisa, equipamentos de laboratório e salários do corpo docente.

Os psicólogos logo perceberam que para melhorar os departamentos acadêmicos, verbas e receitas eles deveriam provar à direção das universidades e às autoridades governamentais que a psicologia podia ser útil na solução dos problemas sociais, educacionais e industriais. E assim, com o passar do tempo, os departamentos de psicologia começaram a ser avaliados com base em seu valor prático.

Ao mesmo tempo, em razão de mudanças sociais observadas na população norte-americana, criou-se uma ótima oportunidade para os psicólogos aplicarem suas habilidades. O fluxo de entrada de imigrantes nos

Estados Unidos, aliado à alta taxa de natalidade, transformou a educação pública em uma indústria crescente. Matrículas nas escolas públicas cresceram 700% entre 1890 e 1918, e escolas de ensino médio foram construídas na proporção de uma por dia. Alocava-se mais verba para a educação do que para os programas sociais ou de defesa juntos.

Muitos psicólogos tiraram proveito dessa situação e rapidamente buscaram formas de aplicar o conhecimento e os métodos de pesquisa à educação. Essa atividade estabeleceu a mudança fundamental na ênfase da psicologia norte-americana, que passou dos experimentos nos laboratórios acadêmicos para a aplicação da psicologia nas questões de ensino e aprendizagem.

Guerras

As guerras foram outra força contextual que ajudou a estruturar a psicologia moderna, criando oportunidades de trabalho para os psicólogos. Veremos no Capítulo 8 que as experiências dos psicólogos norte-americanos, colaborando com o esforço de guerra nas duas Guerras Mundiais, aceleraram o desenvolvimento da psicologia aplicada e estenderam a sua influência para áreas como seleção de pessoal, testes psicológicos, psicologia clínica e psicologia aplicada à engenharia. Esse trabalho demonstrou à comunidade psicológica em geral e ao público quão útil a psicologia poderia ser.

A Segunda Guerra Mundial também alterou a constituição e o destino da psicologia europeia, principalmente na Alemanha (onde surgiu a psicologia experimental) e na Áustria (o berço da psicanálise). Muitos pesquisadores e teóricos renomados fugiram da ameaça nazista na década de 1930, e a maioria passou a viver nos Estados Unidos. Esse exílio forçado marcou a fase final de transferência da psicologia da Europa para os Estados Unidos.

As guerras provocaram grande impacto pessoal nas ideias de vários teóricos importantes. Por exemplo: após testemunhar a carnificina da Primeira Guerra Mundial, Sigmund Freud propôs a agressão como força motivadora significativa da personalidade humana. Erich Fromm, teórico da personalidade e ativista da paz, atribuiu seu interesse pelo comportamento anormal à sua exposição ao fanatismo que varreu a Alemanha, sua terra natal, durante a guerra.

Preconceito e discriminação

Outro fator contextual é a discriminação por raça, religião e sexo. Durante vários anos, esses preconceitos influenciaram algumas questões básicas, como quem poderia ser psicólogo ou onde essa pessoa poderia encontrar trabalho.

Discriminação contra as mulheres. A discriminação disseminada contra as mulheres existiu por toda a história da psicologia. Há inúmeros exemplos em que as mulheres não eram admitidas no programa de pós-graduação ou eram excluídas do corpo docente. Mesmo quando capacitadas a ocupar essas posições, recebiam salários inferiores aos dos homens e encontravam barreiras para obter uma promoção ou uma titularidade. Durante muitos anos, a única posição acadêmica tipicamente acessível às mulheres encontrava-se nas faculdades exclusivamente femininas, e, mesmo assim, muitas dessas entidades praticavam uma forma própria de discriminação, recusando a contratação de mulheres casadas. A justificativa dada era de que a mulher não estava capacitada a administrar ao mesmo tempo a vida doméstica e a carreira docente.

Eleanor Gibson, por exemplo, recebeu prêmios da APA, bem como diversos títulos honorários de doutora e a Medalha Nacional da Ciência por seu trabalho sobre o desenvolvimento perceptual e a aprendizagem.

Quando se candidatou ao programa de pós-graduação na Yale University, na década de 1930, disseram-lhe que o diretor do laboratório de primatas não permitia a presença de mulheres em suas instalações. Ela também foi impedida de participar de seminários sobre a psicologia freudiana. E, ainda, as mulheres eram proibidas de usar a biblioteca dos estudantes de pós-graduação ou a lanchonete, que eram de uso exclusivo dos homens.

Trinta anos depois, a situação não havia mudado muito. Sandra Scarr, uma psicóloga do desenvolvimento, lembrou-se da entrevista de admissão no programa de pós-graduação da Harvard University, em 1960. Gordon Allport, então um eminente psicólogo da personalidade, disse-lhe que a Harvard não gostava de admitir mulheres. Ele disse: "Setenta e cinco por cento de vocês se casam, têm filhos e nunca terminam a graduação; enquanto o restante nunca chega a lugar nenhum!", e Scarr acrescentou:

> E, então, eu me casei, tive um filho no terceiro ano da pós-graduação e fui imediatamente excluída. Ninguém me respeitaria como cientista, nem faria algo por mim, como escrever uma carta de recomendação ou ajudar a conseguir um emprego. Ninguém acreditava que uma mulher com filhos pequenos pudesse realizar algo. Então, comecei a bater de porta em porta, expondo-me até conseguir um emprego. Finalmente, depois de dez anos e de publicar vários artigos, meus colegas começaram a me respeitar como psicóloga. (Scarr, 1987, p. 26)

Apesar desses exemplos óbvios de discriminação, no início do século XX, 20 mulheres receberam o título de doutorado em psicologia. Na edição de 1906 do trabalho de referência *American Men of Science* (repare no título), 12% dos psicólogos relacionados eram mulheres, um número elevado, considerando as barreiras para o acesso aos cursos de pós-graduação. Essas mulheres foram amplamente incentivadas a associarem-se à APA.

James McKeen Cattell, pioneiro no movimento dos testes mentais (veja no Capítulo 8), liderou o movimento para a aceitação das mulheres na psicologia, lembrando aos colegas que eles não deveriam "traçar uma fronteira do sexo" (carta não publicada apud Sokal, 1992, p. 115). Principalmente por causa de seus esforços, a APA foi a primeira sociedade científica a admitir mulheres.

Entre 1893 e 1921, a APA elegeu 79 mulheres como membros, representando 15% do total de novos associados desse período. Por volta de 1938, 20% dos psicólogos listados na *American Men of Science* eram mulheres, as quais representavam quase um terço de todos os membros da APA. Em torno de 1941, mais de mil mulheres completaram a pós-graduação em psicologia e um quarto de todos os psicólogos com Ph.D. eram mulheres (Capshaw, 1999). Atualmente, mais de 75% de todos que recebem PhD em psicologia são mulheres.

A divisão 35 da APA é a Sociedade para a Psicologia da Mulher, que publica um jornal, o *Psychology of Women Quarterly*, e um boletim informativo, o The *Feminist Psychologist*. Além disso, mantém o arquivo digital multimídia, Psychology's Feminist Voices (www.feministvoiceses.com), e tem uma conta no Twitter (@feministvoices) e um canal no YouTube (psychsfeministvoices) (Pickens, 2013).

Discriminação com base em origem étnica. Na década de 1960, homens e mulheres judeus enfrentaram cotas de admissão em faculdades e cursos de pós-graduação. Um estudo sobre a discriminação contra judeus, na época, em três universidades de elite – Harvard, Yale e Princeton – verificou que essas práticas de exclusão eram bastante difundidas. As pessoas que trabalhavam nos departamentos de Admissão e os presidentes de universidades falavam rotineiramente a respeito de manter a "invasão dos judeus" sob controle. Em 1922, o diretor de admissões da Yale University escreveu um artigo intitulado "O problema judaico". Ele descreveu os judeus como "elementos alienígenas e sujos" (Friend, 2009, p. 272). Em 1938, reagindo a uma tentativa de ajudar judeus a imigrarem da Alemanha nazista, um grande grupo de estudantes de Yale afirmou: "Não gostamos de judeus. Já existem muitos deles em Yale" (Olson, 2013, p. 381).

Nos anos 1920, a política da Harvard University era de aceitar não mais que de 10% a 15% dos judeus que se inscreviam para admissão em cada curso inicial. Os judeus aceitos costumavam ser segregados e não tinham permissão para participar de associações ou jantares prestigiosos nem de clubes sociais. Uma porcentagem muito alta de alunos judeus era vista como uma ameaça. "Se os judeus entrarem", disse um pesquisador, "eles irão arruinar Princeton" (Karabel, 2005, p. 75).

Esses alunos judeus que conseguiram ser admitidos e chegaram a receber um diploma de doutorado em psicologia ainda sofreram com o antissemitismo. Muitas faculdades e universidades recusavam-se a contratar judeus para cargos no corpo docente. Julian Rotter (ver Capítulo 11), um dos grandes teóricos da psicologia do desenvolvimento, que obteve seu doutorado em 1941, lembrou-se de "ter sido alertado de que os judeus simplesmente não podiam ocupar posições acadêmicas, independentemente de suas credenciais" (Rotter, 1982, p. 346). Em vez de iniciar a carreira profissional lecionando em uma universidade, começou trabalhando em um hospital público para doentes mentais.

Abraham Maslow (Capítulo 14) foi pressionado pelos professores da University of Wisconsin a alterar seu nome para "outro que não fosse tão judeu"; assim, teria melhores chances de obter um emprego acadêmico (Hoffman, 1996, p. 5). Maslow recusou-se a fazê-lo.

Escrevendo sobre um de seus alunos, o psicólogo de Harvard E. G. Boring observou: "Ele é judeu, e por causa disso até agora não conseguimos para ele uma colocação como professor universitário de psicologia, em razão do preconceito existente contra os judeus em vários círculos acadêmicos e, talvez, mais ainda na psicologia" (apud Winston, 1998, p. 27-28). Esses e outros incidentes semelhantes levaram vários psicólogos judeus a trabalhar com a psicologia clínica, que oferecia mais oportunidades de emprego, em vez de tentar inutilmente seguir a carreira acadêmica.

Em 1945, o editor da *Journal of Clinical Psychology* [Revista de Psicologia Clínica] propôs que se fosse colocado limite aos judeus que pleiteassem um treinamento de graduação naquela especialidade. Ele argumentou que seria insensato permitir que algum grupo "conquistasse" essa área, e se fosse permitido a inúmeros judeus se tornarem psicólogos clínicos, isso poderia ameaçar a aceitação pública do trabalho clínico. Para a sorte da reputação deles, a maioria da comunidade de psicólogos se pronunciou fortemente contra a proposta (Harris, 2009).

Os afro-americanos enfrentaram fortes preconceitos da psicologia em geral. Em 1940, somente quatro faculdades para negros nos Estados Unidos ofereceram os cursos de graduação em psicologia. Quando o negro era aceito em uma universidade para brancos, enfrentava uma série de barreiras para conseguir frequentar os cursos. Nas décadas de 1930 e 1940, diversas faculdades nem permitiam que os negros morassem no campus. Francis Sumner, o primeiro negro a obter o título de doutorado em psicologia, recebeu, em 1917, uma carta de recomendação considerada excelente para um estudante de pós-graduação. O seu orientador o descreveu como "um homem de cor [...] relativamente livre das características físicas e mentais que muitas pessoas de outras raças consideram tão condenáveis" (Sawyer, 2000, p. 128). Quando Sumner matriculou-se para o curso de pós-graduação na Clark University, a direção da faculdade providenciou uma mesa separada no refeitório para ele e para os poucos colegas que se dispunham a acompanhá-lo nas refeições.

A principal universidade a dar formação em psicologia para estudantes negros era a Howard University, em Washington, DC. Na década de 1930, a escola era conhecida como a "Harvard dos Negros" (Phillips, 2000, p. 150). Entre 1930 e 1938, somente 36 negros estavam matriculados nos cursos de pós-graduação de psicologia em universidades fora da região sul dos Estados Unidos, e a maioria frequentava a Howard. Entre 1920 e 1950, 32 negros obtiveram o título de doutorado em psicologia. De 1920 a 1966, os dez departamentos de psicologia de maior prestígio nos Estados Unidos concederam oito doutorados a negros, de um total de mais de 3.700 títulos concedidos (Guthrie, 1976; Russo e Denmark, 1987).

Em 1933, Inez Beverly Prosser tornou-se a primeira mulher negra a conseguir um Ph.D. em psicologia. Contudo, sua carreira ficou restrita ao ensino em pequenas universidades do sul, historicamente, universidades para negros (Benjamin, 2008).

Kenneth Clark, conhecido mais tarde por sua pesquisa sobre os efeitos da segregação racial nas crianças, formou-se na Howard University com o título de bacharel em psicologia, em 1935. Muitas vezes, não conseguia frequentar os restaurantes na região de Washington em razão da sua etnia. Em 1934, organizou um protesto estudantil contra a segregação, sendo preso e acusado de provocar a desordem. Disse ter sido esse o início da sua carreira como ativista em defesa da integração (Phillips, 2000). Sua inscrição para o curso de pós-graduação na Cornell University foi recusada por questão racial, porque, disse ele, os candidatos a Ph.D. "desenvolviam um relacionamento próximo, interpessoal e social. Eles trabalhavam muito próximos com os mestres e estavam certos de que eu me sentiria desconfortável, inadequado, naquela situação" (Clark apud Nyman, 2010, p. 84). Em 1940, ele se tornou o primeiro afro-americano a conseguir um diploma de doutorado da Columbia University e o primeiro a se tornar professor catedrático na City College of New York (Philogene, 2004).

Mamie Phipps Clark também obteve o doutorado na Columbia University, mas, além de discriminação racial, enfrentou discriminação sexual. Ela escreveu que "após a conclusão do curso, logo se tornou evidente para mim que uma mulher negra, com um Ph.D. em psicologia, era uma anomalia indesejada na cidade de Nova York no início da década de 1940" (M. P. Clark apud Cherry, 2004, p. 22). Embora seu marido, Kenneth Clark, fizesse parte do corpo docente da City College, Mamie Phipps Clark foi efetivamente barrada das posições acadêmicas. Ela conseguiu um emprego como analista de dados de pesquisa, posição inferior e que ela considerava "humilhante" para uma psicóloga com Ph.D. (M. P. Clark apud Guthrie, 1990, p. 69).

Trabalhando com seu marido, Mamie Clark montou um pequeno consultório na entrada de uma loja, oferecendo atendimento psicológico para crianças, e até mesmo aplicando testes. Seus esforços renderam-lhes frutos e sua iniciativa transformou-se no famoso Northside Center for Child Development. Em 1939 e 1940, Mamie e Kenneth Clark conduziram um importante programa de pesquisa sobre a identidade racial e as questões de autoconceito das crianças negras. Os resultados desse trabalho foram citados em 1954, na Suprema Corte dos Estados Unidos, em uma decisão que se tornou um marco para o fim da segregação racial nas escolas públicas. Em 1971, Kenneth Clark presidiu a APA, sendo o primeiro afro-americano eleito a ocupar essa posição.

Apesar de suas grandes realizações, Clark considerou sua vida como uma série de "fracassos magníficos". Aos 78 anos, ele disse que estava "mais pessimista agora do que duas décadas atrás" (K. Clark apud Severo, 2005, p. 23).

O título de Ph.D. era o primeiro obstáculo a ser vencido pelos negros, e o próximo era encontrar um emprego digno. Poucas universidades empregavam professores negros, e a maioria das empresas que contratava os profissionais da psicologia aplicada (a principal fonte de trabalho para as mulheres psicólogas), efetivamente, não aceitava os afro-americanos. As faculdades tradicionalmente para negros eram as principais fontes de trabalho, mas as condições raras vezes ofereciam oportunidade para o tipo de pesquisa acadêmica que promovesse notoriedade e reconhecimento profissional. Em 1936, o professor de uma faculdade para negros descreveu a seguinte situação:

> A falta de dinheiro, o excesso de trabalho e outros fatores desagradáveis tornam praticamente impossível para ele realizar algo de destaque no campo da cultura puramente acadêmica. Ele não tem condições de comprar muitos livros nem consegue obtê-los na biblioteca da faculdade, já que não há bibliotecas adequadas nas escolas de negros. Provavelmente, a pior carência de todas é a ausência da atmosfera cultural. Não há incentivo e, evidentemente, não há verba para pesquisas na maioria das escolas. (A. P. Davis apud Guthrie, 1976, p. 123)

Desde a década de 1960, a APA tem feito grandes esforços para trazer maior diversidade à área, expandindo oportunidades para que minorias étnicas possam frequentar cursos de pós-graduação e para aumentar sua presença entre o corpo docente das faculdades. Apesar dessas iniciativas, a representação de minorias entre professores com Ph.D. nos campi universitários não tem crescido na mesma proporção dos afro-americanos ou hispânico-americanos na população em geral.

Uma pesquisa realizada com estudantes membros de minorias que se especializaram em psicologia descobriu que eles estavam significativamente menos satisfeitos que os estudantes brancos com o corpo docente, os cursos e os livros por estes não darem mais atenção a questões relacionadas à diversidade; por não estarem preocupados em "fazer um esforço para nos incluir na área" (Lott e Rogers, 2011, p. 209), como um estudante apontou.

A APA estabeleceu uma divisão chamada Sociedade para o Estudo Psicológico de Cultura, Consciência Étnica e Raça, que publica a revista *Cultural Diversity and Ethnic Minority Psychology* [Diversidade Cultural e Psicologia das Minorias Étnicas]. A Association of Black Psychologists publica a *Journal of Black Psychology* [Revista da Psicologia Negra]. A Asian American Psychological Association publica a *Asian American Journal of Psychology* [Revista Asiático-americana de Psicologia]. A National Latina/o Psychological Association publica a *Journal of Latina/o Psychology* [Revista Latina/o Psicologia].

Uma observação final

Quando consideramos os efeitos do preconceito como fator contextual que restringe o acesso das mulheres e das minorias à educação e às oportunidades de trabalho na psicologia, é importante observar o seguinte: sim, é verdade que a história da psicologia descrita neste livro e em outros menciona as contribuições de poucos acadêmicos do sexo feminino e de minorias em virtude da discriminação. No entanto, também é verdade que a proporção de homens brancos que se destacaram é pouca, quando comparada à quantidade total de trabalhos produzidos por psicólogos do sexo masculino. Esse fato não resulta da discriminação deliberada; ao contrário, é uma característica da história de qualquer área.

> A história de uma disciplina como a psicologia envolve a descrição das principais descobertas, o esclarecimento das questões prioritárias e a identificação das "personagens importantes" no contexto de um *Zeitgeist* nacional ou internacional. Quem executa o trabalho rotineiro de uma disciplina provavelmente não terá destaque [...]. Os psicólogos com muito talento que, no entanto, atuem com discrição, lecionando, atendendo pacientes, realizando experiências, compartilhando as informações com os companheiros de profissão [...] poucas vezes serão reconhecidos publicamente, a não ser por um grupo restrito de colegas. (Pate e Wertheimer, 1993, p. xv)

Assim, a história ignora o trabalho cotidiano da *maioria* dos psicólogos, independentemente de raça, gênero ou origem étnica.

Concepções da história científica

Há duas perspectivas de análise do desenvolvimento histórico da psicologia científica: a abordagem personalista e a abordagem naturalista. Essencialmente, estamos perguntando o que é mais importante para aceitar uma nova ideia: a pessoa que a desenvolveu ou a época em que a ideia foi apresentada.

A teoria personalista

A **teoria personalista** da história científica concentra-se nas realizações e contribuições de pessoas específicas. De acordo com essa perspectiva, o progresso e a mudança resultam diretamente da vontade e do carisma do indivíduo, que, sozinho, redireciona o curso da história. Napoleão, Hitler ou Darwin foram, assim como afirma a teoria, os principais condutores e formadores dos grandes eventos. A visão personalista parte do pressuposto de que os eventos nunca teriam ocorrido sem o surgimento dessas impressionantes figuras. Na verdade, a teoria afirma que o indivíduo é responsável por edificar uma era.

Teoria personalista: visão de que o progresso e as mudanças na história científica são atribuídos às ideias de um único indivíduo.

À primeira vista, parece claro que a ciência consiste no trabalho de homens e mulheres inteligentes, criativos e dinâmicos, que, sozinhos, determinam sua direção. Em geral, damos a um período o nome da pessoa cuja descoberta, teoria ou outra contribuição caracterize esse período. Quando nos referimos à física, dizemos "pós-Einstein", ou à escultura, "pós-Michelângelo". Estão presentes na ciência, nas artes e na cultura popular indivíduos que produziram mudanças dramáticas e, às vezes, traumáticas, as quais alteraram o curso da história.

Assim, a teoria personalista tem o seu mérito, mas será ela suficiente para explicar todo o desenvolvimento da ciência ou da sociedade? Não. Muitas vezes, as contribuições dos cientistas, artistas e pesquisadores foram ignoradas ou omitidas em vida, sendo reconhecidas somente muito tempo depois. Esses exemplos indicam que a atmosfera intelectual, cultural ou espiritual da época pode determinar se a ideia será aceita ou rejeitada, elogiada ou desprezada. A história da ciência é também a história das descobertas e *insights* que foram inicialmente rejeitados. Mesmo os grandes pensadores e inventores foram reprimidos pelo *Zeitgeist*, pelo espírito ou clima da época.

Portanto, a aceitação e a aplicação da descoberta ou da ideia de uma grande personalidade podem ser restringidas pelo pensamento predominante, mas uma ideia heterodoxa demais para uma época e um determinado lugar pode prontamente ser recebida e apoiada por uma geração ou um século mais tarde. O progresso científico tem como regra a mudança lenta.

A teoria naturalista

Vimos, então, que o conceito de o indivíduo ser o responsável por determinar uma época não é totalmente correto. Talvez, assim como propõe a **teoria naturalista** da história, a época é o que molda o indivíduo, ou, pelo menos, torna possível reconhecer e aceitar a proposta de um indivíduo. A menos que o *Zeitgeist* e outras forças contextuais sejam receptivas ao novo trabalho, o proponente pode ser ignorado, isolado ou massacrado. A reação da sociedade também depende do *Zeitgeist.*

Teoria naturalista: visão de que o progresso e as mudanças na história científica são atribuídos ao *Zeitgeist*, que torna a cultura receptiva a algumas ideias, mas não a outras.

Analisemos o exemplo de Charles Darwin. A teoria naturalista sugere que, se Darwin tivesse morrido jovem, outra pessoa teria desenvolvido a teoria da evolução em meados do século XIX, porque a atmosfera intelectual era satisfatória para aceitar essa explicação sobre a origem da espécie humana (de fato, outra pessoa desenvolveu a mesma teoria na mesma época, como veremos no Capítulo 6).

O efeito inibidor ou protelador do *Zeitgeist* não opera apenas no amplo nível cultural, como também na ciência propriamente dita, onde seus efeitos podem ser ainda mais acentuados. O conceito de resposta condicionada sugerido pelo cientista escocês Robert Whytt, em 1763, não despertou nenhum interesse na época.

Mais de um século depois, quando os pesquisadores adotavam métodos de pesquisa mais objetivos, o psicólogo russo Ivan Pavlov (Capítulo 9) aprimorou as observações de Whytt, expandindo-as e transformando-as em base para um novo sistema de psicologia. Portanto, uma descoberta, muitas vezes, deve aguardar o momento mais adequado. Um psicólogo emitiu esta sábia observação: "Não há muita novidade neste mundo. O que se apresenta como uma descoberta hoje, costuma ser uma redescoberta científica individual de algum fenômeno bem definido" (Gazzaniga, 1988, p. 231).

Os exemplos de descobertas simultâneas também apoiam a definição naturalista da história científica. Descobertas semelhantes resultaram de trabalhos individuais realizados a uma distância geográfica considerável e, muitas vezes, sem o conhecimento um do outro. Em 1900, três pesquisadores que não se conheciam, coincidentemente, redescobriram o trabalho do botânico austríaco Gregor Mendel, cujos estudos de genética foram amplamente ignorados por 35 anos.

Outros exemplos de descobertas simultâneas na ciência e na tecnologia incluem cálculos, o oxigênio, os logaritmos, as manchas solares e a conversão da energia, bem como a invenção da fotografia colorida e da máquina de escrever – todos foram descobertos ou promovidos aproximadamente na mesma época e por, pelo menos, dois pesquisadores (Gladwell, 2008; Ogburn e Thomas, 1922).

Apesar disso, pode ser muito difícil que uma nova ideia ou descoberta seja aceita porque a posição teórica dominante no campo científico pode inibir ou impedir a observação de novos pontos de vista. Às vezes, uma teoria é tão plenamente apoiada pela maioria dos cientistas que qualquer investigação de novos assuntos ou métodos é dificultada.

A teoria estabelecida pode determinar tanto a forma de organização e de análise dos dados, como a autorização da publicação dos resultados de pesquisas pelas principais revistas científicas. Descobertas contraditórias ou opostas ao pensamento corrente podem ser rejeitadas pelos editores de publicações especializadas, que funcionam como "porteiros" ou censores, impondo a conformidade de pensamento, descartando ou banalizando ideias revolucionárias ou interpretações inusitadas.

Em uma análise dos artigos que apareceram em dois periódicos de psicologia (um publicado nos Estados Unidos e o outro na Alemanha) em um lapso de 30 anos, entre 1890 e 1920, examinou quanto um artigo era considerado importante na época da publicação e posteriormente. O nível de importância foi medido pelo número de citações do artigo em publicações subsequentes. Os resultados mostraram claramente que, de acordo com essa medida, o nível da importância científica dos artigos dependia de "os tópicos de pesquisa estarem de acordo com a atenção científica da época" (Lange, 2005, p. 209). Assuntos que não se mantinham em dia com as ideias aceitas eram julgadas como menos importantes.

Na década de 1970, o psicólogo John Garcia tentou publicar os resultados da pesquisa que desafiava a teoria de aprendizagem por estímulo-resposta (E-R) predominante na época. Embora o trabalho fosse considerado sério e reconhecido profissionalmente, as principais publicações recusaram-se a aceitar seus artigos. Garcia, que era hispano-americano, foi eleito para a Society of Experimental Psychologists (Sociedade dos Psicólogos Experimentais) e recebeu o prêmio de destaque (Distinguisheld Scientific Contribution) da APA pela contribuição científica da sua pesquisa. O seu trabalho finalmente foi publicado, mas em revistas especializadas de menor destaque e circulação, e essa situação atrasou a disseminação das suas ideias.

O *Zeitgeist* na ciência pode provocar efeito inibidor sobre os métodos de investigação, sobre as formulações teóricas e sobre a definição do objeto de estudo. Como exemplo, descreveremos a tendência da psicologia científica inicial em focar nos aspectos conscientes e subjetivos da natureza humana. Somente após a década de 1920 foi possível dizer, como se fosse uma piada, que a psicologia finalmente "perdera a cabeça" e, junto, a consciência. No entanto, meio século depois, sob o impacto de um *Zeitgeist* diferente e em reação ao clima intelectual da época, a psicologia adquiriu novamente a consciência, considerando-a um problema passível de investigação.

Talvez seja mais fácil entender essa situação se a compararmos com a evolução das espécies vivas. Tanto a ciência como as espécies se adaptam ou mudam em resposta às exigências do seu ambiente. O que acontece com as espécies ao longo do tempo? Muito pouco, se o ambiente permanecer constante por bastante tempo. Quando as condições mudam, entretanto, as espécies precisam responder apropriadamente ou serão extintas.

Do mesmo modo, a ciência existe no contexto de um ambiente, o *Zeitgeist*, ao qual deve reagir com rapidez. O *Zeitgeist* é mais intelectual do que físico, mas, assim como o ambiente físico, está sujeito a mudanças. Há provas desse processo de evolução em toda a história da psicologia. Quando o *Zeitgeist* favorecia a investigação, a reflexão e a intuição como caminhos de busca da verdade, a psicologia também apoiava esses métodos. Mais tarde, quando o espírito intelectual dos tempos impunha uma abordagem de observação e experimentação, os métodos da psicologia orientaram-se nessa direção. No início do século XX, quando uma forma de psicologia foi transplantada para um solo intelectual diferente, ela se transformou em duas espécies distintas (esse fato ocorreu quando os psicólogos trouxeram para os Estados Unidos a psicologia original alemã, a qual foi modificada para se transformar em psicologia exclusivamente norte-americana).

A ênfase dada ao *Zeitgeist* não nega a importância da visão personalista da história científica, ou seja, as importantes contribuições dos grandes homens e das grandes mulheres, mas é necessário analisar as ideias em seu contexto. Charles Darwin ou Sigmund Freud não alteraram sozinhos o curso da história apenas pela força da genialidade. Eles o fizeram porque o clima era favorável. Um historiador da psicologia recente destacou que "se perdermos a importância do indivíduo em nossos registros históricos, teremos fracassado na missão de capturar verdadeiramente a interação entre o pessoal e o social" (Ball, 2012, p. 80).

Assim, neste livro, abordaremos a evolução histórica da psicologia tanto com base na visão naturalista como na visão personalista, embora o *Zeitgeist* desempenhe o papel principal. Quando cientistas propõem ideias distantes demais do contexto da época, formado pelo pensamento cultural e intelectual vigente, seus conceitos provavelmente cairão na obscuridade. A criação individual é como um prisma que propaga, elabora e amplia o pensamento corrente, e não como um foco de luz concentrado. Entretanto, lembre-se de que ambas as visões iluminam o caminho a seguir.

Escolas de pensamento na evolução da psicologia moderna

Durante o último quartel do século XIX, ou seja, nos anos iniciais da evolução da psicologia como uma disciplina científica distinta, o rumo da nova área foi influenciado por Wilhelm Wundt. Psicólogo alemão, Wundt tinha ideias precisas em relação à forma que a nova ciência (a *sua* nova ciência) deveria ter. Ele estabeleceu as metas, o objeto de estudo, os métodos e os tópicos de pesquisa a serem investigados. Nesse aspecto, Wundt foi influenciado pelo espírito da sua época, isto é, pelos pensamentos filosófico e fisiológico vigentes. Entretanto, ele assumiu o papel de agente do *Zeitgeist* e uniu as linhas do pensamento filosófico e científico. Por ser um promotor tão determinado do inevitável, sua visão foi responsável pela moldagem da psicologia durante algum tempo.

No entanto, não demorou muito para aparecerem divergências entre os muitos psicólogos que surgiam. Novas ideias sociais e científicas se desenvolviam. Alguns psicólogos, refletindo mais as correntes de pensamento modernas, discordavam da versão da psicologia de Wundt e apresentavam visões próprias. Por volta de 1900, diversas posições sistemáticas e escolas de pensamento coexistiram, apesar das divergências. Podemos considerá-las como diferentes definições sobre a natureza da psicologia.

A expressão *escola de pensamento* refere-se a um grupo de psicólogos que se associam ideologicamente e, algumas vezes, geograficamente com o líder do movimento. Em geral, os membros de uma escola de pensamento compartilham da mesma orientação sistemática e teórica e investigam problemas semelhantes. O surgimento de várias escolas de pensamento, seu posterior declínio e a consequente substituição por outras são características marcantes da história da psicologia.

Esse estágio no desenvolvimento da ciência, quando esta ainda se encontra dividida em escolas de pensamento, foi denominado "pré-paradigmático". Um paradigma, ou seja, um modelo ou padrão, é uma forma de pensamento aceita na disciplina científica que fornece perguntas e respostas fundamentais. A noção de paradigma na evolução científica foi elaborada por Thomas Kuhn, historiador da ciência e autor do livro *The Structure of Scientific Revolutions* [A estrutura das revoluções científicas], lançado em 1970 e com mais de um milhão de cópias vendidas.

O desenvolvimento de uma ciência atinge estágio mais maduro e avançado quando ela não apresenta mais características de escolas de pensamento concorrentes, ou seja, quando a maioria dos cientistas concorda com as mesmas colocações teóricas e metodológicas. Nesse estágio, um paradigma ou um modelo comum define todo o campo.

Os paradigmas podem ser observados, por exemplo, na história da física. O conceito de mecanismo de Galileu e Newton foi aceito pelos físicos por 300 anos, e durante esse período todas as pesquisas foram realizadas dentro desses parâmetros. Então, a maioria dos físicos passou a aceitar o modelo de Einstein, uma nova maneira de ver o objeto de estudo, e a abordagem de Galileu e Newton perdeu lugar. Essa substituição de um paradigma por outro é o que Kuhn define como revolução científica.

A psicologia ainda não atingiu o estágio paradigmático. Ao longo de toda a sua história, os cientistas e profissionais vêm buscando, adotando e rejeitando diversas definições relacionadas à área. Não houve uma única escola ou uma única visão capaz de unificar as diversas posições. O psicólogo cognitivo George Miller (Capítulo 15) disse que "nenhum método e nenhuma técnica padrão integra a psicologia. E parece não haver nenhum princípio científico fundamental que se compare às leis da inércia de Newton e à teoria evolucionista de Darwin" (Miller, 1985, p. 42).

Depois de muitos anos, o estado da psicologia, aparentemente, mudou pouco. Os especialistas da área referem-se à história da psicologia como uma "sequência de paradigmas frustrados" (Sternberg e Grigorenko, 2001, p. 1075). O renomado historiador Ludy Benjamin escreveu: "Uma reclamação comum entre os psicólogos atuais [...] é que o campo da psicologia constitui um caminho tão fragmentado e desintegrado, com uma infinidade de psicologias independentes, que em pouco tempo não se comunicarão, ou já não se comunicam mais entre si" (Benjamin, 2001, p. 735).

Outro psicólogo contemporâneo descreveu a área "não como uma disciplina unificada, mas como uma coleção de ciências psicológicas" (Dewsbury, 2009b, p. 284). Em 2013, outro escreveu que a "psicologia ainda não se decidiu se seu tema é a mente ou o comportamento. É cada vez mais adequado que os componentes da American Psychological Association sejam chamados de Divisões, porque a psicologia se torna mais dividida a cada década" (Catania, 2013, p. 133). Há quase 60 divisões na APA, incluindo uma sobre a história da psicologia.

Assim, a psicologia parece estar mais fragmentada hoje do que em qualquer outro período de sua história, com cada facção apegando-se à sua orientação teórica e metodológica, estudando a natureza humana com diferentes técnicas e se autopromovendo com jargão especializado, jornais e as pompas de cada escola de pensamento.

Cada uma das primeiras escolas de pensamento na psicologia foi um movimento de protesto, ou seja, uma revolta contra a posição sistemática dominante. Cada escola chamava a atenção para os pontos fracos observados no sistema antigo e oferecia novas definições, conceitos e estratégias de pesquisa a fim de corrigir falhas. Quando uma nova escola de pensamento despertava a atenção de um segmento da comunidade científica, os especialistas rejeitavam a visão anterior.

Nem sempre os líderes da antiga escola de pensamento eram convencidos do valor do novo sistema. Esses psicólogos, em geral com idades mais avançadas, tinham tamanho apego intelectual e emocional às suas posições, que dificilmente aceitavam as mudanças. Os mais jovens, menos comprometidos com a escola antiga, eram mais facilmente atraídos pelas novas ideias e tornavam-se defensores da nova posição, isolando as demais com as suas tradições e os seus trabalhos. O físico alemão Max Planck escreveu: "A nova verdade científica triunfa não por convencer os opositores mostrando-lhes a luz, mas sim porque os adversários acabam morrendo, e a nova geração acaba crescendo familiarizada com essa verdade" (Planck, 1949, p. 33). Charles Darwin disse: "Que bom seria se todo cientista morresse aos 60 anos, já que, depois disso, certamente se oporia a todas as novas doutrinas" (Darwin apud Boorstin, 1983, p. 468).

Diferentes escolas de pensamento desenvolveram-se durante o curso da história da psicologia, cada uma delas sendo um protesto eficaz contra a anterior. Cada nova escola usava o seu antigo oponente como alvo das investidas para ganhar destaque. Cada uma manifestava claramente a posição contrária e a característica que a distinguia do sistema teórico estabelecido. À medida que o novo sistema se desenvolvia e atraía novos adeptos e novas influências, fomentava a oposição e todo o processo combativo era renovado. O que fora uma revolução pioneira e agressiva tornava-se, à custa do próprio sucesso, a tradição estabelecida e, inevitavelmente, acabava sucumbindo ao entusiasmo do mais novo movimento de oposição que vinha a seguir. O sucesso esgota o entusiasmo. Um movimento alimenta-se da oposição. A derrota da oposição acaba destruindo a paixão e o ardor daquilo que um dia fora um novo movimento.

É em termos do desenvolvimento histórico das escolas de pensamento que descrevemos aqui o avanço da psicologia. As contribuições dos grandes homens e das grandes mulheres foram inspiradoras, mas torna-se mais fácil compreender o significado de seus trabalhos analisando-os no contexto das ideias que os precederam, das ideias que elaboraram e dos trabalhos que suas contribuições eventualmente inspiraram.

Estruturalismo: sistema de psicologia de E. B. Titchener, que considera a experiência consciente dependente da pessoa que a experimenta.

Funcionalismo: sistema de psicologia que se preocupa com o modo como a mente é usada na adaptação de um indivíduo ao seu ambiente.

Behaviorismo: ciência do comportamento concebida por Watson, que tratava somente de ações comportamentais observáveis, que podem ser descritas objetivamente.

Psicologia da Gestalt: sistema de psicologia que se concentra principalmente na aprendizagem e na percepção, sugerindo que a combinação de elementos sensoriais produz novos padrões com propriedades inexistentes nos elementos individuais.

Psicanálise: teoria de Sigmund Freud sobre a personalidade e o sistema de psicoterapia.

Organização do livro

O livro apresenta a descrição dos precursores filosóficos e fisiológicos da psicologia experimental nos Capítulos 2 e 3. A psicologia de Wilhelm Wundt (Capítulo 4) e a escola de pensamento denominada **estruturalismo** (Capítulo 5) foram desenvolvidas por meio dessas tradições filosóficas e fisiológicas.

Depois do estruturalismo, surgiram o **funcionalismo** (Capítulos 6, 7 e 8), o **behaviorismo** (Capítulos 9, 10 e 11) e a **psicologia da Gestalt** (Capítulo 12), todos uma evolução do estruturalismo ou uma reação a ele. Paralelamente e, no entanto, com diferentes objetos de estudo e metodologia, a **psicanálise** (Capítulos 13 e 14) desenvolveu, além das ideias acerca da natureza do inconsciente, intervenções médicas para o tratamento dos distúrbios mentais.

Psicologia humanista: sistema de psicologia que enfatiza o estudo da experiência consciente e a totalidade da natureza humana.

Psicologia cognitiva: sistema de psicologia que se concentra nos processos de aquisição do conhecimento, mais especificamente em como a mente organiza ativamente as experiências.

A psicanálise e o behaviorismo incentivaram o surgimento de diversas subdivisões em cada escola. Na década de 1950, a **psicologia humanista**, incorporando os princípios da psicologia da Gestalt, desenvolveu uma reação contra o behaviorismo e a psicanálise (Capítulo 14). Por volta de 1960, a **psicologia cognitiva** desafiou o behaviorismo a rever o conceito de psicologia. O foco principal do sistema cognitivo é o retorno ao estudo dos processos conscientes. Essa ideia, juntamente com os desenvolvimentos contemporâneos, tais como a psicologia evolucionista, a neurociência cognitiva e a psicologia positiva, é matéria do Capítulo 15.

QUESTÕES PARA DISCUSSÃO

1. Descreva como os estudos do palhaço e do gorila apoiam a noção de cegueira por desatenção. Relacione os estudos com suas próprias experiências de não enxergar algo que outras pessoas disseram estar lá.
2. O que é possível aprender com o estudo da história da psicologia?
3. Por que os psicólogos alegam que a psicologia é uma das disciplinas acadêmicas mais antigas e, ao mesmo tempo, mais modernas?
4. Explique por que a psicologia moderna é um produto tanto do pensamento do século XIX como do século XX.
5. O que diferencia os dados históricos dos dados científicos? Exemplifique de que maneira os dados históricos podem ser distorcidos.
6. Como as forças contextuais influenciaram o desenvolvimento da psicologia moderna?
7. Descreva os obstáculos enfrentados por mulheres, judeus e negros em busca de uma carreira na psicologia, principalmente na primeira metade do século XX.
8. Como o processo de registro histórico de qualquer campo, necessariamente, restringe os trabalhos individuais que merecem destaque?
9. Descreva as diferenças entre as visões personalista e naturalista da história científica. Explique em qual dessas abordagens são fundamentados os casos de descoberta simultânea.
10. O que é *Zeitgeist*? Como o *Zeitgeist* afeta a evolução da ciência? Compare o desenvolvimento da ciência com a evolução da espécie viva.
11. Qual é o significado da expressão "escola de pensamento"? A ciência da psicologia atingiu o estágio paradigmático de desenvolvimento? Explique sua resposta.
12. Descreva o processo cíclico que envolve o surgimento, o desenvolvimento e a extinção das escolas de pensamento.

Capítulo 2

As influências filosóficas na psicologia

O pato mecânico

Parecia um pato, grasnava como um pato, esticava as pernas para se levantar quando seu cuidador estendia as mãos oferecendo grãos de milho, esticava o pescoço para pegar o milho com seu bico, e o engolia, como faz um pato. E depois, excretava numa travessa de prata – como um pato? Só que não era um pato; pelo menos, não de verdade. Era um pato mecânico, uma máquina cheia de alavancas e dentes de engrenagem e molas que a faziam se movimentar, imitando o comportamento de um pato. Em apenas uma das asas havia mais de 400 partes. Foi considerado uma das grandes maravilhas da época.

O inventor do pato, Jacques de Vaucanson, cobrava uma entrada equivalente à média de uma semana de salário para que vissem aquela maravilha de todos os tempos. Como resultado, ele logo se tornou rico, e o seu modelo mecânico transformou-se "em conversa em todos os salões, uma vez que os líderes das nações discutiam como isso funcionava e o que significava para a política, para a filosofia e para a própria vida" (Singer, 2009, p. 43). Isso é muita coisa para se dizer de um pato que defeca!

O ano era 1739; o lugar era Paris, França. O pato mecânico levou a Paris um grande número de pessoas de muitos países europeus. As pessoas se admiravam com o fato de os inventores poderem fabricar coisas como se fosse uma criação natural. Elas o observavam movendo-se, alimentando-se e engolindo os grãos e defecando, maravilhados de que uma máquina gloriosa, miraculosa havia tornado isso possível. Até o grande filósofo Voltaire notou o pato e escreveu: "Sem o pato cagão não haveria nada para nos lembrar da glória da França" (Voltaire apud Wood, 2002, p. 27). Mais de cem anos mais tarde, o grande cientista Hermann von Helmholtz (veja Capítulo 3) escreveu que o pato era "a maravilha do século passado" (citado em Riskin, 2004, p. 633).

Bem, você pode perguntar: e daí? Por que esse brinquedo mecânico foi considerado uma maravilha? Atualmente, podemos ver coisas muito mais complicadas e semelhantes à realidade em qualquer parque temático. Mas lembre-se, isso foi no século XVIII, e raramente se via uma engenhoca como aquela. O interesse do público em geral pelo fantástico pato francês era parte de uma nova fascinação por todos os tipos de máquinas que estavam sendo inventadas e aperfeiçoadas para uso na ciência, na indústria e no entretenimento. Elas estavam prestes a mudar o mundo.

O espírito do mecanicismo

Em toda a Inglaterra e Europa Ocidental, uma grande quantidade de máquinas era empregada nas tarefas diárias para complementar a força muscular do homem. Bombas, alavancas, guindastes, rodas e engrenagens moviam os moinhos de água e de vento para moer grãos, serrar toras de madeira, tecer fios e executar outros trabalhos manuais, libertando a sociedade da dependência da força humana. As máquinas tornaram-se familiares às pessoas de todos os níveis sociais, desde o mais humilde até o aristocrata, e logo foram aceitas como parte natural da vida cotidiana.

Nos jardins reais, instrumentos mecânicos estavam sendo construídos para oferecer formas extravagantes de entretenimento. A água que percorria uma tubulação subterrânea acionava as figuras mecânicas, fazendo-as realizar vários movimentos inusitados, tocar instrumentos musicais e produzir sons que se aproximavam da fala humana. À medida que as pessoas passeavam pelos jardins, elas acidentalmente pisavam em placas de pressão escondidas, ativando os mecanismos e enviando água por meio da tubulação para ativar as figuras. No entanto, entre todas as invenções, o relógio mecânico foi a de maior impacto no pensamento científico.

Você pode estar se perguntando o que o desenvolvimento maciço da tecnologia tem a ver com a história da psicologia moderna. Estamos nos referindo a um período de 200 anos antes da fundação formal da psicologia como ciência, bem como da física e da mecânica, disciplinas muito distantes do estudo da natureza humana. Entretanto, a relação é inevitável e direta, já que os princípios incorporados nas máquinas e nos relógios do século XVII exerceram grande influência na direção tomada pela nova psicologia.

O *Zeitgeist* dos séculos XVII ao XIX consistiu na base que nutriu a nova psicologia. O espírito do **mecanicismo**, que enxerga o universo como uma grande máquina, foi o fundamento filosófico do século XVII, ou seja, a sua força contextual básica. Essa doutrina afirmava que os processos naturais são mecânicos e passíveis de explicação por meio das leis da física e da química.

Mecanicismo: doutrina para a qual os processos naturais são determinados mecanicamente e passíveis de explicação pelas leis da física e da química.

A ideia do mecanicismo originou-se na física, chamada na época de filosofia natural, como resultado do trabalho do físico italiano Galileu Galilei (1564-1642) e do matemático e físico inglês Isaac Newton (1642-1727), que possuía alguma experiência como relojoeiro. A teoria afirmava que qualquer objeto existente no universo era composto de partículas de matéria em movimento. De acordo com Galileu, a matéria formava-se de discretos corpúsculos ou átomos que afetavam uns aos outros mediante o contato direto. Mais tarde, Newton revisou a visão mecanicista de Galileu, postulando que o movimento não resultava do contato físico direto, mas das forças de atração e repulsão que atuavam sobre os átomos. A ideia de Newton, embora importante para a física, não mudou radicalmente o conceito básico do mecanicismo nem a forma como fora aplicado nos problemas de natureza psicológica.

Se o universo é constituído de átomos em movimento, então qualquer efeito físico (movimento de cada átomo) resulta de uma causa direta (movimento do átomo que o atinge). Como o efeito está sujeito às leis da medição, deveria ser previsível. O funcionamento do universo físico era comparado ao do relógio ou ao de qualquer boa máquina, ou seja, era organizado e preciso. Os cientistas acreditavam que, se conseguissem dominar as leis de funcionamento do universo, seriam capazes de prever seu comportamento futuro.

Nesse período, os métodos e as descobertas da ciência avançavam a passos largos com a tecnologia, e a combinação entre eles foi perfeita. A observação e a experimentação tornaram-se os diferenciais da ciência, seguidas de perto pela medição. Os especialistas tentavam definir e descrever os fenômenos, atribuindo-lhes um valor numérico, processo vital para o estudo do funcionamento do universo como uma máquina. Termômetros, barômetros, réguas de cálculo, micrômetros, relógios de pêndulo e outros dispositivos de medição eram aperfeiçoados e reforçavam a ideia da possibilidade de se medir qualquer aspecto do universo natural. Até mesmo o tempo, considerado impossível de ser reduzido em unidades menores, já podia ser medido com precisão.

A medição exata do tempo teve consequências tanto práticas quanto científicas. "Sem os instrumentos precisos para o acompanhamento do tempo não seria possível medir os pequenos incrementos no intervalo decorrido entre as observações e, portanto, a consolidação dos avanços no conhecimento científico não começou apenas com a ajuda do telescópio ou do microscópio" (Jardine, 1999, p. 133-134). Além disso, os astrônomos e os navegadores necessitavam de aparelhos precisos de medição do tempo para registrar com exatidão os movimentos dos astros. Essas informações eram vitais para a localização dos navios em alto-mar.

O universo mecânico

O relógio mecânico foi a metáfora perfeita para o espírito do mecanicismo do século XVII. O historiador Daniel Boorstin referia-se ao relógio como a "mãe das máquinas" (Boorstin, 1983, p. 71). O relógio foi a sensação tecnológica do século XVII, tão surpreendente e influente como os computadores iriam se tornar no século XX. Nenhum outro dispositivo mecânico provocou tanto impacto no pensamento humano e em todos os níveis da sociedade. Na Europa, os relógios eram produzidos em grande quantidade e variedade.

Notem que os chineses tinham desenvolvido relógios mecânicos enormes já no século X. É possível que as notícias sobre a invenção deles tenham estimulado o desenvolvimento dos relógios na Europa Ocidental. No entanto, o refinamento dos mecanismos dos relógios europeus e o entusiasmo por seu elaborado e estupendo funcionamento eram inigualáveis (Crosby, 1997).

Alguns eram suficientemente pequenos, a ponto de poderem ser colocados em cima da mesa ou até mesmo carregados por uma pessoa. Com o avanço tecnológico, foram desenvolvidos para serem portáteis. No início, eles eram colocados em uma corrente em volta do pescoço, como símbolo de riqueza. E se tornaram um símbolo de *status* tal, que membros das seitas religiosas calvinistas e puritanas, "opondo-se a tal ostentação, começaram a carregá-los no bolso. Assim nasceu o relógio de bolso, popular até mesmo no século XX" (Newton, 2004, p. 62).

Os relógios maiores, instalados nas torres das igrejas e nos edifícios públicos, podiam ser vistos e ouvidos a quilômetros de distância. Desse modo, relógios tornaram-se acessíveis a todos, independente de classe social ou situação econômica. Por conta disso, porém, as pessoas se tornaram dependentes dos relógios e passaram a ser governadas por eles. Pela primeira vez, a pontualidade se tornava parte da vida cotidiana. As atividades passaram a ser medidas em unidades de tempo. A vida foi "regularizada e se tornou mais organizada" e, como resultado disso, mais previsível (Shorto, 2008, p. 208).

Em razão da regularidade, previsibilidade e exatidão dos relógios, cientistas e filósofos começaram a enxergá-los como modelos para o universo físico. Talvez o próprio universo fosse um imenso relógio fabricado e colocado em operação pelo Criador. Os cientistas, como o físico britânico Robert Boyle, o astrônomo alemão Johannes Kepler e o filósofo francês René Descartes, acreditavam nessa ideia e expressavam a crença de que a harmonia e a ordem do universo poderiam ser explicadas pela regularidade do relógio, que foi embutida na máquina pelo relojoeiro, assim como a regularidade do universo foi pensada e embutida nele por Deus. O cientista francês Bernard de Fontenelle resumiu esse pensamento quando escreveu, em 1686, que "O universo não é nada mais que um relógio em escala maior" (citado em Dolnick, 2011, epígrafe).

Essa ideia também se tornou um modelo na fundação dos Estados Unidos e no desenvolvimento da política norte-americana. Duzentos anos mais tarde, um comentarista observou que os Patriarcas Fundadores, "que foram influenciados pela física newtoniana e pela ideia deísta de Deus como o relojoeiro cósmico, deram origem a um sistema constitucional de separação de poderes, de verificação e de equilíbrio entre um e outro, reproduzindo o que eles consideravam ser o nosso sistema solar, como o mecanismo de um relógio" (Will, 2009, s. n.). Assim, a ideia de um universo nos moldes do mecanismo de um relógio transformou quase todo o aspecto da experiência humana.

Determinismo e reducionismo

Comparado com o mecanismo do relógio, o universo funcionava perfeitamente sem qualquer interferência externa, já que fora criado e colocado em funcionamento por Deus. Desse modo, a comparação do universo com o relógio abrange a ideia do **determinismo**, mais especificamente, a crença de que qualquer ação é determinada pelos eventos do passado. Em outras palavras, é possível prever as mudanças que ocorrem na operação do relógio, assim como no universo, com base na sequência e na regularidade do funcionamento das peças.

Determinismo: doutrina que afirma serem os atos determinados pelos eventos do passado.

Reducionismo: doutrina que explica os fenômenos em um nível (como ideias complexas) em termos de fenômenos de outro nível (como ideias simples).

Não era difícil perceber a estrutura e o funcionamento do relógio. Era fácil desmontá-lo e verificar exatamente a operação das engrenagens. Essa ideia levou os cientistas a popularizarem o conceito de **reducionismo**. Para compreender o mecanismo operacional de máquinas como o relógio, bastava reduzi-las a seus componentes básicos.

Do mesmo modo, para entender o universo físico (que, afinal, nada mais era que uma máquina), bastava analisá-lo ou reduzi-lo às partes mais simples, ou seja, às moléculas e aos átomos. Assim, o reducionismo poderia caracterizar toda a ciência, até a nova psicologia.

Algumas questões óbvias foram levantadas. Se a metáfora do relógio e os métodos científicos podiam ser usados para explicar o funcionamento do universo físico, seriam adequados também para estudar a natureza humana? Se o universo era uma máquina organizada, previsível, observável e mensurável, o ser humano igualmente o seria? Seriam as pessoas, e até mesmo os animais, também alguma espécie de máquina?

O autômato

As figuras movidas pela força da água nos jardins já serviam de modelo para os intelectuais e aristocratas do século XVII, assim como os relógios para as pessoas comuns. À medida que a tecnologia era aprimorada, aparelhagens mais sofisticadas, desenvolvidas para imitar as atitudes e os movimentos humanos, eram disponibilizadas para o entretenimento da população em geral. Esses aparelhos foram chamados *autômatos* e eram dotados de capacidade para realizar movimentos incríveis e inusitados com precisão e regularidade.

O autômato já fora desenvolvido muito antes do século XVII, pois foram encontradas descrições de figuras mecanizadas nos antigos manuscritos gregos e árabes. Os chineses também se destacaram na construção de autômatos, já que sua literatura relata a existência de animais e peixes mecânicos, além de figuras humanas criadas para servir vinho, carregar xícaras de chá, cantar, dançar e tocar instrumentos musicais. No século VI, um enorme relógio foi construído na atual região da Palestina e, de hora em hora, a cada badalada, um conjunto sofisticado de figuras mecânicas entrava em movimento. Assim, a arte da criação de autômatos espalhou-se por todo o mundo islâmico (Rossum, 1996). No entanto, mais de mil anos depois, no século XVII, os autômatos desenvolvidos pelos cientistas, intelectuais e artesãos do oeste europeu foram considerados novidade. O importante trabalho das antigas civilizações havia se perdido.

Os dois autômatos mais complexos e sofisticados desenvolvidos na Europa, ambos criados por Jacques de Vaucanson, foram um pato e um flautista animado, o qual continha "uma infinidade de fios e correntes de aço que promoviam os movimentos dos dedos, da mesma forma que em um homem de verdade, pela dilatação e contração dos músculos. Foi, sem dúvida, o conhecimento da anatomia do homem que guiou o autor em seus mecanismos" (Riskin, 2003, p. 601-602). O tocador de flauta não apenas produzia sons, o que brinquedos musicais também podiam fazer, mas tocava o instrumento. Medindo 1,67 metro, em pé, a altura média do homem àquela época, esse autômato compreendia uma peça mecanizada que reproduzia cada músculo ou outra parte necessária para tocar a flauta.

Nove foles bombeavam no peito do autômato a quantidade necessária de ar, de acordo com o tom a ser executado entre os 12 programados. O ar era empurrado por um tubo (correspondente à traqueia humana) e entrava na boca, onde era controlado pela língua e pelos lábios metálicos antes de chegar à flauta, dando, assim, a impressão de que o boneco estava realmente respirando. Os dedos abriam-se e fechavam-se sobre os orifícios do instrumento para produzirem os sons exatos. Ambos os autômatos "obscureceram a linha divisória entre o homem e a máquina e entre o ser animado e o inanimado" (Wood, 2002, p. xvii).

Outro autômato musical, a chamada "Senhora Musicista", tocava cinco diferentes melodias em um cravo. Seus olhos mecânicos seguiam seus dedos à medida que eles se moviam sobre as teclas, e ela parecia estar respirando em compasso com a música. Outra maravilha foi a figura de um pequeno menino sentado à uma mesa, programado para mover suas mãos, como se estivesse escrevendo cartas. Ele foi exposto por toda a Europa dois séculos atrás e hoje pode ser visto no Franklin Institute, na Filadélfia (Fountain, 2011).

Hoje, os autômatos podem ser vistos nos principais parques de várias cidades europeias, nas quais figuras mecânicas dos relógios das torres dos edifícios públicos marcham em círculo, tocam tambores e batem nos sinos com os martelos a cada quarto de hora. Na catedral de Estrasburgo, na França, representações de figuras bíblicas reverenciam a Virgem Maria a cada hora, enquanto um galo abre o bico, põe a língua para fora, bate as asas e canta. Na catedral de Wells, na Inglaterra, pares de cavaleiros vestidos de armaduras simulam uma batalha. Quando o relógio toca, a cada hora, um cavaleiro derruba o outro do cavalo. No Museu Nacional Bávaro de Munique, na Alemanha, há um papagaio de cerca de 40 cm de altura que, quando o relógio toca, de hora em hora, ele assobia, bate as asas mecânicas, vira os olhos e deixa cair uma bolinha de aço do seu rabo.

A Figura 1.1, a seguir, mostra o funcionamento interno de uma marionete japonesa que serve chá. Feita de madeira, cordas e engrenagens, ela parece estar andando, mas, na verdade, tem rodas. Os braços se movem, levando a bandeja para cima e para baixo, e a cabeça acena. Quando a xícara é retirada da bandeja, a máquina para. Este modelo está exposto atualmente no Museu Nacional de Ciência, em Tóquio.

Os filósofos e cientistas da época acreditavam na tecnologia mecânica como uma forma de realizar o sonho da criação do ser artificial e, nitidamente, muitos dos primeiros autômatos davam essa impressão. Podemos pensar neles como os bonecos Disney da época, e é fácil entender por que as pessoas chegaram à conclusão de que os seres vivos eram simplesmente outro tipo de máquina.

As pessoas como máquinas

Observe o mecanismo da boneca. Ao examiná-lo, uma pessoa poderia claramente entender o funcionamento da engrenagem, da alavanca e dos dentes da engrenagem que são responsáveis pelos movimentos do autômato. O filósofo inglês Thomas Hobbes (1588-1679) escreveu "para o que é o coração, uma mola; os nervos, outras tantas cordas; as juntas, umas tantas rodas dando movimento ao corpo todo" (Hobbes apud Zimmer, 2004, p. 97).

Descartes e outros filósofos adotaram os autômatos como modelos para os seres humanos. Para eles, o ser humano funcionava como o universo, ou seja, igual ao mecanismo do relógio. Descartes declarou não ser essa ideia "tão estranha assim àqueles acostumados com diferentes autômatos ou máquinas que se movem, fabricados pela indústria dos homens [...] essas pessoas consideram o corpo humano uma máquina criada pelas mãos de Deus, e incomparavelmente mais bem organizada e perfeita para realizar os movimentos mais admiráveis do que qualquer outro mecanismo inventado pelo homem" (Descartes, 1637/1912, p. 44). As pessoas podem até ser melhores e mais eficientes que os mecanismos produzidos pelos relojoeiros, mas continuam sendo máquinas.

Desse modo, os relógios e os autômatos abriram o caminho para a noção de que o funcionamento e o comportamento humanos eram governados por leis mecânicas e que os métodos experimentais e quantitativos, tão eficazes na descoberta dos segredos do universo físico, seriam igualmente aplicáveis ao estudo da natureza humana. Em 1748, o médico francês Julien de La Mettrie (que morreu de ingestão excessiva de faisão e trufas) relatou a alucinação que tivera durante uma crise de febre alta. O sonho convenceu-o de que as pessoas eram máquinas, porém mais sofisticadas, assim como um relógio automático (Mazlish, 1993).

Essa ideia tornou-se a força motriz do *Zeitgeist* na ciência e na filosofia e, durante muito tempo, alterou a imagem predominante da natureza humana, mesmo entre a população em geral. Por exemplo: durante a Guerra Civil Americana (1861-1865), um oficial do exército do norte, comentando sobre a morte de um amigo, disse não haver restado nada "além da máquina destruída que um dia a alma havia colocado em movimento" (Lyman apud Agassiz, 1922, p. 332).

EVERETT KENNEDY BROWN/EPA/NEWSCOM

FIGURA 2.1 Modelo de autômato de uma boneca.

A figura do ser humano mecanizado permeou os romances e as histórias infantis do século XIX e início do século XX. A ideia da criação de máquinas à imagem e semelhança das figuras humanas exercia grande fascínio. O escritor dinamarquês Hans Christian Andersen escreveu *O rouxinol e o imperador da China* [*The nightingale*], que tinha como personagem um pássaro mecânico. A principal personagem do livro eternamente popular da romancista inglesa Mary Wollstonecraft Shelley, *Frankenstein*, é um ser metade monstro metade máquina que acaba destruindo o seu criador. Os famosos livros infantis *Oz*, do escritor norte-americano L. Frank Baum, que inspiraram o clássico filme *O mágico de Oz*, estão repletos de seres mecânicos.

E, assim, o legado dos séculos XVII ao XIX inclui o conceito do funcionamento do homem como uma máquina e a aplicação do método científico na investigação do comportamento humano. Os corpos eram comparados a máquinas, predominava a visão científica e a vida era regida pelas leis da mecânica. Em linhas gerais, o mecanicismo também se aplicava ao funcionamento mental humano, e o produto final foi uma máquina supostamente capaz de pensar.

A máquina calculadora

Quando garoto, Charles Babbage (1791-1871) era fascinado por relógios e autômatos. O objeto de desejo pelo qual tinha enorme atração era uma bailarina mecânica, que acabou adquirindo muitos anos depois. Babbage era muito inteligente e tinha talento especial para matemática, que estudou como autodidata na adolescência. Quando se matriculou na Cambridge University, ficou decepcionado ao descobrir que sabia mais matemática que os próprios professores. Mais tarde, tornou-se professor de matemática da Cambridge e membro da Royal Society, tendo sido um dos intelectuais mais conhecidos da sua época. O trabalho ao qual se dedicou a vida inteira foi o desenvolvimento de uma máquina calculadora capaz de realizar as operações matemáticas mais rapidamente que o homem e que permitisse imprimir os resultados. Em busca desse objetivo, Babbage acabou formulando os princípios básicos do computador moderno.

Podemos notar que Babbage pode não ter sido o primeiro a desenvolver uma máquina de calcular mecânica. O chamado computador *Antikythera* foi descoberto em 1900 nos destroços de um navio afundado cerca de 100 anos a.C., próximo à ilha grega de Antikythera. A engenhoca tinha, aproximadamente, o tamanho de um moderno *laptop* e continha uma série de 37 engrenagens, as quais, quando uma data era inserida, podiam girar manivelas que indicavam a posição do sol, da lua, e de outros planetas (Seabrook, 2007).

Enquanto os autômatos imitavam os atos físicos humanos, a calculadora de Babbage simulava as ações mentais. Além de tabular os valores das funções matemáticas, a máquina dispunha de recursos para jogar xadrez, damas e outros jogos. Era até mesmo dotada de memória para armazenar os resultados parciais usados posteriormente para completar o cálculo. Babbage batizou a calculadora, que se vê na Figura 2.2, a seguir, de "a máquina da diferença" e referia-se a si mesmo como "o programador". A máquina compreendia cerca de 2 mil peças de aço e de bronze, como hastes, engrenagens e discos, montadas com perfeição e movidas ou colocadas em funcionamento por uma manivela manual. A calculadora de Babbage, que funciona até hoje, marcou o início do desenvolvimento dos modernos e sofisticados computadores. Ela representou um grande marco na tentativa de simular o pensamento humano. "Essa era uma máquina que realmente *executava* funções mentais. Pode-se dizer que a era da inteligência artificial começou com a máquina da diferença" (Snyder, 2011, p. 88).

Um dos biógrafos mais recentes de Babbage fez a seguinte observação: "A importância da automatização da máquina não deve ser superdimensionada. No entanto, a utilização da manivela manual, ou seja, a aplicação da força *física*, permitiu, pela primeira vez na história, a obtenção de resultados possíveis até então apenas pelo esforço *mental*, isto é, pelo pensamento. Foi a primeira tentativa bem-sucedida em exteriorizar a faculdade do pensamento em uma máquina inanimada" (Swade, 2000, p. 83).

Babbage resolveu promover a nova máquina junto às pessoas mais influentes da época, a fim de obter apoio para construir um dispositivo ainda mais aperfeiçoado. Organizou grandes festas na sua residência de Londres, com até 300 convidados pertencentes à elite social, intelectual e política. Charles Darwin e o escritor Charles Dickens foram alguns dos convidados. Pessoas importantes faziam questão de ser vistas na casa do brilhante contador de anedotas, inventor e celebridade, e de estar na presença de Babbage, ao lado da extraordinária máquina. No entanto, a máquina completa era grande demais para ser exibida na casa. Assim, Babbage construiu um modelo de parte dela e colocava-o em funcionamento para entreter os visitantes. Tinha aproximadamente 76 centímetros de altura, 61 centímetros de largura e 61 centímetros de profundidade.

Depois de 10 anos, Babbage foi forçado a abandonar seu trabalho com a máquina da diferença, pois o governo retirou seu apoio em razão dos altos custos. Um funcionário do governo britânico disse que, se a máquina algum dia fosse terminada, deveria "primeiramente calcular quanto dinheiro havia sido gasto para construí-la!" (apud Green, 2001, p. 136).

Babbage passou a se dedicar ao planejamento de um aparelho maior, que chamou "máquina analítica" e continha incríveis 25 mil peças, que podia ser programada com o uso de cartões perfurados e era dotada de uma memória separada, além da capacidade de processamento de dados. Também possuía uma saída para a impressão dos resultados das tabulações. A máquina analítica foi comparada ao "computador digital para fins gerais" (Swade, 2000, p. 115). Infelizmente, a máquina jamais foi construída por falta de fundos. O governo recusou-se a envolver-se com os projetos de Babbage novamente.

Babbage perdeu a motivação quando não conseguiu mais obter financiamento para o seu trabalho e se tornou amargo e ressentido. Dizia repetidamente que jamais havia vivido um dia feliz em toda a sua vida. Ele "odiava a humanidade de um modo geral, os ingleses em especial, e o governo inglês e os tocadores de órgãos

SCIENCE MUSEUM, UK

FIGURA 2.2 A máquina calculadora de Babbage, que permanece intacta no Science Museum de Londres, Inglaterra.

de rua ainda mais" (Morrison e Morrison, 1961, p. 13). Sua luta contra os tocadores de órgão e outros músicos de rua deu a ele notoriedade considerável entre os moradores de Londres, muitos dos quais o consideravam um "louco". Frequentemente, ele escrevia cartas de protesto aos jornais, queixando-se de que o barulho vindo da rua reprimia seus poderes mentais e interferia no seu trabalho. Devemos destacar que Charles Dickens e outros pesquisadores fizeram as mesmas reclamações.

De modo geral, ele acreditava que os esforços para desenvolver a máquina calculadora haviam sido em vão e que nunca seria reconhecido pela sua contribuição. No entanto, Babbage recebeu amplo reconhecimento pelo seu trabalho. Em 1946, quando o primeiro computador totalmente automático foi desenvolvido na Harvard University, um pioneiro do computador referiu-se ao acontecimento como a concretização do sonho de Babbage. Em 1991, para comemorar o bicentenário de seu nascimento, um grupo de cientistas britânicos construiu a réplica de uma das sonhadas máquinas de Babbage, com base em seus desenhos originais. O aparelho pesa três toneladas e realiza cálculos com perfeição (Dyson, 1997). Vinte anos depois, em 2011, o governo britânico começou um projeto multimilionário para, finalmente, construir a máquina analítica dos planos originais de Babbage. O projeto usará os mesmos tipos de engrenagens, níveis e molas que Babbage projetou e seu propósito é homenagear o homem que hoje é chamado de "pai da computação" (Markoff, 2011, p. D1). Espera-se que a construção leve dez anos.

Charles Babbage, que personificou no século XIX a noção do funcionamento do homem como uma máquina, estava, evidentemente, muito à frente da sua época. Sua calculadora, precursora dos modernos computadores, representou a primeira tentativa de sucesso na reprodução do processo cognitivo humano e no desenvolvimento de uma forma de inteligência artificial. Os cientistas e os inventores da sua época previram que os usos das máquinas seriam ilimitados, assim como as funções humanas que seriam capazes de executar. Eles ficariam impressionados com os avanços que continuam a definir e moldar nossa vida cotidiana.

A noiva da ciência

Um dos apoiadores mais leais de Babbage, e uma das poucas pessoas que entendiam como suas máquinas funcionavam, foi a jovem Ada, de 17 anos e um prodígio em matemática: a condessa de Lovelace (1815-1852). Babbage a chamava de sua "encantadora dos números". Ela referia-se a si mesma como "noiva da ciência" (Babbage, citado em Johnson, 2008, p. 76). Seu pai era o famoso e licencioso porta das celebridades, Lord Byron, que se divorciou de sua mãe um mês após o seu nascimento, possivelmente por causa de um romance (um entre muitos) que estava tendo com sua meia-irmã.

A mãe de Ada dedicou o resto da vida para garantir que a filha não se tornasse como o pai, a quem nunca conheceu. Ada foi uma criança teimosa e sua mãe tentou disciplinar suas tendências selvagens, forçando-a a estudar matemática de manhã até a noite. Quando a criança não se comportava conforme demandado, ela era trancada em um armário ou amarrada a uma placa de madeira.

No entanto, suas tendências independentes e voluntariosas não foram atenuadas, e ela se tornou um gênio da matemática. Ela também se interessou por muitas novas ideias, como materialismo e mecanismo e "também teve experiências relacionadas a com convenções sociais e sexuais. Era paqueradora, desembaraçada e muitas vezes chocante; lidava tão bem com pessoas à margem da sociedade, como com aquelas que estavam no centro dela" (Woolley, 1999, p. 2). Aos 13 anos, em 1828, desenhou o esboço de uma máquina voadora e se tornou obcecada pela ideia de voar como um pássaro.

Posteriormente, casada e com três filhos, passou por mudanças extremas de humor e "distúrbios nervosos" e se tornou viciada em ópio e morfina, ambas as substâncias prescritas por seu médico. Morreu aos 36 anos "em terrível agonia, de câncer uterino, depois de sua mãe passar a negar-lhe morfina, pois sentia que Lovelace poderia expiar melhor seus pecados mortais através de um sofrimento intenso" (Snyder, 2011, p. 298).

Ada ficou fascinada pela máquina analítica de Babbage e publicou, em 1843, o que se tornaria a primeira e única explicação definitiva de como ela funcionava, seus possíveis usos e implicações filosóficas. Ela foi a primeira a reconhecer a limitação fundamental de uma máquina "que pensa", que é o fato de ela não conseguir, por si só, originar ou criar algo novo. A máquina só consegue fazer o que é instruída ou programada para fazer. Em 1980, o Departamento de Defesa dos Estados Unidos chamou a linguagem de programação de seu sistema militar de controle de computadores de "Ada", em homenagem às suas contribuições para o desenvolvimento de computadores.

Os primórdios da ciência moderna

Observamos que o século XVII testemunhou uma evolução extremamente abrangente e diversificada na ciência. Até então, os filósofos buscavam as respostas no passado, nos trabalhos de Aristóteles e de outros pensadores da Antiguidade, e na Bíblia. As forças que regiam a investigação consistiam no dogma (na doutrina imposta pela igreja estabelecida) e na autoridade. No século XVII, nova força ganhava importância: o **empirismo**, a busca do conhecimento por meio da observação e da experimentação. O conhecimento extraído do passado tornara-se suspeito, dando lugar aos anos dourados iluminados pelas descobertas e percepções científicas que refletiam a mudança na natureza da investigação científica.

Empirismo: busca do conhecimento mediante a observação da natureza e a atribuição de todo conhecimento à experiência.

Entre os vários estudiosos que marcaram o período, destaca-se o matemático francês René Descartes, que contribuiu diretamente para a história da psicologia moderna. Seu trabalho ajudou a libertar a investigação científica do controle rígido das crenças intelectuais e teológicas dos séculos passados. Descartes simbolizou a transição científica para a era moderna e aplicou a noção do mecanismo do relógio ao corpo humano. Por esse motivo, muitos afirmam ter ele inaugurado a era da psicologia moderna.

René Descartes (1596-1650)

Descartes nasceu na França, em 31 de março de 1596, e herdou do pai recursos suficientes para manter uma vida confortável, em busca do conhecimento intelectual e viagens. De 1604 a 1612, frequentou uma escola jesuíta, onde estudou matemática e ciências humanas. Demonstrava também grande talento para filosofia, física e fisiologia. Em razão da fragilidade da sua saúde, Descartes era dispensado das missas matutinas e lhe era permitido dormir até a hora do almoço, hábito que manteve por toda a vida. Foi durante essas tranquilas manhãs que desenvolveu suas ideias mais criativas.

Ao completar a educação formal, decidiu experimentar os prazeres da vida parisiense. Com o tempo, acabou entediado e decidiu levar uma vida mais calma, dedicando-se ao estudo da matemática. Aos 21 anos, serviu como voluntário nos exércitos da Holanda, da Bavária e da Hungria, e ficou conhecido como um espadachim ousado e habilidoso. Adorava dançar e jogar e provou ser um talentoso jogador por causa de sua habilidade matemática.

Descartes tinha atração por mulheres estrábicas e, com base nisso, ele oferecia a seguinte explicação às pessoas que se apaixonam. Ele escreveu: "Quando era menino, me apaixonei por uma garota um pouco estrábica, e, por muito tempo depois, sempre que via alguém com estrabismo, eu me apaixonava... Assim, se amamos alguém sem saber por que, podemos assumir que essa pessoa, de algum modo, é semelhante àquela pessoa que amamos anteriormente, mesmo que não saibamos exatamente o motivo" (Descartes apud Buckley, 2004, p. 107-108).

Sua única ligação amorosa duradoura foi um romance de três anos com uma mulher holandesa, Helene Jans, que deu à luz sua filha Francine. Descartes adorava essa criança e ficou com o coração partido quando ela morreu em seus braços, aos 5 anos de idade. Um biógrafo escreveu que Descartes ficou desconsolado, passando pelos "mais profundos sentimentos de arrependimento que jamais sentiu em sua vida" (apud Rodis-Lewis, 1998, p. 141). Descartes continuou solteiro até o final de sua vida.

Descartes tinha profundo interesse em aplicar o conhecimento científico a questões práticas. Pesquisava meios para evitar o embranquecimento dos cabelos e tentou aperfeiçoar as manobras de uma cadeira de rodas para deficientes físicos. Ele também antecipou a noção de condicionamento em cachorros, cerca de 200 anos antes de Pavlov ter refinado seu conceito (veja no Capítulo 9). De acordo com um biógrafo, Descartes, em 1630, contou a um amigo que, "depois de chicotear um cachorro seis ou oito vezes ao som de um violino, o simples som já leva o cachorro a chorar e tremer de medo" (apud Watson, 2002, p. 168).

Durante o período em que serviu o exército, Descartes teve vários sonhos que mudaram sua vida. Conforme seu relato, passou o dia 10 de novembro sozinho em um quarto com aquecedor, mergulhado em pensamentos sobre a matemática e a ciência. Acabou adormecendo e, no sonho, que mais tarde ele mesmo interpretou, foi repreendido pela sua ociosidade. O "espírito da verdade" invadiu sua mente e convenceu-o a dedicar o trabalho da sua vida à proposta de aplicação dos princípios matemáticos a todas as ciências, produzindo, assim, o conhecimento inquestionável. Resolveu duvidar de tudo, principalmente dos dogmas e das doutrinas do passado, e aceitar como verdade apenas o que tivesse absoluta certeza, o que era determinado por métodos empíricos.

Descartes escreveu: "fiquei impressionado pelo grande número de enganos que aceitei como verdade na minha infância e pela natureza altamente questionável da construção sobre a qual eu, posteriormente, me baseei. Percebi que era necessário [...] demolir tudo completamente e começar de novo pelas bases se eu quisesse estabelecer qualquer coisa nas ciências que fosse estável e, provavelmente, a última" (citado em Grayling, 2005, p. 56-57).

De volta a Paris, mais uma vez achou a vida dispersiva demais, resolveu vender as propriedades herdadas do pai e mudou-se para uma casa de campo na Holanda. Sua necessidade de isolamento era tamanha que, em 20 anos, morou em 13 cidades e em 24 casas diferentes, mantendo em segredo o endereço, revelando-o apenas para os amigos mais íntimos, com quem mantinha correspondência frequente. Parece que sua única exigência era ficar próximo de uma igreja católica romana e de uma universidade. De acordo com um biógrafo, o lema de Descartes era: "Vive bem aquele que vive bem escondido" (Gaukroger, 1995, p. 16).

Um biógrafo mais recente descreveu Descarte nessa fase de sua vida como

> uma pessoa de grande autoestima e de enorme ambição... um homenzinho orgulhoso, nervoso, egoísta. Dogmático a respeito de seus pontos de vista, considerava todos os que discordavam dele como equivocados ou simplórios. Era desconfiado, facilmente ofendia-se e ficava enraivecido e demorava a se acalmar. Insistia que não se deixava afetar pelos ataques pessoais, mas jamais esquecia um insulto, um menosprezo ou uma ofensa. (Watson, 2002, p. 165-188)

Descartes escreveu muitos trabalhos relacionados com a matemática e a filosofia, e sua crescente fama chamou a atenção da jovem princesa Cristina, da Suécia, na época com 20 anos, que lhe pediu que fosse seu mestre em filosofia (Grayling, 2005, p. 221). Embora relutasse muito em abrir mão da liberdade e da privacidade, e temesse acabar falecendo na Suécia, sempre teve grande respeito pelas prerrogativas reais.

Em 7 de setembro de 1649, Descartes subiu a bordo de um navio, "vestido com seu terno verde e novo, com colarinho branco, luvas enfeitadas de renda, peruca encaracolada e botas com bico virado para cima", preparado para a viagem de um mês para Estocolmo (Watson, 2002, p. 290). No entanto, sua chegada à corte real não foi um sucesso, apesar de a rainha ser estrábica, algo que sempre atraiu Descartes. A rainha insistia em ter suas aulas às 5 da manhã, em uma biblioteca pobremente aquecida, durante um inverno extremamente rigoroso. Descartes escreveu a um amigo, dizendo: "Não me sinto feliz aqui e a única coisa que desejo é paz e tranquilidade" (apud Rodis-Lewis, 1998, p. 196). Para outro amigo, escreveu: "Acho que, no inverno, os pensamentos das pessoas daqui congelam, como a água" (apud Watson, 2002, p. 304). Cada vez mais frágil, Descartes suportou as madrugadas e o frio intenso por quase quatro meses, até contrair pneumonia. Faleceu em 11 de fevereiro de 1650.

Um interessante relato pós-morte de um homem que, como veremos adiante, dedicou boa parte do tempo a refletir que a interação entre a mente e o corpo diz respeito ao ocorrido com o próprio corpo. Após 16 anos da morte de Descartes, seus amigos decidiram que os despojos deveriam retornar à França. Enviaram à Suécia um caixão que, no entanto, era pequeno demais para conter os restos mortais. Assim, as autoridades suecas decidiram cortar a cabeça e enterrá-la até que outras providências fossem tomadas.

Enquanto os restos mortais de Descartes eram preparados para a viagem de retorno a casa, o embaixador francês na Suécia resolveu guardar um *souvenir* e cortou-lhe o dedo indicador direito. O corpo, agora sem a cabeça e sem um dedo, foi sepultado em Paris em meio a muita pompa e cerimônia. Algum tempo depois, um oficial do exército sueco desenterrou o crânio de Descartes e guardou-o de lembrança. Durante 150 anos, ele passou de um colecionador sueco para outro até ser, finalmente, enterrado em Paris.

Os cadernos e os manuscritos de Descartes foram enviados para Paris depois da sua morte, mas o navio afundou pouco antes de atracar e os papéis ficaram submersos por três dias. O trabalho de restauração levou 17 anos para tornar possível a publicação desses documentos. Quase 200 anos após a morte de Descartes, um matemático italiano roubou 72 de suas cartas e as levou para a Inglaterra, evidenciando outro exemplo de dados perdidos para a história. Somente 45 dessas cartas foram recuperadas, sendo a última em 2010 (Cohen, 2010). Felizmente, as ideias de Descartes se mostraram melhores que seus restos mortais e suas correspondências.

As contribuições de Descartes: o mecanicismo e o problema mente-corpo

O trabalho mais importante de Descartes para o desenvolvimento da psicologia moderna foi a tentativa de resolver o **problema mente-corpo**, uma questão controversa durante séculos. Ao longo de vários períodos, os intelectuais discutiam como a mente (a alma ou espírito) podia ser diferenciada do corpo e de todas as demais qualidades físicas. A questão básica, simples, porém enganosa, era esta: a mente e o corpo, isto é, o universo mental e o mundo material são de naturezas distintas? Por milhares de anos os intelectuais adotaram posturas dualistas, com o argumento de que a mente e o corpo são de naturezas diferentes. Entretanto, a aceitação da posição dualista levanta outras questões: se a mente e o corpo são de naturezas distintas, qual é a relação existente entre eles? Como interagem? São independentes ou influenciam-se mutuamente?

Problema mente-corpo: a questão da distinção entre as qualidades mentais e físicas.

Antes de Descartes, a teoria predominante afirmava que a interação entre a mente e o corpo era essencialmente unilateral, ou seja, a mente exercendo grande influência sobre o corpo, enquanto este exercia pouco efeito sobre aquela. Uma analogia para a explicação dessa visão é que a relação entre o corpo e a mente é semelhante àquela entre a marionete e seu manejador. A mente é como o manipulador puxando as cordas do corpo.

Na teoria da interação mente-corpo de Descartes, a mente influenciava o corpo, mas a influência deste sobre a mente era maior do que se acreditava. A relação não era apenas unilateral, mas mútua. Essa ideia, considerada radical no século XVII, teve importantes implicações para a psicologia.

Depois da publicação da teoria de Descartes, vários estudiosos contemporâneos chegaram à conclusão de que não podiam mais sustentar a noção convencional da mente como o mestre das duas entidades, isto é, como o manejador que puxa as cordas, e funcionando quase independentemente do corpo. Desse modo, os cientistas e os filósofos passaram a atribuir maior importância ao corpo físico ou material. As funções atribuídas anteriormente à mente começaram a ser consideradas funções do corpo.

Por exemplo: acreditava-se na mente como responsável não apenas pelo pensamento e pela razão, como também pela reprodução, pela percepção e pelo movimento. Descartes rebatia essa crença com o argumento de que a mente exercia uma única função, a do pensamento. Para ele, todos os demais processos eram funções do corpo.

Dessa forma, Descartes introduziu uma abordagem para a questão que vinha de longa data, ou seja, o problema mente-corpo, e concentrou a atenção na dualidade físico-psicológica. Ao fazê-lo, ele redirecionou a atenção dos pesquisadores, que passaram do conceito teológico abstrato da alma para o estudo científico da mente e dos processos mentais. Como consequência, houve a transferência dos métodos de investigação da análise metafísica subjetiva para a observação e a experimentação objetiva. As pessoas faziam apenas conjeturas a respeito da natureza e da existência da alma, mas podiam, de fato, observar as operações e os processos da mente.

Desse modo, os cientistas acabaram aceitando a mente e o corpo como duas entidades separadas. É possível afirmar que a matéria – a substância material do corpo – é dotada de extensão (ou seja, ocupa espaço) e opera de acordo com os princípios mecânicos. A mente, no entanto, é livre, isto é, não possui extensão nem substância física. A ideia revolucionária de Descartes afirma que a mente e o corpo, embora distintos, são capazes de interagir dentro do organismo humano. A mente é capaz de exercer influência sobre o corpo do mesmo modo que este pode influenciá-la.

A natureza do corpo

Na visão de Descartes, o corpo é composto de matéria física; portanto, tem características comuns a qualquer matéria, ou seja, extensão no espaço (ele ocupa espaço) e capacidade motora. Sendo o corpo uma matéria, as leis da física e da mecânica que regem o movimento e a ação do universo físico aplicam-se também a ele. Logo, o corpo é semelhante a uma máquina, cuja operação pode ser explicada pelas leis da mecânica que governam o movimento de todos os objetos no espaço.

Descartes foi claramente influenciado pelo espírito mecanicista da época, refletido nos relógios mecânicos e nos autômatos. Quando morou em Paris, ficou encantado com as maravilhas mecânicas instaladas nos jardins reais. Passava horas pisando nas placas de pressão para acionar o fluxo de água e ativar as figuras, colocando-as em movimento e fazendo-as emitir sons.

Quando descrevia o corpo humano, fazia referência direta às figuras mecânicas que vira. Comparava os nervos do corpo aos canos dentro dos quais corria a água e os músculos e tendões às engrenagens e molas.

Os movimentos do autômato não resultavam da ação voluntária da máquina, mas de ações externas, por exemplo, a pressão da água. A natureza involuntária desse movimento refletia-se na observação de Descartes de que os movimentos corporais, muitas vezes, ocorrem sem a intenção consciente do indivíduo.

Seguindo essa linha de raciocínio, ele chegou à ideia do *undulatio reflexa*, um movimento não comandado ou não determinado pela vontade consciente de se mover. Por conta desse conceito, muitas vezes Descartes é definido como o autor da **teoria do ato reflexo**. Essa teoria é precursora da psicologia behaviorista de estímulo-resposta (E-R) do século XX, cuja ideia consiste na possibilidade de um objeto externo (estímulo) provocar uma resposta involuntária, como a perna que salta quando o médico bate no joelho com um pequeno martelo. O comportamento reflexo não envolve pensamento nem processo cognitivo: parece ser completamente mecânico ou automático.

Teoria do ato reflexo: ideia de que um objeto externo (um estímulo) pode provocar uma resposta involuntária.

O trabalho de Descartes também serviu de subsídio para a crescente tendência à hipótese científica da previsibilidade do comportamento humano. O modo de operação do corpo mecânico pode ser previsto e calculado, desde que os estímulos sejam conhecidos. Em outro exemplo, Descartes comparou o controle do movimento muscular ao funcionamento mecânico do órgão de um coro que havia visto em uma igreja.

> Se tivermos a curiosidade de examinar os órgãos dos coros de igrejas, será possível descobrir como os foles empurram o ar para dentro dos receptáculos denominados (provavelmente por essa razão) câmaras de ar. E saberemos como o ar passa das câmaras para um ou outro tubo, dependendo do movimento dos dedos do organista sobre o teclado. Podemos comparar o coração e as artérias da nossa máquina, que empurram o espírito animal para dentro das cavidades do cérebro, com os foles, que empurram o ar para dentro das câmaras de ar; e os objetos externos, que estimulam certos nervos e fazem que o espírito contido nas cavidades chegue a determinados poros, com os dedos do organista, que pressionam determinadas teclas e fazem que o ar passe das câmaras de ar para os tubos específicos. (apud Gaukroger, 1995, p. 279)

Descartes encontrou na fisiologia contemporânea a confirmação para a sua interpretação mecânica sobre o funcionamento do corpo humano. Em 1628, o médico inglês William Harvey descobriu os fatores básicos relacionados com a circulação sanguínea no corpo humano. Outros fisiologistas dedicavam-se ao estudo dos processos digestivos; alguns cientistas descobriram que os músculos do corpo trabalhavam em pares opostos e que a sensação e o movimento dependiam, de alguma forma, dos nervos.

Apesar dos grandes avanços dos pesquisadores na descrição das funções e dos processos do corpo humano, muitas vezes as descobertas eram imprecisas ou incompletas. Por exemplo: presumia-se que os nervos consistiam em tubos ocos pelos quais fluía o espírito animal, assim como o fluxo de água percorria os canos para ativar as figuras mecânicas. No entanto, nossa preocupação nesse caso não recai sobre a precisão ou perfeição da fisiologia do século XVII, mas no fato de ela servir como base de sustentação para a interpretação mecânica do corpo.

O dogma religioso estabelecido afirmava que os animais eram desprovidos de alma e, desse modo, eram comparados aos autômatos – uma teoria que preservava a distinção entre os seres humanos e os animais, conceito fundamental para o pensamento cristão. Se os animais eram autômatos e não tinham alma, também não eram dotados de sentimentos e, por conta disso, os pesquisadores da época de Descartes realizavam pesquisas com animais vivos, mesmo antes de surgir a anestesia. Um escritor declarou que se entretinha "com os gritos e choros [dos animais], que nada mais eram do que assobios hidráulicos e vibrações das máquinas" (Jaynes, 1970, p. 224). Assim, os animais pertenciam totalmente à categoria dos fenômenos físicos. Eram desprovidos de imortalidade, de processos de pensamento e de vontade própria, e seu comportamento era explicado totalmente em termos mecânicos.

A interação mente-corpo

De acordo com a teoria de Descartes, a mente é imaterial, ou seja, não tem substância física, mas é provida de capacidade de pensamento e de outros processos cognitivos. Como a mente possui a capacidade do pensamento, da percepção e da vontade, de algum modo ela influencia o corpo e é influenciada por ele. Por exemplo: quando a mente decide realizar um movimento de um lado para o outro, essa decisão é executada pelos músculos, tendões e nervos do corpo. Do mesmo modo, quando o corpo recebe um estímulo, como a luz ou o calor, a mente reconhece, interpreta esses dados sensoriais e determina a resposta adequada.

Antes de completar essa teoria sobre a interação mente-corpo, Descartes teve de localizar o ponto físico exato do corpo em que a mente e o corpo interagiam mutuamente. Ele concebeu a mente como uma unidade, o que significava que ela deveria interagir com o corpo em apenas um único ponto. Também acreditava que a interação ocorria em alguma parte dentro do cérebro, porque a pesquisa havia demonstrado que as sensações viajavam até ele, onde também se originava o movimento. Estava claro para Descartes que o cérebro era o ponto central das funções da mente e que a única estrutura cerebral unitária (ou seja, que não era dividida nem duplicada em cada hemisfério cerebral) seria o corpo pineal ou *conarium*. E ele considerou lógico ser esse o centro da interação.

Descartes usou os conceitos do mecanicismo para descrever como ocorre a interação mente-corpo. Propôs que o movimento do espírito animal nos tubos nervosos provocava uma impressão no *conarium* e, a partir daí, a mente produzia a sensação. Em outras palavras, a quantidade de movimentos físicos (o fluxo do espírito animal) produzia uma qualidade mental (uma sensação). O contrário também ocorria: a mente criava uma impressão no *conarium* (de algum modo, Descartes nunca forneceu uma explicação clara) e, inclinando-se para uma direção ou outra, a impressão podia provocar o fluxo do espírito animal até os músculos, resultando, assim, o movimento corporal ou físico.

A doutrina das ideias

A doutrina das ideias de Descartes também exerceu profunda influência no desenvolvimento da psicologia moderna. Ele afirmava ser a mente produtora de dois tipos de ideias: derivadas e inatas. As **ideias derivadas**, segundo ele, eram aquelas que surgiam da aplicação direta de estímulos externos, como o som do sino ou a imagem de uma árvore. Assim, as ideias derivadas (a do sino ou da árvore) eram produtos das experiências dos sentidos. Já as **ideias inatas** não eram produzidas por objetos do mundo externo que invadiam os sentidos, mas desenvolvidas pela mente ou pela consciência. Embora pudessem existir independentemente das experiências sensoriais, era possível que fossem percebidas na presença das experiências adequadas. Entre as ideias inatas identificadas por Descartes estavam Deus, o eu, a perfeição e o infinito.

Ideias derivadas e inatas: as ideias derivadas são produzidas pela aplicação direta de um estímulo externo; as inatas surgem da mente ou da consciência, independentemente das experiências sensoriais ou dos estímulos externos.

Mais adiante, veremos como o conceito das ideias inatas conduziu a teoria nativista da percepção (a ideia de a capacidade de percepção ser inata e não aprendida) e influenciou a escola de psicologia da Gestalt, a qual, por sua vez, influenciou o movimento mais contemporâneo da psicologia cognitiva.

O trabalho de Descartes serviu como catalisador das diversas tendências convergentes da nova psicologia. Entre as contribuições sistemáticas mais importantes, destacam-se:

- a concepção mecanicista do corpo;
- a teoria do ato reflexo;
- a interação mente-corpo;
- a localização das funções mentais no cérebro;
- a doutrina das ideias inatas.

Graças a Descartes, foi possível compreender a ideia do mecanicismo aplicada ao corpo humano. Tão disseminada estava a filosofia do mecanicismo na definição do *Zeitgeist* da época, que era inevitável alguém se decidir a aplicá-la à mente humana. Passaremos agora ao estudo desse importante acontecimento: a redução da mente a uma máquina.

As bases filosóficas da nova psicologia: positivismo, materialismo e empirismo

Auguste Comte (1798-1857)

Em meados do século XIX, 200 anos após a morte de Descartes, terminava o longo período da psicologia pré-científica. Nessa época, o pensamento filosófico europeu foi impregnado por um novo espírito: o **positivismo**. O conceito e o termo formam a base do trabalho do filósofo francês Auguste Comte, que, ao saber da sua morte iminente, declarou que isso seria uma perda irreparável para a humanidade.

Positivismo: doutrina que reconhece somente os fenômenos naturais ou fatos que possam ser objetivamente observáveis.

Comte empreendeu uma pesquisa sistemática de todo o conhecimento humano. A fim de controlar melhor essa tarefa ambiciosa, decidiu limitar seu trabalho a fatos inquestionáveis, ou seja, aqueles determinados exclusivamente por meio de métodos científicos. Dessa maneira, a visão positivista referia-se a um sistema baseado exclusivamente nos fatos observáveis objetivamente e indiscutíveis. Qualquer objeto de estudo de natureza especulativa, dedutível ou metafísica era considerado ilusório e, portanto, rejeitado.

Comte acreditava terem as ciências físicas atingido o estágio positivista, não dependendo mais das forças não observáveis e das crenças religiosas para explicar os fenômenos naturais. Entretanto, para as ciências sociais alcançarem um estágio de desenvolvimento mais avançado, deveriam também abandonar as questões e explicações metafísicas e trabalhar exclusivamente com os fatos observáveis. As ideias de Comte eram tão respeitadas, que o positivismo se tornou uma força popular e dominante no *Zeitgeist* europeu do final dos anos 1800. "*Todos* eram positivistas ou, pelo menos, alegavam ser" (Reed, 1997, p. 156).

É interessante observar como Comte conseguiu exercer uma influência tão forte e duradoura sobre o pensamento europeu, apesar de seus problemas financeiros e emocionais. Ele nunca exerceu uma posição acadêmica formal. Seus escritos não renderam mais que o suficiente para a sua sobrevivência, complementado com os honorários de palestras e com o que, ocasionalmente, recebia como presente de admiradores. Era brilhante, mas problemático, e sofria frequentemente de períodos de demência.

> Muitas vezes [ele] ficava agachado atrás das portas e agia mais como um animal do que como um homem [...] Em todo almoço e jantar, declarava-se um soldado do regimento escocês como um daqueles do romance de Walter Scott, e fincava a faca na mesa, exigia um pedaço de lombo de porco cheio de molho e recitava versos

> de Homero [...] Um dia, quando sua mãe juntou-se [a Comte e sua esposa] para uma refeição, surgiu uma discussão à mesa e Comte pegou a faca e cortou a garganta. As cicatrizes ficaram para o resto da vida. (Pickering, 1993, p. 392)

Logo cedo em sua carreira, Comte apoiou a noção da igualdade para as mulheres, bem como outras causas feministas, mas mudou de ideia quando se casou com uma mulher voluntariosa e extremamente inteligente. Descreveu seu casamento como o maior erro de sua vida (suas ideias sobre o positivismo foram mais bem-sucedidas que a sua vida pessoal).

A ampla aceitação do positivismo significava que os intelectuais estudavam dois tipos de proposição, descritos por um historiador da seguinte forma: "Um refere-se aos objetos da razão e consiste na afirmação científica. O outro não tem sentido!" (Robinson, 1981, p. 333). O conhecimento resultante da metafísica e da teologia "não tinha sentido". Somente o conhecimento derivado da ciência era considerado válido.

Materialismo: doutrina que considera os fatos do universo como suficientemente explicados em termos físicos pela existência e natureza da matéria.

Outras ideias filosóficas também sustentavam o positivismo antimetafísico. A doutrina do **materialismo** assegurava a possibilidade de descrição dos fatos do universo em termos físicos e da sua explicação por meio das propriedades da matéria e da energia. A proposta dos materialistas afirmava ser possível compreender até mesmo a consciência humana com base nos princípios da física e da química. O trabalho dos materialistas em relação aos processos mentais concentrava-se nas propriedades físicas, mais especificamente nas estruturas anatômicas e fisiológicas do cérebro.

Um terceiro grupo de filósofos, os defensores do empirismo, preocupava-se em descobrir como a mente adquiria o conhecimento. Esse grupo afirmava que todo o conhecimento era resultante da experiência sensorial. O positivismo, o materialismo e o empirismo vieram a se tornar as bases filosóficas da nova ciência da psicologia. Dentre essas três orientações filosóficas, foi o empirismo que desempenhou o papel principal. O empirismo estava relacionado com o desenvolvimento da mente, ou seja, com a forma como ela adquiria o conhecimento. De acordo com a visão empirista, a mente evolui com o acúmulo progressivo das experiências sensoriais. Essa ideia contrasta com a visão nativista, exemplificada por Descartes, da existência das ideias inatas. São considerados os principais empiristas britânicos: John Locke, George Berkeley, David Hartley, James Mill e John Stuart Mill.

John Locke (1632-1704)

John Locke era um estudante medíocre na Oxford University, divertindo-se com "leituras, romances e escrevendo cartas amorosas para mulheres que, na verdade, nunca procurou. Desenvolveu uma curiosidade amadora a respeito da medicina, enchendo cadernos com receitas que pediam gordura de ouriço e cachorrinhos trinchados. Uma vez tirou o coração de um sapo e observou o animal pular até morrer. Locke fazia essas coisas para passar o tempo, e não por ter pretensões de praticar a nova ciência" (Zimmer, 2004, p. 241).

Depois de vários anos como aluno, finalmente, depois de ler Descartes, mostrou um interesse sério em uma área: filosofia natural. Permaneceu em Oxford ainda por mais alguns anos, dando aulas de grego, redação e filosofia, interessando-se mais tarde pela prática da medicina. Desenvolveu interesse pela política e, em 1667, foi a Londres para ser secretário do conde de Shaftesbury, tornando-se amigo e confidente desse controverso homem de Estado. O poder de Shaftesbury no governo declinava e, em 1681, depois de participar de uma conspiração contra o rei Carlos II, ele fugiu para a Holanda. Embora Locke não estivesse envolvido na conspiração, sua relação com o conde colocou-o sob suspeita, de modo que também acabou fugindo para a Holanda. Muitos anos depois, Locke voltou para a Inglaterra, tornou-se membro do comitê de apelação e escreveu livros sobre educação, religião e economia. Preocupava-se com a liberdade religiosa e o direito do povo em ter um governo popular.

Seus escritos lhe trouxeram muita fama e influência, e ele ficou conhecido em toda a Europa como defensor de um governo liberal. Alguns de seus trabalhos influenciaram os autores da Declaração de Independência dos Estados Unidos. Pouco antes de morrer, ele disse: "Já vivi tempo suficiente e, graças a Deus, tive uma vida feliz" (citado em Cranston, 1957, p. 480).

O trabalho mais importante de Locke para a psicologia foi *Ensaio sobre o entendimento humano* [*An essay concerning human understanding*] (1690), o ponto mais alto de um estudo de 20 anos. Esse livro, publicado em quatro edições por volta de 1700 e traduzido para o francês e para o latim, marca o início formal do empirismo britânico.

Como a mente adquire o conhecimento. O interesse principal de Locke estava voltado ao funcionamento cognitivo, isto é, à forma como a mente adquire o conhecimento. Ao lidar com essa questão, Locke rejeitou a proposta de Descartes sobre a existência das ideias inatas, apresentando o argumento de que o ser humano nascia sem qualquer conhecimento prévio. Séculos antes, Aristóteles defendeu posição semelhante, ou seja, de que a mente do homem ao nascimento era uma *tábula rasa*, uma lousa vazia, em branco, em que se registravam as experiências. Locke admitia que alguns conceitos, como a concepção de Deus, pareciam inatos para nós, adultos, mas somente porque nos eram ensinados na infância e não nos lembrávamos do tempo em que não tínhamos consciência deles. Assim, fundamentado no conceito da aprendizagem e do hábito, Locke explicava a aparente natureza inata de algumas ideias. Então, como a mente adquire o conhecimento? Para Locke, assim como para Aristóteles, a mente adquiria o conhecimento por meio da experiência.

A sensação e a reflexão. Locke admitia dois tipos de experiências: um derivado da sensação e outro da reflexão. As ideias resultantes da sensação, ou seja, derivadas da experiência sensorial direta com os objetos físicos presentes no ambiente, são simples impressões do sentido. Essas impressões sensoriais operam na mente, que também opera nas sensações, fazendo uma reflexão para formar as ideias. Essa função cognitiva ou mental da reflexão como fonte de conceitos depende da experiência sensorial, já que as ideias produzidas pela reflexão da mente têm como base as impressões anteriormente percebidas por meio dos sentidos.

No curso da evolução humana, as sensações aparecem primeiro. Elas são necessariamente precursoras das reflexões, porque, sem a existência de um reservatório das impressões do sentido, não há como a mente refletir sobre elas. Durante a reflexão, resgatamos as impressões sensoriais passadas, combinando-as para formar abstrações e outras ideias de nível superior. Desse modo, todas são frutos da sensação e da reflexão, mas a fonte final continua sendo nossas experiências sensoriais.

O que Locke disse? Na seção seguinte, apresentaremos algumas das ideias de Locke em suas próprias palavras. Você deve estar se questionando sobre o motivo de pedirmos para você ler algo que Locke escreveu há mais de 300 anos. Lembre-se, no entanto, que autores de livros-texto e professores fornecem as próprias versões, visões e percepções. Autores e professores devem reduzir, abstrair e sintetizar os dados originais da história para condensá-los em porções manuseáveis. Nesse processo, algo do formato único, do estilo e, até mesmo, do conteúdo original pode se perder.

Para entender qualquer sistema de pensamento na sua totalidade, o ideal seria uma pessoa ler os dados originais da história, com base nos quais os autores escreveram seus livros e os professores prepararam suas aulas. Na prática, é claro, isso raramente é possível. Foi essa a razão que nos levou a incluir partes dos dados originais – ou seja, as próprias palavras dos teóricos – de vários personagens que contribuíram para com o desenvolvimento do pensamento psicológico. Esses trechos, inseridos em seções intituladas "Texto original", mostram como os teóricos apresentavam suas ideias e permitem que você se familiarize com o estilo explicativo imposto às gerações anteriores de estudantes.

Texto original

Trecho sobre o empirismo, extraído de *An essay concerning human understanding* (1690), de John Locke

Suponhamos, então, que a mente seja, como afirmamos, um papel em branco, desprovido de quaisquer caracteres, sem qualquer conteúdo de ideias. Como virá a ser preenchida? De onde surge esse vasto colorido que a fantasia humana, ativa e ilimitada, nela pintou com uma multiplicidade quase infinita? Onde buscará todo o recurso da razão e do conhecimento? Como resposta, basta uma palavra: na experiência. Nela se fundamenta todo o nosso conhecimento e dela basicamente se deriva o próprio conhecimento. O uso da nossa observação no que se refere a objetos sensoriais externos, ou acerca das operações internas da mente, que percebemos e sobre as quais refletimos, é que nos proporciona a compreensão de todo o conteúdo do pensamento. São essas as duas fontes do conhecimento de todas as ideias que naturalmente possuímos ou que, a partir das quais, possamos vir a adquirir.

Em primeiro lugar, os nossos sentidos, possuidores de relações íntimas com determinados objetos sensoriais, transportam para a mente diversas percepções distintas dos elementos de acordo com as várias maneiras pelas quais são afetados pelos objetos. E, assim, concebemos as ideias de amarelo, branco, quente, frio, macio, duro, amargo, doce e de todas as demais qualidades denominadas sensoriais, as quais, ao afirmar que são transportadas pelos sentidos para a mente, quero dizer que a partir dos objetos externos são transferidas para a mente, produzem as percepções. Essa imensa fonte de, praticamente, todas as ideias que possuímos totalmente dependente dos nossos sentidos, e deles derivada para o entendimento, é o que chamo sensação.

Em segundo lugar, a outra fonte pela qual a experiência proporciona ideias para o entendimento é a percepção das operações da nossa mente interior, de como ela emprega as ideias adquiridas: operações que, quando passam a ser objeto de reflexão e de análise da alma, produzem no entendimento outro conjunto de ideias, que não seria possível conceber a partir dos elementos sem: a percepção, o pensamento, a dúvida, a crença, a razão, o conhecimento, a vontade e todas as diferentes ações da nossa mente e da qual, se tivéssemos consciência e as observássemos em nossas almas, obteríamos nossos entendimentos como ideias distintas, assim como agimos com nossos corpos que afetam nossos sentidos. Dessa fonte de ideias, todo homem em si é integralmente dotado: e, embora não possa ser sentido como tendo qualquer relação com os objetos externos, ainda assim, assemelha-se muito e pode ser corretamente chamado sentido interno. No entanto, como chamei o outro de sensação, a esse chamo reflexão, sendo as ideias por ele sustentadas apenas as que a mente obtém mediante a reflexão sobre suas próprias operações internas. Então, por reflexão quero expressar a observação que a mente realiza de suas próprias operações e do seu modo, a razão pela qual a observação se transforma em ideias no entendimento dessas operações. Esses dois elementos, ou seja, os externos ou materiais, como os objetos da sensação, e as operações internas das nossas mentes, como os objetos da reflexão, são, em minha opinião, os únicos elementos originais pelos quais surgem todas as nossas ideias.

Ideias simples e complexas: ideias simples são as elementares, que surgem da sensação e da reflexão; ideias complexas são as derivadas, compostas pelas simples, podendo ser analisadas ou reduzidas a componentes mais simples.

Ideias simples e ideias complexas. Locke fez uma distinção entre ideias simples e ideias complexas. **Ideias simples** podem surgir tanto da sensação como da reflexão e são recebidas passivamente pela mente. Elas são elementares, ou seja, não podem ser analisadas nem reduzidas a concepções ainda mais simples. Entretanto, mediante o processo de reflexão, a mente cria ativamente novas ideias, combinando as simples. Essas novas ideias derivadas são o que Locke chamava de **ideias complexas**, pois, sendo compostas das simples, podem ser analisadas e estudadas com base nelas.

Associação: noção de que o conhecimento resulta da ligação ou da associação entre ideias simples para a formação de ideias complexas.

A teoria da associação. O conceito da combinação ou da composição de ideias e a noção contrária de análise marcam o início da abordagem mental-química do problema da associação. Desse ponto de vista, ideias simples podem ser conectadas ou associadas para formar as complexas. **Associação** é o nome dado inicialmente ao processo que, hoje, os psicólogos chamam de aprendizagem. A redução ou a análise da vida mental na forma de ideias ou de elementos simples e a associação desses elementos para formar ideias complexas tornaram-se fundamentais para a nova psicologia científica. Assim como era possível desmontar o relógio e outros mecanismos, reduzindo-os até separar todos os componentes e remontá-los para produzir uma máquina complexa, as ideias humanas também poderiam ser desmontadas.

Locke tratou o funcionamento da mente conforme as leis do universo natural. As partículas básicas ou os átomos do universo mental são as ideias simples, conceito análogo ao dos átomos da matéria do universo mecânico de Galileu e Newton. Esses elementos da mente não podem ser divididos em outros mais simples; no entanto, assim como seus semelhantes do mundo material, podem ser combinados ou associados para formar estruturas mais complexas. Desse modo, a teoria da associação foi um passo significativo para considerar a mente, tal como o corpo, uma máquina.

Qualidades primárias e secundárias. Outra importante proposta de Locke para a fase inicial da psicologia foi o conceito de qualidades primárias e secundárias aplicadas às ideias sensoriais simples. As **qualidades primárias** existem em um objeto, sejam ou não percebidas por nós. O tamanho e a forma de um edifício são qualidades primárias, enquanto sua cor é uma qualidade secundária. A cor não é inerente ao objeto em si, mas dependente da experiência do indivíduo, já que nem todos percebem determinada cor da mesma maneira. As **qualidades secundárias**, como cor, odor, som e sabor, existem não no objeto em si, mas na percepção individual do objeto. A sensação do toque de uma pena não se encontra nela, mas na reação ao toque da pena. A dor provocada pelo corte de uma faca não se encontra na faca propriamente dita, mas na experiência individual como reação ao ferimento.

Qualidades primárias e secundárias: qualidades primárias são características como tamanho e forma de um objeto, perceptíveis ou não; qualidades secundárias são características como cor e cheiro, que existem em nossa percepção de um objeto.

Um experimento popular descrito por Locke ilustra bem esses conceitos. Prepare três recipientes, sendo um com água fria, outro com água morna, e um terceiro com água quente. Mergulhe a mão esquerda na água fria, a direita na quente e, em seguida, as duas na água morna. Uma das mãos terá a sensação de estar na água quente e a outra na fria. A temperatura da água para ambas as mãos é a mesma, não pode ser quente e fria ao mesmo tempo. As qualidades secundárias ou as experiências de calor e frio existem em nossa percepção e não no objeto propriamente dito (nesse caso, na água).

Analisemos outro exemplo: se não mordêssemos uma maçã, seu sabor não existiria. As qualidades primárias, como o tamanho e a forma da maçã, existem independentemente de as percebermos ou não. Já as qualidades secundárias, como o sabor, ocorrerão apenas em nosso ato de percepção.

Locke não foi o primeiro estudioso a fazer distinção entre as qualidades primária e secundária. Galileu apresentou basicamente a mesma noção:

> Creio que, se removêssemos os ouvidos, a língua e o nariz, permaneceriam as formas, as quantidades e os movimentos [qualidades primárias], mas não o odor, o sabor e o som [qualidades secundárias]. Esses últimos, acredito, nada mais são que nomes quando os separamos dos seres vivos. (apud Boas, 1961, p. 262)

A distinção entre as qualidades primária e secundária está de acordo com a posição mecanicista, que afirma ser a matéria em movimento a única realidade objetiva. Se a matéria consiste em toda existência objetiva, a percepção de todo o resto, como da cor, do odor e do sabor, deve ser subjetiva. Somente as qualidades primárias podem existir independentemente de serem percebidas ou não.

Ao fazer a distinção entre as qualidades objetiva e subjetiva, Locke reconhecia a subjetividade da maior parte da percepção humana, ideia que o intrigava e estimulava seu desejo de investigar a mente e a experiência consciente. Locke sugeriu ser secundária uma tentativa de explicar a ausência do correspondente preciso entre o universo físico e a nossa percepção desse universo.

Uma vez aceita pelos pesquisadores, a teoria da distinção entre as qualidades primária e secundária, ou seja, da existência real de umas e de outras somente na nossa percepção, era inevitável que alguém perguntasse se havia realmente uma diferença entre elas. Talvez a percepção exista apenas nas questões das qualidades secundárias, subjetivas e dependentes do observador. O filósofo que formulou essa pergunta e a respondeu foi George Berkeley.

George Berkeley (1685-1753)

George Berkeley nasceu e recebeu toda sua educação formal na Irlanda, entrou para a Trinity College, em Dublin, aos 15 anos, onde estudou as obras de Descartes e Locke. Bastante religioso, foi ordenado diácono da igreja anglicana aos 24 anos. Pouco tempo depois, publicou dois ensaios filosóficos que exerceram grande influência na psicologia: *Um ensaio para a nova teoria da visão* [*An essay towards a new theory of vision*] (1709) e *Tratado sobre os princípios do conhecimento humano* [*A treatise concerning the principles of human knowledge*] (1710). Esses livros encerraram as suas contribuições para a psicologia.

Berkeley viajava com frequência por toda a Europa e teve vários empregos na Irlanda, inclusive lecionando no Trinity College, em Dublin. Obteve independência financeira ao receber de presente uma quantia considerável de uma mulher que conhecera em um jantar. Depois de passar três anos em Newport, Rhode Island, Berkeley doou sua casa e sua biblioteca à Yale University. Nos últimos anos de vida, serviu como bispo de Cloyne, uma pequena cidade da Irlanda. Quando morreu, atendendo a um pedido dele, o corpo foi deixado em uma cama até começar a se decompor. Ele acreditava que a putrefação era o único sinal de morte e temia ser enterrado prematuramente.

A fama de Berkeley – ou, pelo menos, o nome dele – é conhecida até hoje nos Estados Unidos. Em 1855, o reverendo Henry Durant, da Yale University, fundou uma escola na Califórnia com o nome de "Berkeley", em homenagem ao bom bispo, ou talvez em reconhecimento a seu poema "On the prospect of planting arts and learning in America", em que se lê esta frase muito conhecida: "Westward the course of empire takes its way" ("Para o Ocidente o império toma seu rumo").

A percepção é a única realidade. Berkeley concordava com o conceito de Locke de que todo o conhecimento do mundo exterior tem origem na experiência, mas divergia da distinção entre as qualidades primária e secundária. Berkeley alegava não haver qualidades primárias, mas somente as qualidades que Locke chamava de secundárias. Para Berkeley, todo o conhecimento era uma função ou dependia da experiência ou da percepção do indivíduo. Alguns anos mais tarde, essa teoria recebeu o nome de **mentalismo**, como expressão da ênfase no fenômeno exclusivamente mental.

Mentalismo: doutrina que considera que todo conhecimento é função de um fenômeno mental e dependente da pessoa que o percebe ou vivencia.

Berkeley afirmava ser a percepção a única realidade da qual se tem certeza. Não se pode conhecer com precisão a natureza dos objetos físicos no universo experimental – o universo derivado da própria experiência ou tendo ela como base. Tudo o que sabemos é como percebemos ou sentimos esses objetos. Então, sendo a percepção interna e subjetiva, ela não reflete o mundo exterior. O objeto físico nada mais é que o acúmulo das sensações experimentadas simultaneamente, de forma que se associem à mente pelo hábito. De acordo com Berkeley, portanto, o universo das nossas experiências é o somatório das sensações.

Não há substância material da qual possamos ter certeza, porque, se excluirmos a percepção, a qualidade desaparecerá. Desse modo, não existe cor sem a nossa percepção de cor, a forma ou o movimento sem se notar a forma ou o movimento.

Berkeley não estava dizendo que os objetos reais existem no universo físico apenas quando são percebidos. Sua teoria considerava que, como toda experiência está dentro de nós mesmos, em relação à nossa própria percepção, nunca podemos saber com precisão a natureza física dos objetos. Podemos confir apenas em nossa própria percepção única desses objetos.

Ele reconhecia, no entanto, que havia estabilidade e consistência nos objetos do mundo material e que estes existiam independentemente de ser percebidos e, então, tinha de encontrar alguma forma de comprovar essa teoria. O argumento utilizado foi Deus; afinal, Berkeley era bispo. Deus funcionava como uma espécie de observador permanente de todos os objetos do universo. Se a árvore caía na floresta (assim como dizia um antigo enigma), a queda produzia um som, mesmo que não houvesse ninguém para ouvi-lo, porque Deus estava sempre presente para percebê-lo.

A associação das sensações. Berkeley aplicou o princípio da associação para explicar como passamos a conhecer os objetos do mundo real. Esse conhecimento é basicamente a construção ou a composição de ideias simples (elementos mentais) unidas pelo fundamento da associação. As ideias complexas são formadas pela união das simples recebidas por meio dos sentidos, como explicou em *Um ensaio para a nova teoria da visão* [*An essay towards a new theory of vision*]:

> Sentado em minha sala de leitura, ouço uma carruagem se aproximando pela rua; olho pela [janela] e avisto-a; saio de casa e entro nela. Assim, uma narrativa comum pode conduzir qualquer um a pensar que eu ouvi, vi e toquei o mesmo objeto [...] a carruagem. No entanto, apesar de afirmar serem as ideias [concebidas] por cada sentido amplamente diferentes e distintas umas das outras, quando observadas constantemente juntas, acabam descritas como sendo um único e igual objeto. (Berkeley, 1709/1957a)

A complexa ideia da carruagem pode ser ornamentada com o som do ranger das rodas nas ruas de paralelepípedos, com a robustez da estrutura, com o frescor do cheiro do couro dos assentos e com a imagem visual do seu formato quadrado. A mente constrói ideias complexas juntando esses blocos básicos de construção mental – as ideias simples. A analogia mecânica no uso das palavras "construir" e "blocos de construção" não é uma coincidência.

Berkeley também usava a associação para explicar a percepção de profundidade visual. Ele estudava como o ser humano percebe a terceira dimensão da profundidade, já que a retina humana possui apenas duas dimensões. Sua resposta foi que a percepção de profundidade é resultado da nossa experiência. Associamos as impressões visuais com as sensações de ajuste dos olhos para enxergar os objetos de distâncias diferentes e com movimentos de aproximação ou afastamento dos objetos visualizados. Em outras palavras, as contínuas experiências sensoriais de caminhar em direção aos objetos ou de alcançá-los, aliadas às sensações dos músculos oculares, unem-se para produzir a percepção da profundidade. Quando aproximamos o objeto dos olhos, as pupilas se convergem, e quando o afastamos, a convergência diminui. Desse modo, a percepção de profundidade não é uma simples experiência sensorial, mas uma associação de ideias a ser aprendida.

Berkeley prosseguiu na crescente teoria da associação na filosofia empirista, tentando explicar o processo puramente psicológico ou cognitivo com base na associação das sensações. Sua explicação antecipou com precisão a visão moderna da percepção de profundidade no que tange à consideração das diretrizes psicológicas da acomodação e da convergência.

James Mill (1773-1836)

James Mill nasceu na Escócia, filho de um sapateiro, o que normalmente teria limitado consideravelmente suas perspectivas de carreira. No entanto, sua mãe se recusou a permitir isso. Ela tinha "grandes ambições para ele e, desde o início, James foi forçado a acreditar que era superior aos outros e o centro das atenções" (Capaldi, 2004, p. 1). Insistia que se mantivesse afastado de outras crianças e que se dedicasse totalmente aos estudos. Esse foi definitivamente um regime espartano, que, mais tarde, ele adotou também com seu filho.

Mill estudou na University of Edinburgh, na Escócia, e serviu durante algum tempo como clérigo. Quando percebeu que ninguém na sua congregação entendia seus sermões, abandonou a igreja escocesa para ganhar a vida como escritor. Seu trabalho literário mais famoso é *História da Índia* [*History of British India*], que levou 11 anos para ser concluído. Sua contribuição mais importante para a psicologia é *Análise dos fenômenos da mente humana* [*Analysis of the phenomena of the human mind*] (1829).

A mente como uma máquina. James Mill aplicou a doutrina do mecanicismo à mente humana com rara objetividade e clareza. Seu objetivo era destruir a ilusão a respeito de toda a subjetividade ou das atividades psíquicas e demonstrar que a mente não passava de uma máquina. Mill não se convencia com a argumentação dos empiristas de que a mente era semelhante à máquina apenas no seu funcionamento. A mente *era* uma máquina – funcionava da mesma forma previsível e mecânica que um relógio. Era colocada em funcionamento por forças físicas externas e operada por forças físicas internas.

De acordo com essa perspectiva, a mente é uma entidade completamente passiva e acionada totalmente por estímulos externos. A reação a esses estímulos é automática; a atitude não é espontânea. A teoria de Mill, no entanto, não comportava o conceito de livre-arbítrio.

Conforme sugere o título do principal trabalho de Mill, ele propunha o estudo da mente pelo método da análise, ou seja, reduzindo a mente em componentes básicos. É possível reconhecer nessa afirmação a doutrina mecanicista. Por exemplo: para compreender um fenômeno complexo, seja no mundo físico ou no mental, sejam ideias ou relógios, é necessário dividi-los em partes, componentes menores. Mill afirmou "ser indispensável o conhecimento distinto dos elementos para apurar a formação resultante da sua composição" (Mill, 1829, v. 1, p. 1).

Para Mill, sensações e ideias são as únicas espécies de elementos mentais que existem. Na linha tradicional empirismo-associacionismo, todo conhecimento tem início com as sensações, das quais são derivadas as ideias complexas de nível mais elevado mediante o processo da associação, que é uma questão de contiguidade ou apenas de simultaneidade e pode ser sucessiva ou concomitante.

Mill não acreditava que a mente tivesse uma função criativa, já que a associação consistia em um processo passivo e automático. As sensações simultâneas que ocorrem em certa ordem são reproduzidas mecanicamente em forma de ideias, as quais ocorrem na mesma ordem das sensações a que correspondem. Em outras palavras, para ele, a associação era mecânica e as ideias resultantes eram apenas o acúmulo ou a soma dos elementos mentais individuais.

John Stuart Mill (1806-1873)

James Mill concordava com a visão de Locke a respeito da mente humana como uma folha em branco para o registro das experiências. Quando nasceu seu filho, John, Mill prometeu estabelecer quais experiências preencheriam a mente do garoto e empreendeu um rigoroso programa de aulas particulares. Todos os dias, durante um período de até cinco horas, ensinava grego, latim, álgebra, geometria, lógica, história e política econômica ao menino, formulando perguntas até receber a resposta correta (Reeves, 2009).

John era mantido afastado da distração de outras crianças, sendo frequentemente repreendido e corrigido por cometer erros, e jamais era elogiado por suas realizações. Descreveu seu pai uma vez como "excessivamente severo. Nenhum erro escapava, mesmo que pequeno; não passa nada sem ser repreendido ou punido de algum modo" (apud Capaldi, 2004, p. 10).

Em sua autobiografia, John Stuart Mill escreveu que seu pai "exigia de mim não somente o máximo, mas também o que era impossível ser feito... não havia feriados, o hábito do trabalho jamais podia ser interrompido, assim como o gosto pela preguiça jamais podia ser adquirido" (Mill, 1873/1909, p. 10, 27). Embora tivesse tido uma educação severa, ele foi bem-sucedido, aprendendo tudo que seu pai acreditou que devesse saber.

Aos 3 anos, John Stuart Mill lia Platão no original em grego. Aos 11, escreveu o primeiro trabalho acadêmico e aos 12 dominava com perfeição o currículo universitário padrão. Com 18 anos, descreveu a si mesmo como uma "máquina lógica" e, aos 21, sofreu uma depressão profunda. Sobre seu distúrbio mental, disse: "Meus nervos ficaram em estado de entorpecimento [...] toda a base sobre a qual a minha vida fora construída havia ruído [...] Não havia sobrado nada por que valesse a pena continuar a viver" (Mill, 1873/1909, p. 83). Ele levou muitos anos para recuperar a autoestima.

Mais tarde, em sua vida, ele culpou seus pais por seus problemas mentais; o pai, em razão da rigidez, e a mãe, segundo ele, por nunca ter-lhe demonstrado afeto. "Eu, na verdade, cresci com a falta de amor e na presença do medo" (J. S. Mill apud Kamm, 1977, p. 15).

Mill trabalhou na Companhia das Índias Orientais, lidando com a correspondência rotineira referente à atuação do governo inglês na Índia. "Ele era tão fanático por trabalho, que, ao se sentir acalorado dada a sua efervescente escrita, ele gradualmente ia se despondo de suas roupas e trabalhava com a maior seriedade sem o seu colete ou as suas calças, enquanto seus colegas o observavam com o espanto do decoro vitoriano" (Gopnik, 2009, p. 86).

Finalmente, o amor. Aos 25 anos, Mill apaixonou-se por Harriet Taylor, uma mulher linda e inteligente, porém casada, que veio a exercer grande influência em seu trabalho e em sua vida. Os dois desenvolveram uma íntima amizade e afeição, que se transformou em um romance muito conhecido. Era um relacionamento pouco comum até mesmo para os padrões atuais. Mesmo depois de seu marido repetidamente pedir que ela parasse de passar tanto tempo com ele, Harriet ainda negociou um acordo. Ela e Mill continuariam a se encontrar, mas ela viveria com seu marido, prometendo lealdade e fidelidade aos dois homens, mas abstendo-se de atividades sexuais com eles. Essa situação continuou durante 20 anos, até que seu marido faleceu. Depois dos dois anos de luto socialmente aceitos, Harriet e John Stuart Mill puderam se casar.

Ela o ajudava tanto com seu trabalho, que ele se referia a ela como "dádiva-mor da minha existência" (Mill, 1873/1909, p. 111). Mill ficou inconsolável quando ela morreu, sete anos depois, e mandou construir um chalé de onde pudesse ver o seu túmulo. Escreveu: "Duvido que algum dia possa estar preparado para algo público ou pessoal novamente... a primavera de minha vida terminou" (apud Capaldi, 2004, p. 246). Essa citação é importante por causa da imagem mecânica que Mill usou: a mola era um motor, a força motivadora da máquina, como relógios e autômatos, e por extensão, também os humanos.

Aos 52 anos, ele encontrou uma nova "primavera" em Helen, filha de Harriet, que tinha 27 anos de idade e que lhe fez companhia pelo resto de sua vida. Em sua carta, ele se refere a ela como se fosse sua filha, mas, na realidade, ela se comportava mais como uma governanta. "Ele tinha adorado ser dominado por Harriet; ele gostava de ser dominado por Helen" (Kamm, 1977, p. 133).

Mill, mais tarde, publicou uma dissertação intitulada "A subjugação das mulheres", escrito a partir de sugestão de Helen e inspirado pelas experiências do casamento de Harriet com seu primeiro marido. Ficou horrorizado com o fato de as mulheres serem privadas de direitos financeiros ou de propriedades e comparou a saga feminina à de outros grupos de desprovidos. Condenava a ideia da submissão sexual da esposa ao desejo do marido, contra a própria vontade, e a proibição do divórcio com base na incompatibilidade de gênios. Sua concepção de casamento era baseada na parceria entre pessoas com os mesmos direitos, e não na relação mestre-escravo (Rose, 1983). Mais tarde, Sigmund Freud traduziu para o alemão o ensaio de Mill sobre a mulher e, em uma carta para sua noiva, zombou do conceito de Mill a respeito da igualdade dos sexos. Freud escreveu: "A posição da mulher não pode ser outra senão esta: ser uma namorada adorada na juventude e uma esposa querida na maturidade" (Freud, 1883/1964, p. 76). Pode-se observar que Mill estava mais avançado em seus pensamentos a respeito dessa questão do que Freud.

A química mental. Por causa de seus trabalhos abordando diversos tópicos, John Stuart Mill tornou-se contribuinte influente no que logo se transformou formalmente na nova ciência da psicologia. Ele combatia a posição mecanicista de seu pai, James Mill, ou seja, a visão da mente passiva que reage mediante o estímulo externo. Para John Stuart Mill, a mente exercia um papel ativo na associação de ideias.

Em sua proposta, afirma que ideias complexas não são apenas o somatório de ideias simples por meio do processo de associação. Ideias complexas são mais que a simples soma das partes individuais (as ideias simples). Por quê? Porque acabam adquirindo novas qualidades antes não encontradas nos elementos simples. Por exemplo: a mistura de azul, vermelho e verde nas proporções corretas resulta na cor branca, uma qualidade completamente nova. De acordo com essa perspectiva, conhecida como a **síntese criativa**, a combinação correta de elementos mentais sempre produz alguma qualidade distinta que não estava presente nos próprios elementos.

Síntese criativa: noção de que ideias complexas, formadas de ideias simples, adquirem novas qualidades; a combinação dos elementos mentais cria um elemento maior que a soma dos elementos originais ou diferente destes.

Desse modo, o pensamento de John Stuart Mill foi influenciado pelas pesquisas em andamento na química, que lhe proporcionaram modelos diferentes das ideias de física e de mecânica que formavam o contexto de ideias de seu pai e dos precursores empiristas e associacionistas. Os químicos demonstravam o conceito da síntese, que busca componentes químicos para mostrar atributos e qualidades não presentes nas partes ou nos elementos que os compõem. Por exemplo: a mistura correta dos elementos do hidrogênio e do oxigênio produz a água, a qual possui propriedades não encontradas em nenhum desses componentes. Do mesmo modo, as ideias complexas formadas pela combinação de ideias simples adquirem características inexistentes em seus elementos. Mill chamou essa teoria da associação de ideias de "química mental".

John Stuart Mill também contribuiu significativamente para a psicologia, alegando ser possível a realização de um estudo científico da mente. Fez essa afirmação quando outros filósofos, principalmente Auguste Comte, negavam a possibilidade de examiná-la por meio de métodos científicos.

Contribuições do empirismo à psicologia

Com o surgimento do empirismo, muitos filósofos desviaram-se das abordagens iniciais do conhecimento. Embora tratassem de algumas questões em comum, seus métodos para analisá-las baseavam-se nas teorias do atomismo, do mecanicismo e do positivismo.

Vejamos os princípios do empirismo:

- o papel principal do processo da sensação;
- a análise da experiência consciente nos elementos;
- a síntese dos elementos em experiências mentais complexas mediante o processo da associação;
- o foco nos processos conscientes.

O papel principal do empirismo na formação da nova psicologia científica tornara-se evidente e foi possível perceber que as preocupações dos empiristas formavam o objeto de estudo básico da psicologia.

Em meados do século XIX, os filósofos estabeleceram a justificativa teórica para uma ciência dedicada à natureza humana. O passo seguinte seria a transformação da teoria em realidade – o tratamento experimental do mesmo objeto de estudo –, o que ocorreria logo, graças aos psicólogos, como veremos no Capítulo 3, que proporcionaram o tipo de experimentação que viria a completar a fundação da nova psicologia.

QUESTÕES PARA DISCUSSÃO

1. Por que o pato mecânico causou tanta sensação em Paris de 1739? Qual é a relação disso com o desenvolvimento de uma nova psicologia?
2. Explique o conceito do mecanicismo. Como esse conceito foi aplicado aos seres humanos?
3. Qual é a relação existente entre o desenvolvimento do relógio e o dos autômatos e as ideias do determinismo e do reducionismo?
4. Por que os relógios foram considerados modelos para o universo físico?
5. Quais as implicações da máquina calculadora de Babbage na nova psicologia? Descreva a contribuição de Ada Lovelace para o trabalho de Babbage.
6. Qual é a diferença entre a visão de Descartes a respeito da questão mente-corpo e as visões anteriores?
7. Como Descartes explica o funcionamento e a interação do corpo humano e da mente humana? Qual é o papel do *conarium*?
8. Como Descartes diferenciava as ideias inatas das ideias derivadas?
9. Defina o positivismo, o materialismo e o empirismo. Quais as contribuições de cada um para a nova psicologia?
10. Descreva a definição de Locke sobre o empirismo. Discuta seus conceitos de sensação e reflexão, e de ideias simples e complexas.
11. O que é a abordagem química mental para a associação? Qual é a relação entre essa abordagem e a noção da mente semelhante a uma máquina?
12. Como as ideias de Berkeley desafiaram a visão de Locke sobre a distinção entre as qualidades primária e secundária? O que Berkeley quis dizer com a frase "percepção é a única realidade"?
13. Compare as explicações a respeito de associação apresentadas por James Mill e John Stuart Mill.
14. Faça uma comparação e destaque os pontos divergentes das posições de James Mill e de John Stuart Mill acerca da natureza da mente. Qual dessas visões teve impacto mais duradouro na psicologia?

Capítulo 3

As influências fisiológicas

David K. perde o emprego: já era hora

Os sapatos de David Kinnebrook eram engraxados todas as noites, mas esse era o único benefício que tinha em seu emprego. Seu trabalho era solitário, maçante e muito estressante. Era forçado a morar no mesmo prédio em que trabalhava e tinha de estar disponível das 7 horas da manhã às 10 horas da noite, sete dias da semana. Além disso, muitas vezes um alarme tocava no meio da noite, chamando-o de volta ao trabalho. Ele recebia um salário muito pequeno para tudo isso e três refeições por dia, e, lógico, seus sapatos eram engraxados.

Quais eram as qualificações para esse emprego maravilhoso? Um dos cientistas que supervisionava esse serviço escreveu: "Quero homens incansáveis, que trabalhem muito e, acima de tudo, sejam escravos obedientes do trabalho, que ficarão satisfeitos por passar seu dia usando suas mãos e olhos no ato mecânico de observar, e o resto do tempo no processo maçante de calcular" (apud Croarken, 2003, p. 286).

Quando Kinnebrook finalmente saiu, o substituto dele descreveu o trabalho da seguinte maneira:

> Nada pode exceder o enfado e o tédio da vida que o assistente leva nesse lugar, excluído da sociedade, com exceção de um pobre rato que ocasionalmente sai de seu buraco na parede... Abandonado nesse lugar, o assistente passa seus dias, semanas e meses no mesmo longo e cansativo cômputo, e sem um amigo para encurtar as horas entediantes ou uma alma com quem possa conversar. (apud Croarken, 2003, p. 285)

O local era o Observatório Real em Greenwich, Inglaterra; o ano era 1795. Kinnebrook trabalhava como assistente do reverendo Nevil Maskelyne (1732-1811), um astrônomo da realeza. Trabalhou para o reverendo durante 1 ano, 8 meses e 22 dias antes de ser despedido, e nunca soube que seu trabalho teve papel impactante para a fundação da nova ciência da psicologia.

Tudo começou com uma diferença de cinco décimos de segundo. Isso não é muito, pode-se dizer, mas foi demais para o astrônomo. Quando Maskelyne percebeu que as observações de Kinnebrook sobre o tempo decorrido na passagem de uma estrela de um ponto a outro eram inferiores, repreendeu-o pelo engano, e alertou-o para que fosse mais cuidadoso. Kinnebrook tentou (e até deu a Maskelyne um peru de Natal), mas as diferenças aumentaram. Maskelyne relata:

> Devo mencionar que meu assistente, Sr. David Kinnebrook, que observava criteriosamente o movimento das estrelas e dos planetas por todo o ano de 1794 e parte do presente ano, obedecendo aos mesmos procedimentos por mim utilizados, passou a registrar a partir do início de agosto passado meio segundo de atraso em relação às minhas observações, e, em janeiro do ano seguinte, ou seja, em 1796, ele aumentou seu erro em oito décimos de segundo.
>
> Infelizmente, suas observações prosseguiram por um período considerável antes que eu notasse o erro, e não me parecia possível resolver esse problema e retornar ao método correto de observação, portanto, embora relutante, visto ser ele um ótimo e cuidadoso assistente em diversos aspectos, acabei dispensando-o. (apud Howse, 1989, p. 169)

E, assim, Kinnebrook foi demitido. Ele desempenhou um trabalho como diretor de escola até sua morte, 14 anos mais tarde, e caiu no esquecimento sem tomar conhecimento de que, realmente, não havia cometido erro algum (Rowe, 1983).[1]

A importância do observador humano

O incidente de Kinnebrook foi ignorado durante 20 anos, até o fenômeno tornar-se objeto de investigação do astrônomo alemão Friedrich Wilhelm Bessel (1784-1846), que estava interessado em estudar os erros de medição. Ele suspeitava que aqueles "erros" do assistente de Maskelyne deveriam ser atribuídos às diferenças individuais – distinções pessoais sobre as quais as próprias pessoas não têm controle. Assim, raciocinou Bessel, as diferenças podem ser encontradas entre os tempos observados por todos os astrônomos, fenômeno que passou a ser chamado "equação pessoal". Bessel continuou investigando essa hipótese e constatou que estava correto. Mesmo entre vários astrônomos experientes, as divergências eram comuns.

Bessel chegou a duas conclusões com sua descoberta: primeiro, os astrônomos devem levar em consideração a natureza humana do observador, já que as características e as percepções pessoais necessariamente influenciam as observações; segundo, se a astronomia deve levar em conta o papel do observador humano, certamente ele é importante também nas outras ciências que dependem dos métodos de observação.

Vimos no Capítulo 2 que os filósofos empiristas, como Locke e Berkeley, debateram a natureza subjetiva da percepção humana, usando como argumento a afirmação de que nem sempre há – ou que muitas vezes não há – correspondência exata entre a natureza de um objeto e a nossa percepção sobre esse objeto. O trabalho de Bessel ilustrou e corroborou a teoria com os dados de uma ciência pura: a astronomia. Assim, os cientistas foram forçados a concentrar-se no papel do observador humano como responsável pelos resultados das experiências. Consequentemente, eles começaram a estudar os órgãos dos sentidos humanos – os mecanismos fisiológicos por meio dos quais recebemos informações a respeito do universo –, como forma de in-

[1] Maskelyne morreu em 1811, ainda em seu trabalho, vestindo uma roupa especial que o mantinha aquecido nas frias noites no observatório. Seu traje era coberto por listras de seda douradas, cor de cereja e de creme e tinha um forro tão grosso que ele mancava ao caminhar e sacudia uma grande base acolchoada. Essa vestimenta fez parte de uma exposição memorial para Maskelyne em 2011, no observatório. Seu biógrafo também destacou que Maskelyne sofria de problemas digestivos, sem dúvida causados por sua dieta composta por "enormes quantidades de salmão com carne de veado, bacalhau, lebres, patos-selvagens, chouriço e maçãs que ele trazia para sua cidra caseira" (Kennedy, 2011).

vestigação dos processos psicológicos da sensação e da percepção. Desse modo, os fisiologistas começaram a aplicar essa metodologia no estudo da sensação, e a psicologia estava a um passo de seguir o mesmo caminho.

Os avanços iniciais da fisiologia

A pesquisa fisiológica que discutiremos neste capítulo e que estimulou e orientou a nova psicologia era produto do trabalho científico do fim do século XIX. Assim como todos os demais esforços, esse também teve predecessores, trabalhos iniciais que lhe serviram de base. Durante a década de 1830, a fisiologia tornou-se uma disciplina voltada aos experimentos, principalmente sob a influência do fisiologista alemão Johannes Müller (1801-1858), defensor do método experimental. Müller ocupava posição de prestígio como professor de anatomia e fisiologia da University of Berlin. Era um fenômeno na produção de trabalhos, publicando em média um trabalho acadêmico a cada sete semanas. Manteve esse ritmo por 38 anos e suicidou-se durante uma crise depressiva.

Uma de suas obras de maior influência, *Manual de fisiologia humana* [*Handbook of the physiology of mankind*], foi publicada entre 1833 e 1840. Seus volumes contêm o resumo das pesquisas fisiológicas desse período e sistematizam um vasto conhecimento a respeito da área. Eles apresentam muitos estudos novos, sinalizando o rápido crescimento do trabalho experimental. O primeiro volume foi traduzido para o inglês em 1838, e o segundo, em 1842, confirmando o interesse dos cientistas de vários outros países, além da Alemanha, na pesquisa fisiológica.

Sua teoria sobre a energia específica dos nervos também foi muito importante para a fisiologia e a psicologia. Müller afirmava que a estimulação de determinado nervo sempre provocava uma sensação característica, porque cada nervo sensorial possuía energia específica própria. Essa noção estimulou a realização de muitas pesquisas para localizar as funções dentro do sistema nervoso e apontar os mecanismos sensoriais receptores nas regiões periféricas do organismo. Uma vez estabelecido esse tipo de pesquisa sobre os nervos sensoriais e o sistema nervoso, o próximo passo lógico era estudar o depósito de dados sensoriais – o cérebro.

Pesquisa sobre funções cerebrais: mapeamento interno

Muitos dos primeiros fisiologistas realizaram suas pesquisas diretamente nos tecidos cerebrais, e essas contribuições foram substanciais para o estudo das funções do cérebro. Esses esforços foram as primeiras tentativas de mapeamento das funções cerebrais, ou seja, de determinar as partes específicas do cérebro responsáveis pelo controle das diferentes funções cognitivas. A importância desse trabalho para a psicologia não se restringe à delimitação das áreas especializadas do cérebro, como reside também no refinamento dos métodos de pesquisa que mais tarde viriam a ser amplamente usados na psicologia fisiológica.

O médico escocês Marshall Hall (1790-1857), na época trabalhando em Londres, foi o pioneiro na investigação do comportamento por reflexo. Hall observou que os animais decapitados continuavam a se mover por algum tempo mediante o estímulo de várias terminações nervosas. Chegou à conclusão de que os diversos níveis de comportamento tinham origem nas diferentes partes do cérebro e do sistema nervoso. Mais especificamente, Hall postulava que o movimento voluntário dependia do cérebro; o movimento de reflexo, da medula espinhal; o movimento involuntário, da estimulação direta dos músculos; e o movimento respiratório, da medula.

A pesquisa do professor de história natural do College de France, de Paris, Pierre Flourens (1794-1867), envolvia a destruição sistemática de partes do cérebro e da medula espinhal dos pombos, bem como a observação das consequências. Flourens concluiu que o cérebro controlava os processos mentais mais elevados; partes do cérebro médio controlavam os reflexos visuais e auditivos; o cerebelo, a coordenação; e a medula, o batimento cardíaco, a respiração e outras funções vitais.

Extirpação: técnica para definir a função de determinada parte do cérebro animal, removendo-a ou destruindo-a para observar as mudanças no comportamento.

Método clínico: exame pós-morte das estruturas cerebrais para detectar as áreas lesionadas, consideradas responsáveis pelo comportamento do indivíduo antes de sua morte.

As descobertas de Hall e Flourens, embora consideradas válidas no aspecto geral, são secundárias para os nossos propósitos em relação ao uso do método de **extirpação**, no qual o pesquisador tenta determinar a função de uma parte específica do cérebro, removendo-a ou destruindo-a e observando as consequentes mudanças no comportamento do animal.

A segunda metade do século XIX presenciou a introdução de duas abordagens experimentais complementares à pesquisa sobre o cérebro: o método clínico e a técnica do estímulo elétrico. O **método clínico** foi desenvolvido em 1861 por Paul Broca (1824-1880), cirurgião de um hospital para doentes mentais próximo a Paris. Broca realizou a autópsia de um homem que, por muitos anos, apresentara uma fala incompreensível. O exame clínico revelou uma lesão na terceira convolução frontal do hemisfério esquerdo do córtex cerebral. Broca denominou essa seção do cérebro de centro da fala, que mais tarde ficou conhecida como a *área de Broca*.

O método clínico servia como complemento da técnica de extirpação, já que era difícil obter o consentimento das pessoas para remover partes de seu cérebro, ainda mais para conseguir crédito extra para seus laboratórios de psicologia. Como uma espécie de extirpação pós-morte, o método clínico possibilita o exame da área danificada do cérebro, considerada responsável pelo comportamento do paciente quando ainda vivo (O cérebro de Broca encontra-se preservado no Museu do Homem, em Paris, onde ainda pode ser visto, juntamente com a ossada de Descartes, em uma animada tarde de visitas).

Estímulos elétricos: técnica de exploração do córtex cerebral que consiste em aplicar pequenos choques elétricos para observar a resposta motora.

A técnica dos **estímulos elétricos** para o estudo do cérebro foi aplicada pela primeira vez em 1870, por Gustav Fritsch e Eduard Hitzig. A técnica consiste na aplicação de fracas correntes elétricas para a exploração do córtex cerebral. Fritsch e Hitzig descobriram que a estimulação de certas áreas corticais de coelhos e cães provocava algumas reações motoras, como a movimentação das patas. Com o desenvolvimento de equipamentos eletrônicos cada vez mais sofisticados, a técnica dos estímulos elétricos tornou-se extremamente produtiva para o estudo das funções cerebrais.

Pesquisas sobre funções cerebrais: mapeamento externo

Dentre os cientistas que tentavam realizar o mapeamento interno do cérebro estava o médico alemão Franz Josef Gall (1758-1828), que dissecava cérebros de animais e de pessoas mortas. Seu trabalho constatou a existência de substâncias cerebrais branca e acinzentada, a conexão de cada lado do cérebro ao lado oposto da medula espinhal por meio de fibras nervosas e a ligação por fibras entre as metades do cérebro.

Após completar esse minucioso programa de pesquisa, Gall voltou sua atenção para a parte externa do cérebro. Ele desejava descobrir se era possível obter informações sobre as propriedades cerebrais analisando o tamanho e o formato do cérebro. Quando criança, ele percebeu que seus colegas de classe que conseguiam memorizar grandes passagens com facilidade tinham olhos e testas maiores. "A partir disso, ele deduziu que um órgão da memória verbal deveria ficar entre os olhos. Ele supôs que, se uma capacidade era indicada por uma característica externa, outras também poderiam ser" (Morse, 1997).

Com relação a seu tamanho, os estudos realizados com animais demonstraram tendência de comportamento mais inteligente em animais com cérebros maiores do que nas espécies com cérebros menores. Todavia, quando começou a investigar o formato do cérebro, Gall aventurou-se por um território controverso. Ele fundou um movimento chamado cranioscopia, mais tarde conhecido como frenologia, cuja proposta afirmava que o formato do crânio de uma pessoa revelava suas características intelectuais e emocionais. Sua reputação caiu rapidamente quando promoveu essa ideia e ele deixou de ser visto pelos colegas como um respeitável cientista, mas como um charlatão e uma fraude.

Gall acreditava que quando uma habilidade mental, como a consciência, a benevolência ou a autoestima, fosse particularmente bem desenvolvida, devia existir uma protusão ou uma saliência correspondente na superfície do cérebro, na região controladora dessa característica. Se a capacidade fosse inferior, haveria um afundamento no crânio. Depois de examinar as saliências e os afundamentos de muitas pessoas, Gall mapeou a localização de 35 atributos humanos (veja Figura 3.1).

Um aluno de Gall, Johann Spurzheim, e um frenologista escocês, George Combe, contribuíram muito para a popularização do movimento. Viajaram por toda a Europa e pelos Estados Unidos dando aulas e demonstrações a respeito da frenologia. Seu sucesso foi rapidamente obscurecido por Orson e Lorenzo Fowler, dois irmãos, filhos com boa escolaridade de um fazendeiro no norte de Nova York. Os irmãos Fowler interessaram-se pela frenologia depois de ler os trabalhos de Spurzheim e Combe e resolveram desenvolver um empreendimento extremamente bem-sucedido. Milhões de norte-americanos tiveram a cabeça examinada e as saliências do cérebro lidas pelos Fowlers e seus associados.

> [Os irmãos] abriram clínicas em Nova York, Boston e Filadélfia no fim da década de 1830. Venderam o direito de abrir clínicas em outras cidades, principalmente mediante o treinamento de frenologistas, e forneceram suprimentos frenológicos [...] como bustos para exibição e ensino, compassos de calibre e tamanhos diversos para medições, painéis, manuais para venda e, para o frenologista itinerante, caixas para transportar os instrumentos e suprimentos. (Benjamin e Baker, 2004, p. 4-5)

Seus negócios foram incrivelmente lucrativos e continuaram sendo bem-sucedidos no século XX. Em 1838, iniciaram uma revista, a *American Phrenological Journal*, que foi publicada por mais de 70 anos. Os clientes chegavam em quantidade tão grande, que os consultórios frequentemente pareciam um show. Os frenologistas iam de cidade em cidade, "fazendo visitas nos dias marcados, estabelecendo-se por curto período, e oferecendo seus serviços mediante uma taxa [...] vendiam livros e painéis, assim como os grupos de rock atuais vendem camisetas e pôsteres em seus shows" (Sokal, 2001, p. 25).

Sociedades frenológicas foram formadas, e a leitura de cabeças tornou-se tão difundida, que muitas empresas norte-americanas usaram a técnica para selecionar seus funcionários. Praticantes da frenologia afirmavam que podiam usá-la para avaliar o nível de inteligência de uma criança e para aconselhar casais em dificuldades matrimoniais. Assim, a crença de que a frenologia podia ser aplicada a problemas práticos foi a principal razão de seu sucesso nos Estados Unidos. Em 1929, Charles Lavery e Frank White fundaram a Companhia Psicográfica de Minneapolis e desenvolveram uma máquina para mapear caroços nas cabeças das pessoas. O aparelho que consistia em quase 2 mil partes, era baixado sobre o crânio do cliente e media 32 pontos diversos. A máquina imprimia um relatório que atribuía pontos para 32 atributos mentais, os quais iam da autoestima à combatividade. Este frenologista mecânico tornou-se tão popular, que 33 máquinas foram produzidas e usadas com grande sucesso financeiro durante muitos anos (Joyce & Baker, 2008).

A crítica mais veemente em relação à cranioscopia de Gall teve como base a pesquisa conduzida por Pierre Flourens. Ao destruir sistematicamente partes de um cérebro (usando o método da extirpação), Flourens descobriu que o formato do crânio não correspondia aos contornos do tecido cerebral subjacente. Além disso, o tecido cerebral era delicado demais para produzir alterações, tais como protuberâncias ou afundamentos, na superfície óssea do crânio. Flourens e outros fisiologistas também demonstraram erros nas áreas designadas por Gall para as funções mentais específicas. Portanto, se você estiver procurando alguma saliência ou afundamento no seu crânio, pode ficar certo de que eles não revelam qualquer característica sobre o funcionamento intelectual ou emocional do seu cérebro.

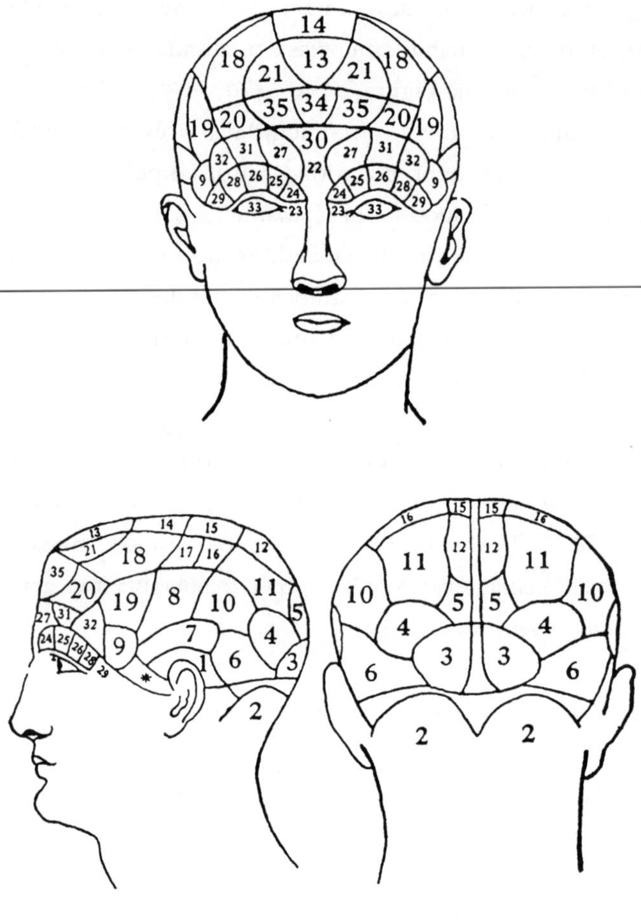

CAPACIDADE AFETIVA		CAPACIDADE INTELECTUAL	
PROPENSÃO A(O)	SENTIMENTO (DE)	PERCEPTIVA	REFLEXIVA
? Desejo de viver	10 Precaução	22 Individualidade	34 Comparação
* Alimentação	11 Aprovação	23 Configuração	35 Causalidade
1 Destruição	12 Autoestima	24 Tamanho	
2 Amabilidade	13 Benevolência	25 Peso e resistência	
3 Filoprogenitura	14 Reverência	26 Cor	
4 Devoção	15 Firmeza	27 Localidade	
5 Habitabilidade	16 Consciência	28 Ordem	
6 Combatividade	17 Esperança	29 Cálculo	
7 Discrição	18 Maravilhamento	30 Eventualidade	
8 Avidez	19 Idealidade	31 Tempo	
9 Construtividade	20 Jovialidade	32 Harmonia	
	21 Imitação	33 Idioma	

FIGURA 3.1 O poder e órgãos da mente.

Fonte: Sugerido por J. Spurzheim. Phrenology, or The Doctrine of Mental Phenomena, 1834.

Gall fracassou na tentativa de mapear a parte externa do cérebro, mas suas ideias reforçaram a crença crescente entre os cientistas de que era possível localizar as funções específicas do cérebro com a aplicação do método clínico, da extirpação e dos estímulos elétricos. E, como veremos no Capítulo 15, a ideia básica por trás da frenologia – de que características pessoais se localizam em regiões específicas do cérebro – está sendo demonstrada em pesquisas contemporâneas de neurociência (Wray, 2010).

Há uma lição a ser aprendida com o sucesso, e depois fracasso, da frenologia, que pode ser aplicada a todos os movimentos de todos os tempos. Não há necessariamente uma relação entre a popularidade de uma ideia, tendência ou escola de pensamento e sua validade. Daniel Robinson, um famoso historiador da psicologia, observou que a "frenologia de Gall floresceu tanto tempo quanto a teoria psicanalista [e] seus achados e dizeres encheram muitos periódicos... Cidadãos educados em todos os bons centros culturais apalpavam a cabeça uns dos outros com muita seriedade. Assim, uma outra lição moral se faz presente: o impacto *em si* nada estabelece em relação à validade ou adequação dos trabalhos" (Robinson, 2003, p. 200). Em outras palavras, só porque algo é popular não significa que seja verdadeiro.

Pesquisas impressionantes sobre o sistema nervoso

Durante esse período, também foi realizada uma quantidade considerável de pesquisas sobre a estrutura do sistema nervoso. No Capítulo 2, mencionamos as duas primeiras explicações para descrever a natureza da atividade neural: a teoria do tubo, de Descartes, e a teoria das vibrações, de Hartley.

Quase no fim do século XVIII, o pesquisador italiano Luigi Galvani (1737-1798) sugeriu que os impulsos nervosos seriam elétricos. Ele demonstrou isso com sapos, pendurando-os em ganchos de metal no corrimão da sua varanda durante uma tempestade. Quando os raios caíam perto, "suas patas se contorciam de uma forma que fazia parecer que eles estavam prontos para saltar da varanda e ir rua abaixo" (Blum, 2013).

Ele continuou seus experimentos usando milhares de sapos mortos, demonstrando repetidamente que, de alguma forma, a eletricidade exercia impacto sobre eles, fazendo que se contorcessem, se movessem e realizassem outras atividades como se estivessem vivos. A expressão "galvanizar" significa assustar alguém ou algo em uma atividade súbita e deriva do trabalho de Galvani.

O sobrinho de Galvani, Giovanni Aldini, deu continuidade a seu trabalho, e um historiador relatou que ele "misturou pesquisa séria com um pouco de espetáculo". Em uma das exibições mais horrendas, destinadas a enfatizar a eficácia dos estímulos elétricos na obtenção dos movimentos espasmódicos dos músculos, Aldini exibiu as cabeças decapitadas de dois criminosos (Boakes, 1984, p. 96). O público de Londres ficou chocado e hipnotizado pela noção de que, aparentemente, a eletricidade poderia trazer alguém de volta à vida, mesmo que momentaneamente.

Parece aceita a tese de que a escritora inglesa Mary Shelley tenha sido influenciada pelas demonstrações do poder da eletricidade para escrever seu famoso romance *Frankenstein*, cujo corpo morto, composto por pedaços coletados em cemitérios, foi trazido à vida através da eletricidade. Aldini também experimentou a terapia de choque em pessoas deprimidas, fazendo-as ter convulsões espasmódicas. Isso aconteceu 200 anos antes de a terapia eletroconvulsiva (ECT) ter sido formalmente desenvolvida para tratar doenças mentais. Praticamente à mesma época, Benjamin Franklin tentou os mesmos tipos de experimentos que Aldini (Bolwig e Fink, 2009).

Alessandro Volta (1745-1829) inventou a primeira bateria elétrica, conhecida como "pilha voltaica", que deu aos cientistas e inventores um modo ágil de produzir eletricidade, revolucionando, assim, o avanço da ciência. O termo *volt*, usado como uma medida de eletricidade, deriva de seu nome. Volta foi descrito como alguém que tinha "um gosto pela boa vida; ele gostava de festa. Sempre se podia encontrá-lo curtindo a vida em concertos, óperas e banquetes, ou em qualquer ocasião em que a bebida fosse liberada e as mulheres estivessem dispostas e aptas" (Montillo, 2012, p. 53). Aparentemente, ele gostava de chocar as pessoas.

O trabalho experimental prosseguiu com tamanha rapidez, que, em meados do século XIX, os cientistas aceitaram como fato comprovado a natureza elétrica dos impulsos nervosos. Passaram a crer que o sistema nervoso constituía-se essencialmente de um condutor de impulsos elétricos e que o sistema nervoso central funcionava como uma estação de transferência, desviando os impulsos para as fibras nervosas sensoriais ou motoras.

Embora essa posição representasse grande avanço na teoria sobre o tubo nervoso de Descartes e na teoria das vibrações de Hartley, em termos de conceito era semelhante. Ambas as teorias, a antiga e a mais recente, tinham como base o reflexo: um elemento do mundo exterior (o estímulo) provoca impacto no órgão do sentido e, assim, excita o impulso nervoso, que segue até o local adequado do cérebro ou do sistema nervoso central e ali reage, criando outro impulso, que é transmitido através dos nervos motores para acionar a resposta do organismo.

A direção seguida pelos impulsos nervosos no cérebro e na medula espinhal foi descoberta pelo médico espanhol Santiago Ramón y Cajal (1852-1934), professor de anatomia da escola de medicina da University of Zaragoza e diretor do Museu de Zaragoza. Pelas descobertas, recebeu a medalha Helmholtz da Academia Real de Ciências de Berlim, em 1905, e o Prêmio Nobel, em 1906. Ramón y Cajal teve dificuldades para divulgar suas descobertas à comunidade acadêmica, já que a língua espanhola não era utilizada nas publicações especializadas da época. Frustrado, ele "muitas vezes ficou decepcionado ao ler sobre as 'novas' descobertas, nas revistas inglesas, alemãs ou francesas, as quais, na realidade, eram redescobertas do seu trabalho publicado muito antes em espanhol" (Padilla, 1980, p. 116). Sua situação é outro exemplo das barreiras enfrentadas pelos cientistas que trabalham fora do círculo da cultura dominante.

Os pesquisadores também estavam estudando a estrutura anatômica do sistema nervoso. Descobriram que as fibras nervosas eram compostas de estruturas separadas (neurônios) e, de alguma forma, se conectavam em pontos específicos (sinapses). Essas descobertas coincidiam com a imagem mecanicista do funcionamento humano. Os cientistas acreditavam que o sistema nervoso, assim como a mente, era constituído de estruturas de átomos, partículas de matéria combinadas para produzir um produto mais complexo. Isso também significava que, assim como um relógio, o sistema nervoso poderia ser quebrado ou reduzido em seus componentes mais simples.

O impacto do espírito do mecanicismo

O espírito do mecanicismo era predominante na fisiologia do século XIX, assim como na filosofia da época. Não havia outro lugar em que esse espírito se destacasse tanto como na Alemanha. Na década de 1840, um grupo de cientistas, muitos dos quais ex-alunos de Johannes Müller, fundou a Sociedade de Física de Berlim. Esses cientistas, todos na faixa dos 20 anos, estavam comprometidos com uma única proposta: a explicação de todos os fenômenos pelos princípios da física.

O grupo desejava relacionar a fisiologia com a física, ou seja, desenvolver a fisiologia com base no quadro de referência do mecanicismo. Em um gesto dramático, quatro dos cientistas prestaram um juramento solene e o selaram, como reza a lenda, com o próprio sangue. Essa declaração estabelecia que as únicas forças ativas dentro do organismo eram as forças psicoquímicas comuns. E, assim, as linhas se entrelaçaram na fisiologia do século XIX: o materialismo, o mecanicismo, o empirismo, o experimentalismo e a medição.

A evolução inicial da fisiologia indica os tipos de técnicas de pesquisa e as descobertas que fundamentaram a abordagem científica da investigação psicológica da mente. Enquanto os filósofos abriam caminho para o ataque experimental da mente, os fisiologistas realizavam experiências para investigar os mecanismos que estão por trás dos fenômenos mentais. O passo seguinte era a aplicação do método experimental na mente propriamente dita.

Os empiristas britânicos argumentavam que a sensação era a única fonte de conhecimento. O astrônomo Bessel demonstrou o impacto da observação das diferenças individuais na sensação e na percepção. Os fisiologistas estavam definindo a estrutura e a função do sistema nervoso e dos sentidos. Era chegada a hora de estudar e quantificar esse portão de entrada para a mente: a experiência mentalística e subjetiva da sensação. As técnicas disponíveis para a investigação do corpo passaram a ser aperfeiçoadas para a exploração da mente. A psicologia experimental estava pronta para começar.

Os primórdios da psicologia experimental

As primeiras aplicações do método experimental à mente, ou seja, ao que consistia o objeto de estudo da nova psicologia, são creditadas a quatro cientistas: Hermann von Helmholtz, Ernst Weber, Gustav Theodor Fechner e Wilhelm Wundt. Todos eram cientistas alemães especializados em fisiologia e cientes da impressionante evolução da ciência moderna.

Por que a Alemanha?

A ciência estava em franco desenvolvimento na maior parte da Europa ocidental no século XIX, principalmente na Inglaterra, na França e na Alemanha. O entusiasmo, a consciência e o otimismo na aplicação das ferramentas científicas aos diversos temas de pesquisa não estavam concentrados em nenhuma nação específica. Então, por que a psicologia experimental teve início na Alemanha e não na Inglaterra, na França ou em outro local? A resposta parece estar em algumas características exclusivas da ciência alemã, que a tornou o solo mais fértil para o crescimento da nova psicologia.

A abordagem científica alemã. Durante um século, a história intelectual da Alemanha preparou o caminho para a ciência experimental da psicologia. A fisiologia experimental estava bem estabelecida e era reconhecida por um estágio ainda não atingido pela França e pela Inglaterra. O famoso temperamento alemão adaptava-se bem ao trabalho preciso de classificação e descrição exigido em biologia e fisiologia. As ciências biológicas e fisiológicas não dão muita margem a generalizações que permitam a dedução dos fatos, por isso, a aceitação da biologia foi lenta nas comunidades científicas inglesa e francesa. Entretanto, a Alemanha, munida de sua fé na descrição e classificação taxonômica, recebeu de braços abertos a biologia como um membro da família das ciências.

Mais tarde, os alemães definiram ciência amplamente. A ciência, na França e na Inglaterra, limitava-se à física e à química, duas áreas passíveis de serem abordadas quantitativamente. A ciência alemã incluía áreas como fonética, linguística, história, arqueologia, estética, lógica e até mesmo crítica literária. Os estudiosos franceses e ingleses eram céticos em relação à aplicação da ciência à complexa mente humana. Os alemães, não, e por isso se adiantaram, usando as ferramentas da ciência para explorar e medir todas as facetas da atividade mental.

O movimento de reforma nas universidades alemãs. No início do século XIX, uma onda de reforma educacional voltada aos princípios da liberdade acadêmica invadiu as universidades da Alemanha. Os professores foram encorajados a ensinar o que desejassem, sem interferência externa, e a escolher os temas das próprias pesquisas. Os alunos tinham liberdade para escolher as matérias que desejassem cursar, sem a imposição de um currículo fixo e obrigatório. Essa liberdade, desconhecida nas universidades da Inglaterra e da França, também se estendeu às novas áreas da pesquisa científica, por exemplo, a psicologia.

O estilo universitário alemão criou o ambiente ideal para o surgimento da investigação científica. Os professores escolhiam os próprios temas das aulas, além de contarem com laboratórios bem equipados para orientar os alunos nas pesquisas experimentais. Não houve outro país que promovesse a ciência de forma tão ativa.

A Alemanha também proporcionou grandes oportunidades para aprendizagem e prática de novas técnicas científicas; temos aqui um exemplo do impacto das condições econômicas prevalecentes na época (um fator contextual). Havia muitas universidades na Alemanha. Antes de 1870, ano em que fora unificada e dotada de um governo central, a Alemanha era uma confederação dispersa de reinados, ducados e cidades-estado autônomos. Cada um desses distritos era provido de universidades bem financiadas, com um corpo docente bem-remunerado e equipamentos de laboratório com tecnologia de ponta.

Naquela época, a Inglaterra possuía apenas duas universidades, Oxford e Cambridge, e em nenhuma delas havia incentivo, auxílio nem financiamento para pesquisas científicas de qualquer disciplina. Além disso, a política acadêmica era contrária à implementação de novas áreas de estudo no currículo. Em 1877, a Cambridge vetou o pedido de inserção de aulas de psicologia experimental, porque poderia "ser um insulto à religião colocar a alma humana em uma balança de medição" (Hearnshaw, 1987, p. 125). A psicologia experimental ficou fora do currículo da Cambridge por 20 anos e foi ministrada somente em 1936, na Oxford. A única forma de praticar ciência na Inglaterra era à maneira de um nobre cientista, vivendo com independência econômica, como fizeram Charles Darwin e Francis Galton (Capítulo 6). A situação na França era semelhante.

Nos Estados Unidos, a primeira universidade dedicada à pesquisa surgiu apenas em 1876, com a fundação da Johns Hopkins University, em Baltimore, Maryland. Essa nova universidade baseava-se fortemente no modelo alemão. Seu objetivo principal era fazer da pesquisa científica o centro e o foco no treinamento dos alunos de pós-graduação. Na realidade, Baltimore, em si, foi considerada "um pedacinho da Alemanha que havia se restabelecido no lado leste da região costeira". De acordo com o psicólogo e filósofo John Dewey (ver Capítulo 7), "os alunos e professores se reuniam [na sala do clube da Hopkins] para beber cerveja alemã e cantar canções alemãs" (apud Martin, 2002, p. 56).

A fundação de Hopkins foi chamada "o início da grande transformação no ensino superior americano", e serviu de modelo para outras universidades nos Estados Unidos que estavam surgindo no começo do século XX (Cole, 2009, p.20).

Antes daquela época, no entanto, havia mais oportunidades para pesquisas científicas na Alemanha do que em outros países. Praticamente, pode-se afirmar que era possível ganhar a vida como pesquisador científico na Alemanha, mas não na França, na Inglaterra ou nos Estados Unidos. Assim, as chances de alguém se tornar um professor respeitado e bem-remunerado eram maiores na Alemanha do que em qualquer parte do mundo, embora não fosse fácil alcançar as posições mais elevadas. O promissor cientista universitário era obrigado a produzir uma pesquisa que fosse considerada pelos colegas uma grande contribuição para que o trabalho fosse visto como algo mais que apenas uma tese de doutorado. Consequentemente, a maioria das pessoas selecionadas para as carreiras universitárias era do mais alto calibre.

Somente o melhor obtinha êxito na ciência alemã do século XIX, e o resultado foi uma série de feitos alcançados em todas as ciências, até na nova psicologia. Portanto, o fato de terem sido os professores universitários alemães as pessoas diretamente responsáveis pelo crescimento da psicologia científica não é simples coincidência.

Hermann von Helmholtz (1821-1894)

Um dos maiores cientistas do século XIX, Hermann von Helmholtz (Figura 3.2) foi um pesquisador produtivo na física, medicina e na fisiologia. A psicologia vinha em terceiro lugar nas suas áreas de contribuição científica, embora seu trabalho, com o de Fechner e o de Wundt, fosse fundamental para o início da nova psicologia (Stock, 2013). Ele dava ênfase ao tratamento mecanicista e determinista, partindo do princípio de que os órgãos sensoriais humanos funcionavam como máquinas. Apreciava também as analogias técnicas e mecânicas, como comparar a transmissão dos impulsos nervosos com a operação do telégrafo (veja Ash, 1995).

A biografia de Helmholtz

Nasceu em Potsdam, na Alemanha, onde seu pai era professor do *Gymnasium* (no sistema educacional europeu, curso de nível médio preparatório para a universidade). Helmholtz recebia aulas particulares em casa, por causa da fragilidade da sua saúde. Aos 17 anos, matriculou-se no instituto médico de Berlim, que isentava das mensalidades os alunos que se comprometessem a servir como cirurgiões do exército após a graduação. Helmholtz serviu durante sete anos, período em que prosseguiu com os estudos de matemática e física e que publicou diversos artigos. Em um trabalho cujo tema era a indestrutibilidade da energia, utilizou-se de fórmulas matemáticas para criar a lei da conservação da energia. Depois de deixar o exército, Helmholtz cumpriu compromissos acadêmicos na área de fisiologia nas universidades de Königsburg, Bonn e Heidelberg, e na de física, em Berlim.

Extremamente entusiasta, Helmholtz dedicou-se a diversas áreas acadêmicas. Ao realizar uma pesquisa de fisiologia óptica, inventou o oftalmoscópio, utilizado até hoje para examinar a retina. Esse instrumento revolucionário possibilitou a realização de diagnósticos e tratamentos de doenças da retina. Como consequência, seu nome "espalhou-se rapidamente por todo o público e universo acadêmico. Em um piscar de olhos, progrediu na carreira e tornou-se reconhecido mundialmente", tudo isso aos 30 anos (Cahan, 1993, p. 574).

Seu trabalho em três volumes sobre a óptica fisiológica, *Manual de óptica fisiológica* [*Handbook of physiological optics*], 1856-1866, exerceu uma influência tão intensa e duradoura, que foi traduzido para o inglês 60 anos depois. Em *On the sensations of tone* [Sobre a sensação do tom], 1863, publicou uma pesquisa a respeito dos problemas acústicos, resumindo as próprias descobertas e juntando o restante da literatura disponível. Também escreveu trabalhos referentes a vários assuntos, como a imagem persistente, o daltonismo, a escala musical árabe-persa, o movimento dos olhos humanos, a formação das geleiras, os axiomas geométricos e a febre do feno. Anos mais tarde, contribuiu indiretamente para a invenção do telégrafo sem fio e do rádio.

ENGELBACH/IMAGES FROM THE HISTORY OF MEDICINE

FIGURA 3.2 Hermann von Helmholtz (1821-1894).

No outono de 1893, voltando de uma viagem aos Estados Unidos que incluiu uma visita à feira mundial de Chicago, Helmholtz sofreu uma queda a bordo do navio. Menos de um ano depois, sofreu um ataque que o deixou semiconsciente e em estado de delírio. Sua esposa relatou: "Seu pensamento oscilava confusamente entre a vida real e o sonho, o tempo e o lugar, tudo misturado em sua mente. [...] Era como se sua alma estivesse distante, bem longe, em um mundo ideal muito bonito, embalado apenas pela ciência e pelas leis eternas" (apud Koenigsberger, 1965, p. 429).

Contribuições de Helmholtz para a nova psicologia

As pesquisas de Helmholtz de interesse para a psicologia são aquelas referentes à velocidade do impulso neural e sobre a visão e a audição. Os cientistas aceitaram a teoria de que o impulso nervoso era instantâneo, ou, pelo menos, que viajava rápido demais para ser medido. Helmholtz forneceu a primeira medição empírica da velocidade de condução, estimulando um nervo motor e o músculo anexo da perna de um sapo. Ele preparou a demonstração de forma que registrasse o momento exato do estímulo e do movimento resultante.

Trabalhando com nervos de diversos comprimentos, observou o tempo entre a aplicação do estímulo no nervo próximo ao músculo e a reação muscular, e fez o mesmo estimulando um nervo mais distante. As medições resultaram no tempo necessário para a rápida condução do impulso neural: aproximadamente 27 metros por segundo. A demonstração de Helmholtz de que a velocidade de condução não era instantânea levantou a hipótese de que o pensamento e o movimento seguem um ao outro em intervalo mensurável e não ocorrem simultaneamente, como se pensava.

Os estudos sobre a visão provocaram impacto na nova psicologia. Helmholtz pesquisou os músculos externos do olho e o mecanismo por meio do qual os músculos internos focalizam o cristalino. Ele estudou e aprofundou a teoria da visão cromática publicada em 1802 por Thomas Young. Esse trabalho ficou conhecido como a teoria de Young-Helmholtz. Não menos importante é a pesquisa de Helmholtz sobre a audição, mais especificamente a percepção dos tons, a natureza da harmonia e desarmonia e o problema da ressonância. A influência permanente de suas ideias e experiências é evidente pelo fato de ainda serem mencionadas nos livros didáticos de psicologia moderna.

Ele também se concentrou nos benefícios práticos ou aplicados da pesquisa científica. Helmholtz não concordava com a ideia da condução de experiências apenas para o acúmulo de informações. Para ele, a mis-

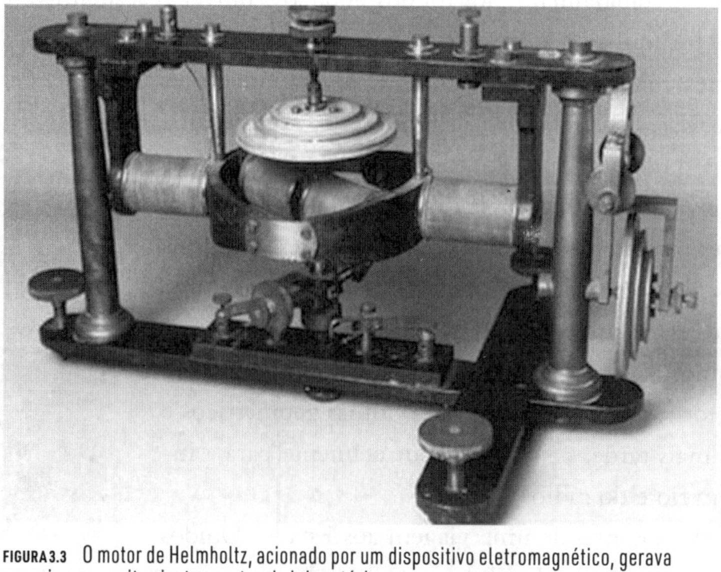

ARCHIVES OF THE HISTORY OF AMERICAN PSYCHOLOGY, UNIVERSITY OF AKRON

FIGURA 3.3 O motor de Helmholtz, acionado por um dispositivo eletromagnético, gerava energia para muitos instrumentos do laboratório.

são do cientista era coletar a informação e estender ou aplicar aquela enorme quantidade de conhecimento aos problemas práticos. Veremos, adiante, mais avanços dessa abordagem na escola de psicologia funcionalista que fincou raízes nos Estados Unidos (Capítulos 7 e 8).

Helmholtz não era psicólogo, nem a psicologia foi o seu principal interesse; no entanto, sua contribuição tornou-se uma vasta e importante fonte de referência para o estudo dos sentidos humanos, além de haver fortalecido a abordagem experimental para a análise das questões psicológicas.

Ernst Weber (1795-1878)

Ernst Weber obteve o doutorado na University of Leipzig, em 1815, onde lecionou anatomia e fisiologia até se aposentar, em 1871. Sua principal área de interesse em pesquisa, e da qual foram extraídas suas maiores contribuições, era a fisiologia dos órgãos dos sentidos. Assim, aplicou os métodos experimentais da fisiologia aos problemas de natureza psicológica. As pesquisas anteriores com os órgãos dos sentidos foram realizadas quase exclusivamente sobre os sentidos superiores da visão e da audição. Weber explorou novos campos, mais especificamente as sensações cutâneas e as musculares.

O limiar de dois pontos

Uma contribuição muito importante para a nova psicologia refere-se à determinação experimental exata da distinção entre dois pontos da pele, ou seja, a distância entre dois pontos antes de o indivíduo experimentar duas sensações distintas. Encostando nas pessoas um aparelho semelhante a um compasso, sem que elas vissem, Weber pedia que descrevessem se sentiam um ou dois pontos tocando a pele. Quando os dois pontos de estímulo estavam praticamente juntos, as pessoas afirmavam sentir apenas um. À medida que a distância entre as duas origens do estímulo aumentava, as pessoas mostravam-se hesitantes quanto à experiência de sentir um ou dois pontos na pele. Finalmente, atingia a distância em que os indivíduos relatavam sentir dois pontos distintos tocando a pele.

Esse procedimento demonstra o **limiar de dois pontos**, o ponto em que é possível distinguir duas origens separadas de estímulo. A pesquisa de Weber marca a primeira demonstração sistemática experimental do conceito de limiar (o ponto em que começa a se produzir o efeito psicológico), noção amplamente usada na psicologia desde o seu início até os dias atuais (no Capítulo 13, discutiremos o conceito do limiar aplicado à consciência, no ponto em que as ideias inconscientes da mente tornam-se conscientes).

Limiar de dois pontos: o limiar em que é possível distinguir dois pontos de estímulo.

As diferenças mínimas perceptíveis

A pesquisa de Weber resultou na formulação da primeira lei quantitativa da psicologia. Ele desejava determinar a **diferença mínima perceptível** (dmp), ou seja, a menor diferença detectável entre dois pesos. Pediu aos participantes da pesquisa para levantarem dois pesos, um padrão e um de comparação, e relatarem se algum deles pensava ser um mais pesado que o outro. As diferenças menores entre os pesos resultaram no julgamento de igualdade, e as maiores, na avaliação de disparidade.

Conforme prosseguia com o programa de pesquisa, Weber descobriu que a diferença mínima perceptível entre dois pesos consistia em uma proporção

Diferença mínima perceptível: a menor diferença detectável entre dois estímulos físicos.

constante, 1:40, do peso padrão. Em outras palavras, um peso de 41 gramas possuía uma "diferença mínima perceptível" do peso padrão de 40 gramas, e um peso de 82 gramas, uma diferença mínima perceptível de 80 gramas.

Weber, então, desejava saber como as sensações musculares contribuíam para a capacidade de o indivíduo distinguir entre dois pesos. Ele pensava que as pessoas seriam capazes de fazer essa diferenciação com maior precisão se elas mesmas levantassem o peso (recebendo nas mãos e nos braços as sensações musculares), e não com o peso sendo colocado em suas mãos pelo pesquisador. Na verdade, o levantamento dos pesos envolve a sensação tátil (toque) e a muscular, ao passo que se os pesos forem colocados nas palmas das mãos, apenas a sensação tátil estará envolvida.

As pessoas conseguiam sentir diferenças menores entre os pesos quando os levantavam (uma proporção de 1:40) do que quando eles eram colocados em suas mãos (uma proporção de 1:30). Assim, Weber chegou à conclusão de que as sensações musculares internas do primeiro exemplo exercem influência sobre a capacidade distintiva do indivíduo.

A partir dessas experiências, Weber sugeriu que a distinção entre as sensações não depende da diferença absoluta entre dois pesos, mas da diferença relativa ou da proporcionalidade. Nas experiências com as diferenças visuais, descobriu que a proporção era menor que nas sensações musculares. Assim, propôs uma razão constante para a diferença mínima perceptível entre dois estímulos, consistente para cada sentido humano.

A pesquisa de Weber demonstrou que não há correspondência direta entre um estímulo físico e a nossa percepção desse estímulo. Entretanto, assim como Helmholtz, Weber estava interessado apenas nos processos fisiológicos e não dava importância ao significado do seu trabalho para a psicologia. Sua pesquisa proporcionou a criação de um método de investigação da relação entre o corpo e a mente – entre o estímulo e a sensação resultante. Esse foi um feito muito significativo e que passou a exigir uma atitude mais séria em relação à sua importância.

As experiências de Weber estimularam outras pesquisas e concentraram a atenção dos fisiologistas posteriores na utilidade do método experimental no estudo do fenômeno psicológico. O trabalho de Weber sobre os limiares e a medição da sensação foi da maior importância para a nova psicologia e influenciou virtualmente cada aspecto da psicologia até os dias atuais.

Gustav Theodor Fechner (1801-1887)

Gustav Theodor Fechner (Figura 3.4) foi um estudioso que obteve diversas conquistas intelectuais ao longo de uma vida extremamente ativa. Foi fisiologista, físico, psicofísico, filósofo e ficou inválido por muitos anos. Entre todas essas atividades, o trabalho com a psicofísica foi o que lhe trouxe maior fama, embora não desejasse ser tão lembrado pela posteridade.

A biografia de Fechner

Fechner começou a estudar medicina em 1817, na University of Leipzig, e, nesse período, assistiu às aulas de Weber sobre fisiologia. Fechner passou o resto da vida em Leipzig.

Mesmo antes de se formar em medicina, sua visão humanista era contrária ao mecanicismo dominante no estudo científico. Com o pseudônimo de "dr. Mises", escreveu sátiras ridicularizando a medicina e a ciência. Esse conflito entre os dois lados da sua personalidade perdurou por toda a vida: o interesse na ciência e na metafísica. Visivelmente incomodado com a abordagem da corrente atomística da ciência, criou um conceito ao qual chamou "visão diurna", em que o universo era analisado do ponto de vista da consciência. Essa definição opunha-se à ideia predominante da "visão noturna", em que o universo, até a consciência, consistia em nada além de matéria inerte.

HERITAGE IMAGE PARTNERSHIP LTD/ALAMY

FIGURA 3.4 Gustav Theodor Fechner.

Depois de concluir o curso de medicina, Fechner iniciou a carreira na física e na matemática, em Leipzig, além de traduzir manuais de física e química do francês para o alemão, o que lhe rendeu o reconhecimento como físico. No fim da década de 1830, interessou-se pelo problema da sensação e, durante uma pesquisa com imagens persistentes, feriu gravemente os olhos ao olhar diretamente para o sol através de lentes coloridas.

Em 1833, Fechner obteve uma prestigiosa nomeação para lecionar em Leipzig, quando caiu em profunda depressão, que se prolongou por vários anos. Queixava-se de cansaço e tinha dificuldade para dormir. Tinha uma digestão difícil e não sentia fome mesmo quando seu corpo estava à beira da inanição. Sua sensibilidade à luz era extrema, e passava a maior parte do tempo em um quarto escuro com as paredes pintadas de preto, ouvindo a leitura que sua mãe fazia através de uma abertura estreita da porta.

Na esperança de amenizar o tédio e a melancolia, tentava fazer longas caminhadas, inicialmente apenas à noite ou quando já houvesse escurecido e, mais tarde, durante o dia, com os olhos cobertos com bandagens. Em uma espécie de catarse, escrevia poemas e criava adivinhações. Apelou para várias terapias alternativas, entre as quais o uso de laxantes, choques elétricos, tratamentos com vapor e a aplicação de substâncias escaldantes sobre a pele; mas nenhuma delas lhe trouxe a cura.

A doença de Fechner pode ter sido de natureza neurótica. Essa ideia surgiu dada a forma bizarra de sua recuperação. Uma amiga contou-lhe um sonho em que ela lhe preparava uma refeição com presunto cru temperado e marinado em vinho do Reno e suco de limão. No dia seguinte, arrumou o prato e o serviu a Fechner. Ele experimentou, embora relutante, mas a cada dia comia mais presunto, afirmando que, de alguma forma, se sentia melhor. A melhora do seu estado não durou muito e, depois de seis meses, os sintomas pioraram, chegando a ponto de ele temer pela sua sanidade. Fechner declarou: "Tinha a sensação clara de ter perdido para sempre a minha mente, a menos que eu conseguisse refrear o fluxo de pensamentos perturbadores. Muitas vezes, as mínimas preocupações me incomodaram a ponto de levar horas e até dias para me ver livre delas" (Kuntze, 1892, apud Balance e Bringmann, 1987, p. 42).

Fechner obrigou-se a cumprir um regime de tarefas rotineiras, uma espécie de terapia ocupacional, mas limitado a atividades em que não fizessem uso dos olhos nem da mente. "Eu produzia fios e bandagens, fazia velas de cera [...] enrolava fios e ajudava na cozinha, separando [e] lavando lentilhas, fazendo farelos de pão e triturando o pão-doce até deixar apenas o açúcar. Também descascava e cortava cenouras e nabos [...] e milhares de vezes desejei a morte" (Fechner in Kuntze, 1892, apud Balance e Bringmann, 1987, p. 43).

Aos poucos renascia o seu interesse pelo mundo ao redor, e ainda mantinha a dieta do presunto cru marinado no vinho. Teve um sonho em que aparecia o número 77, levando-o a crer que em 77 dias estaria curado. E, obviamente, ficou curado. A depressão transformou-se em euforia e em delírios de grandeza, e ele afirmava ser o escolhido de Deus para resolver todos os mistérios do mundo. Essa experiência serviu-lhe de inspiração para a definição do princípio do prazer, que, vários anos mais tarde, influenciou o trabalho de Sigmund Freud (Capítulo 13).

Embora 40 anos antes a University of Leipzig o tivesse considerado inválido e concedido a ele uma aposentadoria vitalícia, Fechner viveu até os 86 anos na mais perfeita saúde, contribuindo significativamente para a ciência.

A relação quantitativa entre mente e corpo

Esta é uma data importante para a história da psicologia: 22 de outubro de 1850. Naquela manhã, Fechner estava deitado na cama, quando lhe ocorreu a ideia sobre a ligação entre a mente e o corpo. Ele afirmou ser possível encontrar essa ligação na relação quantitativa entre a sensação mental e o estímulo material. Pela primeira vez na história, uma experiência genuinamente mental (uma sensação) poderia ser medida. Esse foi um grande avanço no desenvolvimento de uma nova ciência da psicologia.

Fechner alegava que o aumento na intensidade do estímulo não produzia um incremento com a mesma proporção na intensidade da sensação. Ao contrário, a progressão geométrica caracteriza o estímulo, enquanto a progressão aritmética a sensação. Por exemplo, o acréscimo do som de um sino ao de outro que já esteja tocando produz um aumento maior da sensação sonora do que a adição de um sino a dez outros que já estejam tocando. Portanto, os efeitos da intensidade do estímulo não são absolutos, mas proporcionais à intensidade da sensação já existente.

Essa revelação simples, porém brilhante, significa que a dimensão da sensação (a qualidade mental) depende da quantidade de estímulos (a qualidade física). Para medir a mudança na sensação, é necessário medir a alteração no estímulo. Portanto, é possível formular uma relação quantitativa ou numérica entre o corpo e a mente. Fechner tinha cruzado a fronteira entre corpo e mente, relacionando um ao outro empiricamente, tornando possível, pela primeira vez, a condução de experimentos sobre a mente.

Embora o conceito estivesse bem claro para Fechner, como prosseguir com a teoria? O pesquisador deve medir com precisão tanto o que é subjetivo como o que é objetivo – tanto a sensação mental quanto o estímulo físico. Não é difícil medir a intensidade física do estímulo, como a intensidade do brilho da luz ou o peso de um objeto padrão; no entanto, como medir a sensação, as experiências conscientes descritas pelas pessoas quando reagem ao estímulo?

Fechner apresentou duas propostas para medir as sensações. Primeiro, determinar se o estímulo está presente ou ausente, se foi sentido ou não. Segundo, medir a intensidade do estímulo na qual as pessoas relatam a primeira sensação, ou seja, o **limiar absoluto** da sensibilidade, que é o ponto de intensidade abaixo do qual a sensação não é percebida e acima do qual é sentida.

Limiar absoluto: ponto de sensibilidade abaixo do qual as sensações não são detectadas e acima do qual elas são percebidas.

Limiar diferencial: ponto de sensibilidade em que a menor alteração em um estímulo provoca uma mudança na sensação.

Embora a ideia do limiar absoluto seja útil, ela é limitada, já que apenas o valor do menor nível da sensação pode ser determinado. Para relacionar as duas intensidades é necessário especificar toda a faixa de valores do estímulo e os valores de sensação resultantes. Para isso, Fechner apresentou o conceito de **limiar diferencial** da sensibilidade, que é a quantidade mínima de alteração no estímulo que provoca uma mudança na sensação. Por exemplo, quanto um peso deve aumentar ou diminuir antes que a pessoa perceba a mudança, antes que ela relate uma diferença mínima perceptível na sensação?

Para medir a noção de peso de determinada pessoa (qual a sensação que o peso provoca na pessoa), não podemos usar a medição física do peso do objeto. Entretanto, podemos usá-la como base para a medição da intensidade psicológica da sensação. Primeiro, medimos em que proporção a intensidade deve ser reduzida para que a pessoa perceba a diferença. Segundo, mudamos o peso do objeto para o seu valor mínimo e medimos novamente o tamanho do diferencial. Como as duas mudanças de peso são apenas levemente perceptíveis, Fechner concluiu que eram subjetivamente iguais.

Esse processo pode ser repetido até que o objeto seja levemente sentido pelo indivíduo. Se cada redução de peso for subjetivamente igual a qualquer outra, então a quantidade de vezes que o peso deve ser reduzido – o número de diferenças mínimas perceptíveis – pode ser considerada a medição objetiva da magnitude subjetiva da sensação. Desse modo, estamos medindo os valores dos estímulos necessários para criar a diferença entre duas sensações.

Fechner sugeriu que, para cada sentido humano, existe determinado aumento relativo na intensidade do estímulo que sempre produz uma mudança observável na intensidade da sensação. Portanto, é possível medir a sensação (a mente ou a qualidade mental) e o estímulo (o corpo ou a qualidade material). A relação entre os dois pode ser expressa na forma de uma equação: $S = K \log R$, em que S é a magnitude da sensação, K é uma constante e R é a magnitude do estímulo. A relação é logarítmica, isto é, uma série aumenta em progressão aritmética e a outra em progressão geométrica.

Nos últimos trabalhos que escreveu, Fechner comentou que essa ideia para a descrição da relação mente-corpo não ocorrera por ter lido o trabalho de Weber, embora tivesse assistido às suas aulas na University of Leipzig e Weber tivesse publicado sobre o tema alguns anos antes. Fechner continuou afirmando que desconhecia o trabalho de Weber até começar as experiências para testar a sua hipótese, e que somente algum tempo depois percebera que o princípio ao qual aplicara a fórmula matemática era basicamente o trabalho demonstrado por Weber.

Os métodos da psicofísica

O resultado imediato da visão de Fechner foi sua pesquisa a respeito da **psicofísica** (a palavra, em si, expressa a sua definição: a relação entre o mundo mental [*psico*] e o material [*físico*]). Ao longo desse trabalho, que incluía experiências com o levantamento de pesos, a percepção visual do brilho, a noção de distância visual e de distância tátil, Fechner desenvolveu um método e sistematizou outros dois dos três principais utilizados na pesquisa psicofísica atual.

Psicofísica: o estudo científico das relações entre os processos mental e físico.

O método do erro médio, ou o método do ajuste, consiste em o indivíduo ajustar o estímulo variável até sentir que ele é igual a um estímulo padrão constante. Realizadas várias tentativas, o valor médio das diferenças entre o estímulo padrão e o ajuste feito pelo indivíduo para o estímulo variável representa o erro de observação. Essa técnica serve tanto para a medição do tempo de resposta como para a distinção visual e auditiva. Em um sentido mais amplo, é o princípio básico de muitas das pesquisas psicológicas, já que qualquer cálculo de média envolve essencialmente o método do erro médio.

O método do estímulo constante envolve dois estímulos constantes, e tem como objetivo medir a diferença de estímulo necessária para produzir uma proporção específica de julgamentos corretos. Por exemplo, primeiro a pessoa levanta um peso padrão de 100 gramas e, em seguida, um peso comparativo de, digamos, 88, 92, 96, 104 ou 108 gramas. O indivíduo deverá dizer se o segundo peso é maior, menor ou igual ao primeiro.

No método dos limites, dois estímulos (por exemplo, dois pesos) são apresentados à pessoa. Um estímulo é aumentado ou reduzido até que ela relate ter notado a diferença. Os dados são obtidos por meio de várias tentativas e somente as diferenças mínimas perceptíveis são consideradas para calcular a média e determinar o limiar diferencial.

O programa de pesquisa psicofísica de Fechner durou sete anos. Ele publicou dois trabalhos resumidos, em 1858 e 1859, e, em 1860, apresentou o trabalho completo em *Elementos de psicofísica* [*Elements of psychophysics*], um livro didático a respeito da ciência exata das "relações funcionalmente dependentes [...] do material e do mental, dos universos físico e psicológico" (Fechner, 1860/1966, p. 7). Essa obra é uma das primeiras contribuições de destaque para o desenvolvimento da psicologia científica. A afirmação de Fechner a respeito da relação quantitativa entre a intensidade do estímulo e a sensação foi considerada, naquela época, de importância comparável à descoberta da lei da gravidade.

Em 2010, para celebrar o 150° aniversário da publicação de *Elements*, um historiador escreveu: "É quase consenso entre os historiadores da psicologia que essa obra em dois volumes foi a primeira grande publicação a demonstrar que os fenômenos psicológicos poderiam ser estudados de forma experimental e quantitativa" (Robinson, 2010, p. 409). Também é importante notar que Fechner introduziu a noção de inconsciente na psicologia, a ideia de estímulo abaixo do limiar de consciência. O conceito era praticamente desconhecido na época, e Fechner não o incluiu em seu trabalho, mas ele veio a se tornar parte importante da nova disciplina da psicologia (Romand, 2012).

O material que se segue foi extraído da obra *Elementos de psicofísica*, em que Fechner debate a questão da diferença entre a matéria e a mente, entre o estímulo e a sensação resultante. Na parte reimpressa neste livro, Fechner também faz a distinção entre o que chamou de psicofísicas "interna" e "externa". A psicofísica interna refere-se à relação entre a sensação e a consequente reação cerebral e nervosa. Na época de Fechner, não foi possível medir com precisão esses processos psicológicos. Desse modo, ele optou por lidar com a psicofísica externa, ou seja, a relação entre o estímulo e a intensidade subjetiva da sensação, medida por meio dos seus métodos psicofísicos.

Texto original

Trecho sobre a psicofísica, extraído de *Elements of Psychophysics* (1860), de Gustav Fechner

A psicofísica deve ser entendida neste texto como a teoria exata das relações funcionalmente dependentes do corpo e da alma ou, mais genericamente, do material e do mental, dos universos físico e psicológico.

Consideramos mental, psicológico ou pertencente à alma tudo o que possa ser captado pela observação introspectiva ou que, desse modo, sirva de base para abstração; enquanto é considerado corporal, corpóreo, físico e material tudo o que possa ser observado de fora ou que, assim, sirva de base para abstração. Essas designações referem-se exclusivamente aos aspectos do mundo aparente, com cujas relações os psicofísicos deverão ocupar-se, visto ser senso comum o uso de observações interna e externa para referir-se às atividades por meio dos quais a existência em si torna-se aparente.

De qualquer modo, todas as discussões e as investigações da psicofísica estão relacionadas somente com o fenômeno aparente do universo material e mental para um mundo que se apresenta diretamente por meio da introspecção ou pela observação externa, ou, ainda, a partir do que pode ser deduzido da aparência ou percebido como uma relação fenomenológica, uma categoria, uma associação, uma dedução ou uma lei. Em resumo, os psicofísicos referem-se ao *físico* no sentido da física e da química e ao *psíquico* no sentido da psicologia experimental, sem se referirem de algum modo à natureza do corpo ou da alma em seu sentido além do fenomenal metafísico.

Em geral, chamamos psíquica uma função dependente da função física, e vice-versa, por causa da existência entre elas de uma relação constante ou regida por leis e na qual, a partir da presença e das alterações de uma é possível deduzir o comportamento de outra.

A existência da relação funcional entre corpo e mente geralmente não é negada; todavia, existe uma discussão ainda não resolvida a respeito das razões desse fato, da sua interpretação e da sua abrangência.

> Sem se referir aos pontos metafísicos desse argumento (aspectos relacionados mais com a essência do que com a aparência), os psicofísicos conseguem determinar a verdadeira relação funcional entre os modos de aparência do corpo e da mente com a maior precisão possível.
>
> Quais objetos pertencentes ao mesmo grupo nos aspectos quantitativo e qualitativo, estando distantes ou próximos, no mundo material e no mental? Quais leis regem suas mudanças na mesma direção ou em sentidos opostos? Essas são perguntas que os psicofísicos em geral formulam e tentam respondê-las com a maior exatidão.
>
> Em outras palavras, mas ainda seguindo o mesmo raciocínio: que objetos pertencem aos mesmos modos internos e externos da aparência das coisas e quais são as leis relacionadas às respectivas mudanças?
>
> Pela existência da relação funcional, unindo mente e corpo, na verdade não há nada que nos possa impedir de olhar para essa relação e buscá-la em uma e não em outra direção. Alguém pode ilustrar essa relação adequadamente, usando uma função matemática, uma equação entre as variáveis x e y, em que cada variável possa ser vista como função da outra e cada uma sendo dependente das mudanças da outra. Entretanto, há uma razão pela qual os psicofísicos preferem a abordagem pela dependência da mente em relação ao corpo, em vez do contrário: é porque o físico está imediatamente disponível para medição, enquanto a medição do psíquico é possível somente ao considerá-lo dependente do físico. [...]
>
> Pela sua natureza, a psicofísica pode ser dividida em uma parte externa e uma interna, dependendo do foco da análise, se baseada na relação do físico com os aspectos externos do corpo ou se nas funções internas, com as quais o psíquico está intimamente relacionado. [...]
>
> A verdadeira prova básica empírica para toda a psicofísica pode ser vista somente na esfera da psicofísica externa, visto ser esta a única parte disponível para uma experiência imediata. Portanto, nosso ponto de partida deve ser obtido da psicofísica externa. No entanto, sem a referência constante à psicofísica interna pode não haver o desenvolvimento da psicofísica externa, visto estar o universo externo do corpo funcionalmente relacionado com a mente apenas pela mediação do mundo interno do corpo. [...]
>
> A psicofísica, que já está relacionada com a psicologia e a física pelo nome, deve, por um lado, basear-se na psicologia e, por outro, proporcionar à psicologia a fundamentação matemática. A psicofísica externa toma emprestado da física o auxílio e a metodologia; a psicofísica interna inclina-se mais para a fisiologia e a anatomia, especialmente no que diz respeito ao sistema nervoso, com o qual se pressupõe alguma relação. [...]
>
> A sensação depende do estímulo, e uma sensação mais forte depende de estímulos mais fortes; no entanto, o estímulo provoca a sensação somente mediante a ação intermediária de alguns processos internos do corpo. Na medida em que sejam encontradas relações regidas por lei entre a sensação e o estímulo, estas devem incluir as relações entre o estímulo e essa atividade física interna, que obedecem às mesmas leis gerais da interação dos processos corporais e, assim, fornecer-nos a base para as conclusões gerais sobre a natureza dessa atividade interna. [...]
>
> De algum modo, à parte das implicações resultantes da psicofísica interna, essas relações regidas por lei, que podem ser examinadas na área da psicofísica externa, são dotadas de importância própria. Com base nelas, como veremos, a medição física produz uma medição psíquica, a partir da qual podemos levantar argumentos interessantes e importantes.

No início do século XIX, o filósofo alemão Immanuel Kant insistia em afirmar que a psicologia nunca poderia ser considerada ciência, porque era impossível medir – ou realizar experiências – com os processos psicológicos (Sturm, 2006). Em virtude do trabalho de Fechner, que, ao contrário, tornou possível a medição do fenômeno mental, a alegação de Kant deixou de ser levada a sério. E foi principalmente com base na pesquisa psicofísica de Fechner que Wilhelm Wundt concebeu sua teoria da psicologia experimental. Os métodos usados por Fechner mostraram-se aplicáveis a uma ampla variedade de problemas psicológicos nunca imaginados. E o mais importante de tudo: Fechner deu à psicologia aquilo que toda disciplina deve possuir para ser chamada ciência: técnicas de medição coerentes e precisas.

A fundação oficial da psicologia

Em meados do século XIX, os métodos das ciências naturais estavam sendo empregados para pesquisar fenômenos puramente mentais. Técnicas foram desenvolvidas, aparelhagens foram criadas, livros importantes foram escritos, e o interesse crescente se espalhava. Astrônomos e filósofos empiristas britânicos enfatizavam a importância dos sentidos, e cientistas alemães descreviam seu funcionamento e como poderiam ser medidos. O espírito intelectual positivista da época, o *Zeitgeist*, incentivava a convergência dessas duas linhas de pensamento. No entanto, ainda faltava alguém que pudesse uni-las e "fundar" a nova ciência. Wilhelm Wundt foi quem deu esse toque final.

QUESTÕES PARA DISCUSSÃO

1. Qual foi o papel de David Kinnebrook no desenvolvimento da nova psicologia?
2. O que era a "equação pessoal" e o que ela significava para a nova psicologia?
3. Qual a importância do trabalho de Bessel para a nova psicologia? Como esse trabalho se relacionava aos de Locke, Berkeley e de outros filósofos empiristas?
4. Será que, naquela época, a psicologia experimental teria se desenvolvido sem o trabalho de Fechner? E sem o trabalho de Weber? Por quê?
5. Discuta os métodos desenvolvidos para o mapeamento das funções cerebrais.
6. Descreva o método da cranioscopia de Gall e o movimento popular que se originou a partir dele. O que o levou ao descrédito?
7. Qual era o objetivo principal da Sociedade de Física de Berlim?
8. Explique como o desenvolvimento da fisiologia se uniu ao empirismo britânico para formar a nova psicologia.
9. Por que a psicologia experimental surgiu na Alemanha e não em outro lugar?
10. Qual é a importância da pesquisa de Helmholtz a respeito da velocidade do impulso neural?
11. Descreva a pesquisa de Weber referente ao limiar de dois pontos e às diferenças mínimas perceptíveis. Qual é a importância dessas duas ideias para a psicologia?
12. O que ocorreu a Fechner no dia 22 de de outubro de 1850? Como ele media as sensações?
13. Qual é a relação entre intensidade do estímulo e a intensidade da sensação representada na equação $S = K \log R$?
14. Quais os métodos psicofísicos utilizados por Fechner? Qual foi o impacto da psicofísica no desenvolvimento da psicologia?
15. Qual é a diferença entre a psicofísica interna e a psicofísica externa? Em qual delas Fechner teve de se concentrar? Por quê?

Capítulo 4

A nova psicologia

Tarefas múltiplas não são permitidas

Wilhelm Wundt nunca tinha ouvido falar de multitarefas. E mesmo que tivesse, não teria acreditado que fosse possível prestar atenção a mais de um estímulo, ou se envolver em mais de uma atividade mental, exatamente ao mesmo tempo, como enviar mensagem de texto e perceber a presença de um palhaço no *campus*. É claro que ninguém tinha ouvido falar de multitarefas na metade do século XIX, antes de telefones de quaisquer tipos, e menos ainda se mensagens instantâneas, e-mail, videogames e outros aparelhos eletrônicos, solicitando simultaneamente nosso tempo e nossa atenção.

O ano era 1861. Nos Estados Unidos, a Guerra Civil estava começando. Na Alemanha, o ambicioso Wilhelm Wundt, um pesquisador de 29 anos na área de fisiologia, lecionava meio período na University of Heidelberg. Descrito por amigos como distraído e sonhador, tentava encontrar seu caminho ensinando técnicas básicas de laboratório para alunos universitários. No laboratório improvisado em sua casa, tentava conduzir pesquisas para deslanchar o desenvolvimento da nova ciência psicológica.

Ultimamente, Wundt andava pensando a respeito do que Friedrich Bessel, o astrônomo alemão, havia chamado "equação pessoal" – os erros de medição entre os astrônomos que haviam levado à demissão de David Kinnebrook em 1796. Como explicado por um historiador da psicologia, Wundt estava intrigado pelas

> diferenças sistemáticas entre os astrônomos ao medir a passagem da grade quadriculada dos telescópios. Essas pequenas diferenças [simplesmente meio segundo entre Kinnebrook e Maskelyne] ocorriam dependendo do que focalizavam primeiro – a estrela ou o cronômetro (Blumenthal, 1980, p. 121).

Se o observador olhasse primeiro a estrela, ele obteria uma leitura; mas se olhasse primeiro a grade quadriculada, faria uma leitura ligeiramente diferente. Era impossível para o observador focar a atenção nos dois objetos ao mesmo tempo. O interesse de Wundt por esse problema o levou a modificar um relógio de pêndulo de forma a apresentar dois estímulos – um auditivo e um visual – no caso, um sino e um pêndulo balançando diante de um ponto fixo. Ele chamou o instrumento de *Gedankenmesser*, que significa "medidor do pensamento" ou "medida da mente", e usava-o para medir o processo mental para perceber dois estímulos.

Colocando-se como único sujeito desse experimento, concluiu que era impossível perceber essas duas coisas ao mesmo tempo. Ele conseguia prestar atenção ao som do sino ou ao movimento do pêndulo passando por um ponto específico, mas não conseguia prestar atenção nos dois ao mesmo tempo. Os resultados de suas medidas mostraram que levava um oitavo de segundo para registrar os dois estímulos sequencialmente. Para o observador casual, os estímulos pareciam ocorrer simultaneamente, mas não para o pesquisador treinado.

A descoberta de Wundt de que não podemos atentar a ou manter o foco em mais de uma coisa ao mesmo tempo tem, como podemos notar, uma aplicação contemporânea impactante. Uma grande quantidade de literatura surge rapidamente para demonstrar, com consistência, que, "ao fazer duas coisas ao mesmo tempo, os dois esforços são prejudicados" (Sullivan e Thompson, 2013, p. 12).

O cérebro humano "não é bom para prestar atenção ativa a mais de uma coisa simultaneamente" (Wu, 2013, p. 3). Não conseguimos, efetivamente, realizar mais de uma tarefa cognitiva por vez (ver Gorlick, 2009; Hosking, Young & Regan, 2009; Lin, 2009; Ritchel, 2010; e Shellenbarger, 2004).

Assim, Wundt estava muito à frente de seu tempo quando escreveu que "a consciência retém só um pensamento, uma única percepção. Quando parece que temos diversas percepções simultâneas, somos enganados pela sua rápida sucessão" (apud Diamond, 1980b, p. 39). Com essa descoberta, Wilhelm Wundt havia medido a mente. É verdade que Fechner já havia feito isso antes, mas foi Wundt quem usou o experimento como base para uma nova ciência (e David Kinnebrook jamais soube de seu papel nisso).

O pai da psicologia moderna

Wilhelm Wundt (Figura 4.1) foi o fundador da psicologia como disciplina acadêmica formal. Instalou o primeiro laboratório, lançou a primeira revista especializada e deu início à psicologia experimental como ciência. Os temas de suas pesquisas, como sensação e percepção, atenção, sentimento, reação e associação, tornaram-se capítulos básicos de livros didáticos e são até hoje fontes inesgotáveis de estudo. Tanto é assim, que a maior parte da história da psicologia pós-wundtiana se caracteriza pela contestação ao seu ponto de vista da psicologia, fato que não desvaloriza sua importância nem seus feitos como seu fundador.

Por que foi Wundt e não Fechner a receber os méritos pela fundação da nova psicologia? A obra *Elementos de psicofísica* [*Elements of psychophysics*], de Fechner, foi publicada em 1860, cerca de 15 anos antes de Wundt iniciar os estudos de psicologia. O próprio Wundt declarou que o trabalho de Fechner representava a "primeira conquista" da psicologia experimental (Wundt, 1888, p. 471). Quando Fechner faleceu, seus papéis foram doados a Wundt, que proferiu palavras honrosas em memória a ele durante o funeral. Além disso, E. B. Titchener, discípulo de Wundt, referia-se a Fechner como pai da psicologia experimental (Benjamin, Bryant, Campbell, Luttrell e Holtz, 1997). Os historiadores são unânimes em relação à importância de Fechner, e alguns até questionam se, sem a sua contribuição, a psicologia teria começado naquele momento. Então, por que não creditam a Fechner os méritos pela fundação da psicologia?

A resposta encontra-se na natureza do processo de fundação de uma escola de pensamento. A fundação consiste em um ato deliberado e intencional, que envolve características e habilidades pessoais diferentes das exigidas na produção de contribuições científicas extraordinárias. Um historiador da psicologia disse:

> Quando as ideias básicas estão todas elaboradas, algum promotor toma essas ideias e as organiza, adicionando informações que pareçam ser [...] essenciais, publica-as, divulga-as e as promove e, em resumo, "funda" uma escola. (Boring, 1950, p. 194)

O comentário mais recente sobre a natureza do fundador fala sobre a necessidade de se vender uma ideia à comunidade científica: "Para que uma importante contribuição ao conhecimento seja completa, assegurar o impacto de uma ideia é tão importante quanto a originalidade desta. Vender a ideia com sucesso talvez seja ainda mais importante" (Berscheid, 2003, p. 110).

A contribuição de Wundt para a fundação da psicologia moderna é devida não tanto a uma única descoberta científica quanto à promoção vigorosa da experimentação sistemática realizada por ele. Portanto, fundação não é sinônimo de criação, embora essa distinção não tenha a intenção de ser depreciativa. Tanto os fundadores quanto os criadores são essenciais para a formação de uma ciência, assim como os arquitetos e os construtores são indispensáveis na construção de um edifício.

Com essa distinção em mente é possível compreender por que Fechner não foi identificado como o fundador da psicologia. Na verdade, ele simplesmente não estava tentando fundar uma nova ciência. Seu objetivo era compreender a relação entre os universos mental e material. Ele buscava descrever com base científica um conceito unificado de mente e corpo.

Wundt, no entanto, estava determinado a fundar uma nova ciência. No prefácio da primeira edição da sua obra *Princípios da psicologia fisiológica* [*Principles of physiological psychology*] (1873-1874), ele escreveu: "O trabalho que ora apresento ao público consiste em uma tentativa de demarcar um novo domínio da ciência". Seu objetivo era promover a psicologia como uma ciência independente. Todavia é preciso reafirmar que, embora Wundt seja considerado o fundador da psicologia, ele não foi o seu criador. A psicologia é o resultado de uma longa sequência de esforços criativos.

Na segunda metade do século XIX, o *Zeitgeist* estava propício para a aplicação da metodologia experimental aos problemas da mente. Wundt foi um agente poderoso daquilo que já estava em andamento, um promotor talentoso do inevitável.

Wilhelm Wundt (1832-1920)

A biografia de Wundt

Wilhelm Wundt passou os anos iniciais de sua vida nas pequenas vilas das proximidades de Mannheim, na Alemanha. Teve uma infância solitária (seu irmão mais velho ficava em um internato) e sua única diversão era sonhar com o dia em que se tornaria um escritor famoso. Seu rendimento escolar foi baixo nos anos iniciais. Seu pai era pastor, mas Wundt não tinha boas recordações dele, embora tanto o pai quanto a mãe fossem descritos como pessoas sociáveis. Lembrava-se de um dia em que o pai fora visitar a escola e lhe dera uma bofetada por não prestar atenção ao professor. No início do segundo ano, a responsabilidade pela sua educação ficou a cargo de um assistente do pai, um jovem vigário por quem o garoto acabou criando uma forte afeição. Quando

NATIONAL LIBRARY OF MEDICINE

FIGURA 4.1 Wilhelm Wundt.

o pároco foi transferido para uma cidade vizinha, Wundt ficou tão aborrecido, que foi autorizado a viver com ele até os 13 anos.

A família Wundt era dotada de forte tradição acadêmica, com ancestrais renomados intelectualmente em quase todas as áreas. Entretanto, parecia que essa extensa linhagem seria interrompida com o jovem Wundt. Ele passava a maior parte do tempo sonhando em vez de estudar, e fora reprovado no primeiro ano do *Gymnasium*. Sua relação com os colegas de classe não era muito amistosa e ele era ridicularizado pelos professores. Aos poucos, no entanto, aprendeu a controlar seus devaneios, tornando-se relativamente popular. Embora nunca houvesse apreciado a escola, esforçou-se para desenvolver seus interesses e sua capacidade intelectual. Quando se formou, com 19 anos, estava preparado para prosseguir os estudos universitários.

Decidiu tornar-se médico por duas razões: desejava trabalhar com a ciência e queria ganhar a vida. Frequentou a escola de medicina das universidades de Tübingen e de Heidelberg. No decorrer do curso, percebeu não ter tanta inclinação para a medicina e decidiu especializar-se em fisiologia. Depois de estudar um semestre na University of Berlin, com o importante fisiologista Johannes Müller, retornou à University of Heidelberg e completou o doutorado em 1855. Lecionou fisiologia em Heidelberg, de 1857 a 1864, e foi indicado para ser assistente de laboratório de Helmholtz. Em 1864, foi promovido a professor adjunto e permaneceu em Heidelberg por mais dez anos.

Estando envolvido na pesquisa em fisiologia, Wundt começou a conceber o estudo da psicologia como uma disciplina científica experimental independente. Primeiramente, sintetizou as ideias no livro intitulado *Contribuições para a teoria da percepção sensorial* [*Contributions to the theory of sensory perception*], publicado em partes, entre 1858 e 1862. Descreveu suas experiências originais, realizadas em um laboratório improvisado em sua casa, e os métodos que considerava adequados para a nova psicologia, usando pela primeira vez o termo "psicologia experimental". Esse livro, juntamente com o *Elementos de psicofísica* (1860) [*Elements of psychophysics*], de Fechner, é considerado marco literário do surgimento da nova ciência.

No ano seguinte, Wundt publicou *Palestras sobre a mente das pessoas e dos animais* [*Lectures on the minds of men and animals*] (1863). Sua revisão cerca de 30 anos mais tarde, a tradução para o inglês e as seguidas reimpressões da obra após a morte de Wundt são indicadores da importância do livro, no qual Wundt abordou vários temas, como o tempo de reação e a psicofísica, que ocupariam a atenção dos psicólogos experimentais durante vários anos.

Em 1867, Wundt começou a ministrar um curso de psicologia fisiológica em Heidelberg, o primeiro curso formal dessa área no mundo. Suas aulas também produziram material para outro importante livro, *Princípios da psicologia fisiológica* [*Principles of physiological psychology*], publicado em duas partes, em 1873 e 1874. Wundt revisou o livro em seis edições ao longo de 37 anos, sendo a última publicada em 1911. *Principles* é, indubitavelmente, sua obra-prima, aquela na qual Wundt estabeleceu a psicologia como uma ciência de laboratório independente, com problemas e métodos de experimentação próprios.

Durante vários anos, as sucessivas edições de *Princípios da psicologia fisiológica* [*Principles of physiological psychology*] serviram como base de informações para os psicólogos experimentais e de registro do progresso da psicologia. O termo "psicologia fisiológica" pode dar margem a interpretações equivocadas, já que, naquela época, o vocábulo "fisiológica" era sinônimo da palavra alemã que queria dizer "experimental". Na realidade, Wundt estava lecionando e escrevendo a respeito de psicologia experimental, e não sobre a psicologia fisiológica no sentido atual da palavra (Blumenthal, 1998).

Os anos em Leipzig

Wundt começou a mais longa e importante fase da sua carreira em 1875, ao tornar-se professor de filosofia da University of Leipzig, onde trabalhou durante incríveis 45 anos. Logo depois de chegar a Leipzig, instalou um laboratório e, em 1881, lançou a revista *Philosophical Studies*, publicação oficial do novo laboratório e da nova ciência. Havia pensado em chamar a revista de *Psychological Studies*, mas mudou de ideia, aparentemente, porque já existia outra com o mesmo nome (embora abordasse temas relacionados com ocultismo e espiritismo). Em 1906, conseguiu renomear a revista de *Psychological Studies*. Agora tendo nas mãos um manual, um laboratório e uma revista acadêmica especializada, a psicologia estava em um bom caminho.

O laboratório de Wundt e, também, sua crescente fama atraíram a Leipzig muitos estudantes que desejavam trabalhar com ele, vários dos quais se tornaram pioneiros, difundindo versões próprias de psicologia para as gerações seguintes. Entre eles estavam diversos norte-americanos, que retornaram aos Estados Unidos para implementar laboratórios próprios. Assim, o laboratório de Leipzig exerceu enorme influência no desenvolvimento da psicologia moderna, servindo como modelo para novos laboratórios e constantes pesquisas. "Wundt e seu laboratório de psicologia em Leipzig ficaram mundialmente conhecidos como uma instituição científica moderna e proeminente, que fornecia uma excelente introdução à nova psicologia experimental" (Muhlberger, 2008, p. 169).

Além dos laboratórios instalados nos Estados Unidos, outros foram implementados por alunos de Wundt na Itália, na Rússia e no Japão. Os livros de Wundt foram mais traduzidos para o russo do que para qualquer outro idioma, e a admiração dos russos por ele chegou a ponto de os psicólogos de Moscou construírem uma réplica do seu laboratório em 1912. Outra réplica foi construída por estudantes japoneses na Tokyo University, em 1920, ano da morte de Wundt, mas foi destruída durante um conflito estudantil nos anos 1960.

Wundt foi um professor bastante popular e, em um dos cursos por ele ministrado em Leipzig, o número de matriculados ultrapassou a 600 estudantes. Sua maneira de lecionar foi descrita da seguinte forma pelo estudante E. B. Titchener, em uma carta que escreveu em 1890:

> O [funcionário] abriu a porta e Wundt entrou, todo vestido de preto, é claro, dos sapatos à gravata: uma figura magra, de ombros estreitos, com a coluna um pouco curvada a partir da cintura, dava a impressão de ser alto; no entanto, duvido que tivesse efetivamente mais de 1,75 m de altura.
>
> Ele caminhava ruidosamente – não há outra palavra para aquilo –, subindo pelo corredor lateral os degraus da plataforma; batia com os pés e fazia barulho, como se as solas dos sapatos fossem de madeira. Realmente, fiquei com má impressão daquele modo ruidoso de caminhar; todavia, parece que ninguém se deu conta.
>
> Wundt, pude perceber, não consultou qualquer tipo de anotação para dar a aula nem olhou em algum momento para o suporte de livros, embora tivesse alguns papéis misturados entre os cotovelos...
>
> Wundt não deixava os braços sobre o descanso: mantinha os cotovelos fixos, mas movia constantemente os braços e as mãos, apontando e acenando... os movimentos eram controlados e pareciam, de alguma forma, misteriosamente ilustrativos...
>
> Ele parou pontualmente ao soar do relógio e saiu pisando e fazendo barulho, um pouco curvado, assim como havia entrado. Se não fosse pelo ruído absurdo do seu caminhar, não teria outro sentimento a expressar senão o de admiração pelo seu procedimento. (Baldwin, 1980, p. 287-289)[1]

[1] De "In memory of William Wundt", em W. G. Bringmann e R. D. Tweney (Eds.) *Wundt studies: a centennial collection*, p. 280-308. Toronto: C. J. Hogrefe, 1980. Reproduzido com permissão da American Psychological Association.

Sua vida pessoal foi tranquila e modesta e seus dias eram cuidadosamente planejados. Pela manhã, trabalhava em algum livro ou artigo, lia os trabalhos dos alunos e editava a revista. À tarde, realizava exames ou encaminhava-se para o laboratório, cuja visita, conforme lembrou um estudante norte-americano, não durava mais de cinco ou dez minutos. Aparentemente, apesar de acreditar na pesquisa de laboratório, "o próprio Wundt não era um pesquisador de laboratório" (Cattell, 1928, p. 545).

Mais ao final do dia, Wundt fazia uma caminhada e, mentalmente, preparava a aula da tarde, que ministrava habitualmente às quatro horas. À noite, dedicava-se à música, à política e, quando mais jovem, às atividades relacionadas com os direitos do trabalhador e do estudante. Levava uma vida confortável e a família dispunha de empregados domésticos e usufruía de lazer.

A sala de aula multimídia de Wundt

As salas de aula de universidades de hoje, como bem sabemos, são repletas de experiências e dispositivos multimídia. Você se surpreenderá ao descobrir, assim como nós, que as salas de aula de universidades de Wundt, em Leipzig, também tinham algo que pode ser considerado uma experiência multimídia, embora um pouco mais primitiva.

Naquela época, o principal dispositivo era a chamada lanterna mágica, usada, na verdade, desde o século XVII. Era como um projetor de *slides*, iluminado originalmente por gás, e depois por eletricidade, que projetava cenas de slides de vidro em uma grande tela, em geral, um pano pendurado em uma parede. Usando isso, a sala de palestras ficava parecida com um cinema.

Uma enorme sala de aula da University of Leipzig "apresentava várias telas que, assim como nos *sets* de cinema, poderiam ser erguidas do chão ou penduradas no teto, prontas para receber imagens de qualquer uma das muitas lanternas. Os instrutores e seus assistentes dedicavam muito tempo para organizar as aulas em torno de exposições extravagantes, usando as novas mídias dos anos 1870" (Smith, 2011, p. 30).

Wilhelm Wundt estava na vanguarda das novas tecnologias de mídia da época. Alguns de seus alunos que trouxeram o novo sistema de psicologia para os Estados Unidos também trouxeram suas lanternas mágicas para as salas de aula norte-americanas.

A psicologia cultural

Com a implementação do laboratório e a criação da revista especializada, além da grande quantidade de pesquisas em andamento, Wundt voltou a atenção para a filosofia. De 1880 a 1891, escreveu a respeito da ética, da lógica e da filosofia sistemática. Dados históricos recentes sugerem que ele não era favorável à separação total entre psicologia e filosofia, e que seu interesse era mais voltado para a filosofia do que para essa nova psicologia (Araujo, 2013). É importante relembrar que a contribuição mais importante que Wundt nos deu foi a criação da nova ciência da psicologia.

Outra área em que Wundt concentrou seu grande talento fora esquematizada em seu primeiro livro: a criação da psicologia social. Ao retomar esse projeto, ele produziu um trabalho em dez volumes, intitulado *Psicologia cultural* [*Cultural psychology*], que publicou entre 1900 e 1920 (muitas vezes, o título é traduzido equivocadamente como *Psicologia do povo* [*Folk psychology*]).

A psicologia cultural tratou de várias etapas do desenvolvimento mental humano manifestado em linguagem, artes, mitos, costumes sociais, lei e moral. O impacto dessa publicação na psicologia foi mais significativo que o conteúdo em si, já que serviu para dividir a nova ciência em duas partes principais: a experimental e a social.

Wundt acreditava que as funções mentais mais simples, como a sensação e a percepção, deviam ser estudadas por meio de métodos de laboratório. No entanto, os processos mentais superiores, como a aprendizagem e a memória, não podiam ser investigados pela experimentação científica por serem condicionados pela língua e por outros aspectos culturais. Wundt somente acreditava no estudo dos processos de pensamento superiores com o emprego de meios não experimentais, como os usados na sociologia, na antropologia e na psicologia social. A noção do significativo papel das forças sociais no desenvolvimento dos processos cognitivos ainda é considerada importante; no entanto, a conclusão de Wundt de que tais processos não são passíveis de estudo por meio de experimentos foi logo contestada e invalidada.

Wundt dedicou dez anos ao desenvolvimento da psicologia cultural, a qual lhe proporcionou "a mais satisfatória experiência em sua vida profissional" (Wong, 2009, p. 232). Entretanto, o campo, na forma como havia previsto, exerceu pouco impacto sobre a psicologia norte-americana. Uma pesquisa abrangendo os artigos publicados em 90 anos na *American Journal of Psychology* mostrou que, de todas as citações referentes às publicações de Wundt, menos de 4% estavam relacionadas com a obra *Cultural psychology*. Entretanto, *Principles of physiological psychology* era responsável por 61% das referências a seus trabalhos (Brozek, 1980).

Uma razão provável para a falta de interesse dos psicólogos norte-americanos na psicologia cultural de Wundt seria a época da publicação: entre 1900 e 1920. Nesse período, uma nova psicologia estava surgindo nos Estados Unidos, com uma abordagem um pouco distinta da de Wundt. Os psicólogos norte-americanos passaram a confiar nas próprias ideias e nas instituições educacionais, não sentindo mais tanta necessidade de voltar a atenção para os acontecimentos da Europa. Um destacado pesquisador observou que a psicologia cultural não atraía tanto interesse porque "surgiu em um estágio de maturidade da psicologia norte-americana em que os pesquisadores americanos estavam bem menos suscetíveis às impressões estrangeiras do que nas décadas de 1880 e 1890" (Judd, 1961, p. 219).

Wundt prosseguiu com sua pesquisa sistemática e no trabalho teórico até a morte, em 1920. Graças ao seu estilo de vida organizado, conseguiu completar as memórias de seus registros psicológicos pouco antes de

ARQUIVOS DA HISTÓRIA DA PSICOLOGIA NORTE-AMERICANA, UNIVERSITY OF AKRON

FIGURA 4.2 Wundt e seus alunos conduzem um experimento sobre tempo de reação.

morrer. Análises acerca da sua produção constataram que ele escreveu 54 mil páginas entre 1853 e 1920, em uma média de 2,2 páginas por dia (Boring, 1950; Bringmann e Balk, 1992). Ele havia concretizado o sonho da infância de tornar-se um escritor famoso.

O estudo da experiência consciente

O objeto de estudo da psicologia de Wundt era a consciência, embora, no início de sua carreira, ele também se preocupasse com a noção de inconsciente. Historiadores discordam sobre os motivos para ele ter abandonado seus trabalhos iniciais sobre o inconsciente, mas nenhum deles nega que Wundt tenha se voltado apenas para o estudo da consciência (Araujo, 2012).

No sentido mais amplo, o impacto do empirismo e do associacionismo do século XIX refletia-se, ao menos parcialmente, no sistema de Wundt. Em sua perspectiva, a consciência incluía várias partes diferentes e podia ser estudada pelo método da análise ou da redução. Ele declarou: "A primeira etapa da investigação de um fato deve ser uma descrição dos elementos individuais [...] dos quais ele consiste" (apud Diamond, 1980a, p. 85).

No entanto, há pouca semelhança entre a abordagem de Wundt e o ponto de vista da maioria dos empiristas e dos associacionistas ingleses discutidos no Capítulo 2. Wundt não aceitava a ideia de os elementos da consciência serem estáticos (assim denominados átomos da mente) e se conectarem de forma passiva mediante algum processo mecânico de associação. Ao contrário, ele acreditava no papel ativo da consciência em organizar o próprio conteúdo. Portanto, o estudo separado dos elementos, do conteúdo ou da estrutura da consciência proporcionaria apenas o ponto inicial para a compreensão dos processos psicológicos.

Voluntarismo. Wundt concentrou-se no estudo da capacidade própria de organização da mente, dando o nome de **voluntarismo** ao seu sistema, em referência à palavra *volição*, que significa o ato ou a força de vontade. O voluntarismo refere-se à força de vontade própria em organizar o conteúdo da mente em processos de pensamento superiores. Wundt enfatizava não os elementos em si, como os empiristas e associacionistas britânicos (assim como Titchener, aluno de Wundt, mais tarde enfatizara), mas o processo ativo de organização e síntese desses elementos. No entanto, é importante lembrar que Wundt, embora alegasse que a mente consciente era dotada do poder de sintetizar os elementos em processos cognitivos de nível superior, nunca deixou de reconhecer serem básicos os elementos da consciência. Na ausência desses elementos, não havia nada a ser organizado na mente.

Voluntarismo: ideia de que a mente é capaz de organizar o conteúdo mental em processos de pensamento de nível mais elevado.

Experiência mediata e imediata: a experiência mediata oferece informação sobre qualquer coisa, exceto sobre os elementos da experiência em si; a experiência imediata é equilibrada pela interpretação.

Experiência mediata e imediata. Na opinião de Wundt, os psicólogos deveriam dedicar-se ao estudo da experiência imediata e não da experiência mediata. A experiência mediata proporciona ao indivíduo as informações ou o conhecimento relacionado com algo além dos elementos de uma experiência. É a forma usual de empregar a experiência para adquirir o conhecimento do nosso mundo. Quando olhamos uma rosa e dizemos "A rosa é vermelha", subentende-se que nosso interesse principal concentra-se na flor e não no fato de percebermos algo denominado "[cor] vermelha".

No entanto, a **experiência imediata** de visualizar a flor não está no objeto propriamente dito, e sim na experiência de perceber que alguma coisa é vermelha. Para Wundt, a experiência imediata não sofre nenhum tipo de influência de interpretações pessoais, como a descrição da experiência de visualizar a cor vermelha da rosa em termos do objeto, ou seja, da flor em si. Do mesmo modo, ao descrevermos a sensação de desconforto provocada por uma dor de dente, relatamos a nossa experiência imediata. No entanto, se apenas dissermos: "Estou com dor de dente", referimo-nos somente à experiência mediata.

Na perspectiva de Wundt, as experiências básicas humanas, como a percepção da cor vermelha ou a sensação de desconforto provocada pela dor, formam os estados da consciência (os elementos mentais) organizados de forma ativa pela mente. A proposta de Wundt consistia em analisar a mente com base em seus elementos, suas partes componentes, exatamente do mesmo modo que os cientistas naturalistas trabalhavam para dividir o seu objeto de estudo, ou seja, o universo físico. A ideia da tabela periódica desenvolvida pelo químico russo Dimitri Mendeleev serviu de apoio para o objetivo de Wundt. Os historiadores sugeriram que, talvez, Wundt estivesse tentando desenvolver uma espécie de "tabela periódica" da mente (Marx e Cronan-Hillix, 1987).

O método da introspecção

Wundt descrevia a sua psicologia como a ciência da experiência consciente, e, por esse motivo, o método da psicologia científica deve abranger as observações da experiência consciente. No entanto, somente o indivíduo que passa pela experiência é capaz de observá-la. Wundt estabeleceu que o método de observação devia necessariamente utilizar-se da **introspecção**, ou seja, do autoexame do estado mental. Ele se referia a esse método como percepção interna. Wundt não foi o criador do método da introspecção, que já existia no tempo de Sócrates. A inovação introduzida por ele consistia na aplicação do controle experimental preciso sobre as condições de execução da introspecção.

Introspecção: autoanálise da mente para se inspecionar e relatar pensamentos ou sentimentos pessoais.

Na física, a introspecção foi utilizada para estudar a luz e o som; na fisiologia, foi aplicada na pesquisa dos órgãos dos sentidos. Por exemplo, para obter informações sobre os sentidos, o pesquisador aplicava um estímulo e pedia ao indivíduo para descrever a sensação produzida. Esse procedimento é semelhante aos métodos de pesquisa psicofísicos empregados por Fechner. Quando as pessoas comparavam dois pesos e apontavam se algum era mais pesado, mais leve ou se ambos possuíam o mesmo peso, estavam passando pela experiência da introspecção, ou seja, estavam descrevendo suas experiências conscientes.

A introspecção, ou percepção interna, praticada no laboratório de Wundt, na University of Leipzig, obedecia a regras e condições estabelecidas por ele:

- Os observadores devem ser capazes de determinar quando o processo será introduzido.
- Os observadores devem estar em estado de prontidão e alerta.
- Deve haver condições adequadas para se repetir várias vezes a observação.
- Deve haver condições adequadas para se variar as situações experimentais quanto à manipulação controlada do estímulo.

A última condição remete à essência do método experimental: a variação das condições das situações de estímulo e a observação das mudanças das quais resultam as experiências descritas pelos indivíduos. Wundt acreditava que sua forma de introspecção, a percepção interna, permitia fornecer todos os dados básicos necessários para o estudo dos problemas de interesse da psicologia, assim como a percepção externa proporcionava os dados para as ciências como a astronomia e a química. Na percepção externa, o foco de observação encontra-se fora do observador, por exemplo, uma estrela ou a reação da mistura química no tubo de ensaio. Na percepção interna, o foco encontra-se dentro do observador, na sua experiência consciente.

O objetivo de realizar a percepção interna sob rígidas condições experimentais consiste em produzir observações precisas, passíveis de repetição, da mesma forma que a percepção externa produz para as ciências naturais observações que podem ser repetidas separadamente por outros pesquisadores. A fim de atingir essa meta, Wundt insistia em treinar cuidadosa e rigorosamente os seus observadores, a fim de que realizassem corretamente as percepções internas. Exigia que eles completassem até 10 mil observações introspectivas individuais antes de considerá-los preparados para fornecer dados significativos para o seu laboratório de pesquisa.

Submetidos a esse treinamento repetitivo e persistente, os indivíduos estariam aptos a realizar mecanicamente as observações e se tornariam rápidos e alertas em relação à experiência consciente a ser observada. Na teoria, os observadores treinados por Wundt não precisariam de pausa para pensar ou refletir sobre o processo (e possivelmente introduzir alguma interpretação pessoal) e seriam capazes de descrever a experiência consciente quase imediata e automaticamente. Assim, o intervalo entre o ato de observar e o de relatar a experiência imediata seria mínimo.

Wundt, praticamente, não aceitava o tipo de introspecção qualitativa, em que as pessoas simplesmente descreviam suas experiências íntimas. A descrição introspectiva que buscava relacionava-se principalmente aos julgamentos conscientes sobre o tamanho, a intensidade, a duração de vários estímulos físicos, ou seja, o tipo de análise quantitativa da pesquisa psicofísica. Poucos estudos do laboratório de Wundt usaram relatos de natureza subjetiva ou qualitativa, como a percepção de prazer provocada por um estímulo, a intensidade de uma imagem ou a qualidade de uma sensação. A maioria de suas pesquisas consistia em medições objetivas, proporcionadas por equipamentos sofisticados de laboratório, muitas delas referentes a tempos de reação registrados quantitativamente.

Um historiador pesquisou o uso que Wundt fez de dados qualitativos e quantitativos e verificou que "praticamente em quase todos os 180 estudos experimentais publicados entre 1883 e 1903, nos 20 volumes do *Philosophische Studien* [o primeiro periódico de Wundt, *Philosophical Studies*], só foram encontrados quatro que usam dados introspectivos qualitativos" (Danziger, 1980, p. 248). Quando se acumularam suficientes informações objetivas, Wundt, a partir de tais informações, começou a tirar conclusões sobre os elementos e processos da experiência consciente.

Elementos da experiência consciente

Definidos o objeto de estudo e a metodologia para a nova ciência da psicologia, Wundt traçou suas metas:

- analisar os processos conscientes, utilizando os seus elementos básicos;
- descobrir como esses elementos eram sintetizados e organizados;
- determinar as leis da conexão que regiam a organização dos elementos.

Sensações. Wundt alegava ser a sensação uma das duas formas básicas de experiência. A sensação surge sempre que um órgão do sentido é estimulado e os impulsos resultantes atingem o cérebro. Pode ser classificada por sua intensidade, duração e modalidade sensorial.

Wundt não reconhecia nenhuma diferença fundamental entre a sensação e a imagem, porque esta também se associa à estimulação do córtex cerebral.

Sentimentos. O sentimento é a outra forma elementar da experiência. A sensação e o sentimento são aspectos simultâneos da experiência imediata. O sentimento é o complemento subjetivo da sensação, embora não se origine diretamente de um órgão dos sentidos. Sensações são acompanhadas de certas qualidades de sentimento; quando se combinam para formar um estado mais complexo, resultam a qualidade de sentimento.

Wundt propôs a **teoria tridimensional do sentimento** com base nas próprias observações introspectivas. Trabalhando com um metrônomo (aparelho que pode ser programado para produzir cliques audíveis em intervalos regulares), notou que, após ouvir uma série de cliques, alguns padrões rítmicos eram mais prazerosos ou agradáveis do que outros. Concluiu que parte da experiência de qualquer padrão sonoro requer o sentimento subjetivo do prazer ou desprazer (observe que o sentimento subjetivo ocorria ao mesmo tempo que as sensações físicas associadas aos cliques). Wundt sugeriu, então, que esse estado de sentimento poderia ser alocado em uma variação contínua, desde o extremamente agradável até o extremamente desagradável.

Teoria tridimensional do sentimento: explicação de Wundt para os estados do sentimento, com base em três dimensões: prazer/desprazer, tensão/relaxamento e excitação/depressão.

Dando continuidade aos experimentos, Wundt observou um segundo tipo de sentimento ouvindo os cliques do metrônomo: uma leve tensão ao antecipar cada som sucessivo, seguida do alívio após o clique. Concluiu assim que, além do contínuo prazer/desprazer, o sentimento possuía uma dimensão de tensão/relaxamento. Posteriormente, ao aumentar o intervalo dos cliques, sentiu-se suavemente excitado e, ao reduzi-lo, sentiu-se calmo e até um pouco deprimido.

Dessa forma, variando o intervalo do metrônomo e praticando a introspecção, descrevendo as suas experiências conscientes imediatas (as próprias sensações e os próprios sentimentos), Wundt definiu as três dimensões independentes do sentimento: prazer/desprazer, tensão/relaxamento e excitação/depressão. Cada sentimento básico era efetivamente descrito de acordo com a sua localização dentro do espaço tridimensional, ou seja, a sua posição em cada uma das dimensões.

Wundt considerava as emoções um composto complexo de sentimentos elementares e, se fosse possível destacá-los na grade tridimensional, as emoções poderiam ser reduzidas a esses elementos mentais. Embora a teoria tridimensional do sentimento tenha despertado o interesse para várias pesquisas em Leipzig e em outros laboratórios europeus da época, não resistiu ao teste do tempo.

A organização dos elementos da experiência consciente

Apesar da sua ênfase nos elementos da experiência consciente, Wundt reconheceu que, quando olhamos para os objetos do mundo real, nossa percepção é dotada de unidade ou de totalidade. Ao olhar por uma janela, vemos uma árvore e não sensações individuais ou experiências conscientes de brilho, cor ou formato que os observadores treinados do laboratório descrevem como resultado de suas introspecções. Nossa experiência visual do mundo real abrange a árvore inteira e não sensações e sentimentos básicos que constituem a árvore.

Como as partes elementares compõem essa experiência consciente unificada? Wundt explicou o fenômeno por meio da sua doutrina da **apercepção**. O processo de organização dos elementos mentais formando uma unidade é uma síntese criativa (também conhecida como a lei das resultantes psíquicas) que cria novas propriedades mediante a mistura ou a combinação dos elementos. Wundt declarou: "Todo composto psíquico é dotado de características que, de modo algum, consistem na mera soma das características dos elementos" (Wundt, 1896, p. 375). Todos já ouvimos esta afirmação: a totalidade não é igual à soma das partes. Essa noção é disseminada pelos psicólogos da Gestalt (veja no Capítulo 12). A noção da síntese criativa possui seu correspondente na química. A combinação dos elementos químicos produz compostos ou resultantes com propriedades não encontradas nos elementos originais.

Apercepção: processo pelo qual elementos mentais são organizados.

Para Wundt, a apercepção consiste um processo ativo. Nossa consciência não atua apenas sobre as sensações e os sentimentos básicos que experimentamos. Ao contrário, a mente atua nesses elementos de forma criativa para compor a unidade. Desse modo, Wundt não acreditava no processo da associação mecânica e passiva, defendido pela maioria dos empiristas e associacionistas britânicos.

Texto original

Trecho sobre a lei das resultantes psíquicas e o princípio da síntese criativa, extraído de *Outline of psychology* (1896), de Wilhelm Wundt

A *lei das resultantes psíquicas* encontra sua expressão no fato de todo componente psíquico exibir atributos que são conhecidos, na verdade, por meio dos próprios atributos dos elementos que o compõem após serem identificados; entretanto, esses elementos não podem, de maneira alguma, ser considerados mera soma dos atributos. Na melodia composta, há mais atributos afetivos e ideacionais do que na mera soma dos tons. A organização temporal e espacial das ideias temporais e espaciais é, certamente, condicionada de forma perfeitamente regular por meio da cooperação dos elementos componentes da ideia; no entanto, ainda assim, o arranjo em si não pode, de forma alguma, ser considerado propriedade, pertencente aos próprios elementos da sensação. As teorias nativistas afirmam ser essa noção contraditória e insolúvel; e, além disso, na hipótese de admitirem a ocorrência de mudanças subsequentes nas percepções espaciais e temporais originais, estão definitivamente partindo para a aceitação do surgimento, pelo menos parcial, de novos atributos.

Por fim, essa lei encontra a expressão de forma evidentemente reconhecível nas funções aperceptivas e nas atividades da imaginação e da compreensão. Os elementos unidos pela síntese aperceptiva não só ganham, na ideia agregada resultante das suas combinações, um novo significado antes inexistente no seu estado isolado, como também – e o que é mais importante – a própria ideia agregada consiste um novo conteúdo psíquico, derivado, certamente, desses elementos e que, de modo algum, se encontrava contido neles. Essa característica apresenta-se de forma mais evidente nas produções com maior complexidade da síntese aperceptiva, por exemplo, em uma produção artística ou em um exercício de lógica.

A lei das resultantes psíquicas expressa, assim, um princípio que podemos designar, em vista dos resultados, como *princípio da síntese criativa*. Esse princípio, há muito reconhecido nos casos de criações mentais superiores, em geral não é aplicado a outros processos psíquicos. Na verdade, por uma confusão injustificável com as leis da causalidade psíquica, ele tem sido interpretado até erroneamente.

Equívoco semelhante é responsável pela ideia de contradição existente entre o princípio da síntese criativa no universo mental e as leis gerais do mundo natural, especialmente em relação à conservação da energia. Essa contradição é injustificada, porque, em ambos os casos, as perspectivas para o julgamento e, consequentemente, para todas as mensurações são diferentes e devem sê-lo, já que a ciência natural e a psicologia não lidam com os conteúdos distintos da experiência, mas com um único e mesmo conteúdo observado de ângulos diferentes...

As *mensurações físicas* referem-se a massas, forças e energias objetivas, conceitos adicionais obrigatórios no julgamento da experiência objetiva; e, como as suas leis gerais são derivadas da experiência, não devem ser contraditas por nenhum caso de experiência. As *mensurações físicas*, que se referem à comparação dos componentes físicos e de suas resultantes, estão relacionadas com valores e resultados subjetivos. O valor subjetivo de uma unidade pode aumentar em comparação com seus componentes; o propósito da unidade pode ser diferente e superior ao dos seus componentes, sem que isso implique qualquer alteração nas massas, forças e energias envolvidas. Os movimentos musculares de um ato de vontade externa, os processos físicos que acompanham a percepção, associação e apercepção dos sentidos, todos obedecem invariavelmente ao princípio da conservação da energia. Entretanto, os valores mentais e as finalidades que essas energias representam podem ser muito diferentes em qualidade, até mesmo quando a quantidade dessas energias permanece a mesma.

O destino da psicologia de Wundt na Alemanha

Embora a psicologia wundtiana tenha se espalhado rapidamente, não transformou de imediato nem completamente a natureza da psicologia acadêmica na Alemanha. No período de Wundt – na realidade, já em 1941, duas décadas após a sua morte – a psicologia nas universidades alemãs ainda consistia em uma área de especialização da filosofia. Esse fato ocorreu, em parte, porque alguns psicólogos e filósofos eram contrários à separação entre psicologia e filosofia. No entanto, esse fato também pode ser atribuído a um fator contextual importante: os órgãos governamentais responsáveis pela criação das universidades não enxergavam nenhum valor prático na psicologia que justificasse a alocação de recursos para o estabelecimento de departamentos acadêmicos e laboratórios independentes.

Quando uma organização de psicólogos experimentais realizou um encontro em Berlim, em 1912, os psicólogos pressionaram formalmente o governo para obter mais verba. Em resposta, o prefeito de Berlim declarou que, primeiro, precisava ver os resultados práticos das pesquisas psicológicas. A mensagem foi clara: "Se a psicologia deseja obter mais verba, seus representantes devem provar a sua aplicabilidade para a sociedade" (Ash, 1995, p. 45).

A dificuldade estava no fato de a psicologia de Wundt concentrar-se na descrição e na organização dos elementos da consciência, não sendo, assim, apropriada para a solução dos problemas do mundo real. Talvez seja essa uma das razões de ela não ter criado raízes na atmosfera pragmática dos Estados Unidos. Wundt considerava a psicologia uma ciência puramente acadêmica e não se interessava em aplicá-la às questões práticas. Desse modo, apesar da sua aceitação nas universidades de vários países, a evolução da psicologia wundtiana, como ciência distinta, foi relativamente lenta na própria Alemanha.

Por volta de 1910, dez anos antes da morte de Wundt, havia três publicações especializadas em psicologia na Alemanha, além de diversos livros e laboratórios de pesquisa. No entanto, apenas quatro estudiosos constavam nas listas oficiais como psicólogos e não como filósofos. Por volta de 1925, apenas 25 pessoas na Alemanha intitulavam-se psicólogos, e somente em 14 das 23 universidades havia departamentos de psicologia independentes (Turner, 1982).

Nesse mesmo período, nos Estados Unidos, havia muito mais psicólogos e departamentos de psicologia. O conhecimento e as técnicas de psicologia estavam sendo aplicados aos problemas práticos, na economia e na educação, mas veremos que esse desvio da pauta de Wundt teve suas origens no pensamento do próprio Wundt.

As críticas à psicologia de Wundt

A posição de Wundt, assim como a de qualquer outro inovador, estava sujeita a críticas. Especialmente vulnerável era seu método da percepção interna ou da introspecção. Os críticos questionavam: quando a introspecção realizada por diferentes observadores produz resultados distintos, como saber qual é o correto? As experiências realizadas com o uso da técnica de introspecção nem sempre produzem o mesmo resultado, já que se trata de uma auto-observação – é, definitivamente, uma experiência particular, de modo que as divergências não podem ser dirimidas mediante a repetição das observações. Wundt reconhecia essa falha, mas acreditava que o método poderia ser aprimorado, dotando os observadores com mais treinamento e experiência.

As opiniões políticas de Wundt também eram alvo de críticas e podem ser a explicação para a afirmação de um historiador ao descrever "o declínio precipitado da psicologia wundtiana entre as duas grandes guerras (1918-1939). [...] A maior parte do conteúdo das pesquisas e dos trabalhos de Wundt simplesmente desapareceu nos ambientes de língua inglesa" (Blumenthal, 1985, p. 44). Os estudiosos creditavam esse declínio às declarações francas de Wundt a respeito da Primeira Guerra Mundial. Ele considerava a Inglaterra culpada por iniciar a guerra e defendia a invasão da Bélgica pela Alemanha como um ato de autodefesa. Essas declarações eram tendenciosas e equivocadas e fizeram com muitos psicólogos norte-americanos se voltarem contra Wundt e sua psicologia (ver Benjamin, Durkin, Link, Vestal, Acord, 1992; Sanua, 1993).

Sua posição política também pode ter custado a ele o Prêmio Nobel. Wundt havia sido indicado duas vezes antes, em 1907 e 1909, e em 1915 foi um dos seis finalistas. Embora fosse "o psicólogo mais conhecido do mundo na época, e uma pessoa de consideráveis realizações" ele não ganhou (Benjamin, 2003, p. 735). A Primeira Guerra Mundial estava em seu segundo ano sangrento, e o sentimento contra os alemães era forte. A defesa, algumas vezes cáustica, da sua terra natal pode muito bem ter contribuído para que fosse rejeitado ao prêmio.

O sistema de Wundt também enfrentou concorrência crescente nos países de língua alemã após a Primeira Guerra Mundial. Nos anos finais da sua vida, duas outras escolas de pensamento surgiram na Europa, obscurecendo a sua visão: a psicologia da Gestalt, na Alemanha, e a psicanálise, na Áustria. Nos Estados Unidos, o funcionalismo e o behaviorismo encobriram a abordagem wundtiana.

Além disso, as forças contextuais econômicas e políticas vigentes contribuíram para o desaparecimento do sistema wundtiano na Alemanha. Com o colapso econômico após a derrota alemã na Primeira Guerra Mundial, as universidades ficaram falidas. A University of Leipzig não possuía verbas nem para a aquisição dos livros mais recentes de Wundt para a biblioteca. O laboratório de Wundt, onde ele orientou a primeira geração de psicólogos, foi destruído durante um bombardeio de norte-americanos e ingleses em 4 de dezembro de 1943. Assim, a natureza, o conteúdo, a forma e até mesmo o lar da psicologia wundtiana se perderam.

A herança de Wundt

Wundt, conforme anunciou que o faria, deu início a um novo domínio da ciência e conduziu pesquisas no laboratório que instalara exclusivamente para esse fim. Publicou os resultados na sua própria revista e tentou desenvolver uma teoria sistemática da natureza da mente humana. Alguns de seus alunos deram continuidade ao trabalho, criando laboratórios para prosseguir com as experiências relacionadas com as questões estabelecidas por ele e empregando as suas técnicas. Desse modo, Wundt proporcionou à psicologia todos os acessórios de uma ciência moderna.

Notadamente, a época estava preparada para o movimento wundtiano em consequência do amadurecimento natural do desenvolvimento das ciências psicológicas, especialmente nas universidades alemãs. No entanto, o fato de o trabalho de Wundt não constituir a origem desse movimento, e sim seu ponto culminante, não reduz sua importância. A fundação da psicologia exigiu extrema dedicação e coragem para a concretização do movimento. Os resultados de seus esforços representam uma conquista tão extraordinária, que Wundt merece ocupar uma posição de destaque entre os psicólogos do período moderno. Uma pesquisa conduzida por 49 historiadores norte-americanos de psicologia, 70 anos após a sua morte, relevou que ele ainda era considerado o psicólogo mais importante de todos os tempos, uma constatação honrosa para um estudioso cujo sistema já havia sido esquecido há muito tempo (Korn, Davis, e Davis, 1991).

O fato de a maior parte da história da psicologia pós-Wundt consistir de posições contrárias às limitações por ele impostas para a área não desvaloriza suas brilhantes contribuições; ao contrário, enaltece ainda mais sua grandeza. As contestações devem ter algum alvo, algo a ser rebatido, e o trabalho de Wundt, sendo esse alvo, proporcionou um início magnífico e convincente para a moderna psicologia experimental.

Outras tendências da psicologia alemã

Wundt deteve o monopólio da nova psicologia por pouco tempo. A ciência também começava a florescer em outros laboratórios alemães. Embora Wundt fosse, obviamente, o mais importante organizador e sistematizador da emergente psicologia, outras figuras também exerceram influência na evolução inicial da área. Os pesquisadores que não concordavam com o ponto de vista de Wundt propunham ideias diferentes, embora todos estivessem comprometidos com uma empreitada comum: a expansão da psicologia como ciência. O trabalho desses psicólogos, aliado ao de Wundt, transformou a Alemanha, indiscutivelmente, no centro do movimento.

Os acontecimentos na Inglaterra dariam à psicologia uma temática e uma direção radicalmente diferentes (ver Capítulo 6). Charles Darwin apresentava a teoria da evolução e Francis Galton começava a trabalhar com a psicologia das diferenças individuais. Ao chegar aos Estados Unidos, essas ideias exerceram um impacto ainda maior sobre o rumo da psicologia que o trabalho pioneiro de Wilhelm Wundt.

Além disso, os primeiros psicólogos norte-americanos, muitos dos quais formados sob a orientação de Wundt, em Leipzig, retornaram aos Estados Unidos e transformaram a psicologia wundtiana em algo tipicamente norte-americano. Desse modo, pouco tempo depois de Wundt fundar a psicologia, esta se dividiu em facções e, rapidamente, a abordagem dele tornou-se mais uma delas.

Hermann Ebbinghaus (1850-1909)

Apenas alguns anos após Wundt afirmar ser impossível conduzir experiências com os processos mentais superiores, um psicólogo alemão que trabalhava sozinho, isolado de qualquer centro acadêmico de psicologia, começou a obter êxito nas experiências com esses processos. Hermann Ebbinghaus tornou-se o primeiro psicólogo a pesquisar experimentalmente a aprendizagem e a memória. Desse modo, não apenas demonstrou que Wundt estava errado a respeito daquela questão, como também mudou a forma de estudo da associação e do aprendizado.

A biografia de Ebbinghaus

Ebbinghaus nasceu nas proximidades de Bonn, na Alemanha, em 1850, realizou seus estudos universitários inicialmente na University of Bonn e depois em Halle e Berlim. Durante a formação acadêmica, seus interesses dividiam-se entre história, literatura e filosofia, tendo se formado nesta última em 1873 e, em seguida, servido o exército na guerra Franco-Prussiana. Dedicou sete anos a estudos independentes na Inglaterra e na França, onde os seus interesses mudaram novamente, dessa vez voltando-se para a ciência.

Três anos antes de Wundt estabelecer o laboratório de Leipzig, Ebbinghaus havia adquirido, em uma livraria de Londres, uma cópia usada da importante obra de Fechner, *Elements of psychophysics*. Esse acontecimento casual afetou profundamente o seu pensamento e acabou influenciando também a direção da nova psicologia.

O tratamento matemático dado por Fechner ao fenômeno psicológico foi uma revelação instigante para Ebbinghaus, que resolveu aplicar na psicologia a metodologia empregada por Fechner na psicofísica: as medições sistemáticas e rígidas. Seu objetivo era simplesmente aplicar o método experimental aos processos mentais superiores. Muito provavelmente influenciado pela popularidade do trabalho dos associacionistas britânicos, Ebbinghaus optou por realizar essa importante pesquisa na área da aprendizagem humana.

Pesquisa sobre aprendizagem

Antes do trabalho de Ebbinghaus, a maneira mais comum de estudar a aprendizagem era examinando as associações já formadas. Essa era a abordagem dos associacionistas britânicos. De certo modo, os pesquisadores trabalhavam no sentido inverso, tentando determinar como as ligações haviam sido estabelecidas.

O enfoque de Ebbinghaus era diferente: ele começava a análise com a formação inicial das associações. Dessa forma era possível controlar as condições sob as quais a cadeia de ideias se formava, o que tornava o estudo da aprendizagem mais objetivo.

O trabalho de Ebbinghaus a respeito da aprendizagem e do esquecimento acabou sendo considerado um exemplo de genialidade e originalidade da psicologia experimental. Foi o primeiro trabalho a tratar de um problema que fosse verdadeiramente psicológico e não fisiológico, como eram muitos dos tópicos da pesquisa de Wundt. Dessa forma, a pesquisa revolucionária de Ebbinghaus ampliou consideravelmente o escopo da psicologia experimental. Como vimos anteriormente, a aprendizagem e a memória nunca haviam sido alvos de estudo experimental. Wundt afirmava de forma categórica que não era possível estudá-las experimentalmente. Ebbinghaus começou a fazê-lo, embora não ocupasse nenhuma posição acadêmica, não estivesse em um ambiente universitário para conduzir o trabalho e não contasse com o auxílio de professores e alunos, nem de um laboratório. Entretanto, em um período de cinco anos, realizou por conta própria uma série de estudos bastante abrangentes e cuidadosamente controlados, sendo ele mesmo a fonte de sua pesquisa.

Para a medição básica da aprendizagem, Ebbinghaus adaptou uma técnica adotada pelos associacionistas, cuja proposta afirmava ser a frequência de associações uma condição necessária para a lembrança. Ebbinghaus acreditava que a dificuldade de assimilação de um conteúdo poderia ser medida por meio da frequência, pela contagem do número de repetições necessárias para a perfeita reprodução do material. Percebemos aqui a influência de Fechner, que realizava a medição das sensações de forma indireta, mensurando a intensidade de estímulo necessária para produzir uma diferença mínima perceptível na sensação. Ebbinghaus tratou do problema da medição da memória de forma similar, contando o número de tentativas ou de repetições necessárias para a aprendizagem do material.

Como material para a aprendizagem, Ebbinghaus preparou uma lista de sílabas semelhantes, mas não idênticas. Ele repetia a tarefa quantas vezes fossem necessárias, até se sentir seguro da exatidão do resultado. Assim, cancelava os erros variáveis de cada tentativa e obtinha uma medição média. Era tão sistemático em relação à experiência, que mantinha com rigidez a regularidade de seus hábitos pessoais, obedecendo a uma rotina invariável, estudando o material todos os dias, sempre no mesmo horário.

Pesquisa com sílabas sem sentido

Para utilizar como objeto de sua pesquisa – o material a ser aprendido –, Ebbinghaus inventou o que ficou conhecido como **sílabas sem sentido**, revolucionando o estudo da aprendizagem. E. B. Titchener (ver Capítulo 5), aluno de Wundt, observou que o uso das sílabas sem sentido marcou o primeiro avanço importante na área desde a época de Aristóteles.

Sílabas sem sentido: sílabas apresentadas em séries aleatórias para o estudo dos processos da memória.

Como objeto de estudo, Ebbinghaus buscava palavras diferentes daquelas utilizadas no dia a dia, porque reconheceu a dificuldade inerente ao uso de histórias ou poesias como material de estímulo. As pessoas familiarizadas com a língua já carregam consigo os significados e as associações das palavras, e essas ligações podem facilitar a aprendizagem do material. Como essas conexões já estão presentes no momento da experiência, não podem ser controladas pelo pesquisador. Ebbinghaus desejava utilizar material uniforme, que não contivesse associações e que fosse totalmente homogêneo e igualmente não familiar – material que tivesse poucas associações já estabelecidas. As sílabas sem sentido que ele criou, tipicamente formadas por duas consoantes intercaladas com uma vogal (como *lef*, *bok* ou *yat*), satisfaziam esses critérios. Escreveu em cartões todas as combinações possíveis de consoantes e vogais, produzindo 2.300 sílabas, das quais extraía aleatoriamente o material de estímulo a ser aprendido. Pelo menos, foi o que se pensou durante muitos anos.

Informações históricas fornecidas um século depois, na década de 1980, por um psicólogo alemão – que leu todas as notas de rodapé das publicações e dos trabalhos de Ebbinghaus referentes às suas experiências, comparando as traduções em inglês com os originais em alemão – apresentam-nos uma nova interpretação para as sílabas sem sentido (Gundlach, 1986). Elas nem sempre eram limitadas a apenas três letras e não eram necessariamente sem sentido.

Essa análise meticulosa dos dados históricos, nesse caso usando os próprios escritos de Ebbinghaus, revelou que algumas sílabas compreendiam quatro, cinco ou seis letras. E, o que é mais importante, o objeto de pesquisa que Ebbinghaus denominava "série sem sentido de sílabas" foi traduzido incorretamente para o inglês como "série de sílabas sem sentido". Para Ebbinghaus, não eram as sílabas individuais que não deveriam ter sentido (embora muitas não tivessem), mas toda a lista de palavras, formada deliberadamente para não conter conexões nem associações anteriores.

Essa reinterpretação dos escritos de Ebbinghaus também revelou que ele era tão fluente em inglês e francês quanto em alemão, além de ter estudado latim e grego, o que mostra a dificuldade enfrentada na criação de sílabas que não tivessem absolutamente nenhum sentido para ele. O pesquisador concluiu: "O inútil esforço em obter a sílaba totalmente sem sentido e completamente livre de associações é tarefa para alguns dos seguidores [de Ebbinghaus]" (Gundlach, 1986, p. 469-470).

Ebbinghaus planejou diversos experimentos usando a sua série sem sentido de sílabas para determinar a influência das várias condições experimentais sobre a aprendizagem e a retenção humanas. Uma das pesquisas investigou a diferença entre a velocidade de memorização das listas de sílabas e a de memorização daquelas com significados mais aparentes. Para determinar a diferença, Ebbinghaus memorizou estrofes do poema "Dom Juan", de Byron. Cada estrofe compreendia 80 sílabas, e Ebbinghaus acreditava serem necessárias aproximadamente nove leituras para a memorização de cada uma. Em seguida, memorizou uma sequência sem sentido de 80 sílabas, e constatou que essa tarefa exigia cerca de 80 repetições. Concluiu que a aprendizagem de material sem sentido e sem associações é aproximadamente nove vezes mais difícil que a de conteúdo conhecido.

Ele também estudou o efeito do tamanho do material a ser aprendido sobre o número de repetições necessário para se obter uma reprodução perfeita. Constatou que, quanto mais longo o material a ser estudado, mais repetições eram necessárias e, consequentemente, mais tempo para a aprendizagem. Quando aumentou o número de sílabas a serem aprendidas, o tempo médio de memorização de uma sílaba também foi maior. É claro que esses resultados eram previsíveis: quanto maior a quantidade de material a ser estudado, mais tempo se levava para aprender. A importância do trabalho de Ebbinghaus consiste no controle meticuloso das condições experimentais, na análise quantitativa dos dados e na conclusão de que o tempo de aprendizagem de uma sílaba – assim como o tempo total da aprendizagem – aumenta quanto mais extensa a lista de sílabas.

Ebbinghaus estudou ainda outras variáveis que, acreditava, exerciam influencia na aprendizagem e na memória, como o efeito da superaprendizagem (a repetição das listas por mais tempo que o necessário para obter a reprodução perfeita), as associações existentes nas listas, a revisão do material e o intervalo decorrido entre a aprendizagem e a lembrança. Com a pesquisa sobre o efeito do tempo, produziu a famosa curva do esquecimento de Ebbinghaus, que demonstra que o material é esquecido rapidamente nas primeiras horas após a aprendizagem e mais lentamente depois disso (veja a Figura 4.3).

Ele publicou os resultados das pesquisas no livro intitulado *Memória*: A contribuição para a psicologia experimental [*On memory*: a contribution to experimental psychology] (1885), que pode ser considerada a pesquisa mais brilhante realizada por um único estudioso na história da psicologia experimental. Além de inaugurar um novo campo de estudo, importante até hoje, seu programa de pesquisas é um exemplo de habilidade técnica, perseverança e engenhosidade. Não se tem notícia, na história da psicologia, de qualquer outro pesquisador que tenha trabalhado sozinho e se submetido a um regime de experimentação tão rigoroso. Sua pesquisa foi tão precisa, completa e sistemática, que continua a ser mencionada nos livros atuais de psicologia, depois de mais de um século. Apesar disso, como um psicólogo contemporâneo observou, "hoje, provavelmente, nenhuma publicação especializada teria publicado a monografia de Ebbinghaus, já que todo o projeto baseia-se em um único participante – Ebbinghaus – e tem um único pesquisador, o próprio Ebbinghaus" (Erdelyi, 2010, p. 623).

Outras contribuições de Ebbinghaus à psicologia

Em 1890, Ebbinghaus e o físico Arthur König lançaram a revista intitulada *Journal of Psychology and Physiology of the Sense Organs*. A nova revista foi bem recebida na Alemanha, pois a publicação de Wundt, o primeiro meio de divulgação dos trabalhos de pesquisa do laboratório de Leipzig, não dava mais conta de todo o trabalho produzido. A necessidade de uma nova publicação, apenas nove anos após o lançamento da revista de Wundt, é um testemunho importante do fenômeno do crescimento tanto da dimensão como da diversificação da psicologia.

Em 1902, Ebbinghaus lançou um livro de sucesso, *The principles of psychology*, dedicado à memória de Fechner, e, em 1908, publicou *A summary of psychology*, voltado ao público leigo. Os dois livros tiveram várias edições e, após sua morte por pneumonia, em 1909, foram revisados por outros escritores.

Ebbinghaus não fez nenhuma contribuição formal à psicologia. Ele não criou um sistema formal nem teve discípulos. Não fundou nenhuma escola de pensamento, tampouco parecia ser essa sua intenção. No entanto, ele é importante não apenas no estudo da aprendizagem e da memória, ao qual deu início, como também na psicologia experimental como um todo.

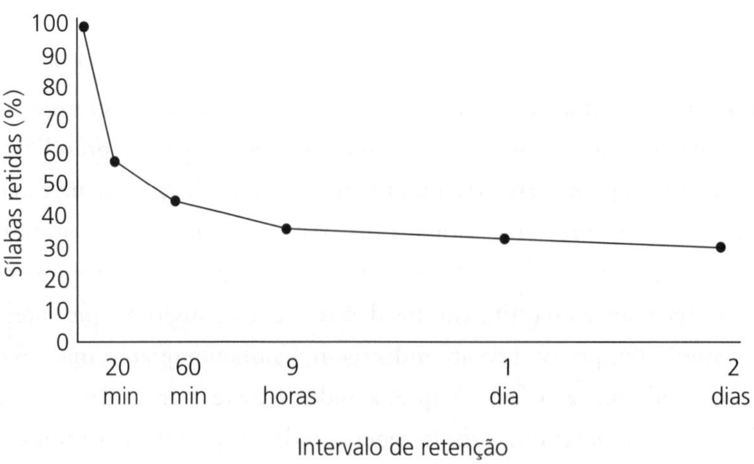

FIGURA 4.3 Curva de Ebbinghaus – curva do esquecimento das sílabas sem sentido.
Fonte: © Cengage Learning.

Uma medida do valor histórico geral do cientista é dada pelo tempo durante o qual persiste a sua contribuição. Seguindo esse parâmetro, Ebbinghaus pode ser considerado um cientista de maior importância que Wundt. Sua pesquisa proporcionou objetividade, quantificação e experimentação para o estudo da aprendizagem, tópico que continuou central na psicologia do século XX. Graças à visão e à dedicação de Ebbinghaus, as pesquisas relacionadas com a associação deixaram de basear-se em mera especulação sobre os seus atributos e passaram à investigação científica formal. Mais de um século depois, muitas de suas conclusões a respeito da natureza da aprendizagem e da memória ainda permanecem válidas.

Franz Brentano (1838-1917)

Com cerca de 16 anos, Franz Brentano (Figura 4.4) iniciou os estudos para o sacerdócio. Frequentou as universidades de Berlim, Munique e Tübingen, na Alemanha, e formou-se em filosofia em Tübingen, em 1864. Foi ordenado nesse ano, e dois anos mais tarde começou a lecionar filosofia na University of Würzburg, onde também escrevia e ministrava aulas sobre o trabalho de Aristóteles. Em 1870, o Concílio do Vaticano, reunido em Roma, aceitou a doutrina da infalibilidade papal, ideia à qual Brentano se opôs. Renunciou ao cargo de professor a que havia sido indicado como padre e deixou a igreja.

O livro mais famoso de Brentano, *Psicologia do ponto de vista empírico* [*Psychology from an empirical standpoint*], foi publicado em 1874, ano do lançamento da segunda parte da obra de Wundt, *Principles of physiological psychology*. A publicação de Brentano contradizia diretamente as visões de Wundt, confirmando a divergência já aparente na nova psicologia. Naquele mesmo ano, Brentano foi indicado para ser professor de filosofia da University of Vienna, mas, por ter se casado, foi forçado a se aposentar seis anos depois – na Áustria, a lei proibia que um antigo sacerdote se casasse.

Embora estivesse fora do cargo, permaneceu na universidade por mais 14 anos, como professor voluntário, e sua influência aumentou consideravelmente. Professor popular, muitos de seus alunos acabaram se destacando na psicologia; entre os mais brilhantes estão Christian von Ehrenfels e Sigmund Freud. Freud fez cinco cursos com Brentano e, posteriormente, se referiu a ele como um "gênio" e "uma pessoa incrivelmente esperta" (Gay, 1988, p. 29). Em 1894, Brentano aposentou-se como professor, mas continuou estudando e escrevendo, dividindo o tempo entre a Suíça e a Itália.

Brentano é considerado um dos mais importantes psicólogos do início da disciplina em razão da diversificação de seus interesses. Foi precursor intelectual das escolas da psicologia da Gestalt e da psicologia humanista, além de ter compartilhado com Wundt a ideia de transformar a psicologia em ciência. Enquanto a psicologia de Wundt era experimental, a de Brentano era empirista. Embora não rejeitasse totalmente o experimentalismo, Brentano considerava a observação, e não a experimentação, o principal método da psicologia. Acreditava que a abordagem empirista caracterizava-se por um escopo geralmente mais amplo, já que aceitava, além dos dados da observação e da experiência individual, os da experimentação.

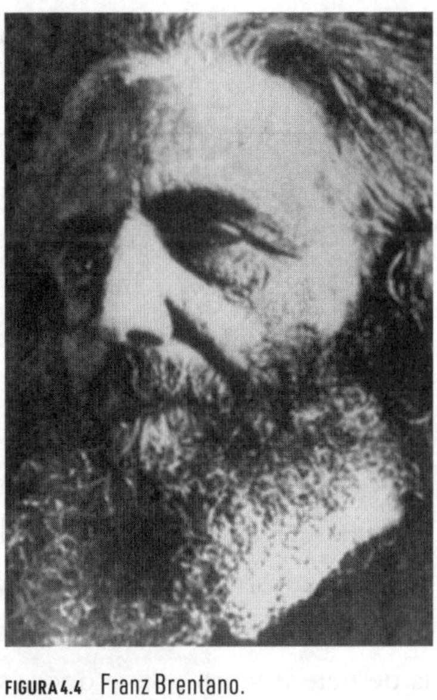

NATIONAL LIBRARY OF MEDICINE

FIGURA 4.4 Franz Brentano.

O estudo dos atos mentais

Brentano se opunha à ideia de Wundt de que a psicologia devia estudar o conteúdo da experiência consciente. Seu argumento era que o próprio

Psicologia do ato: sistema de psicologia de Brentano, que se concentra mais nas atividades mentais (por exemplo, no ato de ver) que nos conteúdos mentais (por exemplo, aquilo que é visto).

objeto de estudo da psicologia é a atividade mental, por exemplo, o ato mental de ver, e não o conteúdo mental do que é visto. Desse modo, a **psicologia do ato** de Brentano contestava a noção wundtiana de que os processos mentais envolvem conteúdo ou elementos.

Ele afirmava que uma distinção devia ser feita entre a experiência como uma estrutura e a experiência como uma atividade. Por exemplo, ao olhar para uma flor vermelha, o conteúdo sensorial do objeto vermelho é diferente do ato de perceber ou sentir a vermelhidão. Para Brentano, o ato de perceber a cor vermelha é um exemplo do verdadeiro objeto de estudo da psicologia. Declarou que a cor consiste em uma qualidade física, mas o ato de ver a cor é uma qualidade ou atividade mental. É evidente que o ato envolve necessariamente um objeto; sempre deve haver algum conteúdo sensorial, pois o ato de ver não tem o menor sentido sem a presença do elemento a ser visualizado.

A redefinição de Brentano acerca do objeto de estudo da psicologia exigiu um método de análise diferente, já que o ato, ao contrário do conteúdo sensorial, não é acessível por meio da introspecção, método de percepção interna que Wundt e seus alunos estavam utilizando no laboratório de Leipzig. O estudo dos atos mentais exigia uma observação em larga escala. Essa é a razão da preferência de Brentano pelos métodos mais empiristas do que experimentais para a psicologia do ato. Sua proposta não era o retorno à filosofia especulativa. É importante lembrar que, apesar de não ser experimental, o método de Brentano dependia da observação sistemática.

Brentano aperfeiçoou duas formas de estudo dos atos mentais:

1. por meio da memória (a lembrança dos processos mentais envolvidos em determinado estado mental);
2. por meio da imaginação (imaginando um estado mental e observando os processos mentais que ocorrem).

Embora a posição de Brentano atraísse um grupo de seguidores, a psicologia wundtiana continuava a ter destaque. Por lançar mais publicações do que Brentano, a posição de Wundt era mais conhecida. Além disso, os psicólogos admitiam que era mais fácil estudar as sensações ou o conteúdo consciente com os métodos da psicofísica do que usando a observação para analisar os atos mais evasivos.

Carl Stumpf (1848-1936)

Nascido em uma família de médicos na Bavária, Carl Stumpf (Figura 4.5) tomou contato com a ciência muito cedo, mas desenvolveu grande interesse pela música. Aos 7 anos começou a estudar violino e acabou aprendendo a tocar perfeitamente outros cinco instrumentos, e aos 10 anos já compunha. Quando frequentou a University of Würzburg, interessou-se pelo trabalho de Brentano e concentrou a atenção na filosofia e na ciência. Por recomendação de Brentano, Stumpf cursou a University of Göttingen, onde obteve o doutorado em 1868.

Em 1894, foi indicado para ocupar a mais alta e honrosa posição como professor de psicologia da Alemanha, na University of Berlin. Os anos nessa universidade foram extremamente produtivos. Conseguiu transformar seu laboratório original, composto de três pequenas salas, em um grande e importante instituto. Embora seus trabalhos não abrangessem o mesmo escopo dos de Wundt, foi considerado seu maior rival. Stumpf foi professor de dois psicólogos que viriam a fundar a psicologia da Gestalt (Capítulo 12), uma escola de pensamento que se opôs às visões de Wundt.

Os primeiros trabalhos produzidos por Stumpf eram a respeito da percepção espacial; no entanto, seu trabalho de maior impacto, resultado do seu eterno interesse pela música, foi *Psicologia do tom* [*Psychology of tone*], publicado em dois volumes (1883 e 1890). Esse trabalho e os posteriores, relacionados com a música, renderam-lhe a segunda posição no campo da acústica, perdendo apenas para Helmholtz, e ambos foram considerados pioneiros no estudo psicológico da música.

FIGURA 4.5 Carl Stumpf.

A fenomenologia

A influência de Brentano explica por que Stumpf aceitava o tratamento não tão rigoroso da psicologia quanto Wundt acreditava ser necessário. Stumpf alegava que os fenômenos eram os dados mais importantes para a psicologia. A **fenomenologia**, tipo de introspecção defendida por Stumpf, refere-se ao exame da experiência imparcial, ou seja, a experiência tal qual ela ocorre. Ele discordava da posição de Wundt de dividir a experiência em elementos. Acreditava que analisar a experiência mediante a redução em conteúdo ou elementos mentais acabava tornando-a artificial e abstrata e a fazia deixar de ser natural. Mais tarde, Edmund Husserl, um aluno de Stumpf, propôs a filosofia da fenomenologia, considerada a precursora da psicologia de Gestalt (ver Capítulo 12).

Fenomenologia: método de introspecção de Stumpf, que examina a experiência tal como ela ocorreu, sem tentar reduzi-la a seus componentes elementares. Também uma abordagem baseada em uma descrição imparcial da experiência imediata conforme ela ocorre, e não analisada ou reduzida aos elementos.

Em uma série de publicações, Stumpf e Wundt travaram uma batalha dura a respeito da introspecção dos tons. Stumpf iniciou o debate no nível teórico, mas Wundt levou-o para o lado pessoal, apimentando as polêmicas com "denúncias contundentes" (Stumpf, 1930, 1961, p. 441). As discussões giravam em torno de algumas questões básicas. De quem eram os relatos introspectivos de maior credibilidade? Nos relatos das experiências musicais, devemos aceitar os resultados dos observadores altamente treinados do laboratório de Wundt ou dos músicos especializados de Stumpf? Ele simplesmente se recusou a aceitar os resultados do laboratório de Wundt.

Stumpf continuou a escrever sobre música e acústica e, nesse período, estabeleceu um centro para a coleta de gravações de músicas originárias de vários países do mundo. Fundou a Associação de Psicologia Infantil de Berlim (Berlin Association for Child Psychology) e publicou a teoria da emoção, que tentava reduzir os sentimentos a sensações, ideia importante para as teorias cognitivas contemporâneas da emoção. Assim, Stumpf foi um dos vários psicólogos alemães a trabalhar independentemente de Wundt para expandir as fronteiras da psicologia.

Oswald Külpe (1862-1915)

Inicialmente, Oswald Külpe (Figura 4.6) foi seguidor de Wundt, mas acabou liderando um protesto estudantil contra o que chamou de limitações da psicologia wundtiana. Külpe dedicou toda a sua carreira a trabalhar com os problemas ignorados pela psicologia de Wundt.

Em 1881, Külpe iniciou os estudos na University of Leipzig. Planejava estudar história, mas, por influência de Wundt, passou para a filosofia e para a psicologia experimental, a qual ainda estava dando os passos

FIGURA 4.6 Oswald Külpe.

iniciais. Depois de se formar, tornou-se professor adjunto e assistente de Wundt, realizando pesquisas no laboratório de psicologia. Um aluno chamou-o de uma "espécie de mãe" do laboratório, porque estava sempre disposto a ajudar os estudantes a resolver os problemas (Kiesow, 1930/1961, p. 167).

Külpe escreveu um manual introdutório, *Esboço de psicologia* [*Outline of psychology*] (1893) e dedicou-o a Wundt. No livro, definia a psicologia como a ciência dos fatos da experiência dependentes do indivíduo que a vivencia.

Em 1894, Külpe aceitou o cargo de professor da University of Würzburg e dois anos mais tarde implementou um laboratório de psicologia, que logo rivalizaria em importância com o de Wundt. Entre os estudantes atraídos a Würzburg estavam diversos norte-americanos, incluindo James Rowland Angell, que se tornou o pivô do desenvolvimento da escola de pensamento funcionalista (ver Capítulo 7). Külpe dedicou-se a vida toda aos alunos e às pesquisas. Nunca se casou e tinha orgulho de dizer que "a minha noiva é a ciência" (apud Ogden, 1951, p. 4).

Divergências entre Külpe e Wundt

Em *Esboço da psicologia*, Külpe não questionou o processo de pensamento, pois concordava com a visão de Wundt sobre a impossibilidade da análise experimental dos processos mentais superiores. Entretanto, apenas alguns anos depois, convenceu-se do contrário. Afinal, Ebbinghaus estava estudando a memória, outro processo mental superior. Se a memória era passível de análise em laboratório, por que não o pensamento? Ao formular essa pergunta, obviamente Külpe estava desafiando a definição de Wundt sobre o escopo da psicologia.

A introspecção experimental sistemática

Outra diferença entre a psicologia praticada em Würzburg e em Leipzig refere-se à introspecção. Külpe desenvolveu um método que chamou **introspecção experimental sistemática**, que envolvia, primeiro, a execução de uma tarefa complexa (como estabelecer conexões lógicas entre conceitos), e, em seguida, a coleta dos relatos individuais sobre os processos cognitivos ocorridos durante a realização da tarefa. Em outras palavras, as pessoas realizavam alguns processos mentais, como o pensamento ou o julgamento, e depois examinavam *como* haviam pensado e julgado. Wundt não permitia em seu laboratório o uso dessa descrição retrospectiva ou após o fato. Ele analisava a experiência consciente à medida que ela ocorria e não a lembrança do fato ocorrido. Decepcionado com a metodologia de Külpe, chamou-a "falsa" introspecção.

Introspecção experimental sistemática: método de introspecção de Külpe, que utilizava relatos retrospectivos de processos cognitivos das pessoas após terem completado uma tarefa experimental.

A abordagem de Külpe era sistemática, porque a experiência total podia ser descrita precisamente pela sua divisão em intervalos de tempo. As tarefas semelhantes eram repetidas diversas vezes, de modo que permitissem a correção, a confirmação e a ampliação dos relatos introspectivos, os quais eram normalmente complementados com mais perguntas, dirigindo a atenção do indivíduo a pontos específicos.

Havia outras diferenças entre as abordagens introspectivas de Külpe e de Wundt, o qual não concordava com o método de os indivíduos descreverem em detalhes suas experiências conscientes subjetivas. A maior parte da sua pesquisa concentrava-se nas medições objetivas e quantitativas, como o tempo de reação ou a percepção do peso na pesquisa psicofísica. Entretanto, a introspecção experimental sistemática de Külpe dava ênfase aos relatos individuais detalhados, qualitativos e subjetivos acerca da natureza dos processos de pensamento. Külpe desejava dos participantes da sua pesquisa mais que um simples julgamento da intensidade do estímulo; ele pedia que descrevessem as operações mentais complexas realizadas durante a execução da tarefa.

Na introspecção experimental sistemática de Külpe, o pesquisador assumia um papel mais ativo no processo de pesquisa. No laboratório de Wundt, o envolvimento do pesquisador limitava-se à apresentação do material de estímulo e ao registro dos resultados das observações. Portanto, os pesquisadores de Wundt não interferiam nas observações em si. No entanto, na abordagem de Külpe, os pesquisadores faziam perguntas diretas aos observadores, tentando explicitar os detalhes das suas reações aos estímulos experimentais.

Esse tipo de questionamento exigia dos observadores um trabalho árduo para descrever cuidadosamente e com precisão os fatos mentais complexos que vivenciavam. Külpe desejava obter mais informações do que somente as referentes ao tempo de reação, à percepção de peso ou outras medições quantitativas. Um historiador chegou a afirmar que, na verdade, Külpe estava expandindo os limites estreitos da forma de introspecção de Wundt (Danziger, 1980).

Em resumo, a abordagem de Külpe objetivava diretamente a investigação sobre o que acontecia na mente do indivíduo durante a experiência consciente. Suas metas eram expandir o conceito de Wundt sobre o objeto de estudo da psicologia para englobar os processos mentais superiores e aprimorar o método de introspecção.

Pensamentos sem imagens

Qual foi o resultado da campanha de Külpe para expandir e aperfeiçoar o objeto e o método de estudo da psicologia? Wundt afirmava que toda experiência é composta de sensações e imagens e tentava reduzir a experiência consciente a essas partes componentes. Todavia os resultados da introspecção direta de Külpe nos processos de pensamento revelaram o contrário: que o pensamento pode ocorrer sem qualquer conteúdo sensorial ou imagético. Essa descoberta foi definida como **pensamento sem imagens** para representar a ideia de que os significados no pensamento, não requerem necessariamente imagens específicas; desse modo, a pesquisa de Külpe identificou o aspecto não sensorial da consciência. É interessante mencionar outro exemplo da descoberta simultânea. O conceito de pensamento sem imagens foi proposto independentemente, quase na mesma época, pelo psicólogo norte-americano Robert Woodworth (ver Capítulo 7) e pelo psicólogo francês Alfred Binet (ver Capítulo 8).

Pensamento sem imagens: a ideia de Külpe de que o significado pode ocorrer no pensamento sem qualquer componente sensorial ou imagético.

Tópicos de pesquisa do laboratório de Würzburg

Külpe e seus alunos realizaram pesquisas sobre diversos tópicos. O estudo de Karl Marbe sobre o julgamento comparativo de pesos foi uma contribuição importante. Apesar de as sensações e imagens estarem presentes durante a tarefa, Marbe descobriu que elas pareciam não tomar parte do processo de julgamento. Os indivíduos não foram capazes de descrever como os julgamentos de pesado ou leve ocorriam à mente. Essa descoberta contradizia a noção aceita de que, ao realizar esses julgamentos, os indivíduos retinham a imagem mental do primeiro peso e a comparavam com a impressão sensorial do segundo.

O estudo de Henry Watt demonstrou que, em uma tarefa de associação de palavras (por exemplo, em que se pedia às pessoas para responderem a uma palavra de estímulo), os indivíduos ofereceram poucas informações relevantes sobre o processo consciente de julgamento. Essa descoberta reforçou a alegação de Külpe de que a experiência consciente não pode ser reduzida exclusivamente a sensações e imagens. Os participantes da pesquisa de Watt foram capazes de responder corretamente, sem nenhuma intenção de assim proceder no momento de formular a resposta. Watt concluiu que o trabalho consciente fora realizado antes de a tarefa ser executada, ou seja, no momento em que as pessoas receberam e entenderam as instruções.

As pessoas envolvidas no trabalho de Watt, aparentemente, estabeleceram um ambiente inconsciente ou uma tendência determinante para responder da forma desejada no momento em que compreenderam as instruções. Quando as regras da tarefa foram compreendidas e a tendência determinante foi adotada, a tarefa em si foi realizada com pouco esforço consciente. Essa pesquisa indicou que as predisposições externas à consciência eram capazes, de alguma forma, de controlar as atividades conscientes. Dessa maneira, a experiência foi considerada dependente não apenas dos elementos conscientes, como também das tendências determinantes inconscientes, supondo que a mente inconsciente pode influenciar o comportamento humano. Essa noção foi adotada posteriormente por Sigmund Freud em sua escola de pensamento psicanalítica.

Comentários

Observamos que, logo após a fundação formal da psicologia, surgiram muitas divisões e controvérsias. Entretanto, apesar de todas as divergências, os primeiros psicólogos estiveram unidos em torno de um único objetivo: o desenvolvimento de uma ciência da psicologia independente. Mesmo com as diversas visões quanto ao objeto e ao método de estudo da psicologia, Wundt, Ebbinghaus, Brentano, Stumpf e outros mudaram definitivamente a perspectiva do estudo da natureza humana. Um escritor observou que, em razão dos esforços desses intelectuais, a psicologia não era mais

> um estudo da alma [mas] um estudo, por meio da observação e da experiência, de certas reações do organismo humano, não incluídas como objeto de estudo de qualquer outra ciência. Os psicólogos alemães, apesar de todas as suas diferenças, estavam totalmente comprometidos com um objetivo comum; e a capacidade, o empenho e a direção comum de seus trabalhos contribuíram para o desenvolvimento das universidades alemãs, transformando-as no centro do novo movimento na psicologia. (Heidbreder, 1933, p. 105)

A Alemanha não permaneceu por muito tempo no centro do movimento. Pouco depois, como veremos no Capítulo 5, E. B. Titchener, aluno de Wundt, levou para os Estados Unidos uma versão diferente daquela do fundador da psicologia.

QUESTÕES PARA DISCUSSÃO

1. Em sua opinião, a descoberta de Wundt de que não conseguimos atender a mais de um estímulo ao mesmo tempo ainda é válida nos dias de hoje, em um mundo de constante exposição a experiências multimídia? Justifique.
2. Por que Wundt, e não Fechner, é considerado o fundador da nova psicologia?
3. Qual é a diferença entre "fundação" e "criação" de uma ciência?

4. Defina a psicologia cultural de Wundt. Como ela contribuiu para a divisão interna da psicologia?
5. Por que a psicologia cultural teve pouco impacto nos Estados Unidos?
6. Descreva a diferença entre os trabalhos dos fisiologistas alemães e dos empiristas britânicos na psicologia de Wundt? Descreva o conceito de voluntarismo.
7. Quais são os elementos da consciência? Qual é o papel desses elementos na vida mental?
8. Aponte a diferença entre a experiência mediata e a imediata.
9. Descreva a metodologia e as regras de introspecção adotadas por Wundt. Ele defendia a introspecção quantitativa ou qualitativa? Por quê?
10. Aponte a distinção entre a percepção interna e a externa. Qual é o objetivo da apercepção?
11. Como a apercepção se relaciona com os trabalhos de James Mill e John Stuart Mill?
12. Descreva o destino da psicologia wundtiana na Alemanha. Em que se baseava a crítica ao sistema de Wundt?
13. Descreva a pesquisa de Ebbinghaus sobre a aprendizagem e a memória. Qual é a influência de Fechner sobre esse trabalho?
14. Qual é a diferença entre a psicologia do ato de Brentano e a psicologia wundtiana?
15. Qual é a divergência entre Stumpf e Wundt em relação à introspecção e à redução da experiência a elementos?
16. Defina a introspecção experimental sistemática de Külpe. Qual é a diferença entre a abordagem de Külpe e a de Wundt?
17. Como a ideia do pensamento sem imagens desafiou o conceito de experiência consciente de Wundt?
18. Apesar das muitas diferenças, o que os trabalhos de Wundt, Ebbinghaus, Brentano e Stumpf têm em comum?

Capítulo 5

Estruturalismo

Você engoliria um tubo de borracha?

Você seria voluntário para engolir um tubo de borracha que vai até o seu estômago? Para que, em seguida, despejassem água quente por ele? E, depois, água gelada? Tudo pela glória da pesquisa psicológica? Precisa de mais tempo para decidir?

Se você fosse um aluno de graduação em psicologia na Cornell University, ao norte de Nova York, no início do século XX, lhe teriam feito essa pergunta, ou, até mesmo, incentivado para que aceitasse participar disso. E o professor Edward Bradford Titchener, psicólogo que conduziu o experimento, era um ser humano tão admirável, que quase todos os seus alunos concordavam com as coisas muitas vezes absurdas que ele lhes pedia, tudo em nome da ciência. Os alunos estavam fornecendo dados para o sistema psicológico que ele estava desenvolvendo. Como? Executando uma forma de introspecção, dizendo-lhe o que vivenciavam e sentiam.

Introspecção era um sério empreendimento na Cornell daqueles tempos, e os alunos de graduação de Titchener eram dedicados ao trabalho. Considere o tubo de borracha, por exemplo; pedia-se aos alunos que engolissem o tubo para estudar a sensibilidade de seus órgãos internos. Os alunos engoliam os tubos pela manhã e permaneciam com ele ao longo do dia. Pode-se imaginar que não era fácil desempenhar suas atividades normais com um tubo enfiado na garganta; muitos vomitavam, mas acabavam se acostumando. Durante o dia, em horários determinados, os alunos se apresentavam ao laboratório, para que se despejasse água quente pelos tubos, e então relatavam as sensações. Posteriormente, o processo era repetido com água fria. Em outro experimento, os alunos levavam caderno para o banheiro a fim de relatar seus sentimentos e sensações quando urinavam ou evacuavam.

Depois, houve o estudo sobre sexo, outro exemplo de dados que perdidos para a história durante muitos anos antes de terem sido recuperados. Pedia-se a alunos casados que anotassem suas sensações e sentimentos elementares durante a relação sexual e que amarrassem dispositivos de medição em seus corpos para registrar respostas fisiológicas. Esta pesquisa não foi muito anunciada na época. Foi revelada em 1960, por Cora Friedline, uma das alunas de Titchener, em palestra proferida no Randolph-Macon College, em Lynchburg, Virgina.[1] O estudo tornou-se muito conhecido no *campus* da Cornell daquela época, mas atribuiu ao laboratório de psicologia a reputação de um local imoral. As responsáveis pelos dormitórios femininos não permitiam que as alunas visitassem o laboratório depois de escurecer. Quando se espalhou a notícia de que estavam colocando preservativos nos tubos que os alunos engoliam, o que se falava nos dormitórios, conforme Friedline, era que o laboratório "não era um lugar seguro para ninguém".

Edward Bradford Titchener (1867-1927)

Embora professasse ser um fiel seguidor de Wilhelm Wundt, E. B. Titchener (Figura 5.1) alterou drasticamente o sistema de psicologia ao levá-lo da Alemanha para os Estados Unidos. Ele apresentou uma abordagem própria, à qual denominou estruturalismo, embora alegasse tratar do mesmo sistema estabelecido por Wundt. Na realidade, os dois eram completamente distintos e a denominação "estruturalismo" é adequada para definir apenas a psicologia de Titchener. O estruturalismo permaneceu em evidência por cerca de 20 anos nos Estados Unidos, até ser superado por movimentos mais novos.

Wundt havia identificado elementos ou conteúdos da consciência, mas a questão que mais chamava sua atenção era a organização desses elementos, ou seja, a sua síntese em processos cognitivos superiores por meio da apercepção. Na opinião de Wundt, a mente era dotada do poder de organização voluntária dos elementos mentais, posição divergente da explicação mecanicista da passividade mental sustentada pela maioria dos empiristas e associacionistas britânicos.

U.S. NATIONAL LIBRARY OF MEDICINE

FIGURA 5.1 Edward Bradford Titchener.

Titchener se concentrava nos elementos ou conteúdos mentais, assim como na conexão mecânica mediante o processo da associação, mas descartava a doutrina da apercepção de Wundt. Seu enfoque estava nos elementos, propriamente ditos, e, em sua opinião, a principal tarefa da psicologia consistia na descoberta da natureza das experiências conscientes elementares – a determinação da estrutura da consciência mediante a análise das suas partes componentes.

Os anos mais produtivos de Titchener foram aqueles em que passou na Cornell University. Vestia sua toga de Oxford University para dar aulas, e fazia delas uma produção grandiosa. O cenário era cuidadosamente preparado por seus assistentes, sob a sua rigorosa supervisão. Os docentes mais novos, obrigados a assistir às suas aulas, faziam fila à porta para tomar os primeiros assentos, enquanto Titchener entrava diretamente por outra porta, dirigindo-se ao tablado. Embora tivesse estudado apenas dois anos com Wundt, seus modos eram muito parecidos com os do seu mentor, copiando seu estilo autocrático, sua maneira formal de dar aulas, e até mesmo o uso da barba. Embora Titchener fosse inglês por nascimento, "aqueles que o conheciam pouco, ou que só tinham ouvido falar sobre ele, achavam que fosse alemão" (Boring, 1927, p. 493). Um de seus alunos, E. G. Boring, que mais tarde se tornou um eminente historiador de psicologia, comentou que Wundt e Titchener tinham personalidades semelhantes, pois ambos eram autocráticos e dominadores.

Titchener parecia se tornar mais arrogante à medida que envelhecia, e "ele se tornava, progressivamente, mais intolerante com a dissensão dos outros" (Jeshmaridian, 2007, p. 20).

[1] Agradecemos a F. B. Rowe por nos fornecer uma cópia dos comentários de Friedline feitos em abril de 1960.

A biografia de Titchener: "seus bigodes estão pegando fogo"

Titchener estudou filosofia e os clássicos na Oxford University e trabalhou como assistente de pesquisas em fisiologia. Foi um aluno brilhante, com um gosto por línguas, incluindo latim, grego, alemão, francês e italiano. Um professor de Oxford, certa vez, deu a Titchener um artigo em holandês e pediu um relatório no prazo de uma semana. Titchener protestou, pois não sabia holandês. O professor disse que aprendesse – e ele o fez.

Titchener interessou-se pela psicologia wundtiana enquanto estudava em Oxford, entusiasmo não compartilhado e tampouco incentivado pela universidade. Por isso, naturalmente, teve de partir para Leipzig, a Meca dos cientistas pioneiros, para estudar com o próprio Wundt, lá obtendo o doutorado em 1892. Durante a vida estudantil, criou uma relação muito estreita com Wundt e sua família, a cuja casa muitas vezes era convidado, e passou pelo menos um Natal na residência dos Wundt, nas montanhas (Leys e Evans, 1990).

Ao receber o doutorado, Titchener esperava tornar-se o inglês pioneiro da nova psicologia experimental de Wundt, mas quando retornou a Oxford, seus colegas ainda estavam céticos em relação à chamada abordagem científica sobre os seus temas filosóficos favoritos. Ali permaneceu por alguns meses, até perceber que as melhores oportunidades estavam em outro lugar. Deixou a Inglaterra e partiu para a Cornell University, nos Estados Unidos, para lecionar psicologia e dirigir um laboratório. Estava então com 25 anos, e ali passou o resto da vida, até falecer de tumor cerebral, aos 60 anos; seu cérebro foi preservado em um recipiente de vidro, em exposição na Cornell University, como parte de uma coleção iniciada em 1889 para estudar as diferenças das características do cérebro (Young, 2010).

De 1893 a 1900, Titchener implementou seu laboratório, conduziu pesquisas e escreveu artigos acadêmicos, publicando, por fim, mais de 60 trabalhos. Em razão do grande número de alunos atraídos a Cornell por causa de sua psicologia, teve de abrir mão da tarefa de participar pessoalmente dos estudos de pesquisa, deixando a cargo dos estudantes a condução das experiências. Em 35 anos na Cornell, Titchener orientou mais de 50 doutorandos em psicologia, cujas dissertações, na maioria, contêm a marca das ideias dele. Exerceu nítida autoridade na seleção dos temas de pesquisa dos orientandos, atribuindo-lhes as questões de seu maior interesse. Dessa forma, criou o sistema do estruturalismo, que mais tarde alegou ser a "única psicologia científica digna do nome" (apud Roback, 1952, p. 184).

Titchener traduziu os livros de Wundt do alemão para o inglês. Quando concluiu a tradução da terceira edição de *Princípios da psicologia fisiológica* [*Principles of physiological psychology*], Wundt já havia terminado a quarta edição. E ao traduzir a quarta, constatou que o incansável Wundt havia acabado de publicar a quinta edição.

Os livros de autoria do próprio Titchener são *Esboço de psicologia* [*An outline of psychology*] (1896), *Introdução à psicologia* [*Primer of psychology*] (1898), e os quatro volumes de *Psicologia experimental*: um manual de práticas de laboratório [*Experimental psychology*: a manual of laboratory practice] (1901-1905). Esses *Manuais* [*Manuals*], que é como os volumes individuais desse trabalho vieram a ser chamados, incentivaram o trabalho de laboratório da psicologia nos Estados Unidos e influenciaram a geração dos psicólogos experimentalistas. Seus livros foram traduzidos para diversos idiomas, como russo, italiano, alemão, espanhol e francês.

Como Wundt, Titchener era elogiado como um excelente professor, cujas aulas ninguém queria perder; frequentemente, os corredores ficavam superlotados. Quando Boring foi assistir sua primeira aula com Titchener, encontrou alunos espalhados por todas as salas adjacentes. Não exagero quanto a seu magnetismo como professor... Lembro-me da aula sobre ritmo de sons como especialmente empolgante; imagine fazer com que ritmo de sons seja estimulante! Era aluno de engenharia na época e, no entanto, foi a lembrança dessas aulas que me levou a mudar para psicologia, cinco anos mais tarde. (Boring, 1927, p. 494)

À medida que Titchener envelheceu, seus *hobbies* passaram a ocupar seu tempo e energia, afastando-o do trabalho em psicologia. Titchener dividia sua energia entre o trabalho com a psicologia e diversos passatempos. Regia um pequeno grupo musical que se reunia todos os domingos à tarde em sua casa e, mesmo antes da criação do departamento de música em Cornell, por vários anos foi o professor responsável por essa disciplina. Colecionava moedas e, graças a esse *hobby*, aprendeu chinês e árabe para decifrar os caracteres gravados nos metais. Correspondia-se frequentemente com vários colegas, na maioria das vezes por meio de cartas datilografadas, porém com muitas observações manuscritas.

Ele adicionou a palavra "empatia" à língua inglesa, quase por acidente. Esse é outro exemplo de tradução que alterou o sentido original de uma palavra (ver Capítulo 1). Titchener traduziu a palavra alemã "simpatia", a partir de um trabalho escrito por um psicólogo alemão, para o inglês como empatia, dando-lhe um significado bastante diferente (Jahoda, 2005).

Com o passar dos anos, Titchener afastou-se do convívio social e acadêmico, adquirindo o *status* de lenda viva de Cornell, embora muitos docentes nem sequer o houvessem conhecido ou visto. Preferia trabalhar em casa. A esposa dele selecionava as pessoas que o procuravam, protegendo-o de estranhos, e os alunos eram orientados a procurá-lo apenas em caso de urgência.

Embora sustentasse o modo autocrático como um estereótipo do professor alemão, era igualmente solícito para com seus colegas e alunos, desde que fosse tratado com a deferência e o respeito de que acreditava ser merecedor. Histórias dão conta de docentes mais jovens e estudantes de graduação que lavavam o carro dele e instalavam telas de proteção na janela da sua residência no verão, não por obrigação, mas por admiração.

O ex-aluno Karl Dallenbach cita uma afirmação de Titchener, segundo a qual "um homem não pode ter esperança de se tornar um psicólogo enquanto não aprender a fumar" (Dallenbach, 1967, p. 85). E, realmente, vários alunos começaram a fumar charutos, pelo menos na presença do mestre (veja Figura 5.2). O próprio Dallenbach conta ter ficado enjoado quando fumou seu primeiro charuto.

Cora Friedline relatou a seguinte experiência com Titchener:

> [Ela] estava na sala de Titchener, discutindo com ele a sua pesquisa, quando o inseparável charuto encostou na barba, que começou a queimar. Ele falava de forma tão imponente naquele momento, que ela não teve coragem de interrompê-lo. Finalmente, disse: "Queira me perdoar, dr. Titchener, mas seus bigodes estão pegando fogo". Quando Titchener conseguiu, finalmente, extinguir o fogo, as chamas já estavam atingindo sua camisa e a camiseta que ele vestia por baixo.[2]

Nem a preocupação pelos alunos e muito menos a influência sobre suas vidas terminavam quando eles se formavam e deixavam a Cornell. Depois de receber o título de Ph.D., Dallenbach planejava cursar a escola de medicina, mas Titchener arranjou-lhe uma posição acadêmica na University of Oregon. Dallenbach pensou que Titchener aprovaria a sua intenção de seguir medicina, mas estava enganado. "Tive de ir para Oregon, já que [Titchener] não estava disposto a ver todo o seu trabalho e toda a sua orientação perdidos" (Dallenbach, 1967, p. 91).

Outro ex-aluno, E. G. Boring, lembrou-se de que nem todos aceitavam a ingerência de Titchener sobre suas vidas. "Diversos de seus alunos mais brilhantes ressentiram-se da interferência e do controle e acabaram

[2] De L. T. Benjamin Jr., baseado em documentos do Acervo Cora Friedline, Arquivos de História da Psicologia Americana, da University of Akron, Ohio.

rebelando-se, vendo-se, então, excluídos, excomungados, magoados, em uma relação sem retorno" (Boring, 1952, p. 32-33).

Às vezes, as relações de Titchener com os psicólogos fora do seu grupo também eram tensas. Eleito pelos fundadores como membro da APA em 1892, renunciou logo em seguida, porque a associação negou-se a expulsar um membro que ele acusava de plágio. Conta-se que um amigo pagou as taxas de Titchener durante vários anos, para que o nome dele sempre estivesse na lista de membros.

Os experimentalistas de Titchener: proibido para as mulheres

Em 1904, um grupo de psicólogos de Cornell, Yale, Clarck, Michigan e Princeton, entre outros, que se autodenominavam "os experimentalistas de Titchener", começou a se reunir regularmente para comparar as observações obtidas nas pesquisas. Além de selecionar os temas e os participantes, Titchener geralmente conduzia as reuniões. Uma das regras era a proibição de participação das mulheres. E. G. Boring conta que Titchener desejava "ouvir relatos com liberdade para interromper, debater e criticar, em um ambiente encoberto pela fumaça dos charutos e sem a presença das mulheres. Elas são delicadas demais para fumar" (Boring, 1967, p. 315).

Algumas alunas da Bryn Mawr College, na Pensilvânia, tentaram frequentar essas reuniões; no entanto, foram prontamente convidadas a se retirar. Em uma das reuniões, elas se esconderam sob a mesa, enquanto a noiva de Boring, Lucy May, e outra amiga aguardavam na sala ao lado "com a porta entreaberta, para descobrir como era a psicologia masculina sem censuras". Boring lembrou-se de que elas saíram "ilesas" (Boring, 1967, p. 322).

Lucy May Boring, que morreu aos 110 anos (1886-1996), obteve o Ph.D. na Cornell em 1912, e chegou a lecionar por um breve período na Vassar College e na Wells College antes de abrir mão da carreira na psicologia e optar pelo casamento. Como muitas mulheres casadas de classe média daquela época, com ótima formação e credenciais acadêmicas, ela trabalhava no anonimato em projetos de seu marido, embora sua contribuição, em geral, não fosse reconhecida.

ARCHIVES OF THE HISTORY OF AMERICAN PSYCHOLOGY, UNIVERSITY OF AKRON

FIGURA 5.2 Os experimentalistas de Titchener posam durante uma reunião em 1916; pelo menos cinco membros podem ser vistos com charutos.

FIGURA 5.3 Margaret Floy Washburn.

Em 1912, com o intuito de participar da reunião dos experimentalistas, Christine Ladd-Franklin (1847-1930) escreveu a Titchener para solicitar uma oportunidade para ler o relatório da sua pesquisa relativa à psicologia experimental. Havia trabalhado no problema da visão das cores no laboratório de G. E. Müller, na University of Göttingen, na Alemanha, e no laboratório de Helmholtz, em Berlim. Antes disso, havia completado as exigências para o obtenção do Ph.D. em matemática, na Johns Hopkins University, mas teve o título negado por ser mulher. A direção da universidade acabou redimindo-se e concedeu-lhe o título de doutorado somente 44 anos mais tarde.

Quando Titchener recusou seu pedido, ela escreveu a ele, dizendo-se "chocada em saber que ainda hoje, em 1912, vocês não permitem a participação das mulheres nas reuniões dos psicólogos experimentalistas. Como podem ser tão retrógrados?" (apud Furumoto, 1988, p. 107). Sem desistir da sua posição, continuou a protestar durante vários anos, chamando a política de Titchener de imoral e anticientífica.

Titchener escreveu a um amigo, dizendo: "A Sra. Ladd-Franklin acusou-me de injúria por não permitir a participação das mulheres nas reuniões e ameaça fazer um escândalo pessoalmente e por escrito. Possivelmente, ela conseguirá dissolver o grupo e nos obrigará a realizar reuniões escondidas em tocas escuras, como os coelhos" (apud Scarborough e Furumoto, 1987, p. 126).

Embora Titchener continuasse a excluir as mulheres das reuniões dos experimentalistas, encorajava e apoiava seu progresso na psicologia. Ele aceitava mulheres nos programas de pós-graduação em Cornell, mas as universidades de Harvard e Columbia não as admitiam. Mais de um terço dos 56 doutorados concedidos por Titchener foi para mulheres. Nenhum psicólogo daquela época concedeu tantos títulos de doutorados a mulheres como Titchener. Ele também apoiava a contratação de professoras, ideia que muitos colegas consideravam avançada demais. Em uma ocasião, ele insistiu na contratação de uma professora, mesmo diante da recusa do diretor.

A primeira mulher a obter o doutorado em psicologia foi Margaret Floy Washburn (Figura 5.3), que também fora a primeira orientanda de doutorado de Titchener. Ela lembrou que: "Ele não sabia muito bem o que fazer comigo" (Washburn, 1932, p. 340). Depois do doutorado, ela escreveu um importante livro sobre a psicologia comparativa (*A mente animal – The animal mind,* 1908) e foi a primeira psicóloga eleita para a Academia Nacional de Ciências (National Academy of Sciences). Além disso, chegou a ser presidente da APA.

Essa breve menção ao sucesso de Washburn tem o intuito de salientar o constante apoio de Titchener à mulher na psicologia. Embora não abrisse mão da proibição de mulheres nas reuniões dos experimentalistas, envidou esforços para abrir as portas totalmente fechadas, pela maioria dos psicólogos, às mulheres.

Em 1929, dois anos após a morte de Titchener, os experimentalistas renasceram como Sociedade de Psicólogos Experimentais (Society of Experimental Psychologists), ainda ativa hoje (www.sepsych.org). A nova sociedade admitia mulheres (Washburn foi uma das duas mulheres titulares) e tinha reuniões anuais para discutir a pesquisa de seus convidados (ver Goodwin, 2005). Em 2004, a Sociedade de Psicólogos Experimentais (Society of Experimental Psychologists) organizou uma reunião por ocasião de seu centenário, no *campus* da Cornell University. Um dos professores da Cornell trouxe um convidado para a reunião: o cérebro de Titchener (Benjamin, 2006a, p. 137).

O conteúdo da experiência consciente

De acordo com Titchener, o objeto de estudo da psicologia é a experiência consciente como dependente do indivíduo que a vivencia. Esse tipo de experiência difere da estudada por cientistas de outras áreas. Por exemplo, tanto a física quanto a psicologia podem estudar a luz e o som. Enquanto os físicos examinam os fenômenos do ponto de vista dos processos físicos envolvidos, os psicólogos analisam a luz e o som com base na experiência e na observação humana desses fenômenos.

As outras ciências não dependem da experiência pessoal. Titchener citou, como exemplo da física, a temperatura de uma sala, que pode ser de 30 °C, haja ou não uma pessoa presente para senti-la. No entanto, quando há observadores que relatem sentir um calor desconfortável, essa sensação – a experiência da temperatura elevada – depende das experiências individuais dos presentes. Para Titchener, esse tipo de experiência consciente é o único enfoque adequado para a pesquisa psicológica.

Texto original

Trecho sobre o estruturalismo, extraído de *A textbook of psychology* (1909), de E. B. Titchener[3]

Todo conhecimento humano é derivado da experiência humana, não há outra fonte de conhecimento. No entanto a experiência humana, como vimos, pode ser analisada a partir de pontos de vista distintos. Imaginemos esta situação: tomamos dois pontos de vista, os mais distintos possíveis, e vivenciamos, nós mesmos, as experiências nos dois casos. Em primeiro lugar, consideraremos a experiência como um todo, independente de qualquer pessoa em particular; vamos supor que ela ocorra, haja ou não alguém para vivenciá-la. Em segundo lugar, consideraremos a experiência como um todo, dependente de uma pessoa em particular; vamos supor que ela ocorra apenas quando há alguém presente para vivenciá-la. Dificilmente encontraremos dois pontos de vistas tão antagônicos quanto esses. Quais as diferenças na experiência analisada a partir dessas duas visões?

Para começar, tomemos os três primeiros conceitos ensinados na física: espaço, tempo e massa. O espaço físico, que é o espaço da geometria, da astronomia e da geologia, é constante, permanecendo sempre o mesmo em qualquer parte. A unidade de medição é o centímetro, que tem exatamente o mesmo valor onde e quando quer que seja aplicado. O tempo físico é igualmente constante, assim como sua unidade de medição, o segundo. A massa física é constante e sua unidade, o grama, é sempre a mesma em qualquer parte. Esses são casos de experiências de espaço, tempo e massa, consideradas independentes da pessoa que as vivencia.

Passemos, então, para a visão que considera a experiência dependente da pessoa que a vivencia. As duas linhas verticais (na Figura 5.4) são idênticas fisicamente; possuem a mesma medida em unidades de centímetro. Para você, que as visualiza, elas não são iguais. A hora que você passa no saguão de espera de uma estação em um vilarejo e a hora que você passa assistindo a uma peça interessante são fisicamente idênticas; possuem a mesma medida em unidades de segundo. Para você, a hora na primeira situação passa devagar e na outra, rapidamente; não são iguais. Pegue duas caixas circulares de papelão com diâmetros diferentes (2 e 8 centímetros) e jogue areia dentro delas até as duas pesarem, digamos, 50 gramas.

As duas massas são fisicamente idênticas; colocadas nos pratos de uma balança, o medidor apontará o centro, ou seja, a mesma medida para as duas. Para você, ao levantar as duas caixas, uma em cada mão, ou ao levantá-las uma de cada vez com a mesma mão, a caixa de menor diâmetro será consideravelmente mais pesada. Temos aqui a experiência de espaço, tempo e massa considerada dependente da pessoa que a vivencia. É exatamente a mesma experiência discutida anteriormente. No entanto, a primeira perspectiva apresenta-nos fatos e leis da física; e a segunda, fatos e leis da psicologia.

[3] Reimpresso mediante a autorização da Macmillan Publishing Co., Inc., extraído de *A textbook of psychology*, de E. B. Titchener (p. 6-9). Copyright 1909 por Macmillan Publishing Co., Inc. Revisado em 1937 por Sophia K., Titchener.

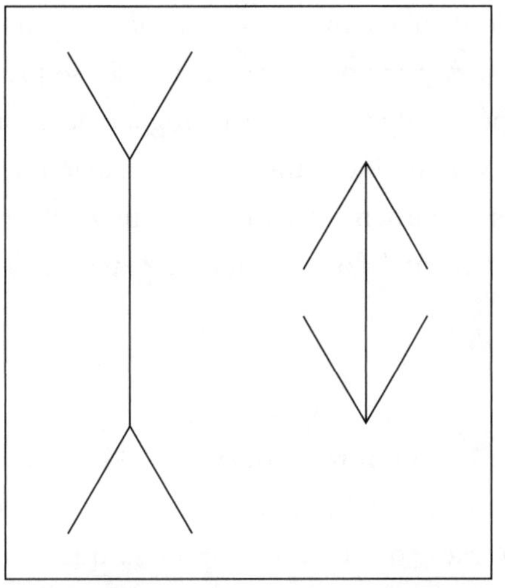

FIGURA 5.4 Exemplo da visão que considera a experiência dependente da pessoa que a vivencia: as duas linhas verticais são fisicamente idênticas, mas não são iguais para quem as visualiza.

Passemos agora a três temas básicos discutidos nos livros de física: o calor, o som e a luz. O calor, propriamente dito, assim como afirmam os físicos, é a energia gerada pelo movimento molecular; calor é a forma de energia derivada do movimento entre as partículas de um corpo. A radiação pertence, juntamente com a luz, à chamada energia radiante – a energia propagada por movimentos de ondas do espaço celeste luminífero que preenche o espaço. O som é a forma de energia resultante dos movimentos vibratórios dos corpos, e que se propaga por movimentos de ondas de algum meio elástico, sólido, líquido ou gasoso. Em resumo, o calor consiste na dança das moléculas; a luz, no movimento de ondas do espaço celeste e, o som, no movimento de ondas do ar.

O universo da física, no qual essas experiências são consideradas independentes das pessoas que as vivenciam, não há calor nem frio, não há escuridão nem luz, não há silêncio nem ruído. Somente quando as experiências são consideradas dependentes de algum indivíduo é que existem o calor e o frio, o preto e o branco, o colorido e o cinzento, tons, assobios e estampidos.

E esses são os objetos de estudo da psicologia.

O erro de estímulo

No estudo da experiência consciente, Titchener fez um alerta a respeito de se cometer o que chamou **erro de estímulo**, que gera uma confusão entre o processo mental e o objeto da observação. Por exemplo, o observador que vê uma maçã e a descreve apenas como a fruta maçã, em vez de descrever elementos como a cor, o brilho e a forma que está observando, comete o erro de estímulo. O objeto da observação não deve ser descrito na linguagem cotidiana, mas em termos do conteúdo consciente elementar da experiência.

Erro de estímulo: confusão entre o processo mental que está sendo estudado e o estímulo ou objeto que está sendo observado.

Quando o observador se concentra no objeto de estímulo e não no conteúdo consciente, não faz distinção entre o conhecimento adquirido no passado em relação ao objeto (por exemplo, que o nome do objeto é maçã) e a própria experiência imediata e direta. Todo observador sabe que a maçã é vermelha, redonda e tem certo brilho. Ao descrever outras características que não sejam a cor, o brilho e o formato, em vez de observar o objeto, o observador o está interpretando. Trata-se, assim, da experiência mediata, e não da imediata.

Titchener definia a consciência como a soma das experiências existentes em determinado momento. A mente é a soma das experiências acumuladas ao longo do tempo. A consciência e a mente são semelhantes, apenas com a diferença de que a consciência envolve os processos mentais que ocorrem em determinado momento, e a mente, o total desses processos.

A psicologia estrutural, na visão de Titchener, era uma ciência pura. Ele não se preocupava com a aplicação do conhecimento psicológico. A psicologia, afirmava, não se propõe a curar mentes doentias nem a reformar a sociedade. O único propósito legítimo da psicologia é descobrir os fatos estruturais da mente. Ele acreditava que os psicólogos deviam se manter distantes das especulações sobre o valor prático do seu trabalho, por isso posicionou-se contra o desenvolvimento da psicologia infantil, animal e de outras áreas incompatíveis com a psicologia introspectiva experimental do conteúdo da experiência consciente.

Introspecção

Titchener empregava a introspecção, ou auto-observação, com base em observadores rigorosamente treinados para descrever os elementos no seu estado consciente, em vez de relatar o estímulo observado ou percebido, utilizando apenas nomes conhecidos. Percebeu que todos aprendemos a descrever a experiência no que se refere a estímulo, como chamar o objeto vermelho, redondo e brilhante de maçã, o que é suficiente e útil para o cotidiano. Em seu laboratório de psicologia, no entanto, essa prática teve de ser desaprendida.

Titchener adotou a mesma definição de Külpe para descrever o seu método, introspecção experimental sistemática. Como Külpe, ele utilizava relatos detalhados, subjetivos e qualitativos das atividades mentais dos indivíduos durante o ato de introspecção. Ele se opunha à abordagem de Wundt, cujo foco era as mensurações quantitativas e objetivas, porque acreditava não serem úteis na análise das sensações e imagens elementares da consciência, ponto central da sua psicologia.

Em outras palavras, Titchener divergia de Wundt porque seu interesse estava em analisar a experiência consciente complexa a partir das partes componentes, e não a síntese dos elementos mediante a apercepção. Titchener dava ênfase às partes, enquanto Wundt, ao todo. Alinhado com a maioria dos empiristas e associacionistas britânicos, o objetivo de Titchener era descobrir os chamados átomos da mente.

ARCHIVES OF THE HISTORY OF AMERICAN PSYCHOLOGY, UNIVERSITY OF AKRON

FIGURA 5.5 Titchener geralmente se encontrava com os alunos em sua biblioteca.

Seu conceito de introspecção, aparentemente, já se havia formado antes de ele estudar com Wundt, em Leipzig. Um historiador disse que, quando ele ainda frequentava a Oxford, fora influenciado pelos trabalhos de James Mill (Danziger, 1980).

O espírito da filosofia mecanicista também o influenciou, como se pode observar na imagem que ele tinha dos observadores que lhe forneciam dados em seu laboratório. Em seus relatos de pesquisa publicados, os observadores eram chamados de reagentes, termo usado por químicos para se referir às substâncias que, por causa de sua capacidade para certas reações, são utilizadas para detectar, examinar ou medir outras substâncias. O reagente normalmente é passivo, ou seja, é usado para provocar reações nas outras substâncias.

Percebe-se que, ao aplicar esse conceito a observadores humanos, Titchener os enxergava como instrumentos mecânicos de registro, que reagiam e respondiam de forma objetiva às observações das características do estímulo observado. Os indivíduos seriam meramente máquinas neutras e imparciais. Seguindo a ideia de Wundt, as observações treinadas se tornariam tão mecanizadas e habituais, que os observadores não perceberiam mais se estavam realizando um processo consciente. Titchener dizia:

> Ao prestar atenção no fenômeno, o observador da psicologia, assim como o observador da física, esquece completamente de atribuir atenção subjetiva ao estado de observação [...] os observadores, como é do nosso conhecimento, são treinados; seu "estado de observação" já está mecanizado. (Titchener, 1912a, p. 443)

Se esses observadores eram considerados máquinas, então não faltava muito para generalizar esse conceito a todo ser humano. Esse pensamento mostra a contínua influência da visão mecânica do universo de Galileu e Newton, conceito que não desapareceu, mesmo com a extinção do estruturalismo. Com os desdobramentos da história da psicologia, observa-se que a imagem do homem como máquina continuou a caracterizar a psicologia experimental até a primeira metade do século XX.

A proposta de Titchener consistia na abordagem experimental para a observação introspectiva na psicologia. Ele obedecia rigorosamente às normas da experimentação científica, afirmando que

> um experimento é uma observação que pode ser repetida, isolada e variada. Quanto maior a quantidade de repetições das observações, maior a probabilidade de clareza na percepção e de precisão na descrição do objeto observado. Quanto mais isolada a observação, mais fácil será a execução da tarefa e menor o risco de confusão proveniente de circunstâncias irrelevantes ou de ênfase no ponto errado. Quanto mais amplamente se puder variar a observação, mais clara será a percepção da uniformidade da experiência e maior a chance de descoberta de leis. (Titchener, 1909, p. 20)

A introspecção realizada pelos reagentes ou observadores do laboratório de Titchener era baseada em vários estímulos, proporcionando observações extensas e detalhadas dos elementos de suas experiências. Por exemplo, um acorde seria tocado no piano; o acorde era composto por três notas individuais tocadas juntas. Os observadores tinham de relatar quantos sons separados eles conseguiam distinguir, as características mentais dos sons, e quaisquer outros átomos básicos ou elementos conscientes que pudessem detectar.

Outro experimento envolvia determinada palavra falada em voz alta. Como Titchener descreveu, pedia-se ao reagente que "observasse o efeito que esse estímulo produz sobre a consciência: como a palavra afeta a pessoa, que ideias veem à mente, e assim por diante" (Titchener, 1910, apud Benjamin. 1997, p. 174). Pode-se ver por esses exemplos por que os observadores no laboratório de Titchener tinham de ser rigorosamente treinados, e como suas observações eram necessariamente subjetivas, ou qualitativas.

Os elementos da consciência

Titchener apresentou três propostas básicas para a psicologia:

1. reduzir os processos conscientes a seus componentes mais simples;
2. determinar as leis de associação desses elementos da consciência;
3. conectar os elementos às suas condições fisiológicas.

Assim, as metas da psicologia estrutural de Titchener coincidem com as das ciências naturais. Depois que decidem a parte do universo natural que desejam estudar, os cientistas descobrem seus elementos, demonstram como esses elementos são compostos em fenômenos complexos e formulam leis que os governam. A parte principal da pesquisa de Titchener dedicava-se ao primeiro problema: descobrir os elementos da consciência.

Titchener definiu três estados elementares da consciência: o estado da sensação, o da imagem e os estados afetivos. As sensações são elementos básicos da percepção e estão presentes nos sons, nas visões, nos cheiros e nas outras experiências provocadas pelos objetos físicos do ambiente. As imagens são elementos das ideias e estão no processo que reflete as experiências não realmente presentes no momento, mas como a lembrança de uma experiência do passado. Os estados afetivos, ou as afeições, são elementos da emoção e encontram-se nas experiências como o amor, o ódio e a tristeza.

Em *Um esboço de psicologia* [*An outline of psychology*] (1896), Titchener apresentou a lista dos elementos da sensação descobertos nas suas pesquisas. São cerca de 44.500 qualidades sensoriais individuais, sendo 32.820 visuais e 11.600 auditivas. Cada elemento é considerado consciente e distinto dos demais, podendo haver a combinação entre eles para a formação das percepções e das ideias.

Embora básicos e irredutíveis, os elementos mentais podem ser categorizados, do mesmo modo que os elementos químicos são agrupados em classes. Apesar da simplicidade, os elementos mentais são dotados de atributos distintivos. Titchener adicionou a duração e a nitidez. Essas quatro características eram consideradas fundamentais, já que estão, em certo grau, em toda experiência.

- Qualidade é a característica, como "frio" ou "vermelho", que distingue claramente um elemento de todos os demais.
- Intensidade refere-se a força, fraqueza, sonoridade ou brilho de uma sensação.
- Duração é o curso da sensação ao longo do tempo.
- Nitidez refere-se à função da atenção na experiência consciente; uma experiência no foco da nossa atenção é mais nítida do que uma que não seja alvo da nossa atenção.

As sensações e as imagens possuem todos esses quatro atributos; no entanto, os estados afetivos são dotados apenas de três: qualidade, intensidade e duração, não possuindo nitidez. Por quê? Titchener acreditava que era impossível concentrar a atenção diretamente em um elemento de emoção ou sentimento. Quando tentamos fazê-lo, a qualidade afetiva, como a tristeza, a raiva ou a satisfação, desaparece. Alguns processos sensoriais, especialmente a visão e o tato, são dotados de outro atributo, a extensão, já que envolvem a noção espacial.

Todo processo consciente pode ser reduzido a um desses atributos. As descobertas feitas no laboratório de Külpe, em Würzburg, sobre o problema do pensamento sem imagens, não fizeram Titchener mudar de opinião. Ele reconhecia que algumas qualidades mal definidas podem ocorrer durante o pensamento; no entanto, afirmava que, ainda assim, consistiam em sensações ou imagens. Para Titchener, estava claro que os observadores de Külpe sucumbiram ao erro de estímulo por concentrar mais atenção nos estímulos do objeto do que nos próprios processos conscientes.

Os alunos da pós-graduação de Cornell realizaram muitas pesquisas relacionadas com os estados afetivos, e suas constatações levaram Titchener a rejeitar a teoria tridimensional dos sentimentos de Wundt. Titchener alegava estar o afeto presente em apenas uma dimensão – no prazer/desprazer – e rejeitava as dimensões de tensão/relaxamento e excitação/depressão definidas por Wundt.

Titchener estava mudando sua abordagem?

No final da vida, Titchener alterou de forma significativa a sua psicologia estrutural. Por volta de 1918, não abordava mais o conceito de elementos mentais nas aulas, e afirmava que a psicologia devia dedicar-se ao estudo das dimensões ou dos processos mentais mais amplos, os quais ele listava como qualidade, intensidade, duração, nitidez e extensão, e não dos elementos básicos. Alguns anos mais tarde, escreveu a um aluno de pós-graduação: "Desista de pensar em termos de sensações ou afetos. Esses conceitos eram válidos há dez anos, mas hoje [...] estão completamente desatualizados. [...] Pense em termos de dimensões e não de constructos sistemáticos, como a sensação" (Evans, 1972, p. 174).

Na década de 1920, Titchener colocou em dúvida o uso do termo "psicologia estrutural" e passou a chamar sua abordagem de psicologia existencial. Reavaliou seu método de introspecção e adotou o tratamento fenomenológico, examinando a experiência como um todo, e não dividida em elementos.

Se Titchener tivesse vivido tempo suficiente para implementá-la, essas mudanças drásticas de perspectiva poderiam ter alterado radicalmente a visão e o destino da psicologia estrutural. Essas ideias supõem flexibilidade e abertura para mudanças, atributos que os cientistas acreditam possuir, mas que nem sempre são capazes de demonstrar. As provas dessas mudanças foram reunidas pelos historiadores mediante a análise cuidadosa de cartas e aulas de Titchener (ver Evans, 1972; Henle, 1974). Embora não tenham sido incorporadas formalmente a seu sistema, essas ideias indicam a direção para a qual ele seguia, mas a morte o impediu de atingir esse objetivo.

Críticas ao estruturalismo

Muitas vezes, as pessoas ganham notoriedade na história porque se opõem a um ponto de vista mais antigo, mas no caso de Titchener não foi bem assim, pois ele se manteve firme, mesmo quando todos haviam mudado de opinião. Na segunda década do século XX, o pensamento intelectual norte-americano e europeu havia mudado, mas o sistema formal de Titchener permanecia o mesmo. Consequentemente, vários psicólogos chegaram a considerar a psicologia estrutural uma tentativa fútil de ater-se a princípios e métodos antiquados. O psicólogo James Gibson, que conheceu Titchener já quase no final da vida, observou que, embora ele "inspirasse verdadeira admiração [...] a minha geração prescindia da sua teoria ou do seu método. Sua influência estava em declínio" (Gibson, 1967, p. 130).

Titchener acreditava que estava estabelecendo uma base para a psicologia; no entanto, seus esforços fizeram parte apenas de uma fase da história da disciplina. A era do estruturalismo entrou em colapso quando Titchener morreu, e o fato de essa escola ter se mantido por tanto tempo deve ser atribuído, como um verdadeiro tributo, à sua personalidade dominadora.

Críticas à introspecção

As críticas mais relevantes em relação ao método de introspecção estavam voltadas ao tipo de observação praticada nos laboratórios de Titchener e Külpe, que lidava com relatos subjetivos de elementos da consciência, diferentemente do método de percepção interna de Wundt, o qual lidava com as reações mais objetivas e quantitativas ao estímulo externo.

A introspecção, no sentido mais amplo, foi empregada durante décadas, e as críticas ao método não eram novidade. Um século antes do trabalho de Titchener, o filósofo alemão Immanuel Kant declarou que qualquer tentativa de introspecção alterava necessariamente a experiência consciente observada, porque introduzia uma variável de observação no conteúdo da experiência consciente.

O filósofo positivista Auguste Comte criticou o método introspectivo, alegando que, se a mente fosse capaz de observar as próprias atividades, teria de se dividir em duas partes: uma observadora e outra observada e, para ele, obviamente, isso era impossível (Wilson, 1991).

> A mente é capaz de observar todos os fenômenos, exceto os próprios. [...] O órgão observador e observado neste caso é o mesmo, e a sua ação não pode ser pura e natural. Para realizar uma observação, o intelecto deve fazer uma pausa em sua atividade; no entanto, essa é exatamente a atividade que se deseja observar. Se essa pausa não for possível, será impossível realizar a observação; e, se for possível, não haverá objeto a ser observado. Os resultados desse método são igualmente proporcionais ao seu absurdo. (Comte, 1830/1896, v. 1, p. 9)

O médico inglês Henry Maudsley também fez críticas à introspecção e falou sobre a psicopatologia:

> Não existe consenso entre os observadores da introspeção. Se houver concordância, deve-se ao fato de eles estarem rigorosamente treinados e, assim, produzirem observações parciais. [...] Devido à extensão patológica da mente, o autorrelato é dotado de pouca credibilidade. (Maudsley, 1867, apud Turner, 1967, p. 11)

Desse modo, havia dúvidas substanciais a respeito da introspecção, muito antes de Titchener modificar e aprimorar o método para adequá-lo aos métodos científicos. Ainda que sua abordagem tenha se tornado mais precisa, os ataques continuaram.

Um dos alvos das críticas era a definição, já que Titchener, aparentemente, tinha dificuldades em definir exatamente o significado do método introspectivo. Ele tentava explicá-lo, relacionando-o com condições experimentais específicas.

> A direção seguida pelo observador varia nos detalhes em relação à natureza da consciência observada, ao objetivo do experimento, [e] à instrução dada pelo pesquisador. Assim, introspecção é um termo genérico e abrange um grupo indefinido enorme de procedimentos metodológicos específicos. (Titchener, 1912b, p. 485)

O segundo alvo das críticas à metodologia de Titchener relacionava-se à tarefa exata que os observadores estruturalistas eram treinados para executar. Os alunos de pós-graduação de Titchener, que serviam de observadores, eram instruídos a ignorar algumas classes de palavras (as denominadas palavras com significado) que faziam parte de seu vocabulário. Por exemplo, a frase "Vejo uma mesa" não era dotada de significado científico para o estruturalista; a palavra "mesa" possui significado, com base no conhecimento estabelecido e geralmente aceito, relacionado com a combinação específica de sensações que aprendemos para identificar e chamar o objeto de mesa. Portanto, a observação "Vejo uma mesa" não expressava, para o psicólogo estruturalista, nada a respeito dos elementos da experiência consciente do observador. O interesse do estruturalista não se concentrava no conjunto das sensações resumido na palavra com significado, mas nas formas básicas específicas da experiência. Os observadores que respondiam "mesa" estavam cometendo o que Titchener chamava erro de estímulo.

Se as palavras comuns eram ignoradas do vocabulário, como os observadores treinados descreveriam as experiências? Seria necessário desenvolver uma linguagem introspectiva. Titchener (e Wundt) enfatizava que as condições experimentais externas deviam ser cuidadosamente controladas, de forma a permitir a determinação precisa da experiência consciente. Assim, dois observadores teriam de vivenciar experiências idênticas e produzir resultados que se corroborassem mutuamente. E com a realização dessas experiências praticamente idênticas sob condições controladas, teoricamente seria possível desenvolver para os observadores um vocabulário de trabalho com palavras sem significado. Afinal, é em razão das experiências compartilhadas no dia a dia que as palavras familiares adquirem significados comuns a todos.

A ideia da criação da linguagem introspectiva nunca se concretizou. Havia muita discordância entre os observadores, mesmo quando as condições eram extremamente controladas. Observadores de laboratórios diferentes apresentavam resultados distintos. Mesmo os indivíduos do mesmo laboratório, observando o mesmo material de estímulo, muitas vezes não conseguiam obter a mesma observação. Ainda assim, Titchener insistia que a concordância acabaria ocorrendo. Se tivesse havido uniformidade suficiente nas descobertas introspectivas, talvez a escola do estruturalismo tivesse durado mais tempo.

Os críticos também alegavam ser a introspecção, na verdade, uma forma de retrospecção, porque havia um intervalo entre a experiência e o seu relato. Ebbinghaus já demonstrara que a taxa de esquecimento é mais elevada imediatamente após a experiência; portanto, provavelmente, parte dela se perdia antes da introspecção e do relato. Os psicólogos estruturalistas respondiam a essa crítica de duas formas: primeiro, alegando que os observadores trabalhavam com um intervalo mínimo, e, segundo, propondo a existência de uma imagem mental primária que, supostamente, mantinha a experiência na mente dos observadores até que pudessem relatá-la.

Observamos anteriormente que o próprio ato de examinar a experiência de forma introspectiva pode, de algum modo, alterá-la. Analisemos, por exemplo, a dificuldade de introspecção de um estado consciente de ira. No processo racional de prestar atenção e tentar dividir a experiência em suas partes componentes, a ira provavelmente diminuiria ou desapareceria. Titchener continuava firme na sua crença de que seus observadores treinados continuariam a realizar automaticamente a observação, sem alterar conscientemente a experiência.

A noção da mente inconsciente, proposta por Sigmund Freud no início do século XX (ver no Capítulo 13), fomentou outra crítica ao método introspectivo. Se, como afirmava Freud, parte da nossa função mental era inconsciente, obviamente a introspecção não servia para explorá-la. Um historiador afirmou:

> A base da análise introspectiva estava na crença de que todo o funcionamento da mente era passível de observação consciente, e, se fosse possível observar cada aspecto do pensamento humano e da emoção, a introspecção proporcionaria, na melhor das hipóteses, apenas um retrato fragmentado e incompleto do funcionamento mental. Se a consciência representava apenas a ponta visível do *iceberg*, com a maior parte da área da mente permanentemente encoberta pelas poderosas barreiras defensivas, a introspecção estava realmente condenada. (Lieberman, 1979, p. 320)

Mais críticas ao sistema de Titchener

A introspecção não era o único alvo das críticas. O movimento estruturalista foi acusado de artificial e estéril na tentativa de analisar os processos conscientes a partir dos elementos básicos. Os críticos afirmavam não ser possível resgatar a totalidade da experiência, partindo, posteriormente, de qualquer associação ou combinação das partes elementares. Argumentavam que a experiência não ocorria na forma de sensações, imagens ou estados afetivos individuais, mas em uma totalidade unificada. Parte da experiência consciente perde-se inevitavelmente em qualquer esforço artificial de análise. A escola de psicologia da Gestalt (ver Capítulo 12) partiu desse princípio para lançar sua revolta efetiva contra o estruturalismo.

A definição estruturalista da psicologia tornara-se alvo de ataques. Nos anos finais da vida de Titchener, os estruturalistas haviam excluído várias especialidades do escopo da psicologia, porque elas não estavam de acordo com a sua visão de psicologia. Observamos, por exemplo, que Titchener não considerava a psicologia infantil e a animal como psicologia. O seu conceito era tão restrito, que não permitia incluir os novos trabalhos feitos e as novas direções que estavam sendo exploradas. A psicologia estava ultrapassando a fronteira de Titchener, e com muita rapidez.

Contribuições do estruturalismo

Apesar de todas essas críticas, os historiadores dão o devido crédito às contribuições de Titchener e dos estruturalistas. Seu objeto de estudo – a experiência consciente – era claramente definido. Seus métodos de pesquisa, baseados na observação, experimentação e medição, eram, cientificamente falando, os mais tradicionais. O método mais adequado para o estudo da experiência consciente consistia na auto-observação, já que a consciência é mais bem percebida pela pessoa que a vivencia.

Embora o objeto de estudo e os propósitos dos estruturalistas não sejam mais fundamentais, o método de introspecção, mais amplamente definido como relato oral baseado na experiência, ainda é empregado em diversas áreas da psicologia. Há pesquisadores da psicofísica que pedem aos observadores para relatar se o segundo tom é mais alto ou mais baixo que o anterior. Há relatos de pessoas expostas a ambientes incomuns, como a falta de gravidade nos voos espaciais. Os relatórios clínicos de pacientes, bem como as respostas dos testes de personalidade e a análise do comportamento, são de natureza introspectiva.

Os relatórios introspectivos que envolvem processos cognitivos, como o raciocínio, são frequentemente usados na psicologia atual. Por exemplo, os psicólogos industriais/organizacionais obtêm relatos introspectivos dos funcionários a respeito da interação com os terminais de computador. Essas informações podem ser utilizadas para o desenvolvimento de componentes de computador de mais fácil manuseio e móveis ergonômicos. Os relatos verbais baseados na experiência pessoal são formas legítimas de coleta de dados. Além disso, a psicologia cognitiva, com seu renovado interesse nos processos conscientes, vem conferindo maior legitimidade à introspecção (ver no Capítulo 15). Dessa forma, o método introspectivo, embora diferente daquele visto por Titchener, permanece vivo e ativo.

Outra contribuição importante do estruturalismo foi ter servido como alvo de críticas. O estruturalismo proporcionou o estabelecimento de forte ortodoxia, contra a qual os mais recentes movimentos da psicologia puderam concentrar as suas forças. Essas novas escolas de pensamento devem sua existência à reformulação progressiva da posição estruturalista. Os avanços científicos demandam a existência de uma oposição. Com o estruturalismo de Titchener como alvo da oposição, a psicologia superou seus limites iniciais.

QUESTÕES PARA DISCUSSÃO

1. Que tipo de informação Titchener estava buscando quando fazia seus alunos engolir tubos de borracha e levar cadernos para o banheiro?
2. Compare e aponte as diferenças entre as abordagens da psicologia de Titchener e de Wundt.
3. Descreva o ponto de vista paradoxal de Titchener a respeito do lugar das mulheres na psicologia. Ele agia com o intuito de ajudá-las em suas carreiras ou de discriminá-las?
4. Na perspectiva de Titchener, qual é o objeto de estudo adequado para a psicologia? Em que ela difere dos objetos das outras ciências?
5. O que é erro de estímulo? Dê um exemplo. Conforme Titchener, como o erro de estímulo podia ser evitado?
6. Qual é a distinção traçada por Titchener entre consciência e mente?
7. Descreva o método de introspecção de Titchener. Qual é a diferença entre o seu método e o de Wundt?
8. Descreva a diferença entre experiência *independente* da pessoa que está experimentando e experiência *dependente* da pessoa que está experimentando. Dê exemplos. De acordo com Titchener, qual tipo fornece dados para a psicologia?
9. Como o termo *reagente,* usado por Titchener, indicava sua visão sobre os observadores humanos e as pessoas em geral?
10. Descreva os três estados elementares da consciência e os quatro atributos dos elementos mentais de Titchener.
11. De que forma Titchener começou a alterar o seu sistema no final de sua carreira?
12. Que críticas haviam sido feitas ao método de introspecção antes do trabalho de Titchener?
13. No que se basearam as críticas feitas à abordagem introspectiva de Titchener? Como ele respondeu a essas críticas?
14. Como Titchener diferenciava a inspeção da introspecção?
15. De acordo com Titchener, qual é o papel da *retrospecção* na pesquisa psicológica?
16. Que outras críticas foram feitas a respeito do estruturalismo de Titchener? Quais foram as contribuições do estruturalismo de Titchener para a psicologia?
17. Descreva as contribuições do estruturalismo de Titchener para a psicologia.

Capítulo 6

Funcionalismo: as influências anteriores

O homem que foi se encontrar com Jenny

Jenny estava vestida como qualquer criança típica de 2 anos, e certamente se comportava como uma criança de 2 anos. Milhares de pessoas afluíam para vê-la. Elas a encaravam maravilhados, encantados, pois Jenny – tão inocente, tão humana, na realidade era um orangotango, um macaco, como a maioria das pessoas a chamava. Jenny estava em exibição em uma gaiola de girafa no zoológico de Londres. O ano era 1838.

Poucas pessoas na Inglaterra, ou em qualquer lugar da Europa, jamais tinham visto tal criatura, e aqueles que foram vê-la estavam surpresos, até mesmo desconcertados pelos maneirismos a que estavam tão familiarizados. Vestida em um vestido de babado, ela se sentava à mesa, usava uma colher para comer de um prato, tomava chá em uma xícara e parecia entender o que seu cuidador dizia a ela. Também parecia saber o que era e o que não era permitido fazer.

Um visitante escreveu:

> O cuidador mostrou uma maçã a ela, mas não a dava, o que fez com que se atirasse de costas, chutando e chorando, precisamente como uma criança malcriada. O cuidador disse: "Jenny, se parar de berrar e se comportar como uma menina boazinha eu lhe dou a maçã". Ela certamente entendeu cada palavra e, embora como criança que custa a parar de choramingar, conseguiu a maçã. (apud Aydon, 2002, p. 128)

Aparentemente, Jenny fazia que aquele visitante se lembrasse de seus dois filhos pequenos, pois ele voltou ao zoológico alguns meses mais tarde, levando um instrumento de boca (gaita) e um espelho. Ele tocou o instrumento na frente da gaiola e depois o deu a Jenny pelas grades. Imediatamente, ela o colocou nos lábios, como ele havia feito. Quando ele deu o espelho, ela ficou se olhando continuadamente, como se estivesse surpresa com sua imagem, assim como os filhos daquele homem haviam ficado a primeira vez que se viram em um espelho.

Ele a observou aceitando pão de outro visitante, olhando primeiro para o seu cuidador, para ver se podia comer. Mas Jenny também exibia comportamento voluntarioso e desobediente. Com frequência ela

> [...] fazia algo que haviam dito que não deveria fazer. Quando ela acha que o cuidador não vai ver, mas que sabe que fez algo errado, ela se esconde. [...] Quando acha que vai ser chicoteada, ela se cobre com palha ou um cobertor (apud Keynes, 2002, p. 50).

Observar o comportamento de Jenny provocou um profundo impacto em nosso visitante. Ele começou a questionar se pessoas e animais eram mesmo parecidos. Ambos têm as mesmas emoções? E, na época, a questão mais aterrorizante de todas: quão próxima é a relação entre humanos e animais (Heiligman, 2009, p. 48)?

Ele escreveu o seguinte comentário em seu caderno: "Deixe o homem ver o orangotango domesticado e sua inteligência... e depois deixe que se vanglorie de sua superioridade orgulhosa. [...] O homem, na sua arrogância, pensa que é o resultado de um grande trabalho, digno da intervenção de uma divindade. Mais humilde, e creio mais verdadeiro, seria considerá-lo descendente dos animais" (apud Ridley, 2003, p. 9).

Quem era esse distinto visitante que ficou tão impressionado com Jenny? Seu nome era Charles Darwin.

O protesto funcionalista na psicologia

Charles Darwin, com sua noção de evolução, mudou o foco da nova psicologia de *estrutura* da consciência para as suas *funções*. Era inevitável que a escola de pensamento funcionalista se desenvolvesse.

O funcionalismo se preocupa com as funções da mente, em como ela é usada por um organismo para se adaptar a seu ambiente. O movimento da psicologia funcional focou em uma questão prática: o que os processos mentais conseguem realizar? Os funcionalistas estudaram a mente, não do ponto de vista de sua composição – seus elementos mentais ou sua estrutura – mas, sim, como um conglomerado ou acúmulo de funções e processos que levam a consequências práticas no mundo real. As pesquisas realizadas por Wundt e Titchener nada revelaram sobre os resultados ou realizações da atividade mental humana, mas este não era o objetivo; tais preocupações utilitaristas e pragmáticas eram incompatíveis com sua abordagem puramente científica da psicologia.

Como um primeiro sistema de psicologia, puramente norte-americano, o funcionalismo foi um protesto deliberado contra a psicologia experimental de Wundt e a psicologia estrutural de Titchener, ambas vistas como restritivas demais. Essas primeiras escolas de pensamento não podiam responder às perguntas que os funcionalistas estavam fazendo – O que a mente faz? Como age?

Como resultado dessa ênfase nas funções mentais, os funcionalistas passaram a se interessar pelas aplicações em potencial da psicologia aos problemas da vida diária, de como as pessoas funcionam e se adaptam a diferentes ambientes. O rápido desenvolvimento da psicologia aplicada nos Estados Unidos pode ser considerado o legado mais importante do movimento funcionalista.

Este capítulo trata das raízes do movimento da psicologia funcional, incluindo os trabalhos de Darwin, Galton e os primeiros estudiosos do comportamento animal. É importante observar a época em que esses precursores do funcionalismo estavam desenvolvendo suas ideias: o período anterior e durante os anos em que a nova psicologia estava começando a evoluir.

A obra pioneira de Darwin sobre a evolução, *A origem das espécies* [*On the origin of species*] (1859), foi publicada um ano antes do livro de Fechner, *Elementos de psicofísica* [*Elements of psychophysics*] (1860), e 20 anos antes de Wundt instalar o laboratório na University of Leipzig. Galton começou a trabalhar no problema das diferenças individuais em 1869, antes de Wundt escrever a obra *Princípios de psicologia fisiológica* [*Principles of physiological psychology*] (1873-1874). As experiências com psicologia animal já eram realizadas na década de 1880, antes de Titchener seguir da Inglaterra para a Alemanha para estudar com Wundt.

Portanto, a maioria dos trabalhos a respeito das funções da consciência, das diferenças individuais e do comportamento animal estava sendo realizada ao mesmo tempo em que Wundt e Titchener optaram por excluir essas áreas das suas definições de psicologia. Somente com a chegada da nova psicologia aos Estados Unidos é que as funções mentais, as diferenças pessoais e os ratos de laboratório ganharam destaque na psicologia.

Evolução antes de Darwin

A ideia da evolução não começou com Darwin. Na época em que ele publicou sua teoria, em 1859, não havia nada realmente novo a esse respeito (ver Gribbin, 2002; Stott, 2012). A hipótese de que os seres vivos mudam com o tempo, noção fundamental da evolução, pode ser encontrada já no século V a.C., embora só fosse investigada de forma sistemática a partir do fim do século XVIII.

A primeira pessoa a reconhecer a existência de classificações na natureza e de similaridades entre diferentes espécies foi Aristóteles (384-322 a.C.). Ele reconheceu, por exemplo, que a mão humana pode ter sido análoga às asas das aves e às barbatanas dos peixes; entretanto, não sugeriu que as espécies poderiam evoluir e mudar ao longo do tempo. O mundo ainda não estava pronto para isso.

No século XIX, Al-Jahiz (796-868, nascido em Basra), um jovem estudante do local que hoje conhecemos como Iraque, abordou a ideia da seleção natural. Seu livro *Book of Animals* descreve 350 variedades de animais. Em sua obra de sete volumes, intitulada *Book of Living Beings* (O livro dos seres vivos), Al-Jahis forneceu um inventário de tudo o que era conhecido sobre animais naquela época. Embora acreditasse firmemente que Deus tinha criado todos os seres vivos em suas variadas formas, também reconhecia a interconectividade de forma e função entre as espécies. Ele escreveu a respeito de como os animais tinham de se adaptar ao ambiente para sobreviver, e que apenas o mais ajustado sobreviveria, tudo de acordo com a vontade de Deus.

É importante notar que seu trabalho, por mais abrangente que fosse para a época, não representa nada próximo a uma teoria da evolução. Darwin não utilizou esses escritos em sua obra. Na verdade, ele não teria como fazer isso. "Ele não sabia ler árabe e não existia tradução das obras para inglês [...] que ele pudesse ler; até hoje ainda não há uma tradução completa em inglês" (Stott, 2012, p. 44).

No século XVIII, podemos encontrar outras influências diretas de Darwin, incluindo seu avô, Erasmus Darwin (1731-1802). Erasmus Darwin, médico, acreditava havia um Deus que originalmente havia estabelecido vida na Terra em movimento, mas que não interveio depois disso para alterar a flora ou fauna ou para criar espécies. As mudanças nas formas animais, dizia, ocorriam de acordo com as leis naturais que fazem que as espécies continuamente se adaptem às mudanças em seu ambiente.

Note-se que Erasmus Darwin era um homem enorme, que desistiu de se pesar quando chegou aos 150 quilos. O motorista dele, também um homem obeso, sempre precedia o médico ao entrar na casa de um paciente, para certificar-se de que o chão resistiria a seu peso. No tempo livre, Erasmus escreveu poemas eróticos e teve 14 filhos com duas esposas e uma governanta.

A inevitabilidade da evolução

Em 1809, o naturalista francês Jean-Baptiste Lamarck (1744-1829) formulou a teoria comportamentalista da evolução, que enfatizava a modificação das características físicas do animal mediante o esforço de adaptação ao ambiente. Lamarck sugeria que essas modificações eram herdadas por gerações sucessivas. Por exemplo, a girafa desenvolveu o longo pescoço por várias gerações em razão da necessidade de alcançar os galhos cada vez mais altos para obter comida.

Em meados da década de 1800, o geólogo britânico Charles Lyell (1797-1875) introduziu a noção da evolução na teoria geológica, argumentando que a Terra havia passado por vários estágios de desenvolvimento até chegar à estrutura atual. Em 1844, surgiu o livro *Vestígios da história natural da criação* [*Vestiges of the natural history of creation*], de 400 páginas, que descrevia a evolução da flora e da fauna e argumentava que as pessoas descendiam dos primatas. Esse livro, que logo se tornou um *best-seller* na Europa e nos Estados Unidos, tinha entre seus leitores o presidente dos Estados Unidos, Abraham Lincoln, e a rainha Vitória, da Inglaterra, além de influentes filósofos, cientistas e teólogos. Naturalmente, o objeto de estudo levantou controvérsia considerável e ajudou a espalhar a noção de evolução para todos os segmentos da sociedade (Caton, 2007).

Passados tantos séculos aceitando-se a doutrina bíblica da criação, por que os intelectuais buscavam uma explicação alternativa? Uma das razões era a que os cientistas estavam adquirindo cada vez mais conhecimento sobre as outras espécies que habitaram a Terra. Os exploradores estavam descobrindo formas de vida animal antes desconhecidas; portanto, era inevitável que alguém questionasse como Noé fora capaz de colocar um casal de cada espécie animal na arca. Tantas foram as espécies descobertas, que não havia como os pesquisadores continuarem a acreditar nessa história.

O navegador italiano Américo Vespúcio (de cujo nome a palavra *América* foi derivada) escrevera, já em 1501, após a terceira viagem em torno da costa da América do Sul: "Não há como descrever a enorme variedade de animais selvagens, a abundância de pumas, panteras e gatos selvagens, diferentes dos que vemos na Espanha, mas parecidos com os das ilhas Antípodas; tantos lobos, veados vermelhos, macacos e felinos, saguis de diversas espécies e várias cobras enormes. [...] Tantas espécies não caberiam na arca de Noé" (apud Boorstin, 1983, p. 250).

Na década de 1830, os ingleses e os europeus viram pela primeira vez espécies animais constrangedoramente semelhantes aos seres humanos. Antes disso, somente alguns exploradores corajosos haviam visto animais como os orangotangos e chimpanzés. Em 1835, um ano antes de Darwin retornar de uma viagem de exploração que durou cinco anos, um chimpanzé chamado Tommy foi exibido no zoológico de Londres. Em 1837, uma orangotango foi exibida e outra, dois anos depois; ambas se chamavam Jenny. Na década de 1850, um orangotango macho foi exibido em várias cidades da Inglaterra e da Escócia, e a propaganda dizia que ele exibia comportamentos inteligentes, quase no mesmo nível dos humanos.

Em 1853, o Museu Britânico exibiu o esqueleto de um gorila ao lado de um esqueleto humano. Tamanha era a semelhança, que muitos observadores alegavam sentir-se embaraçados. Era possível continuar insistindo que os seres humanos eram as únicas criaturas totalmente diferentes das outras espécies? Talvez não.

Exploradores também descobriram fósseis e ossadas de criaturas que não correspondiam aos das espécies existentes, esqueletos aparentemente pertencentes a animais que, em algum momento, perambularam pela Terra, mas haviam desaparecido. Essas descobertas fascinaram os cientistas e leigos interessados, e muitas pessoas começaram a colecionar fósseis.

> A Grã-Bretanha do século XVIII foi um marco de requinte e impecável bom gosto na propriedade e exibição de coleções de fósseis. Os próprios objetos não apenas eram raros e bonitos [...] como a sua simples posse era

> uma indicação de sede de conhecimento, de consciência da filosofia natural, de compreensão solidária dos processos misteriosos da Terra. (Winchester, 2001, p. 106)

As pessoas desejavam saber o que aqueles fósseis e ossadas poderiam revelar sobre a origem do homem. Para os cientistas, o crescente acúmulo desses artefatos dava indicações de que as formas vivas não podiam mais ser consideradas constantes, imutáveis desde o início dos tempos, e deviam ser vistas como sujeitas a mudanças e modificações. As espécies antigas, evidentemente, tornaram-se extintas, dando lugar a novas, sendo algumas delas versões alteradas das formas existentes. Talvez, tudo na natureza fosse resultado de mudanças e, ainda, continuasse no processo de evolução.

O impacto da mudança contínua foi observado não apenas nos círculos científicos e intelectuais, como também na vida cotidiana. O *Zeitgeist* social estava se transformando por causa da Revolução Industrial. Os valores, as relações e as normas culturais, mantidos constantes por várias gerações, de repente foram rompidos quando a migração em massa da zona rural para as pequenas cidades promoveu o rápido desenvolvimento dos centros industriais urbanos.

A crescente dominação da ciência contaminava as atitudes populares. As pessoas estavam cada vez menos convencidas das ideias a respeito da natureza humana e da sociedade baseadas nos dogmas das antigas autoridades religiosas. Ao contrário, estavam dispostas e ávidas para transferir essa crença para a fé científica.

Mudança era a ordem do dia. Afetava o fazendeiro, cuja vida agora pulsava no tique-taque do relógio de uma máquina e não das estações do ano, assim como afetava o cientista, cujo tempo era gasto tentando desvendar uma ossada desenterrada. A atmosfera intelectual produziu a noção de evolução não apenas respeitável cientificamente, como também necessária. Entretanto, durante muito tempo os estudiosos analisaram, especularam e levantaram hipóteses, mas ofereceram poucas provas concretas. Então, Darwin, em seu livro *A origem das espécies*, apresentou informações tão bem organizadas, que a teoria da evolução não pôde mais ser ignorada. O *Zeitgeist* demandava essa teoria e Charles Darwin tornou-se o seu agente.

A biografia de Darwin (1809-1882)

> Ele foi um dos homens mais felizes que já viveu. Seus dois avôs foram dois dos homens mais famosos na Inglaterra. Graças a eles, acostumou-se desde pequeno à companhia de pessoas inteligentes e artísticas. Cresceu em uma casa confortável, cheia de afeto, onde sua imaginação era livre para vagar. Seu pai era muito rico, e no final da sua adolescência percebeu que não teria de fazer nada na vida que não quisesse. Para o resto de sua vida, ele fez exatamente o que lhe agradava. E, até o fim de sua vida, foi sempre rodeado pelo mesmo ambiente de amor e proteção de sua infância. (Aydon, 2002, p. xxiii)

Quando criança, no entanto, Charles Darwin (Figura 6.1) dava poucas indicações de que se tornaria o cientista tão dedicado e entusiasmado que o mundo viria a conhecer. Era rude e maldoso, aprontando travessuras, mentindo e roubando para chamar a atenção. Os biógrafos relatam, sobre a infância de Darwin, um episódio em que ele tentou quebrar a janela de uma sala em que fora trancado como castigo por mau comportamento (ver Desmond e Moore, 1991). Ele parecia tão pouco promissor, que seu pai, um rico médico, acreditava que o jovem Charles acabaria desgraçando o nome da família.

Embora seu desempenho escolar fosse fraco, ele demonstrava interesse por história natural e em colecionar moedas, minérios e conchas. Seu pai o mandou para a University of Edinburgh para estudar medicina, mas logo o jovem se mostrou entediado. Como resposta, o pai disse-lhe que deveria tornar-se clérigo. Ele passou três anos na Cambridge University e achou a experiência uma perda de tempo, pelo menos do ponto de vista acadêmico. No âmbito social, no entanto, achou fantástico, tendo sido esse o período mais feliz da sua vida. Passava os dias e as noites bebendo, cantando, jogando cartas, fazendo parte de um grupo que descrevia como esbanjador e de baixo nível intelectual. Também colecionava besouros.

FIGURA 6.1 Charles Darwin.

O botânico John Stevens Henslow, um de seus professores, conseguiu uma indicação para Darwin, como naturalista, fazer parte da excursão do *HMS Beagle*, um navio que o governo britânico estava preparando para uma viagem científica ao redor do mundo. A famosa excursão, que durou de 1831 a 1836, explorou as águas da América do Sul, seguindo para o Taiti e para a Nova Zelândia, e retornou à Inglaterra, passando pela Ilha Ascensão e pelos Açores. No entanto, Darwin quase foi recusado para trabalhar a bordo do navio por causa do formato do seu nariz. O capitão, Robert Fitzroy, um fã da frenologia, orgulhoso de sua capacidade de julgar o caráter pelas feições do rosto, tinha certeza de que o nariz de Darwin indicava um homem preguiçoso, mas ele conseguiu convencê-lo do contrário. É importante destacar que Darwin também não gostava do formato de seu nariz, que considerava "grande demais e bulboso" (Heiligman, 2009, p. 8). Fitzroy, um homem extremamente religioso, desejava a presença de um naturalista a bordo para encontrar provas concretas sobre a teoria bíblica da criação. Escolhera o homem errado.

A viagem rendeu a Darwin a oportunidade ímpar de observar uma variedade de vida animal e vegetal que poucos europeus tinham visto e de coletar diversas espécies, além de enorme quantidade de dados. A viagem também parece ter mudado sua personalidade. Não mais um diletante e amante do prazer, Darwin retornou à Inglaterra como um cientista dedicado e com uma única paixão: desenvolver a teoria da evolução.

Casou-se em 1839 com Emma, sua prima de primeiro grau. Três anos depois, mudou-se com a esposa, que o chamava de "Charley" em suas cartas, para o vilarejo de Down, a 26 quilômetros de Londres, onde pôde concentrar-se no trabalho sem as agitações da vida urbana. Sempre teve a saúde frágil, e agora começava a sofrer de perturbações físicas, como vômitos, gases, furúnculos, erupções cutâneas, tonturas, tremores e depressão. Sua casa se transformou em uma "enfermaria onde ninguém era saudável; a doença era regra e a saúde, uma estranha aflição" (Desmond, 1997, p. 291).

Os sintomas de Darwin eram aparentemente de fundo neurótico, provocados por estresse e qualquer interrupção em sua rotina diária (ver Sheehan, Meller, e Thurber, 2008). Sempre que alguma interferência externa o impedia de trabalhar, sofria outro ataque.

A doença tornara-se um mecanismo conveniente, protegendo-o dos afazeres mundanos e proporcionando-lhe a solidão e a concentração necessárias para criar e desenvolver sua teoria. Ao contrário, ainda que não fosse capaz de trabalhar não mais que um dia em cada três, e às vezes não passasse de 20 minutos, ele divisava o trabalho como um escape para seus sentimentos sombrios. "O trabalho é a única coisa que faz a vida agradável para mim", ele escreveu (apud Lehrer, 2010, p. 40). Outro escritor batizou a condição de Darwin de "maldição criativa" (Pickering, 1974).

> Ele se isolava, evitava festas e declinava de compromissos; chegou a instalar um espelho do lado de fora da janela da sua sala de estudos para espiar os visitantes que vinham procurá-lo. Dia após dia, semana após semana, o estômago o incomodava. [...] Era um homem preocupado. (Desmond e Moore, 1991, p. xviii-xix)

Darwin tinha motivos de sobra para se preocupar. A ideia de evolução vinha sendo condenada pelas autoridades religiosas conservadoras e até em alguns meios acadêmicos. O clero, entendendo-a como moralmente degenerativa e subversiva, pregava que, se as pessoas fossem retratadas como animais, igualmente se comportariam. O resultado de tal selvageria, certamente, causaria o colapso da civilização.

Darwin se autodenominava o "capelão do demônio", dizendo a um amigo que trabalhar na teoria da evolução era como confessar um assassinato. Ele sabia que, quando publicasse o livro, seria condenado por heresia. Percebeu que a ansiedade provocada por essas preocupações eram a causa dos seus persistentes males físicos, "a maioria dos males de que a minha carne é herdeira" (apud Desmond, 1997, p. 254). Esperou 22 anos para apresentar publicamente as suas ideias, pois desejava ter a certeza de que, ao fazê-lo, a teoria estaria perfeitamente apoiada em provas científicas irrefutáveis. Assim, Darwin prosseguiu no trabalho com calma e com cuidado extremamente rigoroso.

Em 1842, Darwin redigiu um esquema de 35 páginas da sua teoria da evolução. Dois anos mais tarde, expandiu as ideias em um ensaio de 200 páginas, mas ainda não estava satisfeito. Continuou a manter segredo da maior parte do seu trabalho, compartilhando as ideias apenas com os amigos mais íntimos, como o geólogo Charles Lyell e o botânico Joseph Hooker. Por mais 15 anos, Darwin elaborou e trabalhou seus dados, conferindo, aperfeiçoando, revisando, insistindo para que todos os aspectos da sua posição fossem inquestionáveis.

Forçado a ir a público por um homem da floresta

Ninguém sabe ao certo quanto tempo mais ele se estenderia no trabalho se não houvesse recebido uma carta chocante, em junho de 1858, de uma pessoa chamada Alfred Russel Wallace, um naturalista 14 anos mais jovem que ele (ver Rosen, 2007). Morando nas Índias Orientais para se recuperar de uma doença, Wallace esboçara uma teoria da evolução nitidamente semelhante à de Darwin, embora não baseada em dados tão ricos como os coletados por ele. E o pior é que Wallace afirmava ter desenvolvido a sua teoria completa em apenas três dias! E pedia a opinião e a ajuda de Darwin para publicá-la. O biógrafo de Wallace escreveu:

> No intervalo de duas horas, desde os primeiros arrepios da febre até ficar banhado em um mar de suor [sintomas da malária], Wallace disse que havia desenvolvido toda a teoria da seleção natural, e a esboçara naquela mesma noite, apesar de sua exaustão física. Foi uma luz de inspiração que uniu anos de experiência e contemplação. Nas duas noites seguintes, ele escreveu toda a sua teoria. (Slotten, 2004, p. 144)

Wallace descreveu como fez essa descoberta. "Resolvi perguntar: 'Por que alguns morrem e outros vivem?'. E a resposta foi clara de que, em geral, os mais adaptados sobrevivem. Os mais saudáveis escapavam dos efeitos da doença; os mais fortes, mais ligeiros ou mais perspicazes escapavam dos inimigos; os melhores caçadores ou aqueles que tinham a melhor digestão escapavam da fome; e assim por diante. Então, de repente surgiu a ideia de que esse processo de autoação necessariamente *melhoraria a raça*, porque, em todas as gerações, os inferiores seriam inevitavelmente mortos e os superiores restariam – ou seja, os *mais adaptados sobreviveriam*" (citado em Stott, 2012, p. 261).

Em sua carta a Darwin, Wallace pediu a opinião dele sobre suas ideias e ajuda para que seu trabalho fosse publicado. Anos mais tarde, Wallace escreveu que o efeito desse curto trabalho sobre Darwin foi "praticamente paralisante", como se Darwin estivesse lendo sua própria teoria. Alguém o tinha vencido. "Qualquer noção da sua importância desaparecera, sua originalidade fora massacrada" (apud Raby, 2001, p. 137).

Assim como vários cientistas, Darwin era muito ambicioso. Escreveu em seu diário: "Gostaria de conseguir não valorizar tanto essa tal de fama. [...] E ainda abomino a ideia de escrever, porque é importante criar; entretanto, certamente ficaria contrariado se outra pessoa publicasse essas doutrinas antes de mim" (apud Merton, 1957, p. 647-648). Darwin disse ao amigo Lyell que, se ajudasse Wallace a publicar a teoria dele, todos os seus anos de trabalho árduo e, o mais importante, o crédito pela criação da teoria da evolução, estariam perdidos (Benjamin, 1993).

Enquanto ficava em dúvida se devia ajudar Wallace ou apressar a publicação do seu trabalho, o filho dele de 18 meses morreu de febre escarlatina. Desesperado, Darwin remoía a respeito das implicações da carta de Wallace e das opções que surgiam para si próprio. Finalmente, munido de enorme sentido de justiça e de bom senso, decidiu: "Parece difícil para mim perder a prioridade de vários anos de dedicação, mas não tenho certeza absoluta de que isso altere a justiça do caso. [...] Seria desonesto de minha parte publicar agora" (apud Merton, 1957, p. 648).

Lyell e Hooker sugeriram que tanto o trabalho de Wallace como partes do livro de Darwin, que estava para ser publicado, fossem lidos em um encontro na Linnean Society [Sociedade Linneana] (uma sociedade científica cujo nome homenageia o naturalista sueco Linnaeus), em 1º de julho de 1858, no mesmo dia em que o filho de Darwin fora enterrado. O resto está registrado na história. O livro de Darwin, *A origem das espécies*, provocou reações e discussões imediatas, e Darwin, embora fosse objeto de consideráveis críticas, ganhou a "tal da fama".

Quando o livro foi publicado, Darwin foi acometido de novas enfermidades. Ele descreveu uma "terrível e longa ânsia de vômito", "furúnculos que ardiam", além de se sentir "extremamente mal e em cacos" (apud Desmond, 1997, p. 257). Fugiu para uma estância hidromineral no norte da Inglaterra, onde se escondeu do mundo por dois meses.

Wallace nunca expressou ressentimento por não receber o reconhecimento proporcional pelo desenvolvimento de uma teoria tão semelhante à de Darwin. De fato, parte disso era verdade. Quando soube que seu trabalho e o de Darwin seriam lidos na Linnean Society, Wallace declarou haver recebido "mais reconhecimento e crédito do que merecia". Mostrou-se satisfeito quando soube que, ao mandar seus papéis para Darwin, ele fora o "meio inconsciente que fez que [Darwin] se concentrasse na tarefa" para completar um dos livros mais importantes da história (Wallace, apud Raby, 2001, p. 141-142).

Wallace morreu em 1913, aos 90 anos; a Linnean Society passou a cuidar da lápide de Wallace, como forma de homenagear seus feitos. O túmulo, no cemitério Broadstone, em Dorset, na Inglaterra, exibe um fóssil de um tronco de árvore medindo 2 metros. Inúmeros documentários sobre Wallace estão disponíveis no YouTube (Lichtman e Shattuck, 2013).

Depois de ler o livro de Darwin, Wallace escreveu a um amigo que: "Jamais teria me igualado à totalidade desse livro, seu enorme acúmulo de evidência, sua impressionante argumentação e seu admirável tom e espírito. [...] Sr. Darwin criou uma nova ciência". Em uma nota pessoal a Darwin, fez elogios semelhantes e guardou a resposta que lhe foi enviada. Darwin respondeu "Com quanta nobreza você trata dessa falha da humanidade. Mas você fala com modéstia demasiada de si mesmo; se tivesse tido as mesmas vantagens, teria feito o trabalho tão bem, ou talvez ainda melhor do que eu" (Slotten, 2004, p. 172-173).

A origem das espécies por meio da seleção natural

A teoria da evolução darwiniana é tão conhecida, que, neste tópico, abordaremos apenas alguns pontos básicos. Levando-se em conta o fato evidente da variação entre os membros individuais de uma espécie, Darwin deduziu ser essa variabilidade espontânea transmitida de uma geração à outra. Na natureza, o processo de seleção natural tem como resultado a sobrevivência dos organismos mais bem adaptados a seu ambiente e a eliminação dos demais. A batalha pela sobrevivência é constante, e as formas de vida sobreviventes são as que se adaptam ou se ajustam com êxito às circunstâncias ambientais a que forem expostas. Resumindo, as espécies que não se adaptam não sobrevivem.

Darwin formulou as ideias sobre a luta pela sobrevivência e a "sobrevivência do mais apto" após a leitura de *Ensaio sobre a população* [*Essay on the principle of population*] (1789), de autoria do economista Thomas Malthus, no qual observou que o suprimento de alimentos tende a crescer em proporção aritmética, enquanto a população humana, em progressão geométrica. O resultado inevitável seria, como Malthus descreveu em tom melancólico, muitos seres humanos vivendo praticamente em condições de inanição. Somente os mais fortes, espertos e adaptáveis sobreviveriam. (Alfred Russel Wallace também foi inspirado pelo livro de Malthus.)

Darwin aplicou o princípio malthusiano a todos os organismos humanos para desenvolver a sua teoria da seleção natural. Esses seres vivos que sobrevivem à batalha e atingem a maturidade tendem a transmitir a seus descendentes as mesmas habilidades e vantagens que lhes permitiram prosperar. Além disso, como a variação é uma das leis gerais da hereditariedade, a prole também apresenta variações; alguns descendentes acabam tendo suas boas qualidades mais desenvolvidas que as dos pais. As qualidades tendem a sobreviver e, ao longo de várias gerações, ocorrem mudanças que podem ser bastante significativas, a ponto de produzirem as diferenças observadas hoje entre as espécies.

A seleção natural não foi o único mecanismo de evolução reconhecido por Darwin. Ele também concordava com a doutrina de Lamarck, de que as modificações na forma, derivadas da experiência durante o ciclo de vida do animal, podem ser transferidas às gerações subsequentes.

Thomas Henry Huxley e a polêmica sobre a evolução. À medida que os estudiosos de diversas áreas aderiam à teoria da evolução ou a execravam, o próprio Darwin permanecia à parte e não se interessava em participar das crescentes discussões. Um fervoroso defensor da teoria, ávido por participar da controvérsia, foi Thomas Henry Huxley (1825-1895), ambicioso biólogo que foi a força diretriz no estabelecimento da ciência inglesa. (Entre os netos de Huxley estão Julian, um proeminente biólogo, e Aldous, autor do romance futurista *Admirável mundo novo*.)

Darwin chamava Huxley de seu "bom e gentil agente propagador do evangelho [da evolução]" (apud Desmond, 1997, p. xiii). Huxley era um orador eloquente e carismático e tinha prazer em debater com os inimigos da ciência, agora inimigos da evolução.

Huxley era dotado de enorme apelo popular, principalmente entre os operários. Para eles, Huxley promovia a ciência como uma nova religião, um novo caminho para a salvação. O biógrafo de Huxley disse: "Operários barbudos com as mãos calejadas acotovelavam-se para ouvir seus discursos. [...] Ele arrebanhava multidões semelhantes às que vemos hoje em encontros evangélicos ou apresentações de bandas de *rock*" (Desmond, 1997, p. xvii). As pessoas paravam-no na rua para pedir autógrafo, e os taxistas se recusavam a cobrar a corrida dele.

No período de um ano após a publicação de *A origem das espécies*, a Associação Britânica para o Progresso da Ciência (British Association for the Advancement of Science) promoveu um debate a respeito do evolucionismo na Oxford University. Os amigos e defensores de Darwin pressionavam-no a participar do debate; no entanto, ele não suportava a ideia de ter de se defender em público. Seus amigos insistiam, e a situação tornava-se insustentável. Finalmente, escreveu um biógrafo, "seu estômago o salvou. Dois dias antes da reunião sua saúde deteriorou-se completamente. Uma crise como essa nunca fora tão bem-vinda" (Browne, 2002, p. 118).

No encontro, diante de um público de 700 pessoas, os oradores foram Huxley, defendendo Darwin e a evolução, e o bispo Samuel Wilberforce (apelidado de Soapy Sam [Sam, o Chato] por causa de seus intermináveis discursos), que defendia a Bíblia.

> Com relação às ideias de Darwin, [Wilberforce] se felicitava [...] por não descender de um macaco. Veio a resposta de Huxley: "Se tivesse de escolher, preferiria ser descendente de um simples macaco do que de um homem que emprega seu conhecimento e sua eloquência para deturpar a imagem daqueles que dedicam a vida em busca da verdade". (White, 1896, 1965, p. 92)

Outro orador no debate em Oxford foi Robert Fitzroy, o capitão do navio *Beagle* durante a viagem de Darwin. Fitzroy declarava-se culpado por ajudar na pesquisa de Darwin, aprovando a sua seleção para fazer parte da excursão como naturalista. Fitzroy agitava a Bíblia, enquanto conclamava o público a acreditar na palavra de Deus, expressando seu profundo pesar e arrependimento por ter proporcionado a Darwin a oportunidade de coletar dados para o desenvolvimento da sua teoria. Ninguém estava interessado em ouvir as lamentações de Fitzroy. "A sala permanecia em silêncio", declarou o biógrafo de Darwin, e, por fim, Fitzroy "afundou-se em seu assento sem praticamente ser ouvido" (Browne, 2002, p. 123).

A vida tornara-se difícil para Fitzroy desde a viagem do *Beagle*. Após servir o Parlamento, e um período curto e não bem-sucedido como governador da Nova Zelândia, retornou à Inglaterra para se dedicar ao estudo da meteorologia. "Desenvolveu as técnicas fundamentais de previsão do tempo [e] inventou o sistema de avisos e sinais anunciando tempestades que salvou inúmeras vidas nas décadas que se seguiram, e emitiu as primeiras previsões meteorológicas diárias. Na verdade, ele inventou o termo "previsão do tempo" (Gribbin e Gribbin, 2004, p. 5). Mas a obsessão dele custou a fortuna da família.

Ficou também bastante atormentado com o papel que teve em habilitar Darwin a produzir a teoria da evolução. Ele estava convicto de que, se não tivesse escolhido Darwin para acompanhá-lo na viagem no *Beagle,* a teoria não teria surgido. Quando Darwin lhe enviou uma cópia de *A origem das espécies*, ele respondeu que "não conseguia achar nada enobrecedor ser descendente do mais antigo dos macacos" (apud Nichols, 2003, p. 311).

Cinco anos depois do debate em Oxford, em um domingo de manhã, no meio de sua preparação para ir à igreja, o pensativo capitão suicidou-se, cortando sua garganta com uma lâmina. A sra. Darwin escreveu que seu marido "havia sentido muito o acontecido com Fitzroy, mas que não estava nada surpreso. Lembrou-se de uma ocasião em que ele [Fitzroy] quase enlouqueceu na viagem no *Beagle*" (apud Browne, 2002, p. 264). Posteriormente, Darwin enviou uma considerável quantia de dinheiro à viúva desamparada.

Outros trabalhos de Darwin. O segundo importante trabalho sobre a evolução, *The descent of man* [A ascendência do homem] (1871), reunia as provas da evolução humana a partir das formas de vida mais simples, enfatizando a semelhança entre os processos mentais humanos e animais. O livro rapidamente ganhou popularidade, e um famoso escritor de revista ressaltou: "Na sala de estar, o livro compete com o mais recente romance; na sala de estudos, incomoda como o homem da ciência, o moralista e o teólogo. De todos os lados, escorrem enxurradas mistas de ódio, admiração e encantamento" (apud Richards, 1987, p. 219).

Muitas pessoas ficaram chocadas. Quando a esposa de um bispo soube que Darwin estava sugerindo que poderíamos ser descendentes de macacos, ela exclamou: "Meu bem, vamos esperar que isso não seja verdade, caso contrário, rezemos para que não venha a público" (citado em Bibby, 1972, p. 41).

Darwin realizou um estudo intensivo sobre as expressões emocionais em humanos e animais. Sugeriu que as mudanças dos gestos e das posturas típicas de vários estados emocionais podiam ser interpretadas com base no evolucionismo. Na obra *A expressão das emoções no homem e nos animais* [*The expression of the emotions in man and animals*] (1872), explicou as expressões emocionais como vestígios dos movimentos que, em dado momento, tiveram alguma função prática. As expressões emocionais, então, evoluíram ao longo do tempo, e somente sobreviveram aquelas que se mostraram úteis (ver Hess e Thibaut, 2009; Nesse e Ellsworth, 2009).

Ele alegava que as expressões faciais e a chamada linguagem corporal eram "manifestações inatas e incontroláveis" dos estados emocionais internos. Por exemplo, a dor era acompanhada de uma careta e o prazer, de um sorriso. Darwin afirmava que esses tipos de expressões humanas e de outras espécies animais surgiam por meio da evolução. Seu biógrafo relatou: "As expressões que surgem nos rostos humanos eram, para ele, uma prova viva e diária da ancestralidade animal" (Browne, 2002, p. 369).

Darwin também deu uma pequena contribuição para a literatura psicológica infantil com o diário sobre seu filho. Ele registrou cuidadosamente o desenvolvimento da criança e publicou o material intitulado "A biographical sketch on an infant" [Um esboço biográfico de uma criança pequena] (1877) na revista *Mind*. O diário é um importante precursor da psicologia do desenvolvimento, um exemplo da tese de Darwin de que as crianças passam por uma série de estágios do desenvolvimento paralelos aos da evolução humana.

Os livros de Darwin, documentos, notas e correspondência podem ser visualizados em <www.darwin-online.org.uk>. O site fornece acesso a publicações, manuscritos, biografias, obituários e memórias, ilustrações de coleções de espécimes e arquivos de áudio mp3 para baixar, incluindo a leitura de seu diário de viagem do *Beagle*.

O bico dos tentilhões e o camundongo de Minnesota: a evolução em andamento

Darwin realizou várias de suas observações a respeito da variação entre as espécies quando esteve nas Ilhas Galápagos, no oceano Pacífico, próximo à costa da América do Sul. Observou como os animais da mesma espécie haviam evoluído de formas diferentes em resposta às diversas condições ambientais.

Seguindo os passos de Darwin, muitos anos depois, os biólogos Peter e Rosemary Grant, da Princeton University, acompanhados de um grupo dedicado de estudantes de pós-graduação, visitaram as ilhas para monitorar as modificações encontradas nas gerações subsequentes de treze espécies de tentilhões, decorrentes da adaptação dos pássaros às drásticas mudanças ambientais. O programa da pesquisa começou em 1973 e durou mais de 30 anos. Os pesquisadores testemunharam a evolução em andamento, observando as diferenças nas pequenas aves canoras de uma geração à outra. Os Grants chegaram à conclusão de que Darwin havia subestimado a força da seleção natural. No caso dos tentilhões, a evolução era mais rápida do que se imaginava.

As variações observadas em uma espécie de tentilhão tiveram início durante um rigoroso período de seca que afetara o suprimento alimentar das aves, reduzindo-o a pequenas sementes duras e pontiagudas. Somente os tentilhões de bicos mais grossos, cerca de 15% da população, eram capazes de abrir as sementes. Muitas aves de bicos finos não conseguiam abrir as sementes e logo morriam. Portanto, sob essas condições de seca, os bicos mais grossos eram ferramentas necessárias para a adaptação.

Quando essas aves de bicos mais espessos se reproduziam, sua ninhada também herdava essa característica, com bicos de 4% a 5% maiores que os de seus ancestrais antes da seca. Em apenas uma geração, a seleção natural produzira uma espécie mais bem adaptada e forte.

Logo vieram as chuvas, com enormes tempestades e enchentes que varreram da ilha as sementes graúdas, deixando apenas as miúdas como fonte de alimentação dos pássaros. Agora, as aves de bicos mais grossos estavam em desvantagem, pois não conseguiam pegar a quantidade adequada de comida. Era nítida a necessidade de bicos mais finos para a sobrevivência. A partir daí, é fácil deduzir o que aconteceu. Peter Grant escreveu: "A seleção provocou uma verdadeira revolução na vida dos pássaros. As aves maiores, com bicos grandes, estavam morrendo, enquanto as pequenas, com bicos menores, estavam se desenvolvendo. A seleção mudou rapidamente de lado" (apud Weiner, 1994, p. 104).

Na geração seguinte, o tamanho médio do bico era menor. Uma década mais tarde, como consequência da seca entre 2003-2004, observou-se outra evolução no tamanho do bico, em resposta àquele ambiente modificado (Grant e Grant, 2006). Mais uma vez, a espécie havia evoluído, adaptando-se às mudanças do seu ambiente. Assim como Darwin previra, apenas os mais aptos sobreviveram, e, em 2006, pesquisadores foram capazes de identificar a molécula específica que "faz funcionar" os genes responsáveis por alterar o comprimento dos bicos dos tentilhões (Cromie, 2006).

Estudos mais recentes descobriram que os animais conseguem se adaptar às transformações da natureza. Por exemplo, os camundongos que vivem nas cidades do Minnesota se adaptaram ao ambiente complexo, desenvolvendo cérebros significativamente maiores que os de camundongos que vivem em ambientes rurais menos exigentes (Snell-Rood e Wick, 2013).

Em outro estudo, os pássaros de Nebraska e Oklahoma se adaptaram à crescente invasão de rodovias e carros em alta velocidade, desenvolvendo asas mais curtas, que lhes permitem decolar mais rapidamente quando um veículo se aproxima. Os pássaros com asas maiores precisam de mais tempo para levantar voo, e isso os deixa mais propensos a serem atingidos por um carro (Aldhaus, 2013).

A influência de Darwin na psicologia

"Em um futuro distante", Darwin escreveu em 1859, "eu antevejo campos abertos para pesquisas mais importantes. A psicologia estará baseada sobre um novo alicerce" (apud Dewsbury, 2009a, p.67). A previsão de Darwin se mostrou correta, como veremos no Capítulo 15, em que discutiremos a "Psicologia evolucionista". Essa forma moderna de definir o foco, o escopo e a direção da psicologia como um todo constitui o "novo alicerce" previsto por Darwin. Como um discípulo pioneiro da área destacou, "a psicologia evolucionista tem informado constantemente todas as subdisciplinas da psicologia" (Buss, 2009b, p. 1). Há cada vez mais evidências apoiando a ideia de Darwin em relação aos efeitos da seleção natural em todos os aspectos da psicologia de hoje (Kruger, 2009; Lieberman e Haselton, 2009).

Mas esses avanços vieram depois. Pouco tempo após a morte de Darwin, nos últimos anos do século XIX, seu trabalho mudou totalmente o então novo campo da psicologia:

- um novo enfoque na psicologia animal;
- uma nova ênfase nas funções, e não na estrutura da consciência;
- a aceitação da metodologia e dos dados de diversas áreas;
- um novo enfoque na descrição e na mensuração das diferenças individuais.

A teoria da evolução suscitou a intrigante possibilidade da continuidade do funcionamento mental entre os humanos e os animais inferiores. Se a mente humana fosse uma evolução das mentes mais primitivas, será, então, que haveria semelhanças entre o funcionamento mental dos animais e dos homens? Dois séculos antes, Descartes insistira na existência de uma diferença entre o funcionamento humano e o animal. Agora a questão voltava à tona.

Os psicólogos perceberam a importância do estudo do comportamento animal para a compreensão do comportamento humano e concentraram a pesquisa no funcionamento mental dos animais, introduzindo um novo tópico no laboratório de psicologia. A investigação da psicologia animal viria exercer grande impacto no desenvolvimento da área. "Os primeiros psicólogos funcionalistas e behavioristas abraçaram o compromisso de dar forte continuidade, derivada dos estudos experimentais com animais, para acomodar praticamente todas as formas da psicologia e do comportamento humano" (Greenwood, 2008, p. 103).

A teoria da evolução provocou também uma mudança no objeto de estudo e na meta da psicologia. O enfoque da escola de pensamento estruturalista era a análise do conteúdo da consciência. O trabalho de Darwin inspirou alguns psicólogos que trabalhavam nos Estados Unidos a analisar as funções da consciência. Para muitos pesquisadores, esse enfoque pareceu mais importante que a descoberta de qualquer elemento estrutural da consciência. Gradualmente, à medida que a psicologia se dedicava mais ao estudo do funcionamento do ser humano e dos animais na adaptação a seu ambiente, a investigação detalhada dos elementos mentais, iniciada por Wundt e Titchener, perdia o seu apelo. O funcionalismo não era meramente "influenciado" pela teoria darwiniana, mas constituía uma tentativa radical de recomeçar, estabelecendo uma nova base científica para a psicologia (Green, 2009, p. 75).

As ideias de Darwin influenciaram a psicologia, ampliando os métodos que essa nova ciência passara a usar com legitimidade. Os métodos empregados no laboratório de Wundt, em Leipzig, foram derivados principalmente da fisiologia, mais especificamente dos métodos psicofísicos de Fechner. Os métodos de Darwin, que produziam resultados aplicáveis tanto em seres humanos como em animais, não tinham nenhuma semelhança com as técnicas baseadas na fisiologia. Os dados de Darwin foram obtidos de diversas fontes, como geologia, arqueologia, demografia, observações de animais selvagens e domésticos e pesquisa com reprodução. Foram as informações obtidas de todos esses campos que deram suporte à sua teoria.

Essa foi uma prova tangível e impressionante da possibilidade de os cientistas estudarem a natureza humana adotando técnicas que não a introspecção experimental. Seguindo o exemplo de Darwin, os psicólogos que aceitavam a teoria evolucionista e sua ênfase nas funções da consciência tornaram-se mais ecléticos em relação a seus métodos de pesquisa, expandindo, assim, os tipos de informações obtidos.

Outro efeito da evolução na psicologia foi o crescente enfoque nas diferenças individuais. Durante a viagem do *Beagle*, Darwin observou várias espécies e formas, de modo que, para ele, era evidente a variação entre os membros da mesma espécie. Se cada geração fosse idêntica a seus ancestrais, não haveria evolução. Portanto, essas variações, ou seja, essas diferenças individuais, consistiam em um princípio importante do evolucionismo.

Enquanto os psicólogos estruturalistas continuavam a buscar as leis gerais que abrangessem toda a mente, os psicólogos influenciados pelas ideias de Darwin procuravam as diferenças mentais individuais, e logo apresentaram técnicas para medir essas diferenças.

O material a seguir foi extraído da autobiografia de Darwin. Essa passagem não se refere à sua pesquisa ou à sua teoria, mas trata-se da imagem que ele tinha de si próprio e sua opinião sobre as qualidades pessoais que o levaram ao sucesso.

Texto original

Trecho extraído de *The autobiography of Charles Darwin* (1876)

Meus livros tiveram boa vendagem na Inglaterra, foram traduzidos para vários idiomas e passaram por várias edições em outros países. Ouvi dizer que o sucesso de um trabalho no exterior é o melhor teste para verificar seu valor perene. Tenho dúvidas se, afinal, essa afirmação é digna de confiança; no entanto, a julgar por esse padrão, o meu nome deve perdurar por alguns anos. Portanto, talvez seja de valia tentar analisar as qualidades mentais e as condições das quais dependeu o meu sucesso, embora ciente de não haver homem capaz de fazê-lo corretamente.

Não sou dotado de grande rapidez de apreensão ou sagacidade, que é notável em alguns homens inteligentes como, por exemplo, Huxley. Considero-me, assim, um mau crítico: quando leio pela primeira vez um trabalho ou um livro, normalmente ele suscita a minha admiração, e somente depois de muita reflexão é que percebo os pontos fracos. Minha capacidade de seguir uma linha de pensamento extensa e puramente abstrata é bastante limitada e, portanto, nunca teria êxito na metafísica ou na matemática. Minha memória é boa, porém vaga: suficiente para me alertar, indicando-me morosamente já ter eu observado ou lido algo que contradiga a conclusão a que estou chegando ou, de modo contrário, a favoreça; e depois de algum tempo, geralmente sou capaz de lembrar-me onde buscar o embasamento necessário. Em certo sentido minha memória é tão fraca, que jamais fui capaz de memorizar por alguns dias uma única data ou um verso de um poema. [...]

Do lado favorável da balança, creio ser superior aos homens comuns no aspecto de observar algo que facilmente escapa da atenção, analisando-o cuidadosamente. Minha dedicação ao trabalho de observação e à coleta dos fatos chega praticamente ao extremo. O meu amor firme e ardente pela ciência natural é o mais importante.

Esse amor puro, no entanto, tem sido alimentado pela ambição de ser estimado por meus colegas naturalistas. Desde a juventude, sinto o profundo desejo de compreender ou explicar tudo que observo, ou seja, de agrupar todos os fatos sob algumas leis gerais. Essas causas combinadas proporcionaram-me paciência para refletir ou ponderar por quanto tempo fosse necessário a respeito de qualquer problema inexplicável. No que me concerne julgar, não tenho capacidade para seguir cegamente outros homens. Tenho me dedicado com firmeza para manter minha mente livre de modo a renunciar a qualquer hipótese, mesmo que muito querida (e não resisto a criar uma sobre qualquer assunto), assim que se apresentem fatos que a desmintam. De fato, não possuo outra alternativa senão agir dessa forma, pois não tenho lembrança de uma única primeira hipótese que não tenha sido, depois de algum tempo, renunciada ou bastante modificada. Isso me conduziu, naturalmente, a rejeitar totalmente o raciocínio dedutivo nas ciências mistas. Por outro lado, não sou tão cético, uma característica da mente que creio ser um insulto para o progresso da ciência. Uma boa dose de ceticismo ao cientista é aconselhável para evitar muita perda de tempo, [mas] conheci não poucos homens que, sinto com certeza, várias vezes foram assim dissuadidos da experiência ou das observações que poderiam provar-se direta ou indiretamente válidas [...]

Meus hábitos são metódicos, e essa qualidade vem se mostrando bastante eficaz para a minha linha particular de trabalho. Ultimamente, venho tendo amplo lazer por não ter de obter meu próprio sustento. Até mesmo o meu estado de enfermidade, embora aniquilando vários anos da minha vida, salvou-me das distrações e divertimentos sociais.

Portanto, o meu sucesso como um homem da ciência, aonde quer que ele tenha me levado, foi determinado, de acordo com o meu julgamento, por condições e qualidades mentais diversificadas e complexas. Entre essas características, as mais importantes são o amor à ciência, a paciência irrestrita para longas reflexões sobre qualquer assunto, o trabalho dedicado na observação e coleta dos fatos e uma fatia razoável de criatividade, além do senso comum. Com essas modestas habilidades que possuo, é realmente surpreendente que eu houvesse influenciado tão extensamente a crença dos homens da ciência em alguns pontos importantes.

Diferenças individuais: Francis Galton (1822-1911)

O trabalho de Galton a respeito da herança mental e das diferenças individuais da capacidade humana incorporou efetivamente o espírito da evolução na nova psicologia. Antes dele, o fenômeno das diferenças individuais quase não era considerado um tema adequado para estudo.

Um dos poucos cientistas pioneiros a reconhecer diferenças individuais em habilidades e atitudes foi o médico espanhol Juan Huarte (1530-1592). Trezentos anos antes dos estudos de Galton nessa área, Huarte havia publicado um livro intitulado *O exame dos indivíduos talentosos* [*The examination of talented individuals*], em que apresentava uma grande variedade de diferenças individuais da capacidade humana (apud Diamond, 1974).

Huarte sugeria que as crianças começassem a estudar desde cedo, para que a educação pudesse ser planejada individualmente, de acordo com suas habilidades. Por exemplo, mediante uma avaliação adequada, ao aluno com aptidão musical seria oferecida a oportunidade de estudar música e disciplinas afins.

O livro de Huarte teve alguma repercussão; no entanto, suas ideias não eram formalmente seguidas antes de Galton. Embora Weber, Fechner e Helmholtz houvessem observado as diferenças individuais nas pesquisas experimentais, não investigaram sistematicamente essas descobertas. Além disso, Wundt e Titchener nem sequer consideravam as diferenças individuais como parte legítima do estudo da psicologia.

A biografia de Galton

Francis Galton (Figura 6.2) era dotado de extraordinária inteligência (um QI estimado de 200) e riqueza de ideias originais. Entre alguns dos tópicos da sua pesquisa estão as impressões digitais (que a polícia acabou adotando para a identificação criminal), a moda, a distribuição geográfica da beleza, o levantamento de peso e a eficácia da oração religiosa. Ele inventou uma versão inicial da impressora de teletipo, um dispositivo para abrir cadeados e um periscópio que lhe permitia olhar por sobre a cabeça das pessoas durante um desfile de rua.

Galton era o caçula de nove filhos e nasceu em 1822, nas proximidades de Birmingham, Inglaterra. Seu pai era um banqueiro próspero, cuja família abastada e socialmente destacada incluía pessoas de esferas de grande influência, como o governo, a Igreja e o exército. Francis era uma criança precoce, que aprendia rapidamente. Um biógrafo escreveu que,

> aos 12 meses Galton conseguia reconhecer todas as letras maiúsculas; aos 18 meses conhecia bem o alfabeto inglês e o grego, e chorava se fossem retirados de sua vista; aos 2 anos e meio leu seu primeiro livro [...] Aos 5 já estava bem familiarizado com os trabalhos de Homero. (Brooks, 2004, p. 18)

Aos 16 anos, por insistência de seu pai, Galton começou a aprender medicina no Birmingham General Hospital, como assistente de médico. Distribuía medicamentos, tratava de fraturas, amputava dedos, extraía dentes, aplicava vacina nas crianças e divertia-se lendo os clássicos da literatura. No geral, entretanto, não achava uma experiência prazerosa, e continuava somente por pressão do pai.

Um incidente ocorrido durante esse aprendizado de medicina ilustra a curiosidade de Galton. Desejando conhecer os efeitos dos diversos medicamentos da farmácia, ele passou a tomar pequenas doses de cada um e a anotar a reação, iniciando, de forma sistemática, com os que começavam com a letra "A". Essa aventura científica teve fim na letra "C", quando tomou uma dose de óleo de cróton, um forte laxante.

MARY EVANS PICTURE LI/AGE FOTOSTOCK

FIGURA 6.2 Francis Galton.

Depois de um ano no hospital, continuou seus estudos de medicina no King's College, em Londres. No ano seguinte, mudou os planos e matriculou-se no Trinity College, da Cambridge University. Ali, diante do olhar do busto de *sir* Isaac Newton, procurou seguir seu interesse pela matemática. Embora seu trabalho tenha sido interrompido por um profundo colapso mental, conseguiu formar-se. Retomou o odioso estudo da medicina, até que a morte do seu pai finalmente o libertou daquela profissão.

Um frenologista disse a Galton que a cabeça dele não tinha o formato adequado para uma vida de atividades acadêmicas, mas que era ideal para uma vida ativa ao ar livre. Para testar a ideia, viagens e explorações passaram a atrair as atenções de Galton. Percorreu toda a África fazendo viagens difíceis e perigosas para lugares que poucos homens brancos tinham visitado. Ele achou tudo muito empolgante e animador, exceto, talvez, por um incidente contado por seu biógrafo:

> Só e longe de casa, parece que Galton superou sua timidez e procurou os serviços de uma prostituta. Sua coragem foi retribuída com uma grande dose de doença venérea que o perseguiu intermitentemente por muitos anos. Quer seja verdade, quer não, sua atitude em relação às mulheres esfriou notadamente depois de 1846, o ano em questão. (Brookes, 2004, p. 60)

Quando voltou para a Inglaterra, publicou histórias sobre suas viagens, que lhe renderam uma medalha da Sociedade Real de Geografia (Royal Geographic Society). Na década de 1850, parou de viajar, alegando como causas o casamento e a saúde frágil, mas manteve o interesse pela exploração e escreveu um famoso guia intitulado *A arte de viajar* [*The art of travel*]. O livro fez tanto sucesso, que teve oito edições, em oito anos, e foi reimpresso em 2001. Galton também organizava expedições para exploradores e dava orientações sobre a vida no campo a soldados em treinamento para servir em país estrangeiro.

Sua inquietação mental o conduziu em seguida à meteorologia e à criação de instrumentos para coletar informações meteorológicas. O trabalho dele nesse campo resultou no desenvolvimento do tipo de mapa meteorológico utilizado até hoje. Galton resumiu suas descobertas em um livro considerado a primeira tentativa de cartografar em grande escala os padrões de meteoros.

Quando seu primo Charles Darwin publicou *A origem das espécies*, Galton ficou fascinado pela nova teoria. Escreveu: "[o livro] marcou época no meu próprio desenvolvimento mental, assim como no pensamento humano em geral" (apud Gillham, 2001, p. 155). O primeiro ponto a chamar sua atenção foi o aspecto biológico da evolução, e assim ele realizou uma pesquisa sobre os efeitos de transfusões de sangue entre coelhos para descobrir se as características adquiridas seriam herdadas. Embora seu interesse pelo lado genético do evolucionismo não tenha durado muito tempo, as implicações sociais da teoria direcionaram seu trabalho subsequente e determinaram a influência dele na psicologia moderna.

A herança mental

O primeiro livro importante de Galton para a psicologia foi *O gênio hereditário* [*Hereditary genius*] (1869). Quando Darwin o leu, escreveu a Galton, dizendo: "Eu nunca em minha vida li algo tão interessante e original. Cumprimento-o por produzir o que, estou convencido, será um trabalho memorável" (apud Fancher, 2009, p.89). Em *O gênio hereditário*, Galton procurou demonstrar que a grandeza ou a genialidade individual ocorria com tanta frequência nas famílias, que a mera explicação da influência ambiental não era suficiente. Resumindo, sua tese afirmava que um homem notável teria filhos homens notáveis (naquele tempo, as filhas tinham poucas oportunidades de se destacar, a não ser por meio de um casamento com algum homem importante).

A maioria dos estudos biográficos descritos por Galton em *O gênio hereditário* referia-se a pesquisas sobre os ancestrais de influentes cientistas e médicos contemporâneos. Os dados demonstravam que uma pessoa famosa herdava não apenas a genialidade, como também sua forma específica. Por exemplo, um grande cientista nascia em uma família que já se houvesse destacado na ciência.

O objetivo de Galton era incentivar o nascimento de indivíduos mais notáveis ou mais aptos na sociedade e desencorajar o nascimento dos inaptos. Para essa finalidade, fundou a ciência da "eugenia", palavra por ele cunhada. Eugenia, ele afirmou, lida com as "questões relacionadas com o termo grego, *Eugenes*, isto é, de boa estirpe, hereditariamente dotado de qualidades nobres" (apud Gillham, 2001, p. 207). Galton desejava impulsionar o aperfeiçoamento das qualidades herdadas da raça humana. Argumentava que os seres humanos, assim como os animais de criação, podiam ter as características melhoradas mediante a seleção artificial. Se as pessoas de muito talento fossem selecionadas e acasaladas geração após geração, o resultado seria uma raça humana extremamente talentosa. Propôs o desenvolvimento de testes de inteligência para selecionar homens e mulheres brilhantes, destinados à reprodução seletiva, e recomendou que os melhores recebessem incentivos financeiros para se casarem e procriarem. Galton, no entanto, nunca teve filhos; o problema pode ter sido resultado da doença que contraiu na África, ou genético.

Na tentativa de verificar sua teoria da eugenia, Galton estudou problemas de mensuração e de estatística. Para o livro *O gênio hereditário*, aplicou conceitos estatísticos a problemas de hereditariedade, classificando os homens extraordinários de sua amostragem em categorias, conforme a frequência que seus níveis de capacidade ocorriam na população. Os dados comprovaram que homens notáveis tinham maior probabilidade de ter filhos notáveis que homens comuns. A amostragem consistia em 977 homens famosos, cada um tão notável quanto ser um em cada 4 mil. Com base na probabilidade, o esperado era que nesse grupo houvesse apenas um parente importante; no entanto, havia 332.

A probabilidade de superioridade em algumas famílias não era alta o suficiente para Galton aceitar seriamente qualquer possibilidade de influência de um ambiente superior, melhores oportunidades educacionais ou vantagens sociais. Seu argumento era de que a superioridade ou a ausência dela deviam-se exclusivamente a uma função hereditária, e não à oportunidade.

Galton escreveu também *Homens ingleses de ciência* [*English men of science*] (1874), *Herança ancestral* [*Natural inheritance*] (1889) e mais 30 trabalhos a respeito da hereditariedade. Publicou a revista *Biometrika*, fundou o laboratório de eugenia na University College, de Londres, e uma organização para promover suas ideias sobre o aperfeiçoamento das qualidades mentais da raça humana.

No trecho a seguir, extraído de *O gênio hereditário*, Galton discute os limites do desenvolvimento tanto físico quanto mental impostos pela hereditariedade. Ele observa que nenhum tipo de esforço, mental ou físico, possibilita que uma pessoa avance além de suas características genéticas.

Texto original

Trecho extraído de *Hereditary genius: an inquiry into its laws and consequences* (1869), de Francis Galton

Não tenho como admitir a hipótese ocasionalmente expressa, e muitas vezes implícita, principalmente nas histórias escritas a fim de ensinar as crianças a serem boas, de que os bebês recém-nascidos são muito parecidos e que os únicos agentes a criar as diferenças entre dois garotos e entre dois homens sejam a rígida aplicação e o esforço moral. É da maneira mais incondicional que faço objeção contra as pretensões da igualdade natural. As experiências do berçário, da escola, da universidade e das carreiras profissionais formam uma cadeia de provas contrárias. Admito francamente o enorme efeito da educação e das influências sociais no desenvolvimento dos poderes ativos da mente, assim como reconheço o efeito do uso no desenvolvimento dos músculos do braço de um ferreiro, e nada mais. Deixe o ferreiro simplesmente trabalhar, e ele descobrirá que há algumas proezas acima do seu poder que são convenientes para a força de um homem de feitio hercúleo, mesmo que este tenha levado uma vida sedentária. [...]

Todo aquele que se exercita fisicamente descobre a magnitude da sua força muscular para o refinamento. Quando começa a caminhar, a remar, a utilizar halteres ou a correr, descobre, para seu deleite, que seus [músculos] se fortalecem e a sua resistência à fadiga aumenta dia após dia. Enquanto é um novato, talvez se vanglorie da inexistência de um limite designável ao treinamento dos seus músculos; no entanto, logo notará que o ganho diário diminui e que, por fim, acaba desaparecendo. Seu desempenho máximo torna-se uma quantidade rigidamente determinada. Aprende a medir milimetricamente a sua capacidade de salto em altura ou distância quando atinge o mais alto grau de treinamento. Aprende a dosar a força que pode aplicar no dinamômetro, comprimindo-o. É capaz de aplicar um golpe na máquina utilizada para medição de impacto e obter certo grau de índice, mas nada mais. É assim na corrida, no remo, na caminhada e em qualquer outra forma de exercício. A força muscular humana possui um limite definido que não pode ser ultrapassado por nenhum exercício ou treinamento.

Esse argumento é precisamente similar à experiência vivida por cada aluno que trabalha com a sua capacidade mental. O garoto ansioso no primeiro dia de aula, ao confrontar-se com as dificuldades intelectuais, fica maravilhado com seu progresso. Vangloria-se do desenvolvimento mental recém-conquistado e da sua capacidade crescente de aplicação e, talvez, ingenuamente, acredite estar a seu alcance tornar-se um dos heróis que deixaram a sua marca ao longo da história mundial. Os anos passam, ele compete repetidas vezes com os seus colegas nos exames da escola e da faculdade, e logo conquista o seu lugar entre eles. Sabe que pode vencer este ou aquele concorrente; que existem alguns com quem compete em igualdade de condições e outros com feitos intelectuais dos quais ele nem se aproxima. [...]

Dessa maneira, com esperanças recém-renovadas e com toda a ambição de um jovem de 22 anos, sai da universidade e ingressa em um campo de competição ainda maior. Ali, o mesmo tipo de experiência pelo qual já passou o aguarda. Surgem as oportunidades – elas surgem para todo homem –, e ele se sente incapaz de agarrá-las. Ele tenta e é tentado de diversas maneiras. Em mais alguns anos, a menos que definitivamente cegado pela própria vaidade, aprende exatamente quais são os desempenhos de que é capaz e quais são os que estão além da sua capacidade. Quando atinge a maturidade, é confiante apenas dentro de determinados limites e se conhece, ou deveria conhecer-se, assim como é provavelmente julgado pelo mundo, com todas as suas inconfundíveis fraquezas e todas as suas inegáveis forças. Não se tortura mais em realizar esforços inúteis pelos discursos falaciosos da presunçosa vaidade; entretanto, limita suas realizações às matérias abaixo do nível de seu alcance e descobre o verdadeiro repouso moral na convicção honesta de que está engajado na melhor empreitada de que é capaz de desempenhar, proporcionada pela sua natureza.

Métodos estatísticos

Galton nunca ficava totalmente satisfeito com um problema até encontrar alguma maneira de quantificar os dados e analisá-los estatisticamente. Quando precisava, até desenvolvia os próprios métodos.

Adolph Quetelet (1796-1874), um matemático belga que também era pintor, poeta e escritor, acreditava fortemente na utilidade da estatística, "convencido de que a estatística fornecia um *insight* ao comportamento humano e à compreensão da sociedade" (Cohen, 2005, p. 126). Quetelet foi o primeiro a usar métodos estatísticos e a curva normal de distribuição em dados biológicos e sociais. A curva normal fora empregada em trabalhos sobre a distribuição de medidas e erros na observação científica, mas não havia sido aplicada à variabilidade humana até Quetelet demonstrar que as medidas de altura de 10 mil indivíduos ficavam próximas da curva normal. A sua expressão *l'homme moyen* (o homem médio) explicava a descoberta de que a maioria das medidas físicas ficavam distribuídas em torno da média ou do centro da distribuição, e poucas se encontravam próximas de qualquer extremo.

Galton ficou impressionado com os dados de Quetelet e presumiu que resultados similares seriam obtidos para as características mentais. Por exemplo, Galton descobriu que as notas atribuídas nos exames das universidades seguiam a curva normal. Dada a simplicidade da curva normal e à sua consistência em vários traços, ele sugeriu que qualquer conjunto grande de medidas ou de valores das características humanas podia ser descrito satisfatoriamente por dois números: o valor médio da distribuição (a média aritmética) e a dispersão ou a faixa de variação em torno desse valor médio (o desvio-padrão).

O trabalho estatístico de Galton produziu uma das medidas científicas mais importantes: a correlação. O primeiro relatório, utilizando o que ele chamou de "correlação", foi elaborado em 1888. As modernas técnicas estatísticas para a determinação da validade e confiabilidade dos testes, bem como dos métodos analítico-fatoriais, são resultado direto da sua pesquisa de correlação, os quais foram baseados na observação da tendência das características herdadas de regressar na direção da média. Por exemplo, ele observou que, na média, os homens de estatura alta não são tão altos quanto seus pais; por outro lado, os filhos de homens de estatura bem baixa são mais altos que os pais.

Incentivado por Galton, seu aluno Karl Pearson (1857-1936) desenvolveu a fórmula usada atualmente para calcular o coeficiente de correlação (o coeficiente de correlação produto-momento de Pearson), cujo símbolo é a letra "r", inicial da palavra "regressão", como homenagem à descoberta da tendência dos traços humanos herdados de regressão para a média feita por Galton. Durante muitos anos, Pearson se preocupou com a ideia de que sua reputação científica não passaria de uma simples "nota de rodapé em uma fórmula [...] Esse medo tornou-se uma grande verdade" (Baumgartner, 2005, p. 84).

A correlação é uma ferramenta fundamental para as ciências sociais e comportamentais, bem como para a engenharia e as ciências naturais. Além disso, outras técnicas de estatística foram desenvolvidas graças ao trabalho pioneiro de Galton.

Ao longo de 30 anos, dos anos 1890 até cerca de 1920, Pearson foi um pesquisador de métodos estatísticos mundialmente famoso. Um grande número de americanos ia até Londres para estudar com ele, que disseminou a aplicação da estatística nos Estados Unidos, muito mais que na maioria dos outros países (Bellhouse, 2009).

Testes mentais

A expressão **testes mentais** foi cunhada por James McKeen Cattell, discípulo norte-americano de Galton e aluno de Wundt (ver Capítulo 8); entretanto, foi Galton quem deu origem ao conceito de testes mentais. Ele imaginava que a inteligência podia ser medida com base na capacidade sensorial individual e que, quanto mais inteligente, mais alto seria o nível de funcionamento sensorial do indivíduo. Galton extraiu essa ideia da visão empirista de John Locke, de que todo conhecimento é adquirido por meio dos sentidos. Se Locke estivesse correto, as pessoas mais inteligentes teriam os sentidos mais aguçados.

Testes mentais: testes de habilidades motoras e capacidades sensoriais; os testes de inteligência usam medições mais complexas de habilidades mentais.

A fim de atingir seus objetivos, Galton precisava inventar um aparelho que realizasse medidas sensoriais em um grande número de pessoas com rapidez e precisão. Por exemplo, para determinar a frequência sonora mais alta, passível de detecção, inventou um apito que testou em animais e em seres humanos. Caminhava pelo zoológico de Londres com uma bengala que tinha o apito afixado em uma ponta e, na outra, uma espécie de bexiga de borracha, que ele apertava para tocar o apito, enquanto observava a reação dos animais. O apito de Galton tornou-se uma peça-padrão entre os equipamentos do laboratório de psicologia, até ser substituído, na década de 1930, por um dispositivo eletrônico mais sofisticado.

Entre outros instrumentos usados por Galton estão o fotômetro, para medir a precisão com que uma pessoa consegue encontrar dois pontos da mesma cor, um pêndulo calibrado, para medir a velocidade de reação à luz e ao som, e uma série de pesos ordenados para medir a sinestesia ou a sensibilidade muscular. Criou ainda uma barra com várias medidas de distância para testar a estimativa de extensão visual, além de conjuntos de recipientes contendo diversas substâncias para testar a distinção olfativa. Em sua maioria, os testes de Galton serviram como protótipos para equipamentos que se tornaram padrão de laboratório.

Munido de seus novos testes, Galton prosseguiu coletando uma enorme quantidade de dados. Fundou o Laboratório Antropométrico na International Health Exhibition (Exposição Internacional de Saúde), em 1884 (Figura 6.3), e, mais tarde, transferiu-o para o museu South Kensington de Londres. O laboratório funcionou durante seis anos e, nesse período, Galton coletou dados de mais de 9 mil pessoas. Ele arrumava os instrumentos para as medidas psicométricas e antropométricas sobre uma mesa comprida, no fundo de uma sala estreita, de mais ou menos 2 metros de largura por 11 metros de comprimento. Mediante o pagamento de uma pequena taxa, o visitante entrava, passava por todo o comprimento da mesa, e um atendente realizava a avaliação e registrava os dados em um cartão.

Além dessas medidas mencionadas, os funcionários do laboratório registravam a altura, o peso, a capacidade respiratória, a força de impulsão e compressão, a rapidez de sopro, a audição, a visão e a percepção cromática. Cada pessoa passava por um total de dezessete testes. O objetivo do programa de testes em larga escala de Galton era nada menos que a definição da variedade da capacidade humana de toda a população britânica, a fim de determinar seus recursos mentais coletivos.

Um século mais tarde, um grupo de psicólogos norte-americanos analisou esses dados (Johnson et al., 1985) e descobriu muitas correlações teste-reteste, indicando a consistência estatística dos dados. Esses psicólogos constataram também que os dados forneciam informações sobre as tendências do desenvolvimento infantil, juvenil e adulto na população testada. Medidas como peso, alcance do braço, capacidade respiratória e força de compressão mostraram-se similares às descritas na literatura psicológica mais recente, exceto em relação à velocidade de desenvolvimento, que, na época de Galton, parece ter sido um pouco mais lenta. Os psicólogos chegaram à conclusão de que esses dados continuam instrutivos.

CHRONICLE/ALAMY

FIGURA 6.3 Galton fundou seu Laboratório Antropométrico para coletar dados sobre as capacidades psicométricas humanas.

A associação de ideias

Galton trabalhou em dois problemas relacionados à área da associação: a diversidade de associações de ideias e o tempo de reação (o tempo necessário para a produção de associações).

Um dos métodos usados por Galton para estudar a diversidade de associações era caminhar cerca de 400 metros pela rua Pall Mall (em Londres, entre a Trafalgar Square e o palácio de St. James), concentrando sua atenção em um objeto até que ele incitasse uma ou duas associações de ideias.

A primeira vez que realizou essa experiência, surpreendeu-se com o número de associações provocadas por cerca de quase 300 objetos que vira. Muitas dessas associações eram lembranças de experiências do passado, até de incidentes que ele pensava ter se esquecido havia muito tempo. Ao repetir a caminhada alguns dias depois, constatou uma considerável repetição das associações ocorridas na primeira experiência, o que pôs fim a seu interesse na questão. Voltou-se para as experiências sobre o tempo de reação, que produziam resultados mais satisfatórios.

Preparou uma lista de 75 palavras e escreveu cada uma em uma tira de papel separada. Depois de uma semana, leu uma palavra de cada vez e, com o cronômetro, registrou o tempo que levou para produzir duas associações para cada palavra. Muitas delas consistiam em apenas uma palavra, mas algumas eram imagens e figuras mentais que exigiam diversas palavras para descrevê-las. A tarefa seguinte era determinar a origem dessas associações, e ele identificou cerca de 40% de acontecimentos ocorridos em sua infância e adolescência, demonstração inicial da influência das experiências da infância na personalidade adulta.

Galton também ficou bastante impressionado com a influência dos processos de pensamento do seu inconsciente, que trouxeram para o nível consciente incidentes que acreditava haver esquecido muito tempo atrás. Disse que chegou a acreditar "que o meu melhor trabalho cerebral era totalmente independente da [consciência]" (apud Gillham, 2001, p. 221). Escreveu sobre a importância do inconsciente em um artigo publicado na revista *Brain* (1879). Em Viena, Sigmund Freud, que tinha ideias próprias a respeito da importância do inconsciente, era assinante da revista e foi nitidamente influenciado pelo trabalho de Galton.

Mais importante que os resultados foi o método experimental que Galton desenvolveu para estudar as associações, hoje conhecido como o teste de associação de palavras. Wilhelm Wundt adaptou a técnica no laboratório de Leipzig, como mencionamos no Capítulo 4, limitando as respostas dos indivíduos a apenas uma palavra. O analista Carl Jung (Capítulo 14) aprimorou a técnica para aplicá-la na sua pesquisa de associação de palavras relativas à personalidade.

Imagens mentais

As pesquisas de Galton a respeito das imagens mentais marcaram a primeira aplicação ampla do questionário psicológico. Pedia-se às pessoas que se lembrassem de alguma cena, como a mesa do café da manhã daquele dia, e tentassem inferir imagens. Elas eram instruídas a relatar se as imagens eram obscuras ou nítidas, claras ou escuras, coloridas ou não, e assim por diante. Para sua surpresa, o primeiro grupo de pessoas, cientistas conhecidos, não relatou nenhuma imagem nítida. Alguns não entenderam muito bem do que Galton estava falando.

Tomando uma amostragem mais ampla da população, Galton obteve relatos de imagens nítidas e bem distintas, cheias de detalhes e cores. As imagens descritas por mulheres e crianças eram mais concretas e detalhadas. Utilizando-se da análise estatística, Galton descobriu que as imagens mentais, assim como muitas outras características humanas, estavam distribuídas na população conforme a curva normal.

Mais de 150 anos depois, dois psicólogos norte-americanos repetiram o experimento de Galton, comparando as imagens mentais de cientistas à de alunos de faculdade, e não encontraram diferenças entre os dois grupos. Os cientistas (físicos e químicos) relataram ampla imagem visual em resposta às mesmas perguntas que Galton havia feito, tais como as imagens da mesa posta para o café da manhã naquele dia (ver Brewer e Schommer-Aikins, 2006).

O trabalho de Galton sobre as imagens estava baseado em sua contínua tentativa de demonstrar as semelhanças hereditárias. Descobriu que a probabilidade de ocorrência de imagens semelhantes era maior entre parentes do que entre pessoas desconhecidas.

Aritmética olfativa e outros tópicos

A riqueza do talento de Galton fica evidente na variedade dos seus estudos de pesquisa. Ele chegou a se colocar no estado mental de uma pessoa que sofre de paranoia, imaginando que todos ou tudo o que via o estava espionando. Um historiador relata que, quando ele fazia isso durante a sua caminhada matutina, "sentia como se todo cavalo olhasse diretamente para ele ou, desconfiadamente, dissimulasse a espionagem, simplesmente fazendo de conta que não prestava atenção" (Watson, 1978, p. 328-329).

Galton pesquisou o poder da oração na produção de resultados e concluiu que ela não ajudava os médicos a curar seus pacientes, nem os meteorologistas a mudar as condições climáticas, nem os religiosos a aplicarem-na na vida cotidiana. Acreditava haver pouca diferença entre as pessoas com fortes crenças religiosas e as que não as possuíam no que se refere a expectativa de vida, relacionamento interpessoal ou enfrentamento dos próprios problemas. Pensava que o desenvolvimento de uma raça humana superior por meio da evolução, mediante a eugenia, devia ser a meta da sociedade e não um lugar no céu.

O interesse dele na quantificação e na análise estatística, muitas vezes, se expressava no seu apego aos números. Passava o tempo entre palestras e peças teatrais, contando os bocejos e as tossidas do público, descrevendo os resultados como uma medida do tédio. Em uma ocasião, quando um artista pintava o seu retrato, contou o número de pinceladas: cerca de 20 mil. Um dia, decidiu contar pelo cheiro, e não por números, e praticou bastante para poder esquecer o que os números significavam; ele atribuiu valores numéricos aos odores, como o cheiro de menta, e aprendeu a adicionar e subtrair pensando no cheiro. Esse exercício intelectual deu origem a um trabalho intitulado "Arithmetic by smell" ["Aritmética olfativa"], publicado na primeira edição da revista especializada norte-americana *Psychological Review.*

Comentários

Galton passou 15 anos pesquisando problemas psicológicos, e seus esforços tiveram um impacto significativo na direção da nova psicologia, embora não fosse realmente um psicólogo. Era uma pessoa extremamente bem dotada, cujos talento e temperamento não ficaram restritos a uma única disciplina. Basta verificar os métodos e o escopo do seu interesse: adaptação, hereditariedade *versus* ambiente, comparação das espécies, desenvolvimento infantil, o método do questionário, técnicas estatísticas, diferenças individuais e testes mentais. Seu trabalho teve uma influência ainda maior no desenvolvimento da psicologia americana que o do fundador da disciplina, Wilhelm Wundt.

A psicologia animal e a evolução do funcionalismo

A teoria da evolução de Darwin foi comprovadamente um estímulo para o desenvolvimento da psicologia animal. "Em nenhuma outra área da psicologia Darwin teve um efeito mais profundo e imediato que no estudo do comportamento dos animais" (Burghardt, 2009, p. 102). Antes da publicação de *A origem das espécies*, não havia razão para os cientistas se preocuparem com a mente animal, já que os animais eram apenas autômatos sem mente e sem alma; afinal, Descartes já afirmara que os animais não tinham nenhuma semelhança com os homens.

O trabalho de Darwin alterou essa visão conformista, pois suas conclusões apontaram para a inexistência de qualquer distinção evidente entre a mente humana e a animal. Assim, os cientistas propuseram a continuidade entre todo aspecto mental e físico dos seres humanos e dos animais com base na teoria que o homem descende do animal por meio do contínuo processo de desenvolvimento evolutivo. Darwin afirmou: "Não existe diferença fundamental entre o homem e os mamíferos superiores em relação às faculdades mentais" (1871, p. 66). E, ainda, acreditava que os animais inferiores sentiam prazer e dor, alegria e tristeza; que tinham sonhos e até certo grau de imaginação. Mesmo as minhocas, afirmou Darwin, demonstram prazer ao comer, além de paixão sexual e sentimento social, sendo tudo uma prova da existência de alguma forma de mente animal.

Se fosse possível provar a existência da habilidade mental nos animais, além de comprovar a continuidade entre a mente animal e a humana, essas evidências colocariam por terra a dicotomia humano/animal defendida por Descartes. Desse modo, estava lançado o desafio para os cientistas buscarem as provas da existência da inteligência animal.

Darwin defendeu suas ideias sobre a inteligência animal no livro *The expression of the emotions in man and animals* (1872), em que argumentava que o comportamento emocional humano deriva do comportamento herdado, que um dia fora útil aos animais, mas que não é mais relevante para o homem. Um exemplo é a expressão labial de uma pessoa quando ela quer demonstrar escárnio. Darwin alegava ser esse gesto remanescente da forma como os animais enfurecidos mostravam os dentes caninos.

Nos anos que se seguiram à publicação de *A origem das espécies*, o tema da inteligência animal ganhou popularidade, não apenas entre a comunidade científica, como também entre o público em geral. Nas décadas de 1860 e 1870, muitas pessoas escreviam para as revistas populares e científicas pedindo exemplos de comportamento animal que comprovassem habilidades mentais antes ignoradas. Histórias circulavam, dando conta de feitos marcantes da inteligência de gatos e cães domésticos, cavalos e porcos, e até de lesmas e pássaros.

Nem o grande experimentalista Wilhelm Wundt escapou dessa tendência. Em 1863, antes de se tornar o primeiro psicólogo da história, Wundt escreveu a respeito das habilidades intelectuais de vários seres vivos, desde besouros até castores. Ele presumia que os animais que exibissem qualquer capacidade mínima sensorial também deviam ser dotados de poder de julgamento e de inferência consciente. Na verdade, os animais simples não deviam ser considerados inferiores ou menos inteligentes, pois diferiam dos seres humanos não tanto pela habilidade, mas por terem recebido menos educação e treinamento! Trinta anos depois, sua generosidade em relação à inteligência animal havia diminuído, embora, durante algum tempo, sua afirmação juntou-se às várias que sugeriam serem os animais tão bem dotados quanto os seres humanos.

George John Romanes (1848-1894)

O fisiologista britânico George Romanes formalizou e sistematizou o estudo da inteligência animal (ver Thomas, 2000). Ainda criança, seus pais o consideraram "um perfeito idiota" (Richards, 1987, p. 334). Quando jovem, ficou impressionado com os trabalhos de Darwin. Tornaram-se amigos, e Darwin deu a Romanes seu caderno de anotações sobre o comportamento animal. Desse modo, Darwin escolheu Romanes para dar continuidade àquele aspecto do seu trabalho, aplicando a teoria da evolução à mente, assim como ele a aplicara ao corpo, e Romanes mostrou-se um sucessor de valor. Por ser rico, Romanes não precisava se preocupar em ganhar a vida. O único emprego que teve foi como professor de meio período na University of Edinburgh, que exigia a sua presença no total de duas semanas ao ano. Passava o inverno em Londres e Oxford, e o verão na praia, onde construiu um laboratório tão bem equipado quanto o de uma universidade.

Romanes publicou *Inteligência animal* [*Animal intelligence*] (1883), geralmente considerado o primeiro livro de psicologia comparativa. Coletou dados do comportamento de protozoários, formigas, aranhas, répteis, peixes, pássaros, elefantes, macacos e animais domésticos. Seu objetivo era demonstrar o alto nível da inteligência animal e a semelhança com o funcionamento intelectual humano, mostrando assim a continuidade do desenvolvimento mental. Com suas palavras, Romanes desejava demonstrar que "não há diferença de modalidade entre os atos racionais executados pelo caranguejo e qualquer ato racional humano" (apud Richards, 1987, p. 347).

Romanes desenvolveu o que chamou de "escada mental", em que ordenava as várias espécies animais por grau de funcionamento mental (Tabela 6.1). Observa-se na Tabela 6.1, a seguir, que Romanes creditava até às formas de vida inferior (como a água-viva, o ouriço e a lesma) um alto grau de funcionamento mental. Ele formou essas opiniões, de algum modo surpreendentes, coletando dados por meio do **método anedótico**, definido como o uso de relatos ou narrativas de observações, muitas vezes casuais, sobre o comportamento animal. Muitos dos relatos foram de observadores não treinados e acríticos, cujas observações poderiam ser parciais e negligentes.

Método anedótico: utilização dos relatos de observação a respeito do comportamento animal.

TABELA 6.1 Escala de funcionamento mental de Romanes

ESPÉCIES	NÍVEL DE DESENVOLVIMENTO INTELECTUAL
Chimpanzés, cães	Moralidade indefinida
Macacos, elefantes	Uso de ferramentas
Pássaros	Reconhecimento de figuras, compreensão de palavras
Abelhas, vespas	Comunicação de ideias
Répteis	Reconhecimento de pessoas
Lagostas, caranguejos	Racional
Peixes	Associação por similaridade
Lesmas, lulas	Associação por contiguidade
Estrela-do-mar, ouriço-do-mar	Memória
Água-viva, anêmona marinha	Consciência, prazer, dor

Fonte: Adaptado de Feral children and clever animals: reflections on human nature, de D. K. Candland, 1993 (p. 192), Nova York: Oxford University Press.

Romanes desenvolveu essas definições a respeito da inteligência animal com base em observações anedóticas, obtidas por meio de uma técnica curiosa, chamada **introspecção por analogia**, que acabou sendo descartada. Nessa abordagem, os pesquisadores partem do princípio de que os mesmos processos mentais que ocorrem em suas mentes ocorrem também na mente dos animais observados. Assim, presume-se a existência

Introspecção por analogia: técnica para estudar o comportamento animal, partindo-se do princípio de que os processos mentais ocorridos na mente do observador também ocorrem na mente do animal.

de uma função mental específica, observando-se o comportamento do animal e criando-se uma analogia, seja por alguma correspondência, seja por relação, entre os processos mentais humanos conhecidos e os processos que, deduz-se, estejam ocorrendo na mente do animal.

> Para começar, com base no conhecimento subjetivo das operações da minha mente e das atividades que essas operações parecem indicar em meu organismo, sigo por analogia para deduzir, a partir das atividades observáveis demonstradas por outros organismos, o fato de que certas operações mentais sustentam ou acompanham essas atividades. (Romanes, apud Mackenzie, 1977, p. 56-57)

Com a técnica da introspecção por analogia, Romanes sugeria que os animais eram capazes de realizar os mesmos tipos de racionalização, ideação, raciocínio complexo, processamento de informação e solução de problemas que os humanos. Alguns de seus seguidores creditavam aos animais níveis de inteligência muito superiores aos do ser humano médio.

Romanes acreditava que, excluindo o macaco e o elefante, o gato era o animal mais inteligente. Escreveu muito sobre o comportamento do gato que pertencia a seu motorista. Por meio de uma complexa série de movimentos, o gato era capaz de abrir as portas fechadas que conduziam ao estábulo. Empregando a introspecção por analogia, Romanes concluiu que:

> Gatos, em tais casos, têm uma ideia perfeitamente definida das propriedades mecânicas de uma porta; sabem que, para abri-la, mesmo quando destrancada, têm de empurrá-la. [...] Primeiro, o animal deve ter observado que a porta é aberta pela mão que segura a maçaneta e move o trinco. Em seguida, deve raciocinar, pela "lógica dos sentimentos", que, se a mão é capaz de fazer isso, por que não a pata? [...] O ato de empurrar com a pata traseira após baixar o trinco deve-se a razões de adaptação. (Romanes, 1883, p. 421-422)

O trabalho de Romanes empregava métodos muito aquém do rigor científico moderno e, muitas vezes, a divisão entre a interpretação factual e a subjetiva de seus dados não era clara. No entanto, embora os cientistas reconhecessem a deficiência de seus dados e de seus métodos, ele era respeitado pelos esforços pioneiros, incentivando o desenvolvimento da psicologia comparativa e abrindo caminho para o estudo experimental do comportamento animal.

C. Lloyd Morgan (1852-1936)

O ponto fraco inerente aos métodos anedótico e da introspecção por analogia foi indicado formalmente por Conwy Lloyd Morgan (1852-1936) (Figura 6.4), a quem Romanes designou como seu sucessor. Morgan foi aluno de Thomas Henry Huxley e tornou-se professor de psicologia e de educação da University of Bristol, na Inglaterra, além de ter sido uma das primeiras pessoas a pedalar uma bicicleta nos limites da cidade. Também propôs a **lei da parcimônia** (também denominada Cânone de Lloyd Morgan) para neutralizar a tendência predominante de atribuir excessiva inteligência aos animais.

Lei da parcimônia (Cânone de Lloyd Morgan): noção de que não se deve atribuir o comportamento animal a um processo mental superior quando for possível explicá-lo em termos de um processo mental inferior.

A lei da parcimônia afirma que o comportamento animal não deve ser interpretado como o resultado de um processo mental superior se puder explicá-lo por um processo mental inferior. Morgan desenvolveu essa ideia em 1894, e pode tê-la criado com base na lei da parcimônia similar, descrita por

Wundt dois anos antes. Wundt observara que "os princípios explicativos complexos devem ser empregados somente quando os [princípios] mais simples forem insuficientes" (Richards, 1980, p. 57).

A intenção de Morgan não era excluir completamente o antropomorfismo dos trabalhos sobre o comportamento animal, mas reduzir seu uso e dar aos métodos da psicologia comparativa uma base mais científica. Morgan concordava com Romanes quanto a não ser possível evitar relatos subjetivos; no entanto, tentou manter ao mínimo as inferências anedóticas no seu trabalho. Morgan disse:

FIGURA 6.4 C. Lloyd Morgan.

> Com relação às várias observações anedóticas de Romanes [...] noto, e sem dúvida ele também notou, que a ciência da psicologia comparativa não deve ser construída com tais fundamentos anedóticos. A maioria das histórias são meros registros casuais, complementados por opiniões amadorísticas de observações passageiras, cujo treinamento psicológico é praticamente desprezível. Então, levanto dúvidas se alguém é capaz de extrair da mente do animal [...] os dados exigidos para uma ciência. (1930/1961, p. 247-248)

Em essência, Morgan seguiu a abordagem de Romanes ao observar o comportamento de um animal e explicá-lo por meio de uma análise introspectiva de seus próprios processos mentais. No entanto, ao aplicar a lei da parcimônia, evitou atribuir processos mentais de nível mais elevado aos animais, quando o comportamento podia ser explicado em termos de processos de nível inferior.

Ele acreditava que a maioria dos comportamentos animais resultava da aprendizagem ou da associação com base na experiência sensorial; esse tipo de aprendizagem consistia um processo de nível inferior, e não um pensamento racional ou uma ideação. Com a aceitação do cânon e de Morgan, o método da introspecção por analogia foi aperfeiçoado e proporcionou dados mais úteis, mas acabou sendo superado por métodos mais objetivos.

Morgan foi o primeiro cientista a conduzir estudos experimentais em larga escala na psicologia animal. Embora suas experiências não fossem realizadas sob as condições científicas rígidas exigidas hoje, elas constituíram observações cuidadosas do comportamento animal, a maioria em ambientes naturais, mas com algumas modificações artificiais. Apesar de esses estudos não comportarem o mesmo grau de controle das experiências realizadas em laboratórios, foram um avanço importante do método anedótico de Romanes.

Comentários

O trabalho inicial na psicologia comparativa foi conduzido na Inglaterra, mas a liderança no campo passou rapidamente para os Estados Unidos. Romanes faleceu mais ou menos aos 40 anos, vitimado por tumor cerebral, e Morgan trocou sua pesquisa por uma carreira administrativa na universidade.

A psicologia comparativa surgiu da excitação e da polêmica provocadas pela sugestão de Darwin a respeito da continuidade entre as espécies humana e animal. As ideias básicas da teoria darwiniana são a noção de função e a afirmação de que as espécies evoluem e que as estruturas físicas são determinadas pela luta pela sobrevivência. Essa premissa levou os biólogos a considerar cada estrutura anatômica um elemento utilitário ou funcional em um sistema total de vida e adaptação. Quando os psicólogos começaram a examinar os processos mentais da mesma maneira, estabeleceram o trabalho de base para um novo movimento: a psicologia funcional.

QUESTÕES PARA DISCUSSÃO

1. Por que algumas pessoas achavam tão perturbadora a experiência de ver Jenny, o orangotango, no zoológico de Londres? Como o comportamento dela afetou Darwin?
2. Com quais aspectos da consciência os funcionalistas lidavam? Como isso levou à aplicação da psicologia em problemas da vida real?
3. Com base em que os funcionalistas protestavam contra a psicologia de Wundt e o estruturalismo de Titchener?
4. Por que parecia inevitável que a teoria evolucionista fosse proposta e aceita em meados do século XIX?
5. Explique a abordagem de Erasmus Darwin e de Jean-Baptiste Lamarck à evolução.
6. Como o crescente interesse por viagens e exploração e a fascinação do público por fósseis influenciaram as atitudes em relação à ideia de evolução?
7. Explique como o estudo dos bicos dos tentilhões e dos camundongos do Minnesota apoiam a teoria evolucionária.
8. O que Darwin quis dizer quando se referiu a si mesmo como o "capelão do diabo", e disse que seu trabalho era como uma confissão de assassinato?
9. De que forma a doutrina malthusiana da população e do suprimento alimentar influenciou o conceito darwiniano da seleção natural?
10. Descreva o papel de Thomas Henry Huxley na promoção da teoria de Darwin.
11. De que maneira os dados e as ideias de Darwin alteraram o objeto de estudo e os métodos da psicologia?
12. Descreva o trabalho de Juan Huarte ao antecipar as contribuições de Galton.
13. De que modo a visão empirista de Locke influenciou o trabalho de Galton sobre testes mentais?
14. Quais foram as ferramentas estatísticas desenvolvidas por Galton para medir as características humanas? Descreva a pesquisa de Galton sobre o gênio hereditário.
15. Como Galton estudou a associação de ideias? Como aplicou o teste da inteligência?
16. De que forma o evolucionismo de Darwin incentivou o desenvolvimento da psicologia animal? Qual foi a reação inicial de Wundt a esse desenvolvimento?
17. Descreva o método anedótico e introspectivo por analogia. Explique a escada mental de Romanes.
18. Como Morgan limitou o uso da introspecção por analogia? Qual dessas técnicas Morgan utilizou para estudar a mente animal: (a) observação anedótica, (b) estudo experimental, (c) método da extirpação ou (d) estímulo elétrico?

Capítulo 7

Fundação e desenvolvimento do funcionalismo

O filósofo que usava protetores de orelha

Ele foi um dos homens mais famosos do mundo; contudo, frequentemente andava pelas ruas de Londres usando protetores de orelha para proteger seus pensamentos de interferências externas. Sempre que sons o perturbavam, o dia dele estava arruinado. Charles Darwin o chamava de "nosso filósofo", e era comum vê-lo vagando sem rumo, "sem conseguir se concentrar em escrever ou mesmo ler" (Coser, 1977, p. 104-105).

Em casa, ele mantinha uma coleção de livros escondida atrás de cortinas, colocados ao longo das prateleiras, a fim de não ser distraído pelos títulos impressos nas lombadas. Quando viajava de trem, carregava o manuscrito do projeto de seu livro atual amarrado à sua cintura com barbante; as páginas podiam ser vistas movendo-se sob seu casaco. Sempre que sentia a necessidade de medir sua pulsação, ele, simplesmente, parava a carruagem, mesmo em uma rua lotada de Londres, ignorando o congestionamento que estava causando (Francis, 2007). Ele também gostava de tocar flauta e esquiar na neve, embora não ao mesmo tempo.

No verão de 1882, ele chegou aos Estados Unidos como celebridade internacional. Foi recebido em Nova York por Andrew Carnegie, o multimilionário patriarca da indústria siderúrgica, que o considerou um messias. E, aos olhos de vários líderes da economia, ciência, política e religião, esse estranho filósofo inglês era, de fato, um salvador. Diversas festas e jantares foram promovidos em sua homenagem. Ainda assim, ele continuou sendo um "semi-inválido e psicótico durante todo o restante de sua vida. Sofria de insônia aguda, que às vezes tentava superar com uma dose bastante pesada de ópio; portanto, nunca conseguia trabalhar mais que algumas horas por dia. Trabalhar mais horas o levava a um nervosismo inadequado e, portanto, à insônia" (Coser, 1977, p. 104-105). Embora aclamado como um destacado pensador de sua época, ele estava "beirando o abismo do desespero", solitário, desapontado e depressivo (Werth, 2009, p. ix).

Entretanto, antes de se tornar tão incapacitado, ele havia sido um dos escritores mais prolíficos do século XIX. Escreveu muitos livros, ditando-os a uma secretária tão rapidamente quanto ela conseguia registrar as palavras, às vezes enquanto ele estava entre *sets* de tênis ou descansando em um barco a remo. Seus trabalhos foram publicados em revistas populares, milhares de cópias de seus livros foram vendidas e seu sistema de filosofia foi adotado como parte do currículo padrão em praticamente todas as universidades. Seu biógrafo escreveu que "Spencer atingiu as universidades norte-americanas como raio no início dos anos 1860 e as dominou durante 30 anos" (Peel, 1971, p. 2).

Sem dúvida, ele teria publicado ainda mais livros se não tivesse desenvolvido sintomas intensos de neurose que limitaram seu trabalho a algumas horas ao dia. Aos 35 anos, em uma situação que nos lembra a de Darwin, nosso filósofo desenvolveu não somente insônia, como também palpitações no coração e problemas digestivos sempre que o mundo o importunava. Assim como Darwin, seus males físicos coincidiram com o desenvolvimento do sistema de pensamento ao qual ele devotou sua vida, o sistema que exerceria profunda influência na direção da nova psicologia norte-americana. Seu nome era Herbert Spencer (Figura 7.1).

A evolução chega aos Estados Unidos: Herbert Spencer (1820-1903)

A filosofia que rendeu a Herbert Spencer o reconhecimento e a aclamação foi o darwinismo – a noção da evolução e da sobrevivência do mais apto. Spencer estendeu a teoria para muito além do próprio trabalho de Darwin.

Nos Estados Unidos, o interesse pela teoria da evolução de Darwin era muito grande, e suas ideias haviam sido muito bem-aceitas. O evolucionismo foi abarcado não apenas pelas universidades e sociedades científicas, mas também por revistas populares e até mesmo algumas publicações religiosas. É interessante notar que o apoio à teoria da evolução foi muito maior nos Estados Unidos do século XIX do que é hoje. Pesquisas mostram que, consistentemente, cerca de um terço dos norte-americanos não apoia a ideia da evolução, um nível de rejeição muito mais alto que em qualquer outro país desenvolvido (ver Heddy e Nadelson, 2013; Timmer, 2013). Mas, na época de Herbert Spencer, a ideia de evolução era bem-aceita quando ele chegou a Nova York.

O darwinismo social

Spencer alegava que o desenvolvimento de *todos* os aspectos do universo é evolucionário, incluindo o caráter humano e as instituições sociais, em conformidade com o princípio da "sobrevivência do mais apto" (expressão cunhada por ele). Essa ênfase no chamado darwinismo social – aplicação da teoria da evolução da natureza humana e da sociedade – foi recebida com muito entusiasmo nos Estados Unidos.

Na visão utópica de Spencer, se o princípio da sobrevivência do mais apto operasse com liberdade, apenas os melhores sobreviveriam. Portanto, a perfeição humana seria inevitável, desde que nenhuma ação interferisse na ordem natural das coisas. O individualismo e o sistema econômico do *laissez-faire* eram vitais, enquanto os aspectos governamentais para regulamentar negócios e indústria e a assistência social (por meio de subsídios a educação, moradia e pobreza) eram opostos.

A população e as organizações deveriam ter liberdade para se desenvolver com autonomia, valendo-se de meios próprios, do mesmo modo que as demais espécies vivas se desenvolviam e adaptavam-se livremente ao ambiente natural. Qualquer auxílio do Estado interferiria no processo evolutivo natural.

U.S. NATIONAL LIBRARY OF MEDICINE

FIGURA 7.1 Herbert Spencer.

Pessoas, programas, economia ou instituições que não se adaptassem eram considerados inaptos para sobreviver e deviam perecer (tornarem-se "extintos") para a melhoria de toda a sociedade. Se o Estado continuasse a sustentar empresas que não funcionassem bem, elas conseguiriam sobreviver, mas acabariam enfraquecendo a sociedade, violando a lei básica natural de que apenas o mais forte e mais apto deve sobreviver. Mais uma vez, a ideia de Spencer era que somente com a sobrevivência dos melhores a sociedade atingiria a perfeição.

Essa mensagem era compatível com o espírito individualista norte-americano, e as expressões "sobrevivência do mais apto" e "a luta pela existência" rapidamente passaram a fazer parte da consciência nacional. James J. Hill, o magnata da indústria ferroviária, reiterou a mensagem de Spencer: "O êxito das companhias ferroviárias é determinado pela lei da sobrevivência do mais apto". E John D. Rockfeller declarou: "O crescimento das grandes empresas é apenas o resultado da sobrevivência do mais apto" (Hill e Rockefeller apud Hofstadter, 1992, p. 45). As frases refletiam claramente a sociedade norte-americana do fim do século XIX, ou seja, os Estados Unidos consistiam um exemplo vivo das ideias de Spencer.

Essa nação pioneira estava sendo formada por trabalhadores sérios, que acreditavam na livre iniciativa, na autossuficiência e na independência da interferência do Estado. E eles conheciam bem de perto a lei da sobrevivência do mais apto no dia a dia. A terra estava disponível para os dotados de coragem, sagacidade e habilidade para tomá-la e transformá-la em seu meio de vida. Os princípios da seleção natural eram claramente demonstrados nas experiências diárias, principalmente na fronteira oeste dos Estados Unidos, onde a sobrevivência e o sucesso dependiam da capacidade de adaptação do homem às difíceis condições e exigências do ambiente; quem não se adaptou não sobreviveu.

O historiador norte-americano Frederick Jackson Turner descreveu assim os sobreviventes:

> Aquela rudeza e força combinadas com a agudeza e curiosidade; aquela mentalidade prática engenhosa e astuta para encontrar recursos; aquele hábil domínio das coisas materiais [...] poderoso para realizar grandes feitos; aquela energia incansável e agitada; aquele individualismo dominante. (Turner, 1947, p. 235)

Os norte-americanos eram voltados ao prático, útil e funcional. Os estágios iniciais da psicologia norte-americana refletiram essas qualidades. Por essa razão, a teoria evolucionista foi mais bem-aceita nos Estados Unidos do que em outras nações. A psicologia norte-americana transformou-se em uma psicologia funcional, porque a evolução e o espírito funcional eram compatíveis com esse temperamento básico. Os pontos de vista de Spencer eram compatíveis com o *ethos* norte-americano, daí o motivo pelo qual o sistema filosófico dele influenciou todos os campos do conhecimento. O famoso pastor norte-americano Henry Ward Beecher escreveu a Spencer, dizendo: "As condições peculiares da sociedade norte-americana permitiram que seus escritos produzissem efeitos mais rápidos aqui do que na Europa" (Beecher, apud Hofstadter, 1992, p. 31).

A filosofia sintética

Spencer formulou um sistema denominado **filosofia sintética** (ele usou a palavra "sintética" no sentido de sintetização ou combinação, e não com o significado de algo artificial ou não natural). Ele baseou esse sistema amplamente abrangente na aplicação dos princípios evolucionistas ao conhecimento e à experiência humana. Suas ideias foram publicadas em uma série de dez livros, entre 1860 e 1897. Os volumes foram considerados pelos principais intelectuais da época um trabalho de gênio. Conwy Lloyd Morgan escreveu a ele, dizendo: "A nenhum outro mestre intelectual devo tanta gratidão quanto ao senhor". Alfred Russel Wallace batizou seu primeiro filho com o nome de Spencer. Depois de ler um de seus livros, Darwin disse que Spencer "era uma dúzia de vezes superior a mim" (apud Richards, 1987, p. 245). Embora Darwin apreciasse o trabalho de Spencer, não gostava dele como pessoa: "Eu acho que ele é extremamente egoísta" (Darwin, apud Werth, 2009, p. 101).

Filosofia sintética: ideia de Spencer de que o conhecimento e a experiência podem ser aplicados em termos de princípios evolutivos.

Dois volumes da filosofia sintética constituíram a obra *Princípios de psicologia* [*The principles of psychology*], publicada inicialmente em 1855, mais tarde adotada por William James como livro-base para o primeiro curso de psicologia que lecionou em Harvard. Nesse livro, Spencer discute a noção de que a forma atual da mente é resultado de esforços passados e contínuos na adaptação a diversos ambientes. Ele enfatizava a natureza adaptável dos processos nervosos e mentais e afirmava que uma complexidade crescente de experiência – e assim de comportamento – faz parte do processo normal de evolução. O organismo precisa se adaptar ao ambiente se desejar sobreviver.

A evolução contínua das máquinas

Como mencionado no Capítulo 2, as máquinas (chamadas autômatos) haviam sido criadas para duplicar o movimento humano, bem como o pensamento humano (como as máquinas de calcular de Babbage). Seria possível que as máquinas evoluíssem para formas mais avançadas, como era dito a respeito dos homens e animais? Na época em que o darwinismo foi publicado, em 1859, a metáfora mecânica para a vida humana havia se tornado tão aceita nos círculos intelectuais e sociais, que a questão parecia inevitável.

A pessoa que fez a pergunta e expandiu o evolucionismo para as máquinas foi Samuel Butler (1835-1902), um escritor, pintor e músico que, em 1859, imigrou para a Nova Zelândia para criar ovelhas. Butler e Darwin se corresponderam longamente.

Em um ensaio intitulado "Darwin among the machines" ["Darwin entre as máquinas"], Butler escreveu que a evolução das máquinas já havia ocorrido. Só tínhamos de comparar os itens primordiais, rudimentares, como as alavancas, cunhas e roldanas, com o complexo maquinário das fábricas e as grandes locomotivas e navios a vapor.

Butler propôs que a evolução mecânica estava ocorrendo por meio dos mesmos processos que guiaram a evolução humana: seleção natural e luta pela existência. Os inventores estão constantemente criando máquinas novas para obter alguma vantagem competitiva. Essas novas máquinas eliminam as antigas, que, inferiores, não conseguem mais se adaptar ou competir na luta pela sobrevivência – um lugar no mercado. Como resultado, as máquinas obsoletas desaparecem, assim como os dinossauros.

Com o rápido desenvolvimento tecnológico, ficou claro a Butler que as máquinas haviam evoluído muito mais que os animais, e ele previu que as máquinas, um dia, se tornariam capazes de simular processos mentais humanos – um tipo de inteligência. Isso se tornou realidade enquanto Butler vivia, pelo menos no que diz respeito ao processo mental para cálculos.

Por volta do fim do século XIX, o tipo de máquina calculadora de Babbage não era mais adequado. Os cálculos realizados por dispositivos mecânicos ou por meios humanos exigiam máquinas cada vez mais adequadas. Um fato que exemplificou essa necessidade foi o censo populacional norte-americano de 1890.

O censo realizado dez anos antes fora tão complexo, que levou sete anos para ser concluído. Cerca de 1.500 funcionários computaram à mão dados referentes a idade, sexo, etnia, residência e outras características (que esperavam obter) de cada cidadão norte-americano. Os resultados foram compilados em um relatório de mais de 21 mil páginas. Nesse intervalo, a população cresceu tão rapidamente que era óbvia a necessidade de uma mudança nos procedimentos ou, do contrário, o censo de 1890 não seria concluído antes de 1900, já no início do censo seguinte. Havia a necessidade de uma nova e avançada máquina processadora de informações.

Henry Hollerith e os cartões perfurados

Henry Hollerith (1859-1929) foi o engenheiro que desenvolveu a nova e avançada forma de processar as informações. Dois historiadores da origem dos computadores descreveram da seguinte forma a inovadora criação de Hollerith:

> registrava as respostas dos questionários de cada cidadão em uma fita de papel com um padrão de perfuração ou em um conjunto de cartões perfurados, parecidos com os utilizados para a gravação de músicas dos pequenos órgãos de exposição [como os pianos] daquela época. Desse modo, era possível utilizar uma máquina para contar automaticamente os orifícios e tabular os resultados. (Campbell-Kelly e Aspray, 1996. p. 22)

Hollerith utilizou 56 milhões de cartões para computar os resultados obtidos de 62 milhões de pessoas. Cada cartão tinha capacidade para armazenar o equivalente a até 36 bytes de 8 bits de informações. Assim, o censo norte-americano de 1890 produziu mais informações do que se havia acumulado até então e, em apenas dois anos, rendeu uma economia de 5 milhões de dólares, em comparação com o método de tabulação manual. O sistema de cartão perfurado de Hollerith alterou radicalmente o processamento desse tipo de informação e renovou a esperança (e os temores) de que as máquinas, com o tempo, fossem capazes de reproduzir o funcionamento cognitivo humano. Um artigo na revista *Scientific American* foi publicado com o seguinte título "How strips of paper can endow inanimate machines with brains of their own" ("Como tiras de papel podem dotar as máquinas inanimadas de mentes próprias") (Dyson, 1997).

Em 1896, Hollerith estabeleceu a própria empresa, a Tabulating Machine Company, que foi vendida em 1911. A nova corporação, a Computing-Tabulating-Recording Company, foi rebatizada em 1924, sendo hoje a famosa IBM.

William James (1842-1910): o precursor da psicologia funcional

Tanto o próprio William James (Figura 7.2) quanto o papel dele na psicologia norte-americana são muito paradoxais. Seu trabalho foi o principal precursor americano da psicologia funcional e ele, o pioneiro da nova psicologia científica desenvolvida nos Estados Unidos. Uma pesquisa realizada pelos historiadores da psicologia, 80 anos após a morte de James, revelou que ele era considerado a segunda figura mais importante da

U.S. NATIONAL LIBRARY OF MEDICINE

FIGURA 7.2 William James.

psicologia, perdendo apenas para Wilhelm Wundt, além de ser apontado como o principal psicólogo norte-americano (Korn et al., 1991). O eminente filósofo e psicólogo John Dewey considerou James "de longe, o maior dos psicólogos dos Estados Unidos [...] de qualquer país [...] talvez de todos os tempos". John B. Watson, o fundador do behaviorismo, referiu-se a James como "o psicólogo mais brilhante que o mundo já conheceu" (ambos citados em Leary, 2003, p. 19-20).

No entanto, alguns colegas de James o consideravam uma força contrária ao desenvolvimento da psicologia científica. Ele mantinha um notório interesse em assuntos como telepatia, clarividência, espiritismo, comunicação com os mortos em sessões espíritas e outros fatos místicos. Psicólogos norte-americanos, como Titchener e Cattell, criticavam sua entusiástica exposição a esses fenômenos psíquicos e mentalísticos que eles, como psicólogos experimentais, estavam tentando banir do campo.

James trabalhou com a psicologia durante algum tempo e depois mudou a área de interesse. Nos últimos anos da vida, esse homem complexo e fascinante, que tanto contribuíra para a psicologia, acabou deixando-a de lado (em uma ocasião, quando ia realizar uma palestra na Princeton University, pediu que não fosse apresentado como psicólogo). Ele até insistia em afirmar que a psicologia não passava de "uma elaboração do óbvio". Mesmo que a sua ausência não tenha impedido a psicologia de seguir adiante, e às vezes até cambaleante, James ocupou o seu lugar e teve a sua importância garantida na história da psicologia.

James não fundou a psicologia funcional, mas apresentou suas ideias de forma clara e eficaz dentro da atmosfera funcionalista impregnada na psicologia norte-americana. Dessa forma, influenciou o movimento funcionalista, inspirando as gerações posteriores de psicólogos.

A biografia de James

William James nasceu no Astor House, um hotel da cidade de Nova York, em uma família destacada e rica. Seu pai (naquela época, o segundo homem mais rico dos Estados Unidos) dedicou-se com entusiasmo, embora de forma inconsistente, à educação dos filhos, que alternava entre a Europa e os Estados Unidos. Assim, os anos escolares iniciais de James foram passados em países como Inglaterra, França, Alemanha, Itália, Suíça e Estados Unidos.

Durante toda a sua vida, James viajou muitas vezes para o exterior. O método favorito de seu pai para tratar as pessoas doentes da família era mandando-as para a Europa, e não para o hospital. E sua mãe dispensava atenção e carinho aos filhos somente quando estavam doentes. Talvez não surpreenda o fato de James dificilmente apresentar boa saúde.

Embora o velho James não esperasse que nenhum de seus filhos se preocupasse em ganhar a vida, incentivou o interesse precoce de William pela ciência. Deu-lhe um jogo de química contendo um "bico de Bunsen e pequenas amostras de líquidos estranhos, que, para desgosto do pai, ele misturava, aquecia e transfundia, manchando os dedos e as roupas, chegando até a provocar perigosas explosões" (Allen, 1967, p. 47).

Aos 18 anos, James decidiu tornar-se artista, e seis meses no ateliê do pintor William Hunt, em Newport, Rhode Island, convenceram-no de que, apesar da boa técnica, não era dotado de talento suficiente para tornar-se um grande artista. Desistiu da carreira e acabou matriculando-se na Lawrence Scientific School, em Harvard. Nessa época, estourava a Guerra Civil Americana; mais tarde, James confessou que desejara servir o exército, mas o pai o proibira, alegando não existir nenhum governo ou qualquer outra causa que valesse a vida como sacrifício. Nota-se que Henry, o irmão escritor de William, também não serviu o exército durante a guerra, mas seus dois irmãos mais novos serviram.

Tornando-se neurótico. Pouco tempo depois de chegar a Harvard, começou a perder a autoconfiança e a saúde, transformando-se em uma pessoa extremamente neurótica para o resto da vida. Abandonou o interesse pela química, aparentemente em razão da precisão exigida no trabalho laboratorial, e tentou prosseguir com a medicina, que, no entanto, não lhe despertava muito interesse, tal como comentou:

> Há muito farsante nesse meio [...] exceto nas cirurgias, em que, às vezes, é possível obter algum resultado positivo, o médico faz mais pelo efeito moral da sua presença diante do paciente e da sua família do que por qualquer outro motivo, além de poder extrair-lhe o dinheiro. (James apud Allen, 1967, p. 98)

James abandonou a medicina para auxiliar o zoólogo Louis Agassiz em uma expedição à bacia do rio Amazonas, para colher espécies de animais marinhos. A viagem deu-lhe oportunidade de ter uma amostra da carreira na biologia, mas logo percebeu que não conseguiria suportar a precisão das coletas e da classificação das espécies, bem como as exigências físicas do trabalho de campo. Em uma carta que escreveu para a família, disse: "Minha vinda foi um erro. Estou definitivamente convencido de que sou talhado para a elaboração teórica e não para o trabalho de campo" (apud Simon, 1998, p. 93). Essa reação ao trabalho científico na química e na biologia professava a sua posterior aversão pela experimentação no campo da psicologia.

Embora a viagem ao Brasil, em 1865, não conseguisse tornar a medicina de alguma forma atraente para James, ele relutou, mas acabou retomando os estudos médicos por não haver nenhuma outra área que despertasse seu interesse. Estava frequentemente doente, queixando-se de depressão, problemas digestivos, insônia, dificuldades visuais e dores nas costas. "Era óbvio que estava sofrendo de América; a Europa era a única cura" (Miller e Buckhout, 1973, p. 84).

James recuperou-se em um balneário na Alemanha, dedicando-se à literatura e escrevendo longas cartas aos amigos, mas a depressão persistia. Frequentou aulas de psicologia na University of Berlin, que o levaram a refletir que talvez fosse chegada a hora de a "psicologia começar a se tornar ciência" (apud Allen, 1967, p. 140). Também afirmou que, se sobrevivesse à doença e conseguisse suportar o inverno, desejava aprofundar os estudos de psicologia com o grande Helmholtz e, usando exatamente estas palavras, com um homem chamado Wundt. Sobreviveu ao inverno, mas não conheceu Wundt naquela época. No entanto, o fato de ter ouvido falar de Wundt mostra a consciência que ele tinha das tendências científicas e intelectuais, mesmo dez anos antes de Wundt fundar seu laboratório.

James conseguiu formar-se em medicina em Harvard, em 1869, mas a insegurança e a depressão pioravam. Acometido de males indeterminados e medos terríveis, chegou a pensar em suicídio. O pavor dele era tão imenso, que não conseguia sair de casa sozinho à noite. Internou-se em uma clínica de repouso em Somerville, Massachusetts, mas nenhum tratamento era capaz de aliviar seu sofrimento. Um biógrafo verificou que, durante esse período, James era "um completo resmungão. Durante 1870 e 1871, podemos ouvir intermináveis reclamações sobre seus olhos, suas costas, seu baixo-astral, sua existência sem propósito" (Richardson, 2006, p. 128). Porém, William James não era o único que sofria de tais problemas àquela época.

Uma epidemia de neurastenia. O neurologista norte-americano George Beard cunhou o termo "neurastenia" para referir-se a um estado nervoso peculiar do norte-americano. Relacionou uma variedade de sintomas, como insônia, hipocondria, dor de cabeça, erupções cutâneas, cansaço nervoso e um estado que chamou de colapso cerebral (Lutz, 1991; Schuster, 2011). James chamou a síndrome de "americanite", e ela rapidamente se tornou a principal enfermidade das classes privilegiadas (Holtzman, 2012; Ross, 1991).

> Durante a segunda metade do século XIX, aquilo que muitos observadores chamaram de "epidemia de neurastenia" varria as classes mais altas. Neurastenia era, literalmente, a falta de força nervosa, ou seja, depressão paralisante e perda de ânimo. Os mais educados e conscientes eram os que tinham mais chances de sucumbir. O adiamento na escolha da carreira tornou-se uma experiência comum entre esses filhos problemáticos da burguesia. (Lears, 1987, p. 87)

Beard também verificou que a neurastenia ocorria com mais frequência entre os "que trabalhavam com o cérebro, sendo uma condição encontrada nos estados do Norte e do Leste, e que resultava de uma diminuição da energia nervosa da pessoa". Ele relacionou o fato ao rápido desenvolvimento dos relógios e à consequente ênfase à obediência de horários e às crescentes pressões do tempo, particularmente, no ambiente de trabalho. "A pontualidade", escreveu Beard, "é o grande ladrão da força nervosa, mais do que a procrastinação. Nós estamos sob constante pressão, sobretudo inconsciente, muitas vezes durante o sono, mas também nas horas de vigília, para chegar a algum lugar ou fazer algo em um tempo definido (apud Freeman, 2009, p. 78).

Em 1882, em um discurso no famoso restaurante Delmonico, em Nova York, Spencer reforçou essa noção de que o trabalho em um ritmo tão frenético é um perigo para a saúde mental. Ele disse ao público, que consistia de titãs dos negócios e da indústria norte-americana, que, "para os americanos, o trabalho tinha se tornado uma obsessão patológica. Os americanos estavam colocando em perigo a saúde mental e física pelo excesso de trabalho" (apud Shapin, 2007, p. 75). Vejam que Spencer fez esse comentário antes da nossa obsessão pela multitarefa e por levar o trabalho conosco 24 horas por dia, sete dias por semana.

De qualquer maneira, os sintomas da neurastenia se espalharam por todos os cantos dos Estados Unidos no início do século XIX. Muitos amigos, parentes e colegas de James sofriam desses sintomas debilitantes. Um amigo escreveu-lhe, dizendo: "Fico imaginando se alguém na Nova Inglaterra conseguiu chegar aos 35 anos sem pensar em suicídio". E James respondeu: "Creio não haver nenhum intelectual que não haja flertado com a ideia do suicídio" (apud Townsend, 1996, p. 32-33). A condição estava tão disseminada entre o segmento mais rico e intelectual da sociedade norte-americana, que uma revista foi lançada com o título de *Anybody Who Was Anybody Was Neurasthenic* (Miller, 1991). Obviamente, William James estava bem acompanhado.

A indústria farmacêutica Rexall tirou proveito da oportunidade criada por essa doença, introduzindo um remédio patenteado com o nome de Americanitis Elixir (Elixir para americanite), recomendado para distúrbios nervosos, fadiga e todos os problemas causados pela americanite (Marcus, 1998). Outro "tônico para os nervos" desenvolvido naquele tempo foi chamado de Coca-Cola (Pendergrast, 1993).

Às mulheres que sofriam desse mal, claramente as intelectuais e feministas, aconselhava-se a "passar seis semanas ou mais de cama, sem fazer nenhum trabalho, leitura ou manter atividade social, e ganhar peso por meio de uma dieta à base de muita gordura" (Showalter, 1997, p. 50, 66).

Já no caso dos homens, não era preciso que restringissem seu estilo de vida dessa forma. A recomendação era exatamente o contrário: que viajassem pelo ocidente e praticassem atividades físicas extenuantes. Como uma autoridade da época observou, "um desafio como esse permitiria que um homem testasse sua força de vontade e reforçasse sua masculinidade, enfraquecida pelos efeitos feminizados do distúrbio nervoso" (citado em Stiles, 2012, p. 32).

Descobrindo a psicologia. No período de depressão, em 1869, James começou a desenvolver uma filosofia de vida, incentivado não tanto pela curiosidade intelectual, mas pelo desespero. Leu muita filosofia, até os ensaios de Charles Renouvier sobre o livre-arbítrio, o que o convenceu da sua existência. Decidiu que seu primeiro ato de vontade própria seria a crença no livre-arbítrio. Em seguida, passou a crer que conseguiria curar a depressão apenas acreditando na força de vontade. Aparentemente, obteve certo êxito, pois, em 1872, aceitou lecionar fisiologia em Harvard, comentando ser "nobre para o espírito de uma pessoa ter um trabalho responsável para realizar" (James, 1902, p. 167). No entanto, apenas um ano depois, teve de tirar licença para visitar a Itália, mas retornou pouco tempo depois e continuou lecionando.

Mais ou menos nessa mesma época, James interessou-se pelos efeitos de alguns elementos químicos na alteração da mente. Leu a respeito das experiências por que passaram pessoas sob a influência do óxido nitroso (o "gás hilariante") e do nitrato de amila, que afetam a oxigenação do cérebro, causando assim movimentos bruscos. Decidiu experimentar essas substâncias. Como escreveu um biógrafo, essa fora "a primeira, entre as várias experiências, [de James] com estados de consciência alterados, que o fascinaram em razão da forma como as alterações físicas influenciavam a consciência" (Croce, 1999, p. 7).

No ano letivo de 1875-1876, James lecionou seu primeiro curso de psicologia, que chamou de The relations between physiology and psychology [As relações entre a fisiologia e a psicologia]. Por isso, Harvard foi a primeira universidade dos Estados Unidos a oferecer o curso de psicologia experimental. James nunca frequentara cursos formais de psicologia – o primeiro foi o seu.

Vida familiar

Em 1878, dois acontecimentos importantes marcaram a vida de James: o casamento com Alice Howe Gibbens, a mulher escolhida por seu pai, e a assinatura de um contrato com o editor Henry Holt, que resultou um dos livros clássicos da psicologia. Ele levou 12 anos para escrever o livro, que começara durante a lua de mel.

James era um viajante compulsivo, razão pela qual passou tantos anos escrevendo seu livro. Quando não estava na Europa, podia ser facilmente encontrado nas montanhas de Nova York ou New Hampshire.

> Suas cartas dão a entender que suas relações familiares eram muito desgastantes e que, frequentemente, sentia necessidade de ficar sozinho. As viagens eram a única forma de conseguir lidar com essa situação. Ele arranjava uma viagem após o nascimento de cada um de seus filhos e, obviamente, sentia-se culpado. Em geral, se ausentava das comemorações de Natal, Ano-Novo e aniversários, mesmo que não estivesse muito longe, como, por exemplo, em Newport. [...] As viagens de James eram fugas das confusões familiares para a natureza, a solidão e o alívio místico. (Myers, 1986, p. 36-37)

Os nascimentos dos filhos foram muito perturbadores para o temperamento sensível de James. Não conseguia trabalhar direito e ressentia-se da atenção dispensada pela esposa aos recém-nascidos. Depois do nascimento do segundo filho, passou um ano no exterior, viajando de uma cidade a outra. Escreveu de Veneza para sua esposa, dizendo-se apaixonado por uma italiana. Ele disse: "Você vai acabar se acostumando com esses meus entusiasmos e acabará gostando" (apud Lewis, 1991, p. 344). Ele também disse para Alice que ela não tinha o direito de se aborrecer ou de se ressentir pelo fato de ele se apaixonar por outras mulheres, visto que, antes, ele já se sentira da mesma forma por ela. Sem dúvidas, essa afirmação não foi o suficiente para consolá-la.

Houve muitas outras mulheres por quem James se apaixonou, incluindo a poetisa e escritora Emma Lazarus. (Ela escreveu os versos imortais inscritos na Estátua da Liberdade: "Dê-me aqueles que estão cansados, os teus pobres..."). E James, obedientemente, contou à Alice sobre cada uma dessas mulheres. Com a idade de 53 anos, ele conheceu uma mulher de 21 anos, a quem descreveu como "uma perfeita, séria, linda jovenzinha", com quem ele se encontrou e se correspondeu pelo restante de sua vida (Fisher, 2008, p. 539). Alice não estava nada contente com sua "tendência de flertar, ocasionalmente, com conhecidas e até mesmo com serviçais da família". Ainda assim, James acreditava que sua natureza afetiva agradava à sua esposa (Simon, 1998, p. 215-216).

James continuava a lecionar em Harvard quando se encontrava na cidade e, em 1885, foi promovido a professor de filosofia. Quatro anos mais tarde, passou a ter o título de professor de psicologia. Nessa época já havia conhecido vários psicólogos europeus, entre os quais Wundt, que "causou-me uma agradável impressão pessoal, com a sua voz agradável e o eterno sorriso franco nos lábios". No entanto, alguns anos depois, James percebeu que Wundt "não é um gênio, ele é um professor, um ser cuja tarefa é conhecer tudo e ter opinião própria sobre qualquer assunto" (James apud Allen, 1967, p. 251, 304).

O livro. O livro de James, *Princípios de psicologia* [*The principles of psychology*], foi finalmente publicado em 1890, em dois volumes. Foi um tremendo sucesso e uma importante contribuição para a área. Quase 80 anos após a sua publicação, um psicólogo declarou: "O livro *Principles*, de James é, sem sombra de dúvida, a obra mais culta e provocante e, ao mesmo tempo, o livro de psicologia mais compreensível escrito até hoje em inglês e em qualquer outro idioma" (MacLeod, 1969, p. iii). Essa obra foi o livro de referência mais importante para várias gerações de estudantes de psicologia, e até hoje é lida por várias pessoas que não têm a obrigatoriedade de lê-la.

A reação favorável ao livro não foi unânime. Wundt e Titchener, criticados na obra, não reagiram bem. Wundt declarou: "Trata-se de uma literatura dotada de beleza, mas não é psicologia" (Wundt, apud Bjork, 1983, p. 12). Wundt continuou criticando severamente o trabalho de James na psicologia. De acordo com C. H. Judd, um estudante norte-americano do laboratório de Wundt, em Leipzig, havia

> muito pouco respeito pelos líderes da psicologia americana que houvessem estudado em outro lugar que não em Leipzig. Havia especial antipatia por James. Ele fez algo considerado totalmente insensato; não somente criticou Wundt [...] como o fez de forma sarcástica. Isso era demais. [...] James não era considerado um pensador de primeira linha. (1930/1961, p. 215)

O próprio James não reagiu favoravelmente a seu livro. Escreveu uma carta ao editor e descreveu o manuscrito como uma "massa repugnante, distendida, intumescida, inflada e hidrópica, que certifica nada além de dois fatos: primeiro, que não existe uma ciência da psicologia; segundo, que [William James] é um incapaz" (James apud Allen, 1967, p. 314-315).

Com a publicação do livro *Princípios de psicologia*, James decidiu que não tinha nada mais a dizer a respeito da psicologia. Além disso, não se interessava mais pela supervisão do laboratório de psicologia em Harvard. Conseguiu que Hugo Münsterberg, naquela época na University of Freiburg, Alemanha, se tornasse diretor do laboratório e lecionasse os cursos de psicologia, ficando livre para trabalhar com a filosofia. Münsterberg nunca chegou a desempenhar o papel que James esperava dele: tornar-se uma liderança na pesquisa experimental em Harvard. Ao contrário, Münsterberg procurava estudar uma variedade de problemas do mundo real e dedicava pouca atenção ao laboratório. Ele foi importante por ter ajudado a popularizar a psicologia e transformá-la em uma disciplina mais aplicada (veja no Capítulo 8).

Embora James houvesse instalado e equipado o laboratório de psicologia de Harvard, ele não era experimentalista. Nunca se convencera do valor do trabalho laboratorial e, pessoalmente, não gostava de realizar essa tarefa. Dizia que as universidades americanas tinham laboratórios demais e, no livro *Princípios de psicologia*, destacou que os resultados do trabalho de laboratório não eram proporcionais aos enormes esforços exigidos. Portanto, não causa estranheza o fato de sua contribuição à psicologia constituir-se de tão pouco trabalho experimental.

James passou os últimos 20 anos da sua vida refinando seu sistema filosófico e, por volta da década de 1890, foi reconhecido como o principal filósofo norte-americano. Entre os principais trabalhos de filosofia publicados está *As variedades da experiência religiosa* [*The varieties of religious experience*] (1902). A obra *Conversas com professores* [*Talks to teachers*] (1899) marcou o início da psicologia educacional e divulgou as ideias de James sobre a aplicação da psicologia na sala de aula, em situações de aprendizagem.

Princípios de psicologia

Por que tantos estudiosos consideram James o maior psicólogo norte-americano? Três hipóteses são levantadas para explicar tamanha importância e influência creditadas a ele. Primeiro, James escrevia com uma clareza rara na ciência. Sua escrita era dotada de magnetismo, espontaneidade e charme. Segundo, ele se posicionou contra o objetivo de Wundt na psicologia – a análise da consciência a partir dos seus elementos. E, terceiro, James ofereceu uma forma alternativa de analisar a mente, uma visão congruente com a abordagem funcional da psicologia. Em resumo, a era da psicologia norte-americana estava preparada para ouvir o que James tinha a dizer.

No livro *Princípios de psicologia*, James apresentou a visão que acabou se tornando a doutrina central do funcionalismo norte-americano – a psicologia não tem como meta a descoberta dos elementos da experiência, como Wundt e Titchener argumentavam, mas o estudo sobre a adaptação dos seres humanos ao meio ambiente. A função da nossa consciência é guiar-nos aos fins necessários para a sobrevivência. A consciência é vital para as necessidades dos seres complexos em um ambiente complexo; de outra forma, a evolução humana não ocorreria.

James também enfatizava os aspectos não racionais da natureza humana. As pessoas eram criaturas dotadas de emoção e paixão, assim como de pensamento e razão. Alegava que a condição física afetava o intelecto, que os fatores emocionais determinavam as crenças, e que as necessidades e os desejos humanos influenciavam a formação da razão e dos conceitos. Assim, James não considerava as pessoas seres totalmente racionais. Os próximos tópicos descrevem as várias áreas sobre as quais James escreveu em *Princípios de psicologia.*

O objeto de estudo da psicologia: a nova visão sobre a consciência

James afirmava logo no início da obra que "A psicologia é a ciência da vida mental, abrangendo tanto os seus fenômenos como as suas condições" (James, 1890, v. 1, p. 1). No que tange ao objeto de estudo, as palavras-chave são *fenômenos* e *condições.* O termo *fenômenos* é utilizado para indicar que o objeto de estudo da psicologia deve ser buscado na experiência imediata; já o termo *condições*, refere-se à importância do corpo, particularmente do cérebro, na vida mental.

Ele rebelava-se contra a artificialidade e a estreiteza da posição de Wundt. Acreditava serem as experiências conscientes simplesmente experiências conscientes e não grupos ou conjuntos de elementos. A descoberta de elementos mínimos da consciência, por meio da análise introspectiva, não demonstra que eles existam independentemente de um observador treinado. Os psicólogos realizam leituras da experiência com base na sua posição sistemática e com o seu ponto de vista.

Um degustador treinado é capaz de distinguir os elementos individuais do sabor de um alimento que não são percebidos por uma pessoa não treinada, a qual percebe um misto de sabores, uma mistura total de ingredientes impossível de distinguir. Do mesmo modo, o fato de algumas pessoas treinadas serem capazes de analisar suas experiências conscientes em um laboratório de psicologia não quer dizer que os elementos por elas relatados estejam presentes na consciência de qualquer outra pessoa exposta à mesma experiência. James considerava essa afirmação uma "falácia dos psicólogos".

Atingindo o ponto central da abordagem de Wundt, James declarou que as sensações simples não existem na experiência consciente, existindo apenas como resultado de algum processo retorcido de inferência ou abstração. Em uma declaração grosseira e eloquente, disse:

> Ninguém jamais experimentou uma sensação simples por si próprio. A consciência, desde o dia do nosso nascimento, gera uma imensa multiplicidade de objetos e relações, e o que denominamos sensações simples é resultado da atenção discriminativa levada a um grau muito alto. (James, 1890, v. 1, p. 224)

No lugar da análise artificial e da redução da experiência consciente aos ditos elementos componentes, James criou um programa de psicologia. A vida mental consiste em uma unidade, em uma experiência total que se modifica. A consciência é um fluxo constante, e qualquer tentativa de dividi-la em fases temporariamente distintas pode distorcê-la. Para expressar essa ideia, James cunhou a expressão **fluxo de consciência**.

Fluxo de consciência: ideia de James de que a consciência é um processo de fluxo contínuo e que qualquer tentativa de reduzi-la a elementos pode distorcê-la.

Como a consciência está em constante modificação, não é possível experimentar o mesmo pensamento ou a mesma sensação mais de uma vez. Pode-se pensar em um objeto ou um estímulo em mais de uma ocasião, mas os pensamentos não são idênticos em cada situação. São diferentes em razão das experiências intervenientes. Desse modo, a consciência é definida como cumulativa, e não recorrente.

A mente é igualmente contínua. Não há interrupção abrupta no fluxo de consciência. É possível notar lapsos de tempo, por exemplo, quando estamos sonolentos, mas, quando estamos despertos, não temos dificuldade de estabelecer relações com nosso fluxo de consciência em andamento. Além disso, a mente é seletiva: como somos capazes de prestar atenção em apenas uma pequena parte do universo das nossas experiências, ela escolhe entre os vários estímulos aos quais é exposta. A mente filtra algumas experiências, combina ou separa outras, seleciona e rejeita outras mais. O principal critério de seleção é a relevância – a mente seleciona os estímulos relevantes a fim de permitir que a consciência opere de modo lógico, criando assim uma série de ideias que possam resultar uma conclusão racional.

Por fim, James destacou a função ou o propósito da consciência. Acreditava que ela desempenhava alguma função biológica, de outro modo não teria sobrevivido ao tempo. A função da consciência é proporcionar a capacidade de adaptação ao ambiente, permitindo-nos escolher. Para desenvolver essa ideia, James fazia a distinção entre a escolha e o hábito; acreditava que os hábitos eram involuntários e não conscientes. Quando estamos diante de um novo problema e temos de escolher uma forma de enfrentá-lo, a consciência entra em cena. Essa ênfase da intencionalidade reflete o impacto da teoria da evolução.

Os métodos da psicologia

Uma vez que a psicologia lida com a consciência pessoal e imediata, a introspecção deve ser o seu método básico. James dizia: "A observação introspectiva é o método em que temos de confiar sempre e em primeiro

Texto original

Trecho sobre a consciência, extraído de Psychology (Briefer course) (1892), de William James

A consciência encontra-se em constante mudança. Não quero dizer com essa afirmação que o estado mental seja dotado de alguma duração – e mesmo que fosse verdade, seria difícil estabelecer essa duração. O que desejo destacar com essa afirmação é a impossibilidade de um estado do passado recorrer e ser idêntico ao que fora anteriormente. Neste momento sentimos, ouvimos, pensamos, desejamos, lembramos, esperamos, amamos, odiamos e vivenciamos outras centenas de estados que sabemos estar relacionados alternadamente em nossas mentes. No entanto, todos esses estados são complexos, podendo-se assim dizer, produzidos pela combinação dos estados mais simples; mas os estados simples não seriam regidos por uma lei distinta? Não seriam, por exemplo, as *sensações* extraídas do mesmo objeto sempre as mesmas? A tecla do piano pressionada com a mesma intensidade não provocaria a sensação de ouvir o mesmo som? Não provocaria a mesma grama a idêntica sensação de verde, o mesmo firmamento, a igual sensação de azul, e não teríamos a mesma sensação olfativa independentemente do número de vezes que encostamos o nosso nariz no mesmo frasco do perfume? Pode soar como sofisma metafísico a sugestão de que não percebemos as sensações dessa forma; e uma atenção mais cuidadosa ao assunto demonstra que não há provas de que a sensação de receber um choque elétrico provoque duas vezes percepções corporais idênticas.

O que está presente duas vezes é o mesmo *objeto*. Ouvimos a mesma nota executada diversas vezes, enxergamos a mesma *tonalidade* de verde, sentimos o mesmo perfume ou experienciamos a mesma *espécie* de dor. As realidades, concretas e abstratas, físicas e ideológicas, em cuja permanente existência acreditamos, parecem surgir constantemente em nosso pensamento e conduzir-nos, dada a nossa falta de cautela, a supor que as nossas "ideias" a respeito dessas realidades consistem nas mesmas ideias. [...] A grama que vislumbro pela janela parece ter o mesmo tom de verde tanto sob o sol como sob a sombra, e, no entanto, o pintor pode pintar uma parte dela de marrom escuro, outra parte de amarelo claro, tentando criar o efeito sensorial da realidade. Normalmente, não prestamos atenção nas diferentes formas de aparência, som e odor que os mesmos *objetos* assumem quando observados de distâncias distintas e em diversas circunstâncias. A igualdade dos objetos é que consiste no alvo de nossa investigação; e qualquer sensação que nos garanta essa igualdade será, provavelmente, considerada, de um modo geral, como a mesma para todos.

Essa característica é que traz o julgamento precipitado sobre a identidade subjetiva das diferentes sensações bem próximo da invalidade como uma evidência do fato. Toda a descrição daquilo que se chama *sensação* consiste em um comentário sobre a nossa incapacidade de afirmar se duas qualidades sensoriais recebidas separadamente são exatamente idênticas. O que chama a nossa atenção, muito mais que a qualidade absoluta de uma impressão, é a sua *proporção* em relação a qualquer outra impressão que possamos vivenciar ao mesmo tempo. Quando a escuridão é total, a mínima sensação de claridade nos faz enxergar um objeto branco. Helmholtz calcula que o mármore branco pintado em uma tela representando uma paisagem arquitetônica sob o luar, quando visto à luz do dia, é dez a vinte vezes mais claro do que seria o mármore visto sob o luar verdadeiro.

Uma diferença como essa nunca poderia ser aprendida por meio da *sensação*; teria de ser deduzida com base em uma série de considerações indiretas. Isso tudo nos faz crer que a nossa sensibilidade vai se alterando com o tempo, de modo que o mesmo objeto não nos proporciona facilmente a mesma sensação novamente. Sentimos os objetos de modo diferente, de acordo com o nosso estado, se estamos sonolentos ou despertos, com fome ou satisfeitos, dispostos ou cansados; de forma distinta à noite e pela manhã, no verão e no inverno; e, acima de tudo, na infância, na vida adulta e na velhice. No entanto, nunca duvidamos de que os nossos sentimentos revelam o mesmo universo, com as mesmas características sensoriais e com os mesmos objetos sensoriais o ocupando. A diferenciação da sensibilidade é mais bem demonstrada por meio da distinção da nossa emoção a respeito dos objetos de uma idade a outra, ou quando nos encontramos em estados orgânicos distintos. O que era alegre e excitante torna-se tedioso, simples e inútil.

Muitas vezes nos vemos atingidos por estranhas diferenças em nossas visões sucessivas do mesmo objeto. Pensamos como, no mês passado, pudemos opinar desse modo a respeito do mesmo assunto. Acabamos de desenvolver a possibilidade daquele estado mental e nem sabemos como. De um ano para o outro, visualizamos os objetos sob uma nova luz. O que era irreal torna-se real e o que era excitante torna-se insípido. Os amigos mais importantes do mundo passaram para a obscuridade; a mulher antes divina, as estrelas, as florestas, as águas, como podem ser agora tão maçantes e comuns!

lugar; temos de confiar na visão da nossa mente e na descrição do que observamos. Todos concordam que é em nossa mente que descobrimos os estados da consciência" (James, 1890, v. 1, p. 185). James tinha ciência das dificuldades da introspecção e a aceitava, mesmo considerando-a um método imperfeito de observação. No entanto, acreditava na possibilidade de uma verificação mais apurada dos resultados produzidos mediante a comparação das constatações obtidas por diversos observadores.

Embora não utilizasse amplamente o método experimental, considerava-o um caminho importante para o conhecimento psicológico, especialmente nas pesquisas psicofísicas, como na análise da percepção espacial e no estudo da memória.

Como complementação dos métodos introspectivo e experimental, James recomendava o método comparativo. A averiguação do funcionamento psicológico de populações distintas, como de animais, crianças e pessoas não alfabetizadas, ou de indivíduos emocionalmente desequilibrados, permitiria descobrir variações significativas na vida mental.

Os métodos citados em sua obra *Princípios de psicologia* salientam a principal diferença entre a psicologia estrutural e a funcional: o movimento funcionalista não se restringia a um único método, como as formas de introspecção de Wundt ou Titchener; o funcionalismo também aceitava e adotava outras metodologias. Esse tratamento eclético ampliou consideravelmente a área de estudo da psicologia norte-americana.

O pragmatismo

James enfatizava a importância do **pragmatismo** na psicologia, cuja doutrina se baseia na comprovação da validade de uma ideia ou de um conceito mediante a análise das consequências práticas. A conhecida expressão do ponto de vista pragmático afirma que "se funcionar, é verdadeiro".

Pragmatismo: doutrina que valida as ideias medidas por suas consequências práticas.

O pragmatismo foi desenvolvido na década de 1870, por Charles Sanders Peirce, matemático, filósofo e amigo de longa data de James. O trabalho dele foi reconhecido somente após a publicação da obra escrita por James, *Pragmatismo* [*Pragmatism*] (1907), que formalizou a doutrina como um movimento filosófico (Peirce foi o primeiro a escrever a respeito da nova psicologia de Fechner e Wundt, em um artigo publicado em 1869).

A teoria das emoções

A teoria das emoções de James contradizia o pensamento corrente sobre a natureza dos estados emocionais. Os psicólogos partiam do princípio de que a experiência mental subjetiva da emoção antecedia a expressão ou a ação corporal. O exemplo clássico de avistar um animal selvagem, sentir medo e fugir correndo ilustra a ideia de que a emoção (o medo) ocorre antes da reação do corpo (a fuga).

James inverteu essa ordem, e afirmou que a reação física ocorre antes do surgimento da emoção, principalmente das emoções que considerava "grosseiras", como medo, ira, dor e compaixão. Por exemplo, vemos o animal, corremos e, então, vivenciamos a emoção do medo. "Nosso sentimento em relação às reações [físicas] que ocorrem *é* a emoção" (James, 1890, v. 2, p. 449).

Para defender essa ideia, James analisou, mediante observação introspectiva, que, quando não ocorrem alterações físicas, como aceleração do batimento cardíaco, respiração ofegante e tensão muscular, não há emoção. Os pontos de vista de James sobre as emoções provocaram muita polêmica e incentivaram a realização de diversas pesquisas. Em um exemplo de descoberta simultânea, o fisiologista dinamarquês Carl Lange publicou uma teoria semelhante, em 1885. A correlação entre as duas teorias levou à denominação "teoria das emoções James-Lange".

O eu de três partes

James sugeriu que o sentido do eu de uma pessoa é formado por três aspectos ou componentes. O eu *material* consiste de tudo o que chamamos de pessoal, como nosso corpo, família, lar ou estilo de se vestir. Ele achava que a nossa escolha de roupa é particularmente importante. Escreveu que "o velho ditado que diz que uma pessoa é composta de três partes – alma, corpo e roupas – é mais do que piada. Nós nos apropriamos de nossas roupas e nos identificamos com elas" (James, 1890, v. 1, p. 292). O eu *social* refere-se ao reconhecimento que obtemos por meio de outras pessoas. James salientou que temos muitos *eus* sociais; apresentamos diferentes lados de nós mesmos a diferentes pessoas. Por exemplo, você, provavelmente, se comporta com seus pais de uma maneira diferente do que o faz com seus conhecidos ou amantes. Cada um o verá de um modo diferente. O terceiro componente, o eu *espiritual*, refere-se a nosso ser interior ou subjetivo.

Os psicólogos têm sugerido que nossa escolha de roupa e modo de se vestir influenciam e refletem não apenas o nosso eu material, como James acreditava, mas também o social e o espiritual. Além disso, o modo como somos vistos, reconhecidos e julgados por outras pessoas pode ser influenciado pelo modo como nos vestimos. Assim sendo, as roupas podem ser uma forma de autoexpressão, tal como parece ter sido para James.

Ele tendia a vestir-se de uma maneira notadamente diferente da norma para sua posição e classe social. Dava preferência a gravatas-borboleta de bolinha e calças xadrez, com cores bem vivas, definitivamente um "desvio do padrão educado" (Watson, 2004, p. 218). Era considerado "bastante conspícuo em sua maneira de se vestir", contrário aos padrões da moda da época. Obviamente, ele queria destacar-se na multidão.

O hábito

James acreditava que todas as criaturas vivas são "pacotes de hábitos" (James, 1890, v. 1, p. 104). As atitudes repetitivas ou habituais envolvem o sistema nervoso e servem para aumentar a plasticidade da matéria neural. Como consequência, os hábitos facilitam a execução das subsequentes repetições e exigem menor atenção consciente.

Os hábitos têm enormes implicações sociais, como exemplifica o trecho a seguir.

> O hábito [...] *per se* é o que nos mantém dentro dos limites da ordem. [...] Ele nos condena a lutar a batalha da vida de acordo com as orientações da nossa criação ou da nossa escolha inicial e a fazer o melhor de uma atividade, mesmo que nos desagrade, porque não há outra para a qual estamos aptos e é tarde demais para recomeçar [...]
>
> Já com a idade de 25 anos é possível enxergar o tino profissional se estabelecendo no jovem representante comercial, no jovem médico, no ministro ou no advogado. É possível enxergar as tênues linhas que demarcam o caráter, as elaborações do pensamento, os preconceitos, das quais, logo, o homem não consegue mais escapar, assim como são inevitáveis as marcas deixadas pelo tempo. No fim, é melhor que ele não escape e que, para o bem da humanidade, a maioria de nós, aos 30 anos, já tenha o caráter solidificado e que nunca mais volte a amolecer. (James, 1890, v. 1, p. 121)

A obra *Princípios de psicologia* exerceu grande influência na psicologia norte-americana e, mesmo passado um século, a sua publicação foi alvo de elogios (Donnelly, 1992; Johnson e Henley, 1990). Ela alterou a visão de milhares de alunos e inspirou psicólogos a transferir o enfoque da nova ciência da psicologia da perspectiva estruturalista para a fundação formal da escola de pensamento funcionalista.

A desigualdade funcional das mulheres

Mary Whiton Calkins (1863-1930)

James foi o grande responsável pelos estudos de pós-graduação de Mary Whiton Calkins (Figura 7.3), ajudando--a a vencer as barreiras do preconceito e da discriminação. Calkins acabou desenvolvendo a técnica da associação de pares usada no estudo da memória, além de haver contribuído de forma significativa e duradoura para a psicologia (Madigan e O'Hara, 1992). Foi a primeira mulher a tornar-se presidente da APA e, em 1906, ocupava a 12ª colocação entre os 50 psicólogos mais importantes dos Estados Unidos, reconhecimento muito significativo por parte dos colegas a uma pessoa a quem havia sido recusada a concessão do título de Ph.D. (Furumoto, 1990).

A Harvard University nunca aceitou sua matrícula formal, mas William James a recebia de braços abertos em seus seminários e pressionava a universidade a conceder-lhe a graduação. Quando a direção recusou--se a fazê-lo, James escreveu a ela, dizendo-lhe que bastava "produzir explosivos juntando você e todas as mulheres. Tenho esperanças e acredito que a sua dedicação acabará explodindo a barreira. Vou fazer o possível" (James, apud Benjamin, 1993, p. 72). Apesar dos esforços de James, Harvard recusava-se a conceder o doutorado a uma mulher, embora o teste de Calkins (ministrado informalmente por James e outros docentes) fosse considerado "o mais brilhante exame de Ph.D. até então realizado em Harvard" (James, apud Simon, 1998, p. 244).

Sete anos depois, quando Calkins estava lecionando na Wellesley e realizando a sua pesquisa a respeito da memória, Harvard ofereceu a ela a graduação da Radcliffe College, criada pela Harvard para oferecer cursos de graduação para as mulheres. Ela recusou, pois havia completado as exigências de graduação na Harvard e não na Radcliffe. A Harvard a discriminava apenas por ser mulher e ignorou várias solicitações suas de graduação para a qual havia completado todos os requisitos. Acabou obtendo uma graduação honorária da Columbia University (Denmark e Fernandez, 1992). Harvard, por outro lado, não concedeu diplomas de doutorado a mulheres antes de 1963.

A experiência de Calkin é um exemplo da discriminação sofrida pelas mulheres que almejavam a educação superior, condição que persistiu até o século XX. Ainda assim, Calkin considerava-se privilegiada, quando se comparava às mulheres das gerações anteriores, que jamais foram sequer admitidas nas universidades. As mulheres foram tradicionalmente excluídas da maioria das áreas acadêmicas das faculdades e universidades europeias e norte-americanas. Quando Harvard foi fundada, em 1636, não aceitava alunas. Somente depois da década de 1830 algumas faculdades norte-americanas relaxaram a proibição e admitiram mulheres para o curso de graduação.

FIGURA 7.3 Mary Whiton Calkins.

A primeira razão alegada para essa restrição era a crença generalizada na chamada superioridade intelectual masculina. Como afirmava esse argumento, embora certas mulheres recebessem as mesmas oportunidades educacionais dadas aos homens, as deficiências intelectuais femininas inatas não permitiam que tirassem proveito dos benefícios. Muitos cientistas importantes do século XIX, como Darwin, e a maioria dos psicólogos da época concordavam com essa visão.

Hoje, a maioria dos estudantes formados e que obtiveram Ph.D. em psicologia são mulheres, assim como a maioria dos estudantes de graduação e de pós-graduação na área. No entanto, vimos que o homem dominou a história da psicologia. Apenas para relembrar, Margaret Washburn não pôde matricular-se na Columbia University por ser mulher. Somente depois de 1892 é que as universidades de Yale e de Chicago, além de algumas outras instituições, aceitaram a matrícula de mulheres nos cursos de graduação. Por cerca de 20 anos após a fundação formal da psicologia como disciplina científica, as mulheres enfrentaram barreiras para se tornar psicólogas e para contribuir de forma significativa para o desenvolvimento do campo.

A hipótese da variabilidade

Grande parte do mito da superioridade intelectual do homem surgiu da chamada **hipótese da variabilidade**, baseada nas ideias de Darwin a respeito da variabilidade masculina (Shields, 1982; Shields e Bhatia, 2009). Darwin descobriu que, em diversas espécies, o macho demonstrava uma variedade mais ampla de desenvolvimento das características físicas e das habilidades que as fêmeas. As características e habilidades femininas encontravam-se concentradas em torno de um valor médio.

Hipótese da variabilidade: noção de que o homem demonstra maior gama de variação no desenvolvimento físico e mental que a mulher; as habilidades da mulher são consideradas mais medianas.

Acreditava-se que essa tendência mediana feminina fazia que a mulher se beneficiasse menos da educação formal e tivesse menos possibilidades de êxito no trabalho intelectual ou de pesquisa. Faltava apenas um passo para supor que o cérebro masculino fosse mais evoluído do que o feminino. Em razão da grande variedade de talentos demonstrada pelo homem, acreditava-se estar ele mais apto a se adaptar e tirar proveito dos diversos ambientes desafiadores. Dessa forma, a mulher era considerada inferior ao homem tanto nas qualidades mentais como nas físicas necessárias para se adaptar com sucesso às exigências do ambiente. O resultado foi uma aceitação generalizada da ideia da desigualdade funcional entre os sexos.

Acreditava-se amplamente que, "na maturidade, o cérebro das mulheres e o sistema nervoso eram limitados em sua capacidade de dar suporte a processos mentais mais elaborados, em especial, o raciocínio objetivo e a verdadeira criatividade" (Shields, 2007, p. 96). Até mesmo a pseudociência da frenologia apoiava a noção da superioridade intelectual masculina. "Os cérebros menores das mulheres, a pouca profundidade de sua massa cinzenta, o número de convoluções, tudo provava que as mulheres eram intelectualmente inferiores e imaturas em sua natureza" (Appignanesi, 2008, p. 110).

Uma teoria popular a esse respeito afirmava que a mulher exposta à educação superior, além da formação básica, sofreria de danos físicos e emocionais. Alguns psicólogos alegavam que a mulher, com nível de educação superior, colocava em risco as condições biológicas necessárias para a maternidade, interrompendo o ciclo menstrual e enfraquecendo o instinto maternal. Um psicólogo chegou a afirmar que, se a mulher desejasse algum tipo de educação, "que fosse educada para a maternidade" (G. S. Hall, apud Diehl, 1986, p. 872).

Um professor da escola de medicina de Harvard declarou que a educação produzia na mulher "cérebros monstruosos e corpos franzinos; atividade cerebral anormal e digestão extremamente deficiente; raciocínios dispersos e mal funcionamento dos intestinos" (E. Clarke, apud Scarborough e Furumoto, 1987, p. 4). O professor também advertiu: "A igualdade da educação entre os sexos é um crime perante Deus e a humanidade" (Clarke, 1873, p. 127).

Nos primeiros anos do século XX, duas psicólogas obtiveram êxito ao desafiar a ideia da desigualdade funcional entre os sexos. Utilizando as técnicas empiristas da psicologia funcional, Helen Bradford Thompson Woolley e Leta Stetter Hollingworth demonstraram que Darwin e os demais estavam equivocados a respeito da mulher.

Helen Bradford Thompson Woolley (1874-1947)

Helen Bradford Thompson Woolley (Figura 7.4) nasceu em Chicago, em 1874. Os pais dela apoiavam a ideia da educação das mulheres, e as três filhas da família Thompson frequentaram a faculdade. Helen Thompson formou-se na University of Chicago, em 1897, e recebeu o Ph.D. em 1900. Seus principais professores foram John Dewey, que a considerava uma de suas alunas mais brilhantes (apud James, 1994). Depois de completar a pós-graduação com bolsa de estudos em Paris e em Berlim, tornou-se diretora do laboratório de psicologia da Mount Holyoke College, em Massachusetts.

Casou-se com o médico Paul Woolley e acompanhou-o às Filipinas, onde ele foi diretor de um laboratório. Em 1908, o casal mudou-se para Cincinnati, em Ohio, onde Helen aceitou a direção do departamento vocacional do ensino público, preocupada com as questões do bem-estar das crianças. Suas pesquisas sobre o efeito do trabalho infantil provocaram mudanças nas leis trabalhistas estaduais (em vários estados, crianças de apenas 8 anos trabalhavam, cumprindo uma jornada diária de dez horas de trabalho, seis dias por semana. Em poucos estados havia leis de proteção referentes à idade, à jornada de trabalho e ao salário mínimo infantil).

Em 1921, Helen atuou como presidente da Associação Nacional de Orientação Vocacional (National Vocacional Guidance Association). Naquele ano, sua família mudou-se para Detroit, em Michigan, e ela foi trabalhar no Merrill-Palmer Institute, onde criou um programa de educação infantil para estudar o desenvolvimento e as habilidades mentais das crianças. Em 1924, tornou-se diretora do novo Instituto de Pesquisa do Bem-estar Infantil (Institute of Child Welfare Research) da Columbia University e prosseguiu em seu trabalho sobre a aprendizagem na primeira infância, a educação vocacional e a orientação educacional.

A apresentação da dissertação de doutorado de Helen Woolley na University of Chicago foi o primeiro teste experimental do conceito darwiniano da inferioridade biológica da mulher em relação ao homem, ideia considerada, na época, tão óbvia que dispensava qualquer comprovação científica (James, 1994). Ela aplicou um teste em 25 homens e 25 mulheres para medir a habilidade motora, os limiares sensoriais (paladar, olfato, audição, visão e tato), a capacidade intelectual e os traços de personalidade.

Os resultados revelaram não haver diferenças no funcionamento emocional entre homens e mulheres, e apenas uma diferença insignificante na capacidade intelectual. Os dados também mostraram pequena superioridade das mulheres em habilidades como memória e percepção sensorial. Woolley deu um passo inédito ao atribuir as diferenças aos fatores ambientais e sociais – às diferentes práticas na criação da criança e às expectativas distintas para meninos e meninas – e não às determinantes biológicas (Rossiter, 1982).

Woolley publicou os resultados em *As características mentais do sexo*: uma investigação experimental da mente normal em homens e mulheres [*The mental traits of sex*: an experimental investigation of the normal mind in men and women] (Thompson, 1903). Suas conclusões não foram bem recebidas por psicólogos acadêmicos do sexo masculino. G. Stanley Hall acusou-a de atribuir uma interpretação feminista aos dados (Hall, 1904). O fato de ser uma mulher a autora da pesquisa que demonstra não haver inferioridade biológica da mulher em relação ao homem produz, de alguma forma, resultados distorcidos ou tendenciosos (James, 1994). Mais tarde, ela escreveu mais dois trabalhos a respeito da crescente literatura de pesquisa sobre a psicologia das diferenças entre os sexos para a renomada revista *Psychological Bulletin* (Woolley, 1910, 1914). Naquele momento, talvez incitada por todas as discussões que os psicólogos (homens) man-

CORTESIA DE JANE MORSE

FIGURA 7.4 Helen Bradford Thompson Woolley.

tinham contra suas descobertas, ela escreveu: "Não há, talvez, um campo que pretenda ser científico em que as inclinações pessoais flagrantes, a lógica sacrificada com a finalidade de apoiar um preconceito, as assertivas infundadas, e até mesmo a estupidez e a decadência sentimental tenham sido tão violentos quanto aqui" (apud Milar, 2010, p. 26).

Durante 30 anos, Woolley trabalhou como professora, pesquisadora e orientadora de psicólogas nas áreas do desenvolvimento e da educação infantil. Quando a saúde precária e o traumático divórcio forçaram-na à aposentadoria precoce, o foco da psicologia feminina passou para outras mãos.

Leta Stetter Hollingworth (1886-1939)

Leta Stetter (Figura 7.5) cresceu em Nebraska, em uma família de meios financeiros limitados. Sua casa era uma cabana de barro, e frequentava uma escola de uma única sala. Sua mãe faleceu e seu pai a deixou para ser criada pelos avós. Quando reapareceu, dez anos mais tarde, ele a tirou daquele lar seguro e a levou para morar com ele e a esposa, que a tratava mal. Ela jamais o perdoou. Apesar desse início pouco promissor, ela se matriculou e formou-se, com louvor, na University of Nebraska, em 1906. Foi professora do ensino médio por dois anos, enquanto o seu noivo, Harry Hollingworth, completava o doutorado em psicologia, sob a orientação de James McKeen Cattell, na Columbia University. Leta e Harry casaram-se em 1908. Ele lecionava na Barnard College, na cidade de Nova York, mas, para sua surpresa e decepção, havia uma lei que proibia a mulher casada de lecionar em escolas públicas.

Ela passou a escrever ficção, mas não conseguiu encontrar uma editora para publicar seus contos. Sem encontrar uma saída para seu talento e energia, tornou-se triste e amarga. Harry, posteriormente, escreveu que Leta "inesperadamente, costumava irromper em lágrimas [...] depois dizia que não conseguia aceitar o fato de ser forte e capaz, com uma boa mente e educação sólida, e ainda assim ser incapaz de contribuir materialmente para seu bem-estar" (apud Klein, 2002, p. 65).

O casal vivia com poucos recursos financeiros, e então Harry aceitou atuar como consultor, a fim de guardar dinheiro para que Letta pudesse avançar em seus estudos. Em 1916, ela obteve seu Ph.D. da Teacher's College da Columbia University, onde teve a oportunidade de estudar com Edward L. Thorndike, e trabalhou como psicóloga do governo da cidade de Nova York. Cinco anos depois, foi citada na publicação *American Men of Science* por suas contribuições à psicologia da mulher.

Leta Hollingworth realizou ampla pesquisa empírica a respeito da hipótese da variabilidade, o conceito de que, em relação ao funcionamento físico, psicológico e emocional, as mulheres constituíam um grupo mais homogêneo e mediano que os homens, demonstrando, assim, menor variação. A pesquisa de Hollingworth, entre 1913 e 1916, concentrou-se no funcionamento físico, sensorial e motor e nas habilidades intelectuais de diversos tipos de pessoas, como crianças, estudantes universitários do sexo masculino e do feminino, mulheres no período menstrual (quando se presume que suas condições emocionais e mentais sejam afetadas pelos processos naturais do corpo). Seus dados desmentiram a hipótese da variabilidade e outras noções de inferioridade feminina. Por exemplo, ela constatou, ao contrário do que se afirmava havia muito tempo, que o ciclo menstrual não estava relacionado com os desempenhos deficientes das habilidades motoras e perceptuais ou das capacidades intelectuais (Hollingworth, 1914).

FIGURA 7.5 Leta Stetter Hollingworth.

Mais tarde, ela desafiou o conceito de instinto inato da maternidade, questionando a noção de que a mulher atingia a plena satisfação somente sendo mãe, e descartou o conceito de que o desejo da mulher de obter êxito em outros campos, que não no casamento ou na constituição de família, fosse anormal ou não saudável. Ela sugeriu que não eram os fatores biológicos, mas sim as atitudes sociais e culturais, que exerciam influência, impedindo que as mulheres se tornassem membros mais ativos na sociedade (Benjamin e Shields, 1990; Shields, 1975). Hollingworth também alertou as orientadoras vocacionais a não conduzir as mulheres no sentido de restringir suas aspirações apenas às áreas consideradas socialmente aceitas, como a maternidade ou o trabalho doméstico, nas quais não há reconhecimento. E afirmou: "Ninguém conhece a melhor dona de casa americana". "Dona de casa famosa não existe e nem pode existir" (apud Benjamin e Shields, 1990, p. 177).

Leta Hollingworth também contribuiu de forma significativa para a psicologia clínica, educacional e acadêmica, principalmente em relação às necessidades emocionais e educacionais das crianças denominadas "talentosas", termo cunhado por ela (Benjamin, 1975). Apesar da quantidade e da qualidade de suas pesquisas, nunca conseguiu apoio para realizar seus trabalhos (Hollingworth, 1943). Participou ativamente do movimento pelo sufrágio feminino, realizando campanhas em favor do direito ao voto feminino (finalmente aprovado em 1920) e participando de manifestações e comícios em Nova York. Ela faleceu relativamente jovem, aos 53 anos de idade, de câncer no estômago, "o qual, por razões inexplicáveis, suportou sozinha e escondeu de todos durante dez anos" (Stanley e Brody, 2004, p. 4).

Granville Stanley Hall (1844-1924)

Embora William James tenha sido o primeiro psicólogo famoso, verdadeiramente norte-americano, o tremendo desenvolvimento da psicologia nos Estados Unidos entre 1875 e 1900 não se deu unicamente pelo trabalho dele. Outra figura notável na história da psicologia dos Estados Unidos, e um contemporâneo digno e influente de James, foi G. Stanley Hall (Figura 7.6).

Hall colecionou um registro surpreendente das primeiras posições na psicologia norte-americana. Recebeu o primeiro título de doutorado em psicologia, e alegava ter sido o primeiro aluno americano no primeiro ano do primeiro laboratório de psicologia. (Dados históricos posteriores revelaram que ele foi o segundo; ver Benjamin, Durkin, Link, Vestal e Acord, 1992.) Hall deu início ao que, frequentemente, é considerado o primeiro laboratório de psicologia nos Estados Unidos, bem como o primeiro periódico norte-americano de psicologia. Foi o primeiro presidente da Clark University, o organizador e primeiro presidente da APA, e um dos primeiros psicólogos da psicologia aplicada.

A biografia de Hall

Hall nasceu em uma fazenda em Massachussetts. Sua mãe era uma mulher piedosa, gentil e carinhosa; seu pai era severo e exigente, e às vezes batia no jovem Hall. Aos 14 anos, depois de ter sido esbofeteado com força por ele, "afastei-me com raiva, em parte real e – lembro-me claramente – em parte para obter um efeito, fechei meus punhos e o olhei fixamente, como se estivesse fortemente tentado a retribuir o tapa. Jamais esquecerei seu olhar de espanto. Nunca apanhei de novo" (Hall, apud Hulbert, 2003, p. 53).

Um rapaz extremamente ambicioso, Hall prometeu que "realizaria algo importante e seria reconhecido no mundo todo" (apud Ross, 1972, p. 12). Aos 17 anos de idade, ficou profundamente envergonhado quando, no início da Guerra Civil Americana, o pai comprou sua dispensa do exército. Hall disse que devia ser punido pelo descumprimento do serviço militar obrigatório (Vande Kemp, 1992).

Em 1863, Hall ingressou no Williams College. Até a época em que se formou, havia recebido um grande número de homenagens e havia sido eleito o homem mais inteligente de sua classe. Desenvolveu um entusiasmo pela teoria evolucionista, o que influenciaria sua carreira em psicologia. Hall escreveu que "assim que ouvi a palavra 'evolução' na minha juventude, fiquei hipnotizado por ela, era como música para meus ouvidos" (Hall, 1923, p. 357). Depois de se formar, ainda não muito certo a respeito de sua vocação, matriculou-se na Union Teological Seminary, em Nova York. Não tinha um comprometimento forte com o sacerdócio, e seu interesse pelo evolucionismo não era, certamente, nenhuma vantagem. Logo ficou claro que ele não ficaria famoso pela sua ortodoxia religiosa. Conta-se que, quando fez seu primeiro sermão de ensaio para o corpo docente e discípulos, o diretor do seminário ajoelhou-se e rezou pela sua alma. "Não acredito ter os requisitos para ser pregador", ele escreveu a seus pais (apud Hulbert, 2003, p. 55).

HISTORY OF MEDICINE/US NATIONAL LIBRARY OF MEDICINE

FIGURA 7.6 Granville Stanley Hall.

Aconselhado pelo famoso pregador Henry Ward Beecher, Hall foi para a University of Bonn, na Alemanha, para estudar filosofia e teologia. Em Berlim, acrescentou os estudos de fisiologia e física. Complementou essa fase de sua educação com visitas a teatros e cervejarias, experiências ousadas para um jovem oriundo de um ambiente religioso. Escreveu sobre a sua surpresa ao ver um professor de teologia bebendo cerveja em um domingo. Hall também escreveu a respeito de seus casos românticos, observando que duas das paixões que viveu revelaram capacidades em si mesmo "até então adormecidas e reprimidas e [que] consequentemente haviam tornado sua vida mais rica e significativa" (apud Lewis, 1991, p. 317). Aparentemente, sua permanência na Europa foi um período de liberação.

Relutantemente, voltou para casa em 1871, porque, como sugeriu um biógrafo, seus pais não queriam mais financiá-lo (White, 1994). Nessa época ele tinha 27 anos, não tinha diplomas e estava bastante endividado. Terminou seus estudos no seminário (embora não tenha sido ordenado) e pregou em uma igreja em Cowdersport, no interior da Pensilvânia, abandonando o cargo somente após dez semanas. Depois de trabalhar como tutor particular por mais de um ano, Hall conseguiu um cargo de professor em Antioch College, em Ohio. Deu aulas de literatura inglesa, língua e literatura francesa e alemã e filosofia, trabalhou como bibliotecário, liderou o coro e pregou na capela.

Tornando-se psicólogo. Em 1874, o livro de Wundt, *Physiological psychology,* despertou o interesse de Hall para a ciência nova, provocando incertezas adicionais a respeito de sua carreira. Pediu afastamento de Antioch, estabeleceu-se em Cambridge, Massachusetts, e tornou-se tutor de inglês em Harvard. Iniciou estudos de pós-graduação e fez pesquisas na escola de medicina. Também trabalhou com William James. Os dois se tornaram amigos íntimos, até mesmo saindo de férias juntos. James descreveu Hall como sendo "o homem mais instruído, como quem eu, um dia, espero ser" (apud Leary, 2009, p. 11). Em 1878 apresentou sua dissertação sobre a percepção espacial e recebeu o primeiro diploma de doutorado em psicologia nos Estados Unidos.

Imediatamente após receber seu diploma, Hall partiu de novo para a Europa, primeiro para estudar fisiologia em Berlim e, depois, para se tornar aluno de Wundt, em Leipzig, onde era vizinho de Fechner. No entanto, a expectativa de trabalhar com Wundt foi maior que a realidade. Embora Hall, obrigatoriamente, frequentasse as aulas de Wundt e trabalhasse como um subordinado em seu laboratório, ele conduziu sua própria pesquisa em fisiologia. A carreira subsequente de Hall mostra que, no fim das contas, Wundt o influenciou muito pouco.

Dois anos mais tarde, quando Hall voltou aos Estados Unidos, ele não tinha nenhuma perspectiva de emprego, mas, ainda assim, em dez anos tornou-se uma figura de importância nacional. Hall identificou que a possibilidade de satisfazer sua ambição estava na aplicação da psicologia à educação. Em 1882 ele proferiu uma palestra em certa reunião da National Education Association – NEA (Associação Nacional de Educação), insistindo sobre a ideia de que o estudo psicológico de crianças fosse o componente importante da pedagogia. Repetia essa mensagem sempre que tinha a oportunidade. O presidente de Harvard convidou-o a dar uma série de aulas sobre educação aos sábados de manhã. Essas palestras renderam a Hall uma publicidade muito favorável e um convite para lecionar meio período na Johns Hopkins University, a qual havia se estabelecido em Baltimore cinco anos antes como a primeira escola de pós-graduação nos Estados Unidos.

As aulas de Hall tiveram grande sucesso, e lhe foi oferecido cargo de professor em Hopkins. Em 1883, ele inaugurou formalmente o primeiro laboratório de psicologia norte-americano (Figura 7.7), que costumava chamar de seu "laboratório de psicofisiologia" (Pauly, 1986, p. 30). Deu aula a um grupo de alunos, os quais, posteriormente, se tornaram psicólogos famosos, entre eles John Dewey e James McKeen Cattell.

Em 1887, Hall fundou o *American Journal of Psychology*, o primeiro periódico de psicologia nos Estados Unidos e que até hoje é considerado uma publicação importante (ver Young e Green, 2013). Esse periódico serviu como plataforma para ideias teóricas e experimentais e para orientar a psicologia norte-americana rumo à solidariedade e independência. Em razão de seu grande entusiasmo, Hall imprimiu um número excessivo de cópias do primeiro número, e levou cinco anos para pagar esses custos iniciais.

Presidente da universidade. No ano seguinte, Hall tornou-se o primeiro presidente de Clark University, em Worcester, Massachusetts. Antes de iniciar o trabalho, embarcou para uma longa viagem com o objetivo de conhecer as universidades europeias e contratar o corpo docente de sua nova escola. Um escritor, ao escrever sobre os cem primeiros anos da história de Clark University, observou que a viagem de Hall serviu como "férias remuneradas por serviços ainda não prestados, incluía uma série de paradas totalmente

FERDINAND HAMBURGER, JR. ARCHIVES, JOHNS HOPKINS UNIVERSITY

FIGURA 7.7 O laboratório de psicologia de Hall na Johns Hopkins University é considerado o primeiro dos Estados Unidos.

irrelevantes para a tarefa futura, tais como academias militares na Rússia, lugares históricos na Grécia, além de bordéis, circos e outras curiosidades" (Koelsch, 1987, p. 21).

Hall aspirava fazer de Clark uma universidade de pós-graduação como John Hopkins e as universidades alemãs, enfatizando mais a pesquisa que o ensino. Além de presidente, foi também professor de psicologia, e deu aulas no curso de pós-graduação. Publicou por conta própria o periódico *Pedagogical Seminary* (atualmente *Journal of Genetic Psychology*) para servir de vínculo para as pesquisas sobre psicologia infantil e educacional. Em 1915, fundou o *Journal of Applied Psychology*, elevando para 16 o número de periódicos de psicologia norte-americana.

A APA foi organizada em 1892, em grande parte pelos esforços de Hall. Aproximadamente 12 psicólogos aceitaram seu convite para se reunir em sua casa e planejar a organização, e elegeram-no primeiro presidente. Em 1900, o grupo contava com 127 membros.

Hall foi um dos primeiros psicólogos norte-americanos a se interessar pela psicanálise freudiana e foi o responsável, em grande parte, pela atenção inicial que o sistema de Sigmund Freud recebeu nos Estados Unidos. Em 1909, para celebrar os 20 anos da Clark University, Hall convidou Freud e Carl Jung para participarem das conferências comemorativas; convite corajoso, porque muitos cientistas suspeitavam da psicanálise.

Hall se tornou um grande entusiasta da psicanálise freudiana. Depois da visita de Freud, "tudo no universo girava em torno do freudismo", e um estudante escreveu que "esse deve ser o lugar mais sexy imaginável" (Lepore, 2011, p. 34).

A psicologia na Clark prosperou sob o comando de Hall. Nos 36 anos que passou lá, foram concedidos 81 diplomas de doutorado em psicologia. Seus alunos se lembram de seminários exaustivos, mas divertidos, às segundas-feiras à noite, na casa de Hall, quando ele, o corpo docente e outros alunos de pós-graduação examinavam oralmente os candidatos a doutorado. Depois dessas reuniões, que duravam até quatro horas, um empregado trazia uma enorme taça de sorvete.

Os comentários que Hall escrevia nos trabalhos de seus alunos podiam ser devastadores. Lewis Terman se lembra que:

> Hall resumia as coisas com uma erudição e fertilidade de imaginação que sempre nos surpreendia e fazia com que sentíssemos que seu *insight* improvisado sobre o problema ia muito além que o do aluno que havia dedicado meses de trabalho escravo. Sempre voltava para casa sentindo-me ofuscado e intoxicado, tomava um banho quente para acalmar meus nervos, e depois me deitava acordado por horas ensaiando o drama e formulando as coisas inteligentes que poderia ter dito, mas não o fiz. (Terman, 1930/1961, p. 316)

Hall sempre dava preferência aos alunos inteligentes, desde que fossem adequadamente diferenciados, sendo muitas vezes generoso e encorajador. Pode-se afirmar que a maioria dos psicólogos norte-americanos associou-se a Hall na Clark ou Johns Hopkins, embora ele não tenha sido a fonte principal de inspiração para todos eles. Sua influência pessoal reflete-se melhor no fato de que um terço de seus alunos de doutorado seguiu carreira nas áreas administrativas da faculdade.

Hall tornou a Clark University mais receptiva às mulheres e às minorias do que grande parte das escolas nos Estados Unidos àquela época. Embora compartilhasse da oposição nacional à coeducação para alunos universitários, ele prontamente admitia mulheres como alunas de pós-graduação e como assistentes para trabalhos de pesquisa. Tomou uma atitude pouco comum ao encorajar alunos japoneses a se matricularem na Clark, e se recusava a restringir a contratação de judeus para o corpo docente, como acontecia na maioria das outras universidades. Também encorajou negros a fazerem o curso de pós-graduação.

O primeiro afro-americano a conseguir um Ph.D. em psicologia, Francis Cecil Sumner, estudou com Hall. Sumner, posteriormente, tornou-se diretor do departamento de psicologia em Howard University, em Washington, onde deu início a um programa acadêmico forte para introduzir negros na área de psicologia (Dewsbury e Pickren, 1992). Além disso, Sumner traduziu milhares de artigos de periódicos alemães, franceses e espanhóis e os resumiu para os periódicos de psicologia norte-americanos.

Rolando ladeira abaixo. O biógrafo de Hall registrou que ele sofria de episódios maníaco-depressivos, mas, aparentemente, nunca passou por um colapso total. No entanto, Hall admitiu que era sujeito a variações de humor que beiravam o patológico. Periodicamente, em sua vida adulta, ele voltava à fazenda da família e realizava um estranho ritual que a maioria dos presidentes de universidades provavelmente não fazia. Ele tirava toda a roupa e descia rolando uma colina. Hall escreveu que "gostava de se dar ao luxo de estar totalmente despido e se sentir picado, acariciado, mordido e ferroado, voltando à selvageria que tinha quando garoto" (citado em Karier, 1986, p. 179).

Ele morreu aos 80 anos, alguns meses depois de ter sido eleito para o segundo mandato como presidente da APA. Uma pesquisa entre os participantes da APA sobre as contribuições de Hall para a psicologia mostrou que, entre as 120 pessoas que responderam à pesquisa, 99 classificaram Hall entre os dez melhores psicólogos de todos os tempos. Muitos elogiaram sua capacidade como professor, seus esforços para promover a psicologia e seu desafio à ortodoxia. No entanto, eles, e outras pessoas que o conheciam, eram críticos de suas qualidades pessoais.

Hall era descrito como difícil, desonesto, inescrupuloso, divergente e alguém que se autopromovia com agressividade, como também, "indiferente e competitivo a ponto de causar inveja e, desnecessariamente antagonista com seus colegas" (Youniss, 2006, p. 225). William James, cuja amizade com Hall havia deteriorado nos últimos anos, chamou-o de "uma mistura muito estranha de grandeza e insignificância como jamais conheci" (apud Myers, 1986, p. 18). Mas até seus críticos concordavam com os resultados da pesquisa: "Hall produziu um grande número de trabalhos escritos e pesquisas, mais do que qualquer um dos outros três grandes nomes na área" (apud Koelsch, 1987, p. 52).

Evolução e teoria da recapitulação da teoria do desenvolvimento

Embora Hall estivesse interessado em muitas áreas, seu percurso intelectual tinha um tema somente: e a teoria evolucionista. Seu trabalho era governado pela convicção de que o crescimento normal da mente envolvia uma série de fases evolucionárias.

Hall costuma ser chamado de psicólogo genético, em razão da sua preocupação com o desenvolvimento humano e animal e com os problemas relacionados à adaptação. Enquanto esteve na Clark, seus interesses genéticos o levaram ao estudo psicológico da infância, onde baseou sua psicologia. Em um discurso proferido em 1893, na Feira Mundial de Chicago, ele disse: "Até agora temos ido à Europa para a nossa psicologia. Agora, vamos pegar uma criança e colocá-la em nosso meio e vamos fazer nossa própria psicologia nos Estados Unidos" (apud Siegel e White, 1982, p. 253). Hall pretendia aplicar sua psicologia ao funcionamento da criança no mundo real. Um aluno seu habilmente relembrou que "a criança tornou-se o laboratório de Hall" (Averill, 1990, p. 127).

Ao conduzir sua pesquisa, Hall fez uso extensivo de questionários, um procedimento que havia aprendido na Alemanha. Hall e seus alunos desenvolveram e administraram 194 questionários, observando diferentes tópicos (White, 1990). Durante um tempo, o método tornou-se associado ao nome de Hall nos

Estados Unidos, embora a técnica tivesse sido desenvolvida anteriormente na Inglaterra, por Francis Galton. Os primeiros estudos sobre crianças entusiasmaram o público em geral e levaram à formalização do movimento de estudo da criança.

O trabalho mais influente de Hall é *Adolescência*: sua psicologia e suas relações com a fisiologia, antropologia, sociologia, sexo, crime, religião e educação [*Adolescence*: its psychology and its relations to physiology, anthropology, sociology, sex, crime, religion, and education] (1904), com 1.300 páginas, em dois volumes. Resultado de dez anos de pesquisas, essa enciclopédia tornou-se "o primeiro (e único), mais importante trabalho em psicologia de Hall [e inaugurou], o estudo científico da psicologia do adolescente" (Arnett e Cravens, 2006, p. 165). Ele contém a mais completa afirmação da **teoria da recapitulação** de Hall sobre a psicologia do desenvolvimento. Em essência, Hall afirmou que as crianças, em seu desenvolvimento pessoal, repetem a história de vida da raça humana, evoluindo de um estágio próximo ao selvagem, quando bebês e durante a infância, até um ser humano racional e civilizado, na fase adulta (exceto quando rolavam pelados colinas abaixo).

Teoria da recapitulação: conceito de Hall, que afirma ser o desenvolvimento psicológico da criança uma repetição da história da humanidade.

O livro *Adolescência* tornou-se controverso, porque alguns psicólogos consideraram que a obra focava o sexo de maneira excessiva e entusiástica, o que rendeu a Hall a acusação de ter interesses lascivos. O psicólogo E. L. Thorndike escreveu em um comentário sobre o livro: "Os atos e sentimentos, normais e mórbidos, resultantes do sexo, são discutidos de modo sem precedente na ciência inglesa". Thorndike foi ainda mais severo em uma carta que escreveu a um colega, dizendo que o livro de Hall "estava repleto de erros, masturbação e Jesus. Ele é um louco" (apud Ross, 1972, p. 385). Hall havia também programado uma série de palestras sobre sexo na Clark, uma atitude considerada escandalosa, embora não se permitisse a participação de mulheres. Posteriormente, ele teve de interromper essas palestras, pois "muitos estranhos entravam e até ouviam por trás da porta" (Koelsch, 1970, p. 119). "Não existe uma maneira de desviar a atenção de Hall desse período de cio?" escreveu Angell para Titchener. "Realmente, acho que é uma coisa moral e intelectualmente errada harpear tanto na corda sexual" (apud Boakes, 1984, p. 163). Os psicólogos colegas de Hall não precisavam ter se preocupado; o Hall produtivo e cheio de energia logo voltou-se para outros interesses.

À medida que envelheceu, naturalmente se tornou curioso a respeito das fases tardias do desenvolvimento humano. Aos 78 anos, publicou *Senescência* [*Senescence*] (1922), a primeira pesquisa em larga escala sobre assuntos psicológicos da velhice. Nos últimos anos de vida, escreveu duas autobiografias: *Recriações de um psicólogo* [*Recreations of a psychologist*] (1920) e *Vida e confissões de um psicólogo* [*The life and confessions of a psychologist*] (1923).

Comentários

Certa vez, Hall foi apresentado a uma plateia como o Darwin da mente. A caracterização, evidentemente, o agradou e expressou as aspirações dele e a atitude que permeou seu trabalho. Em outra ocasião, foi apresentado como "a maior autoridade no mundo sobre o estudo da criança", e esse elogio foi considerado correto (Koelsch, 1987, p. 58). Em sua segunda autobiografia, ele escreveu: "Toda minha vida ativa consciente foi formada por uma série de modas ou loucuras, algumas fortes, outras fracas; algumas de longa duração e outras efêmeras" (1923, p. 367-368). Foi uma observação perceptiva. Hall era corajoso, versátil e agressivo, frequentemente entrava em disputa com colegas, mas jamais foi enfadonho.

A fundação do funcionalismo

Os estudiosos associados à fundação do funcionalismo não ambicionavam iniciar uma nova escola de pensamento. Eles apenas protestavam contra as restrições e limitações da psicologia de Wundt e do estruturalismo de Titchener, e não desejavam substituí-los por outro "ismo" formal. A primeira razão era pessoal e não ideológica, já que nenhum dos principais proponentes do funcionalismo ambicionava estabelecer um movimento, do modo como fizeram Wundt e Titchener. Naquela época, o funcionalismo incorporava diversas características de uma escola de pensamento, mas esse não era o objetivo dos líderes. Eles pareciam satisfazer-se apenas em modificar a ortodoxia existente, sem lutar ativamente para substituí-la.

Desse modo, o funcionalismo jamais se constituiu uma posição sistemática rígida ou formalmente diferenciada, como o estruturalismo de Titchener. Não houve uma psicologia funcional única, da forma como houve uma psicologia estrutural única. Várias psicologias funcionais coexistiram e, embora apresentassem algumas diferenças, todas compartilhavam o interesse no estudo das funções da consciência. Posteriormente, como resultado dessa ênfase nas funções mentais, os funcionalistas interessaram-se pelas possíveis aplicações da psicologia aos problemas cotidianos em relação ao comportamento e à adaptação do homem nos diferentes ambientes. A rápida evolução da psicologia aplicada nos Estados Unidos pode ser considerada a herança mais importante do movimento funcionalista (ver Capítulo 8).

Paradoxalmente, a formalização desse movimento de protesto foi imposta pelo fundador do estruturalismo: E. B. Titchener. Ele, de maneira indireta, fundou a psicologia funcional quando usou a palavra "estrutural" em oposição a "funcional" no artigo "Os postulados da psicologia estrutural" ["The postulates of a structural psychology"], publicado na *Philosophical Review*, em 1898. Nesse artigo, Titchener ressaltou as diferenças entre a psicologia funcional e a estrutural, e argumentou que o estruturalismo era o único estudo adequado de psicologia.

Ao estabelecer o funcionalismo como oposição, Titchener, sem querer, ofereceu-lhe uma identidade e um *status* que talvez nunca viesse a obter. "O que Titchener estava criticando, na verdade, não tinha nome, até ele batizá-lo; a partir de então, ele deu impulso ao movimento, destacando e divulgando o termo *funcionalismo*, que acabou se tornando conhecido" (Harrison, 1963, p. 395).

A escola de Chicago

Nem todo o crédito pela fundação do funcionalismo é devido a Titchener, mas os psicólogos que a história batizou de fundadores da psicologia funcional foram, no máximo, fundadores relutantes. Dois psicólogos que contribuíram diretamente para a fundação da escola de pensamento funcionalista foram John Dewey e James Rowland Angell. Em 1894, eles chegaram à recém-criada University of Chicago; mais tarde, foram capa da revista *Time*. Mais tarde, ninguém menos que William James anunciou que Dewey e Angel deveriam ser considerados os fundadores do novo sistema, que ele designou a "escola de Chicago" (ver Backe, 2001, p. 328).

John Dewey (1859-1952)

John Dewey (Figura 7.8) teve uma infância comum e não demonstrava grande capacidade intelectual, até começar a frequentar a University of Vermont. Depois de se formar, lecionou no ensino médio durante alguns anos e estudou filosofia como autodidata, escrevendo alguns artigos acadêmicos. Iniciou a pós-graduação na

Johns Hopkins University, em Baltimore, completando o doutorado em 1884. Lecionou nas universidades de Michigan e Minnesota. Em 1886, publicou o primeiro manual norte-americano com base na nova psicologia (adequadamente intitulado *Psicologia* [*Psychology*], que teve grande sucesso nos Estados Unidos e na Europa. Com isso, Dewey adquiriu fama instantânea, pois era o único livro disponível adequado para o ensino nas universidades norte-americanas" (Martin, 2002, p. 105). O livro foi bastante popular, até ser ofuscado em 1890 por *Princípios de psicologia*, de James.

AP IMAGES/STF

FIGURA 7.8 John Dewey.

Dewey permaneceu dez anos na University of Chicago. Criou a escola-laboratório, uma inovação radical na educação, que se tornou um marco do movimento educacional progressista. Dewey e sua esposa eram considerados pais progressistas. Os filhos os chamavam pelos primeiros nomes, e, em casa, eles praticavam o nudismo, para ensinar às crianças que nada havia de vergonhoso em relação ao corpo humano. Em 1904, foi para a Columbia University, em Nova York, onde prosseguiu com seu trabalho de aplicação da psicologia aos problemas educacionais e filosóficos, tornando-se, assim, outro exemplo da orientação prática de vários psicólogos funcionalistas.

Apesar de brilhante, Dewey não era bom professor. Um de seus alunos lembrou-se de que ele usava uma boina verde.

> Ele entrava [na classe], sentava-se à mesa e colocava a boina à sua frente, falando sempre no mesmo tom de voz, como se estivesse dando aula para a boina. [...] Era inevitável que muitos alunos caíssem no sono. No entanto, se você fosse capaz de prestar atenção ao que ele falava, realmente, valia a pena! (May, 1978, p. 655)

Com frequência, sua aula da tarde continuava além do horário, pois ele ficava muito envolvido no assunto. Sua esposa costumava mandar um de seus filhos até a sala de aula, para lembrá-lo de que era hora de ir para casa. Em geral, ele "colocava a criança sentada sobre a mesa enquanto terminava seu pensamento" (Martin, 2002, p. 259).

O arco reflexo

O artigo de Dewey "O conceito do arco reflexo na psicologia" ("The reflex arc concept in psychology"), publicado na *Psychological Review* (1896), foi o ponto de partida da psicologia funcional. Realmente, um historiador afirmou que o artigo foi o "tiro inaugural" do movimento funcionalista (Bergmann, 1956, p. 268). Ele se tornou tão popular, que foi votado como o "artigo mais importante publicado nos primeiros 50 volumes da *Psychological Review*" (Backe, 2001, p. 329).

Nesse importante trabalho, Dewey criticava o aspecto molecular, elementar e reducionista psicológico do **arco reflexo**, dada a sua distinção entre o estímulo e a resposta. Por meio dessa crítica, Dewey alegava não ser possível reduzir o comportamento ou a experiência consciente a seus elementos componentes, como afirmavam Wundt e Titchener, atacando, assim, o ponto principal de suas abordagens da psicologia. Os proponentes do arco reflexo argumentavam que qualquer unidade de comportamento extingue a resposta a um estímulo, por exemplo, quando a criança afasta a mão do fogo. Dewey sugeria que o reflexo formava mais um círculo do que um arco, já que a percepção da criança sobre a chama muda, servindo, assim, a diferentes funções.

Arco reflexo: conexão entre estímulos sensoriais e respostas motoras.

Inicialmente, a chama atrai a criança, mas logo em seguida, ao sentir seus efeitos, repele o fogo. A resposta altera a percepção da criança sobre o estímulo (a chama). Portanto, a percepção e o movimento (o estímulo e a resposta) devem ser vistos como uma unidade e não como uma composição de sensações e respostas individuais.

Desse modo, Dewey argumentava não ser possível a redução do comportamento envolvido na resposta reflexiva a elementos sensório-motores básicos, assim como era impossível analisar de forma adequada a consciência, dividindo-a em partes componentes elementares.

Dewey observou que o comportamento não deve ser tratado como um constructo científico artificial, mas em termos do seu significado para o organismo, na adaptação ao ambiente. Ele concluiu que o objeto de estudo mais adequado para a psicologia seria a análise do organismo inteiro e o seu funcionamento no ambiente.

Comentários

O evolucionismo exerceu grande influência sobre as ideias de Dewey. Na luta pela sobrevivência, tanto a consciência como o comportamento trabalham para o organismo; a consciência gera o comportamento adequado, que permite ao organismo sobreviver. Como consequência, a psicologia funcional dedicou-se ao estudo do organismo em funcionamento.

É interessante observar que Dewey jamais chamou a sua psicologia de funcionalismo. Aparentemente, não acreditava que a estrutura e a função tivessem sentido separadamente, apesar de seu ataque à premissa básica do estruturalismo. Angell e outros psicólogos ficaram encarregados de declarar que o funcionalismo e o estruturalismo eram formas contrárias de psicologia.

A importância de Dewey para a psicologia está na sua influência sobre os psicólogos e outros estudiosos e no desenvolvimento da estrutura filosófica da nova escola de pensamento. Quando ele deixou a University of Chicago, em 1904, Angell passou a ser o líder do movimento funcionalista.

James Rowland Angell (1869-1949)

James Rowland Angell (Figura 7.9) moldou o movimento funcionalista, transformando-o em uma escola de pensamento utilitária. Graças a seu trabalho, o departamento de psicologia da University of Chicago foi o mais importante da sua época e a principal base de orientação para os psicólogos funcionalistas.

A biografia de Angell

Angell nasceu em uma família de acadêmicos, em Vermont. Seu avô fora reitor da Brown University, em Providence, Rhode Island, e o pai, reitor da Vermont University e depois da University of Michigan, onde Angell se formou e teve aulas com Dewey. Leu também *Princípios da psicologia*, de James, e afirmou ter sido o livro que mais influenciou seu pensamento. Angell trabalhou um ano com James, em Harvard, e obteve o mestrado em 1892.

Seguiu para a Europa, para continuar os estudos de pós-graduação nas universidades de Halle e Berlim, na Alemanha. Em Berlim, assistiu às aulas de Ebbinghaus e Helmholtz. Desejava seguir para Leipzig, mas Wundt não estava mais aceitando alunos naquele ano. Angell não conseguiu completar seu trabalho de doutorado. Sua tese fora aceita mediante a condição de que a redação em alemão fosse melhorada, mas, para isso, teria de permanecer em Halle sem qualquer fonte de renda. Decidiu aceitar a indicação para lecionar na University of Minnesota, cujo salário, embora baixo, era razoável para quem desejava casar-se depois de um noivado de quatro anos. Apesar de jamais ter concluído o doutorado, orientou diversos doutorandos e, no curso da sua carreira, recebeu 23 títulos honorários.

FIGURA 7.9 James Rowland Angell.

Depois de um ano em Minnesota, Angell aceitou trabalhar na University of Chicago, onde permaneceu por 25 anos. Seguindo a tradição familiar, foi reitor da Yale University. Em 1906, foi eleito 15º presidente da APA e, depois de se aposentar da vida acadêmica, foi conselheiro da National Broadcasting Company (NBC).

Angell foi descrito pela revista *Time*, bem como por outras pessoas que o conheciam bem, como "um homem alegre e saltitante" e "a alegria da festa." Seu apelido na University of Chicago era "Jim, o Radiante". Também comentava-se que não era aconselhável andar a pé ou de carro com ele, pois "ele tinha o hábito inacreditável de atravessar a rua sem prestar atenção ao trânsito. Sinais de trânsito não significam nada para ele. Com a mesma segurança descuidada e habilidade incrível, ele dirige seu carro" (apud Dewsbury, 2003, p. 66-69).

A esfera de ação da psicologia funcional

O livro de Angell, *Psicologia* [*Psychology*] (1904), incorpora a abordagem funcionalista, e obteve tanto sucesso, que foram publicadas quatro edições em quatro anos, sinalizando o apelo da posição funcionalista. Nele, Angell afirmava ser função da consciência a melhoria da capacidade de adaptação do organismo. O objetivo da psicologia era estudar de que modo a mente auxilia o organismo a se adaptar ao ambiente.

No discurso de posse como presidente da APA, em 1906, Angell descreveu o que chamou de "esfera de atuação" da psicologia funcional. Até aqui, observamos que os novos movimentos ganharam impulso somente quando se referiram ou se opuseram à posição popular naquele momento. Angell traçou as linhas da batalha com avidez, mas concluiu com modéstia: "Renuncio formalmente a qualquer intenção de traçar novos planos; estou comprometido com o que se propõe ser um sumário imparcial das condições reais" (Angell, 1907, p. 61).

A psicologia funcional, afirmou Angell, não consiste, de todo, em uma novidade e sim em uma parte significativa da psicologia desde o início. Foi a psicologia estrutural que se colocou à parte da forma de psicologia funcional mais antiga e verdadeiramente mais difusa. Assim, Angell descreveu os três principais temas do movimento funcionalista:

1. A psicologia funcional é a psicologia da operação mental, ao contrário do estruturalismo, que é a psicologia dos elementos mentais. O aspecto elementar da psicologia de Titchener ainda contava com defensores e Angell promovia o funcionalismo em oposição direta a ele. A tarefa do funcionalismo é descobrir o *modus operandi* do processo mental, as suas realizações e as condições sob as quais ele ocorre.
2. A psicologia funcional é a psicologia das utilidades fundamentais da consciência. Desse modo, a consciência é vista como um instrumento utilitário, já que faz a mediação entre as necessidades do organismo e as condições do ambiente. As estruturas e as funções orgânicas existem a fim de permitir que o organismo se adapte ao ambiente para, assim, sobreviver. Angell sugeria que a consciência sobrevivia para

executar alguma função essencial para o organismo. Os psicólogos funcionalistas precisavam descobrir exatamente qual era essa função.

3. A psicologia funcional é a psicologia das relações psicofísicas (as relações mente-corpo) e dedica-se ao estudo de todas as relações entre o organismo e seu ambiente. O funcionalismo abrange todas as funções mente-corpo e não faz qualquer distinção entre a mente e o corpo. Ele os considera pertencentes à mesma classe e admite a facilidade de transferência de um para o outro.

Comentários

O discurso de posse de Angell na APA foi realizado em uma época em que o espírito do funcionalismo já era amplamente aceito. Angell moldou esse espírito em uma empreitada ativa e destacada, tendo como instrumentos um laboratório, um corpo de dados de pesquisa, um grupo de professores entusiasmados e um núcleo de dedicados estudantes de pós-graduação. Ao dirigir o funcionalismo para ocupar o *status* de escola formal, atribuiu o enfoque e a importância para efetivá-lo. No entanto, continuou a afirmar que o funcionalismo não constituía, na verdade, uma escola de pensamento separada nem devia ser relacionado exclusivamente com a University of Chicago. Apesar das objeções de Angell, o funcionalismo prosperou e, frequentemente, referiam-se a ele como a "escola de Chicago", sendo permanentemente associado com o tipo de psicologia ali ensinado e praticado.

Funcionalismo na Columbia University

Como observamos até agora, não existiu uma forma única de psicologia funcional nos mesmos moldes da psicologia estrutural exclusiva de Titchener. Embora a evolução inicial e a fundação da escola de pensamento funcionalista houvessem ocorrido na University of Chicago, outro ponto de vista vinha sendo formado por Robert Woodworth, na Columbia University. Essa universidade também foi a base acadêmica de outros dois psicólogos de orientação funcionalista. Um deles foi James McKeen Cattell, cujo trabalho sobre os testes mentais incorporou o espírito funcionalista norte-americano (ver Capítulo 8), e o outro foi E. L. Thorndike, cuja pesquisa a respeito dos problemas da aprendizagem animal reforçou a tendência funcionalista à maior objetividade (ver Capítulo 9).

Robert Sessions Woodworth (1869-1962)

Robert Woodworth (Figura 7.10) não pertencia formalmente à escola de pensamento funcionalista como pertenciam tradicionalmente Carr e Angell. Ele não apreciava as restrições impostas por membros de qualquer escola de pensamento. Entretanto, grande parte do trabalho que escreveu sobre a psicologia seguia o espírito funcionalista da escola de Chicago, além de haver introduzido um importante ponto de vista.

A biografia de Woodworth

Woodworth trabalhou ativamente na psicologia como pesquisador durante mais de 60 anos e foi um amado professor, escritor e editor. Depois de obter o bacharelado na Amherst College, em Massachusetts, lecionou ciências em um colégio e matemática em uma modesta faculdade. Nesse período, duas experiências mudaram

ARCHIVES OF THE HISTORY OF AMERICAN PSYCHOLOGY, UNIVERSITY OF AKRON

FIGURA 7.10 Robert Sessions Woodworth.

a sua vida: a primeira, a palestra a que assistiu do famoso psicólogo G. Stanley Hall, e a segunda, a leitura do livro *Princípios de psicologia*, de William James. Decidiu que deveria tornar-se psicólogo.

Matriculou-se na Harvard University, onde obteve o mestrado e, em 1899, na Columbia, recebeu o título de Ph.D., de James McKeen Cattell. Woodworth deu aulas de fisiologia em hospitais da cidade de Nova York durante três anos, e durante um ano trabalhou na Inglaterra com o fisiologista Charles Scott Sherrington. Em 1903, retornou à Columbia, onde lecionou até a sua primeira aposentadoria, em 1945. Sua popularidade entre os alunos era tão grande, que continuou a dar aulas a classes enormes até aposentar-se pela segunda vez, com 89 anos.

Gardner Murphy, um ex-aluno, recorda-se de Woodworth como o melhor professor que tivera no curso de psicologia, descrevendo-o assim: ele entrava "na sala de aula vestindo um velho terno folgado e amassado e calçando coturnos do exército". Dirigia-se até a lousa e "pronunciava alguma palavra inimitável pela extravagância e perspicácia, e que anotávamos no caderno para nos lembrarmos dela por muitos anos seguintes" (Murphy, 1963, p. 132).

Woodworth descreveu sua visão de psicologia em diversos artigos de revistas e em dois livros, *Psicologia dinâmica* [*Dynamic psychology*] (1918) e *Comportamento dinâmico* [*Dynamics of behavior*] (1958). Escreveu um texto introdutório, *Psychology* (1921), que foi lançado em cinco edições, em 25 anos, e que superou em vendagem os demais textos relativos à psicologia na época. A obra *Psicologia experimental* [*Experimental psychology*] (1938, 1954) também, tornou-se um livro de referência clássico. Em 1956, recebeu a primeira medalha de ouro, concedida pela Fundação Americana de Psicologia (American Psychological Foundation), em razão da sua "inigualável contribuição na formação de destino da psicologia científica" e por ser "integrador e organizador do conhecimento psicológico".

A psicologia dinâmica

Woodworth dizia que sua abordagem não consistia em nenhuma novidade e que era a mesma seguida pelos melhores psicólogos, mesmo antes de a psicologia tornar-se ciência. O conhecimento psicológico deve começar com uma investigação sobre a natureza do estímulo e da resposta, que são, com objetividade, os fatos externos. Mas quando os psicólogos consideram somente o estímulo e a resposta para explicar o comportamento, perdem o que pode ser a parte mais importante do estudo, que é o organismo vivo, propriamente dito. O estímulo não é a única causa de determinada resposta. O organismo, com seus níveis de energia variáveis e as experiências passadas e presentes, também atua para determinar a resposta.

A psicologia precisa considerar o organismo interposto entre o estímulo e a resposta. Portanto, Woodworth sugeria que o objeto de estudo da psicologia fosse tanto a consciência quanto o comportamento (essa posição foi adotada posteriormente pelos psicólogos humanistas e pelos teóricos da aprendizagem social).

É possível estudar o organismo de forma objetiva, analisando o estímulo externo tanto quanto a resposta, mas o que ocorre dentro do organismo só pode ser conhecido pela introspecção. Sendo assim, Woodworth aceitava a introspecção como uma ferramenta útil para a psicologia, juntamente com os métodos experimental e de observação.

Woodworth introduziu no funcionalismo a **psicologia dinâmica**, que desenvolveu com base nos ensinamentos de John Dewey e William James (Dewey, usara a palavra "dinâmico" nesse contexto já em 1884, e James, em 1908). A psicologia dinâmica diz respeito ao estudo da motivação, e a intenção de Woodworth era desenvolver o que chamava de "motivatologia" (o estudo da motivação).

Psicologia dinâmica: sistema de psicologia de Woodworth, que se dedica aos fatores causais e às motivações que influenciam os sentimentos e o comportamento.

Embora se observem semelhanças entre a visão de Woodworth e a dos funcionalistas de Chicago, ele enfatizava os fatos psicológicos que estão por trás do comportamento. Sua psicologia dinâmica concentrava-se nas relações causa-efeito e, principalmente, nas forças que direcionam ou motivam os seres humanos. Acreditava que a psicologia devia dedicar-se à identificação dos motivos pelos quais as pessoas se comportam de determinado modo.

Woodworth não adotou um sistema único nem desejava estabelecer a própria escola de pensamento. Seu ponto de vista não foi construído com base em um protesto, mas estendendo, elaborando e sintetizando as características apropriadas de outras abordagens que selecionava.

Críticas ao funcionalismo

Os ataques contra o movimento funcionalista surgiram rápida e veementemente por parte dos estruturalistas. Pela primeira vez, pelo menos nos Estados Unidos, a nova psicologia dividia-se em facções rivais: o laboratório de Titchener, na Cornell University, como quartel-general do estruturalismo, e o departamento de psicologia da Chicago University, como base para os funcionalistas. Acusações investidas e contra-ataques iam e vinham entre os inimigos com a justiça típica daqueles que estão convencidos de que só eles são portadores da verdade.

Titchener e seus seguidores argumentavam que o funcionalismo não era, de modo algum, psicologia. Por quê? Porque alegavam que o funcionalismo não adotava os métodos e o objeto de estudo do estruturalismo! Assim, na visão de Titchener, qualquer abordagem da psicologia que se desviasse da análise introspectiva da mente com base nos elementos componentes não podia ser chamada de psicologia. E, obviamente, era exatamente essa definição de psicologia que os funcionalistas estavam questionando.

Estruturalistas também consideravam equivocado o interesse dos funcionalistas pelas questões práticas, reacendendo, assim, a interminável polêmica entre a ciência pura e a aplicada. Os estruturalistas ignoravam qualquer aplicação do conhecimento psicológico aos problemas do mundo real, enquanto os funcionalistas não viam a menor utilidade em manter a psicologia como uma ciência pura e jamais abriram mão do seu interesse prático.

Os funcionalistas afirmavam que tanto na psicologia pura como na aplicada era possível adotar procedimentos científicos rigorosos e também realizar pesquisas válidas em fábricas, escritórios, salas de aulas, bem como em laboratórios universitários. É o método, e não o objeto de estudo, que determina a validade científica de qualquer campo de investigação. Essa incessante disputa entre ciência pura e aplicada não é mais tão acirrada na psicologia norte-americana como foi um dia, principalmente por causa do grande poder de penetração da psicologia aplicada. A aplicação prática da psicologia nos problemas reais está entre as principais e mais duradouras contribuições do funcionalismo.

Contribuições do funcionalismo

A forte oposição do funcionalismo ao estruturalismo teve enorme impacto na evolução da psicologia nos Estados Unidos. A amplitude das consequências da transferência da ênfase da estrutura para a função também foi bastante significativa. Um dos resultados foi a incorporação da pesquisa do comportamento animal, que não fazia parte do tratamento estruturalista como área de estudo da psicologia.

A ampla base da psicologia funcionalista também incorporava os estudos sobre bebês, crianças e adultos com dificuldades mentais. Os funcionalistas complementavam o método introspectivo com dados obtidos por meio de outros métodos, como pesquisa fisiológica, testes mentais, questionários e descrições objetivas do comportamento. Essas abordagens, rejeitadas pelos estruturalistas, transformaram-se em fontes respeitáveis de informação para a psicologia.

Na época da morte de Wundt, em 1920, e de Titchener, em 1927, suas abordagens já estavam obscuras nos Estados Unidos. Por volta de 1930, consolidava-se a vitória do funcionalismo. Como veremos no Capítulo 8, o funcionalismo deixou a sua marca na psicologia norte-americana contemporânea mais significativamente em razão da ênfase na aplicação dos métodos e das descobertas da psicologia para a solução dos problemas práticos.

QUESTÕES PARA DISCUSSÃO

1. Descreva a noção de Spencer a respeito do darwinismo social.
2. Por que os Estados Unidos receberam tão bem as ideias de Spencer a respeito do darwinismo social?
3. Quem ampliou as ideias de Darwin sobre a evolução das máquinas? Descreva a posição dessa pessoa em relação à evolução mecânica.
4. Por que o tipo de calculadora criada por Babbage, em meados do século XIX, não era mais adequado no fim do mesmo período?
5. Descreva a abordagem de Hollerith quanto ao processamento de informações com a utilização da máquina.
6. O que é neurastenia? Qual segmento da sociedade norte-americana do século XIX teve maior probabilidade de apresentar neurastenia?
7. Qual é a diferença entre o tratamento prescrito para homens e mulheres para tratar neurastenia?
8. Por que James foi considerado o principal psicólogo norte-americano? Descreva a atitude dele em relação ao trabalho laboratorial.

9. Qual é a diferença entre a visão de James e a de Wundt a respeito da consciência? Para James, qual era o propósito da consciência?
10. Quais os métodos considerados adequados por James para o estudo da consciência? Que valor teve o pragmatismo na nova psicologia?
11. Segundo James, quais são os componentes da percepção do eu de uma pessoa? Também, segundo James, que papel tem o vestuário em nossa percepção do eu?
12. Descreva a hipótese da variabilidade e sua influência na ideia da superioridade masculina. Como as pesquisas de Woolley e Hollingworth refutaram essas ideias?
13. Quais feitos, na psicologia norte-americana, podem ser atribuídos a Hall como realizações inéditas? Por que ele era chamado de psicólogo genético?
14. Como o trabalho de G. Stanley Hall foi influenciado pela teoria evolutiva de Darwin? Descreva a teoria de Hall sobre a teoria da recapitulação do desenvolvimento.
15. De que forma Titchener e Dewey contribuíram para a fundação da psicologia funcional? Por que o funcionalismo não era dotado de uma forma única, assim como o estruturalismo?
16. Para Angell, quais eram os três principais temas do funcionalismo?
17. Descreva a psicologia dinâmica de Woodworth e a sua visão sobre a introspecção. O próprio Woodworth considerava-se um psicólogo funcionalista? Por quê?
18. Compare as contribuições do funcionalismo e do estruturalismo na psicologia.
19. Por que a psicologia aplicada desenvolveu-se no funcionalismo e não no estruturalismo?

Capítulo 8

Psicologia aplicada

Apreensão de drogas: Psicologia para o resgate

Na noite de quinta-feira, 20 de outubro de 1909, agentes federais pararam um caminhão na rodovia perto de Chattanooga, Tennessee. Seu objetivo era o carregamento de 40 barris e 20 galões contendo uma substância que o governo alegava ser venenosa e viciante. O xarope nos galões e barris era a base da Coca-Cola; o ingrediente viciante – sim – era a cafeína.

Além de ser viciante e mortal, o governo afirmava que a cafeína da Coca-Cola levava a "imoralidades" entre os jovens que a consumiam (Pendergrast, 1993). Um jornal da época escreveu que "oito Coca-Colas continham cafeína o bastante para matar" (Laskow, 2013, p. 4).

Se considerado culpado, o diretor da empresa Coca-Cola estaria em sérias dificuldades. Não fizeram economia preparando-se para o caso que, finalmente, foi a julgamento em 1911. À medida que a data se aproximava, os advogados da empresa perceberam que não tinham nenhuma prova para demonstrar que a quantidade da cafeína no refrigerante não tinha efeitos prejudiciais sobre o comportamento humano. Precisaram recrutar um psicólogo para conduzir um impressionante programa de pesquisa – e torcer para que os resultados provassem essa ideia.

Primeiro, pediram a James McKeen Cattell, um dos psicólogos mais famosos dos Estados Unidos, mas ele não estava interessado, assim como também muitos outros não estavam. Mas um homem ficou ansioso para aceitar o que percebeu ser uma grande oportunidade. Seu nome era Harry Hollingworth.

"Trabalhar ali tinha dois motivos", ele escreveu. "Preciso de dinheiro, e ali estava uma oportunidade de aceitar um trabalho para o qual havia sido treinado, incluindo não só o custo da pesquisa, mas também um salário satisfatório para cobrir meu tempo e serviços" (apud Benjamin, Rogers e Rosenbaum, 1991, p. 43).

Na época, Hollingworth lecionava na Barnard College, em Nova York, recebendo um salário de subsistência. Sua esposa, Leta Stetter, não havia conseguido garantir um trabalho lecionando (por ser casada) e não obteve sucesso em vender seus contos. Ela tinha a esperança de conseguir fazer uma pós-graduação, mas o casal não tinha condições financeiras para isso. Graças ao caso da Coca-Cola, no entanto, ela foi indicada como diretora assistente do programa de pesquisa e, juntos, os Hollingworth passaram a ganhar o suficiente para pagar seu curso no programa de pós-graduação.

Entretanto, apesar do salário, Harry Hollingworth insistiu em elevados padrões éticos. Ele não seria acusado de achar somente as respostas que a empresa desejava, e a Coca-Cola aceitou suas exigências. Teria permissão para publicar os resultados, até mesmo se fossem prejudiciais para a empresa; por sua vez, a empresa concordou em não usar os resultados em propaganda, mesmo que fossem favoráveis.

O intenso programa de pesquisa de 40 dias, realizado em um apartamento com seis quartos em Manhattan, foi tão rigoroso e sofisticado quanto qualquer outro conduzido no laboratório mais equipado da melhor universidade, envolveu aproximadamente 64 mil medidas individuais. Os dados foram registrados com base em uma grande variedade de funções motoras e mentais e avaliados com doses diferentes de cafeína. Não foram encontrados efeitos prejudiciais ou declínios significativos no desempenho.

A Coca-Cola ganhou o caso, embora a sentença tenha sido derrubada posteriormente pela Suprema Corte, e os efeitos disso sobre os Hollingworth e a psicologia como um todo foram profundos. Eles demonstraram que pesquisa experimental sólida pode ser financiada por uma entidade corporativa de grande porte, sem ditar ou prejudicar os resultados. Um efeito mais duradouro foi saber que psicólogos podiam ter carreiras bem-sucedidas e financeiramente recompensadoras em psicologia aplicada, sem desafiar sua integridade profissional.

Rumo à psicologia prática

A psicologia funcional, derivada da doutrina evolucionária, rapidamente dominou os Estados Unidos no fim do século XIX. Sabe-se que a psicologia norte-americana se orientou muito mais pelas ideias de Darwin, Galton e Spencer do que pelos trabalhos de Wundt. Esse fenômeno histórico foi singular, e até mesmo paradoxal. Wundt orientou muitos dos psicólogos norte-americanos da primeira geração de acordo com sua forma de psicologia; no entanto, eles levaram consigo pouco de suas ideias. Embora seus alunos norte-americanos prestassem homenagens públicas a Wundt, chamando-o de "nosso mestre", muitos deles "confessaram secretamente que o consideravam grosseiro e suas ideias, limitadas" (Rose, 2011, p. 360)

Quando esses discípulos de Wundt, esses novos psicólogos retornaram aos Estados Unidos, começaram a estabelecer uma psicologia que tinha pouca semelhança com aquela de Wundt. Desse modo, a nova ciência, assim como todos os seres vivos, estava mudando para se adaptar ao novo ambiente.

A psicologia de Wundt e o estruturalismo de Titchener não sobreviveriam por muito tempo em sua forma original no ambiente intelectual dos Estados Unidos – o *Zeitgeist* norte-americano – e, assim, evoluíram para o funcionalismo. Não eram formas práticas de psicologia: não lidavam com o uso da mente e não podiam ser aplicadas às exigências e problemas do dia a dia. A cultura norte-americana era voltada ao prático: as pessoas valorizavam o que funcionava. "Precisamos de uma psicologia que seja prática", escreveu G. Stanley Hall.

"Os pensamentos de Wundt jamais se aclimatarão aqui, pois são antagônicos ao espírito e temperamento americanos" (Hall, 1912, p. 414).

Os novos psicólogos norte-americanos transformaram a forma de psicologia alemã em um padrão norte-americano dinâmico. Em vez de estudar a função da mente, começaram a analisar o seu funcionamento. Enquanto alguns psicólogos norte-americanos, em especial James, Angell e Dewey, desenvolviam a abordagem funcionalista nos laboratórios acadêmicos, outros a aplicavam em ambientes fora das universidades. O movimento rumo à psicologia prática ocorria simultaneamente à fundação do funcionalismo como escola de pensamento independente.

Os adeptos da psicologia aplicada inseriram sua psicologia no mundo real, em escolas, fábricas, agências de publicidade, tribunais, clínicas de orientação infantil e centros de saúde mental. Desse modo, mudaram radicalmente a natureza da psicologia norte-americana, assim como fizeram os fundadores acadêmicos do funcionalismo. A literatura especializada da época reflete os seus impactos. Por volta de 1900, 25% dos artigos de pesquisa publicados nas revistas norte-americanas especializadas em psicologia abordavam a psicologia aplicada e menos de 3% tratavam sobre o método de introspecção (O'Donnell, 1985). As abordagens de Wundt e Titchener, que acabavam de criar a "nova" psicologia, estavam rapidamente sendo superadas por uma psicologia ainda mais atual. Mesmo Titchener, o grande psicólogo estruturalista, reconheceu essa transformação avassaladora na psicologia norte-americana. Em 1910, escreveu: "Se naquela época pedíssemos a alguém que resumisse em uma frase a tendência da psicologia nos últimos dez anos, ele responderia: a psicologia, definitivamente, voltou-se para a aplicação" (apud Evans, 1992, p. 74).

A evolução da psicologia norte-americana

A psicologia evoluiu e prosperou nos Estados Unidos. Seu entusiasmado desenvolvimento entre 1880 e 1900 foi um marco na história da ciência.

- Em 1880, não havia laboratórios nos Estados Unidos; em 1900, existiam 41 e eram mais bem equipados que os alemães.
- Em 1880, não havia publicações norte-americanas especializadas em psicologia; em 1895, existiam três.
- Em 1880, para estudar psicologia, os norte-americanos tinham de ir para a Alemanha; em 1900, havia cerca de 40 programas de doutorado nas universidades dos Estados Unidos.
- Em 1910, mais de 50% de todos os artigos de psicologia publicados foram escritos em alemão e somente 30% em inglês. Em 1933, 52% dos artigos publicados eram em inglês e apenas 14% em alemão (Wertheimer e King, 1994). No fim do século XX, o inglês havia se tornado o idioma dominante nos simpósios internacionais e na literatura especializada; o periódico da APA, *Psychological Abstracts*, já não publicava mais nada em outro idioma que não fosse o inglês (Draguns, 2001).
- A publicação britânica *Who's Who in Science*, de 1913, afirmava que os Estados Unidos dominavam o campo da psicologia e contavam com os principais psicólogos do mundo (84), número maior que o de alemães, ingleses e franceses somados (Benjamin, 2001; Jonçich, 1968; Wertheimer e King, 1984).

Passados pouco mais de 20 anos do início da psicologia na Europa, os psicólogos norte-americanos assumiram indiscutível liderança na área. Em seu discurso como presidente da APA, em 1895, James McKeen Cattell declarou:

> Não há precedentes na história comparáveis ao desenvolvimento acadêmico da psicologia nos Estados Unidos, ao longo dos últimos cinco anos. A psicologia é matéria obrigatória nos currículos de graduação [...] e, hoje, entre os diversos cursos universitários, concorre com as outras grandes ciências em número de estudantes interessados e na quantidade de trabalhos originais realizados. (Cattell, 1896, p. 134)

A psicologia chega ao público

A psicologia não estava avançando apenas nas salas de aula e laboratórios experimentais, mas também no mundo real.

> O público, de um modo geral, ficou avidamente interessado na nova disciplina. Estudantes começaram a afluir para os cursos de graduação e pós-graduação. Revistas populares dedicavam artigos às novas descobertas da promissora disciplina [...] e aguardavam empolgantes aplicações práticas na educação, indústria e medicina. (Fuller, 2006, p. 221)

A psicologia fez sua estreia em 1893, diante de um ávido público norte-americano na Chicago World's Fair (Feira Mundial de Chicago). Em um programa semelhante ao do laboratório antropométrico de Galton, na Inglaterra, os psicólogos organizaram exibições de equipamentos de pesquisa e um laboratório de testes no qual o visitante podia ter medida a sua capacidade sensorial mediante o pagamento de uma pequena taxa. As pessoas estavam maravilhadas.

> Artigos em revistas e jornais sobre a feira aplaudiam o laboratório de psicologia, que continha a maior coleção de instrumentos e equipamentos jamais vistos juntos nos Estados Unidos, como uma exibição da maior contribuição educacional. O fato de os psicólogos terem tido uma exibição oficial pela primeira vez em uma feira internacional demonstrou que a disciplina, finalmente, popular. (Shore, 2001, p. 72, 83)

Uma exibição ainda mais ampla foi montada em 1904, na Louisiana Purchase Exposition (Feira Comercial de Louisiana), em St. Louis, Missouri, que contou com a participação de várias "estrelas" e alguns dos principais psicólogos da época, como E. B. Titchener, C. Lloyd Morgan, Pierre Janet, G. Stanley Hall e John B. Watson (ver Benjamin, 2004). Uma exposição de psicologia popular como essa não contaria com o apoio de Wundt, e, obviamente, evento semelhante jamais ocorreria na Alemanha. A popularização da psicologia refletia o temperamento norte-americano. Essa tendência transformou a psicologia de Wundt em psicologia funcional e transportou-a muito além das fronteiras do laboratório experimental.

Assim, os Estados Unidos acolheram a psicologia com grande entusiasmo. Hoje, seu campo de atuação é muito mais abrangente do que seus fundadores podiam imaginar ou desejar. Em uma avaliação atual, menciona-se que "a pesquisa psicológica é dominada pelos norte-americanos", os quais realizam mais pesquisas que os psicólogos em todos os outros países, ainda que os Estados Unidos contabilizem não mais que 5% da população mundial (Arnett, 2008, p. 602).

As influências econômicas na psicologia aplicada

Embora o *Zeitgeist* americano – o espírito intelectual e o temperamento da época – ajudasse a impulsionar o surgimento da psicologia aplicada, outras forças contextuais mais práticas também foram responsáveis pelo seu desenvolvimento. No Capítulo 1, discutimos sobre o papel dos fatores econômicos na mudança do enfoque da psicologia norte-americana, da pura pesquisa para a aplicação. Próximo do fim do século XIX, enquanto o número de laboratórios de psicologia aumentava, a quantidade de doutorados em psicologia crescia ainda mais rapidamente. Muitos desses novos doutores, principalmente os desprovidos de fonte de receita independente, eram forçados a buscar o sustento financeiro fora das universidades, como no caso de Harry Hollingworth e seu trabalho para a Coca-Cola.

Hollingworth realizou pesquisa aplicada para várias empresas; por exemplo, para determinar quais eram as propagandas mais eficazes no caso de um fabricante de armas de fogo, e também para a goma de mascar da Wrigley. Ele relatou que o ato de mascar chiclete aliviava a tensão muscular e ajudava as pessoas a se sentir à vontade (Hollingworth, 1939; Kellman, 2013).

Ele não estava só ao conduzir pesquisas que pudessem ser aplicadas aos problemas do mundo real; outros pioneiros da psicologia aplicada fizeram o mesmo por questões financeiras. Mas isso não quer dizer que eles não encontrassem motivação nesse trabalho prático ou não o considerassem desafiador. A maioria encontrava estímulo e também reconhecia que o comportamento humano e as atividades cognitivas podiam ser estudados com a mesma efetividade, tanto no ambiente do mundo real como nos laboratórios acadêmicos. E, ainda, alguns psicólogos optaram por trabalhar nas áreas aplicadas apenas porque assim o desejavam. O fato é que muitos psicólogos da primeira geração da psicologia aplicada nos Estados Unidos foram levados a abandonar os sonhos da pesquisa experimental puramente acadêmica por não haver outra forma de escapar das dificuldades financeiras.

A situação era ainda mais crítica para os psicólogos que lecionavam nas universidades menos privilegiadas da região do meio-oeste e do oeste. Por volta de 1910, um terço dos psicólogos norte-americanos ocupava essas posições e, à medida que esses números cresciam, aumentavam as pressões para que lidassem com os problemas práticos e, assim, provassem à direção das universidades e ao poder legislativo estadual que o novo campo da psicologia era dotado de valor financeiro.

Em 1912, C. A. Ruckmick realizou uma pesquisa entre os psicólogos dos Estados Unidos e concluiu que a psicologia estava desvalorizada pelos administradores de faculdades e universidades, apesar da sua popularidade entre os estudantes. Os cursos contavam com poucos recursos e os laboratórios estavam mal equipados, com poucas perspectivas de melhoria. Havia a sensação de que a única forma de aumentar a previsão orçamentária dos departamentos e os salários do corpo docente era demonstrando aos administradores e políticos que a ciência da psicologia era capaz de ajudar a curar os males da sociedade.

G. Stanley Hall aconselhou um colega do meio-oeste a fazer que a influência da psicologia fosse sentida "fora da universidade, evitando, assim, que alguém ou algum partido irresponsável ou sensacionalista a criticasse no legislativo". Cattell pressionou os colegas para que "fizessem aplicações práticas e desenvolvessem a profissão da psicologia aplicada" (apud O'Donnell, 1985, p. 215, 221).

A solução era clara: valorizar a psicologia, aplicando-a. Mas aplicá-la em quê? Felizmente, a resposta logo ficou evidente. As matrículas nas escolas públicas aumentavam significativamente e, entre 1870 e 1915, passaram de 7 milhões para 20 milhões, e os gastos do governo com as escolas públicas durante esse período aumentaram de 63 milhões para 605 milhões de dólares (Siegel e White, 1982). A educação tinha se tornado um grande negócio, e esse desenvolvimento chamou a atenção dos psicólogos.

Hall declarou que "um dos campos principais e de imediata aplicação da psicologia era a educação" (Hall, 1894, apud Leary, 1987, p. 323). Até mesmo William James, que não podia ser considerado um adepto da psicologia aplicada, escreveu um livro intitulado *Talks to teachers*, tratando sobre o uso da psicologia nas salas de aula (James, 1899). Em torno de 1910, mais de um terço dos psicólogos norte-americanos expressavam o interesse na aplicação da psicologia aos problemas da educação. Três quartos dos que se denominavam psicólogos aplicados já estavam trabalhando na área. A psicologia começava a encontrar o seu espaço no mundo real.

Discutiremos neste capítulo as carreiras e contribuições de profissionais da vertente da psicologia aplicada que introduziram a nova ciência em outras áreas, como indústria, centros de testes psicológicos, sistema judiciário e clínicas de saúde mental. Esses psicólogos foram orientados por Wundt, em Leipzig, para se tornar acadêmicos, mas todos se distanciaram de seus ensinamentos quando iniciaram carreira nas universidades norte-americanas. São exemplos notáveis de como a psicologia norte-americana foi mais influenciada por Darwin e Galton do que por Wundt, e de como a abordagem deste foi remodelada ao ser transplantada para o solo americano.

Testes mentais

O espírito funcionalista da psicologia norte-americana também está bem representado na vida e no trabalho de James McKeen Cattell, que promoveu uma abordagem prática com a aplicação de testes no estudo dos processos mentais. Sua psicologia concentrava-se no estudo das capacidades humanas e não do conteúdo da consciência, e nesse aspecto ele está bem próximo dos funcionalistas.

James McKeen Cattell (1860-1944)

Cattell (Figura 8.1) obteve o grau de bacharel em 1880, na Lafayette College, onde seu pai era diretor. Seguindo o costume da época de cursar a pós-graduação na Europa, partiu primeiro para a University of Göttingen e, em seguida, para Leipzig, a fim de estudar com Wilhelm Wundt.

Um trabalho sobre filosofia rendeu-lhe uma bolsa de estudos para cursar a Johns Hopkins University, em 1882. Aparentemente, Cattell interessou-se pela psicologia em razão das próprias experiências com drogas. Ele experimentou várias substâncias, como haxixe, morfina, ópio, cafeína, cigarro e chocolate e descobriu interesses tanto pessoais como profissionais. Algumas drogas, mais especificamente o haxixe, deixavam-no muito eufórico e diminuíam-lhe a depressão. Ele documentou em uma revista os efeitos das drogas em seu funcionamento cognitivo.

ARCHIVES OF THE HISTORY OF AMERICAN PSYCHOLOGY, UNIVERSITY OF AKRON

FIGURA 8.1 James McKeen Cattell.

"Percebia-me fazendo brilhantes descobertas científicas e filosóficas, e meu único receio era de não me lembrar dos fatos pela manhã." Mais tarde, escreveu: "Perdi o interesse pela leitura e leio sem prestar muita atenção. Levo muito tempo para escrever uma palavra. Estou muito confuso!" (apud Sokal, 1981, p. 51, 52). Cattell não estava assim tão confuso a ponto de não reconhecer a importância psicológica de diversas drogas, uma vez que observava o próprio comportamento e estado mental com crescente fascínio. "Sentia-me como se fosse duas pessoas: uma, o observador e outra, a que estava sendo observada" (apud Sokal, 1987, p. 25).

No segundo semestre de Cattell na Johns Hopkins, G. Stanley Hall começou a lecionar psicologia, e então ele decidiu matricular-se nas aulas de laboratório de Hall. Escolheu como tema de pesquisa o tempo de reação – o tempo necessário para a realização de diferentes atividades mentais e os resultados desse trabalho reforçaram seu desejo de se tornar psicólogo.

Estudando com Wundt

O retorno de Cattell à Alemanha, em 1883, para voltar a estudar com Wundt, é objeto de muita especulação na história da psicologia, e essas lendas são outro exemplo de como os dados históricos podem ser distorcidos. Cattell afirma ter aparecido na University of Leipzig e anunciado corajosamente para Wundt: "Herr professor, o senhor precisa de um assistente e essa posição deve ser minha" (Cattell, 1928, p. 545). Cattell deixara bem claro a Wundt que ele mesmo escolheria seu projeto de pesquisa e que seria sobre a psicologia das diferenças individuais, tópico de menor importância na psicologia wundtiana. Diz a lenda que Wundt teria descrito Cattell e o seu projeto como ganz Americanisch (tipicamente norte-americanos), observação profética, se for verdadeira. O interesse pelas diferenças individuais, consequência natural do ponto de vista evolucionista, passara desde então a ser uma característica da psicologia norte-americana, mas não da alemã.

Além disso, dizem que Cattell teria dado a Wundt sua primeira máquina de escrever, na qual teria escrito a maioria de seus livros. Por causa desse presente, os colegas de Cattell ironizavam, dizendo que ele tinha "prestado um sério desserviço [...] e ter permitido a Wundt produzir o dobro do que teria escrito sem a máquina" (Cattell, 1928, p. 545).

Uma pesquisa cuidadosa realizada com as cartas e as revistas de Cattell colocou em dúvida essas histórias (ver Sokal, 1981). Os relatos de Cattell, escritos muitos anos depois, com os registros da sua correspondência e das revistas da época dos acontecimentos. Ele teria ensinado Wundt a utilizar uma máquina de escrever e não dado uma a ele.

Não faltava autoconfiança a Cattell, como discípulo de Wundt, como demonstrado em suas cartas para seus pais. "Suponho que não vão me considerar vaidoso quando digo que sei muito mais a respeito [de tempo de reação] do que [Wundt] [...] tenho certeza de que meu trabalho é muito mais valioso do que o realizado por Wundt e seus discípulos [...] Professor Wundt parece gostar de mim e valoriza minha inteligência fenomenal" (apud Benjamin, 2006a, p. 64-65).

Estudando com Galton

Após obter o doutorado, em 1886, Cattell retornou aos Estados Unidos para lecionar psicologia na Bryn Mawr College e na University of Pennsylvania. Depois seguiu para a Inglaterra, a fim de ser professor da Cambridge University, onde conheceu Francis Galton. Os dois compartilhavam o interesse pelas diferenças individuais, e Galton, então no auge da fama, "apresentou [Cattell] uma proposta científica – a medição das diferenças psicológicas entre as pessoas" (Sokal, 1987, p. 27).

Cattell admirava a diversidade de interesses de Galton e sua ênfase na medição e na estatística. Por influência de Galton, Cattell tornou-se um dos primeiros psicólogos norte-americanos a destacar a quantificação, a classificação e a gradação, embora, pessoalmente, fosse um "analfabeto em matemática" e, muitas vezes, cometesse erros primários de adição e subtração (Sokal, 1987, p. 37). Cattell desenvolveu o método amplamente utilizado de classificação por ordem de mérito (apresentado mais adiante neste capítulo) e foi o primeiro psicólogo a ensinar a análise estatística dos resultados experimentais.

Wundt não adotava as técnicas estatísticas; portanto, foi por influência de Galton que Cattell enfatizou a estatística que viria a caracterizar a nova psicologia norte-americana. Essa ênfase também explica por que os psicólogos norte-americanos começaram a estudar grupos maiores de pessoas, em vez de apenas um indivíduo, como fazia Wundt.

A exibição de dados em forma de gráficos era usada com frequência por Galton, Ebbinghaus, Hall e pelo psicólogo norte-americano Thorndike nas últimas décadas do século XIX. O estatístico britânico Karl Pearson, que apresentou a fórmula para calcular o coeficiente de correlação, elaborou, em 1900, o teste do qui-quadrado. Ambas as técnicas acabaram sendo mais aplicadas na psicologia norte-americana que na Inglaterra. Em 1907, John Edgar Cover, psicólogo da Stanford University, foi, aparentemente, o primeiro a defender o uso de grupos experimentais e de controle (Dehue, 2000; Smith, Best, Cylke e Stubbs, 2000).

Além da estatística, Cattell interessou-se também pelo trabalho de Galton sobre a eugenia (ver Capítulo 6). Defendia a esterilização de delinquentes e de pessoas ditas defeituosos, além de ser favorável à oferta de incentivos para pessoas inteligentes e saudáveis que se casarem entre si. Prometeu dar a cada um de seus sete filhos mil dólares caso se casassem com filhos e filhas de professores universitários (Sokal, 1971).

Em 1888, Cattell tornou-se professor de psicologia da University of Pennsylvania, indicação arranjada por seu pai. Sabendo que uma cadeira bem-remunerada em filosofia estava para ser criada na universidade, o velho Cattell convenceu o reitor da faculdade, um velho amigo, a dar o posto a seu filho. O velho Cattell pressionava o filho para publicar mais artigos, a fim de melhorar sua reputação profissional e até mesmo para viajar a Leipzig para obter uma carta de recomendação de Wundt. Disse ao reitor que a família era abastada e, por isso, a remuneração não era importante. E, assim, Cattell acabou sendo contratado por um salário extremamente baixo (O'Donnell, 1985).

Mais tarde, Cattell chegou a afirmar ter sido essa a primeira cadeira em psicologia no mundo, mas a sua indicação, na realidade, fora para filosofia. Ficou na University of Pennsylvania apenas três anos, até que se tornou professor de psicologia e chefe de departamento da Columbia University, onde permaneceu por 26 anos. Ao longo de sua carreira na Columbia, foram concedidos mais títulos de doutorado na instituição do que em qualquer outra escola dos Estados Unidos.

Cattell também esteve envolvido na criação de muitos periódicos. Por causa da sua insatisfação com a publicação de Hall, *American Journal of Psychology*, Cattell criou a *Psychological Review*, em 1894, com J. Mark Baldwin. Adquiriu de Alexander Graham Bell a revista semanal *Science*, que estava quase indo à falência. Cinco anos depois, tornou-se a revista oficial da Associação Americana para o Progresso da Ciência (American Association for the Advancement of Science – AAAS). Em 1906, Cattell instituiu uma série de livros de referência, incluindo o *Homens americanos de ciência* [*American men of science*] e *Líderes em educação* [*Leaders in education*]. Em 1900, adquiriu a *Popular Science Monthly* e, em 1915, vendeu o nome, mas continuou a publicá-la com o título de *Scientific Monthly*. Lançou outro semanário, *School and Society*, em 1915. Embora tenha sido Cattell quem iniciou ou comprou essas publicações, a esposa dele, Josephine, atuava como uma desconhecida "editora-chefe" para esses periódicos (Sokal, 2009, p. 99).

Acreditava que o professor devia manter certo afastamento dos problemas da universidade e foi morar a uma distância de 65 quilômetros do *campus*, em Garrison, Nova York, cruzando o rio Hudson por West Point. Como reflexo da sua crescente atitude hostil em relação à universidade, ele denominou sua casa de "Forte do Desafio" (Sokal, 2009, p. 99). Foi uma escolha de nome apropriada. Cattell instalou um laboratório e um escritório editorial na sua casa e visitava o *campus* apenas alguns dias por semana.

Esse afastamento foi um dos fatores que ocasionaram tensão na relação entre Cattell e a administração da universidade. Ele exigia maior participação do corpo docente, argumentando que os professores e não os administradores, é que deviam tomar muitas das decisões em relação à administração da universidade. Para esse fim, ajudou a fundar a American Association of University Professors – AAUP (Associação Americana de Professores Universitários), que existe até hoje. Era considerado pela administração da Columbia uma pessoa de pouco tato e descrito como difícil, "grosseiro, irremediavelmente desagradável e sem generosidade" (Gruber, 1972, p. 300). O biógrafo de Cattell escreveu que ele, "frequentemente, exibia um egotismo autocomplacente, que o levava a esperar que outros se submetessem a seu ponto de vista, e uma impaciência com todos os grupos do qual ele não era o centro". Ele também é descrito como difícil, desagradável e sarcástico (Sokal, 2009, p. 90).

Em três ocasiões entre 1910 e 1917, os curadores da universidade chegaram a pensar em forçar Cattell a se aposentar. O golpe decisivo foi desferido na época da Primeira Guerra Mundial, quando Cattell escreveu duas cartas para os parlamentares dos Estados Unidos, protestando contra o envio de soldados para a guerra. Essa posição era muito impopular, mas Cattell permaneceu inflexível. Foi demitido em 1917, acusado de deslealdade aos Estados Unidos.

Novos dados históricos revelaram que agentes do FBI invadiram sua casa, "o que parece (de forma não surpreendente) tê-lo irritado profundamente e reforçado ainda mais a fúria que ele sentia em relação aos administradores da universidade" (Sokal, 2011, p. 103). Ele processou a universidade por calúnia e, embora houvesse recebido 40 mil dólares (soma bastante substancial para a época), não foi reintegrado. Isolou-se dos amigos e escreveu folhetos, satirizando a administração da universidade. Homem amargo no final da vida, Cattell fez muitos inimigos e jamais voltou para a vida acadêmica. Dedicou-se às suas publicações e à AAAS e outras sociedades intelectuais.

Testes mentais

Em um artigo publicado em 1890, Cattell empregou a expressão **testes mentais**. Declarou: "A psicologia não será capaz de atingir a certeza e a exatidão das ciências físicas a menos que se baseie nos fundamentos da experiência e da medição. Um passo nessa direção pode ser dado, aplicando-se uma série de testes e mensurações mentais a um grande número de pessoas". (Cattell, 1890, p. 373) Era exatamente isso que Cattell estava tentando fazer, coletando dados de diversos calouros.

Testes mentais: testes de habilidades motoras e capacidades sensoriais; os testes de inteligência usam medições mais complexas das habilidades mentais.

Os tipos de testes usados por Cattell para medir a amplitude e a variabilidade da capacidade humana eram diferentes dos testes de inteligência e de capacidade cognitiva, desenvolvidos mais tarde pelos psicólogos, os quais medem tarefas mentais mais complexas. Os testes de Cattell, assim como os de Galton, lidavam principalmente com as medidas sensório-motoras elementares, incluindo pressão do dinamômetro, taxa de movimento (por exemplo, com que rapidez a mão se move 50 cm), limiar de sensibilidade cutânea de dois pontos, quantidade de pressão na testa necessária para provocar dor, diferenças notáveis na percepção de pesos, tempo de reação ao som e tempo para nomear as cores.

Em torno de 1901, Cattell havia coletado dados suficientes para correlacionar os resultados dos testes com as medições do desempenho acadêmico dos estudantes. As correlações mostraram-se muito baixas, assim como as intercorrelações entre os testes individuais. Como Titchener obtivera resultados semelhantes em seu laboratório, Cattell concluiu que testes desse tipo não apresentavam prognósticos válidos do desempenho universitário ou, por suposição, da habilidade intelectual.

Comentários

A influência mais forte de Cattell na psicologia norte-americana foi mediante seu trabalho como organizador, executivo e administrador da ciência e da prática psicológicas e como articulador da ligação entre a psicologia e as principais comunidades científicas. Tornou-se o embaixador da psicologia, lecionando, editando revistas e promovendo a aplicação prática na área.

Com base no trabalho de Galton, Cattell investigou a natureza e a origem da habilidade científica, usando seu método de graduação por ordem de mérito. Os estímulos classificados por vários julgadores foram organizados em uma sequência classificatória final, calculando-se a graduação média atribuída a cada estímulo. O método foi aplicado em eminentes cientistas norte-americanos e avaliado por colegas igualmente destacados de cada área. O livro de referência *American men of science* foi escrito com base nesse trabalho. Apesar do título do livro, ele também incluía as cientistas norte-americanas. A edição de 1910 relaciona 19 psicólogas, representando cerca de 10% dos psicólogos mencionados (O'Donnell, 1985).

Com seu trabalho a respeito dos testes mentais, da mensuração das diferenças individuais e com a promoção da psicologia aplicada, Cattell reforçou ativamente o movimento funcionalista na psicologia norte-americana. Quando faleceu, o historiador E. G. Boring escreveu aos filhos de Cattell, dizendo: "Em minha opinião, seu pai realizou mais até mesmo que William James, por dar à psicologia norte-americana esse ponto de vista peculiar e torná-la diferenciada da psicologia alemã, da qual se originou" (apud Bjork, 1983, p. 105).

O movimento dos testes psicológicos

Binet, Terman e o teste de QI

Embora Cattell tenha cunhado a expressão testes mentais, o primeiro teste verdadeiramente psicológico de habilidade mental (Figura 8.2) foi desenvolvido por Alfred Binet (1857-1911), que adentrou o campo da psicologia "quase por acaso, tendo fracassado totalmente, repetidas vezes, publicamente, até que ele criou os exames que são a base para os testes de inteligência de hoje" (Murdoch, 2007, p. 29). Independente, por ser muito abastado, Binet tentou carreira no direito e na medicina, mas não gostou de nenhuma delas.

Ao se recuperar de um colapso nervoso aos 22 anos de idade, ele descobriu a psicologia, a qual estudou como autodidata. Ele continuou estudando para publicar mais de duzentos artigos e livros e se tornar o diretor do prestigioso Sorbonne Laboratory, em Paris, entre 1895 e 1911 (Nicolas e Sanitioso, 2012). Em seu tempo livre, escreveu quatro peças, que foram encenadas em teatros de Paris.

Com medições mais complexas que as selecionadas por Cattell, Binet produziu uma medição efetiva das habilidades cognitivas humanas, marcando, assim, o início do teste de inteligência moderno. Binet discordava da abordagem de Galton e Cattell, que consistia na aplicação de testes de processo sensório-motor para medir a inteligência. Para ele, a avaliação de funções cognitivas, como memória, atenção, imaginação e compreensão, proporcionava medidas de inteligência mais adequadas.

Chegou a essa conclusão com base na pesquisa que realizou em casa, com suas duas filhas mais novas. Primeiro, administrou os mesmos tipos de testes sensório-motores utilizados por Galton e Cattell e descobriu que o desempenho das suas filhas era semelhante ao dos adultos. Foi, então, que passou a utilizar os testes de habilidade cognitiva para esses tipos de tarefa, pois descobriu diferenças significativas entre os resultados das meninas comparados com os dos adultos.

FIGURA 8.2 Alfred Binet desenvolveu o primeiro teste verdadeiramente psicológico da capacidade mental, que evoluiu para o amplamente utilizado Stanford-Binet Intelligence Scale.

Em 1904, em razão de uma necessidade prática, surge a oportunidade de Binet provar o seu ponto de vista. O ministro da Educação francês criou uma comissão para estudar a capacidade de aprendizagem das crianças que apresentavam dificuldades na escola. Binet e Théodore Simon (um psiquiatra) foram nomeados para fazer parte da comissão e, juntos, pesquisaram quais eram as tarefas intelectuais que a maioria das crianças estaria apta a dominar nas diversas faixas etárias. A partir da identificação dessas tarefas, desenvolveram um teste de inteligência composto de 30 problemas apresentados na ordem crescente por nível de dificuldade. O teste concentrava-se em três funções cognitivas: julgamento, compreensão e raciocínio.

Idade mental

Três anos mais tarde, revisaram e ampliaram o teste e introduziram o conceito de **idade mental**, definida como a idade em que a criança com habilidade mediana é capaz de realizar tarefas específicas. Se uma criança com a idade cronológica de 4 anos desempenhasse bem todos os testes, realizados com maestria pela média das crianças de 5 anos da amostragem, por exemplo, então, seria atribuída a ela, a idade mental de 5 anos.

Idade mental: idade na qual as crianças podem realizar certas tarefas típicas da idade.

Em 1911, o teste foi revisado pela terceira vez, mas, depois da morte de Binet, os Estados Unidos passaram a dominar o avanço nos testes de inteligência. Seus testes foram mais bem-aceitos nesse país do que na França, onde os esforços no desenvolvimento dos testes de inteligência em larga escala foram reconhecidos somente depois da década de 1940.

O teste de Binet foi traduzido do francês para o inglês e apresentado para os psicólogos norte-americanos em 1908, por Henry Goddard (1866-1957), que foi o único treinador de futebol invicto na University of Southern California (USC), uma rara distinção para um psicólogo (Benjamin, 2009b). Goddard, depois,

Quociente de inteligência (QI): número que representa a inteligência de uma pessoa, obtido pela seguinte fórmula: idade mental dividida pela idade cronológica, multiplicada por 100.

obteve seu Ph.D. de G. Stanley Hall na Clark University. Mais tarde, ele trabalhou em uma escola para crianças com deficiência mental. Goddard chamou sua tradução do teste de *Escala de medida de inteligência Binet-Simon*. Nos trabalhos relacionados com o teste de inteligência, ele também introduziu a palavra grega *moron*, que significa "lento".

Em 1916, Lewis M. Terman (Figura 8.3), que também estudara com Hall, desenvolveu a versão que, desde então, passou a ser o padrão de testes. Terman deu-lhe o nome de *Stanford-Binet*, em homenagem à universidade à qual era afiliado, e adotou o conceito do **quociente de inteligência (QI)**. A medida do QI, definida como a razão entre a idade mental e a cronológica, foi originalmente desenvolvida pelo psicólogo alemão William Stern. A escala *Stanford-Binet* passou por diversas revisões e continua a ser amplamente utilizada.

A Primeira Guerra Mundial e os testes de inteligência em grupo

Em 1917, no dia em que os Estados Unidos entraram na Primeira Guerra Mundial, a Society of Experimental Psychologists (Sociedade dos Psicólogos Experimentais) de Titchener realizava um encontro na Harvard University. O presidente da APA, Robert Yerkes, pediu ao grupo que buscasse uma forma de a psicologia contribuir com o esforço de guerra. Titchener recusou-se a participar, alegando ser cidadão britânico. Ele, literalmente, levantou-se e saiu da sala, levando consigo a cadeira, para não se envolver em nenhum debate sobre a guerra. A razão mais provável para a sua falta de entusiasmo em discutir o assunto é que ele não gostava da ideia de aplicar a psicologia a problemas práticos, temendo que a área trocasse "a ciência pela tecnologia" (O'Donnell, 1979, p. 289).

Com a mobilização do exército norte-americano, os líderes militares enfrentavam a dificuldade de avaliar o nível de inteligência de um grande número de recrutas, para classificá-los e atribuir as tarefas mais adequadas a cada um deles. O *Stanford-Binet* era um teste de inteligência individual e exigia uma pessoa altamente treinada para aplicá-lo corretamente. Obviamente, era impossível aplicar o teste para avaliar tantas pessoas em tão pouco tempo. O exército necessitava de um teste mais simples, que fosse aplicado coletivamente.

Com a patente de major do exército, Yerkes reuniu um grupo de 40 psicólogos para desenvolver um teste de inteligência de aplicação em grupo. Examinaram várias propostas: nenhuma delas comportava uso geral, e selecionaram para utilizar como base o teste preparado por Arthur S. Otis, um ex-aluno de Terman. A contribuição mais importante de Otis para os testes de inteligência foi a criação da questão de múltipla escolha. Então, o grupo de Yerkes preparou o *Exército Alfa* e o *Exército Beta* (Beta era a versão para os analfabetos e para os que não falavam inglês, cujas instruções não eram passadas oralmente nem por escrito, mas por demonstração ou mímica).

HISTORY OF MEDICINE/US NATIONAL LIBRARY OF MEDICINE

FIGURA 8.3 Lewis Terman.

O desenvolvimento do programa seguia lentamente, e as ordens formais para iniciar efetivamente a aplicação dos testes nos soldados foram dadas somente três meses antes do término da guerra. Por fim, mais de 1 milhão de soldados foram testados, mas o exército não precisava mais das informações, o que se mostrou favorável, porque os resultados surpreenderam os psicólogos que tinham levado o programa a cabo. Os dados revelaram que muito mais norte-americanos eram iletrados do que se tinha pensado anteriormente. Um em cada quatro homens que fez os testes não era capaz de ler ou compreender os artigos do jornal diário ou, até mesmo, de escrever cartas para seus familiares (Murdoch, 2007, p. 86). Embora o programa não tenha surtido efeito direto sobre o esforço de guerra, foi muito importante no campo da psicologia. A publicidade valorizou a importância da psicologia, e os testes do exército serviram como protótipos para o desenvolvimento de outros.

Testes de personalidade em grupo

O trabalho dos psicólogos durante a guerra também incentivou o desenvolvimento e a aplicação de testes em grupo para a avaliação das características da personalidade. Antes disso, houve apenas algumas tentativas tímidas de avaliar a personalidade humana. No fim do século XIX, o psiquiatra alemão Emil Kraepelin, que fora aluno de Wundt, usou o que chamou de "teste de livre associação", em que a pessoa respondia a uma palavra de estímulo com o primeiro termo que lhe viesse à mente (técnica criada originalmente por Galton). Em 1910, Carl Jung desenvolveu um método semelhante: seu teste de associação de palavras para identificar complexos de personalidade em seus pacientes (Capítulo 14). Essas duas visões referiam-se a testes de personalidade individuais. Quando o exército manifestou interesse em isolar os soldados neuróticos, Robert Woodworth elaborou a *Ficha de dados pessoais*, uma autoavaliação em que os entrevistados recebiam instruções para indicar os sintomas nervosos que apresentavam. Assim como o *Exército Alfa* e o *Exército Beta*, a *Ficha de dados pessoais* serviu como protótipo de futuros testes em grupo.

Aceitação pública dos testes

Os testes psicológicos conquistaram sua própria vitória na guerra com a esmagadora aceitação pública. Logo, milhares de trabalhadores, crianças em idade escolar e vestibulandos eram submetidos às baterias de testes, cujos resultados determinariam o curso de suas vidas. Na década de 1920, até 4 milhões de testes de inteligência eram vendidos anualmente, a maioria para escolas públicas. Em 1923, foram vendidos mais de meio milhão de exemplares do *Stanford-Binet*, de Terman. O sistema educacional público nos Estados Unidos foi totalmente reorganizado com base no conceito do quociente de inteligência, e os resultados de QI passaram a ser o critério mais importante para definir a colocação do aluno, bem como para determinar o seu desenvolvimento.

Por fim, muitos psicólogos encontraram empregos bem-remunerados para desenvolver e aplicar testes psicológicos (Bottom, 2009). Alguns mais arrojados pensaram até em usar os testes para descobrir potenciais jogadores de beisebol. O famoso jogador Babe Ruth concordou em ser testado no laboratório de psicologia da Columbia University e, em um esforço para estabelecer as características que faziam dele um fenômeno, foi avaliado seu desempenho nas tarefas que envolviam habilidade motora e sensorial. Os testes eram similares aos utilizados por Galton e Cattell (Fuchs, 2009). A tentativa não obteve êxito, mas um historiador comenta:

> A fé que a psicologia era uma ciência capaz de descobrir a base do grande número de acertos de *hittings*[1] comprova o sucesso dos psicólogos em estabelecer a identidade pública da disciplina e a fé do público esclarecido na capacidade de a ciência oferecer respostas para todas as suas dúvidas. (Fuchs, 1998, p. 153)

---

[1] O beisebol é um dos esportes mais populares dos Estados Unidos, e essa jogada consiste em rebater a bola com o bastão, resultando em bom lance de ataque. (NT)

Uma epidemia de testes varreu os Estados Unidos a partir da década de 1920. Escolas, faculdades, fábricas e escritórios começaram a submeter rotineiramente os candidatos a baterias de testes como uma barreira a enfrentar antes de serem admitidos ou contratados.

Em 1926, um teste com o qual você deve estar familiarizado, o SAT (Scholastic Aptitude Test [Teste de Aptidão Escolar]), foi introduzido por Carl Brigham, um professor de psicologia de Princeton. Ele trabalhara nos testes de QI em grupo do exército, na Primeira Guerra Mundial, e acreditava que um teste que focasse em vocabulário e matemática poderia ser útil para selecionar candidatos à universidades.

Hoje, mais de um milhão e meio de estudantes do ensino médio realizam o SAT todos os anos, e grande parte de seu futuro pode ser influenciada pela nota obtida (por ano, menos de 500 estudantes conseguem a pontuação perfeita). Há uma controvérsia persistente em relação ao que o teste mede. Brigham escreveu que as notas do SAT eram uma medida da "escolaridade, ambiente familiar, familiaridade com a língua inglesa e tudo mais" de uma pessoa (citado em Kolbert, 2014, p. 40). Pesquisas contemporâneas indicam que a pontuação do SAT se correlaciona bastante com a pontuação média das faculdades e, em geral, com os resultados de testes de inteligência (Hambrick, 2011). Escolas preparatórias para o teste e empresas de aulas particulares para o SAT são uma indústria bilionária.

As ideias extraídas da medicina e da engenharia

Para dar autoridade e credibilidade científica à recém-iniciada empreitada, os psicólogos criadores dos testes de inteligência adotavam a terminologia de outras disciplinas mais antigas, como a medicina e a engenharia. O objetivo era convencer as pessoas de que a psicologia era tão legítima, científica e fundamental quanto às demais ciências há tempos estabelecidas.

Os psicólogos descreviam as pessoas testadas não como sujeitos, mas como pacientes. Afirmavam serem os testes análogos aos termômetros, que, naquela época, estavam disponíveis apenas para médicos. Só quem fosse treinado adequadamente podia usá-lo, assim como somente as pessoas treinadas podiam aplicar os testes psicológicos. Os testes eram promovidos como se fossem máquinas de raio X, que permitiam ao psicólogo enxergar dentro da mente, para dissecar os mecanismos mentais de seus pacientes. "Quanto mais [os psicólogos] falassem como os médicos, mais o público se dispunha a atribuir-lhes *status* semelhante" (Keiger, 1993, p. 49).

Comparações com a engenharia também eram citadas. Referiam-se a escolas como fábricas de educação e aos testes, como forma de medir o produto fabricado (o nível de inteligência dos alunos). A sociedade era comparada a uma ponte, e os testes de inteligência eram as ferramentas científicas para preservar sua firmeza, detectando os elementos mais fracos, ou seja, os cidadãos medíocres que seriam removidos da sociedade e institucionalizados.

Diferenças raciais na inteligência

O fortalecimento do movimento dos testes psicológicos fez parte de uma grande polêmica social que permanece até hoje. Em 1912, Goddard (Figura 8.4), que traduziu o teste de Binet, visitou a Ellis Island, em Nova York, ponto de entrada de milhões de imigrantes europeus. Havia considerável preocupação pública de que os médicos estavam examinando os recém-chegados em Ellis Island estivessem falhando em "impedir a entrada de pessoas mentalmente deficientes no país" (Richardson, 2003, p. 143). Goddard acreditava que os médicos estavam identificando não mais do que 10% das pessoas com atraso mental, e propôs que psicólogos realizassem os exames, utilizando sua tradução do teste de inteligência de Binet. A Figura 8.5, a seguir, mostra a capacidade mental de um imigrante sendo testada.

Na primeira visita à central de triagem na Ellis Island, Goddard selecionou um jovem que lhe pareceu mentalmente deficiente e confirmou o diagnóstico, aplicando o teste de Binet com a ajuda de um intérprete. Embora o intérprete salientasse que ele mesmo não teria conseguido responder às perguntas, visto ser recém-chegado aos Estados Unidos – e o teste não era adequado para pessoas não familiarizadas com a língua inglesa e com a cultura norte-americana – Goddard discordou (ver Zenderland, 1998).

FIGURA 8.4 Henry Goddard.

Os testes subsequentes aplicados nas populações de imigrantes (cujo nível de inglês era inferior em relação ao utilizado nos testes) revelaram, de acordo com os resultados de testes de Goddard, que a maioria – 87% dos russos, 83% dos judeus, 80% dos húngaros e 79% dos italianos – era débil mental, com idade mental inferior a 12 anos (Cannato, 2009; Gould, 1981).

Em todos os casos, o teste era administrado em inglês, em pessoas cujo domínio do idioma era baixo. Todavia, apesar da grande desvantagem para aqueles que estavam sendo testados, as evidências de Goddard extraídas dos testes foram, mais tarde, usadas como argumento para a criação de uma lei federal que restringia a entrada no país de imigrantes de grupos raciais e étnicos considerados de pouca inteligência.

A ideia das diferenças na inteligência entre as raças recebeu apoio adicional em 1921, quando foram divulgados os resultados daqueles testes aplicados nos soldados durante a Primeira Guerra Mundial. Os dados mostraram que os negros e os imigrantes vindos do Mediterrâneo e dos países da América Latina tinham QIs mais baixos que os brancos. Somente imigrantes do norte da Europa possuíam QI semelhante aos encontrados nos brancos.

Essas descobertas levantaram questionamentos entre cientistas, políticos e jornalistas. Como qualquer governo eleito democraticamente poderia sobreviver se seus cidadãos eram tão estúpidos? Os grupos dotados de baixo QI deveriam ter permissão para votar? Os grupos dotados de QI baixo devem ter direito ao voto? O governo deve recusar a entrada de imigrantes de países cuja população seja dotada de QI baixo? A noção da igualdade entre as pessoas tem sentido?

Viés cultural nos testes

O conceito das diferenças raciais na inteligência já existia nos Estados Unidos desde a década de 1880, e muitas exigências foram feitas para o estabelecimento de quotas de imigração para países do Mediterrâneo e da América Latina. A noção de inferioridade da inteligência do negro norte-americano também era amplamente aceita, mesmo antes do surgimento dos testes de inteligência.

Um sonoro e articulado crítico dessa ideia era Horace Mann Bond (1904-1972), um intelectual afro-americano e reitor da Lincoln University, da Pensilvânia. Bond, que obteve o título de doutorado em educação da University of Chicago, publicou vários livros e artigos nos quais argumentava que qualquer diferença observada nos níveis de QI entre brancos e negros devia ser atribuída ao fator ambiental e não ao hereditário. Sua pesquisa comprovou que os resultados obtidos nos testes de inteligência pelos negros dos estados do norte eram melhores que os dos brancos dos estados do sul, constatação que enfraqueceu bastante a teoria de que os negros eram geneticamente inferiores (Jackson, 2004).

Muitos psicólogos responderam a essa polêmica alegando a distorção dos testes, mas felizmente, com o tempo, a controvérsia desapareceu. Contudo, ela foi reavivada em 1994, com a publicação de *The bell* curve

FIGURA 8.5 A capacidade mental de um imigrante sendo testada na Ellis Island.

[A curva do sino] (Hernstein e Murray, 1994), um livro que afirma, com base em resultados de testes de inteligência, que os brancos são mais inteligentes que os negros. A predominância da evidência mostrava, dessa vez, que testes de inteligência pesquisados com mais seriedade não são distorcidos significativamente por causa da cultura (Rowe, Vazsonyi e Flannery, 1994; Suzuki e Valencia, 1997). Mais tarde, 52 peritos em testes gerais endossaram essa conclusão, afirmando: "Os testes de inteligência não são distorcidos em razão de aspectos culturais contra afro-americanos ou pessoas de outra nacionalidade falantes de inglês nos Estados Unidos. Ao contrário, os resultados do teste de QI prognosticam igual e precisamente todos os norte-americanos, independentemente da raça e da classe social" (Gottfredson, 1997, p. 14).

Um relatório preparado pelo Comitê de Assuntos Científicos (Board of Scientific Affairs) da APA concorda que os testes de habilidade cognitiva utilizados atualmente não discriminam grupos de minoria, mas refletem em termos quantitativos a discriminação criada pela sociedade ao longo do tempo (Neisser et al., 1996).

As contribuições da mulher ao movimento dos testes

Constatamos até agora que, na maior parte da história da psicologia, a mulher foi proibida de seguir a carreira acadêmica. Por isso, muitas psicólogas buscaram emprego no campo da aplicação, especialmente em profissões assistenciais, como a psicologia clínica e de aconselhamento, a orientação infantil e a psicologia escolar. As mulheres ofereceram significativas contribuições nessas áreas, principalmente no desenvolvimento e na aplicação dos testes psicológicos.

Florence L. Goodenough recebeu o Ph.D. da Stanford University em 1924. Ela desenvolveu o Teste do desenho da figura humana (hoje denominado Teste de Goodenough-Harris), um teste não verbal muito utilizado para crianças. Foi pioneira na elaboração de testes e trabalhou durante 20 anos no Institute for Child Development (Instituto de Desenvolvimento Infantil), da University of Minnesota. Publicou uma análise detalhada do movimento dos testes psicológicos (Goodenough, 1949) e escreveu diversos trabalhos relacionados com a psicologia infantil.

Maude A. Merrill James, diretora de uma clínica psicológica infantil na Califórnia, escreveu, juntamente com Lewis Terman, a revisão de 1938 do *Teste de inteligência Stanford-Binet*, conhecido como o teste Terman-Merrill. Thelma Gwinn Thurstone (Ph.D. em 1927 da University of Chicago) casou-se com o psicólogo L. L. Thurstone e, assim como diversas mulheres que trabalharam com os maridos, teve suas contribuições menosprezadas e desacreditadas. Ela ajudou a desenvolver a bateria de *Testes das habilidades mentais primárias*, um teste de inteligência em grupo, e foi professora de educação da University of North Carolina, além de ter sido diretora do laboratório psicométrico. Seu marido a descreveu como um "gênio na elaboração de testes" (Thurstone, 1952, p. 317).

Psyche Cattel era filha de James McKeen Cattell, que se recusou a pagar o curso superior da filha por não considerá-la inteligente o bastante. Contudo, ela obteve seu diploma de doutorado em Educação, pela Harvard University, em 1927. Ela nunca se casou e se tornou uma das primeiras mulheres solteiras dos Estados Unidos a adotar uma criança. Suas contribuições para o movimento dos testes incluem a ampliação da faixa etária inferior do *Stanford-Binet*, criando a *Escala de inteligência infantil de Cattell*, que permitia testar crianças a partir de até três meses de idade (Bazar, 2010).

A longa carreira de Anne Anastasi (1908-2001) na Fordham University acabou transformando-a em autoridade nos testes psicológicos. Foi precoce, ingressando na faculdade com 15 anos de idade, e recebendo o doutorado com 21. Decidiu tornar-se psicóloga por influência de um professor, Harry Hollingworth. Anastasi (1993) escreveu mais de 150 livros e artigos, incluindo um livro didático famoso sobre testes psicológicos. Em 1971, foi presidente da APA e recebeu diversas homenagens profissionais, inclusive a Medalha Nacional da Ciência (Goode, 2001). Uma pesquisa apontou Anastasi como a mais destacada psicóloga dos países de língua inglesa (Gavin, 1987).

Um ano depois que Anastasi se casou, com 25 anos de idade, foi diagnosticada com câncer cervical. O tratamento fez com que não conseguisse ter filhos. Contudo, via o câncer como "uma das principais razões para seu sucesso. Mulheres de sua geração, frequentemente, tinham de escolher entre a maternidade e a carreira. A escolha havia sido feita por ela, e agora estava livre para se concentrar na sua carreira sem conflitos ou culpa" (Hogan, 2003, p. 267). Ela viveu até os 92 anos.

Apesar do êxito da mulher em áreas como a aplicação de testes, o trabalho com a psicologia aplicada as coloca em desvantagem profissional. Os empregos em instituições não acadêmicas raramente proporcionam tempo, suporte financeiro ou assistência de estudantes graduados para a realização de pesquisas e a elaboração de artigos acadêmicos, que são os principais meios para se atingir a visibilidade profissional. Nos ambientes da psicologia aplicada, como em uma empresa comercial ou em uma clínica, as contribuições de um profissional não são reconhecidas fora dos limites da organização.

Desse modo, o enorme desenvolvimento da psicologia aplicada nos Estados Unidos – a herança da escola funcionalista – criou oportunidades de emprego para as mulheres, mas também as excluiu amplamente do ambiente acadêmico da psicologia, no qual as teorias, as pesquisas e as escolas de pensamento vinham sendo desenvolvidas.

Diversos psicólogos acadêmicos tinham uma imagem negativa do trabalho aplicado, considerando-o inferior e desprezível. As áreas da aplicação como o aconselhamento, por exemplo, eram menosprezadas, consideradas "trabalho de mulher". Histórias publicadas a respeito da psicologia tendem a desvalorizar a psicologia aplicada e as contribuições de diversas mulheres pioneiras que trabalharam em hospitais, clínicas, empresas, institutos de pesquisa e agências militares e governamentais. É interessante observar que nenhuma mulher foi eleita presidente da Associação Americana de Psicologia Aplicada (Norte-american Association of Applied Psychology), apesar de, por volta de 1941, um terço de seus membros serem mulheres (Rossiter, 1982). Também, naquela época, cerca de metade dos cargos de psicólogo em organizações clínicas e educacionais era ocupada por mulheres (Gilgen, Gilgen, Koltsova e Oleinik, 1997).

O movimento da psicologia clínica

Enquanto Cattell mudava para sempre a natureza da psicologia norte-americana ao aplicá-la para medir as capacidades mentais, um discípulo de Cattell e Wundt estava aplicando a psicologia para medir e tratar comportamento anormal. Só 17 anos depois de Wundt definir e fundar a nova ciência da psicologia encontramos um de seus antigos discípulos utilizando-a de uma maneira prática, incompatível com as intenções de Wundt.

Lightner Witmer (1867-1956)

Lightner Witmer (Figura 8.6) ensinava psicologia na University of Pennsylvania, cargo que ocupou após Cattell ter ido para Columbia University. Descrito como briguento, antissocial e convencido (Landy, 1992), Witmer inaugurou um campo que chamou de psicologia clínica. Em 1896, abriu a primeira clínica de psicologia do mundo.

O tipo de psicologia praticado por Witmer em sua clínica não era a psicologia clínica como a conhecemos atualmente. Ele não adotava a psicoterapia, técnica que "detestava" e que não conhecia muito bem (Taylor, 2000, p. 1029). Em vez disso, estava interessado em avaliar e tratar os problemas de aprendizagem e comportamento das crianças em idade escolar, uma área especializada da aplicação e hoje denominada psicologia escolar. Apesar de Witmer ter sido fundamental no desenvolvimento da psicologia clínica e de usar esse termo livremente, o campo tornou-se muito mais abrangente do que ele imaginava.

Witmer ofereceu o primeiro curso universitário de psicologia clínica e criou a primeira revista especializada na área, *Psychological Clinic*, a qual editou durante 29 anos. Ele foi mais um daqueles pioneiros da abordagem funcionalista da psicologia que acreditavam no uso da nova ciência para ajudar as pessoas a resolver os problemas e não para estudar o conteúdo de suas mentes.

A biografia de Witmer

Nascido em 1867, na Filadélfia, formou-se na University of Pennsylvania em 1884 e lecionou história e inglês em uma escola particular na Filadélfia, antes de retornar para a universidade a fim de cursar direito. Naquela época, aparentemente não demonstrava interesse em seguir a carreira na psicologia, mas mudou de ideia por razões práticas. Procurava um cargo remunerado como assistente, e uma das vagas disponíveis era no departamento de psicologia de Cattell. Esse é mais um exemplo da influência do *Zeitgeist* econômico. Um biógrafo de Witmer declarou:

> O verdadeiro ingresso de Witmer na psicologia foi decorrente, em parte, da necessidade extremamente realista da receita adicional que seria obtida por meio de um cargo de assistente. (McReynolds, 1997, p. 34)

ARCHIVES OF THE HISTORY OF AMERICAN PSYCHOLOGY, UNIVERSITY OF AKRON

FIGURA 8.6 Lightner Witmer.

Witmer começou a trabalhar nas pesquisas sobre as diferenças individuais no tempo de reação e esperava obter o Ph.D. na Pennsilvânia, mas Cattell tinha outros planos. Ele admirava tanto Witmer, que o escolheu como seu sucessor. Era uma oportunidade marcante para o jovem, mas havia uma condição: Witmer devia seguir para Leipzig, a fim de fazer o doutorado sob a orientação de Wundt. Em razão do grande prestígio que lhe renderia um Ph.D. na Alemanha, Witmer concordou.

Witmer estudou com Wundt e Külpe e foi colega de classe de Titchener. Não ficou impressionado com os métodos de pesquisa de Wundt, aos quais chamava de desleixados. Contou que Wundt fazia Titchener repetir uma observação "porque os resultados obtidos por Titchener não eram como os que ele, Wundt, previra" (apud O'Donnell, 1985, p. 35). Witmer participou como sujeito nos estudos de Wundt sobre tempo de reação; seu trabalho, porém, não durou por muito tempo, porque seu tempo de reação "era o mais rápido já registrado no laboratório de Wundt, o que o levou a alegar que Witmer não estava realizando a tarefa apropriadamente, como um introspectivo deveria fazer". Wundt recusou-se a usar os dados de Witmer e este logo veio a duvidar da utilidade do método introspectivo (Benjafield, 2010, p. 56).

Mais tarde, Witmer afirmou não ter extraído nada, a não ser o título, da sua experiência em Leipzig. Wundt não permitiu que Witmer continuasse o trabalho sobre o tempo de reação iniciado por Cattell e restringiu seus estudos à pesquisa introspectiva dos elementos da consciência.

Mesmo assim, Witmer obteve sua titulação e retornou para ocupar sua nova posição na University of Pennsylvania, no verão de 1892; no mesmo ano, Titchener, que também recebera a graduação, foi para Cornell University. Esse também foi o ano em que outro aluno de Wundt, Hugo Münsterberg, foi levado por William James para Harvard University, e em que Hall fundou a APA, tendo Witmer como um dos sócios-fundadores. Assim, observa-se o espírito funcionalista aplicado começando a tomar conta da psicologia norte-americana.

Durante dois anos, Witmer trabalhou como psicólogo experimental, conduzindo pesquisas e apresentando trabalhos sobre as diferenças individuais e a psicologia da dor, ao mesmo tempo que buscava uma oportunidade para aplicar a psicologia no comportamento anormal. A chance surgiu em março de 1896, em consequência de uma situação criada pelas circunstâncias econômicas da época: o aumento das verbas para a educação pública.

Diversos conselhos estaduais de educação estavam estabelecendo departamentos universitários de pedagogia para oferecer orientações a respeito de métodos e princípios de ensino. Os psicólogos eram procurados para oferecer cursos de especialização em educação e cursos para professores de escolas públicas que almejassem graduação mais avançada. Os departamentos de psicologia beneficiaram-se consideravelmente desse aumento repentino de alunos, porque à época, assim como hoje, o orçamento do departamento era totalmente dependente do número de matrículas.

Iniciando a psicologia clínica. Witmer ministrou alguns dos cursos estabelecidos para professores de escolas públicas na University of Pennsylvania. Em 1896, uma dessas professoras, Margaret Maguire, pediu uma orientação a Witmer a respeito de um aluno de 14 anos com dificuldade para aprender a soletrar, embora se conduzisse bem em algumas outras matérias. Será que a psicologia era capaz de ajudar? Witmer disse: "Parece-me que, se a psicologia tiver algum valor para mim ou para qualquer outra pessoa, tem de ser capaz de ajudar um professor em um caso de deficiência desse tipo" (apud McReynolds, 1997, p. 76). Witmer montou uma clínica provisória e, assim, iniciou o trabalho que realizaria pelo resto da vida. Alguns meses depois, preparava cursos sobre métodos de tratamento de crianças com deficiência mental, cegas e com distúrbios. Publicou um artigo na revista *Pediatrics*, intitulado "O trabalho prático na psicologia" ["Practical work in psychology"], em que recomendava a aplicação da psicologia nas questões práticas:

Witmer apresentou um trabalho sobre esse tema na reunião anual da APA, usando pela primeira vez a expressão "psicologia clínica". Em 1907, criou a revista *Psychological Clinic*, a primeira publicação na área e, durante muitos anos, a única. Na primeira edição, Witmer propôs a criação da profissão de psicologia clínica. No ano seguinte, criou um internato para crianças com distúrbios e retardamento mental e, em 1909, expandiu sua clínica universitária, transformando-a em unidade administrativa separada.

Witmer permaneceu na University of Pennsylvania, lecionando, promovendo e praticando sua psicologia clínica. Aposentou-se da universidade em 1937 e faleceu em 1956, com 89 anos, o último dos membros do pequeno grupo de psicólogos que se reuniu com G. Stanley Hall, em 1892, para fundar a APA.

As clínicas de avaliação infantil

Sendo o primeiro psicólogo clínico do mundo, Witmer não tinha exemplos nem precedentes para os seus casos; então, foi elaborando o diagnóstico e o tratamento, conforme as necessidades. "Devido à falta de qualquer princípio para me orientar, foi necessário envolver-me diretamente no estudo dessas crianças, criando métodos próprios, à medida que prosseguia com o tratamento" (Witmer, 1907/1996, p. 249).

As crianças encaminhadas à clínica de Witmer apresentavam diversos problemas, alguns dos quais identificados por ele como hiperatividade, dificuldade de aprendizagem e baixo desempenho motor e oral. Quando adquiriu mais experiência e se sentiu mais confiante, desenvolveu programas-padrão de avaliação e tratamento e aumentou o quadro de pessoal da clínica, contratando mais médicos, assistentes sociais e psicólogos.

Witmer reconhecia que os problemas físicos afetavam o funcionamento cognitivo e emocional; assim, pedia aos médicos que examinassem as crianças para determinar se a desnutrição ou as deficiências visual e auditiva consistiam em fatores contribuintes para as dificuldades dos pacientes. Depois desse exame, os psicólogos testavam-nos e os entrevistavam, e os assistentes sociais preparavam o histórico a respeito da formação familiar de cada um.

No início, Witmer acreditava que os fatores genéticos fossem os principais responsáveis pelos distúrbios cognitivos e comportamentais; mais tarde, porém, percebeu que os fatores ambientais eram mais importantes. Ele prognosticou a necessidade de proporcionar diversas experiências sensoriais logo nos anos iniciais da vida da criança, antecipando a criação de programas de tratamento e aperfeiçoamento, como o programa Head Start.[2] Acreditava no envolvimento da família e da escola no tratamento dos pacientes, alegando que, se as condições da casa e da escola fossem melhoradas, o comportamento da criança também mudaria para melhor.

Comentários

Vários psicólogos logo seguiram o exemplo de Witmer. Por volta de 1914, quase 20 clínicas de psicologia já operavam nos Estados Unidos, a maioria seguindo os padrões da clínica dele. Além disso, seus ex-alunos disseminaram a sua abordagem e passaram para as novas gerações tudo o que tinham aprendido a respeito do trabalho clínico. A influência de Witmer atingiu a área da educação especial. Seu aluno, Morris Viteles, ampliou o trabalho, estabelecendo uma clínica de orientação vocacional, a primeira desse tipo nos Estados Unidos. Outros seguidores de Witmer aplicaram a sua abordagem clínica em pacientes adultos.

---

[2] Uma espécie de programa de assistência à criança, que atualmente abrange não apenas as dificuldades de aprendizagem, como também as de cunho social. (NT)

O crescimento da psicologia clínica

Além dos esforços de Witmer na aplicação da psicologia para avaliar e tratar o comportamento anormal, dois livros deram impulso ao campo. Clifford Beers, um ex-paciente com problemas mentais, escreveu *A mente que encontrou a si mesma* [*A mind that found itself*] (1908), livro que fez muito sucesso e chamou a atenção para a necessidade de tratar com mais humanidade as pessoas mentalmente doentes. A obra Psicoterapia [*Psychotherapy*] (1909), de Hugo Münsterberg, também teve grande repercussão e descrevia as técnicas de tratamento de vários distúrbios mentais. Münsterberg promoveu a psicologia clínica, descrevendo métodos específicos para o auxílio a pessoas perturbadas.

Os conceitos de Sigmund Freud (ver Capítulo 13) foram fundamentais para o avanço da psicologia clínica e acabaram conduzindo o campo muito além dos limites da clínica de Witmer. A psicanálise freudiana fascinava tanto quanto enfurecia segmentos dominantes da psicologia e o público norte-americano. As ideias de Freud forneceram aos psicólogos clínicos as suas primeiras técnicas psicológicas de terapia.

Apesar de tudo, a psicologia clínica avançou lentamente como profissão. Até 1918, nove anos após a visita de Freud aos Estados Unidos, ainda não havia programas de pós-graduação em psicologia clínica. Mesmo por volta de 1940, a psicologia clínica ainda era uma parte menor da psicologia. Havia poucas instituições para o tratamento de adultos com distúrbios e, consequentemente, poucos empregos para psicólogos clínicos. Os programas de treinamento para novos psicólogos clínicos eram limitados. O trabalho do profissional raramente ia além da administração de testes. No entanto, a situação mudou quando os Estados Unidos entraram na Segunda Guerra Mundial, em 1941. Grande número de recrutas "apareceram nos centros de indução com ansiedade grave, depressão, comportamentos antissociais, raiva incontrolável e sinais de instabilidade psíquica generalizada. Eles urinavam na cama, eram ariscos e sofriam de inadaptação crônica" (Engel, 2008, p. 43-44). Quando a guerra acabou, em 1945, quase 2 milhões de homens tinham sido rejeitados para o serviço militar por problemas psiquiátricos. Entre os que foram aceitos, 1 milhão teve de ser hospitalizado para tratamento de desordens mentais durante o tempo em que esteve na ativa, e outros 500 mil foram dispensados pelos mesmos motivos.

As lideranças militares rapidamente concluíram que muitos homens precisavam de ajuda, e que não havia psicólogos ou orientadores em saúde mental para fazer esse trabalho. Esse impulso ajudou a fazer da psicologia clínica a área especializada, dinâmica e aplicada na qual ela se transformaria. O exército estabeleceu programas de treinamento para centenas de psicólogos, a fim de que eles pudessem tratar os distúrbios emocionais dos soldados.

Depois da guerra, a necessidade de psicólogos clínicos aumentou ainda mais. A Administração dos Veteranos (Veterans Administration – VA) (hoje, Department of Veterans Affairs – Departamento de Assuntos dos Veteranos) viu-se responsável por mais de 40 mil veteranos de guerra diagnosticados com problemas psiquiátricos. Mais de 3 milhões necessitavam de orientação vocacional e pessoal para ajudá-los na retomada da vida civil. Aproximadamente 315 mil veteranos aguardavam o auxílio para se ajustarem às deficiências físicas resultantes dos ferimentos de guerra. Havia uma demanda excessiva de profissionais da saúde mental, que ultrapassava de longe a oferta.

Para ajudar a atender a essas necessidades, a VA criou programas de graduação de nível universitário e pagou as mensalidades aos estudantes de pós-graduação que desejassem trabalhar nos hospitais e nas clínicas da VA. Em razão da especificidade desses programas, os psicólogos clínicos passaram a tratar de um tipo diferente de paciente. Antes da guerra, a maioria do trabalho era dedicada às crianças com problemas de delinquência e de ajuste, mas as necessidades dos veteranos de guerra trouxeram pacientes adultos com problemas emocionais ainda mais profundos. O Department of Veteran Affairs continua a ser o maior empregador de psicólogos dos Estados Unidos.

Atualmente, os psicólogos clínicos estão empregados em centros de saúde mental, escolas, empresas e clínicas particulares. A psicologia clínica é a maior área de especialização aplicada, com mais de um terço de todos os estudantes de pós-graduação matriculados nos programas clínicos.

O movimento da psicologia industrial-organizacional

Outro aluno de Wundt em Leipzig, Walter Dill Scott, deixou o universo da pura psicologia introspectiva para aplicar a nova ciência à publicidade e aos negócios. Scott dedicou a maior parte da sua vida adulta à melhoria do mercado e do ambiente de trabalho, procurando identificar métodos para os grandes empresários motivarem os funcionários e os consumidores.

Walter Dill Scott (1869-1955)

O trabalho de Scott (Figura 8.7) reflete a preocupação da escola da psicologia funcionalista com as questões práticas. Um historiador da psicologia declarou:

> Ao deixar Wundt e Leipzig e retornar à Chicago da virada do século, as publicações de Scott passaram da teorização germânica para a praticidade norte-americana. Em vez de explicar a motivação e os impulsos em geral, Scott dava orientações de como influenciar as pessoas, inclusive consumidores, o público em palestras e os trabalhadores. (Von Mayrhauser, 1989, p. 61)

Scott colecionou uma impressionante lista de primeiros lugares. Foi a primeira pessoa a aplicar a psicologia em seleção de pessoal, administração e publicidade. Foi o autor do primeiro livro nessa área e o primeiro a obter o título de professor em psicologia aplicada. Ademais, foi o fundador da primeira empresa em consultoria em psicologia, e o primeiro psicólogo a receber, do exército norte-americano, a Medalha de Honra por Serviços Prestados.

A biografia de Scott

Nasceu em uma fazenda próxima à cidade de Normal, em Illinois. Em certa ocasião, enquanto o jovem Scott arava a terra, ocorreu-lhe a ideia da melhoria do ambiente de trabalho. Seu pai estava sempre doente, e assim o garoto de 12 anos era responsável por grande parte da administração da pequena fazenda da família. Um dia, depois de arar um trecho do solo para o plantio, parou no final dos sulcos para os cavalos descansarem um pouco e avistou a distância os prédios do *campus* da Illinois State Normal University. De repente, percebeu que, se almejava obter uma vida melhor, não podia mais perder tempo. Ele perdia dez minutos a cada hora de aragem para os cavalos descansarem! Esses minutos, somados, totalizavam cerca de uma hora e meia por dia, tempo que poderia usar para estudar. Então, Scott decidiu carregar consigo livros para ler durante qualquer intervalo.

Para pagar a mensalidade da faculdade, colhia e enlatava amoras, recuperava sucata para vender, além de fazer trabalhos ocasionais. Guardava parte do dinheiro e o restante gastava em livros. Com 19 anos, matriculou-se na Illinois State Normal University e começou sua longa jornada para longe da fazenda. Dois anos depois, conseguiu uma bolsa de estudos para frequentar a Northwestern University, em Evanston, Illinois, e dava aulas particulares para ganhar um dinheiro extra. Fez parte do time de futebol americano da universidade e, nessa época, conheceu Anna Marcy Miller, com quem viria a se casar.

Ele também escolheu sua carreira; decidiu se tornar missionário para servir na China, embora isso significasse mais três anos de estudo. Quando se formou no seminário teológico de Chicago e estava pronto para partir para a China, soube que não havia mais vagas para missionários: a China estava lotada. Foi então que seus interesses se voltaram para a psicologia. Fizera um curso de psicologia de que gostara muito e lera um artigo em uma revista a respeito do laboratório Wundt, em Leipzig. Com as bolsas de estudo, as aulas particulares e a vida simples que levava, economizara alguns milhares de dólares, o suficiente para adquirir a passagem para a Alemanha e para se casar.

FIGURA 8.7 Walter Dill Scott.

Em 21 de julho de 1898, Scott e sua noiva partiram. Enquanto ele estudava com Wundt, Anna Miller Scott trabalhava no seu Ph.D. em literatura na University of Halle, cerca de 30 quilômetros distante. Muitas vezes eles se encontravam apenas nos fins de semana. Ambos receberam o doutorado dois anos depois. Scott passou a fazer parte do corpo docente da Northwestern University como orientador de psicologia e pedagogia, já mostrando sua tendência de aplicar a psicologia aos problemas educacionais.

Alguns anos depois, seus interesses mudaram ao ser procurado por um executivo publicitário, que pedia que tentasse aplicar a psicologia nos anúncios, com o intuito de aumentar a eficácia deles, ideia que despertou seu interesse. Acompanhando o espírito do funcionalismo norte-americano, o caminho de Scott distanciava-se da psicologia wundtiana à medida que encontrava formas para empregar a psicologia nas questões da vida real.

Scott escreveu *Teoria e prática da publicidade* [*The theory and practice of advertising*] (1903), o primeiro livro a respeito do assunto, e, em seguida, outros livros e artigos para revistas. Sua perícia, reputação e contatos na comunidade empresarial ampliaram-se rapidamente. Ele também voltou sua atenção para os problemas administrativos e de seleção de pessoal. Em 1909, foi promovido a professor de publicidade na escola de comércio da Northwestern University. Em 1916, foi indicado professor de psicologia aplicada e diretor do departamento de pesquisas das habilidades em vendas da Pittsburgh's Carnegie Technical University.

Quando os Estados Unidos entraram na Primeira Guerra Mundial, em 1917, Scott ofereceu ao exército suas habilidades para ajudar na seleção dos soldados. No início, Scott e suas propostas não foram bem-aceitos, porque nem todos estavam convencidos do valor prático da psicologia. O general do exército com quem ele tinha de lidar ficou furioso e expressou sua desconfiança a professores. "Ele disse que era sua função enxergar que os professores universitários não conseguiam progredir e que nós estávamos em guerra com os alemães e não tínhamos tempo a perder com experiências" (Scott, apud Von Mayrhauser, 1989, p. 65). Scott acalmou o homem irado, levou-o para almoçar e convenceu-o do valor das suas técnicas de seleção. Aparentemente, Scott conseguiu provar seu ponto de vista e, posteriormente, o exército acabou concedendo-lhe uma medalha pelos serviços prestados.

Depois da guerra, Scott fundou sua própria empresa (com o nome bem "criativo" de The Scott Company) para prestar serviços de consultoria às empresas que desejassem auxílio na seleção de pessoal e na melhoria da eficácia do trabalhador. Também foi reitor da Northwestern University, entre 1920 e 1939. O saguão da universidade foi batizado de Salão Scott, em homenagem a Walter Dill Scott e Anna Miller Scott.

Publicidade e sugestionabilidade humana

A marca da formação de Scott na psicologia experimental de Wundt, com base na fisiologia, e sua tentativa de estendê-la para o domínio da prática são patentes em seus trabalhos a respeito de publicidade. Por exemplo, ele observou que os órgãos humanos dos sentidos são a

> [...] janela da alma. Quanto mais sensações recebemos de um objeto, mais o conhecemos. A função do sistema nervoso é fazer-nos perceber a visão, a sonoridade, o sentimento, o sabor e outras características dos objetos presentes em nosso ambiente.
>
> A publicidade, às vezes, é comparada ao sistema nervoso do mundo dos negócios. Um anúncio de instrumentos musicais incapaz de despertar a sensação sonora é deficiente. Assim como o sistema nervoso é organizado de forma a nos proporcionar todas as sensações possíveis de cada objeto, o anúncio deve despertar na mente do consumidor diferentes tipos de imagens. (apud Jacobson, 1951, p. 75)

Scott alegava que o consumidor pode ser facilmente influenciável, porque, muitas vezes, não age de maneira racional. Considerava que emoção, simpatia e sentimentalismo são fatores que aumentam a sugestionabilidade do consumidor. Também acreditava, como era comum naquela época, que a mulher era mais sugestionável que o homem. Aplicando sua lei da sugestionabilidade, recomendava às empresas que usassem comandos diretos para vender o produto, como, "Use o sabão X". Ele também promoveu o uso dos cupons, porque faziam os consumidores tomarem uma atitude direta, como recortar o cupom do jornal, preenchê-lo com nome e endereço e remetê-lo para a empresa, a fim de receber uma amostra grátis. Essas técnicas foram adotadas com entusiasmo pelos publicitários e, em torno de 1910, o uso já era generalizado.

Seleção de pessoal

Para a seleção dos melhores funcionários, principalmente entre o pessoal de vendas, executivos e militares, Scott criou escalas de classificação e testes em grupo para medir as características das pessoas já bem-sucedidas nessas ocupações.

Assim como Witmer na psicologia clínica, Scott não tinha como se basear em algum trabalho anterior. Procurou oficiais do exército e gerentes de empresas, pedindo-lhes que classificassem seus subordinados por aparência, porte, sinceridade, produtividade, caráter e valor profissional para a organização. Em seguida, classificou os candidatos às vagas de acordo com as qualidades consideradas necessárias para o bom desempenho da função, procedimento semelhante ao adotado atualmente.

Scott desenvolveu testes psicológicos para medir a inteligência e outras habilidades, mas, em vez de avaliar os candidatos individualmente, criou testes para aplicação em grupo. Quando há grande número de candidatos para ser avaliado em pouco tempo, os testes em grupo são mais eficientes e mais econômicos.

Esses testes eram diferentes dos que estavam sendo desenvolvidos por Cattell e outros psicólogos da aplicação. Scott não apenas media a inteligência geral, como também se interessava em saber como a pessoa empregava a inteligência. Em outras palavras, desejava saber como o indivíduo processava as informações e de que maneira a inteligência funcionava no mundo cotidiano. Ele definiu a inteligência não em termos de habilidades cognitivas específicas, mas em termos práticos, como julgamento, rapidez e precisão, que são características necessárias para a realização de um bom trabalho. Ele comparava os resultados dos testes dos candidatos com os de funcionários bem-sucedidos e não se preocupava com a indicação que esses resultados pudessem dar a respeito dos elementos mentais.

Comentários

Scott, assim como Witmer, não foi alvo de muita atenção na história da psicologia durante muitos anos, e diversas razões contribuíram para esse relativo descaso. Assim como muitos psicólogos da psicologia aplicada, Scott não formulou teorias, não fundou uma escola de pensamento nem teve discípulos leais para dar continuidade a seu trabalho. Conduziu pouca pesquisa experimental e não publicou muito nas principais revistas. Seus trabalhos para as empresas do setor privado e para o exército eram direcionados a problemas muito específicos. Muitos psicólogos acadêmicos, principalmente os que ocupavam posições de titular nas principais universidades e contavam com laboratórios bem financiados, menosprezavam o trabalho dos psicólogos da aplicação, pois acreditavam que eles pouco contribuíam para o progresso da psicologia como ciência.

Scott e outros psicólogos que trabalhavam com psicologia aplicada contestavam essa noção. Não viam conflito entre a aplicação da psicologia e o seu avanço como ciência. Os psicólogos da aplicação alegavam que, ao trazer a psicologia aos olhos do público, conseguiam demonstrar o seu valor, e assim as pesquisas psicológicas nos laboratórios acadêmicos passavam a ser mais reconhecidas. Dessa maneira, os pioneiros da psicologia aplicada refletiam o espírito funcionalista norte-americano, com a tarefa de transformá-la em um instrumento utilitário.

O impacto das grandes guerras mundiais

A Primeira Guerra Mundial provocou um aumento monumental no escopo, na popularidade e no crescimento da psicologia industrial-organizacional. Vimos que Scott voluntariou-se para prestar serviços ao exército norte-americano e desenvolveu uma escala de classificação para a seleção de capitães do exército, com base nos testes que criara para a categorização de líderes e empresas. No final da guerra, já havia avaliado a qualificação profissional de 3 milhões de soldados, e esse trabalho foi amplamente divulgado como um exemplo do valor prático da psicologia. Depois da guerra, houve grande demanda por parte do comércio, da indústria e do governo pelos serviços dos psicólogos industriais para a reorganização dos seus procedimentos de pessoal e a preparação de testes psicológicos para a seleção de funcionários.

A Segunda Guerra Mundial empregou psicólogos no trabalho de guerra para realizar testes, selecionar e classificar os soldados. Além disso, nesse período, as armas de guerra (como as aeronaves de alta velocidade) haviam se tornado tão complexas, que sua operação exigia pessoal altamente qualificado. A necessidade de identificar soldados com capacidade para aprender as qualificações exigidas levou os psicólogos a aperfeiçoar os procedimentos de seleção e treinamento. Essas necessidades da guerra geraram uma nova especialidade na psicologia industrial, muitas vezes chamada psicologia da engenharia, engenharia humana, engenharia dos fatores humanos ou simplesmente ergonomia.

Os psicólogos da engenharia trabalham em conjunto com os engenheiros de sistemas de armamento, fornecendo informações sobre a capacidade e a limitação humanas. Seu trabalho influência diretamente o projeto de equipamentos militares para adequá-los às habilidades de quem os for manusear. Hoje, os psicólogos da engenharia não trabalham apenas com equipamentos militares, mas também com produtos de consumo, como teclados e telas de exibição de informações em monitores dos computadores, smartphones e outros dispositivos pessoais, além de eletrodomésticos, como refrigeradores, e painéis informativos de automóveis. O modo como a informação é exibida em cada aparelho que você utiliza hoje foi projetado por psicólogos da engenharia.

Os estudos de Hawthorne e as questões organizacionais

O enfoque inicial dos psicólogos industriais durante a década de 1920 consistia na seleção e colocação dos candidatos – a escolha da pessoa certa para a posição mais adequada. Em 1927, o programa da área ampliou-se consideravelmente com o programa de pesquisa inovador conduzido pela Western Electric Company, na fábrica de Hawthorne, em Illinois (Roethlisberger e Dickson, 1939). Esses estudos ultrapassaram o limite da seleção e da colocação de pessoal, abordando problemas mais complexos das relações humanas, como a motivação e o moral.

A pesquisa começou como uma investigação direta dos efeitos do ambiente físico de trabalho, como as condições de iluminação e temperatura, sobre a eficiência dos funcionários. Os resultados surpreenderam os psicólogos e dirigentes das fábricas, pois constataram que os aspectos sociais e psicológicos do local de trabalho eram muito mais importantes que as condições físicas.

Por exemplo, pesquisadores conduziram

> [...] 20 mil entrevistas com trabalhadores e verificaram que não era a substância das entrevistas, mas o próprio fato de serem entrevistados (i.e., receberem atenção, serem analisados, pesquisados, observados e ouvidos) que diminuía sua resistência e os tornava mais dóceis e "mais bem ajustados". (Lemov, 2005, p. 65)

Em outras palavras, só o fato de serem questionados ou observados no trabalho, como parte do programa de pesquisa, levou muitos trabalhadores a acreditar que a administração se importava com eles, que seus patrões estavam realmente interessados neles como indivíduos, e não simplesmente como dentes de engrenagem substituíveis na grande máquina industrial.

Os estudos de Hawthorne levaram os psicólogos a explorar os aspectos social e psicológico do ambiente de trabalho, incluindo comportamento da liderança, formação de grupos informais de trabalho, atitudes dos funcionários, padrões de comunicação entre os subordinados e seus superiores, além de outros fatores capazes de influenciar a motivação, a produtividade e a satisfação (Figura 8.8). Os líderes empresariais logo acabaram reconhecendo e aceitando a influência dessas forças no desempenho profissional. Reconhecendo a importância da variável organizacional, a Divisão de Psicologia Industrial (Division of Industrial Psychology) da APA passou a ser chamada de Society for Industrial and Organizational Psychology (Sociedade de Psicologia Industrial e Organizacional).

FIGURA 8.8 Estudos realizados na década de 1920 e 1930, no Hawthorne, Illinois, fábrica da Western Electric Company, levou psicólogos da engenharia para as complexas áreas das relações humanas, estilos de liderança e motivação dos funcionários e moral.

Lilian Gilbreth

Em termos profissionais, a psicologia industrial-organizacional tem, historicamente, oferecido oportunidades de carreira para as mulheres. A primeira pessoa a obter o Ph.D. na área foi Lillian Moller Gilbreth (1878-1972), que recebeu o título em 1915, na Brown University. Em conjunto com seu marido, Frank Gilbreth, ela promoveu a análise do tempo-movimento como uma técnica para melhorar o desempenho no trabalho. Também foi uma das primeiras a reconhecer o valor da filmagem das pessoas em seu trabalho como uma forma de analisar seus movimentos (Belliveau, 2012).

No entanto, muitos empresários daquela época não aceitavam a presença de psicólogas nos escritórios e nas fábricas. E quando Lillian e Frank escreveram um livro sobre a eficiência industrial, o editor recusou-se a mencionar o nome dela na capa, justificando que afetaria a credibilidade do livro. Seu próprio livro sobre a psicologia gerencial foi publicado somente quando ela concordou que seu nome aparecesse como L. M. Gilbreth, em vez de Lillian Gilbreth; alegou-se que o empresário não compraria o livro se visse o nome de uma autora na capa. Ela superou essa e outras barreiras e conseguiu obter uma longa carreira de sucesso (Kelly e Kelly, 1990). Sua imagem chegou até a ser estampada em um selo postal norte-americano.

Lilian Gilbreth realizou tudo isso enquanto criava doze filhos. "Entre 1905 e 1922, Lilian deu a luz treze vezes, em intervalos de 15 meses; uma criança morreu com idade de 5 anos" (Lepore, 2009, p. 88). Dois de seus filhos escreveram, depois, sobre como foi crescer em uma família como essa, obra que se tornou um livro muito popular e um filme chamado *Doze é demais*. Ela ainda trabalhou até depois de chegar aos 90 anos e foi responsável pelas principais mudanças no modo como o trabalho é gerenciado e na eficiência com que é realizado tanto nas empresas como em casa. Por exemplo, abra a geladeira e veja as prateleiras que há na porta – essa ideia foi de Lilian Gilbreth. Como resultado disso, as geladeiras têm maior capacidade e um desenho mais eficaz. Para saber mais sobre Lilian Gilbreth, visite o site <www.webster.edu~woolflm/gilbreth2.html>. Atualmente, mais da metade dos candidatos a Ph.D. em psicologia industrial-organizacional são mulheres.

Hugo Münsterberg (1863-1916)

Hugo Münsterberg (Figura 8.9), um estereótipo de professor alemão, durante certo tempo foi um fenômeno de sucesso na psicologia norte-americana, e mais ainda aos olhos do público. Escreveu centenas de artigos para revistas populares e mais de 20 livros em áreas aplicadas, como a psicologia clínica, industrial e forense.

Visitava frequentemente a Casa Branca, como convidado dos presidentes Theodore Roosevelt e William Howard Taft. Münsterberg foi um influente conselheiro de líderes governamentais e empresariais, mantendo relações com ricos e famosos, como Kaiser Wilhelm, da Alemanha, o magnata do aço Andrew Carnegie, o filósofo Bertrand Russell, além de vários intelectuais e estrelas do cinema. Costumava ser citado no *New York Times*, que dedicou cerca de 18 editoriais às suas realizações (Dennis, 2011).

Durante algum tempo, Münsterberg foi professor honorário da Harvard University, além de ter sido eleito tanto para a presidência da APA como da Associação Americana de Filosofia (American Philosophical Association). Foi fundador da psicologia aplicada nos Estados Unidos e na Europa e também um dos dois únicos psicólogos até hoje acusados de espionagem.

Münsterberg era descrito como um "propagandista criativo da psicologia aplicada" (O'Donnell, 1985, p. 225). De acordo com o seu biógrafo, Münsterberg também foi um agente de publicidade bem-sucedido, "dotado de um instinto extraordinário para o sensacionalismo. [Sua] vida pode ser interpretada como uma série de promoções de si mesmo, da sua ciência e da sua pátria-mãe [a Alemanha]" (Hale, 1980, p. 3).

Ele era extremamente egocêntrico e pretensioso. O filósofo George Santayana o descreveu como "pomposo" e "extremamente egoísta." Münsterberg, certa vez, disse a Santayana, durante uma viagem transatlântica, que era "surpreendente ver quantas pessoas estão viajando neste navio só porque estou aqui" (apud Benjamin, 2006b, p. 419).

No fim da vida, Münsterberg havia se tornado alvo de desprezo e ridículo, retratado em charges e caricaturas de jornais; uma vergonha para a universidade em que havia trabalhado vários anos e "uma das pessoas mais odiadas dos Estados Unidos" (Benjamin, 2000b, p. 113). Ao morrer, em 1916, poucas palavras elogiosas foram proferidas para o homem que um dia fora um gigante da psicologia norte-americana.

A biografia de Münsterberg

Em 1882, com 19 anos, Münsterberg deixou Danzig, sua terra natal, na Alemanha (hoje Gdansk, na Polônia), e seguiu para Leipzig, com a intenção de cursar a universidade de medicina. No entanto, mudou seus planos de carreira quando fez um curso de psicologia com Wilhelm Wundt. Ficou entusiasmado com a nova ciência, mais especificamente com as oportunidades promissoras que a pesquisa e a prática da medicina não ofereceriam. Fez o doutorado com Wundt, recebendo o título em 1885, e formou-se médico dois anos depois, na University of Heidelberg, na expectativa de que ambas as graduações aumentariam sua capacitação para a carreira na pesquisa acadêmica. Aceitou lecionar na University of Freiburg e instalou um laboratório na sua casa, com financiamento próprio, porque a universidade carecia de instalações adequadas.

Münsterberg escreveu artigos a respeito do seu trabalho experimental na psicofísica e, logo, alunos de todas as partes da Europa, aos bandos, procuravam seu laboratório. Ele parecia trilhar o caminho correto para assegurar a cadeira de professor universitário e a reputação de respeitável pesquisador.

Em 1892, William James seduziu Münsterberg, desviando-o desse caminho mediante a oferta de tornar-se um diretor muito bem pago do laboratório de psicologia da Harvard. James lançou mão de elogios, dizendo a Münsterberg que Harvard era a maior universidade norte-americana e que necessitava de um gênio para dirigir o laboratório. Münsterberg preferia permanecer na Alemanha, mas sua ambição o fez sucumbir à tentação, levando-o a aceitar a oferta de James.

FIGURA 8.9 Hugo Münsterberg.

Chegando aos Estados Unidos

A transição da Alemanha para os Estados Unidos, bem como da psicologia experimental pura para a aplicada, foi difícil. Primeiro, Münsterberg não aprovava a disseminação das especializações na psicologia aplicada. Em um artigo publicado na revista norte-americana *Atlantic Monthly* (1898), atacou colegas que estavam aplicando o conhecimento da psicologia à educação, ou que utilizavam questionários e outras técnicas de medida mental (Benjamin, 2006b). Ao fazer isso, ele alienou muitos psicólogos influentes, incluindo Cattell. Criticou os psicólogos norte-americanos que escreviam para o público em geral, ministravam cursos pagos para líderes empresariais e ofereciam seus serviços mediante remuneração. No entanto, não passou muito tempo até que ele mesmo agisse de modo idêntico.

Depois de passar dez anos em Harvard, talvez percebendo que nenhuma universidade alemã jamais lhe ofereceria uma cadeira de titular, escreveu seu primeiro livro em inglês. *American traits* [Traços americanos] (1902) consistia em uma análise psicológica, social e cultural da sociedade norte-americana. Escritor rápido e talentoso, Münsterberg era capaz de ditar para a sua secretária um livro de 400 páginas em um mês. William James dizia que o cérebro dele parecia não se cansar nunca.

A calorosa aceitação de seu livro encorajou-o a direcionar os trabalhos seguintes para o público em geral e não para os colegas da área. Esses artigos logo se tornaram matéria principal de publicações populares e não de revistas especializadas em psicologia. Abandonou a pesquisa psicofísica sobre o conteúdo da mente para dedicar-se à busca de soluções para os problemas cotidianos.

Seus artigos abordavam julgamentos nos tribunais e o sistema judiciário criminal, publicidade para produtos de consumo geral, orientação vocacional, saúde mental e psicoterapia, educação, questões relacionadas a indústria e comércio, e até mesmo a psicologia de filmes cinematográficos. Preparou cursos de administração e aprendizagem por correspondência e gravou filmes sobre testes mentais, exibidos em todos os cinemas dos Estados Unidos.

Münsterberg jamais fugiu de uma polêmica. Durante o julgamento sensacionalista de um criminoso, administrou cem testes mentais ao assassino confesso de 18 pessoas, que acusava um líder sindical de tê-lo contratado para assassiná-las. Com base nos resultados do teste, Münsterberg anunciou, mesmo antes de o júri chegar ao veredicto, que a confissão do assassino acusando o líder sindical era verdadeira. Quando o júri absolveu o líder sindical, o prejuízo na reputação de Münsterberg foi enorme, e um jornal apelidou-o de "Professor Monster-work".

Em 1908, Münsterberg envolveu-se no episódio do movimento de proibição da venda de bebidas alcoólicas. Posicionava-se contrário à proibição, citando seus conhecimentos como psicólogo e expressando a visão de que o consumo moderado de bebida alcoólica seria até benéfico. Os fabricantes alemães e norte-americanos de cerveja, incluindo Adolphus Busch e Gustave Pabst, ficaram satisfeitos por contar com o apoio de Münsterberg e deram contribuições generosas para financiar seus esforços de melhorar a imagem da Alemanha perante os Estados Unidos. Em um infeliz e suspeito espaço curto de tempo, Busch teria doado 50 mil dólares para o Museu Alemão proposto por Münsterberg, apenas algumas semanas depois da publicação de seu artigo denunciando a proibição. Essa coincidência foi alvo de muita atenção da mídia jornalística.

As ideias de Münsterberg sobre a mulher também eram polêmicas. Ele até aceitava a ideia da presença da mulher nos cursos de pós-graduação em Harvard, como os exemplos de Mary Whiton Calkins (Capítulo 7), mas acreditava que esse trabalho exigia demais da mulher. Dizia que ela não devia ser educada para a carreira profissional, pois isso a afastava do lar, nem devia lecionar em escolas públicas, já que era um fraco exemplo para os meninos. Além disso, não devia ser convocada para fazer parte de um júri, pois não tinha capacidade para tomar decisões racionais, observação que virou manchete de diversos jornais estrangeiros.

O reitor da universidade Harvard e a maioria de seus colegas condenavam sua tendência de emitir comentários sensacionalistas para a imprensa a respeito de questões polêmicas e, além disso, reprovavam seu interesse pela psicologia aplicada. A tensão nas relações atingiu o auge quando Münsterberg defendeu publicamente a sua pátria, a Alemanha, durante a Primeira Guerra Mundial. A opinião pública norte-americana posicionava-se totalmente contrária àquele país. A Alemanha era a agressora na guerra que já havia ceifado milhões de vidas, mas Münsterberg, ainda um cidadão alemão, defendia abertamente o seu país. Os jornais acusavam-no de ser agente secreto, espião ou oficial de alta patente do exército alemão e exigiam a sua demissão de Harvard. Um jornal londrino chamou-o de agente do governo alemão. Seus vizinhos suspeitavam que os pombos que sua filha alimentava no quintal, no fundo da casa, estavam carregando mensagens para outros espiões. Um ex-aluno da Harvard ofereceu a doação de 10 milhões de dólares à universidade se Münsterberg fosse demitido (Spillmann e Spillmann, 1993).

Os colegas o humilhavam e ele recebia ameaças de morte pelo correio. O ostracismo e o violento ataque público acabaram com o seu ânimo. No entanto, em 16 de dezembro de 1916, os jornais noticiavam as possíveis conversações de paz na Europa. "Até a primavera teremos paz", ele disse à esposa (Münsterberg, 1922, p. 302). Seguiu a pé pela imensa camada de neve para dar a aula da manhã e estava exausto no momento em que chegou ao saguão da universidade. Münsterberg entrou na sala e deu aula "por cerca de meia hora e pareceu hesitar; no momento seguinte esticou o braço direito na direção da mesa como se quisesse se apoiar" (*New York City Evening Mail*, 16 dez. 1916).[3] Caiu morto sem pronunciar uma única palavra, atingido por um infarto fulminante.

A psicologia forense e a testemunha ocular

A psicologia forense trata da relação entre a psicologia e a lei. Münsterberg escreveu artigos de revista abordando temas como a prevenção do crime, o uso de hipnose no interrogatório dos suspeitos, a aplicação de testes mentais para detectar os culpados e a honestidade questionável da testemunha ocular. Nutria um interesse especial por esse último tema, mais especificamente pela falibilidade da percepção humana no testemunho de um crime e na subsequente reconstituição da cena.

Conduziu pesquisas com simulações de crimes, nas quais, imediatamente após presenciar a cena, as testemunhas deviam descrever o que havia ocorrido. Elas divergiam nos detalhes, embora a cena ainda estivesse fresca em suas mentes. Münsterberg questionava a exatidão desse testemunho no tribunal caso o evento em questão houvesse ocorrido meses antes.

Em 1908, publicou *No banco das testemunhas* [*On the witness stand*], descrevendo os fatores psicológicos que podem influenciar o resultado do julgamento, que incluía falsas confissões, poder da sugestão no interrogatório da testemunha pela outra parte e uso de medições fisiológicas (batimento cardíaco, pressão sanguínea e reação dermatológica) para detectar estados emocionais alterados de suspeitos e acusados. O livro foi reimpresso em 2009, e uma edição para *kindle* foi disponibilizada em 2013. A Sociedade Americana de Psicologia Forense (American Psychology-Law Society) foi fundada naquela época como uma divisão da APA para promover a pesquisa básica e aplicada na psicologia forense.

A psicoterapia

O livro de Münsterberg, *Psicoterapia* [*Psychotherapy*], publicado em 1909, enfocava uma área diferente da psicologia aplicada. Münsterberg tratava os pacientes em seu laboratório, e não em uma clínica, e jamais cobrava pelos serviços. Alegava que essa posição lhe proporcionava certa autoridade e se sentia com liberdade para dar orientações diretas aos pacientes de como agir para melhorar. Acreditava que a doença mental era realmente um problema de desajuste comportamental, e não atribuível a conflitos inconscientes subjacentes, como afirmava Sigmund Freud. "Não existe o subconsciente", afirmava Münsterberg (apud Landy, 1992, p. 792).

---

[3] Agradecemos ao dr. Ludy T. Benjamin Jr. por nos fornecer essa informação com base em sua pesquisa a respeito dos trabalhos de Münsterberg na Biblioteca Pública de Boston.

Quando Freud visitou a Clark University em 1909, a convite de G. Stanley Hall, Münsterberg saiu do país para evitar um confronto. Retornou somente depois de Freud ter voltado para a Europa.

Embora o livro de Münsterberg sobre psicoterapia tenha contribuído muito para divulgar o campo da psicologia clínica, não foi bem-aceito por Lightner Witmer, que instalara sua clínica na University of Pennsylvania vários anos antes. Witmer jamais chegou a alcançar, nem nunca almejou, o tipo de aclamação pública alcançada por Münsterberg. Em um artigo que escreveu e publicou em sua revista, *Psychological Clinic*, Witmer queixava-se de que Münsterberg havia "depreciado" a profissão, apregoando a cura como se estivesse em uma feira livre. Referia-se a Münsterberg como um pouco melhor que os curandeiros da fé por causa da "maneira elegante como o professor de psicologia da [Harvard] viajava pelo país, afirmando ter tratado em seu laboratório de psicologia centenas de casos desse ou daquele tipo de distúrbio nervoso" (apud Hale, 1980. p. 110).

A psicologia industrial

Münsterberg também foi promotor da psicologia industrial. Começou a trabalhar nessa área em 1909 com o artigo intitulado "A psicologia e o mercado" ["Psychology and the market"], que abrangia diversas áreas em que a psicologia podia contribuir: orientação vocacional, publicidade, administração de pessoal, testes mentais, motivação funcional e efeitos da fadiga e da monotonia no desempenho da função.

Trabalhou como consultor de diversas empresas, além de realizar muita pesquisa prática para essas organizações. Também publicou suas descobertas em *Psicologia e a eficiência industrial* [*Psychology and industrial efficiency*] (1913), obra escrita para o público em geral, que acabou se tornando campeã de vendagem. Münsterberg afirmava que a melhor maneira de aumentar a eficácia no trabalho, a produtividade e a satisfação era selecionando trabalhadores para as funções de acordo com suas habilidades mentais e emocionais. De que forma? Desenvolvendo técnicas psicológicas de seleção adequadas, como testes mentais e simulações de trabalho, para avaliar o conhecimento, a qualificação e a habilidade do candidato.

Münsterberg conduziu pesquisas sobre as mais diversas ocupações, como capitão de navio, motorneiro, telefonista e vendedor, para mostrar que suas técnicas de seleção melhorariam o desempenho profissional. As pesquisas dele também demonstraram que a conversa durante o trabalho é prejudicial. A solução proposta não era a proibição da conversa entre os trabalhadores, o que podia provocar a hostilidade, mas reorganizar o ambiente de trabalho de forma que dificultasse as conversas. Sugeriu aumentar a distância entre as máquinas na fábrica ou separar as mesas dos funcionários do escritório com divisórias (um precursor dos "cubículos" usados nos escritórios atuais).

Comentários

Münsterberg não formulou nenhuma teoria, não fundou uma escola de pensamento nem conduziu pesquisas acadêmicas depois de tornar-se um psicólogo aplicado. Sua pesquisa serviu aos propósitos empresariais, sendo funcional e visando a ajudar de alguma forma as pessoas. Embora houvesse estudado o método introspectivo com Wundt, criticou os colegas que não se dispunham a usar outros métodos psicológicos e descobertas para melhoria da humanidade. A principal ideia que caracterizou a carreira pitoresca e polêmica de Münsterberg foi a ênfase no aspecto utilitário da psicologia. Apesar do seu temperamento germânico, ele foi a quintessência do psicólogo funcional norte-americano, refletindo e exibindo o espírito do seu tempo.

A psicologia aplicada nos Estados Unidos: mania nacional

As contribuições dos psicólogos durante a Primeira Guerra Mundial colocaram a psicologia "em evidência e nas manchetes" (Cattel, apud O'Donnell, 1985, p. 239). Hall declarou que a guerra "deu um tremendo impulso à psicologia aplicada. Essa herança, como um todo, faz bem para a psicologia; [nós] devemos tentar não ser excessivamente puristas" (Hall, 1919, p. 48). Algumas revistas especializadas, como a *Journal of Experimental Psychology*, interromperam a publicação durante o período da guerra, mas a *Journal of Applied Psychology* persistiu. Em 1918, quando a guerra terminou, a psicologia aplicada adquirira muito mais respeito na profissão. "A psicologia aplicada constitui um trabalho científico", declarou Thorndike. "Exercer a psicologia para os negócios, a indústria ou o exército é mais difícil que exercê-la para outros psicólogos e, intrinsecamente, exige melhores talentos" (apud Camfield, 1992, p. 113).

A psicologia acadêmica também se beneficiou do sucesso da psicologia aplicada durante o período da guerra. Pela primeira vez, houve emprego suficiente e apoio financeiro para os psicólogos universitários. Novos departamentos de psicologia foram criados, novos edifícios e laboratórios construídos, houve mais verba para os salários dos professores. O número de associados da APA triplicou, passando de 336 em 1917 para mais de 1.100 em 1930 (Camfield, 1992). Mesmo assim, muitos psicólogos acadêmicos desprezavam a psicologia aplicada. Lewis Terman, que desenvolveu o teste de inteligência Stanford-Binet, lembra-se de que "muitos psicólogos da linha antiga menosprezavam todo o movimento dos testes. [...] Raramente me sentia um psicólogo" (Terman, 1961, p. 324).

A APA, controlada pela divisão acadêmica da psicologia, alterou as exigências para a admissão de novos membros em 1919. Os candidatos a ingressar na APA necessitam ter publicado alguma pesquisa experimental. De fato, essa medida eliminava a possibilidade de associação de vários psicólogos da aplicação e, certamente, da maioria de psicólogas, para quem as oportunidades de emprego estavam largamente limitadas ao trabalho aplicado.

Apesar dessa atitude negativa em relação à psicologia aplicada por parte de muitos psicólogos universitários, sua popularidade disparou e ela se tornou uma espécie de "mania nacional" (Dennis, 1984, p. 23). As pessoas passaram a crer que o psicólogo era capaz de resolver tudo, desde a crise no casamento até a insatisfação profissional, além de vender qualquer item, do automóvel ao creme dental. Novas revistas promoviam a área. Entre as mais populares temos *The Modern Psychologist* e outra revista com título ainda mais sugestivo, *Psychology: Health, Happiness, Success* (Benjamin e Bryant, 1997). Em 1923, um editorial do *The New York Times* observou que a "nova psicologia abria caminho em uma área atrás da outra da atividade humana, sempre mostrando o seu valor" (apud Dennis, 2002, p. 377).

O crescente clamor por soluções para os problemas reais conduziu cada vez mais psicólogos da pesquisa acadêmica para as áreas da psicologia aplicada. Na edição de 1921 da *American Men of Science,* de Cattel, mais de 75% dos psicólogos mencionados declararam realizar trabalho aplicado; em 1910, esse percentual era de 50% (O'Donnell, 1985). As reuniões da filial de Nova York da APA, no início da década de 1920, mostraram substancial aumento do número de trabalhos relacionados com as questões aplicadas desde os dias que antecederam a guerra (Benjamin, 1991).

No entanto, em torno da década de 1930, período da depressão econômica mundial, a psicologia aplicada tornou-se alvo de ataques por não cumprir suas promessas. Os maiores empresários reclamavam que os psicólogos industriais não solucionavam todos os males corporativos. O *The New York Times* e outros jornais influentes criticavam os psicólogos por supervalorizarem suas habilidades e serem incapazes de amenizar o mal-estar decorrente da depressão econômica. É claro que a depressão econômica foi tão profunda que nada que a psicologia fizesse teria mudado as desastrosas condições econômicas que assolavam todo o mundo. A fama da psicologia declinava, e sua imagem somente foi recuperada depois de 1941, quando os Estados Unidos entraram na Segunda Guerra Mundial. Desse modo, testemunhamos novamente a guerra como uma influência contextual na evolução da psicologia.

A Segunda Guerra Mundial (1941-1945) proporcionou um conjunto diferente de problemas para a psicologia, revivendo e expandindo sua influência. No total, 25% dos psicólogos norte-americanos estavam diretamente envolvidos no esforço de guerra, e outros contribuíram de forma indireta por meio de pesquisas e trabalhos. Um grande esforço foi liderado pelo historiador da psicologia E. G. Boring, que reuniu uma equipe de praticamente 40 psicólogos para escrever um livro dedicado àqueles que treinavam para ser soldados; *Psychology for the Fighting Man: What You Should Know About Yourself and Others* se tornou um dos livros mais populares da época.

Os psicólogos davam conselhos para todos os aspectos da vida de um soldado na guerra, de moral e treinamento a alimentação e sexo. A coeditora de Boring era a jornalista Markorie Van de Water. Ela reescreveu a linguagem pesada dos psicólogos, tornando-a mais amigável ao público não acadêmico. "Inicialmente, Boring pediu que ela assinasse sob um pseudônimo masculino em respeito ao Exército. Ela vetou este plano" (Harris, 2013, p. 81).

As psicólogas não tiveram muitas oportunidades de trabalhar na guerra; algumas foram aconselhadas a realizar trabalho voluntário comunitário. Dos 1.006 psicólogos que serviram as Forças Armadas norte-americanas, somente 33 eram mulheres (Gilgen et al., 1997). "A Segunda Guerra Mundial e as condições da vida dos norte-americanos que foram alteradas no pós-guerra resultaram um crescimento exponencial em todas as áreas da psicologia e criaram, mais do que nunca, a necessidade por um grande número de psicólogos profissionais na história da nação" (Pickren, 2007, p. 279).

Desde o fim da guerra, a psicologia norte-americana experimentou um drástico surto de crescimento com os progressos mais significativos ocorrendo nas áreas da aplicação. A psicologia aplicada superou a psicologia acadêmica voltada para a pesquisa que prevalecera durante tantos anos. Não era mais verdade que a maioria dos psicólogos trabalhava nas universidades, conduzindo pesquisas experimentais. Antes da Segunda Guerra Mundial, quase 70% dos doutorados foram em psicologia experimental. Por volta de 1984, esse número caiu para 8% (Goodstein, 1988). Antes desta guerra, 75% de todos os psicólogos com doutorado trabalhavam no meio acadêmico. Em torno de 1996, esse número caiu para 34% (Borman e Cox, 1996). Hoje, aproximadamente 65% de todos os psicólogos trabalham em áreas aplicadas (Benjamin e Baker, 2004).

Como consequência, houve uma transferência de poder na APA, e os psicólogos aplicados (especialmente os clínicos) assumiram a posição de comando. Em 1988, um grupo de membros acadêmicos e voltados à pesquisa se revoltou e fundou a própria organização, a Sociedade Americana de Psicologia (American Psychological Society – APS).

Comentários

A natureza da psicologia norte-americana mudou muito desde os anos em que Hall, Cattel, Witmer, Scott e Münsterberg estudaram com Wilhelm Wundt, na Alemanha, e trouxeram a psicologia alemã para os Estados Unidos. A psicologia não mais se restringe a salas de aula, bibliotecas e laboratórios, mas se estende para diversas áreas da vida cotidiana. Hoje, os psicólogos da aplicação trabalham com testes, psicologia educacional e escolar, psicologia clínica e aconselhamento, psicologia industrial-organizacional, psicologia forense, psicologia comunitária, psicologia do consumidor, psicologia ambiental e populacional, psicologia da saúde e reabilitação, serviços à família, psicologia do esporte e do exercício, psicologia militar, psicologia da mídia, além de lidar com o comportamento do viciado, a religião, a cultura e questões de grupos minoritários.

Se a psicologia permanecesse concentrada nos elementos mentais ou no conteúdo da experiência consciente, não existiria nenhuma dessas áreas de aplicação. As pessoas, as ideias e os acontecimentos descritos nos capítulos 6 a 8 referentes à escola de pensamento funcionalista forçaram a psicologia norte-americana a ultrapassar o limite do confinamento no laboratório de Wundt, em Leipzig.

Consideremos esses fatores:

- a teoria de Darwin sobre a adaptação e função;
- a mensuração de Galton das diferenças individuais;
- o enfoque intelectual norte-americano na praticidade e na utilidade;
- a mudança nos laboratórios de pesquisa acadêmica, de conteúdo para função, provocada por James, Angell, Carr e Woodworth;
- os fatores socioeconômicos e o poder da guerra.

Todas essas forças se entrelaçaram para dar surgimento a uma ciência da psicologia ativa, assertiva, cativante e influente que mudou nossas vidas. Esse movimento geral da psicologia norte-americana em busca da prática foi reforçado pela escola de pensamento que veio a seguir na evolução da psicologia – a escola conhecida como behaviorismo.

QUESTÕES PARA DISCUSSÃO

1. O que o julgamento da Coca-Cola e a pesquisa de Hollingworth significaram para a psicologia?
2. Por que as abordagens à psicologia defendidas por Wundt e Titchener não deram certo nos Estados Unidos?
3. Como a psicologia cresceu e se desenvolveu nos Estados Unidos entre 1880 e 1900? Dê exemplos específicos.
4. De que modo as forças econômicas influenciaram a evolução da psicologia aplicada nos Estados Unidos?
5. Descreva as contribuições de Münsterberg para a psicologia forense.
6. De que forma o trabalho de Cattell alterou a natureza da psicologia norte-americana? Como ele promoveu a psicologia para o público em geral?
7. Compare as abordagens de Cattell e Binet no desenvolvimento dos testes mentais.
8. Descreva o impacto que a Primeira Guerra Mundial teve no movimento dos testes.
9. Defina os conceitos de *idade mental* e *QI*. Como eles são calculados?
10. Como os testes foram usados nos Estados Unidos para apoiar a ideia de diferenças raciais de inteligência e a suposta inferioridade dos imigrantes?
11. Em sua opinião, os testes de inteligência são preconceituosos contra membros de grupos minoritários? Defenda seu ponto de vista.
12. Discuta o papel da mulher no movimento dos testes. Por que a mulher estava em desvantagem profissional?
13. De que forma os trabalhos de Witmer e de Münsterberg influenciaram o crescimento da psicologia clínica?
14. Qual é a diferença entre a visão de Witmer e de Münsterberb sobre a psicologia clínica?

15. Discuta a importância de Scott e Münsterberg na origem da psicologia industrial-organizacional.
16. De que modo os estudos de Hawthorne e a guerra afetaram a psicologia industrial-organizacional?
17. Qual foi o papel de Lillian Gilbreth no desenvolvimento da psicologia industrial-organizacional?
18. Por que os pontos de vista francos de Münsterberg, muitas vezes, não se tornaram populares entre outros psicólogos? Como ele se tornou uma figura desprezada entre o público em geral?
19. Compare o crescimento e a popularidade da psicologia aplicada nas décadas de 1920 e de 1930 e no período desde o final da Segunda Guerra Mundial.

Capítulo 9

Behaviorismo: as influências anteriores

Hans, o cavalo esperto – gênio da matemática?

Hans, o Esperto (Figura 9.1), foi o cavalo mais famoso de toda a história da psicologia. Naturalmente, ele foi o *único* cavalo na história da psicologia, mas isso não diminui suas realizações extraordinariamente brilhantes. No início da década de 1900, praticamente toda pessoa culta da Europa e dos Estados Unidos já ouvira falar a respeito de Hans, o cavalo prodígio. Ele foi o cavalo mais esperto do mundo, e conhecido até como a criatura de quatro patas mais inteligente de que se ouvira falar.

O esperto Hans, que vivia em Berlim, Alemanha, era uma celebridade. As propagandas usavam o nome dele para vender seus produtos. Suas realizações serviram de inspiração para canções, artigos de revistas e livros. Seu conhecimento fenomenal foi testado por matemáticos famosos e considerado com a capacidade de raciocínio numérico equivalente ao de um menino de 14 anos de idade.

Ele conseguia somar e subtrair, usar frações e decimais, ler, identificar moedas, jogar baralho, soletrar, reconhecer uma variedade de objetos e resolver problemas incríveis de memória. Isso tudo em alemão, é claro. Um escritor do *New York Times* afirmou que Hans "forma pequenas frases, lembra-se delas no dia seguinte, e distingue 12 cores e sombras" (14 de agosto, 1904). O cavalo respondia a perguntas feitas a ele batendo a pata determinado número de vezes ou balançando a cabeça em direção ao objeto apropriado.

> "Quantos cavalheiros presentes estão usando chapéu de palha?", perguntava-se.
>
> Hans, o Esperto, batia a resposta com sua pata direita, tomando cuidado para não incluir os chapéus de palha usados pelas damas.

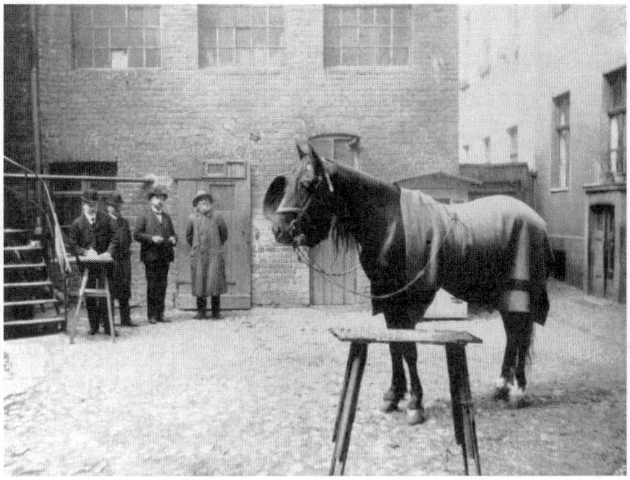

FIGURA 9.1 Hans, o cavalo esperto.

> "O que aquela senhora está segurando?"
>
> O cavalo respondia "*schirm*", que significa sombrinha, indicando cada letra em um cartaz especial. E ele ainda era capaz de distinguir entre uma bengala e uma sombrinha, ou um chapéu de palha e um de feltro.
>
> O mais importante é que Hans podia pensar por si mesmo. Quando lhe faziam uma pergunta estranha, por exemplo, quantos lados tem um círculo, ele sacudia a cabeça de um lado para o outro, querendo dizer que nenhum. (Fernald, 1984, p. 19)

Não era para menos que as pessoas ficassem surpresas e que seu dono, Wilhelm von Osten, um professor aposentado de matemática, ficasse orgulhoso. Ele levara vários anos ensinando a Hans os princípios da inteligência humana (já havia tentado antes, em vão, ensinar um gato e um urso).

Von Osten não lucrou financeiramente com o desempenho de Hans. Quando deu demonstrações da inteligência do cavalo, no pátio do edifício onde morava, nunca cobrou ingresso tampouco se aproveitou do resultado para fazer publicidade. A motivação para esse enorme esforço foi puramente científica. O objetivo dele era provar que Darwin estava correto ao sugerir a semelhança entre o processo mental animal e o humano.

Von Osten também acreditava que educação insuficiente era a única justificativa para a aparente falta de inteligência dos cavalos e dos demais animais. Estava convencido de que, com o método adequado de treinamento, o cavalo provaria sua inteligência. Em razão de seus esforços, a maior parte do mundo ocidental se convenceu!

Mas havia alguns céticos que duvidavam e questionavam se Hans ou qualquer outro animal podia realmente ser tão inteligente. Devia ter algum truque envolvido. Alguns achavam que era o escândalo do século.

Você acredita que seja possível ensinar um animal a responder perguntas corretamente? Aquela exibição da inteligência do animal era legítima? E o que tudo isso tem a ver com a história da psicologia? Vamos constatar, posteriormente, que foi um psicólogo quem, finalmente, resolveu o mistério.

Rumo à ciência do behaviorismo

Em torno da segunda década do século XX, pouco menos de 40 anos após Wilhelm Wundt dar início à psicologia, a ciência passava por uma profunda reavaliação. Não havia mais consenso entre os psicólogos sobre o valor da introspecção, da existência dos elementos mentais ou da necessidade de a psicologia continuar a manter o *status* de uma ciência pura. Os psicólogos funcionalistas reescreviam as diretrizes, usando a psicologia de uma forma que seria inadmissível em Leipzig e em Cornell.

O movimento na direção do funcionalismo era mais evolucionário que revolucionário. A intenção inicial dos funcionalistas não consistia em acabar com a ordem estabelecida por Wundt e E. B. Titchener. Eles apenas acrescentaram e modificaram alguns aspectos, dando origem, com o passar dos anos, a uma nova forma de psicologia, que era mais um movimento emergente interno do que uma consequência de um ataque externo.

Os líderes do movimento funcionalista não estavam ávidos por formalizar a sua posição. Eles viam a sua tarefa não como uma ruptura com o passado, mas como uma evolução a partir dele. Dessa forma, o cenário da psicologia norte-americana na segunda década do século XX exibia o amadurecimento do funcionalismo concomitantemente à consolidação, embora em uma posição não mais exclusiva, do estruturalismo.

Enfim chegou a revolução

O ano de 1913 foi marcado por uma declaração de guerra, uma ruptura intencional com essas duas posições. O movimento de protesto iniciado tinha a intenção de destruir antigos pontos de vista. Seus líderes não desejavam modificar o passado e, menos ainda, manter alguma relação com ele. Esse movimento revolucionário chamava-se behaviorismo, e foi promovido pelo psicólogo John B. Watson, de 35 anos. Apenas dez anos antes, Watson recebera o Ph.D. de James Rowland Angell na University of Chicago, na época em que a universidade era o centro da psicologia funcionalista, um dos dois movimentos que Watson decidiu destruir.

As premissas básicas do behaviorismo de Watson eram simples, diretas e ousadas. Ele buscava uma psicologia científica que lidasse exclusivamente com os atos comportamentais observáveis e passíveis de descrição objetiva, por exemplo, em termos de "estímulo" e "resposta". Além disso, a psicologia de Watson rejeitava qualquer termo ou conceito mentalista. Palavras como "imagem", "sensação", "mente" e "consciência" – adotadas desde a época da filosofia mentalista – não significavam absolutamente nada para a ciência do comportamento, do ponto de vista de Watson.

Watson afirmava que a consciência não tinha o menor valor para a psicologia do comportamento, rejeitando veementemente esse conceito. Além disso, alegava que ninguém jamais "havia visto, tocado, cheirado, experimentado ou transferido de um lugar a outro a consciência. A sua definição não passa de mera suposição tão improvável quanto o conceito de alma" (Watson e McDougall, 1929, p. 14). Desse modo, a introspecção, que pressupunha a existência do processo consciente, era irrelevante e sem valor para a ciência do comportamento.

O papel do positivismo

Não foi Watson quem deu origem a essas ideias básicas do movimento behaviorista; elas já vinham sendo desenvolvidas há algum tempo, tanto na psicologia quanto na biologia. Como qualquer outro fundador, Watson organizou e promoveu as ideias e as questões já aceitáveis para o *Zeitgeist* intelectual. Assim, são estes alguns dos principais conceitos reunidos por Watson para formar seu sistema de psicologia behaviorista: a tradição filosófica objetivista e mecanicista, a psicologia animal e a psicologia funcional. Nenhum deles era novo ou ainda não tinha sido identificado em 1913, quando Watson começou o behaviorismo.

O reconhecimento da necessidade de uma psicologia mais objetiva envolve uma longa história que nos remete a Descartes, cujas explicações mecanicistas para o funcionamento do corpo humano constituíram uma das primeiras iniciativas rumo a uma ciência objetiva. Outra figura ainda mais importante na história do objetivismo foi o filósofo francês Auguste Comte (ver Capítulo 2), fundador do positivismo, movimento com ênfase no conhecimento positivo (fatos), o qual constituiria uma verdade inquestionável. De acordo com Comte, o único conhecimento válido é o de natureza social e observável de forma objetiva. Esses critérios eliminavam a introspecção, já que ela depende da consciência individual particular e não é passível de estudo objetivo.

Por volta dos primeiros anos do século XX, o positivismo incorporava-se ao *Zeitgeist* científico. Em seus trabalhos escritos, Watson raras vezes discutiu o positivismo, nem outros psicólogos norte-americanos da época o fizeram; não havia necessidade de fazer isso. De acordo com um historiador, esses psicólogos "agiam como positivistas, mesmo que não assumissem esse rótulo" (Logue, 1985, p. 149). Dessa forma, quando Watson começou a trabalhar com o behaviorismo, suas ideias, já tão impregnadas pelas influências objetivistas, mecanicistas e materialistas, deram origem a um novo tipo de psicologia – disciplina que excluía a consciência, a mente ou a alma –, com enfoque apenas em algo visível, audível ou palpável. O resultado foi uma ciência do comportamento que enxergava o ser humano como uma máquina.

A influência da psicologia animal no behaviorismo

A posição de Watson a respeito da relação direta entre a psicologia animal e o novo behaviorismo era clara: "O behaviorismo é o resultado direto dos estudos do comportamento animal realizados durante a primeira década do século XX" (Watson, 1929, p. 327). Desse modo, podemos afirmar que o principal antecessor do programa de Watson foi a psicologia animal, resultante da teoria evolucionista e que levou à tentativa de se demonstrar a existência da mente nos organismos inferiores e a continuidade entre a mente animal e a humana.

No Capítulo 6, apresentamos os trabalhos de dois pioneiros da psicologia animal, George John Romanes e Conwy Lloyd Morgan. A lei da parcimônia de Morgan e o maior emprego das técnicas experimentais em vez das anedóticas tornaram a psicologia animal mais objetiva, embora a consciência continuasse a ser o enfoque central. A metodologia tornava-se mais objetiva, mesmo o objeto de estudo sendo subjetivo.

Em 1899, por exemplo, Alfred Binet publicou *A vida psíquica dos micro-organismos* [*The psychic life of micro-organisms*], em que apresentava uma proposta afirmando que até mesmo um organismo unicelular, como o protozoário, era capaz de perceber e distinguir os objetos e de exibir um comportamento dotado de intenção. Em 1908, Francis Darwin (filho de Charles Darwin) questionava sobre o papel da consciência nas plantas. Nos primeiros anos da psicologia animal nos Estados Unidos, houve grande interesse pelos processos conscientes dos animais, e a influência de Romanes e Morgan perdurou por algum tempo.

Jacques Loeb (1859-1924)

Outra personalidade que contribuiu significativamente para incrementar a objetividade na psicologia animal foi o fisiologista e zoólogo alemão Jacques Loeb (1859-1924), que gostava de regar seu jardim mesmo quando chovia. Loeb trabalhou em diversas instituições nos Estados Unidos, até na University of Chicago. Em reação à tradição antropomórfica e ao método de introspecção por analogia, desenvolveu uma teoria do comporta-

Tropismo: movimento forçado involuntário.

Memória associativa: associação entre estímulo e resposta, usada para provar a existência de consciência em animais.

mento animal com base no conceito de **tropismo**, o movimento forçado involuntário. Ele acreditava na reação direta e automática do animal a um estímulo. Desse modo, afirmava ser a reação comportamental forçada pelo estímulo, não cabendo qualquer explicação no que se refere a definição consciente do animal.

Embora seu trabalho representasse o tratamento mais objetivo e mecânico da psicologia animal daquela época, Loeb não conseguiu abdicar totalmente do passado. Ele não rejeitava a existência da consciência nos animais (por exemplo, nos seres humanos) que se encontravam na escala mais elevada da evolução (Loeb, 1918). Argumentava que a consciência animal se revelava por meio da **memória associativa**, ou seja, que os animais já haviam aprendido a reagir a determinados estímulos de um modo esperado. Por exemplo, a reação do animal ao ser chamado pelo nome ou ao ouvir um som específico para se dirigir repetidas vezes a determinado local a fim de receber alimento são evidências de alguma conexão mental, da existência da memória associativa. Portanto, mesmo a abordagem de algum modo mecanicista de Loeb ainda continha certo conceito de consciência.

Watson frequentou alguns cursos de Loeb na University of Chicago e desejava realizar pesquisas sob sua orientação, demonstrando curiosidade a respeito de suas visões mecanicistas. Angell e o neurologista H. H. Donaldson demoveram Watson de sua intenção, afirmando ser uma ideia "arriscada", termo com várias conotações, mas talvez com o intuito de expressar o repúdio ao objetivismo de Loeb.

Ratos, formigas e a mente animal

Mais ou menos no início do século XX, os psicólogos da psicologia animal experimental trabalhavam com muita seriedade. Robert Yerkes (Figura 9.2), que posteriormente liderou os esforços para o desenvolvimento de testes mentais na Primeira Guerra Mundial, iniciou esses estudos em 1900. Ele usou uma variedade de sujeitos, desde águas-vivas e minhocas, passando por sapos, macacos e chimpanzés e, em 1907, escreveu um livro intitulado *The Dancing Mouse: A Study in Animal Behavior* (Carmichael, 1951). Sua pesquisa fortaleceu a posição e a influência da psicologia comparativa.

Também em 1900, Willard S. Small, estudante da Clark University, introduziu o labirinto para ratos (ver Figura 9.3). Ele se baseou em uma atração turística perto de Londres, famosa até os dias de hoje, chamada de Hampton Court Maze, na qual as pessoas tentam encontrar o caminho para sair de um labirinto com cercas altas (Goodwin, 2012). O camundongo branco e o labirinto transformaram-se no método padrão para o estudo da aprendizagem de gerações de estudantes de psicologia.

U.S. NATIONAL LIBRARY OF MEDICINE

FIGURA 9.2 Robert Yerkes.

A noção de consciência ainda invadia a psicologia animal, mesmo com a adoção do método do rato branco e o labirinto. Ao interpretar o comportamento do rato, Small usou termos mentalistas, descrevendo as imagens e as ideias do animal, continuando assim a refletir uma preocupação em relação aos elementos e processos mentais. No início da carreira, até mesmo Watson sofrera essa influência. O título da sua dissertação de doutorado, concluída em 1903, era *A educação animal: o desenvolvimento psíquico do rato branco* [*Animal education: the* ***psychical*** *development of the white rat*] (grifo nosso). Até 1907, ele discutia a experiência consciente da sensação dos ratos.

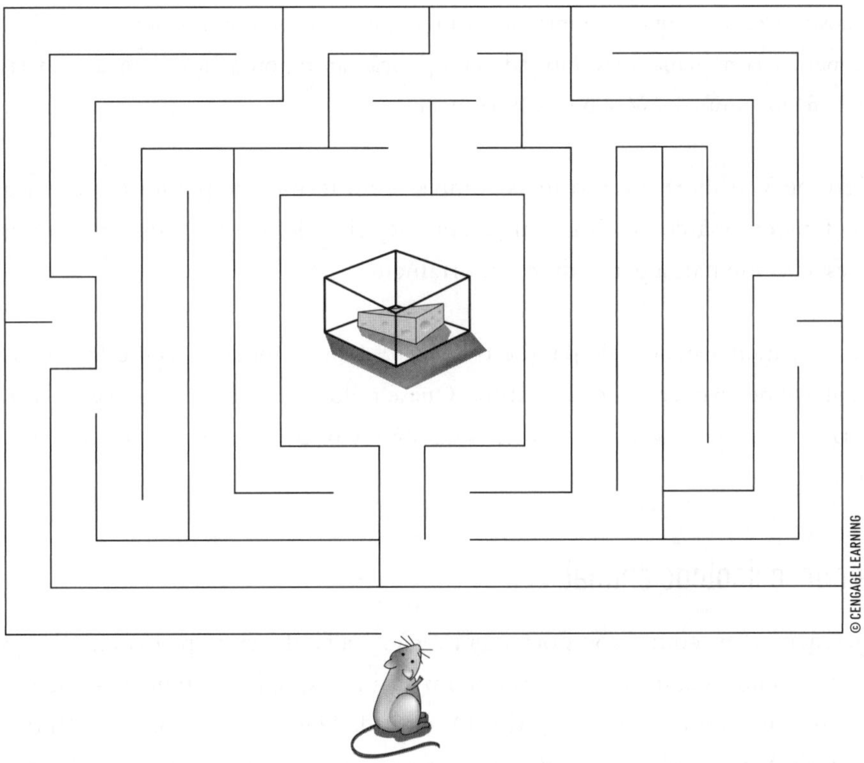

FIGURA 9.3 O labirinto para ratos: um rato faminto é colocado no labirinto, que é percorrido livremente até encontrar comida.

Em 1906, ainda como aluno de pós-graduação da University of Chicago, Charles Henry Turner (1867-1923) publicou um artigo intitulado "Observações preliminares sobre o comportamento da formiga" ["A preliminary note on ant behavior"]. Watson publicou uma crítica muito elogiosa sobre o trabalho na renomada revista *Psychological Bulletin*. Nesse artigo, empregou a palavra *comportamento*, que aparece no título do trabalho de Turner, e talvez essa tenha sido a primeira vez que ele usou a palavra por escrito, embora já a houvesse empregado anteriormente em uma solicitação de recursos (Cadwallader, 1984, 1987).

Turner era afro-americano e recebeu o Ph.D. *magna cum laude*, em 1907, da University of Chicago (Lee, 2012). Embora sua graduação fosse em zoologia, ele publicou tantas pesquisas relacionadas com os estudos comparativos e de animais em revistas especializadas de psicologia, que alguns psicólogos o consideravam um colega da área. Lembre-se, no entanto, de que os empregos para psicólogos pertencentes a grupos de minorias eram raros; portanto, as oportunidades para Turner lecionar eram limitadas. "Ainda que trabalhasse sozinho como professor de ensino médio, ele fez importantes descobertas no campo da aprendizagem e do comportamento de insetos" (Abramson, 2009, p. 344).

Por volta de 1910, foram instalados oito laboratórios de psicologia comparativa; os primeiros estavam na Clark [University], em Harvard, e na University of Chicago. Diversas universidades ofereciam cursos na área. Margaret Floy Washburn, a primeira orientanda de doutorado de Titchener (ver Capítulo 5), lecionava psicologia animal na Cornell. Seu livro, *A mente animal* [*The animal mind*] (1908), foi o primeiro resumo abrangente da nova área da psicologia animal e se manteve como o principal livro da área durante 25 anos (Pillsbury, 1940; Scarborough, 2010).

Observe o título do livro de Washburn: *The animal mind*. Em seu trabalho, persistia a noção de consciência animal, bem como o método de introspecção comparativa entre a mente animal e a humana. Washburn afirmava:

> Somos obrigados a reconhecer que toda interpretação psíquica do comportamento animal deve ser por analogia com a experiência humana. Devemos adotar a posição antropomórfica ao formar ideias sobre o que ocorre na mente de um animal. (Washburn, 1908, p. 88)

Embora o livro de Washburn fosse o mais completo em termos de pesquisa sobre a psicologia animal naquela época, ele também marcou o fim de uma era. Depois dele, nenhum outro texto usou a abordagem da inferência dos estados mentais a partir do comportamento.

> Os temas que chamaram a atenção de [Herbert] Spencer, Lloyd Morgan e Yerkes não estavam mais em voga e praticamente desapareceram da literatura. Quase todo livro didático que veio a seguir adotava a visão behaviorista e envolvia, principalmente, as questões e os problemas da aprendizagem. (Demarest, 1987, p. 144)

Não era fácil ser um psicólogo animal

Seja lidando com a mente, seja com o comportamento, não era fácil ser um profissional da psicologia animal. Tanto os governantes como os administradores das universidades, sempre atentos às questões orçamentárias, não enxergavam nenhum valor prático nessa área. O reitor da Harvard dizia não ver "futuro no tipo de psicologia comparativa de Yerkes. Além de malcheirosa e cara, parece não oferecer nenhuma aplicação prática para o serviço público" (Reed, 1987a, p. 94). Yerkes disse ter sido

> discreta e gentilmente alertado [...] de que a psicologia educacional oferecia, além da minha área específica de psicologia comparativa, outros caminhos, mais amplos e diretos, para uma carreira na docência e para melhor aproveitamento acadêmico; assim, eu devia pensar seriamente em mudar. (Yerkes, 1930/1961, p. 390-391)

Os alunos orientados por Yerkes no laboratório dele procuravam empregos na área da aplicação por não conseguirem colocação na psicologia comparativa. Aqueles que conseguiam garantir uma posição universitária estavam cientes de que eram os membros mais custosos dos respectivos departamentos de psicologia. Nos momentos de dificuldades financeiras, aqueles vinculados à psicologia animal eram, certamente, os primeiros a ser demitidos.

O próprio Watson enfrentou problemas no início da carreira. "Estou sendo muito prejudicado na minha pesquisa, neste momento", ele escreveu para Yerkes. "Nós não temos, absolutamente, espaço físico algum para colocar os animais, nem fundos para ministrar os cuidados a eles, mesmo se tivéssemos o local" (Watson, 1904, apud O'Donnell, 1985, p. 190). Em 1908, apenas seis trabalhos relacionados com animais foram publicados nas revistas de psicologia, cerca de 4% de toda a pesquisa psicológica daquele ano. No ano seguinte, quando Watson sugeriu a Yerkes um jantar, reunindo os psicólogos que estudavam o comportamento dos animais, durante o encontro da APA, sabia que caberiam todos em uma única mesa: compareceram apenas nove. Na edição de 1910 da *American Men of Science*, de Cattell, apenas seis, entre os 218 psicólogos relacionados, admitiam realizar pesquisas com animais. As perspectivas profissionais não eram promissoras, mas, mesmo assim, o campo se expandia em razão da dedicação de alguns poucos que permaneciam na área.

Em busca de uma psicologia animal mais objetiva

Em 1911, a publicação *Journal of Animal Behavior* (mais tarde intitulada *Journal of Comparative Psychology*) foi lançada. Em 1906, o texto de uma palestra do fisiologista russo Ivan Pavlov foi publicado na revista *Science*, introduzindo para o público norte-americano o seu trabalho a respeito da psicologia animal. Yerkes e Sergius Morgulis, um estudante russo, publicaram um relato mais detalhado da metodologia utilizada por Pavlov, bem como dos resultados da sua pesquisa, na publicação *Psychological Bulletin* (1909).

A pesquisa de Pavlov sustentava a psicologia objetiva e, em especial, o behaviorismo de Watson. Desse modo, estabeleceu-se uma psicologia animal dotada de um método e um objeto de estudo muito mais objetivos. Aquela tendência em direção a uma maior objetividade no estudo do comportamento animal foi fortemente apoiada pelos acontecimentos na Alemanha em 1904. Esse foi o ano em que o governo estabeleceu uma comissão para examinar os poderes de Hans, o Esperto, e determinar se havia algum mecanismo ou truque envolvido. O grupo incluía um administrador de circo, um veterinário, treinadores de cavalo, um aristocrata, o diretor do Zoológico de Berlim e o psicólogo Carl Stumpf, da Berlin University.

Hans era realmente inteligente?

Em setembro de 1904, depois de uma minuciosa investigação, a comissão concluiu que Hans não recebia nenhum tipo de sinalização intencional nem indicações do proprietário. Não havia fraude nem truques. Stumpf não se encontrava totalmente convencido, e estava curioso para saber como o cavalo conseguia responder corretamente a tantas perguntas. Ele atribuiu essa missão a um aluno de pós-graduação, Oskar Pfungst, que realizou o estudo com o cuidado exigido de um psicólogo experimental.

O cavalo demonstrou capacidade para responder às perguntas mesmo quando o treinador não estava presente; assim, Pfungst decidiu elaborar uma experiência para testar esse fenômeno. Formou dois grupos de pessoas para formular as perguntas: um, com indivíduos que sabiam as respostas corretas, e outro, com indivíduos que não sabiam responder às questões formuladas ao cavalo. Os resultados mostraram que o cavalo respondia corretamente somente às perguntas feitas pelos indivíduos que sabiam a resposta. Assim, ficou claro que Hans recebia as informações de quem quer que estivesse formulando a pergunta, mesmo que fosse um estranho.

Depois de uma série de experiências rigorosamente controladas, Pfungst concluiu que Hans fora condicionado pelo proprietário, von Osten, ainda que este não tivesse tido a intenção de fazê-lo. O cavalo começava a bater a pata ao menor movimento para baixo da cabeça de von Osten. Quando ele executava o número correto de batidas, a cabeça de von Osten automaticamente fazia um leve movimento para cima, e o cavalo parava de bater. Pfungst demonstrou que qualquer indivíduo, mesmo uma pessoa que nunca estivera perto de um cavalo, realizava o mesmo gesto imperceptível com a cabeça quando falava com o animal.

Assim, o psicólogo provou que Hans não tinha um depósito de conhecimento, mas apenas fora treinado para começar a bater com a pata ou a inclinar a cabeça em direção ao objeto sempre que a pessoa fizesse determinado movimento, e condicionado a parar ao mínimo movimento contrário. Von Osten motivara Hans durante o período de treinamento, dando-lhe cenouras e torrões de açúcar sempre que respondia corretamente. Com o passar do tempo, von Osten pensou que não precisava mais incentivar cada resposta correta, por isso passou a premiá-lo apenas de vez em quando. Mais tarde, o psicólogo behaviorista B. F. Skinner demonstrou a enorme eficácia desse tipo de reforço intermitente ou parcial no processo de condicionamento.

> O que von Osten achou do relatório de Pfungst? Ficou arrasado e sentiu-se ofendido, explorado e fisicamente doente. Entretanto, direcionou sua fúria não a Pfungst, mas a Hans, que, acreditava von Osten, de algum modo o enganara. Von Osten afirmava que o comportamento fraudulento do cavalo o deixara enfermo. E, de fato, ele acabou ficando doente e foi diagnosticado com câncer do fígado. (Candland, 1993, p. 135)

Von Osten jamais perdoou Hans pela traição e rogou uma praga a ele, dizendo que passaria o resto dos seus dias puxando uma carruagem fúnebre. Von Osten morreu dois anos depois da constatação de Pfungst, creditando ao comportamento ingrato do cavalo o fato de ter ficado enfermo – era evidente que ele ainda acreditava na inteligência de Hans.

O novo dono de Hans, o Esperto, Hans Krall, um joalheiro milionário, colocou Hans e dois outros cavalos em exibição para *performances* populares, em que os cavalos batiam com as patas em resposta às perguntas, e suas respostas estavam sempre corretas. Krall os chamava de Cavalos Mágicos. Eles surpreendiam as plateias com seus poderes; conseguiam até calcular a raiz quadrada de números, entre outros truques (ver Kressley-Mba, 2006). Aparentemente, a maioria do público não tinha ouvido falar, ou prestado atenção, às pesquisas de Pfungst, mostrando que os denominados poderes não tinham nenhum mistério, mas eram simplesmente respostas aprendidas.

O caso de Hans, o Esperto, é um exemplo do valor e da necessidade de uma abordagem experimental no estudo do comportamento animal. Os psicólogos passaram a enxergar com mais ceticismo os grandes feitos de "animais inteligentes". Entretanto, esse estudo também mostrou a capacidade de o animal aprender e ser condicionado a modificar seu comportamento. O estudo experimental da aprendizagem animal passou a ser mais importante no tratamento desse tipo de questão que a hipótese anterior sobre a existência de uma consciência operando na mente animal. John B. Watson redigiu um artigo para a *Journal of Comparative Neurology and Psychology* a respeito do relato experimental de Pfungst sobre Hans, o Esperto. As conclusões do trabalho influenciaram a crescente tendência de Watson em promover uma psicologia que abordasse apenas o comportamento e não a consciência (Watson, 1908).

Edward Lee Thorndike (1874-1949)

Thorndike, um dos principais pesquisadores para o desenvolvimento da psicologia animal, elaborou uma teoria de aprendizagem objetiva e mecanicista com enfoque no comportamento manifesto. Thorndike acreditava que o psicólogo devia estudar o comportamento, não os elementos mentais ou a experiência consciente, e assim reforçava a tendência rumo à maior objetividade iniciada pelos funcionalistas. Não interpretava a aprendizagem do ponto de vista subjetivo, mas em termos de conexões concretas entre o estímulo e a resposta, embora não admitisse qualquer referência à consciência e aos processos mentais.

Os trabalhos de Thorndike e Ivan Pavlov são outro exemplo de descobertas simultâneas independentes. Thorndike desenvolveu a lei do efeito, em 1898, e Pavlov apresentou uma proposta semelhante, a lei do reforço, em 1902.

A biografia de Thorndike

Edward Lee Thorndike (Figura 9.4) foi um dos primeiros psicólogos norte-americanos a receber toda a formação educacional nos Estados Unidos. Um fato importante foi ele ter realizado os estudos de pós-graduação

FIGURA 9.4 Edward Lee Thorndike.

nos Estados Unidos, e não na Alemanha, apenas duas décadas depois da fundação formal da psicologia. Seu interesse na psicologia, assim como o de vários outros colegas, foi despertado pela leitura da obra *The principles of psychology*, de William James, quando ainda era estudante de graduação na Wesleyan University, em Middletown, Connecticut. Mais tarde, Thorndike estudou sob a orientação de James, em Harvard, e começou a pesquisar sobre a aprendizagem.

Ele planejava conduzir as pesquisas utilizando crianças como sujeitos, o que estava proibido. A administração da universidade ainda sofria as consequências de um escândalo envolvendo um antropólogo acusado de afrouxar as roupas das crianças para tomar as medidas corporais. Ao constatar que não poderia realizar experiências com as crianças, resolveu usar pintinhos, talvez inspirado nas aulas em que Morgan descrevia a pesquisa dele com esses animais.

Thorndike improvisou labirintos usando alguns livros e ensinou os pintinhos a percorrerem os caminhos. Com dificuldades para encontrar um lugar para alojar os pintinhos, já que a proprietária do imóvel em que morava não permitia que mantivesse os animais em seu quarto, ele pediu ajuda a William James, que, não conseguindo arrumar um lugar no laboratório nem no museu da universidade, resolveu acolher Thorndike e os pintinhos no porão da sua casa, para a alegria de seus filhos.

Thorndike não chegou a completar seus estudos em Harvard. Desiludido por não ser correspondido por uma jovem, matriculou-se no curso de James McKeen Cattell, na Columbia University, a fim de afastar-se da região de Boston. Quando Cattell ofereceu-lhe uma bolsa de estudos, Thorndike seguiu para Nova York, levando consigo os dois pintinhos mais bem treinados. Prosseguiu nas pesquisas com animais na Columbia, trabalhando com gatos e cachorros, usando caixas-problema que ele mesmo havia projetado. Obteve seu diploma de doutorado em 1898. Sua dissertação, *Inteligência animal: um estudo experimental dos processos associativos nos animais* [*Animal intelligence: an experimental study of the associative processes in animals*], foi publicada na *Psychological Review* e goza da distinção de ser a primeira dissertação de doutorado a utilizar animais como sujeitos de pesquisa (Galef, 1998). Posteriormente, Thorndike publicou várias pesquisas a respeito da aprendizagem associativa, envolvendo pintinhos, peixes, gatos e macacos.

Deixando seus animais para trás

Extremamente ambicioso e competitivo, Thorndike escreveu à sua noiva, dizendo: "Decidi chegar ao topo da psicologia em cinco anos, lecionar durante mais dez e, então, abandonar a área" (apud Boakes, 1984, p. 72). Ele não permaneceu na psicologia animal por muito tempo. Reconhecia não ser essa a área de seu principal interesse, mas manteve-se nela exclusivamente para completar a graduação e criar certa reputação. A psicologia animal não era o melhor campo para uma pessoa com tamanha vontade de alcançar o sucesso. Como já verificamos anteriormente, as áreas aplicadas ofereciam muito mais oportunidades de emprego do que a pesquisa com animais.

Thorndike tornou-se orientador de psicologia na Teachers College da Columbia University. Ali estudou os problemas de aprendizagem nos seres humanos, adaptando as técnicas de pesquisa com animais para crianças e jovens (Beatty, 1998). Passou a dedicar-se a outras duas áreas: a psicologia educacional e os testes mentais e ainda escreveu diversos livros didáticos, fundando, em 1910, a *Journal of Educational Psychology*. Atingiu o topo da psicologia em 1912, quando foi eleito presidente da APA. Os direitos autorais dos testes e dos livros didáticos renderam-lhe uma fortuna; por volta de 1924, ele perfazia uma receita anual aproximada de 70 mil dólares, uma quantia equivalente a quase 1 milhão de dólares em 2014.

Os 50 anos em que permaneceu na Columbia estão entre os mais produtivos registrados na história da psicologia. Na relação da sua bibliografia constam 507 itens. Apesar de aposentar-se em 1939, trabalhou até morrer, dez anos depois.

O conexionismo

Thorndike chamou de **conexionismo** ao tratamento experimental no estudo da associação. Afirmou que, para analisar a mente humana, ele deveria localizar

> as conexões de forças variáveis entre (a) as situações e os seus respectivos elementos e componentes e (b) as respostas e os seus respectivos facilitadores e inibidores, a prontidão às respostas e as direções das respostas. [...] Aprendizagem é o estabelecimento de conexões, e a mente é o sistema de conexões do homem. (Thorndike, 1931, p. 122)

Conexionismo: abordagem dada por Thorndike à aprendizagem com base nas conexões entre as situações e as respostas.

Essa posição era uma extensão direta da antiga noção filosófica de associação (ver Capítulo 2), mas com uma diferença significativa. Em vez de abordar associações e conexões entre as ideias, Thorndike trabalhava com as conexões entre as situações verificáveis objetivamente e as respostas.

Embora houvesse desenvolvido sua teoria seguindo um referencial mais objetivo, Thorndike continuou a referir-se aos processos mentais. Falava de satisfação, irritação e desconforto quando discutia o comportamento dos animais em seus experimentos, usando termos mais mentalistas que comportamentalistas. Assim, Thorndike mantinha a influência recebida de Romanes e Morgan. Muitas vezes, sua análise objetiva do comportamento animal incorporava julgamentos subjetivos das alegadas experiências conscientes dos animais.

Observe que Thorndike, assim como Jacques Loeb, não atribuía gratuitamente alto grau de consciência e inteligência aos animais da forma absurda como fazia Romanes. É possível notar uma redução uniforme na importância da consciência na psicologia animal desde o início até a época de Thorndike, proporcionalmente ao uso mais frequente do método experimental no estudo do comportamento.

Apesar do tom mentalista do trabalho de Thorndike, sua abordagem ainda se baseava na tradição mecanicista. Ele alegava que o comportamento deveria ser reduzido aos elementos mais simples, ou seja, a unidades de estímulo e resposta. Concordava com a visão atomística, analítica e mecanicista dos empiristas britânicos e dos estruturalistas. Para ele, as unidades de estímulo-resposta consistem em elementos do comportamento (e não da consciência) e são os blocos de construção que compõem os comportamentos mais complexos.

A caixa-problema

Aproveitando alguns caixotes e pedaços de madeiras, Thorndike projetou e construiu caixas-problema para utilizar nas pesquisas com os animais (ver Figura 9.5). Para conseguir escapar da caixa, o animal tinha de aprender a mexer no trinco. Thorndike extraiu a ideia de utilizar a caixa-problema como um dispositivo para estudar a aprendizagem dos relatos anedóticos de Romanes e Morgan, que descreviam o modo como cães e gatos conseguiam abrir os trincos das portas.

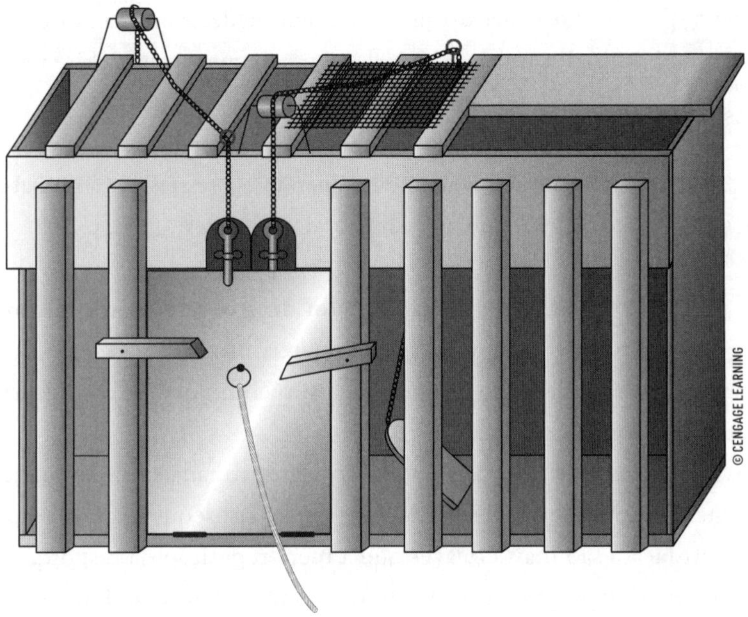

FIGURA 9.5 A caixa-problema de Thorndike.

Em uma série de experimentos, Thorndike colocava um gato faminto na caixa feita de ripas de madeira e deixava a comida do lado de fora da caixa, como um prêmio por ele conseguir escapar. O gato tinha de puxar uma alavanca ou uma corrente e, às vezes, repetir muito a manobra para afrouxar o trinco e conseguir abrir a porta. No início, o gato exibia comportamentos aleatórios, como empurrar, farejar e arranhar com as patas, tentando alcançar a comida; por fim, por tentativa e erro, acabava executando o comportamento correto, destrancando a porta. Na primeira tentativa, esse comportamento ocorria sem querer; nas tentativas subsequentes, os comportamentos aleatórios mostravam-se menos frequentes, até que a aprendizagem fosse completa. Então, o gato passava a demonstrar o comportamento apropriado assim que era colocado na caixa.

A fim de registrar os dados, Thorndike adotava medições quantitativas da aprendizagem. Uma das técnicas consistia em registrar o número de comportamentos incorretos, ou seja, de ações que não resultavam a abertura da caixa – depois de uma série de tentativas esse número diminuía. Outra técnica adotada consistia em registrar o tempo decorrido do instante em que o gato era colocado na caixa até o momento em que ele conseguia sair – assim que a aprendizagem se concretizava, esse intervalo diminuía.

Thorndike escreveu sobre uma tendência de resposta em que "gravar" ou "apagar" acontecia de acordo com o êxito ou o fracasso das consequências. A tendência a respostas fracassadas que não resultavam a abertura da porta para o gato sair da caixa tendia a desaparecer, ou seja, a ser apagada depois de várias tentativas. A tendência a respostas que conduziam ao êxito era gravada depois de algumas tentativas. Esse tipo de aprendizagem passou a ser conhecido como **aprendizagem por tentativa e erro**, embora Thorndike preferisse chamá-lo de tentativa e sucesso acidental.

Aprendizagem por tentativa e erro: aprendizagem com base na repetição das tendências de resposta que levam ao êxito.

As leis da aprendizagem

Thorndike apresentou formalmente essa ideia sobre o "gravar" ou o "apagar" de uma tendência de resposta, definindo-a como a **lei do efeito**:

Lei do efeito: os atos que produzem satisfação em determinada situação tornam-se associados a ela; quando a situação ocorre novamente, os atos tendem a se repetir.

Lei do exercício: quanto mais um ato (ou resposta) é realizado em uma dada situação, mais forte se torna a associação entre ato e situação.

> Qualquer ato que, executado em determinada situação, produza satisfação, fica associado a ela de tal modo que, quando ela se repete, a probabilidade de o ato também se repetir é maior do que antes. Inversamente, qualquer ato que produza desconforto em uma situação específica vai dela se dissociar, de maneira que, quando ela se repetir, a probabilidade de o ato se repetir também é menor do que antes. (1905, p. 203)

Uma lei associada – a **lei do exercício** ou a **lei do uso e desuso** – afirma que qualquer resposta a determinada situação a ela se associa. Quanto mais usada a resposta na situação, mais sólida será a associação, assim como ocorre o contrário: o desuso prolongado da resposta tende a enfraquecer a associação.

Em outras palavras, a simples repetição da resposta em determinada situação tende a fortalecer a resposta. Pesquisas complementares convenceram Thorndike de que as consequências da recompensa a uma resposta (situação que produz satisfação) são mais eficazes que a mera repetição da resposta.

Posteriormente, mediante um programa completo de pesquisa com seres humanos, Thorndike reavaliou a lei do efeito. Os resultados revelaram que a recompensa, de fato, fortalecia a resposta adequada, porém a punição a uma resposta não produzia um efeito negativo comparável. Ele reviu seu ponto de vista, dando mais ênfase à recompensa que à punição como forma de mudar o comportamento.

Comentários

Os estudos de Thorndike a respeito da aprendizagem humana e animal estão entre os programas de pesquisa mais importantes mencionados na história da psicologia. Seu trabalho anunciava a ascensão da teoria do aprendizado à proeminência na psicologia norte-americana, e o espírito objetivo com que ele conduziu suas pesquisas foi uma importante contribuição para o behaviorismo. Watson declarou que a pesquisa de Thorndike foi o alicerce para a fundação do behaviorismo. Ivan Pavlov elogiou Thorndike, dizendo:

> Alguns anos depois de iniciar os trabalhos com o nosso novo método, tomei conhecimento das experiências – de algum modo similares – realizadas nos Estados Unidos, não por fisiologistas, mas por psicólogos. Devo admitir que os méritos pelos passos iniciais dados nessa direção pertencem a E. L. Thorndike. Suas experiências nos antecederam em mais ou menos dois ou três anos, e seu livro deve ser considerado um clássico, tanto pela magnitude do panorama da sua tarefa como pela precisão dos resultados apresentados. (Pavlov, 1928, apud Jonçich, 1968, p. 415-416)

Ivan Petrovitch Pavlov (1849-1936)

O trabalho de Ivan Pavlov (Figura 9.6) sobre a aprendizagem ajudou a transferir a ênfase da visão tradicional do associacionismo, ou seja, das ideias subjetivas para os eventos psicológicos quantificáveis e objetivos, como a secreção glandular e o movimento muscular. Como consequência, o trabalho de Pavlov proporcionou a Watson o método para estudar e tentar controlar e modificar o comportamento.

A biografia de Pavlov

Ivan Pavlov nasceu na cidade de Ryazan, região central da Rússia, e era o mais velho dos 11 filhos de um pastor. Sua posição em uma família numerosa exigiu que ele desenvolvesse, prematuramente, o senso de responsabilidade e a disposição para trabalhar muito, características que manteve por toda sua vida. Não pôde frequentar a escola por vários anos, por causa de ferimentos na cabeça em consequência de um acidente sofrido aos 7 anos, tendo o pai ministrado as aulas em casa para ele. Pavlov ingressou no seminário com a intenção de se tornar pastor, mas mudou de ideia depois de ler a teoria de Darwin. Ele estava tão determinado a frequentar a universidade em São Petersburgo para estudar a fisiologia animal, que viajou centenas de quilômetros a pé.

Com a formação universitária, Pavlov passou a fazer parte de um grupo de intelectuais, a *intelligentsia*, uma classe emergente na sociedade russa, diferente das outras classes, ou seja, distinta da aristocracia e do campesinato. Um historiador comentou que Pavlov

> possuía uma formação de extremo alto nível e era inteligente demais para pertencer ao campesinato do qual se originara, mas pobre e comum demais para fazer parte da aristocracia, nível ao qual jamais ascenderia. Frequentemente, esse tipo de condição social produzia um intelectual extremamente dedicado, que concentrava a vida nas realizações intelectuais para justificar sua existência. Esse era o caso de Pavlov, que lançava mão da firmeza e da simplicidade do camponês russo para dedicar-se a fundo à ciência pura e à pesquisa experimental. (Miller, 1962, p. 177)

Muitos anos depois, Pavlov disse que sempre foi "mais camponês do que professor" (citado em Saunders, 2006, p. 20). Formou-se em 1875 e começou a estudar medicina, não para se tornar médico, mas na esperança de seguir a carreira na pesquisa fisiológica. Estudou dois anos na Alemanha e retornou a São Petersburgo, para trabalhar durante vários anos como assistente do laboratório de pesquisas.

A vida em casa

A dedicação de Pavlov à pesquisa era total. Recusava-se a desviar a atenção com questões práticas, como salário, roupas ou condições de vida. Sua esposa, Sara, com quem se casara em 1881, dedicava-se a protegê-lo dos assuntos mundanos. Logo no início do casamento, eles fizeram um pacto, e Sara concordou em cuidar dos problemas cotidianos para que nada interferisse no trabalho do marido. Em contrapartida, Pavlov prometeu jamais beber ou jogar e sair apenas nos sábados e domingos à noite. Assim, ele adotou uma rotina rígida, trabalhando sete dias por semana, de setembro a maio, e passando os verões no campo.

HISTORY OF MEDICINE/US NATIONAL LIBRARY OF MEDICINE

FIGURA 9.6 Ivan Pavlov.

Sua indiferença em relação às questões práticas é ilustrada pela história de que, frequentemente, Sara tinha de lembrá-lo de ir receber o salário. Ela dizia que não era confiável para comprar as próprias roupas. Um dia, mais ou menos com 70 anos, Pavlov estava em um bonde, indo para o seu laboratório e, impulsivamente, saltou antes de o veículo parar e acabou quebrando a perna. "Uma senhora que estava perto dele disse:

'Meu Deus! Eis aqui um gênio, mas que não sabe sequer saltar do bonde sem quebrar a perna'." (Gantt, 1979, p. 28).

A família Pavlov viveu na pobreza até 1890, quando, aos 41 anos, Pavlov foi indicado para lecionar farmacologia na Academia Médica Militar (Militar Medical Academy) de São Petersburgo. Alguns anos antes, quando preparava a dissertação de doutorado, nascera seu primeiro filho. O médico havia alertado de que o frágil bebê não sobreviveria, a menos que mãe e filho fossem repousar no campo. Pavlov, finalmente, conseguiu dinheiro emprestado para a viagem, mas era tarde demais, e o bebê faleceu. Na época em que seu outro filho nasceu a família vivia com parentes, enquanto Pavlov dormia em uma maca em seu laboratório, já que não tinha como sustentar um apartamento.

Um grupo de alunos de Pavlov, sabendo das suas dificuldades financeiras, ofereceu-lhe dinheiro sob o pretexto de pagar pelas aulas que lhe pediram para ministrar. No entanto, Pavlov não guardou nada para si, gastando o dinheiro com os cachorros para o seu laboratório. Ele parecia nunca se abalar por essas dificuldades, elas, de fato, não o preocupavam.

A vida no laboratório

Embora a pesquisa de laboratório fosse seu principal interesse, raras vezes ele mesmo conduzia experimentos; ao contrário, geralmente supervisionava os esforços dos outros. De 1897 a 1936, cerca de 150 pesquisadores trabalharam sob a supervisão de Pavlov, produzindo mais de 500 trabalhos científicos. Um aluno escreveu que "todo o laboratório funcionava como o mecanismo de um relógio" (Todes, 2002, p. 107).

> Pavlov incorporava [os pesquisadores] em um sistema semelhante ao de uma fábrica, empregando-os como se fossem seus próprios olhos e mãos, ou seja, atribuindo-lhes um tema específico, oferecendo-lhes a tecnologia "canina" adequada para realizar as experiências, supervisionando [...] as pesquisas, interpretando os resultados e editando pessoalmente o trabalho produzido. (Todes, 1997, p. 948)

O temperamento de Pavlov era famoso, principalmente as suas explosões, direcionadas, em geral, aos assistentes de pesquisa. Durante a Revolução Bolchevique de 1917, repreendeu um assistente por chegar dez minutos atrasado. Tiroteios nas ruas não eram justificativas para interferências no trabalho do laboratório. Com frequência, ele esquecia rapidamente essas explosões emocionais. Seus pesquisadores sabiam muito bem o que esperar, já que Pavlov jamais hesitava em dizer o que pensava – era franco e direto ao lidar com as pessoas, nem sempre ponderado, mas tinha perfeita consciência dessa natureza volúvel. Um trabalhador do laboratório, não aguentando mais os insultos, acabou pedindo demissão. "Pavlov afirmou que o seu comportamento agressivo era apenas um hábito [...] e não devia ser uma razão suficiente para deixar o laboratório" (apud Windholz, 1990, p. 68). O menor fracasso de uma experiência deixava Pavlov deprimido, mas o sucesso lhe proporcionava tamanha alegria, que ele cumprimentava não apenas os assistentes, como também os cães.

Ele tentou ser tão humano quanto possível com os cachorros, e acreditava que os procedimentos cirúrgicos aos quais eram submetidos eram lamentáveis, mas inevitáveis à pesquisa científica:

> Precisamos reconhecer que, justamente em razão do grande desenvolvimento intelectual, o melhor amigo dos homens – o cachorro – muito frequentemente se torna a vítima dos experimentos fisiológicos. O cachorro é insubstituível, além de ser extremamente emocionante. É quase um participante do experimento con-

> duzido sobre ele próprio, facilitando em grande parte o sucesso da pesquisa por causa da sua compreensão e submissão. (Pavlov, apud Todes, 2002, p. 123)

Um monumento ao cachorro, uma fonte ornamentada, foi erigida em 1935 no andar térreo do laboratório de pesquisas de Pavlov. "No centro está um pedestal com um cão grande sentado nele, com baixo-relevos de representações do laboratório e citações de Pavlov. No topo, ao redor, há oito bustos de cães, com água jorrando de suas bocas como se, nos cumprimentassem, salivando" (Johnson, 2008, p. 136-137). Pavlov nunca gostou de gatos, chamava-os de "animais impacientes, barulhentos e maliciosos" (citado em Saunders, 2006, p. 10).

Uma lenda viva

Jersy Konorski, psicólogo polonês que trabalhou no laboratório, lembrava-se do tratamento dispensado pelos alunos a Pavlov, como se ele fosse um membro da família real. Observou que era claro

> o ciúme existente entre os alunos na disputa para determinar quem era o mais próximo de Pavlov. As pessoas gabavam-se quando eram alvos por mais tempo da sua atenção [...] a atitude de Pavlov em relação a qualquer um deles era fator determinante na hierarquia dentro do grupo. (Konorski, 1974, p. 193)

Um estudante norte-americano, W. H. Gantt, que mais tarde traduziu os trabalhos de Pavlov para o inglês, escreveu que a primeira vez que ele encontrou Pavlov foi "um dia a ser lembrado para o resto da vida" (apud Kosmachevskaya e Gromova, 2007, p. 303).

Pavlov foi um dos poucos cientistas russos a admitir mulheres e judeus em seu laboratório. Qualquer insinuação de antissemitismo o deixava furioso. Era dotado de ótimo senso de humor e sabia apreciar boas piadas, mesmo que fossem a seu respeito. Durante a cerimônia em que recebeu um título honorário da Cambridge University, alguns alunos que estavam sentados na galeria desceram um cachorro de brinquedo amarrado em uma corda, deixando-o cair no colo de Pavlov. Ele guardou o cachorro sobre a escrivaninha do seu apartamento.

E. R. Hilgard, na época doutorando na Yale University, assistiu a uma palestra de Pavlov no 9º Congresso Internacional de Psicologia, realizado em New Haven, Connecticut. Pavlov dirigia-se ao público em russo, fazendo uma pausa de vez em quando para que o intérprete apresentasse as observações em inglês. Mais tarde, o intérprete contou a Hilgard que "Pavlov parava e dizia: 'você já conhece esse assunto. Diga a eles o que sabe. Vou continuar e falar outras coisas'" (apud Fowler, 1994, p. 3).

As relações de Pavlov com o governo da antiga União Soviética eram difíceis. Ele criticava abertamente a Revolução Russa de 1917 e o sistema político e econômico soviético. Escreveu cartas de protesto para Joseph Stalin, o ditador tirano que matou e exilou milhões. A recusa de Pavlov em comparecer às reuniões científicas soviéticas demonstrava seu repúdio ao regime. Somente em 1933, Pavlov chegou a reconhecer algum êxito por parte dos soviéticos. Mas, apesar de suas atitudes, Pavlov continuou recebendo fundos substanciais para pesquisa por parte do governo, o que lhe permitia conduzir seus estudos, livre da interferência oficial (ver Zagrina, 2009).

Pavlov foi um cientista até o fim da vida. Acostumado à prática da auto-observação sempre que estava doente, no dia da sua morte não foi diferente. Fraco, por causa da pneumonia, chamou um médico e descreveu os sintomas: "Meu cérebro não está funcionando muito bem, e tenho sentimentos obsessivos e movimentos involuntários; a morte deve estar se instalando". Discutiu suas condições com o médico por alguns instantes e adormeceu. Quando acordou, sentou-se na cama e começou a procurar suas roupas com a mesma energia irrequieta que o acompanhara por toda a vida. "É hora de levantar" – ele disse. – "Me ajude! – Tenho de me vestir!" E, assim, caiu sobre os travesseiros e morreu (Gantt, 1941, p. 35).

Os reflexos condicionados

Durante sua brilhante carreira, Pavlov trabalhou com três questões principais. A primeira era referente à função dos nervos cardíacos, e a segunda envolvia as glândulas digestivas primárias. Essa importante pesquisa a respeito da digestão rendeu-lhe o reconhecimento mundial e o Prêmio Nobel, em 1904. A terceira área de pesquisa, que lhe proporcionou um lugar de destaque na história da psicologia, foi o estudo dos **reflexos condicionados**.

Reflexo condicionado: reflexo condicional ou dependente na formação de uma associação ou ligação entre o estímulo e a resposta.

A noção de reflexo condicionado teve origem, assim como vários feitos científicos, em uma descoberta acidental. Durante o trabalho com as glândulas digestivas dos cães, Pavlov (1927/1960) usou o método de exposição cirúrgica para realizar a coleta externa das secreções digestivas, o que lhe permitia observar, medir e registrar o material. Um dos aspectos desse trabalho lidava com a função da saliva, que os cachorros secretavam involuntariamente sempre que recebiam a comida na boca. Pavlov percebeu que, às vezes, a saliva era secretada mesmo antes de o animal receber a comida. Os cães salivavam ao ver a comida ou ao som dos passos do homem que costumava alimentá-los. A reação não aprendida de salivação de algum modo se associou ou se condicionou ao estímulo anteriormente associado ao recebimento da comida.

Os reflexos psíquicos. Esses reflexos psíquicos, como Pavlov os denominou inicialmente, foram provocados nos cães do laboratório por estímulos diferentes do original (ou seja, da comida). Pavlov raciocinou e concluiu que essa reação ocorria porque os outros estímulos, como a visão e o barulho do tratador, frequentemente eram associados com a alimentação.

De acordo com o *Zeitgeist* dominante na psicologia animal, e assim como Thorndike, Loeb e outros predecessores, Pavlov concentrou-se inicialmente nas experiências mentalistas dos animais do seu laboratório. É possível observar esse ponto de vista na expressão "reflexos psíquicos", originalmente empregada para se referir aos reflexos condicionados. Ele escreveu sobre os desejos, os julgamentos e a vontade dos animais, interpretando os eventos mentais dos animais em termos subjetivos e humanos. Em tempo hábil, Pavlov deixou de lado as referências mentalistas em prol de uma abordagem descritiva mais objetiva.

> No início de nossas experiências psíquicas [...] dedicamo-nos conscientemente a explicar os resultados imaginando o estado subjetivo do animal. No entanto, nenhum resultado válido foi obtido, senão polêmicas inúteis e opiniões individuais que não podiam ser levadas em consideração. Portanto, não tivemos alternativa senão conduzir a pesquisa com base puramente objetiva. (Pavlov apud Cuny, 1965, p. 65)

Na tradução para o inglês do seu livro clássico, *Reflexos condicionados* [*Conditioned reflexes*] (1927), Pavlov ofereceu o devido crédito a René Descartes por haver desenvolvido a ideia de reflexo 300 anos antes. Observou que aquilo a que Descartes deu o nome de reflexo nervoso constituiu o ponto inicial do seu programa de pesquisa.

As primeiras experiências de Pavlov com os cachorros foram simples: ele segurava um pedaço de pão e o mostrava ao cachorro antes de dá-lo para comer. Com o tempo, o cachorro começava a salivar assim que via o pão. A resposta de salivação do cachorro quando a comida era colocada na sua boca era uma reação natural de reflexo do sistema digestivo e não envolvia a aprendizagem. Pavlov denominou essa reação de reflexo inato ou não condicionado.

Entretanto, a salivação provocada pela visão da comida não era reflexiva, mas devia ser aprendida. Dessa vez, ele chamou a reação de reflexo condicionado (em lugar do termo mentalista anterior "reflexo psíquico"), por ser condicional ou dependente da conexão feita pelo cachorro entre a visão da comida e o subsequente ato de comer.

Na tradução do trabalho de Pavlov do russo para o inglês, W. H. Gantt, um discípulo norte-americano, usou a palavra "condicionado" em vez de "condicional". Posteriormente, Gantt admitiu arrepender-se da troca. No entanto, reflexo condicionado continua a ser o termo aceito.

Pavlov e seus auxiliares descobriram que diversos estímulos poderiam produzir a resposta de salivação condicionada nos animais do laboratório, desde que o estímulo fosse capaz de atrair a atenção do animal sem provocar medo ou fúria. Testaram buzinas, luzes, apitos, sons, bolhas d'água e o tique-taque de metrônomos com cães e obtiveram resultados similares.

A meticulosidade e a precisão do programa de pesquisa eram evidenciadas pelo equipamento sofisticado criado para coletar a saliva, a qual fluía por um tubo de borracha fixado a um orifício cirúrgico na bochecha do cachorro. Quando cada gota de saliva caía na plataforma instalada em cima de uma mola sensível, esta acionava um marcador sobre uma espécie de tambor giratório. Esse aparato, que permitia registrar com precisão o número de gotas de saliva e o momento exato em que cada uma caía, é apenas um dos exemplos dos imensos esforços de Pavlov para seguir à risca o método científico, ou seja, para padronizar as condições experimentais, aplicar controles rigorosos e eliminar qualquer fonte de erro.

A Torre do Silêncio. A preocupação de Pavlov em impedir que as influências externas afetassem a confiabilidade da pesquisa era tão grande, que ele construiu cubículos especiais: um para o animal e outro para o observador. O pesquisador conseguia manipular os diversos estímulos a serem condicionados, coletar a saliva e mostrar a comida sem ser visto pelo animal.

Mesmo com essas precauções, Pavlov não se sentia totalmente satisfeito; temia que os estímulos ambientais externos pudessem contaminar os resultados. Com os fundos recebidos de um empresário russo, projetou um prédio de três andares para as pesquisas, que ficou conhecido como a "Torre do Silêncio". As janelas possuíam vidros extremamente espessos e as portas das salas eram de chapas de aço duplas, que, quando fechadas, impediam totalmente a entrada do ar. Vigas de aço reforçadas de areia sustentavam o piso, e o prédio era circundado por uma vala cheia de palha. Desse modo, qualquer vibração, ruído, temperatura extrema, odor e correnteza eram eliminados. Pavlov queria que o único elemento a exercer influência sobre o animal fosse o estímulo a ser condicionado.

O experimento de condicionamento. Vejamos em que consistia o típico experimento de condicionamento de Pavlov. Primeiro, apresentava-se o estímulo condicionado (digamos, a luz); nesse exemplo, acendia-se a luz. Imediatamente, o pesquisador apresentava o estímulo incondicionado: a comida. Após certo número de pareamentos da luz acesa e da comida, o animal passava a salivar com a simples visão da luz. Nesse caso, formava-se uma associação ou uma ligação entre a luz e a comida, e o animal era condicionado a responder mediante a apresentação do estímulo condicionado. Esse condicionamento ou aprendizagem não ocorre, a menos que a luz seja seguida da apresentação de comida um número de vezes suficiente. Assim sendo, o **reforço** (nesse caso, receber a comida) é necessário para que a aprendizagem ocorra.

Reforço: o que aumenta a probabilidade de uma resposta.

É importante observar que o programa experimental de Pavlov se estendeu por um período mais longo e envolveu muito mais pessoas que qualquer outro esforço científico desde Wundt. Nos trechos do livro de Pavlov, *Conditioned reflexes* que se seguem, notamos como ele desenvolveu o trabalho de Descartes com uma abordagem que era analítica, mecanicista e atomística. Também se verifica quão rigorosas eram as condições nas quais ele realizava suas pesquisas.

Texto original

Trecho extraído de *Conditioned reflexes* (1927), de Ivan Pavlov

Nosso ponto de partida é a noção de Descartes sobre o reflexo nervoso. Esse é um conceito verdadeiramente científico, já que implica necessidade. Ele pode ser resumido da seguinte forma: um estímulo externo ou interno atinge um ou outro receptor neural, provocando um impulso nervoso; esse impulso é transmitido pelas fibras nervosas até o sistema nervoso central, e ali, por causa das ligações nervosas existentes, dá origem a um novo impulso que percorre as fibras nervosas até chegar ao órgão ativo, onde estimula uma atividade especial das estruturas celulares. Dessa forma, o estímulo parece ter relação com a necessidade de uma resposta definida, assim como a causa e o efeito. Parece óbvio que toda atividade do organismo deve ser regida por leis definidas. [...]

Os reflexos [funcionam] como correias das máquinas do corpo humano. [...] No início da nossa pesquisa, todos acreditavam ser suficiente apenas isolar o pesquisador na câmara de pesquisa juntamente com o cachorro, e não admitir a presença de qualquer indivíduo no decorrer da experiência. No entanto, essa precaução mostrou-se totalmente inadequada, já que o pesquisador, embora esforçando-se para se manter neutro, acabava tornando-se uma fonte constante de muitos estímulos. Um mínimo movimento, como o piscar dos olhos ou o desvio do olhar, a postura, a respiração, e assim por diante, tudo servia de estímulo, que, quando percebido pelo cachorro, era suficiente para prejudicar a experiência, dificultando bastante a interpretação exata dos resultados.

A fim de excluir ao máximo essa influência indevida por parte do pesquisador, ele passou a ficar fora da sala em que se encontrava o cachorro, precaução que também se mostrou insatisfatória nos laboratórios não projetados especialmente para o estudo desses reflexos específicos. O ambiente do animal, mesmo quando trancafiado sozinho em uma sala, está sujeito a constantes mudanças. Os passos de uma pessoa, a conversa das salas vizinhas, a batida de uma porta ou a vibração de um automóvel passando na rua, os ruídos da rua e até a sombra refletida através do vidro da sala, qualquer um desses estímulos casuais e incontroláveis que atinja a percepção do cachorro provoca um distúrbio nos hemisférios cerebrais e contamina a experiência.

Para eliminar totalmente esses fatores de distúrbio, construiu-se um laboratório (a Torre do Silêncio) especial no Institute of Experimental Medicine Petrogrado, com fundos oferecidos por um empresário moscovita extremamente interessado e com alto grau de espírito público. A principal tarefa era proteger os cachorros dos estímulos externos incontroláveis, e, para isso, o edifício foi circundado por uma vala isolante, lançando-se mão de outros dispositivos estruturais especiais. No interior do prédio, todas as salas de pesquisa (quatro em cada andar) ficavam isoladas uma das outras por um corredor em formato de cruz; o teto e o piso dos andares em que estavam situadas essas salas eram separados por um andar intermediário. Cada sala de pesquisa foi meticulosamente dividida em duas partes, com materiais à prova de som: uma para o animal e a outra para o pesquisador. Para estimular o animal e para registrar a resposta reflexa correspondente, foram usados métodos elétricos ou de transmissão pneumática. Com todos esses arranjos, tornou-se possível obter certa estabilidade das condições ambientais, tão fundamentais, na condução de um experimento bem-sucedido.

Perdido na obscuridade: reflexos patelares e o peixe dourado

Uma curiosa informação histórica envolve dois exemplos de descobertas simultâneas independentes. Em 1904, um jovem norte-americano chamado Edwin Burket Twitmyer (1873-1943), ex-aluno de Lightner Witmer, na University of Pennsylvania, apresentou na convenção anual da APA um trabalho com base na sua dissertação de doutorado. Esse trabalho abordava o famoso reflexo do joelho. Twitmyer observou que os participantes da sua pesquisa começaram a reagir a estímulos diferentes do estímulo original, que era a leve batida com o martelo logo abaixo do joelho. Ele descreveu a reação das pessoas como um tipo de reflexo novo e incomum e sugeriu que esse fosse alvo de mais estudo.

No encontro, ninguém se interessou pelo relatório de Twitmyer. Depois da apresentação, o público não formulou nenhuma pergunta, e suas descobertas científicas foram ignoradas. Desmotivado, ele não prosseguiu com a pesquisa (Fernberger, 1943).

Os historiadores apresentam várias hipóteses para a permanente omissão quanto a Twitmyer. É provável que o *Zeitgeist* da psicologia norte-americana não estivesse preparado para aceitar a noção de reflexo condicionado. Talvez Twitmyer fosse jovem e inexperiente demais, ou não contasse com as habilidades nem com os recursos econômicos necessários para persistir e divulgar suas ideias. Ou, quem sabe, fosse apenas questão de inadequação quanto ao momento da apresentação.

Twitmyer apresentou o seu trabalho sobre os reflexos um pouco antes do horário do almoço, como parte de uma série de trabalhos em uma sessão presidida por William James. A conferência já estava atrasada, e James (talvez com fome ou entediado) suspendeu a sessão sem deixar muito tempo para os comentários depois da apresentação de Twitmyer (Coon, 1982). Um obituário escrito por um amigo e colega afirmava que "as recordações do próprio Twitmyer sobre aquela ocasião estavam sempre mescladas com sentimentos de desapontamento ante a incapacidade de o público expressar interesse por seus resultados" (Irwin, 1943, p. 452).

De tempos em tempos, os historiadores ressuscitam essa trágica história do cientista que poderia ter ficado famoso por causa de uma das descobertas mais importantes de toda a psicologia. "Certamente, Twitmyer deve ter remoído essa percepção durante boa parte da sua vida – a consciência do que esse seu legado teria representado para a psicologia" (Benjamin, 1987, p. 1119).

Outro precursor relativamente desconhecido do trabalho de Pavlov foi Alois Kreidl, fisiologista austríaco que demonstrou os princípios básicos do condicionamento em 1896, antecedendo o relatório de Twitmyer em cerca de oito anos. Kreidl constatou que o peixe ornamental aprendia a antecipar o momento de receber a comida com base no estímulo associado ao caminhar do assistente do laboratório em direção ao aquário. E concluiu que os peixes avistavam o tratador se aproximando "e ficavam alertas por causa das vibrações provocadas na água pelos seus [passos]" (apud Logan, 2002, p. 397). No entanto, o principal interesse de Kreidl estava no processo da sensação e não no condicionamento ou na aprendizagem, por isso essas descobertas não tiveram repercussão na comunidade científica.

Comentários

Pavlov demonstrou que os processos mentais superiores dos animais observados eram passíveis de descrição em termos fisiológicos, sem qualquer referência à consciência. Seus métodos de condicionamento tiveram ampla aplicação prática em áreas como a terapia do comportamento. Joseph Wolpe (1915-1997), fundador da terapia comportamental, declarou que os princípios do condicionamento elaborados por Pavlov foram fundamentais para o desenvolvimento de seus métodos (Wolpe e Plaud, 1997). A pesquisa de Pavlov também influenciou na mudança do enfoque da psicologia em direção a uma maior objetividade tanto do objeto de estudo quanto dos métodos empregados.

Pavlov deu continuidade à tradição do mecanicismo e do atomismo, visões que moldaram a nova psicologia desde o início. Para ele, todos os animais, fossem cães de laboratório ou seres humanos, não passavam de máquinas complicadas, reconhecia, mas, como relatou um historiador, acreditava serem "tão submissos e obedientes como qualquer máquina" (Mazlish, 1993, p. 124).

As técnicas de condicionamento de Pavlov proporcionaram à psicologia um elemento básico do comportamento, possibilitando a redução do comportamento humano complexo a unidades concretas passíveis de estudo para, assim, submetê-las a experiências em condições laboratoriais. John B. Watson reconheceu essa unidade de comportamento, a qual passou a ser o ponto fundamental do seu programa de estudo. Pavlov reconheceu que ficara satisfeito com o trabalho de Watson e que o crescimento do behaviorismo nos Estados Unidos representava uma confirmação das suas ideias, bem como de seus métodos.

É irônico constatar que a maior influência de Pavlov tenha sido sobre a psicologia, campo que ele não enxergava totalmente com bons olhos. Estava familiarizado com as escolas de pensamento do estruturalismo e do funcionalismo. Também conhecia o trabalho de William James e concordava com ele em que a psicologia devia envidar esforços para tornar-se uma ciência, mas que ainda não havia atingido esse estágio. Assim, Pavlov excluía a psicologia do seu trabalho científico e chegava a reclamar dos assistentes de laboratório que usavam a terminologia da psicologia e não a da fisiologia. Mais tarde, Pavlov reavaliou a sua posição em relação à área e, ocasionalmente, referia-se a si próprio como um psicólogo experimental. De qualquer modo, sua visão negativa inicial não impediu os psicólogos de fazerem uso efetivo do seu trabalho.

Vladimir M. Bekhterev (1857-1927)

Vladimir Bekhterev é outra figura importante no desenvolvimento da psicologia animal, uma vez que ele ajudou a desviar a área das ideias subjetivas em direção à observação objetiva do comportamento manifesto. Embora menos conhecido que Ivan Pavlov, esse fisiologista, neurologista e psiquiatra russo foi pioneiro em diversas áreas de pesquisa. Ele era crítico radical e declarado do czar e do governo russo. Admitiu mulheres e judeus como alunos e colegas em uma época na qual estes haviam sido excluídos das universidades russas.

Bekhterev recebeu a graduação da St. Peterburg's Military Medical Academy em 1881. Estudou na University of Leipzig, com Wilhelm Wundt, frequentou outros cursos complementares em Berlim e Paris e retornou à Rússia para assumir o cargo de professor de distúrbios mentais na University of Kazan. Em 1893, foi nomeado titular da cadeira de distúrbios nervosos e mentais da Military Medical Academy, onde organizou um hospital para doentes mentais. Em 1907, fundou o Psychoneurological Institute, que hoje leva o seu nome.

Bekhterev e Pavlov tornaram-se inimigos depois que Pavlov publicou uma crítica negativa a respeito dos livros de Bekhterev.

> A inimizade entre Bekhterev e Pavlov era tão patente, que eles chegavam a trocar insultos na rua. Se um cruzasse com o outro em algum congresso, logo iniciavam uma discussão. Formando grupinhos e trocando ofensas entre si, constantemente estavam envolvidos em disputas para ver qual conseguia apontar mais falhas ou fraquezas do outro. Bastava algum aluno de Bekhterev fazer uma apresentação em público para, imediatamente, ser retaliado por Pavlov, como se fosse um reflexo condicionado. (Ljunggren, 1990, p. 60)

Em 1927, dez anos depois de a Revolução Bolchevique derrubar o czar, Bekhterev foi convocado a ir a Moscou para tratar de Joseph Stalin, que diziam sofrer de depressão. Bekhterev examinou o ditador, deu-lhe o diagnóstico de paranoia profunda e, misteriosamente, morreu naquela mesma tarde. Não foi permitida a realização de autópsia, e o corpo de Bekhterev foi rapidamente cremado. Especula-se que Stalin tenha mandado envenenar Bekhterev como vingança por causa do diagnóstico psiquiátrico. Depois, Stalin proibiu a divulgação dos trabalhos de Bekhterev e mandou executar o filho dele (Lerner, Margolin e Witztum, 2005;

Ljunggren, 1990). Em 1952, um ano depois da morte de Stalin, o governo da antiga União Soviética mandou criar um selo em homenagem a Bekhterev.

Os reflexos associados

Enquanto a pesquisa de Pavlov sobre o condicionamento concentrava-se quase exclusivamente nas secreções glandulares, o interesse de Bekhterev estava na resposta motora condicionada. Em outras palavras, Bekhterev aplicava os princípios de Pavlov aos músculos. Bekhterev basicamente descobriu os **reflexos associados**, constatados mediante a análise de respostas motoras. Verificou que os movimentos de reflexo, quando uma pessoa afasta o dedo de um objeto ao receber um choque elétrico, por exemplo, eram provocados não apenas pelo estímulo não condicionado (o choque elétrico), como também pelo estímulo que se associara ao estímulo original. Outro exemplo: o som de uma buzina no momento do choque logo produziria por si só o afastamento do dedo.

Reflexos associados: reflexos provocados não apenas por estímulos não condicionados, como também por estímulos que foram associados aos estímulos não condicionados.

Os associacionistas explicavam essas conexões com base nos processos mentais; no entanto, Bekhterev as considerava reações reflexas. Acreditava que os comportamentos de nível superior ou de maior complexidade poderiam ser explicados da mesma forma, isto é, como um acúmulo ou composto de reflexos motores de nível inferior. Os processos de pensamento eram semelhantes, já que dependiam das ações internas da musculatura envolvida na fala, ideia adotada mais tarde por Watson. Bekhterev defendia a abordagem totalmente objetiva do fenômeno psicológico e repudiava o uso de termos e conceitos mentalistas.

Descreveu suas ideias no livro *Psicologia objetiva* [*Objective psychology*], publicado em 1907. A obra foi traduzida para o alemão e para o francês em 1913, e a terceira edição, publicada em inglês, em 1932, foi intitulada *Princípios gerais de reflexologia humana* [*General principles of human reflexology*].

Comentários

Desde os primeiros trabalhos da psicologia animal, com Romanes e Morgan, observou-se o movimento constante na busca por maior objetividade na metodologia e no objeto de estudo. As primeiras pesquisas da área referiam-se à consciência e aos processos mentais e dependiam de métodos subjetivos de pesquisa. No entanto, mais ou menos no início do século XX, a psicologia animal já adotava objetos de estudo e métodos totalmente objetivos. Termos como secreção glandular, respostas condicionadas, atos ou comportamento não deixavam dúvidas de que a psicologia animal havia deixado a subjetividade para trás.

A psicologia animal se transformara rapidamente em modelo para o behaviorismo, cujo líder, Watson, dava preferência ao uso de animais, em vez de seres humanos, nas pesquisas psicológicas. Watson fez das descobertas e das técnicas da psicologia animal a base para uma ciência do comportamento aplicável igualmente a animais e a seres humanos.

A influência da psicologia funcional no behaviorismo

Outro antecedente direto do behaviorismo foi o funcionalismo. Embora não fosse uma escola de pensamento totalmente objetiva, a psicologia funcional na época de Watson apresentava mais objetividade que suas predecessoras. Cattell e outros funcionalistas enfatizavam o comportamento e a objetividade e mostravam-se insatisfeitos em relação à introspecção (ver Capítulo 8). Mark Arthur May (1891-1977), um estudante de pós-graduação da Columbia University, em 1915, lembrou-se da visita de Cattell ao seu laboratório:

> May mostrou os equipamentos a Cattell, que ficou impressionado. Entretanto, quando tentou mostrar a Cattell os relatórios introspectivos obtidos das pessoas envolvidas na pesquisa, ele resmungou: "Isto não vale nada!" e saiu enfurecido do laboratório. (apud May, 1978, p. 655)

Os psicólogos aplicados não viam muita utilidade na introspecção e na consciência, e suas diversas áreas de especialização constituíam essencialmente uma psicologia funcionalista objetiva. Mesmo antes de Watson surgir no cenário, os psicólogos funcionalistas haviam se distanciado da pura psicologia da experiência consciente adotada por Wundt e Titchener. Em trabalhos escritos e palestras, alguns psicólogos funcionalistas eram bastante específicos ao exigir uma psicologia objetiva, ou seja, queriam uma psicologia com enfoque no comportamento, não na consciência.

Em 1904, na feira mundial realizada em St. Louis, no Missouri, Cattell disse em seu discurso:

> Não estou convencido de que a psicologia deva se limitar ao estudo da consciência. [...] A noção amplamente aceita de que não há psicologia sem introspecção é refutada pelo argumento material do fato consumado. Parece-me que a maior parte dos trabalhos de pesquisa realizados por mim ou em meu laboratório é praticamente tão independente da introspecção quanto os estudos realizados na física ou na zoologia. [...] Não vejo razão para que a aplicação do conhecimento sistematizado no controle da natureza humana não possa, no curso do presente século, alcançar resultados compatíveis com as aplicações da ciência física do século XIX no mundo material. (p. 179-180, 186)

Watson estava na plateia assistindo ao discurso de Cattell. A semelhança entre a fala de Cattell e a posterior posição pública de Watson é gritante. Um historiador sugeriu que, se Watson era considerado o pai do behaviorismo, Cattell devia ser chamado de avô (Burnham, 1968).

Mudando a direção da psicologia

Na década anterior à fundação formal do behaviorismo por Watson, a atmosfera intelectual norte-americana favorecia a ideia de uma psicologia objetiva. Assim, o movimento geral da psicologia norte-americana seguia a direção behaviorista. Robert Woodworth, na Columbia University, disse que os psicólogos norte-americanos estavam "aos poucos introduzindo o behaviorismo [...] já que, a partir de 1904, um percentual cada vez maior de psicólogos expressava a preferência em definir a psicologia como a ciência do comportamento e não como uma tentativa de descrição da consciência" (Woodworth, 1943, p. 28).

Em 1911, Walter Pillsbury, ex-aluno de Titchener, definiu em seu livro a psicologia como a ciência do comportamento. Alegava ser possível dispensar um tratamento objetivo aos seres humanos do mesmo modo que se tratava qualquer outro aspecto do universo físico. Naquele mesmo ano, Max Meyer publicou um livro intitulado *As leis fundamentais do comportamento humano* [*The fundamental laws of human behavior*]. Em 1912, William McDougall escreveu *Psicologia: o estudo do comportamento* [*Psychology: the study of behavior*], e Knight Dunlap, um psicólogo da Johns Hopkins University, onde Watson estava lecionando, sugeriu que a introspecção fosse retirada da psicologia.

Naquele mesmo ano, William Montague apresentou um trabalho intitulado "Has psychology lost its mind?" ["A psicologia perdeu a cabeça?"] à filial da APA, em Nova York. Montague falava sobre o movimento para descartar o "conceito de mente ou de consciência e substituí-lo pelo conceito de comportamento como o único objeto de estudo da psicologia" (apud Benjamin, 1993, p. 77).

J. R. Angell, da University of Chicago, talvez o psicólogo funcionalista mais progressista, anunciava que a psicologia norte-americana estava pronta para se tornar mais objetiva. Em 1910, comentou que parecia possível o termo "consciência" desaparecer da psicologia, da mesma forma que o termo "alma" desaparecera. Três anos mais tarde, um pouco antes da publicação do manifesto behaviorista de Watson, Angell (1913) sugeriu que seria interessante esquecer a consciência e passar a descrever objetivamente os comportamentos humano e animal.

Assim, a ideia de psicologia vista como uma ciência do comportamento começava a ganhar adeptos. A importância de Watson não está em ter sido o primeiro a propor essa ideia, mas em enxergar, talvez mais claramente do que qualquer pessoa, o que a época estava exigindo. Watson foi o principal articulador e agente responsável pela revolução cujos sucesso e inevitabilidade estavam garantidos, posto que ela já estava em andamento.

QUESTÕES PARA DISCUSSÃO

1. Discuta o impacto do incidente com Hans, o Esperto, na psicologia animal. Quais foram as constatações das experiências de Pfungst?
2. De que modo os psicólogos mudaram na segunda década do século XX?
3. Descreva os princípios básicos do behaviorismo de Watson e aponte as diferenças entre esses fundamentos e as posições de Wundt e Titchener.
4. Por que Watson se opunha ao estudo da consciência e ao método da introspecção?
5. Quais as três principais forças que Watson uniu para formar a nova psicologia?
6. Qual é o papel do positivismo no *Zeitgeist* científico do século XX?
7. Descreva a evolução da psicologia animal desde o trabalho de Romanes e Morgan. Quais as dificuldades enfrentadas pelo psicólogo animal?
8. Descreva as influências de Loeb, Washburn, Small e Turner na nova psicologia animal.
9. Estabeleça a relação entre o conexionismo de Thorndike e a antiga noção filosófica de associação.
10. Descreva a pesquisa de Thorndike com a caixa-problema e as leis de aprendizagem dela resultantes.
11. Discuta o significado geral que a pesquisa de Thorndike sobre o aprendizado humano e animal teve para o desenvolvimento do behaviorismo.
12. Discuta o enfoque inicial de Pavlov nas experiências mentalistas e suas tentativas de controlar as influências externas sobre a pesquisa.
13. Como você desenvolveria um experimento para condicionar um coelho a salivar ao ouvir o toque de um telefone celular?
14. Qual é a influência do trabalho de Pavlov no behaviorismo de Watson?
15. Compare o conceito de reflexo condicionado de Pavlov com o de reflexo associado de Bekhterev.
16. Em que a experiência de Twitmyer interessa aos historiadores da psicologia?
17. Discuta o *Zeitgeist* na psicologia norte-americana na segunda década do século XX com relação às ideias promovidas pelos estruturalistas e funcionalistas.
18. Como a escola funcionalista influenciou o behaviorismo de Watson?

Capítulo 10

O início do behaviorismo

O psicólogo, o bebê e o martelo: não tente isso em casa!

A bonita e jovem aluna do curso de pós-graduação segurava o bebê, enquanto o bonito e distinto psicólogo segurava o martelo. Vagarosamente, ela abanava a mão no ar para manter a atenção do bebê, de modo que ele não visse o bastão de metal de um metro e vinte de comprimento por dois centímetros de espessura, pendurado no teto. Ele também não viu o homem que levantou o martelo e bateu com força no bastão de metal.

Com seu formato de prosa direta, o relatório da pesquisa afirmava que "A criança reagiu abruptamente, sua respiração foi verificada e seus braços, levantados". Quando o psicólogo bateu no bastão novamente, os lábios da criança "começaram a se dobrar e a tremer", e após bater pela terceira vez no bastão, ela "começou a chorar repentina e fortemente" (Watson e Rayner, 1920, p. 2).

Já descobriu quem são essas pessoas e o que estão fazendo? O sujeito desse experimento passou a ser conhecido como "O Pequeno Alberto", o bebê mais famoso da história da psicologia. O psicólogo bonito de 42 anos de idade era John Watson, o fundador da escola de pensamento conhecida como ***behaviorismo***. Sua assistente era Rosalie Rayner, uma aluna de pós-graduação de 21 anos que ia para o *campus* da Johns Hopkins University dirigindo seu Stutz Bearcat, o carro esportivo mais moderno e caro daquela época. Juntos, eles mudaram a psicologia e, ao longo desse processo, acabaram com a brilhante carreira acadêmica de Watson.

Behaviorismo: Ciência do comportamento concebida por Watson, que lidava apenas com atos comportamentais observáveis, que poderiam ser descritos em termos objetivos.

Albert (seu sobrenome é ainda desconhecido) tinha 8 meses quando o martelo foi batido no bastão de metal atrás de sua cabeça. Um bebê saudável e feliz fora escolhido por Watson para ser o sujeito de sua pesquisa precisamente por ser tão estável emocionalmente e não facilmente excitável.

Dois meses antes de ser assustado pelas batidas do martelo, Albert havia sido exposto a uma variedade de estímulos, incluindo um rato branco, um coelho, um cachorro, um macaco, jornais sendo queimados e uma série de máscaras. Ainda não havia exibido nenhum medo em resposta a esses objetos. Na realidade, nem a mãe de Albert nem ninguém jamais vira a criança exibindo medo em nenhuma situação – até o dia do laboratório.

Depois que Watson bateu o martelo pela primeira vez, Albert reagiu com medo, talvez pela primeira vez em sua vida. Isso deu a Watson uma resposta emocional *não condicionada* com a qual poderia trabalhar. Ele queria descobrir se conseguiria produzir em Albert uma resposta emocional *condicionada*, por exemplo, medo do rato branco, do qual não tinha anteriormente, combinando a visão do rato com o barulho provocado pelo som que o havia assustado. Não foi preciso mais do que sete combinações do rato branco com o barulho para que a criança demonstrasse medo cada vez que visse o rato, mesmo se o bastão não fosse batido com o martelo por trás da sua cabeça.

Assim, Watson e Rayner estabeleceram uma resposta de medo a um objeto anteriormente neutro, e isso foi realizado de uma maneira fácil e eficaz. Em seguida, eles demonstraram que a resposta de medo de Albert podia ser generalizada a outros objetos brancos e peludos, como coelho, cachorro, casaco de pele e máscara de Papai Noel!

Watson concluiu que nossos medos, ansiedades e fobias quando adultos, consequentemente, devem ser simples respostas emocionais condicionadas que foram estabelecidas na infância, e que permanecem durante toda a nossa vida.

O que aconteceu com o Pequeno Albert?

E quanto ao pequeno Alberto? Ele se escondeu de objetos peludos pelo resto da vida? Teve de fazer psicoterapia? Talvez tenha se tornado psicólogo. Ninguém sabe responder essas perguntas, mas alguns historiadores da psicologia se empenharam muito para identificar quem era o Pequeno Albert.

Foram feitas tentativas para descobrir seu verdadeiro nome e paradeiro, mas até agora, sem êxito. (Ver, por exemplo, Beck, Levinson, e Irons, 2009; Deangelis, 2010; Powell, 2010). Dados históricos recentes sugerem que seu nome verdadeiro era Douglas Merritte e também apontam que ele não era o bebê normal, saudável e feliz que Watson descrevera; pelo contrário, as pesquisas sugerem que o Pequeno Albert poderia ter deficiências neurológicas. E também sugeriram que Watson omitiu deliberadamente essa informação para não arruinar o impacto de seu estudo (Bartlett, 2012; Beck e Irons, 2011; DeAngelis, 2012; Fridlund, Beck, Goldie e Irons, 2012).

Deve-se destacar que as descobertas históricas, como já observamos, nem sempre são finais e definitivas. Outra fonte aponta que, "embora seja possível que Douglas Merritte fosse Albert, o caso do Pequeno Albert está longe de ser encerrado e justifica investigações adicionais" (Powell, 2011, p. 107). No entanto, não se pode negar sua contribuição para com a história da psicologia e seu papel no desenvolvimento do behaviorismo de John B. Watson.

John B. Watson (1878-1958)

Foram várias as tendências que influenciaram John B. Watson (Figura 10.1) na tentativa de construir a escola de pensamento behaviorista da psicologia. Watson reconhecia que fundar não era a mesma coisa que originar, e descrevia os seus esforços como uma cristalização das ideias já emergentes na psicologia. Assim como Wilhelm Wundt, o primeiro promotor-fundador da psicologia, Watson deixou clara sua intenção de fundar uma escola. Essa intenção deliberada é o que estabelece a nítida distinção entre Watson e os demais, hoje denominados pela história como precursores do behaviorismo.

A biografia de Watson

John B. Watson nasceu em um sítio próximo a Greenville, na Carolina do Sul, onde frequentou os primeiros anos de estudo em uma escola que possuía apenas uma sala. Sua mãe era extremamente religiosa, ao contrário de seu pai, o velho Watson, que bebia muito, era violento e mantinha muitos relacionamentos extraconjugais. Ele raramente conseguia manter um emprego fixo, por isso a família vivia à beira da pobreza, subsistindo à custa da produção do sítio. Alguns vizinhos os desprezavam, enquanto outros sentiam pena deles.

Quando Watson estava com 13 anos, seu pai fugiu com outra mulher e nunca mais voltou. Watson jamais o perdoou por isso, e anos mais tarde, quando se tornou rico e famoso, seu pai foi procurá-lo em Nova York, mas Watson não quis vê-lo. Entretanto, Watson se tornou bem parecido com seu pai. O filho também "ficou extremamente ligado ao uísque e, assim como o pai, transgredia livremente seus votos matrimoniais. Durante a vida conjugal, Watson teve romances com muitas mulheres" (Karier, 1986, p. 133).

Quando pequeno e na adolescência, Watson era considerado delinquente. Ele mesmo se dizia preguiçoso e desobediente, e suas notas na escola eram apenas suficientes para passar de ano. Os professores consideravam-no indolente, sempre propenso a discussões e, às vezes, incontrolável. Duas vezes envolveu-se em brigas e foi preso, em uma das ocasiões, por atirar dentro dos limites urbanos. Contudo, aos 16 anos matriculou-se na Furman University, em Greenville, afiliada à igreja Batista, disposto a tornar-se pastor, como prometera à mãe. Estudou filosofia, matemática, latim e grego, planejando entrar no Princeton Theological Seminary depois de se formar em Furman.

Um fato curioso, conforme se alega, ocorreu durante o último ano de Watson na Furman University. Conta a história que um professor advertiu os alunos de que, quem entregasse o exame final com as páginas na ordem inversa, seria reprovado. Watson resolveu desafiá-lo, entregando a prova dessa forma, e foi reprovado – pelo menos essa é a versão dele. Um estudo posterior dos dados históricos a respeito do episódio – nesse caso, das notas de Watson – mostra que ele não foi reprovado nessa matéria. Seu biógrafo acredita que a versão da história escolhida pelo próprio Watson revela algo da sua personalidade, ou seja, "a sua ambivalência em relação ao sucesso. Muitas vezes, seus contínuos esforços para atingir as metas e ser aceito eram boicotados pelos próprios atos, totalmente obstinados e impulsivos, que o afastavam ainda mais da respeitabilidade" (Buckley, 1989, p. 11). Outro professor de Watson disse que ele era inconformista, "um aluno brilhante, mas de algum modo preguiçoso e indolente; um pouquinho pesado, mas de boa aparência; valoriza-se demasiadamente e preocupa-se mais com as próprias ideias do que com as pessoas" (Brewer, 1991, p. 174).

Os registros acadêmicos de Watson na graduação não foram exatamente impressionantes. Ele "só conseguiu ser aprovado na prova final de grego e latim no último ano porque estava sob o efeito de cocaína. Desde as duas da tarde até o dia seguinte, em que fez a prova, ele estudou intensivamente enquanto bebia um litro de xarope de Coca-Cola" (Karier, 1986, p. 115-116).

Para a pós-graduação

Watson ficou mais um ano em Furman, completando o mestrado em 1899, mas nessa data sua mãe faleceu, ficando ele, assim, livre da promessa de se tornar pastor. Em vez de ir para o seminário teológico, foi para a University of Chicago. Seu biógrafo observou que, naquela época, ele era ambicioso, um homem extremamente consciente da importância do *status* social, ansioso por deixar sua marca no mundo, mas totalmente indeciso em relação à escolha da profissão e inseguro por causa da falta de recursos e de sofisticação social. Chegou ao *campus* com apenas 50 dólares no bolso (Buckley, 1989, p. 39).

HULTON ARCHIVE/ARCHIVE PHOTOS/GETTY IMAGES

FIGURA 10.1 John B. Watson.

Escolheu a University of Chicago para realizar o trabalho de pós--graduação em filosofia com o ilustre John Dewey, mas sentia dificuldade para entender as aulas. "Jamais compreendia do que ele estava falando", relembrou Watson, "e, infelizmente para mim, até hoje não entendo" (Watson, 1936, p. 274). Como era de se esperar, o entusiasmo pela filosofia diminuiu. Atraído para a psicologia em razão do trabalho do psicólogo funcionalista James Rowland Angell, Watson estudou também biologia e fisiologia com Jacques Loeb, que o familiarizou com o conceito de mecanismo.

Teve vários empregos de meio período, trabalhando como garçom em uma pensão, tratador de ratos e zelador encarregado de tirar o pó da escrivaninha de Angell. Ele começou a ter ataques agudos de ansiedade, períodos de depressão intensa e um medo mórbido do escuro. Durante um tempo, foi incapaz de dormir sem uma luz em seu quarto. Começou a fazer caminhadas de mais de 15 quilômetros no meio da noite e sofreu seu primeiro colapso nervoso, do qual se recuperou gradualmente.

Em 1903, com 25 anos, completou o doutorado, sendo o mais jovem na história da University of Chicago a obter a título de Ph.D. Embora aprovado com louvor (*magna cum laude* e *Phi Beta Kappa*), sentiu-se profundamente inferiorizado quando Angell e Dewey disseram-lhe que o exame de doutorado dele não fora tão bom quanto o de Helen Bradford Thompson Woolley, que completara a graduação três anos antes (ver Capítulo 7). Watson comentou: "Fiquei imaginando, então, quem seria capaz de igualar-se a ela. Esse ciúme persistiu por vários anos" (Watson, 1936, p. 274).

Naquele ano, Watson casou-se com uma de suas alunas, Mary Ickes, de 19 anos, pertencente a uma importante família do meio político e social. Contam que ela escreveu um longo poema de amor para Watson em um de seus exames. Não se sabe a nota que ela obteve, mas é sabido que obteve Watson.

A carreira acadêmica de Watson. Ele permaneceu na University of Chicago como professor até 1908. Publicou a dissertação sobre a maturação psicológica e neurológica do rato branco, pesquisa que revelava a sua preferência inicial pelo uso de animais nas pesquisas.

> Nunca quis usar seres humanos em minhas pesquisas. Detestava servir de cobaia. Não gostava daquela parafernália de instruções artificiais dadas às pessoas. Sempre me sentia incomodado e não agia com naturalidade. Com os animais, no entanto, sentia-me em casa. Percebia que, observando-os, conseguia me manter próximo da biologia e com os pés no chão. Aos poucos, a ideia se concretizava: será que minhas descobertas observando o comportamento dos animais não são iguais às dos demais alunos que observam os [seres humanos]? (Watson, 1936, p. 276)

Os colegas de Watson lembram-se de que ele não conseguia obter êxito com a introspecção. Qualquer que fosse o talento ou o temperamento necessários para utilizar adequadamente essa técnica, Watson não os possuía. Essa deficiência talvez o tenha direcionado para a psicologia behaviorista objetiva. Afinal, se ele era uma negação na utilização da introspecção, técnica de pesquisa fundamental na sua área, então suas perspectivas profissionais certamente estavam prejudicadas. Ele teria de buscar outra abordagem. Além disso, caso seguisse sua tendência de enxergar a psicologia como uma ciência que estudava apenas o comportamento – o que, evidentemente, podia ser feito mediante experiências com animais e com seres humanos –, ajudaria a atrair os interesses profissionais dos psicólogos que estudavam animais para a psicologia geral.

Em 1908, recebeu uma proposta para lecionar na Johns Hopkins University, em Baltimore, Maryland. Embora relutasse em deixar Chicago, a promessa de promoção, o aumento substancial no salário e a chance de dirigir o laboratório não deixaram outra opção. Assim, os 12 anos de Watson na Hopkins acabaram sendo os mais produtivos para a psicologia.

James Mark Baldwin (1861-1934), o psicólogo que lhe oferecera o emprego, era um dos fundadores (juntamente com James McKeen Cattell) da revista *Psychological Review*. Um ano depois da chegada de Watson à Hopkins, Baldwin foi flagrado em uma batida policial em uma casa de prostituição. Ele alegou ter "aceitado ingenuamente uma sugestão, feita depois de um jantar, para conhecer [o bordel] e ver o que se fazia lá. Antes de chegar ao local, não sabia que ali trabalhavam mulheres indecentes" (apud Evans e Scott, 1978, p. 713). Ele deu, no entanto, um nome falso à polícia; disse que era um funcionário do Departamento do Tesouro dos Estados Unidos, vindo de Washington.

O constrangimento e a ameaça de escândalo foram demais para a universidade, que o forçou a se demitir (Wozniak, 2009; Wozniak e Santiago-Blay, 2013). Baldwin foi totalmente banido da psicologia norte-americana, passando o resto de seus anos na Inglaterra e no México, morrendo em Paris, em 1934. Onze anos depois da demissão de Baldwin, a história se repetiu. O mesmo reitor da universidade exigiu a demissão de Watson por causa de outro escândalo sexual.

Quando Baldwin pediu demissão, Watson tornou-se o responsável pelo departamento de psicologia e editor da importante *Psychological Review*. Assim, aos 31 anos havia se tornado uma figura relevante na psicologia norte-americana, no momento e local certos. "Todo o teor da minha vida havia mudado", ele escreveu. Experimentei a liberdade no trabalho sem supervisão. "Estava perdido no meu trabalho, mas feliz."

Em casa, no entanto, Watson não estava feliz: "Dois filhos é suficiente", escreveu depois que seu segundo filho nasceu (apud Hulbert, 2003, p. 131). Começou a levar uma vida social ativa, desenvolvendo uma reputação de mulherengo, não diferente da de seu pai. Um psicólogo que o entrevistou escreveu: "toda vez que eu tentava saber mais sobre seu trabalho na psicologia... o que eu ouvia era algo sobre alguma mulher com quem ele supostamente tinha ido para a cama" (Chamberlin, 2012, p. 20).

Watson era extremamente popular entre os alunos da Hopkins. Eles lhe dedicaram o anuário estudantil e o elegeram o professor mais bonito, certamente uma honraria ímpar na história da psicologia. Ele continuava ambicioso e dedicado. Muitas vezes, com medo de perder o controle, chegava à exaustão. Mais uma vez, "havia noites sem dormir e períodos de depressão e doença, em que as luzes eram mantidas acesas para afastar os demônios da infância" (Karier, 1978, p. 128).

O desenvolvimento do behaviorismo

Watson começou a pensar seriamente a respeito do tratamento mais objetivo da psicologia por volta de 1903, e expressou essa opinião publicamente em 1908, em palestra na Yale University e em um trabalho apresentado na reunião anual em Baltimore, da Sociedade Sulista de Filosofia e Psicologia (Southern Society for Philosophy and Psychology). Watson argumentava que os conceitos psíquicos e mentais não serviam de nada para uma ciência como a psicologia. Em 1912, a convite de Cattell, apresentou uma série de palestras na Columbia University. No ano seguinte, publicou um artigo, que mais tarde ficou famoso, na revista *Psychological Review* (Watson, 1913], assim lançando oficialmente o behaviorismo.

O livro de Watson, *Comportamento*: uma introdução à psicologia comparativa [*Behavior:* an introduction to comparative psychology], foi lançado em 1914. Defendia a aceitação da psicologia animal e descrevia as vantagens do uso de animais na pesquisa psicológica. Muitos psicólogos mais jovens e estudantes de pós-graduação consideraram interessantes as propostas de uma psicologia comportamental, afirmando que Watson estava limpando a atmosfera poluída da psicologia, expulsando os mistérios de longa data herdados da filosofia.

Mary Cover Jones (1896-1987), na época aluna de pós-graduação e, mais tarde, presidente da Divisão de Psicologia do Desenvolvimento da APA, lembrou-se do entusiasmo com que era recebida a publicação de cada um dos seus livros. "[O behaviorismo de Watson] abalou as estruturas da psicologia tradicional nascida na Europa, e nós o recebemos de braços abertos. [...] Esse behavorismo indicou o caminho da psicologia teórica para a ação e para a reforma e foi, por essa razão, saudado como uma panaceia" (Jones, 1974, p. 582). O programa de Watson, normalmente, não seduzia os psicólogos mais antigos. Ao contrário, a maioria rejeitava sua abordagem.

Somente dois anos após a publicação do artigo na *Psychological Review*, Watson foi eleito presidente da APA. A eleição dele, talvez, não fosse um sinal de aprovação oficial da sua posição, mas servia como reconhecimento da sua notoriedade e da rede pessoal de relações estabelecidas com diversos psicólogos renomados.

Watson desejava que o novo behaviorismo tivesse valor prático; suas ideias não serviam apenas para serem aplicadas nos laboratórios, mas também na vida real. Promoveu as especializações aplicadas da psicologia e tornou-se consultor pessoal de uma grande companhia seguradora. Além disso, oferecia cursos de psicologia aplicada à publicidade aos alunos de administração da Hopkins e deu início a um programa de treinamento de estudantes de pós-graduação para trabalhar na área da psicologia industrial.

Durante a Primeira Guerra Mundial, Watson serviu no exército norte-americano, com a patente de major, desenvolvendo testes de habilidade perceptiva e motora para usar como esquema de seleção para pilotos. Também pesquisou o efeito da redução de oxigênio sobre os pilotos em altitudes elevadas e produziu um filme criado para alertar os soldados a respeito dos perigos das doenças sexualmente transmissíveis. Um psicólogo britânico apontou, ironicamente, que Watson "refletiu, aparentemente sem muito sucesso, sobre como estimular os soldados a se absterem de sexo" (Smith, 2013, p. 24). Depois da guerra, Watson e um médico criaram a Industrial Service Corporation, para oferecer serviços de seleção de pessoal e consultoria de administração no mundo empresarial (DiClemente e Hantula, 2000).

Embora suas atividades estivessem relacionadas com as áreas da psicologia aplicada, a visão de Watson concentrava-se no desenvolvimento da abordagem behaviorista do pensamento psicológico. Em 1919, publicou o livro *Psychology from the standpoint of a behaviorist*, dedicando-o a Cattell. O livro apresentava uma abordagem mais completa da sua psicologia behaviorista, além do argumento de que os métodos e princípios recomendados para a psicologia animal também eram adequados para o estudo do ser humano.

Um romance para ser lembrado. Enquanto isso, seu casamento se deteriorava; sua infidelidade deixava a esposa furiosa. Watson escreveu a Angell, dizendo que Mary não ligava mais para ele. "Ela, instintivamente, abomina o meu toque. [...] Será que arruinamos as nossas vidas?" (Watson, apud Buckley, 1994, p. 27). Ele estava prestes a arruinar a sua ainda mais: apaixonara-se por Rosalie Rayner. Watson escrevia cartas, cientificamente falando, ardentes de paixão, quinze das quais encontradas pela esposa. Durante o escandaloso processo de divórcio, trechos das cartas foram publicados no jornal *Baltimore Sun*.

> Cada célula do meu corpo a ti pertence, individual e coletivamente. Todas as minhas reações são positivas e todas são para ti. Assim como cada uma e todas as reações do coração. Não posso ser mais teu do que sou, mesmo que uma cirurgia nos transformasse em um único ser. (Watson, apud Pauly, 1979, p. 40)

Assim chegava ao fim a carreira acadêmica de Watson. Ele foi forçado a se demitir da Johns Hopkins, uma atitude que, "certamente, alterou a história da psicologia norte-americana" (Benjamin, Whitaker, Ramsey, e Zeve, 2007, p. 131). Um biógrafo escreveu que "Watson ficou chocado. Até o final, recusava-se a acreditar que realmente seria demitido. [...] Acreditava piamente que sua estatura profissional lhe proporcionaria imunidade a qualquer censura a respeito da sua vida pessoal" (Buckley, 1994, p. 31). Embora tenha se casado com Rosalie Rayner, nunca mais pôde assumir integralmente outra posição acadêmica. Nenhuma universidade o aceitava por causa da má reputação, e ele logo percebeu que teria de começar uma nova vida. "Posso arrumar um emprego na área comercial", disse a um amigo. "Mas, sinceramente, amo o meu trabalho. Sei da sua importância para a psicologia e que a pequena chama que tentei manter acesa para o futuro da psicologia se extinguirá, caso eu a abandone" (apud Pauly, 1986, p. 39).

Muitos colegas acadêmicos, até seu mentor Angell, da University of Chicago, criticaram publicamente Watson, que se ressentiu da falta de apoio, chegando a acusá-los de deslealdade. Ironicamente, considerando as diferenças radicais de temperamento e de posições teóricas, foi E. B. Titchener, da Cornell University, quem lhe deu apoio emocional durante sua crise pessoal. Titchener escreveu a Robert Yerkes, comentando: "Sinto muita pena dos filhos de Watson", "Também sinto pena dele, pois terá de desaparecer por cinco ou dez anos; temo se algum dia desejar voltar para a psicologia" (apud Leys e Evans, 1990, p. 105).

A carreira empresarial de Watson. Desempregado e tendo de pagar a quantia equivalente a dois terços do último salário como pensão para os filhos, Watson iniciou uma segunda carreira profissional como psicólogo aplicado no campo da publicidade. Começou a trabalhar na agência publicitária J. Walter Thompson, em 1921, ganhando um salário anual de 25 mil dólares, quatro vezes mais que seu salário acadêmico. Realizou pesquisas de porta em porta, vendeu café e trabalhou como atendente da Macy's para conhecer melhor o mundo dos negócios. Atuando com sua criatividade e energia características, em três anos tornou-se vice-presidente da agência. Foi para outra agência de publicidade, em 1936, onde permaneceu até se aposentar, em 1945.

Watson acreditava ser o comportamento humano igual ao da máquina. Portanto, era possível prever e controlar o comportamento das pessoas como consumidoras, assim como se previa o funcionamento de qualquer máquina. Afirmava que, para controlar o consumidor,

> basta apresentar-lhe um estímulo emocional condicional ou fundamental. [...] dizer-lhe algo que se relacione com o medo, que provoque uma leve ira, que incentive uma reação apaixonada e afetiva ou que capte uma profunda necessidade psicológica ou de hábito. (apud Buckley, 1982, p. 212)

Watson propôs pesquisas de laboratório a respeito do comportamento do consumidor. Ressaltava que as mensagens publicitárias deviam enfocar o estilo, não a substância, além de transmitir a impressão de uma imagem nova e melhorada. O objetivo era deixar o consumidor insatisfeito com os produtos que estava consumindo e estimular o desejo de novas mercadorias.

Durante vários anos, Watson foi considerado o pioneiro no uso de celebridades para a promoção de produtos e serviços e na criação de técnicas para manipular a motivação e a emoção. Mais tarde, pesquisas revelaram que, embora ele promovesse bem essas técnicas, elas já vinham sendo aplicadas antes do seu ingresso no universo da publicidade (ver Coon, 1994; Kreshel, 1990). Mesmo assim, as contribuições de Watson para a publicidade foram extremamente eficazes e logo lhe renderam notoriedade e riqueza. Watson vestia roupas feitas sob medida na Inglaterra e, em 1930, ganhava 70 mil dólares por ano, o equivalente a um milhão de dólares hoje.

Depois de 1920, Watson mantinha contato apenas indireto com a psicologia acadêmica. Apresentava suas ideias a respeito da psicologia comportamental para o público em geral por meio de palestras, discursos em rádios e artigos em revistas populares, aumentando, assim, sua visibilidade e, alguns diriam, sua notoriedade. Em um artigo escrito para o leitor comum, por exemplo, ele previa o fim da instituição do casamento. "Creio ser a monogamia uma coisa do passado. O mecanismo social descarrilou. Estamos livres das algemas e rompendo e aproveitando a nossa liberdade" (apud Simpson, 2000, p. 64). Se o objetivo dele era chocar, estava conseguindo.

Promovendo o behaviorismo. Em artigos de revistas, ele também transmitia mensagens mais sérias sobre o behaviorismo para um público mais amplo. Seu estilo de redação era claro, de fácil leitura e, de algum modo, simples. Na autobiografia, comentou que, embora seu trabalho não fosse mais viável para publicação nas revistas especializadas de psicologia profissional, não havia razões para não "vender os seus artigos" para o público (Watson, 1936). Essa atitude o afastou ainda mais da comunidade acadêmica. "Aqueles que não aceitavam de modo algum a aplicação mais genérica dos princípios da psicologia, ou a visão behaviorista em si, rejeitavam mais ainda as 'campanhas' de Watson para a divulgação da doutrina" (Kreshel, 1990, p. 56).

Um raro contato formal com a psicologia acadêmica ocorreu quando Watson ministrou uma série de palestras na New School for Social Research (Nova Escola para Pesquisas Sociais), em Nova York, porém o emprego dele lá não durou muito tempo. Foi demitido por alegação de má conduta sexual, embora as acusações nunca tenham se tornado públicas (Buckley, 1989).

Entretanto, outras válvulas de escape para as ideias de Watson foram criadas. As aulas na New School serviram de base para o livro *Behaviorismo* [*Behaviorism*], no qual ele descrevia o seu programa para a melhoria da sociedade. O livro foi publicado pela primeira vez em 1925; mais tarde, Watson confessou que ele havia sido preparado apressadamente. "Minhas palestras eram datilografadas; depois eu as olhava rapidamente e as levava para o editor" (apud Carpentero, 2004, p. 185). Uma versão revisada foi lançada em 1930. As duas edições tiveram muito sucesso, e as ideias de Watson atingiram e influenciaram um grande número de pessoas que não pertenciam ao mundo da psicologia.

Prática da educação infantil. Em 1928, publicou *O cuidado psicológico do infante e da criança* [*Psychological care of the infant and child*], no qual critica severamente o modo de se educar crianças naquela época. Ele acusou os "pais de incompetência. A maioria deveria ser processada por assassinato psicológico" (apud Hulbert, 2003, p. 123). Ele propôs um sistema de educação infantil regulador e não permissivo em sua visão estritamente ambientalista. O livro estava repleto de conselhos rígidos, com base na forma behaviorista de educar crianças. De acordo com Watson, os pais nunca devem

> abraçar e beijar, jamais as deixem sentar no colo. Quando estritamente necessário, beijem, mas apenas uma vez na testa ao dar boa-noite a elas. Pela manhã, cumprimentem-nas com um aperto de mão. Afaguem a cabeça delas, caso realizem muito bem uma tarefa extremamente difícil. [...] Vocês perceberão como é fácil ser perfeitamente objetivos com os filhos e, ao mesmo tempo, gentis. Vocês se sentirão totalmente envergonhados da forma sentimental e insípida de como os estavam tratando. (Watson, 1928, p. 81-82)

Os filhos de Watson. O livro tornou-se bastante popular e transformou as práticas norte-americanas de educação infantil. Uma geração de crianças, até mesmo as dele, foi educada seguindo essas orientações. Seu filho James, empresário na Califórnia, recorda-se do pai como um homem incapaz de demonstrar afeto para com ele e com o seu irmão. Descreveu Watson como insensível, emocionalmente reservado, incapaz de expressar – e lidar com – qualquer sentimento ou emoção própria e, creio, determinado inadvertidamente a privar-me, bem como ao meu irmão, de qualquer tipo de estrutura emocional. Realmente, acreditava que qualquer expressão de ternura ou afeto nos traria efeitos danosos. Era extremamente rígido na aplicação das suas filosofias fundamentais como behaviorista. Nunca fomos beijados ou carregados no colo quando crianças; nunca nos foi demonstrado qualquer tipo de proximidade emocional, era totalmente proibido na família. À noite, quando ia para a cama, lembro-me de apertar a mão dos meus pais. [...] Nunca tentei (e nem o meu irmão Billy) me aproximar fisicamente dos meus pais, pois sabíamos que era um tabu. (Hannush, 1987, p. 137-138)

Rosalie, a esposa de Watson, escreveu um artigo para a revista *Parents Magazine* intitulado "I am the mother of a behaviorist's sons" ("Sou mãe dos filhos de um behaviorista"), discordando publicamente das práticas de educação infantil definidas por ele. "Em alguns aspectos", ela afirmou, "reverencio a grande sabedoria da ciência do behaviorismo, e em outros, me rebelo. Desejo secretamente que, em razões de afeto [das crianças], demonstrem certa fraqueza quando crescerem, que sejam capazes de ter lágrimas nos olhos diante de uma poesia ou de um drama da vida e sintam palpitações de paixão. [...] Gosto de ser alegre e jovial e de rir bastante. Os behavioristas consideram as risadas um sinal de desajuste" (apud Simpson, 2000, p. 65). Rosalie também afirmou ser difícil refrear completamente a sua afeição pelos filhos, tendo desejado, algumas vezes, quebrar as regras do behaviorismo. Mas seu filho James não se recorda de isso haver ocorrido.

Seus dois filhos sofreram de depressão séria na adolescência e na vida adulta. Um deles se suicidou e o outro, James, teve um colapso nervoso, lutando contra os próprios impulsos suicidas. Embora James tenha sobrevivido, a filha dele suicidou-se alguns anos mais tarde. Além disso, a filha de Watson, de seu primeiro casamento, tentou cometer suicídio várias vezes. "Eu sempre fui suicida", ela contou para a filha de James; "a depressão começou durante o escândalo [do divórcio] em Baltimore" (apud Hartley e Commire, 1990, p. 273).

A filha dela (neta de Watson), a atriz Mariette Hartley, também sofria de depressão, era alcoólatra e tinha pensamentos suicidas. Ela observou que "não havia exatamente uma abundância de afeto físico em nossa família" (apud Stimpert, 2010, p. 2). Ao que parece, a abordagem behaviorista de Watson de como educar os filhos não foi exatamente um sucesso no seio de sua própria família.

Seu filho James escreveu, anos depois: "Acredito honestamente que os princípios pelos quais Papai se conduziu como behaviorista corroeram tanto minha capacidade quanto a de Bill para lidar efetivamente com as emoções humanas... e isso acabou minando nossa autoestima mais tarde na vida, contribuindo para a morte de Bill e para a minha própria crise. Tragicamente, essa é a antítese do que Papai esperava ao praticar essas filosofias" (citado em Smirle, 2013, p. 3).

Visão de Watson sobre as mulheres

Watson publicou vários artigos em revistas populares revelando suas atitudes em relação às mulheres, em particular em relação às que lutavam por causas como o direito ao voto. Ele dizia que essas mulheres eram sexualmente insatisfeitas, fato que explicava o que ele chamava de comportamento "estridente".

> A maioria das mulheres terríveis que alguém vai conhecer, mulheres com visões e vozes grosseiras, mulheres que precisam ser notadas, que olham os outros por cima dos ombros, que não conseguem levar uma vida em silêncio, pertencem a essa grande porcentagem de mulheres que nunca teve um ajuste sexual. (Watson, 1929, p. 10)

Ele acrescentou que a militância das mulheres seria superada assim que elas encontrassem a satisfação sexual adequada. Então, elas se tornariam dóceis, quietas e satisfeitas com suas vidas e com seu papel na sociedade. Watson também escreveu que as mulheres perdiam seu apelo sexual aos 30 anos e ficavam totalmente ultrapassadas aos 40, especialmente se tivessem filhos.

Em contrapartida, Watson notou que os homens mantinham seu vigor e atratividade para muito além dos 40. "Os homens cuidam mais de si mesmos e continuam conservados, enquanto suas parceiras ficam 'gordas, mancas e tolas'" (citado em Karier, 1986, p. 141). Não é exatamente um comentário delicado sobre gênero!

Os últimos anos de Watson. Ele era inteligente, articulado, bonito e charmoso, tendo sido essas qualidades que fizeram dele uma celebridade. Frequentemente aparecia em público, cortejando e saboreando a atenção recebida. Vestia-se com elegância, participava de competições de lancha e circulava facilmente no meio da sociedade nova-iorquina. Considerava-se um grande amante e aventureiro romântico, e gostava de participar de rodadas de bebidas. Mandou construir uma mansão em Connecticut e contratou vários empregados, embora gostasse de vestir roupas velhas e fazer jardinagem.

> [Watson] se preocupava bastante com as atividades masculinas, como caçar, pescar e outras maneiras de adultos e crianças demonstrarem coragem e habilidades pessoais. Dessa forma, ele possuía um "quê" de Hemingway, já que valorizava a competência, a bravura e a masculinidade. (James Watson apud Hannush, 1987, p. 138)

Apesar de toda sua fama, sucesso e riqueza, Watson passou por episódios periódicos de depressão. Em 1933, para tentar lidar com um desses episódios, começou um estudo sobre suicídio. Ele pediu a uma amostra de 50 pessoas que escrevesse artigos sobre os motivos pelos quais não tinham cometido suicídio. Ele achou as respostas depressivas, pois a maioria dos participantes deu respostas negativas. Bem poucos declararam motivos positivos para querer continuar a viver. Ele descreveu os resultados em um artigo para a revista *Cosmopolitan*, que o rejeitou por considerá-lo depressivo demais.

Rosalie faleceu em 1935, aos 37 anos. James Watson lembra-se de ter sido essa a única ocasião em que viu o pai chorar. Por um breve momento, Watson abraçou seus filhos, pelo menos a única vez que se lembravam. Depois disso, ele os mandou para o colégio interno e jamais voltou a falar sobre Rosalie com eles.

Quando Myrtle McGraw, uma psicóloga de Nova York, conheceu Watson, pouco depois da morte da esposa, ele confessou a ela que não estava preparado para lidar com a morte de Rosalie. Por ele ser 20 anos mais velho que ela, sempre pensou que morreria primeiro. Conversou com alguma profundidade com McGraw, perguntando-lhe como devia lidar com a dor (McGraw, 1990). Depois de algum tempo, tornou-se recluso, desligando-se do contato social e mergulhando no trabalho. Vendeu a enorme casa e mudou-se para uma de madeira, parecida com aquela em que passara a sua infância.

Em 1957, quando Watson estava com 79 anos, a APA prestou uma homenagem a ele, elogiando seu trabalho como "uma das determinantes vitais da forma e substância da psicologia moderna [...] o ponto de partida das linhas contínuas da pesquisa proveitosa". Um amigo levou-o para o hotel em Nova York, onde aconteceria a apresentação,

> mas, no último minuto, Watson recusou-se a entrar e insistiu para que o filho mais velho fosse em seu lugar. Watson ficara com medo de que, naquele momento, suas emoções o dominassem e que o apóstolo do controle do comportamento fraquejasse e desabasse em lágrimas. (Buckley, 1989, p. 182)

Antes de morrer, um ano depois, Watson queimou todas as cartas, manuscritos e anotações, jogando-as, uma por uma, na lareira, recusando-se a deixá-las para a história.

A melhor forma de começar a estudar a escola de pensamento behaviorista de Watson é lendo um trecho do artigo que inaugurou o movimento. Na passagem a seguir, ele discute a definição e o objetivo da sua nova psicologia, bem como suas críticas contra o estruturalismo e o funcionalismo. E também explica sua visão ao considerar as áreas da psicologia aplicada como científicas por buscarem leis gerais para o controle e a previsão do comportamento.

Texto original

Trecho sobre o behaviorismo, extraído de "Psychology as the behaviorist views it" (1913),[1] de John B. Watson

A psicologia, na visão do behaviorista, é um ramo experimental puramente objetivo da ciência natural. Sua meta teórica é a previsão e o controle do comportamento. A introspecção não faz parte essencial dos seus métodos, nem o valor científico de seus dados depende da prontidão com que se prestam à interpretação em razão da consciência. O behaviorista, em um esforço para obter um projeto unitário de resposta animal, reconhece não haver linha divisória entre o homem e o animal. O comportamento do homem, com todo o seu refinamento e a sua complexidade, forma apenas uma parte do projeto total de investigação do behaviorista. [...]

Não desejo criticar indevidamente a psicologia. Ela fracassou nitidamente, creio eu, durante os cinquenta e poucos anos de existência como uma disciplina experimental, na tentativa de ganhar espaço no mundo como uma ciência inquestionavelmente natural. Como é de consenso, a psicologia é dotada de certo aspecto esotérico em seus métodos. Se você não conseguir reproduzir as minhas descobertas, não é por causa de uma falha no equipamento ou no controle do estímulo, é pelo treinamento inadequado da sua introspecção. A culpa recai sobre o observador e não sobre o ambiente experimental. [...]

Parece que é chegada a hora de a psicologia descartar toda referência à consciência, pois não precisa mais se iludir com o pensamento que faz dos estados mentais o objeto de observação. Ficamos tão emaranhados com as hipóteses especulativas relacionadas aos elementos da mente, da natureza do conteúdo consciente [...] que eu, como aluno experimental, percebo haver algo errado com as premissas e com os tipos de problemas delas derivados. [...]

O meu debate psicológico não é apenas contra a psicologia estrutural e sistemática. Os últimos 15 anos vêm testemunhando o crescimento da chamada psicologia funcional. Esse tipo de psicologia deprecia o uso dos elementos no sentido estático do estruturalismo. Coloca a ênfase no significado biológico dos processos conscientes e não na análise dos estados conscientes dos elementos isoláveis introspectivamente.

Tenho feito o possível para compreender a diferença entre a psicologia funcional e a estrutural. No entanto, em vez de esclarecimento, mais confusão me ocorre. Os termos *sensação*, *percepção*, *afeição*, *emoção*, *volição* são adotados tanto pelos funcionalistas quanto pelos estruturalistas [...]. Certamente, se esses conceitos são enganosos quando analisados do ponto de vista do conteúdo, são ainda mais capciosos quando vistos pelo ângulo funcional, principalmente quando a função é obtida por meio da introspecção. [...]

Há algum tempo, fiquei muito surpreso ao abrir o livro de [Walter] Pillsbury e ler a definição de psicologia como a "ciência do comportamento". Um texto ainda mais recente afirma ser a psicologia a "ciência do comportamento mental". Ao ler essas duas afirmações promissoras, pensei: agora, certamente, teremos textos com base em linhas diferentes. No entanto, depois de algumas páginas, a ciência do comportamento é abandonada e o livro passa a abordar o tratamento convencional de sensação, percepção, imagem, e assim por diante, seguindo-se algumas alternâncias de ênfase e de fatos adicionais que servem para imprimir a marca pessoal do autor.

Creio ser possível criar uma psicologia definindo-a assim como Pillsbury, mas sem retroceder na definição, ou seja, jamais usando os termos *consciência*, *estados mentais*, *mente*, *conteúdo*, *verificável por introspecção*, *imagem* e outros afins. [...] A defi-

[1] Trecho extraído de "Psychology as the behaviorist views it", de J. B. Watson, publicado na Psychological Review, n. 20, p. 158-177, 1913. Direitos autorais (1913) da Associação Psicológica Americana (APA). Reimpresso mediante autorização.

nição pode ser feita em termos de *estímulo* e *resposta*, de *formação de hábito*, *integrações de hábitos* e outros. Além disso, creio realmente que vale a pena fazer a tentativa, nesse momento. [...]

Tenho esperanças de que a posição behaviorista seja defensável, porque aqueles ramos da psicologia já parcialmente independentes da psicologia-mãe, isto é, da psicologia experimental, e consequentemente menos dependentes da introspecção, encontram-se atualmente em condições mais favoráveis de avanço. A pedagogia experimental, a psicologia das drogas, a psicologia da publicidade, a psicologia forense, a psicologia dos testes e a psicopatologia estão em franca evolução. Essas áreas, muitas vezes, são chamadas equivocadamente de psicologia "prática" ou "aplicada". Certamente, nunca houve tamanho equívoco na denominação desses termos. No futuro, deverá haver áreas vocacionais que efetivamente apliquem a psicologia. No momento, esses campos são verdadeiramente científicos e buscam amplas generalizações que permitam o controle do comportamento humano.

Por exemplo, verificamos por experimentação se é mais rápido memorizar um poema de várias estrofes estudando-o inteiro, de uma só vez ou memorizando uma estrofe de cada vez, e então passando para a seguinte. Não tentamos aplicar as nossas constatações. A aplicação desse princípio depende exclusivamente da vontade do professor.

Na psicologia das drogas, é possível demonstrar o efeito de certas doses de cafeína no comportamento. Pode-se concluir que a cafeína causa um efeito benéfico sobre a velocidade e a precisão na realização de um trabalho. No entanto, esses princípios são gerais. A decisão de se aplicar ou não os resultados dos testes fica a cargo do indivíduo.

Mais uma vez, no testemunho de um julgamento, é possível testar os efeitos da lembrança recente no relato da testemunha. Testa-se a exatidão da descrição a respeito dos objetos que foram mexidos ou não, a cor, e assim por diante. A decisão de se aplicar ou não esses fatos depende da máquina judicial do país.

Se um psicólogo "purista" afirma não ter interesse nas questões levantadas nessas divisões da ciência por estarem relacionadas indiretamente à aplicação da psicologia, ele demonstra, em primeiro lugar, que não compreende o objetivo científico desses problemas, e, em segundo, que não está interessado no compromisso da psicologia com a vida humana. O único defeito que observo nessas disciplinas está no fato de grande parte do material ser determinado com base na introspecção, e não em razão dos resultados objetivos, o que seria muito mais valioso. Não existe nenhuma razão para qualquer uma dessas disciplinas recorrer à consciência, ou buscar dados introspectivos durante a experimentação ou mesmo publicá-los nos resultados.

Os planos relacionados com a psicologia que mais me interessam são os que praticamente ignoram a consciência, no sentido em que o termo é adotado pelos psicólogos de hoje. Neguei virtualmente que a esfera do psiquismo estivesse aberta à pesquisa experimental. No momento, não desejo me aprofundar na questão, já que isso conduz inevitavelmente à metafísica. Caso se conceda ao behaviorista o direito de empregar a consciência da mesma forma que os outros cientistas naturais o fazem, ou seja, sem transformar a consciência em um objeto especial de observação, terão se contemplado todas as exigências da minha tese.

A reação ao programa de Watson

Para muitos psicólogos, a crítica de Watson à antiga psicologia e o seu clamor por uma nova abordagem constituíam apelos comoventes. Vamos reconsiderar os fundamentos principais. A psicologia deve ser uma ciência do comportamento – não o estudo introspectivo da consciência –, puramente objetiva, uma ciência natural experimental. Ela teria de investigar tanto o comportamento humano quanto o animal, e os psicólogos precisariam deixar de lado todas as ideias mentalistas e empregar apenas os conceitos do comportamento, como estímulo e resposta. As metas da psicologia deviam ser a previsão e o controle do comportamento.

Embora os argumentos fossem convincentes para alguns, o programa de Watson não foi imediatamente aceito por todos. No início, as publicações especializadas não deram muito destaque ao behaviorismo. O movimento começou a exercer maior impacto somente após a publicação, em 1919, do livro *Psychology from the standpoint of a behaviorist*.

Mary Whiton Calkins discordava de Watson e, questionando a visão dele, disse a muitos colegas psicólogos acreditar na introspecção como único método que permitia o estudo de certos processos psicológicos. Esse debate a respeito da introspecção perdurou por vários anos, e Margaret Washburn chegou ao extremo de chamar Watson de inimigo da psicologia.

Era inevitável o crescimento do movimento de apoio a Watson, especialmente entre os psicólogos mais jovens; por volta da década de 1920, as universidades já ofereciam cursos sobre o behaviorismo, e o termo passou a ser adotado nas revistas especializadas. William McDougall, entre os psicólogos mais antigos, fez uma advertência pública contra a popularidade do behaviorismo, e E. B. Titchener acusou o behaviorismo de tragar o país como uma onda gigantesca. Entretanto, por volta de 1930, Watson anunciou, com orgulho, que o behaviorismo era tão importante, que nenhuma universidade podia deixar de ministrar essa disciplina.

Os métodos do behaviorismo

Quando a psicologia teve início formalmente, estava ávida por se aliar à antiga, bem estabelecida e mais respeitável ciência natural da física. A nova psicologia tentou adaptar os métodos naturais científicos às próprias necessidades. Essa tendência foi ainda mais clara no caso do behaviorismo.

Watson insistia em que a psicologia devia se limitar aos dados das ciência naturais, ao que pudesse ser observado. Em poucas palavras: a psicologia devia limitar-se ao estudo objetivo do comportamento; somente os métodos objetivos rígidos de investigação deviam ser adotados nos laboratórios dos behavioristas. Para Watson, esses métodos incluíam:

- observação, com e sem o uso de instrumentos,
- métodos de teste,
- método de relato verbal,
- método do reflexo condicionado.

A observação constitui a base fundamental para os outros métodos. Métodos de teste objetivo já eram adotados, mas Watson propôs tratar os resultados dos testes como amostragens do comportamento, e não como indicadores das qualidades mentais. Para ele, o teste não media a inteligência nem a personalidade; ao contrário, simplesmente media as respostas do indivíduo à situação do estímulo de ser submetido ao teste.

A questão do relato verbal foi ainda mais controversa. Como Watson rejeitava tão claramente a introspecção, o uso do relato verbal no laboratório deixava uma abertura às críticas. Alguns psicólogos consideraram o ato comprometedor, afirmando ter Watson introduzido a introspecção pela porta dos fundos, depois de tê-la enxotado pela da frente.

Por que ele aceitara o relato verbal? Apesar da aversão à introspecção, não pôde ignorar os trabalhos realizados pelos psicofísicos com o seu uso; portanto, sugeriu que as reações orais, por serem observáveis objetivamente, seriam significativas para o behaviorismo, assim como qualquer tipo de resposta motora. "Falar é fazer, ou seja, comportar-se. Falar abertamente ou para nós mesmos (pensar) é um comportamento tão objetivo quanto jogar beisebol" (Watson, 1930, p. 6).

No entanto, a adoção do método do relato verbal no behaviorismo foi uma concessão muito questionada. Os adversários de Watson acusavam-no de fazer um jogo de palavras, de oferecer apenas uma mudança semântica. Ele rebatia, concordando que os relatos verbais talvez não fossem precisos e, portanto, não seriam os substitutos adequados da observação objetiva. Por isso restringia o seu uso às situações em que pudessem ser verificados, como na descrição das diferenças tonais. Os relatos verbais não verificáveis, como o pensamento sem imagens e os relatos dos estados de sentimento, seriam descartados.

O método do reflexo condicionado foi adotado em 1915, dois anos depois da fundação formal do behaviorismo. Os métodos de condicionamento eram pouco usados; no entanto, Watson foi bastante responsável pela sua ampla aplicação na pesquisa psicológica norte-americana. Ele contou ao psicólogo Ernest Hilgard haver se interessado muito pelos reflexos condicionados ao estudar o trabalho de Bekhterev, embora mais tarde também creditasse a Pavlov esse interesse (Hilgard, 1994).

Watson descrevia o condicionamento em termos de substituição de estímulo. A resposta torna-se condicionada quando associada ou conectada a um estímulo diferente daquele que a originou (no caso dos cães de Pavlov, a resposta condicionada consistia na salivação mediante o som da campainha e não pela visualização da comida). Ele escolheu esse tratamento por oferecer um método objetivo de análise do comportamento, de redução em unidades básicas, ou seja, em ligações de estímulo-resposta (E-R). Todo comportamento podia ser reduzido a esses elementos; portanto, o método de reflexo condicionado permitia aos psicólogos conduzir investigações sobre a complexidade do comportamento humano em laboratórios.

Continuando com a tradição mecanicista

Watson mantinha a tradição atomística e mecanicista estabelecida pelos empiristas britânicos e adotada pelos psicólogos estruturalistas. Sua intenção era estudar o comportamento humano da mesma maneira que os físicos estudavam o universo, separando-o em partes componentes, entre as quais átomos e elementos.

Esse enfoque exclusivo nos métodos objetivos e a eliminação da introspecção significaram uma mudança na natureza e no papel do sujeito humano no laboratório de psicologia. Para Wundt e Titchener, o indivíduo desempenhava o papel tanto do observador como do observado, já que observavam a própria experiência consciente; seu papel era muito mais importante que o do pesquisador.

No behaviorismo, os indivíduos em si tornaram-se menos importantes. Eles não mais observavam; em vez disso, eram observados pelo pesquisador. Com essa mudança de enfoque, o sujeito humano do laboratório, normalmente chamado observador, passou a ser conhecido como sujeito. Os verdadeiros observadores eram os pesquisadores, psicólogos responsáveis pela pesquisa que estabeleciam as condições experimentais e registravam as respostas dos sujeitos.

Desse modo, o indivíduo foi rebaixado de posto. Não mais observava as próprias características, apenas exibia comportamentos, e praticamente todos exibem comportamentos: bebês, crianças, pessoas portadoras de distúrbios mentais e emocionais, pombos ou ratos. Esse ponto de vista reforçou a imagem da psicologia de semelhança entre o homem e a máquina. Como notou um historiador, "insere-se um estímulo em uma das pequenas aberturas para, em seguida, sair um pacote de reações" (Burt, 1962, p. 232).

O objeto de estudo do behaviorismo

Os principais objetos de estudo da psicologia behaviorista de Watson eram os elementos do comportamento, ou seja, os movimentos musculares do corpo e as secreções glandulares. Sendo uma ciência do comportamento, a psicologia tratava exclusivamente dos atos, ou respostas, passíveis de descrição objetiva, sem o emprego de terminologia subjetiva ou mentalista.

Embora a resposta, na visão de Watson, fosse apenas um espasmo do joelho, ela também podia ser mais complexa. Watson chamava essas respostas mais complexas de "atos". Considerava atos de resposta até os fatos de comer, escrever, dançar ou construir uma casa. Em outras palavras, o ato envolve o movimento do organismo no espaço, que conclui algum objetivo que afeta o ambiente de alguém. Entretanto, os atos do comportamento, independentemente de sua complexidade, podiam ser reduzidos a respostas glandulares ou motoras inferiores.

As respostas podem ser explícitas ou implícitas. Respostas explícitas são notórias e diretamente observáveis. Já as implícitas são as que ocorrem no organismo, como o movimento das vísceras, as secreções glandulares e os impulsos nervosos. Embora as respostas implícitas não sejam patentes, ainda são consideradas comportamentos, e, ao incluí-las, Watson estava modificando seu ponto de vista de que todos os dados eram observáveis em psicologia. Ele aceitou que alguns itens do comportamento eram potencialmente observáveis. A observação das respostas ou dos movimentos ocorridos no organismo era feita por meio de instrumentos.

Assim, tanto no que tange aos métodos quanto ao objeto de estudo, o behaviorismo de Watson foi uma tentativa de construir uma ciência livre de noções e métodos subjetivos, ou seja, uma ciência tão objetiva quanto a física. A seguir, analisaremos a forma de tratamento dispensada por Watson a três temas principais: instinto, emoção e pensamento. Como qualquer teórico sistemático, ele desenvolveu a sua psicologia de acordo com a crença básica de que todas as áreas do comportamento devem ser consideradas no que se refere aos objetivos de E-R.

Os instintos

No início, Watson aceitava o papel dos instintos no comportamento. No livro *Behavior*: an introduction to comparative psychology (1914), ele descreveu 11 instintos, até um relacionado com o comportamento aleatório. Estudou o comportamento instintivo das andorinhas-do-mar, uma espécie de pássaro aquático das ilhas Dry Tortugas, na região costeira da Flórida. Acompanhou-o nessa experiência Karl Lashley, seu aluno da Johns Hopkins University, que afirmou haver sido a expedição prematuramente interrompida ao término do estoque de cigarros e de uísque.

Mais ou menos em 1925, Watson reavaliou sua posição e eliminou o conceito de instinto. Alegou que os comportamentos aparentemente instintivos são, na verdade, respostas condicionadas socialmente. Ao adotar a visão de que a aprendizagem – ou o condicionamento – seria a chave para a compreensão do desenvolvimento humano, tornou-se um ambientalista radical, indo ainda mais longe: não apenas negava os instintos, como também se recusava a admitir em seu sistema qualquer tipo de talento, temperamento ou capacidade herdado.

Os comportamentos aparentemente herdados estavam relacionados com o treinamento adquirido logo nos primeiros anos de infância. Por exemplo, as crianças não nasciam com a habilidade para se tornar grandes atletas ou músicos, mas eram conduzidas nessa direção pelos pais ou responsáveis pela sua criação mediante o incentivo e o reforço dos comportamentos adequados. Essa ênfase no efeito imperativo dos pais e do ambiente social na criação infantil foi um dos motivos da popularidade de Watson. Ele concluiu, de forma simples e otimista, ser possível treinar uma criança para se tornar o que se desejasse que ela fosse, pois não havia fatores genéticos limitadores.

Watson não estava sozinho ao sugerir que as influências ambientais seriam mais importantes do que qualquer traço ou potencial inatos. Tornava-se cada vez mais popular, na psicologia, a noção de minimizar o papel do instinto como um determinante comportamental. Assim, a posição de Watson refletia uma mudança de perspectiva já em andamento. Além disso, ele pode ter sido influenciado pela orientação aplicada da psicologia norte-americana do início do século XX. A psicologia não podia ser aplicada para alterar o comportamento, a menos que este fosse passível de modificação. Não era possível alterar o comportamento regido por forças como o instinto; no entanto, o comportamento dependente da aprendizagem ou do treinamento podia ser mudado.

As emoções

Para Watson, as emoções não passavam de simples respostas fisiológicas a estímulos específicos. Um estímulo, como a ameaça de uma agressão física, produz mudanças físicas internas, como o aumento do batimento cardíaco, acompanhado das respostas explícitas apropriadas e adquiridas. Essa explicação para as emoções nega a existência de qualquer percepção consciente da emoção ou as sensações dos órgãos internos.

Cada emoção envolve um padrão particular de mudanças fisiológicas. Embora Watson tenha observado que respostas emocionais têm envolvimento no movimento explícito, acreditava nas reações internas como predominantes. Assim, a emoção constitui uma forma de comportamento implícito, no qual as reações internas são expressas por meio de manifestações físicas, como rubor das faces, transpiração ou aumento do batimento cardíaco.

A teoria das emoções de Watson é menos complexa que a de William James, cuja teoria afirmava ser a percepção do estímulo imediatamente seguida de mudanças físicas, e definia os sentimentos resultantes como emoção. Watson criticava a posição de James. Descartando o processo consciente de percepção da situação e do estado do sentimento, Watson afirmou que as emoções poderiam ser completamente descritas em termos da situação objetiva do estímulo, da resposta física visível e das modificações fisiológicas internas.

Em um estudo hoje considerado clássico, Watson investigou os estímulos que produziam respostas emocionais em bebês (na Figura 10.2, pode-se observar Watson testando o reflexo de agarrar de um bebê). Sugeria que

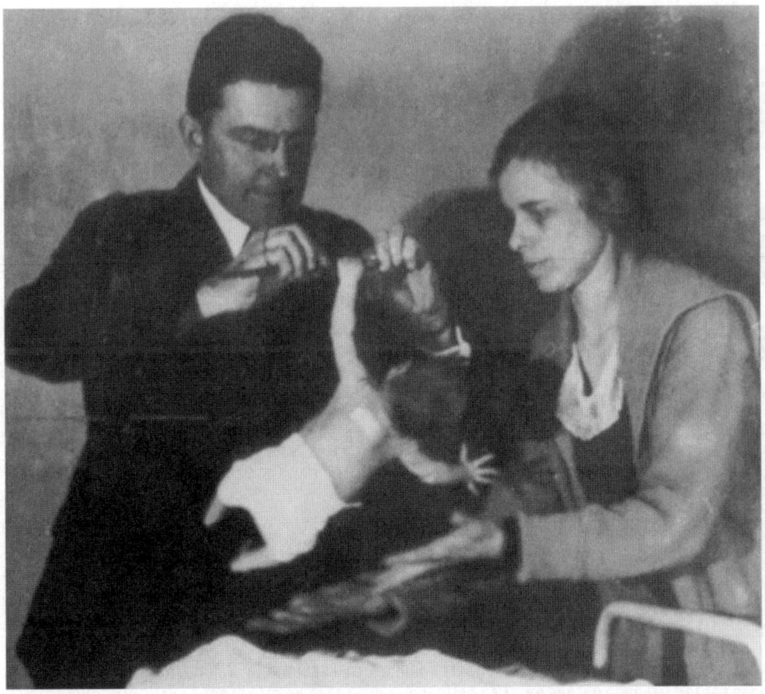

FERDINAND HAMBURGER, JR. ARCHIVES, JOHNS HOPKINS UNIVERSITY

FIGURA 10.2 Watson testa o reflexo de agarrar de um bebê. (Imagem retirada de um filme de 1919.)

eles demonstravam três padrões fundamentais de resposta emocional não aprendida: medo, raiva e afeto. O medo seria provocado por ruídos altos e súbita perda de apoio; a raiva, pela restrição dos movimentos do corpo, e o afeto, pelo toque carinhoso na pele, pelo embalo e pelas carícias. Watson também descobriu padrões típicos de resposta para esses estímulos. Essas três emoções básicas compõem outras respostas emocionais mediante o processo de condicionamento, podendo se associar a estímulos que, originalmente, não eram capazes de provocá-las.

Albert, Peter e os coelhos

Watson demonstrou sua teoria das respostas emocionais condicionadas nos estudos experimentais realizados com o bebê Albert, de 11 meses, condicionando-o a ter medo de um rato branco que ele não temia antes de ser submetido ao condicionamento (na Figura 10.3, a seguir, vemos Watson observando o Pequeno Albert, enquanto Rosalie Rayner segura a criança sentada). Watson sugeriu que todos os medos, todas as aversões e ansiedades do adulto eram, do mesmo modo, condicionados no início da infância. Eles não surgem, assim como afirmava Freud, de conflitos inconscientes. Watson rejeitava totalmente a noção do inconsciente, porque, assim como o consciente, não era possível observá-lo objetivamente. No início, ficara fascinado com vários conceitos de Freud, mas acabou descartando a psicanálise, chamando-a de "macumba" (apud Rilling, 2000, p. 302).

Watson descreveu a pesquisa com Albert como apenas um estudo-piloto preliminar. No entanto ele jamais foi reproduzido com êxito. Apesar de os psicólogos notarem algumas sérias falhas metodológicas na pesquisa, seus resultados foram aceitos como uma prova científica e são mencionados em praticamente qualquer livro básico de psicologia. O experimento se tornou famoso demais para ser ignorado, não importa quão imperfeito tenha sido.

Embora Albert tenha sido condicionado a ter medo de ratos brancos, coelhos e Papai Noel, ele não estava mais disponível como sujeito da pesquisa quando Watson tentou eliminar esses temores. Pouco tempo depois de começar esse programa de pesquisa, Watson abandonou a vida acadêmica. Mais tarde, quando trabalhava com publicidade em Nova York, ele apresentou uma palestra sobre a pesquisa, na qual estava presente Mary Cover Jones (Figura 10.4), colega de faculdade de sua esposa, Rosalie. Jones se interessou pelas observações de

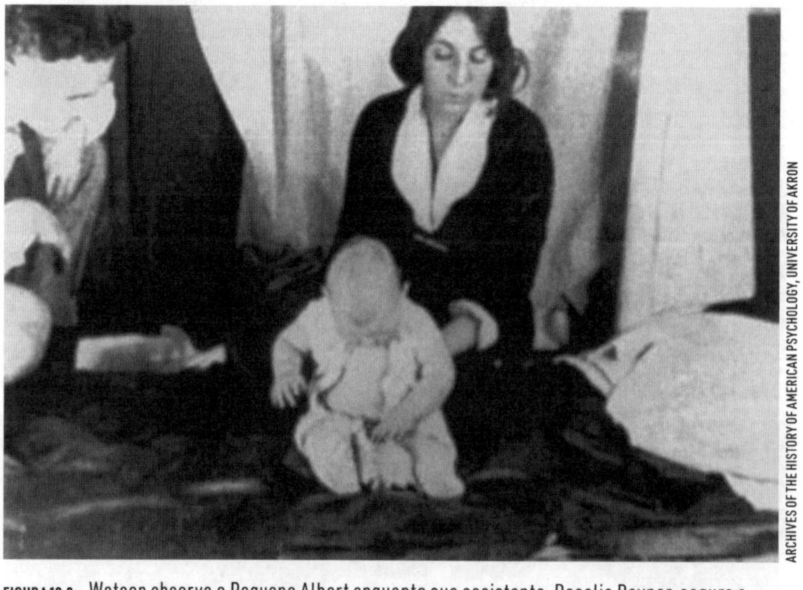

ARCHIVES OF THE HISTORY OF AMERICAN PSYCHOLOGY, UNIVERSITY OF AKRON

FIGURA 10.3 Watson observa o Pequeno Albert enquanto sua assistente, Rosalie Rayner, segura a criança sentada. O bebê parece estar se esticando em direção ao rato branco entre suas pernas. Albert foi condicionado a temer o rato e estímulos similares.

Watson e se questionou se a técnica de condicionamento poderia ser utilizada para eliminar o medo das crianças. Pediu a Rosalie que a apresentasse Watson e, a partir daí, começou a realizar um estudo que, desde então, tornou-se outro clássico da história da psicologia (Jones, 1924).

ARCHIVES OF THE HISTORY OF AMERICAN PSYCHOLOGY, UNIVERSITY OF AKRON

FIGURA 10.4 Mary Cover Jones.

O sujeito de sua pesquisa era Peter, de 3 anos, que já demonstrava medo de coelhos, embora esse temor não tenha sido condicionado em laboratório. Enquanto Peter comia, um coelho era colocado na sala, mas a uma distância razoável, de modo que não provocasse uma resposta de medo. Depois de uma série de tentativas, que duraram várias semanas, o coelho era progressivamente trazido para mais perto, sempre quando a criança estava comendo. Finalmente, Peter acabou se acostumando com o coelho e conseguiu tocá-lo sem sentir medo. As respostas generalizadas de medo de objetos similares também foram eliminadas por meio desse procedimento.

O estudo de Jones foi considerado um precursor da terapia do comportamento (a aplicação dos princípios de aprendizagem para alterar o comportamento desajustado), quase 50 anos antes de a técnica se tornar conhecida. Jones, há muito tempo associada ao Instituto do Bem-Estar Infantil (Institute of Child Walfare) da University of California, em Berkeley, recebeu de G. Stanley Hall um prêmio, em 1968, pelas extraordinárias contribuições para a psicologia do desenvolvimento.

Os processos de pensamento

A visão tradicional dos processos de pensamento afirmava que eles ocorriam no cérebro "tão fracamente, que nenhum impulso nervoso é transmitido a partir do nervo motor até o músculo; portanto, nenhuma reação ocorre nos músculos e nas glândulas" (Watson, 1930, p. 239). De acordo com essa teoria, os processos de pensamento não são passíveis de observação e de experimentação, já que ocorrem na ausência de movimentos musculares. O pensamento era considerado intangível, algo exclusivamente mental e, portanto, desprovido de pontos de referência físicos (ver Bouton, 2009; Hall, 2009).

O sistema behaviorista de Watson tentou reduzir o pensamento a comportamento motor implícito. Ele alegava ser o pensamento, como todos os demais aspectos do funcionamento humano, uma espécie de comportamento sensório-motor. Partia do princípio de que o comportamento do pensamento envolvia movimentos ou reações de fala implícitas. Desse modo, reduzia o pensamento à fala subvocal, dependente dos mesmos hábitos musculares aprendidos para a expressão da fala explícita. À medida que nos tornamos adultos, esses hábitos musculares tornam-se inaudíveis e invisíveis, porque pais e professores nos reprimem para pararmos de conversar alto com nós mesmos. Assim, o pensamento se transforma em um modo de conversação silenciosa.

Watson achava que grande parte desse comportamento implícito se concentrava nos músculos da língua e da laringe (chamadas caixa da voz). Também expressamos o pensamento por gestos, como o franzir da testa e o movimento dos ombros, que são reações explícitas a um estímulo.

Uma das fontes mais claras de comprovação da teoria de Watson está no fato de muitos admitirem conversar consigo mesmos enquanto estão pensando. Um estudo realizado com relatos introspectivos de estudantes da faculdade constatou que 73% das amostras de pensamento envolviam o ato de conversar consigo mesmo enquanto estavam pensando (Farthing, 1992). No entanto, esse tipo de evidência não é aceito pelos behavioristas exatamente por ser introspectivo, e Watson raras vezes lançava mão da introspecção para sustentar sua teoria. O behaviorismo exigia provas objetivas de movimentos implícitos da fala, portanto Watson realizou tentativas experimentais para registrar os movimentos da língua e da laringe durante o pensamento.

Essas mensurações revelaram alguns leves movimentos quando os indivíduos estavam pensando. As mensurações dos gestos dos dedos e das mãos dos portadores de deficiência auditiva usando a linguagem dos sinais também revelaram alguns movimentos durante o pensamento. Apesar de não conseguir assegurar resultados mais confiáveis, Watson continuou convicto da existência dos movimentos implícitos de fala. Insistia em que a comprovação dependia apenas do desenvolvimento de equipamentos de laboratório mais sofisticados.

O apelo popular do behaviorismo

Por que as declarações ousadas de Watson lhe renderam tanta adesão do público? Na verdade, a maioria das pessoas pouco se importava se alguns psicólogos fingiam estar conscientes enquanto outros afirmavam ter a psicologia perdido a cabeça ou se o pensamento ocorria na cabeça ou no pescoço. Essas questões provocavam muitos debates entre os psicólogos, mas quase não despertavam o interesse das pessoas comuns.

O que sensibilizou o público foi o clamor de Watson por uma sociedade baseada no comportamento cientificamente moldado e controlado, livre de todos os dogmas, mitos e formas convencionais de pensar. Sua abordagem oferecia esperança às pessoas desencantadas com as antigas ideias. Em fé e devoção, o behaviorismo adquiriu as características de uma religião. Entre as centenas de artigos e livros escritos sobre o behaviorismo de Watson estava *A religião chamada behaviorismo* [*The religion called behaviorism*] (Berman, 1927), que logo foi lido por um jovem de 23 anos, B. F. Skinner, que escreveu um artigo e o enviou para uma revista literária popular. "Eles não publicaram [meu artigo], mas o fato de tê-lo escrito foi como se eu tivesse me definido pela primeira vez como um behaviorista" (Skinner, 1976, p. 299). Skinner prosseguiu, aprimorando e ampliando o trabalho de Watson (ver Capítulo 11).

O entusiasmo gerado pelas ideias de Watson pode ser observado nos comentários dos jornais a respeito do seu livro *Behaviorism* (1925). O *The New York Times* declarou: "Trata-se de um marco da época na história intelectual do homem" (2 ago. 1925). O *The New York Herald Tribune* afirmou ser "o livro mais importante escrito até hoje. Saímos em um instante da escuridão para uma grande esperança" (21 jun. 1925).

A esperança vinha da ênfase de Watson no efeito estimulante do ambiente infantil na determinação do comportamento e na minimização do impacto das tendências herdadas. O trecho a seguir, extraído do livro *Behaviorism*, costuma ser citado para sustentar essa visão:

> Deixe sob a minha responsabilidade uma dezena de bebês saudáveis e bem-formados, e um mundo especificado por mim para criá-los, e garanto escolher algum aleatoriamente e treiná-lo para tornar-se especialista em qualquer área, seja médico, advogado, empresário ou até mesmo mendigo ou bandido, independentemente de seus talentos, inclinações, tendências, habilidades, vocações e raça de seus ancestrais. (Watson, 1930, p. 104)

Um admirável mundo novo

As experiências de Watson sobre o reflexo condicionado, tais como o estudo com Albert, convenceram-no de que os distúrbios emocionais do adulto são provocados pelas respostas condicionadas estabelecidas na infância e na adolescência. Se o desequilíbrio do adulto é resultante do condicionamento deficiente na infância, então um programa de condicionamento infantil adequado evitaria o surgimento de adultos desequilibrados. Watson acreditava que esse tipo de controle prático sobre o comportamento infantil (e, consequentemente, sobre o comportamento adulto posterior) não era apenas possível, como também absolutamente necessário. Ele desenvolveu um plano para a melhoria da sociedade, um programa de ética experimental, com base nos princípios do behaviorismo.

Ninguém jamais ofereceu a ele uma dezena de bebês saudáveis para que testasse sua afirmação, e, mais tarde, Watson reconheceu que, se houvesse feito isso, estaria ultrapassando os limites dos fatos. No entanto, comentou que as pessoas que discordavam dele e acreditavam no impacto maior da hereditariedade que do ambiente vinham fazendo essa afirmação por milhares de anos e ainda não haviam conseguido alguma prova real para a sua visão.

O seguinte trecho do livro *Behaviorism* mostra a vitalidade, a expectativa e o potencial com que Watson descrevia o seu programa de sobrevivência nos termos do sistema behaviorista e, talvez ajude a esclarecer por que tantas pessoas adotaram o behaviorismo como uma nova fé.

> O behaviorismo deve ser uma ciência que prepare homens e mulheres para compreender os princípios dos próprios comportamentos. Deve formar homens e mulheres dispostos a reorganizar as próprias vidas, e, principalmente, dispostos a se preparar para educar seus filhos de maneira saudável. Gostaria de conseguir retratar a vocês o indivíduo rico e maravilhoso que podemos produzir de cada criança saudável se pudermos moldá-la de forma adequada e oferecer a ela um universo em que possa exercer essa organização, um universo não influenciado pelas lendas folclóricas dos acontecimentos de milhares de anos passados, não tolhido pela história política desonrosa, livre de costumes e convenções tolas, desprovidas de significados próprios, mas que submetem os indivíduos como rígidas algemas de aço.
>
> Não clamo aqui por uma revolução; não peço às pessoas que se dirijam a algum local esquecido por Deus, formem uma colônia, andem nuas e vivam em uma comunidade; nem peço para mudarem para uma dieta à base de raízes ou ervas. Não clamo pelo "amor livre". Estou tentando apresentar um estímulo verbal que, se produzir algum efeito, gradualmente transformará o universo. Porque o universo se transformará se vocês educarem seus filhos, não com libertinagem, mas com a liberdade behaviorista, uma liberdade que não pode ser descrita em palavras, já que pouco se sabe dela. E será que essas crianças, com a sua melhor forma de vida e de pensamento, não nos substituirão como sociedade e educarão seus filhos de uma forma mais científica até que o mundo, finalmente, se torne um lugar adequado para o homem viver? (Watson, 1930, p. 303-304)

O plano de Watson de substituir a ética com base na religião pela experimental, fundamentada no behaviorismo, ficou na esperança e não se concretizou. Ele esboçou esse programa e o deixou como base para outros. Anos mais tarde, B. F. Skinner (ver Capítulo 11) concebeu mais detalhadamente uma utopia moldada cientificamente no espírito das ideias de Watson.

O "surto" da psicologia

Por volta da década de 1920, o campo da psicologia já havia conquistado e cativado a atenção do público. Em razão do carisma, do charme pessoal, do poder de persuasão e da mensagem de esperança de Watson, os norte-americanos estavam enfeitiçados por algo chamado "surto" de psicologia. Grande parte do público estava convencida de que a psicologia era capaz de mostrar o caminho para a saúde, a felicidade e a prosperidade. As colunas com conselhos psicológicos brotavam nas páginas dos jornais diários.

O psicólogo Joseph Jastrow (1863-1944) já foi tido como "o mais prolífico e popular psicólogo com formação acadêmica" nos Estados Unidos, durante os anos 1920 e 1930 (Pettit, 2007, p. 162). Ele obteve o Ph.D. em 1886, na Johns Hopkins, e construiu uma longa carreira acadêmica na University of Wisconsin. Também escrevia artigos para as revistas sobre psicologia, trabalhando com a crença de que a "popularização da psicologia era essencial para o seu reconhecimento público e apoio oficial" (Jastrow, 1930/1961, p. 150). Entre os assuntos abordados estavam a cura da melancolia, a psicologia dos delinquentes, os medos e as preocupações, o significado dos testes de QI, o complexo de inferioridade, os conflitos familiares e o motivo do consumo de café. Obviamente, a psicologia já se encontrava bem distante do trabalho de laboratório da época de Wundt e Titchener.

A coluna de Jastrow, Keeping mentally fit (Como manter o equilíbrio mental) foi publicada em 150 jornais, e ele participava de programas de rádio, como *Herald of Sanity* (Arauto da sanidade) e *Women's Radio Review* (Revista de rádio da mulher). Escreveu um manual popular de psicologia, *Conduzindo sua vida*: o psicólogo como navegador [*Piloting your life*: the psychologist as helmsman], bem diferente dos livros de autoajuda mais vendidos atualmente. Seus artigos sobre a utilidade da psicologia no cotidiano apareciam, com frequência, em revistas populares, como *Popular Science Monthly*, *Cosmopolitan* e *Harper's* (Behrens, 2009; Hull, 1944).

Albert Wiggam foi outro grande divulgador da psicologia. Embora não fosse psicólogo, escrevia uma coluna chamada Exploring Your Mind (Explorando sua Mente). Esse trecho ilustra suas opiniões:

> Os homens e as mulheres nunca precisaram tanto da psicologia como nos dias de hoje. Os rapazes e as moças necessitam da psicologia para avaliar seus traços mentais e suas habilidades, a fim de fazer uma opção precoce e correta da carreira. Os empresários a utilizam na seleção de funcionários; os pais e educadores, para ajudar na criação e educação dos filhos; enfim, todos necessitam da psicologia para garantir a mais elevada eficácia e a felicidade. Não se pode atingir plenamente esses objetivos sem o novo conhecimento da própria mente e personalidade que os psicólogos nos oferecem. (Wiggam, 1928, apud Benjamin, 1986, p. 943)

O humorista canadense Stephen Butler Leacock comentou que a psicologia, enquanto confinada nos *campi* universitários, não estabelecia relações com a realidade nem provocava nenhum dano a quem a estudasse. No entanto, por volta de 1924, ela estava disseminada por toda parte. Leacock disse: "Hoje, para qualquer momento crítico da vida, procuramos os serviços de um psicólogo com a mesma naturalidade com que contratamos o serviço de um encanador. Em todas as metrópoles há ou haverá cartazes em que se lê 'Psicólogo – 24 horas por dia'" (apud Benjamin, 1986, p. 944).

Dessa maneira, a psicologia foi acolhida em todo o território norte-americano, e John B. Watson, mais do que qualquer outra figura, foi responsável por ajudar a divulgá-la.

As críticas ao behaviorismo de Watson

Qualquer sistema que apresente propostas radicais de revisão, que desafie violentamente a ordem existente e sugira a exclusão da versão anterior da verdade certamente será alvo de críticas. É sabido que a psicologia norte-americana já rumava em direção à maior objetividade quando Watson fundou o behaviorismo; no entanto, nem todo psicólogo estava disposto a aceitar a radical objetividade por ele apresentada. Muitos psicólogos, até alguns defensores do princípio da objetividade, acreditavam que o programa de Watson omitia componentes importantes, como os processos perceptuais e sensoriais.

Karl Lashley (1890-1958)

Lashley (Figura 10.5) fora aluno de Watson na Johns Hopkins, onde completou o Ph.D. A carreira dele na psicofisiologia abriu as portas das universidades de Minnesota e de Chicago, além da Harvard, conduzindo-o, finalmente, ao laboratório de Yerkes, dedicado ao estudo biológico dos primatas. Ele preservou a tradição mecanicista característica da psicologia desde a sua fundação.

ARCHIVES OF THE HISTORY OF AMERICAN PSYCHOLOGY, UNIVERSITY OF AKRON

FIGURA 10.5 Karl Lashley.

> Lashley revelou que, quando criança, ficava muito intrigado com as pessoas e era habilidoso com os objetos mecânicos [como os brinquedos de montar para construir prédios e pontes]. Afirmou que a psicologia foi uma verdadeira revelação para ele, quando ele reconheceu que o ser humano e a máquina tinham muitos aspectos em comum. (Murray apud Robinson, 1992, p. 213)

Karl Lashley defendia o behaviorismo de Watson, embora sua pesquisa sobre o mecanismo cerebral dos ratos contrariasse um dos pontos básicos de Watson. Ele resumiu suas descobertas no trabalho *Mecanismos do cérebro e da inteligência* [*Brain mechanisms and intelligence*] (1929) e apresentou dois princípios hoje famosos: a **lei da ação da massa**, que estabelece ser a eficácia da aprendizagem uma função da massa intacta do córtex (quanto mais tecido cortical estiver disponível, melhor a aprendizagem); e o princípio da **equipotencialidade**, que estabelece ser uma parte do córtex essencialmente igual à outra na contribuição para a aprendizagem.

Lei da ação da massa: a eficácia da aprendizagem é uma função da massa total do tecido cortical.

Equipotencialidade: ideia de que uma parte do córtex cerebral é essencialmente igual à outra em relação à sua contribuição na aprendizagem.

Lashley esperava que a pesquisa lhe revelasse os centros motor e sensorial específicos do córtex cerebral, bem como as conexões correspondentes entre o aparelho motor e o sensorial. Essas descobertas teriam sustentado a primazia e a simplicidade do arco reflexo como uma unidade de comportamento elementar. O que aconteceu, no entanto, foi que seus resultados contradiziam a ideia de Watson da simples conexão ponto a ponto dos reflexos, de acordo com a qual o cérebro serve apenas para transformar os impulsos nervosos sensoriais de origem em impulsos motores de resposta. As descobertas de Lashley sugeriam que o cérebro desempenha uma função muito mais ativa na aprendizagem do que Watson admitia. Assim, Lashley contestou a afirmação de Watson de que o comportamento era composto, parte por parte, exclusivamente dos reflexos condicionados.

Embora o trabalho de Lashley contrariasse uma parte fundamental do sistema de Watson, ele não enfraqueceu a insistência behaviorista na utilização dos métodos objetivos de pesquisa. Ao contrário, seu trabalho confirmou o valor da objetividade na pesquisa psicológica.

William McDougall (1871-1938)

Um dos mais vigorosos opositores de Watson era William McDougall (Figura 10.6), psicólogo inglês que foi para os Estados Unidos em 1920, primeiro para a Harvard e depois para a Duke University. McDougall (1908) ficou conhecido por sua teoria do comportamento instintivo e pelo ímpeto do seu livro sobre a psicologia social.

Embora houvesse contribuído muito para a psicologia social, McDougall não era muito sociável. Ele dizia:

> Nunca me adaptei adequadamente a nenhum grupo social, jamais fui capaz de me encontrar completamente como indivíduo na presença de alguma pessoa ou de algum sistema; e, embora não ignorando os interesses da vida, do sentimento e do pensamento coletivo, sempre me mantive isolado, crítico e insatisfeito. (McDougall, 1930, p. 192)

Costumava apoiar causas impopulares, como o livre-arbítrio, a superioridade nórdica e a pesquisa psíquica e, muitas vezes, foi criticado pela imprensa por causa das suas posições. McDougall também foi difamado pela comunidade psicológica por haver criticado fortemente o behaviorismo na década de 1920, período em que a maioria dos psicólogos aceitava a influência behaviorista. Na verdade, McDougall e Watson já tinham "insultado um ao outro por escrito durante muitos anos" (Larson, 1972, p. 3).

MacDougall escreveu que "sofreu muito com a perda da reputação, impopularidade, informações difamadoras e hostilidade desdenhosa" (apud Innis, 2003, p. 102). Um psicólogo norte-americano chegou a ponto de dizer publicamente, quando McDougall estava muito doente, que a psicologia lucraria mais se ele morresse. Robert Yerkes, mais compreensivo, observou que a vida de McDougall tinha sido uma "grande tragédia" (Innis, 2003, p. 91).

A teoria do instinto de McDougall afirmava ser o comportamento humano derivado das tendências inatas ao pensamento e à ação. Embora a sua ideia fosse bem recebida no início, perdera terreno para o behaviorismo. Watson não aceitava a noção de instinto, e ambos colidiam nessa questão e em várias outras.

O debate entre Watson e McDougall

Watson e McDougall encontraram-se para debater suas divergências em 5 de fevereiro de 1924, no Clube de Psicologia, localizado em Washington. O fato de haver em Washington um clube de psicologia não filiado a nenhuma universidade comprova a ampla popularidade da disciplina. Cerca de mil pessoas compareceram ao debate. Havia poucos psicólogos: somente 464 membros da APA de todo o país. Assim, o tamanho do público também refletia a popularidade do behaviorismo de Watson. Os julgadores do debate, no entanto, declaram McDougall o vencedor. Os argumentos de ambas as partes foram publicados em *A batalha do behaviorismo* [*The battle of behaviorism*] (1929).

MARY EVANS PICTURE LIBRARY LTD/AGE FOTOSTOCK

FIGURA 10.6 William McDougall.

McDougall começou com otimismo, dizendo: "Começo com boa vantagem sobre o dr. Watson, uma superioridade tão grande que se torna até injusto; isto é, todas as pessoas dotadas de bom-senso ficarão necessariamente do meu lado desde o início" (Watson e McDougall, 1929, p. 40). Ele concordava com a visão de Watson de serem os dados do comportamento o enfoque adequado do estudo psicológico, no entanto, afirmava serem igualmente indispensáveis os dados da consciência (essa posição foi sustentada posteriormente pelos psicólogos humanistas e pelos teóricos da aprendizagem social).

Se os psicólogos não adotassem a introspecção, perguntava McDougall, como determinariam o significado da reação de um indivíduo ou a precisão do ato da fala (que Watson chamava de relato verbal)? Sem o autorrelato, como descobrir algo a respeito das fantasias e dos sonhos das pessoas? Como compreender ou analisar as experiências estéticas? McDougall desafiava Watson a explicar como seria o relato do behaviorista sobre a experiência de apreciar um concerto de violino. McDougall disse:

> Entro neste salão e vejo um homem no palco raspando as tripas de um gato com os pelos do rabo de um cavalo, e, sentados silenciosamente em uma atitude de total atenção, mil pessoas que, de repente, irrompem em aplausos. Qual é a explicação behaviorista para estranhos incidentes como esse? Como explicar o fato de as vibrações emitidas pelos categutes[2] motivarem mil pessoas a permanecer em total e absoluto silêncio e quietude, e o fato seguinte, no qual a interrupção desse estímulo parece transformar-se em outro estímulo provocador de uma atividade tão frenética?
>
> O senso comum e a psicologia concordam em aceitar a explicação de que o público ouviu a música com extremado prazer e deu vazão à admiração e gratidão ao artista com gritos e aplausos. No entanto, o behaviorista não conhece nada a respeito do prazer e da dor, nem da admiração e da gratidão. Ele relegou todas essas "entidades metafísicas" a um amontoado de poeira, e tem de buscar outra explicação. Deixemo-lo procurando, já que a busca o manterá inofensivamente ocupado por vários séculos. (Watson e McDougall, 1929, p. 62-63)

Assim, McDougall questionava a afirmação de Watson de que o comportamento humano é totalmente determinado, de que tudo que realizamos é resultado direto da experiência passada e pode ser previsto assim que conhecemos esses fatos passados. Esse tipo de psicologia não dá espaço para o livre-arbítrio ou a liberdade de escolha. Se essa posição determinista fosse verdadeira, ou seja, se os humanos não fossem dotados de vontade livre nem responsáveis pelas próprias ações, então não existiria iniciativa humana, esforço criativo, desejo de melhoria individual e social. Ninguém tentaria evitar a guerra, minimizar a injustiça ou lutar por algum ideal pessoal ou social. Por que continuar tentando encontrar uma resposta, se todo pensamento e comportamento são determinados pela experiência passada?

O método do relato verbal de Watson entrou no fogo cruzado. Ele foi acusado de inconsistência, aceitando o método quando este pudesse ser comprovado, e rejeitando-o, quando não pudesse. Evidentemente, esse era o enfoque principal de Watson e de todo o movimento behaviorista: usar somente dados verificáveis.

O debate entre os dois ocorreu 11 anos depois de Watson fundar a escola de pensamento behaviorista. McDougall previu que, em mais alguns anos, a posição de Watson desapareceria sem deixar rastros. Em um pós-escrito à publicação do debate, cinco anos depois, McDougall disse que sua previsão foi excessivamente otimista, "baseada em uma ideia generosa demais da inteligência do público norte-americano. [...] Dr. Watson continua, como um profeta muito honrado no próprio país, a emitir suas opiniões" (Watson e McDougall, 1929, p. 86-87).

As contribuições do behaviorismo de Watson

A carreira produtiva de Watson na psicologia durou pouco menos de 20 anos; mesmo assim, afetou profundamente o curso do desenvolvimento da psicologia por muito tempo. Watson foi um eficaz agente do *Zeitgeist*,

---

[2] Categute, do inglês *catgut*, tripa de gato. Fio de origem animal, feito geralmente de tripa de mamíferos, utilizado na fabricação de cordas de instrumentos musicais e fios de suturas cirúrgicas. (NT)

em uma época de mudanças não apenas na psicologia, como também nas atitudes científicas em geral. O século XIX testemunhou os magníficos avanços em todos os ramos da ciência. O século XX prometia feitos ainda mais extraordinários. Na época, acreditava-se que, se aos cientistas fosse dado tempo suficiente, eles descobririam as soluções para todos os problemas e as respostas para todas as perguntas.

Watson tornou a metodologia e a terminologia da psicologia mais objetivas. Embora suas posições a respeito de determinados tópicos estimulassem muita pesquisa, suas formulações iniciais não são mais válidas. Como uma escola de pensamento distinta, o behaviorismo de Watson foi substituído por outras formas de objetivismo psicológico com base nele, como veremos no Capítulo 11. O historiador E. G. Boring afirmou que, em 1929, o behaviorismo já ultrapassara a etapa inicial. Como os movimentos revolucionários dependem das polêmicas para se fortalecerem, é um verdadeiro tributo ao behaviorismo de Watson que apenas 16 anos após a sua introdução ele não precisasse mais protestar. Na verdade, não sobrou nada para protestar.

O behaviorismo de Watson, efetivamente, superou as posições iniciais mais gerais da psicologia. Em 1926, um estudante de pós-graduação da University of Wisconsin relatou que, naquela época, poucos estudantes tinham ouvido falar de Wundt e Titchener (Gengerelli, 1976). Os métodos objetivos e a linguagem acabaram se incorporando à psicologia norte-americana e, desse modo, morria o sistema de Watson, assim como outros movimentos bem-sucedidos, ou seja, sendo absorvidos por um corpo principal de pensamento, a fim de proporcionar uma base conceitual mais firme para a psicologia moderna.

Embora o programa de Watson não tenha atingido seus ambiciosos objetivos, ele foi amplamente reconhecido pelo papel de fundador. O seu 100º aniversário de nascimento foi comemorado em abril de 1979, o mesmo ano do centenário da psicologia como ciência. Um simpósio realizado na Furman University, para o qual o laboratório de psicologia levou o nome de Watson em sua homenagem, reuniu psicólogos vindos de todos os Estados Unidos. Um dos oradores foi B. F. Skinner, cujo discurso se intitulava "O que J. B. Watson significou para mim" ("What J. B. Watson meant to me"). Seus conterrâneos não guardavam boas lembranças de Watson. Muitos se recordavam dele como "arrogante e ateu, que voltara as costas para a sua herança sulista e a criação batista" (Greenville News, 5 abr. 1979). Em 1984, foi inaugurado um marco comemorativo em uma estrada próxima ao local de seu nascimento.

Até certo ponto, a aceitação do behaviorismo watsoniano deveu-se à personalidade de Watson, figura carismática que projetava suas ideias com entusiasmo, otimismo e autoconfiança. Orador muito eloquente e persuasivo, desprezava a tradição e rejeitava a psicologia corrente. Essas características pessoais, aliadas ao espírito dos tempos que ele manipulava com tanta maestria, definiram John B. Watson como um dos pioneiros da psicologia.

QUESTÕES PARA DISCUSSÃO

1. Quais críticas podem ser feitas ao estudo realizado por Watson com o Pequeno Albert? Como você projetaria uma pesquisa para estudar reações emocionais condicionadas em bebês?
2. De que maneira Watson acreditava que o behaviorismo poderia ser usado para melhorar as pessoas e suas sociedades?
3. Descreva a abordagem de Watson em relação à educação de crianças. Quais foram os resultados dessa abordagem para a família dele?
4. No artigo escrito em 1913, de que maneira Watson criticou o estruturalismo e o funcionalismo?
5. Como foi a receptividade das ideias de Watson entre os psicólogos mais jovens?

6. Quais eram os métodos de pesquisa aceitos por Watson para a psicologia científica?
7. Por que o uso dos relatos verbais por Watson era considerado polêmico?
8. Em que o ponto de vista dos behavioristas a respeito do papel e da tarefa dos objetos humanos de estudo difere daquele dos introspeccionistas?
9. Discuta de que forma o objeto de estudo e a metodologia de Watson deram continuidade à tradição empirista, mecanicista e atomística.
10. Na visão de Watson, qual a distinção entre respostas e atos? E entre as respostas implícitas e explícitas?
11. Descreva a visão de Watson a respeito dos instintos e dos processos de pensamento.
12. De que maneira as pesquisas com Albert e Peter comprovam as ideias de Watson a respeito do papel da emoção na aprendizagem?
13. Por que você acha que o behaviorismo de Watson teve um apelo popular tão fenomenal?
14. Descreva a lei da ação da massa e o princípio da equipotencialidade definidos por Lashley.
15. Por que os resultados da pesquisa de Lashley contradiziam parte do sistema de Watson?
16. Você acredita que o behaviorismo de Watson teria se tornado tão popular se não fosse o trabalho anterior dos psicólogos funcionalistas? Explique.
17. Em quais aspectos Holt e McDougall criticaram a forma de behaviorismo de Watson?

Capítulo 11

Behaviorismo: período pós-fundação

O zoológico do QI

Era chamado Zoológico do QI e estava localizado em Hot Springs, Arkansas. Está fechado agora, mas durante 35 anos, de 1955 a 1990, milhares de pessoas visitaram e observaram animais desempenhando uma diversidade surpreendente de truques. Pelo menos pareciam ser truques, mas, na realidade, cada animal havia sido cuidadosamente treinado. Nada havia sido deixado ao acaso no QI Animal. Cada animal que você visse, fosse pombo, galinha ou guaxinim, havia se tornado mais um Hans, o Esperto (ver Bailey e Gillaspy, 2005; Bihm, Gillapsy, Lammers e Huffman, 2010; Drumm, 2009).

Pense na Priscilla, o Porco Metódico. Se algum dia você viu porcos em uma fazenda, pode achar que não são capazes de fazer qualquer coisa surpreendente para se admirar. Entretanto, Priscilla era fascinante. Em sua rotina matinal ela, primeiro, ligava o rádio; depois, comia sentada à mesa, pegava toda a roupa suja e a guardava no cesto, e limpava seu quarto com um aspirador de pó. Quando estava pronta para encarar o público, respondia perguntas feitas pela plateia, ativando sinais que acendiam para indicar "sim" ou "não".

Outra estrela do Zoológico do QI era a Ave Inteligente, uma galinha que participava do jogo da velha com pessoas e, invariavelmente, empatava ou ganhava. Jamais perdia nem mesmo quando jogava com o grande psicólogo B. F. Skinner, cuja reação ao perder para a galinha nunca foi registrada. Em uma época, havia centenas de galinhas como a Ave Inteligente, apresentadas em exposições e cassinos espalhados pelos Estados Unidos, e nenhuma jamais perdeu o jogo para um oponente humano. Um dos treinadores originais das galinhas comentou, em 2012, que todos pensavam ser muito mais inteligentes que uma galinha; aí, então "a galinha os derrotava e eles não conseguiam acreditar" (citado em Gregory, 2012, p. 15).

Além da Ave Inteligente, uma "galinha tocava algumas notas melodiosas em um piano pequeno, outra dançava 'sapateado' fantasiada e com sapatos, enquanto uma terceira 'punha ovos de madeira' em um ninho; os ovos rolavam por uma calha até uma cesta. A plateia podia pedir determinado número de ovos, até oito, e a galinha os punha sem parar" (Breland e Breland, 1951, p. 202).

Havia galinhas que andavam no trapézio, jogavam beisebol e pôquer, e disparavam armas de brinquedo. Coelhos dirigiam pequenos caminhões de bombeiro, com as sirenes tocando. Patos tocavam piano e bateria, papagaios andavam de bicicleta, e guaxinins jogavam basquete. E não podemos nos esquecer do bode dançarino, dos hamsters balançando no trapézio e dos coelhos se beijando (Joyce e Baker, 2008; *Time*, 28 de fevereiro, 1955)?

Esse zoológico foi iniciado em 1955, por Keller e Marian Breland, antigos alunos do curso de pós-graduação em psicologia, que abandonaram a universidade para ganhar a vida aplicando técnicas de condicionamento ao comportamento animal. Os dois se encontraram no dia em que Marian, a quem a família chamava de "Rata" por causa de sua baixa estatura, literalmente chocou-se com Keller ao sair correndo do laboratório de psicologia em busca de tratamento médico, porque tinha sido mordida por um dos rato do laboratório (quão romântico é isso?).

Um ano mais tarde eles se casaram e, em 1943, formaram a Animal Behavior Enterprise, uma empresa de treinamento de animais para se apresentar em feiras estaduais e servir de atração turística. Quando abriram o Zoológico do QI, o trabalho deles já era bastante conhecido graças a artigos no *Wall Street Journal, Time, Life* e *Reader's Digest*. No auge do sucesso, os Breland administravam cerca de 140 shows de animais treinados em lugares turísticos importantes e o dobro desse número em shows pelo país. Também já haviam treinado centenas de animais para papéis em filmes, programas de televisão e comerciais. No total, treinaram mais de 6 mil animais de cerca de 150 espécies (Marr, 2002). Aparentemente, nunca encontraram um animal que não pudessem treinar.

E tudo isso utilizando técnicas básicas de condicionamento que haviam aprendido com B. F. Skinner, o behaviorista mais importante do século XX. (Para aprender mais sobre o Zoológico de QI, visite o portal www.uakron.edu/chp/abe/the-iq-zoo/, estabelecido pelo Center for the History of Psychology, e o site oficial do Zoo, www3.uca.edu/iqzoo/.)

Os três estágios do behaviorismo

A revolução iniciada por John B. Watson não transformou a psicologia de um dia para o outro. Levou mais tempo do que ele imaginava. No entanto, por volta de 1924, pouco mais de uma década após o lançamento formal do behaviorismo, até mesmo o seu maior opositor, Titchener, admitia que o movimento impregnasse a psicologia norte-americana. Mais ou menos em 1930, Watson já possuía argumentos suficientes para se declarar completamente vitorioso.

O behaviorismo de Watson constituiu o primeiro estágio da evolução da escola de pensamento comportamental. O segundo estágio, o neobehaviorismo, compreende o período de 1930 a, mais ou menos,

1960, e engloba os trabalhos de Tolman, Hull e Skinner. Esses neobehavioristas compartilhavam diversos pontos em comum:

- O estudo da aprendizagem é o tópico central da psicologia.
- A maioria dos comportamentos, por mais complexos que sejam, podem ser entendidos pelas leis do condicionamento.
- A psicologia deve adotar o princípio do operacionismo.

O terceiro estágio da evolução behaviorista, o neo-neobehaviorismo ou o sociobehaviorismo, abrange, aproximadamente, de 1960 a 1990. Essa etapa inclui o trabalho de Bandura e Rotter e destaca-se pelo retorno do estudo dos processos cognitivos, mas mantendo o enfoque na observação do comportamento manifesto. O segundo e o terceiro estágios do behaviorismo serão abordados neste capítulo, mas, primeiro, trataremos do operacionismo.

Operacionismo

O **operacionismo**, principal característica do neobehaviorismo, tinha por objetivo proporcionar uma linguagem e uma terminologia mais objetivas e precisas à ciência, livrando-a dos "pseudoproblemas", ou seja, dos problemas não observáveis fisicamente ou não demonstráveis. O operacionismo sustenta que o valor de qualquer descoberta científica ou de qualquer constructo teórico depende da validade das operações empregadas para determiná-los.

Operacionismo: doutrina que afirma ser possível definir o conceito físico com precisão em relação ao conjunto de operações ou procedimentos que o determinam.

A visão operacionista foi promovida por Percy W. Bridgman (1882-1961), ganhador do Prêmio Nobel de física e psicólogo da Harvard University. Seu livro, *A lógica da física moderna* [*The logic of modern physics*] (1927), chamou a atenção de muitos psicólogos. Bridgman insistia na definição exata dos conceitos da física e no descarte de todos os conceitos que não possuíssem referentes físicos.

> Utilizemos como exemplo o conceito de comprimento. O que queremos dizer quando nos referimos ao comprimento de um objeto? Evidentemente, entenderemos o significado de comprimento se soubermos especificar o comprimento de todo e qualquer objeto e, para o físico, isso é suficiente. A determinação do comprimento de um objeto requer algumas operações físicas. O conceito de comprimento, assim, é definido quando se determinam as operações de mensuração do comprimento, ou seja, o conceito de comprimento envolve tão somente e apenas um conjunto de operações; o *conceito é sinônimo do conjunto correspondente de operações.* (Bridgman, 1927, p. 5)

Desse modo, um conceito físico equivale ao conjunto de operações ou de procedimentos que o determinam. Muitos psicólogos acreditavam que esse conceito seria muito útil em seus trabalhos e estavam ansiosos para utilizá-lo.

A insistência de Bridgman em descartar os pseudoproblemas, ou seja, as questões que desafiavam a resposta resultante de qualquer teste objetivo conhecido, era muito bem-vista pelos psicólogos behavioristas. As proposições que não pudessem ser submetidas a um teste experimental, como a existência e a natureza da alma, não tinham nenhum valor científico. O que é alma? Como observá-la no laboratório? É possível medi-la e manipulá-la em condições controladas para determinar seus efeitos no comportamento? Se a resposta fosse negativa, o conceito não era dotado de nenhuma utilidade, significado ou importância para a ciência. Isso não queria dizer que não existia alma, mas, simplesmente, que ela não podia ser operacionalizada.

Seguindo esse raciocínio, o conceito de experiência consciente individual ou privada consiste em um pseudoproblema para a ciência da psicologia. Não é possível determinar nem investigar a existência ou as características da consciência por meio de métodos objetivos. Assim, de acordo com a visão operacionista, a consciência não tem lugar na psicologia científica.

Os críticos alegavam que o operacionismo não passava de uma afirmação um pouco mais formal dos princípios já aplicados pelos psicólogos para definir as ideias e os conceitos em relação a seus referentes físicos. No livro de Bridgman, há muito pouco sobre o operacionismo que não se relacione com os trabalhos dos empiristas britânicos. A tendência do longo prazo da psicologia norte-americana seguia em direção à objetividade da metodologia e do objeto de estudo; portanto, pode-se afirmar que a visão operacionista em relação à pesquisa e à teoria já fora aceita por muitos psicólogos.

Desde a época de Wilhelm Wundt, na Alemanha, entretanto, os físicos vinham sendo exemplos de perfeição da respeitabilidade científica para a nova psicologia. Quando os físicos anunciaram a aceitação do operacionismo como uma doutrina formal, muitos psicólogos se sentiram obrigados a seguir esse modelo de papel. No fim, os psicólogos acabaram empregando mais amplamente o operacionismo que os físicos. Consequentemente, a geração dos neobehavioristas que atingiram a maioridade no fim dos anos 1920 e 1930, incluindo B. F. Skinner, incorporaram o operacionismo à sua abordagem de psicologia (Moore, 2005).

Bridgman viveu tempo suficiente para testemunhar tanto a aceitação quanto o descarte do operacionismo na psicologia. Com 79 anos, ciente do seu estado terminal, Bridgman finalizou o sumário da edição em sete volumes de todos os seus trabalhos, enviou-o para o editor e suicidou-se. Temia esperar mais tempo e ficar incapacitado para tal ação. Na carta deixada antes de se suicidar, escreveu: "Provavelmente, este é o último dia em que terei condições de fazê-lo" (apud Nuland, 1994, p. 152).

Edward Chace Tolman (1886-1959)

Edward Tolman (Figura 11.1), um dos primeiros convertidos ao behaviorismo, estudou engenharia no Massachusetts Institute of Technology. Voltou-se para a psicologia, obtendo o Ph.D. da Harvard em 1915. No verão de 1912, Tolman estudou na Alemanha com o psicólogo da Gestalt, Kurt Koffka. No último ano de pós-graduação, Tolman conheceu o novo behaviorismo de Watson e declarou que o behaviorismo de Watson apareceu como um "enorme estímulo e alívio" (1952, p. 326).

ARCHIVES OF THE HISTORY OF AMERICAN PSYCHOLOGY, UNIVERSITY OF AKRON

FIGURA 11.1 Edward Chace Tolman.

Tolman tornou-se professor da Northwestern University, em Evanston, Illinois, e, em 1918, seguiu para a University of California, em Berkeley, onde lecionou psicologia comparativa e conduziu pesquisas sobre a aprendizagem em ratos – nessa época, tornou-se insatisfeito com a forma de behaviorismo de Watson e começou a desenvolver a sua. Durante a Segunda Guerra Mundial, colaborou com o Departamento de Serviços Estratégicos (Office of Strategic Services – OSS), precursor da Agência Central de Inteligência (Central Intelligence Agency – CIA). No início da década de 1950, foi um dos líderes do movimento de professores contra o juramento de lealdade ao Estado da Califórnia.

O behaviorismo intencional

A visão de behaviorismo de Tolman está descrita no livro *Comportamento intencional nos animais e nos homens* [*Purposive behavior in animals and men*] (1932). O termo cunhado por ele, **behaviorismo intencional**, à primeira vista pode parecer uma aglutinação curiosa de duas ideias contraditórias: a intenção e o comportamento. A atribuição de intenção ao comportamento do organismo parece implicar a consciência, conceito mentalista não aceito na psicologia behaviorista. Tolman deixava claro, no entanto, que sua visão era muito mais behaviorista no objeto de estudo e na metodologia. Ele não tentava impor o conceito de consciência à psicologia. Assim como Watson, rejeitava a introspecção e não se interessava pelas experiências internas presumidas, não acessíveis à observação objetiva.

Behaviorismo intencional: sistema de Tolman, que combina o estudo objetivo do comportamento com a ponderação da intenção ou a orientação do propósito no comportamento.

Tolman argumentava que a intencionalidade do comportamento pode ser definida em termos comportamentais objetivos sem se recorrer à introspecção ou aos relatos das sensações do indivíduo em relação à experiência. Parecia óbvio para Tolman que toda ação visava a um objetivo. Por exemplo, o gato tenta encontrar a saída da caixa-problema experimental do psicólogo, o rato tenta aprender o caminho do labirinto, a criança tenta aprender a tocar piano ou a chutar a bola de futebol.

Em outras palavras, dizia Tolman, o comportamento está "impregnado" de intenção e visa atingir um objetivo ou aprender a forma de alcançar a meta. O rato persiste em percorrer os caminhos do labirinto, reduzindo os erros a cada tentativa, a fim de atingir mais rapidamente a meta. O que ocorre nesse caso é que o rato está aprendendo, e o fato de aprender, seja em um ser humano, seja em um animal, é a prova comportamental objetiva da intenção. Tolman lida com as respostas objetivas do organismo e as medições são feitas com base nas mudanças nas respostas comportamentais como uma função da aprendizagem. São essas medições que produzem os dados objetivos.

Os behavioristas watsonianos reagiram imediatamente, com críticas contra a atribuição de intenção ao comportamento. Insistiam em afirmar que qualquer referência à intenção implicava o reconhecimento de processos conscientes. Tolman respondeu que não fazia a menor diferença se o indivíduo ou o animal estivesse ou não consciente. A experiência consciente – caso existisse – associada ao comportamento intencional não influenciava a resposta do organismo. Ademais, Tolman estava interessado apenas no comportamento manifesto.

As variáveis intervenientes

Como behaviorista, Tolman acreditava que as causas iniciadoras do comportamento e o comportamento final deviam ser passíveis de observação objetiva e de definição operacional. Relacionou cinco variáveis independentes como as causas do comportamento: estímulo ambiental, impulsos fisiológicos, hereditariedade, treinamento prévio e idade. O comportamento é uma função dessas cinco variáveis, ideia que Tolman expressou por meio de determinada equação matemática.

Variáveis intervenientes: fatores não observáveis e deduzidos inseridos no organismo, que são determinantes reais do comportamento.

Entre essas variáveis independentes observáveis e o comportamento de resposta resultante (a variável dependente observável), Tolman presumia a existência de um conjunto de fatores não observáveis, as **variáveis intervenientes**, que são as verdadeiras determinantes do comportamento. Esses fatores consistem em processos internos que estabelecem a ligação entre a situação de estímulo e a resposta observada.

A proposição E-R (estímulo-resposta) dos behavioristas deve ser lida, então, E-O-R, na opinião de Tolman. A variável interveniente refere-se a tudo o que ocorre dentro do organismo (O) e que provoca a resposta comportamental a determinada situação de estímulo. No entanto, como a variável interveniente não pode ser observada objetivamente, ela terá validade para a psicologia apenas quando puder ser relacionada diretamente com as variáveis experimentais (independentes) e com a variável do comportamento (dependente).

A fome é um exemplo clássico de variável interveniente. Não se pode observar a fome em um indivíduo ou em um animal no laboratório; no entanto, ela pode ser precisa e objetivamente relacionada com uma variável experimental, como o intervalo de tempo transcorrido desde a última vez em que o organismo recebeu comida. A fome também pode ser relacionada a uma resposta objetiva ou a uma variável de comportamento, como a quantidade de comida consumida ou a velocidade com a qual foi ingerida. Assim, é possível descrever precisamente a variável não observável da fome em relação a variáveis empiristas e torná-la passível de quantificação e de manipulação experimental.

A especificação das variáveis independentes e dependentes, que são fatos observáveis, possibilitou a Tolman estabelecer definições operacionais de estados internos não observáveis. De início, ele se referia à sua abordagem, no geral, como behaviorismo operacional, antes de optar pelo termo mais preciso "variável interveniente".

A teoria da aprendizagem

O principal enfoque do behaviorismo intencional de Tolman estava no problema da aprendizagem. Tolman rejeitou a lei do efeito de Thorndike, afirmando que a recompensa ou o reforço exerciam pouca influência sobre a aprendizagem. Em seu lugar, propunha uma explicação cognitiva para a aprendizagem, sugerindo que a repetição do desempenho de uma tarefa reforça a relação aprendida entre as dicas ambientais e as expectativas do organismo. Dessa forma, o organismo acaba conhecendo o seu ambiente. Tolman chamava essas relações aprendidas de "sign Gestalts", e afirmava serem elas estabelecidas pela repetição da realização de uma tarefa.

Como exemplo, imaginemos um rato faminto em um labirinto. Ele o percorre, explorando tanto os caminhos corretos como os sem saída e, finalmente, acaba alcançando a comida. Nas tentativas subsequentes no labirinto, o objetivo (encontrar a comida) proporciona ao rato a intenção e a direção. Expectativas são criadas em cada momento de escolha, e o rato passa a esperar que certas dicas, associadas a cada ponto de escolha, levem ou não à comida.

Quando a expectativa do rato é confirmada e ele obtém a comida, a *sign* Gestalt (a expectativa de sinalização associada com determinada opção) é reforçada. Assim, para todas as tentativas realizadas no labirinto, o animal estabelece um mapa cognitivo, que consiste em um padrão de *sign* Gestalts. Esse padrão é o que o animal aprende, ou seja, o mapa do labirinto, e não apenas um conjunto de hábitos motores. O cérebro do rato cria uma visão completa do labirinto ou de qualquer ambiente familiar, que lhe permite transitar de um lugar a outro sem se restringir a uma série de movimentos físicos fixos. Tolman concluiu que o mesmo fenômeno ocorre com o indivíduo familiarizado com a cidade ou com a vizinhança. Ele é capaz de locomover-se de um ponto a outro utilizando diversos caminhos por causa do mapa cognitivo que desenvolveu de toda a área.

Comentários

Tolman é considerado o precursor da psicologia cognitiva contemporânea (ver no Capítulo 15), tendo seu trabalho exercido grande impacto na disciplina, principalmente a pesquisa sobre os problemas de aprendizagem e o conceito da variável interveniente. Por ser uma forma de definir operacionalmente os estados internos não observáveis, as variáveis intervenientes fizeram desses estados temas válidos para o estudo científico. As variáveis intervenientes foram empregadas pelos neobehavioristas, como Hull e Skinner.

Outra contribuição significativa de Tolman foi sua defesa veemente para considerar o rato sujeito apropriado para pesquisa em psicologia. No entanto, no início da carreira, ele não pensava assim, e afirmava: "Não gosto de ratos. Eles me dão arrepios" (Tolman, 1919, apud Innis, 1992, p. 191).

Em torno de 1945, a atitude dele havia mudado:

> Observe-se que os ratos vivem em gaiolas; não caem na farra na noite anterior a um experimento; não provocam guerras matando uns aos outros; não inventam máquinas de destruição e, se inventassem, não seriam tão inaptos para controlar esses equipamentos; não se envolvem em conflitos de classe ou raciais; ficam distantes da política, da economia e dos trabalhos de psicologia. Eles são maravilhosos, puros e agradáveis. (Tolman, 1945, p. 166)

Graças aos trabalhos de Tolman e de outros psicólogos, o rato branco tornou-se o principal sujeito utilizado na pesquisa dos neobehavioristas e dos teóricos da aprendizagem, desde 1930 até a década de 1960. Acreditava-se que as pesquisas com os ratos brancos produziriam observações sobre os processos básicos subjacentes do comportamento não apenas de ratos, como também de outros animais e de seres humanos. Tolman escreveu que "tudo o que há de importante na psicologia pode ser investigado, em sua essência, através da análise contínua, experimental e teórica, dos determinantes do comportamento do rato no momento da decisão em um labirinto" (apud Innis, 2000, p. 92). Quem precisa de seres humanos para as pesquisas, perguntavam, com tantos ratos brancos disponíveis?

Clark Leonard Hull (1884-1952)

Clark Hull (Figura 11.2) e seus seguidores dominaram a psicologia norte-americana entre as décadas de 1940 e 1960. Talvez nenhum psicólogo tenha se dedicado tanto quanto ele aos problemas do método científico. Hull era dotado de espantoso domínio da matemática e da lógica formal, e aplicava essas disciplinas à teoria psicológica de maneira nunca vista antes. A forma de behaviorismo de Hull era mais sofisticada e mais complexa que a de Watson. Hull dizia a seus alunos de pós-graduação que "Watson era ingênuo demais. O behaviorismo dele é excessivamente simples e imaturo" (apud Gengerelli, 1976, p. 686).

A biografia de Hull

Durante toda a vida, Hull foi incomodado pela saúde frágil e pela dificuldade visual. Quando ainda menino, quase morreu de tifo, deixando-o com a memória deficitária. Aos 24 anos contraiu poliomielite, que o deixou paralítico de uma perna, sendo forçado a usar muleta de metal construída por ele mesmo. Era de família pobre e por diversas vezes vira-se forçado a interromper os estudos para lecionar e ganhar dinheiro. A maior qualidade dele era a intensa motivação para atingir o sucesso e a perseverança diante dos muitos obstáculos.

Em 1918, com 34 anos, idade já relativamente adiantada, recebeu o título de Ph.D. da University of Wisconsin, onde estudou engenharia de minas antes de passar para a psicologia. Fez parte do corpo docente da Wisconsin por dez anos. Os interesses iniciais em pesquisa já davam indicações da sua eterna ênfase nos métodos objetivos e nas leis funcionais. Hull estudou a formação de conceitos e os efeitos do fumo na eficácia do comportamento, além de analisar os testes e as medições e, com isso, publicar um livro a respeito dos testes de aptidão (Hull, 1928). Ele desenvolveu métodos de análise estatística e inventou uma máquina calculadora de correlações, que foi exibida no museu do Smithsonian Institution em Washington. Dedicou dez anos ao estudo da hipnose e da sugestionabilidade, publicando 32 trabalhos e um livro resumindo suas pesquisas (Hull, 1933).

ARCHIVES OF THE HISTORY OF AMERICAN PSYCHOLOGY, UNIVERSITY OF AKRON

FIGURA 11.2 Clark Leonard Hull.

Em 1929, Hull aceitou a posição de professor de pesquisa na Yale University, com o objetivo de formular uma teoria sobre o comportamento com base nas leis de condicionamento de Pavlov. Lera o trabalho de Pavlov havia alguns anos e ficara impressionado com os estudos do reflexo condicionado e da aprendizagem. Hull considerava a obra *Conditioned reflexes*, de Pavlov, um "grande livro" e decidiu realizar pesquisas usando animais. Ele nunca utilizara animais porque abominava o cheiro dos ratos de laboratório; no entanto, ao chegar a Yale, conheceu uma colônia de ratos mantida por E. R. Hilgard sob totais condições de higiene. Viu os animais, "cheirou-os e disse que, talvez, pudesse afinal usar ratos" (Hilgard, 1987, p. 201).

Na década de 1930, Hull publicou artigos a respeito do condicionamento, afirmando ser possível explicar os comportamentos complexos de ordem superior com base nos princípios básicos do condicionamento. Sua obra *Princípios do comportamento* [*Principles of behavior*] (1943) apresentava o esboço de uma estrutura teórica completa, abrangendo todo comportamento. Logo Hull se tornou o psicólogo mais frequentemente citado da área; na década de 1940, até 40% de todos artigos sobre psicologia experimental e 70% dos artigos sobre a aprendizagem e motivação publicados nas duas principais revistas de psicologia norte-americana citavam o trabalho de Hull (Spence, 1952). Hull revisava constantemente o seu sistema, incorporando os resultados de sua prolongada pesquisa, e submetia suas proposições ao teste experimental. A forma final do trabalho foi publicada em 1952, na obra *A behavior system*.

O espírito do mecanicismo se aprofunda

Hull descrevia seu behaviorismo e sua visão da natureza humana empregando termos mecanicistas, e considerava o comportamento humano automático e possível de ser reduzido e explicado na linguagem da física. De acordo com Hull, os behavioristas deviam considerar seus sujeitos como máquinas, e ele contribuiu para essa visão muito antes do desenvolvimento dos computadores; ele acreditava que, um dia, as máquinas seriam construídas para pensar e exibir outras funções cognitivas humanas.

Em 1926, Hull afirmou: "Ocorreu-me várias vezes que o organismo humano é uma das máquinas mais extraordinárias – mas, ainda assim, uma máquina. E pensei mais de uma vez que, assim como ocorrem os processos de pensamento, se poderia construir uma máquina capaz de executar todas as funções essenciais que o corpo realiza" (apud Amsel e Rashotte, 1984, p. 2-3). Nota-se, assim, que o espírito mecanicista do século XVII, representado pelas figuras mecânicas, relógios e autômatos vistos na Europa, como o pato mecânico, incorporou-se perfeitamente no trabalho de Hull.

A metodologia objetiva e a quantificação

O behaviorismo objetivo, reducionista e mecanicista de Hull proporciona uma clara visão de como era o seu método de estudo. Primeiro, tinha de ser objetivo, além de quantitativo, ou seja, com as leis fundamentais do comportamento expressas na linguagem precisa da matemática.

Hull seguia quatro métodos que considerava úteis na pesquisa científica. Três já eram amplamente empregados: a observação simples, a observação sistemática controlada e o teste experimental das hipóteses. O quarto método proposto por Hull foi o **método hipotético-dedutivo**, que utiliza a dedução com base em um conjunto de formulações determinadas *a priori*. Consiste em estabelecer postulados a partir dos quais são deduzidas as conclusões testáveis por meio da experimentação. Essas conclusões são submetidas a um teste experimental e, se não forem comprovadas, devem ser revisadas com evidências experimentais. Todavia, se forem comprovadas e verificadas, então, podem ser incorporadas ao corpo da ciência. Hull acreditava que, se a psicologia desejasse se tornar verdadeiramente objetiva, assim como as demais ciências naturais, princípio básico do programa behaviorista, o único método apropriado seria o hipotético-dedutivo.

Método hipotético-dedutivo: método estabelecido por Hull para definir postulados a partir dos quais se podem obter conclusões testáveis por meio de experiências.

Os impulsos

Para Hull, a base da motivação era um estado de necessidade corporal provocada por um desvio nas condições biológicas ideais. Em vez de introduzir o conceito de necessidade biológica diretamente em seu sistema, Hull postulou a variável interveniente do "impulso", termo já empregado na psicologia. O impulso era definido como o estímulo provocado por um estado de necessidade do organismo que impulsiona ou ativa um comportamento. Na opinião de Hull, a redução ou a satisfação de um impulso era a única base para o reforço. Na prática, a força do impulso pode ser determinada pelo tempo de privação ou pela intensidade, força e gasto de energia do comportamento resultante. Ele considerava o tempo de privação uma medida imperfeita e colocava maior ênfase na intensidade da resposta.

Hull postulou dois tipos de impulso. O impulso primário, associado aos estados de necessidades biológicas inatas e vitais para a sobrevivência do organismo, como alimento, água, ar, temperatura, defecação, micção, sono, atividade, relação sexual e alívio da dor. Reconhecia, no entanto, outras forças, que não os impulsos primários, capazes de motivar o organismo. Propôs, assim, os impulsos adquiridos ou secundários, relacionados com os estímulos situacionais ou ambientais associados à redução dos impulsos primários e que também podem se transformar em impulsos. Desse modo, o estímulo anteriormente neutro pode adquirir características de um impulso por ser capaz de provocar respostas semelhantes às instigadas pelo impulso primário ou pelo estado de necessidade original.

Um exemplo simples é queimar-se ao tocar um fogão quente. A dor da queimadura, provocada por um dano físico real nos tecidos do corpo, produz um impulso primário, ou seja, o desejo de alívio da dor. Outro estímulo ambiental associado com esse impulso primário – como a visualização de um fogão – pode, no futuro, provocar o rápido afastamento da mão diante da percepção visual do estímulo. Desse modo, a visão do fogão torna-se um estímulo para o impulso adquirido de medo. Esse impulso adquirido ou secundário motivador do comportamento é resultante de um impulso primário.

A aprendizagem

A teoria da aprendizagem de Hull concentra-se no princípio do reforço, o qual é essencialmente a lei do efeito de Thorndike. A **lei do reforço primário** de Hull estabelece que, quando a relação estímulo-resposta é seguida de uma redução na necessidade, aumenta a probabilidade de ocorrência da mesma resposta nas apresentações subsequentes do mesmo estímulo. A recompensa e o reforço não são definidos em termos da noção de satisfação de Thorndike, mas em termos de redução da necessidade primária. Assim, o reforço primário (a redução de um impulso primário) é fundamental para a teoria de aprendizagem de Hull.

Lei do reforço primário: quando uma relação estímulo-resposta é seguida pela redução em uma necessidade corporal, aumenta a probabilidade de que o mesmo estímulo provoque a mesma resposta em ocasiões subsequentes.

Uma vez que seu sistema contém o impulso adquirido ou secundário, ele também trata do reforço secundário. Se a intensidade do estímulo é reduzida em razão de um impulso secundário, então, este atuará como um reforço secundário.

> Ocorre que qualquer estímulo coerentemente associado com uma situação de reforço adquire, mediante essa associação, o poder de provocar a inibição condicionada, ou seja, a redução na intensidade do estímulo e, assim, de produzir por si só o reforço resultante. Como essa força indireta de reforço é adquirida por meio de aprendizagem, denomina-se *reforço secundário*. (Hull, 1951, p. 27-28).

Força do hábito: força da conexão estímulo-resposta, que é uma função do número de reforços.

As relações E/R são fortalecidas pelo número de reforços ocorridos. Hull chamava a força da conexão E/R de **força do hábito**, e afirmava ser ela uma função do reforço referente à persistência do condicionamento.

A aprendizagem não ocorre na ausência do reforço necessário para provocar a redução do impulso. Essa ênfase no reforço caracteriza o sistema de Hull como a teoria da necessidade de redução, em oposição à teoria cognitiva de Tolman.

Comentários

Sendo um importante expoente do neobehaviorismo, Hull também era alvo dos mesmos ataques direcionados a Watson e a outros behavioristas. Os psicólogos contrários a qualquer abordagem behaviorista da psicologia colocavam Hull no campo dos inimigos.

Uma falha observada em seu sistema era a falta de generalização. Na tentativa de definir com precisão as variáveis, em termos quantitativos, Hull operava necessariamente em um plano limitado. Costumava formular postulados a partir de resultados obtidos em um único experimento. Os opositores argumentavam ser difícil a generalização a todo comportamento com base em demonstrações experimentais específicas, como "o intervalo mais favorável para o condicionamento do piscar dos olhos (Postulado 2)" ou "o peso em gramas necessário de comida para condicionar um rato (Postulado 7)" (apud Hilgard, 1956, p. 181). Embora a quantificação fosse louvável, a abordagem extrema de Hull reduzia a faixa de aplicabilidade das suas descobertas de pesquisa.

Mesmo assim, a influência de Hull na psicologia foi substancial. A quantidade absoluta de pesquisas inspiradas por seu trabalho assim como o grande número de psicólogos influenciados por ele garantem a sua importância na história da psicologia. Hull defendeu, ampliou e explicou a abordagem behaviorista objetiva da psicologia como nenhum psicólogo fez. Um historiador declarou: "Não é comum o surgimento de um verdadeiro gênio teórico em qualquer área; entre os poucos da psicologia assim considerados, Hull certamente se classificaria entre os principais" (Lowry, 1982, p. 211).

B. F. Skinner (1904-1990)

Durante décadas, B. F. Skinner (Figura 11.3) foi o psicólogo mais influente do mundo. Quando morreu, em 1990, o editor da revista *American Psychologist* elogiou-o, dizendo que ele foi "um dos gigantes da nossa disciplina", alguém que "marcou a psicologia para sempre" (Fowler, 1990, p. 1203). O obituário de Skinner, na publicação *Journal of the History of the Behavioral Sciences*, descreveu-o como a "principal figura da ciência do comportamento deste século" (Keller, 1991, p. 3).

Começando na década de 1950, Skinner foi a grande personificação da psicologia behaviorista norte-americana. Ele atraía enorme grupo de seguidores leais e entusiasmados. Desenvolveu um programa para o controle comportamental da sociedade, promoveu técnicas de modificação de comportamento e inventou um berço automático para embalar bebês. Seu romance, *Walden two* [*Walden II*], ainda mantém grande popularidade mais de 60 anos depois de sua publicação.

O livro *Além da liberdade e da dignidade* [*Beyond freedom and dignity*], lançado em 1971, foi um dos mais vendidos no país, proporcionando a Skinner a oportunidade de participar de muitos programas de entrevista na televisão. Ele apareceu em pelo menos 40 programas de rádio e televisão e esteve na capa da revista *Time*, um sinal de reconhecimento que não foi dado a muitos psicólogos.

Tornou-se uma celebridade, tendo seu nome reconhecido tanto pelo público em geral como por outros psicólogos. Em 1972, o editorial da revista *Psychology Today* afirmou que: "Pela primeira vez na história dos Estados Unidos um professor de psicologia alcançou a celebridade comparável à dos astros de cinema e da televisão" (apud Rutherford, 2000, p. 372). Não era exagero.

A biografia de Skinner

Skinner, nascido em Susquehanna, na Pensilvânia, cresceu em ambiente estável e de muito afeto. Frequentou a mesma pequena escola de ensino médio em que se formaram seus pais; na cerimônia de formatura, havia apenas ele e mais sete outros colegas. Quando criança, gostava de construir vagões, jangadas, aeromodelos, chegando a montar uma espécie de canhão a vapor para atirar pedaços de cenoura e batata sobre o telhado. Passou anos tentando desenvolver uma máquina de movimento perpétuo. Gostava de ler sobre os animais e mantinha diversas espécies de tartarugas, cobras, lagartos, sapos e esquilos. Em uma feira local, viu alguns pombos realizando *performances*; anos mais tarde, treinou algumas dessas aves para realizar alguns truques.

O sistema de psicologia de Skinner reflete as próprias experiências de infância. De acordo com o ponto de vista dele, a vida é produto da história de reforços. Afirmava que sua vida tinha sido predeterminada e organizada exatamente do modo que o seu sistema ditava como devia ser a vida de todo ser humano. Acreditava que suas experiências estavam relacionadas exclusiva e diretamente aos estímulos do próprio ambiente.

Para a universidade e pós-graduação

Skinner matriculou-se na Hamilton College de Nova York, mas não se sentia feliz. Escreveu:

> Nunca me adaptei à vida estudantil. Entrei para a fraternidade sem saber bem o que era. Não possuía habilidade nos esportes e sofria demais quando batia a minha canela durante um jogo de hóquei sobre o gelo ou quando no jogo de basquete usavam a minha cabeça como tabela para acertar na cesta. [...] Reclamava que a

faculdade me exigia demais em requisitos inúteis (um deles era a oração diária na capela) e que a maioria dos alunos quase não demonstrava interesse intelectual. (Skinner, 1967, p. 392)

Skinner preparava trotes que perturbavam a comunidade da faculdade e criticava abertamente os professores e a administração. Formou-se em Letras – Inglês, com distinção *Phi Beta Kappa*, e desejava tornar-se escritor. Em um seminário de redação de que participou no verão, o poeta Robert Frost elogiou seus poemas e contos. Por dois anos, depois de se formar, trabalhou escrevendo, mas chegou à conclusão de que não tinha nada a dizer. Deprimido pelo fiasco como escritor, pensou em consultar um psiquiatra. Considerava-se um fracasso, e sua autoestima estava despedaçada. Além disso, estava desiludido no amor; mais ou menos meia dúzia de mulheres o haviam rejeitado. Ele estava tão transtornado, que tatuou as iniciais de uma ex-namorada no antebraço.

JOE WRINN/GETTY IMAGES

FIGURA 11.3 B. F. Skinner.

Leu sobre as experiências de condicionamento de Watson e Pavlov, os quais despertaram nele um interesse mais científico que literário sobre a natureza humana. Em 1928, matriculou-se no curso de pós-graduação em psicologia na Harvard University, embora nunca houvesse frequentado qualquer curso da área. Obteve o Ph.D. em três anos, completou com bolsa de estudo o pós-doutorado e lecionou na University of Minnesota (1936-1945) e na Indiana University (1945-1947), retornando depois para Harvard.

O tópico da sua dissertação dá uma indicação da posição que adotaria durante toda a sua carreira. Ele propôs que o reflexo seria simplesmente uma correlação entre um estímulo e uma resposta, nada mais. Destacava a utilidade do conceito de reflexo na descrição do comportamento e dava amplo crédito a Descartes.

Seu livro lançado em 1938, *O comportamento dos organismos* [*The behavior of organisms*], descreve os pontos principais do seu sistema. A obra vendeu apenas 80 cópias em quatro anos, perfazendo um total de 500 cópias nos oito primeiros anos, e recebeu críticas muito negativas. Cinquenta anos depois, foi considerado "um entre alguns livros que mudaram a face da psicologia moderna" (Thompson, 1988, p. 397).

O que levou esse livro do fracasso inicial para o estrondoso sucesso foi a utilidade dele nas áreas aplicadas, como na psicologia educacional e clínica. Essa ampla aplicação prática das ideias de Skinner era bastante adequada, já que ele estava profundamente interessado em resolver os problemas da vida real. Um trabalho posterior, *Science and human behavior* [Ciência e comportamento humano] (1953), tornou-se o livro básico da psicologia behaviorista de Skinner.

Até o fim

Skinner continuou produzindo até a morte, com 86 anos. No porão da sua casa, construiu a própria "caixa de Skinner", um ambiente controlado para proporcionar reforço positivo. Dormia em um tanque de plástico amarelo suficientemente grande para colocar um colchão, algumas prateleiras de livros e um pequeno aparelho de televisão. Deitava-se às dez horas da noite, dormia três horas, trabalhava uma hora, dormia mais três horas e levantava-se às cinco da manhã para trabalhar mais três horas. Depois, seguia para o escritório para trabalhar mais e toda tarde aplicava-se um autorreforço ouvindo música.

Gostava de escrever, e dizia que essa atividade lhe proporcionava bastante reforço positivo. Com 78 anos, escreveu um trabalho intitulado "Intellectual self-management in old age" ["Autogerenciamento intelectual na velhice"], descrevendo suas experiências como um estudo de caso (Skinner, 1983). Descreveu a necessidade de o cérebro trabalhar menos horas por dia, com períodos de descanso entre os esforços exaustivos, para lidar com a perda de memória e a redução da capacidade intelectual. Ficou feliz ao saber que fora citado na literatura psicológica mais vezes do que Sigmund Freud. Quando perguntado por um amigo se tinha atingido a meta como escritor, apenas comentou: "Pensei que conseguiria" (apud Bjork, 1993, p. 214).

Em 1989, Skinner foi diagnosticado com leucemia, tendo expectativa de dois meses de vida. Durante uma entrevista no rádio, descreveu como se sentia:

> Não sou religioso, portanto não me preocupo com o que acontecerá comigo depois da morte. Quando soube da doença e que morreria em alguns meses, não senti nenhum tipo de emoção. Não entrei em pânico, nem senti medo ou ansiedade. [...] O único sentimento de comoção que realmente encheu os meus olhos de lágrimas eu tive quando pensei em como contaria à minha esposa e às minhas filhas. [...] A minha vida foi realmente muito boa. Seria muito tolo de minha parte queixar-me, de alguma forma, sobre essa situação. Então estou aproveitando esses últimos meses assim como fiz a minha vida inteira. (apud Catania, 1992, p. 1.527)

Oito dias antes de morrer, mesmo fraco, Skinner apresentou um trabalho na convenção da APA de 1990, em Boston. Atacou veementemente o crescimento da psicologia cognitiva, que desafiava a sua forma de behaviorismo. Na tarde anterior à sua morte, trabalhava no seu último artigo, "A psicologia pode ser uma ciência da mente?" ["Can psychology be a science of mind?"] (Skinner, 1990), outra acusação contra o movimento cognitivo que ameaçava suplantar sua visão de psicologia.

O behaviorismo de Skinner

Em diversos aspectos, a posição de Skinner representa uma renovação do behaviorismo de Watson. Um historiador afirmou: "O espírito de Watson é indestrutível. Límpido e purificado, ele respira por meio dos trabalhos de B. F. Skinner" (MacLeod, 1959, p. 34). Embora Hull também fosse considerado um rigoroso behaviorista, há diferenças entre as visões dele e as de Skinner. Enquanto Hull enfatizava a importância da teoria, Skinner defendia um sistema empírico sem estrutura teórica para a condução de uma pesquisa ou para explicar os resultados.

Skinner resumia sua visão da seguinte forma: "Nunca ataquei um problema construindo uma hipótese. Jamais deduzi teoremas nem os submeti à verificação experimental. Até onde consigo enxergar, não tenho nenhum modelo preconcebido de comportamento e, certamente, nem fisiológico nem mentalista e, creio, nem conceitual" (Skinner, 1956, p. 227). Ele nem mesmo extraiu algo do trabalho de outros psicólogos, com exceção das ideias de Watson e Pavlov. "Eu acho difícil incorporar algo do pensamento psicológico de alguém em mim mesmo. Quase nunca leio sobre psicologia" (apud Overskeid, 2007, p. 591).

O behaviorismo de Skinner dedicava-se ao estudo das respostas. Ele se preocupava em descrever e não em explicar o comportamento. A sua pesquisa tratava apenas do comportamento observável, e ele acreditava que a tarefa da investigação científica era estabelecer as relações funcionais entre as condições de estímulo controladas pelo pesquisador e as respostas subsequentes do organismo.

Skinner não se preocupava em especular sobre o que ocorria dentro do organismo. Seu programa não apresentava suposições a respeito das entidades internas, fossem as variáveis intervenientes, os impulsos ou os processos fisiológicos. O que acontecia na relação entre estímulo e resposta não era o tipo de dado objetivo com o qual o behaviorista skinneriano lidava. Assim, o behaviorismo puramente descritivo de Skinner foi denominado adequadamente de abordagem do "organismo vazio". Nessa visão, o organismo humano seria controlado e operado pelas forças do ambiente, pelo mundo exterior, e não pelas forças internas. Skinner não duvidava da existência das condições mentais ou fisiológicas internas, apenas não aceitava a sua validade no estudo científico do comportamento. Um biógrafo reiterou que a posição de Skinner "não era uma negação dos eventos mentais, mas uma recusa em classificá-los como entidades explicativas" (Richelle, 1993, p. 10).

Ao contrário de muitos dos seus contemporâneos, Skinner não considerava necessário usar grande quantidade de indivíduos nas experiências ou realizar comparações estatísticas entre as respostas médias dos grupos de pesquisados. O seu método consistia na investigação compreensiva de um único indivíduo.

> Uma previsão do que o indivíduo *médio* realizará é, muitas vezes, de pouco ou nenhum valor ao lidar com um indivíduo em particular. [...] Uma ciência é válida ao lidar com um indivíduo somente se as leis forem referentes aos indivíduos. Uma ciência do comportamento que considera apenas o comportamento coletivo não parece válida para compreender um caso particular. (Skinner, 1953, p. 19)

Em 1958, os behavioristas skinnerianos criaram a revista *Journal of the Experimental Analysis of Behavior*, principalmente como resposta às exigências para publicação, não mencionadas nas principais revistas de psicologia, a respeito da análise estatística e da dimensão da amostragem de indivíduos observados. A *Journal of Applied Behavior Analysis* foi lançada para promover a pesquisa sobre a modificação do comportamento, um produto aplicado da psicologia de Skinner.

No trecho a seguir da obra *Science and human behavior*, Skinner descreve como o trabalho de Descartes e as figuras mecânicas da Europa do século XVII influenciaram a sua abordagem de psicologia. Esse é um bom exemplo do uso da história, ou seja, de um psicólogo do século XX que se baseou em um trabalho realizado 300 anos antes. O texto também demonstra a evolução contínua das máquinas, tornando-se cada vez mais próximas da vida real.

Texto original

Texto original retirado de Science and Human Behavior (1953), de B. F. Skinner[1]

O comportamento é uma característica primária dos seres vivos. Quase o identificamos com a própria vida. É bem provável que qualquer coisa que se mova seja chamada de viva, especialmente quando o movimento tiver direção ou agir para alterar o ambiente. O movimento traz verossimilhança a qualquer modelo de um organismo. O fantoche ganha vida quando se move, e estátuas que se movimentam ou respiram são especialmente inspiradoras. Robôs e outras criaturas mecânicas nos entretêm apenas porque se movem. E há um significado na etimologia do desenho *animado*.

As máquinas parecem estar vivas pelo simples fato de estar em movimento. O fascínio da escavadeira a vapor é lendário. Máquinas menos familiares podem, de fato, ser assustadoras. Hoje em dia, podemos achar que somente pessoas primitivas as confundem com criaturas vivas, mas houve uma época em que elas eram estranhas para todos nós. Quando [os poetas do século XIX William] Wordsworth e [Samuel Taylor] Coleridge passaram por um motor a vapor, Wordsworth observou que era quase impossível despojar-se da impressão de que ele tinha vida e vontade. Sim, respondeu Coleridge, é um gigante com uma ideia.

Um brinquedo mecânico que imitava o comportamento humano levou à teoria do que hoje chamamos de ato reflexo. Na primeira parte do século XVII, certas figuras em movimento, operadas hidraulicamente, costumavam ser instaladas em jardins públicos e privados como fontes de entretenimento. Uma jovem caminhando por um jardim poderia pisar em uma pequena plata-

[1] De *Science and Human Behavior*, B. F. Skinner. © 1953, Free Press.

forma escondida, a qual abriria uma válvula que faria a água correr para um pistão, e uma figura ameaçadora sairia dos arbustos para assustá-la. Rene Descartes sabia como essas figuras funcionavam, e também sabia como elas se pareciam com criaturas vivas. Ele considerou a possibilidade de que o sistema hidráulico que explicava uma pudesse explicar a outra. Um músculo que se incha quando move um membro talvez esteja sendo inflado por um fluido proveniente dos nervos do cérebro. Os nervos que se estendem da superfície do corpo para o cérebro podem ser as cordas que abrem as válvulas.

Descartes não afirmou que o organismo humano operava sempre dessa forma. Ele preferiu a explicação para o caso dos animais, mas reservou um campo de ação para a "alma racional", talvez sob pressão religiosa. No entanto, não demorou muito para o passo adicional ser dado, o que produziu a doutrina completa do "homem-máquina". A doutrina não deve sua popularidade à plausibilidade – não havia suporte confiável para a teoria de Descartes –, mas sim às suas impressionantes implicações metafísicas e teóricas.

Desde aquela época, duas coisas aconteceram: as máquinas se tornaram mais parecidas com seres vivos e descobriu-se que os organismos vivos se parecem mais com máquinas. As máquinas contemporâneas não apenas são mais complexas, mas são projetadas deliberadamente para funcionar de forma que lembrem o comportamento humano. Invenções "quase humanas" são uma parte comum da nossa experiência diária. As portas nos veem chegando e se abrem para nos receber. Os elevadores lembram de nossos comandos e param no andar correto. Mãos mecânicas retiram itens imperfeitos de uma esteira rolante. Outras escrevem mensagens legíveis. Calculadoras mecânicas ou elétricas resolvem equações muito difíceis ou que consomem muito tempo de matemáticos humanos. Em suma, o homem tem criado máquinas à sua própria imagem. E, como resultado, os organismos vivos perderam parte da sua singularidade. Estamos muito menos intimidados pelas máquinas do que nossos ancestrais e menos propensos a dotar o gigante com até mesmo uma ideia. Ao mesmo tempo, descobrimos mais a respeito de como os organismos vivos funcionam e somos mais capazes de ver suas propriedades semelhantes às das máquinas.

O condicionamento operante

Várias gerações de estudantes de psicologia estudaram os experimentos de Skinner sobre o **condicionamento operante** e sobre a maneira como diferem do comportamento respondente investigado por Pavlov. Na situação de condicionamento pavloviano, um estímulo conhecido é pareado com outro estímulo sob condições de reforço. A resposta comportamental é eliciada por um estímulo observável, e Skinner chamou-a de comportamento respondente.

Condicionamento operante: situação de aprendizagem que envolve o comportamento emitido por um organismo em vez de eliciado por um estímulo detectável.

O comportamento operante ocorre sem nenhum estímulo antecedente externo observável. A resposta do organismo parece ser espontânea, ou seja, não relacionada a nenhum estímulo observável conhecido. Isso não significa que não haja um estímulo que provoque a resposta, mas que ele não é detectado quando ocorre a resposta. No entanto, na visão do observador, não existe estímulo, porque ele não o aplicou e tampouco consegue vê-lo.

Outra diferença entre o comportamento respondente e o operante é que este opera no ambiente do organismo, enquanto o outro, não. O cão treinado do laboratório de Pavlov não fazia outra coisa senão reagir (nesse caso, salivar) quando o pesquisador lhe apresentava o estímulo (a comida). O cão não era capaz de atuar por si só para assegurar o estímulo. No entanto, o comportamento operante do rato na caixa de Skinner é instrumental para assegurar o estímulo (a comida). Skinner não gostava do nome "caixa de Skinner", termo usado inicialmente por Clark Hull, em 1933. Ele dava ao seu equipamento experimental o nome de "aparelho de condicionamento operante". No entanto, "caixa de Skinner" tornou-se o termo popularmente aceito.

Quando o rato na caixa de Skinner pressiona a barra, ele recebe comida, mas somente a recebe se pressionar a barra; portanto, ele opera sobre o ambiente. Skinner acreditava no comportamento operante como o melhor representante da situação típica de aprendizagem. Na maioria das vezes, o comportamento é do tipo operante, por isso, a melhor abordagem científica para seu estudo são os processos de condicionamento e extinção.

A demonstração da clássica experiência da caixa de Skinner envolvia o ato de pressionar a barra, que fora construída de modo a controlar as variáveis externas. Colocava-se um rato privado de comida na caixa, ficando ele livre para explorar o ambiente. No curso dessa exploração, o rato pressionava uma alavanca ou uma barra, ativando um mecanismo que liberava uma bolinha de ração em uma bandeja. Depois de conseguir algumas bolinhas (os reforços), o condicionamento costumava se estabelecer com rapidez. Observe que o comportamento do rato (pressionar a alavanca) atuou sobre o ambiente e, assim, serviu como instrumento para a obtenção do alimento. A variável dependente é simples e direta: a taxa de respostas.

Com base nessa experiência básica, Skinner derivou sua **lei da aquisição**, segundo a qual a força de um comportamento operante aumenta quando ele é seguido pela apresentação de um estímulo reforçador. Embora a prática seja importante para estabelecer uma alta taxa de pressão à barra, a variável-chave é o reforço. A prática em si não aumenta a taxa de respostas; ela apenas proporciona a oportunidade de ocorrência do reforço adicional.

Lei da aquisição: a força de um comportamento operante aumenta quando ele é seguido da apresentação de um estímulo reforçador.

A lei da aquisição de Skinner é diferente das visões de Thorndike e Hull sobre a aprendizagem. Skinner não lidava com as consequências do reforço, como as sensações de prazer/dor ou satisfação/insatisfação, como fazia Thorndike, nem tentava interpretar o reforço com base na redução dos impulsos, como Hull. Enquanto os sistemas de Thorndike e Hull eram explicativos, o de Skinner era descritivo.

Esquemas de reforço

A pesquisa inicial com o rato pressionando a barra da caixa de Skinner demonstrou o papel do reforço no comportamento operante. O comportamento do rato era reforçado cada vez que ele pressionava a barra. Em outras palavras, o rato recebia alimento sempre que executava a resposta correta. No mundo real, no entanto, o reforço nem sempre é assim consistente ou contínuo, muito embora a aprendizagem ocorra e o comportamento persista, mesmo quando o reforço seja intermitente. Skinner afirmou:

> Nem sempre encontramos uma boa camada de gelo ou uma boa neve quando vamos patinar ou esquiar. [...] Nem todas as vezes temos uma ótima refeição nos restaurantes, porque os cozinheiros não são muito previsíveis. Nem sempre que telefonamos a um amigo conseguimos falar com ele, porque nem sempre ele está em casa. [...] Os reforços característicos do trabalho e do estudo são quase sempre intermitentes, porque não é viável controlar o comportamento reforçando toda resposta. (Skinner, 1953, p. 99)

Pense na sua experiência. Mesmo que você estude sem parar, não conseguirá obter a nota máxima em todas as provas. No emprego, mesmo que trabalhe com a máxima eficiência, nem sempre você receberá elogios ou aumentos salariais. Assim, Skinner desejava saber de que forma o reforço variável influenciava o comportamento. Será que um **esquema de reforço** ou certo padrão é melhor que outro para determinar as respostas do organismo?

Esquema de reforço: condições que envolvem diferentes razões ou intervalos de tempo entre reforços.

Alimentando os ratos. A motivação para a realização da pesquisa não surgiu da curiosidade intelectual, mas da conveniência, o que mostra que a ciência às vezes funciona diferentemente da imagem idealizada descrita em muitos livros. Em um sábado à tarde, Skinner percebeu que as bolinhas de ração do rato estavam acabando. Naquela época, ou seja, na década de 1930, ração animal não era adquirida pronta nas lojas de animais ou diretamente dos fabricantes. O pesquisador (ou o aluno de pós-graduação) tinha de prepará-las manualmente, em um processo trabalhoso que consumia muito tempo.

Em vez de passar o fim de semana preparando as bolinhas, Skinner perguntou-se o que aconteceria se reforçasse os ratos apenas uma vez a cada minuto, independentemente do número de respostas que apresentassem. Desse modo, gastaria muito menos ração naquele fim de semana. Elaborou, assim, uma série de experiências para testar diferentes taxas e intervalos de reforço (Ferster e Skinner, 1957; Skinner, 1969).

Em uma série de estudos, comparou as taxas de resposta dos animais que recebiam um reforço por resposta, sendo apresentado após um intervalo específico. A segunda condição era um programa de reforço com intervalo fixo. O novo reforço era dado uma vez a cada minuto ou uma vez a cada quatro minutos. O aspecto importante era a apresentação do reforço ao animal depois de um período fixo.

Um emprego com sistema de pagamento semanal ou mensal proporciona o reforço em um intervalo fixo. A remuneração dos funcionários não é baseada no número de peças produzidas (o número de respostas), mas nos dias trabalhados. A pesquisa de Skinner demonstrou que, quanto menor o intervalo entre os reforços, mais rápida a resposta do animal. Quando o intervalo aumentava, a taxa de respostas diminuía.

A frequência dos reforços também contribui para a extinção de uma resposta. Elimina-se um comportamento com mais rapidez quando o reforço é contínuo e interrompido de repente, do que quando é intermitente. Alguns pombos apresentaram respostas até 10 mil vezes, mesmo sem reforço, quando foram originalmente condicionados com reforços intermitentes.

Em um esquema de razão fixa, o reforço não é apresentado depois de certo intervalo (como mencionado anteriormente), mas depois de um número predeterminado de respostas. Neste caso, o comportamento do animal é que determina a frequência com que receberá o reforço. Talvez seja necessário responder dez ou vinte vezes depois do reforço inicial antes de receber outro. Os animais em um esquema de razão fixa respondem com muito mais rapidez que os de intervalo fixo. Responder rapidamente em um esquema de intervalo fixo não proporciona nenhum reforço adicional; nesse esquema, mesmo que o animal pressione a barra cinco ou cinquenta vezes, receberá o reforço somente depois de passado o intervalo estabelecido.

A alta taxa de resposta em um esquema de razão fixa funciona com ratos, pombos e seres humanos. Em um programa salarial de razão fixa aplicado no ambiente de trabalho, o pagamento ou a comissão do empregado depende do número de itens produzidos ou vendidos. Esse esquema de reforço é válido somente se a razão não for elevada demais, ou seja, se foi requerida uma carga de trabalho exequível para receber uma unidade de pagamento, e se o reforço específico recompensar o esforço.

Aproximação sucessiva: a formação do comportamento

No experimento original de Skinner do condicionamento operante, esse (apertar uma alavanca) era um comportamento simples que se espera que um rato de laboratório exiba ao explorar seu ambiente. Assim, a possibilidade de que tal comportamento ocorra é grande, supondo-se que o experimentador tenha paciência suficiente. Entretanto, é óbvio que animais e humanos demonstrem comportamentos operantes muito mais complexos, com pequena probabilidade de ocorrência no curso normal dos eventos. Lembre-se da sequência complicada de comportamentos exibida por Priscilla, o Porco Metódico, ou dos surpreendentes feitos da Ave Inteligente que estavam sendo exibidos no Zoológico do QI. Como esses comportamentos complexos são aprendidos? Como pode um treinador ou um experimentador ou um pai reforçar e condicionar um animal ou uma criança a desempenhar comportamentos que, provavelmente, não ocorrem de forma espontânea?

Aproximação sucessiva: uma explicação para a aquisição de comportamento complexo; comportamentos, como aprender a falar, serão reforçados somente à medida que tendam ao comportamento final desejado ou se aproximem dele.

Skinner (1953) respondeu a essas perguntas com o método de **aproximação sucessiva**, ou *modelagem* (Skinner, 1953). Em um período muito curto, ele treinou uma pomba a bicar determinado lugar na sua gaiola. A probabilidade de que a pomba bicasse aquele lugar preciso era baixa. Primeiro, a pomba foi reforçada com comida quando simplesmente se virava para a direção do lugar designado. Em seguida, o reforço foi retirado até que a pomba fizesse qualquer movimento, mesmo mínimo, em direção àquele local. Depois, o reforço era dado somente quando a pomba se aproximasse de lá. E, finalmente, reforço era dado só quando o bico dela tocasse o local. Embora isso tudo pareça tomar bastante tempo, Skinner condicionou pombos em menos de três minutos.

O procedimento experimental em si explica o termo "aproximação sucessiva". O organismo é reforçado à medida que seu comportamento ocorre em fases sucessivas ou consecutivas para se aproximar do comportamento final desejado. Skinner sugeriu que é assim que as crianças aprendem o complexo comportamento da fala. Bebês emitem espontaneamente sons sem sentido, que os pais reforçam com sorrisos, risadas e conversas. Depois de um tempo, os pais recompensam esses balbucios infantis de modos diferentes, oferecendo recompensas mais fortes para aqueles sons que se aproximam de palavras. À medida que o processo continua, o reforço paterno se torna mais restrito, dado somente quando usado e pronunciado adequadamente. Assim, o comportamento complexo de aquisição habilidades de linguagem é moldado ao se oferecer reforço diferenciado por fases.

Bebê na caixa

Os aparelhos condicionantes de Skinner o tornaram famoso entre os psicólogos, mas foi o "berço automático", aparelho para automatizar as tarefas de cuidar dos bebês, que lhe rendeu notoriedade pública (Benjamin e Nielsen-Gammon, 1999). Quando Skinner e a esposa resolveram ter um segundo filho, ela disse que os dois primeiros anos do bebê requeriam muito trabalho; assim, Skinner inventou um ambiente mecanizado para aliviar as tarefas rotineiras dos pais. Embora o berço automático tenha sido colocado à venda, o produto não obteve sucesso. A filha de Skinner, criada nesse berço durante seus dois primeiros anos de vida, aparentemente não apresentou efeitos negativos da experiência.

Skinner descreveu o aparelho pela primeira vez na revista *Ladies Home Journal* em 1945 e, mais tarde, em sua autobiografia. Era

> um espaço para viver do tamanho de um berço, ao qual chamamos de "bebê-conforto". As paredes eram à prova de som e havia uma grande janela pintada. O ar entrava por filtros instalados na base e, depois de aquecido e umidificado, circulava por todos os lados e todas as bordas de uma lona bem esticada, que servia de colchão. Uma espécie de tira de lençol com cerca de nove metros de comprimento passava sobre a lona, e uma parte limpa podia ser encaixada no lugar em alguns segundos. (Skinner, 1979, p. 275)

Skinner tinha grandes expectativas de que o berço automático revolucionasse e padronizasse a criação de crianças, mas ficou desapontado quando a ideia não atraiu o público. Somente cerca de 300 crianças foram criadas no berço. Aparentemente, as pessoas o associaram à caixa de Skinner para ratos, por causa de suas recompensas, bolinhas e alavancas de alimentos, e não queriam que seus filhos crescessem em um ambiente que elas viam como estéril (Joyce e Faye, 2010).

Máquinas para ensino. Outro equipamento apresentado por Skinner foi a máquina de ensinar, formalmente chamada de instrução programada, inventada na década de 1920 por Sidney Pressey. Infelizmente para Pressey, o aparelho era moderno demais para a época, e não houve interesse em continuar a comercialização (Pressey, 1967). Talvez as forças contextuais tenham sido responsáveis tanto pela falta de interesse, na época, como pelo ressurgimento entusiástico do mecanismo, mais ou menos 30 anos depois (Benjamin, 1988). Pressey introduziu a máquina, prometendo que ela ensinaria os alunos em um ritmo mais rápido, exigindo, assim, menos professores nas salas de aula. Na época, no entanto, havia excesso de professores e não existia pressão pública para a melhoria do processo de aprendizagem.

Na década de 1950, quando Skinner promoveu um equipamento semelhante, havia falta de professores, excesso de estudantes e pressão pública para a melhoria da educação, para que os Estados Unidos pudessem competir com a União Soviética na corrida espacial. Skinner resumiu o seu trabalho nessa área no livro *A tecnologia do ensino* [*The technology of teaching*] (1968). As máquinas de ensinar foram consideradas a "maior revolução educacional da história", e Skinner acreditava que elas dominariam toda a educação (Rutherford, 2012, p. 3). Essas máquinas foram amplamente empregadas nas décadas de 1950 e 1960, até serem substituídas pelos métodos de ensino por computador.

Pombos partem para a Guerra

Durante a Segunda Guerra Mundial, Skinner, com o auxílio dos Brelands, desenvolveu um sistema de orientação para guiar as bombas lançadas dos aviões de guerra sobre alvos específicos em terra. Na ponta dos mísseis, ficavam pombos condicionados a dar bicadas ao avistar o alvo. As bicadas afetavam o ângulo das alhetas dos mísseis, permitindo, assim, mirar corretamente o alvo. Skinner demonstrou que seus pombos poderiam alcançar um alto nível de precisão.

No entanto, o exército norte-americano pareceu não se impressionar quando, ao abrir as alhetas dos mísseis, viram três pombos, em vez do sofisticado instrumento eletrônico que esperavam. Eles se recusaram incorporar pombos ao arsenal de artilharia (Skinner, 1960). Skinner ficou desapontado com essa reação. "Nosso problema", dizia ele, "era que ninguém nos levava a sério" (citado em Pigeon Guided Missiles, 2010, p. 3). Hoje, as pontas dos mísseis guiados por pombos de Skinner estão no Nacional Museum of American History, no Smithsonian Institution, em Washington, DC (Kean, 2013).

Também durante a Segunda Guerra Mundial, o psicólogo Donald Griffin quis equipar morcegos com miniaturas de bombas e soltar milhares deles sobre o território inimigo no Japão, onde eles seguiriam seus instintos naturais, pousariam nos espaços escuros das estruturas de madeira japonesas e lá as bombas explodiriam. Os militares também não aceitaram essa ideia (Drumm e Ovre, 2011).

Nas décadas de 1960 e 1970, Keller e Marian Breland trabalharam para o Departamento de Defesa dos Estados Unidos. Eles

> condicionaram gaivotas a pesquisar áreas a uma distância de 360 graus sobre lagos e oceanos, ensinaram pombos a voar ao longo de uma estrada para encontrar atiradores e condicionaram corvos a desempenhar tarefas complexas de longa distância, como fotografar segurando pequenas câmeras no bico. Era impressionante que, embora tivessem a chance de escapar do cativeiro, esses animais sempre voltavam depois de desempenhar suas tarefas (Gillaspy e Bihm, 2002, p. 293).

Walden Two – uma sociedade behaviorista

Skinner planejou minuciosamente uma tecnologia do comportamento social humano, na tentativa de aplicar à sociedade as descobertas feitas no laboratório. Enquanto Watson falava, em geral, sobre a construção de uma base para uma vida mais saudável por meio do condicionamento, Skinner descrevia em detalhes o funcionamento dessa sociedade. No romance, *Walden Two* (1948), ele descreve a vida de uma comunidade rural de mil habitantes, cujo comportamento é controlado por reforços positivos. O livro resultou da crise pessoal de meia-idade de Skinner, depressão que sofrera aos 41 anos. A fim de sair da crise, retomou a sua identidade pós-universitária de escritor, expressando os conflitos e desesperos por meio da personagem principal da história, T. E. Frazier. Skinner afirmou: "Grande parte da vida em *Walden Two* retratava a minha vida daquela época. Deixei Frazier dizer coisas que eu mesmo ainda não estava preparado para contar a ninguém" (1979, p. 297-298).

Três anos se passaram até que Skinner encontrasse uma editora para publicar o livro. Vários editores recusaram o manuscrito, dizendo ser muito prolixo, com uma narrativa lenta, extremamente longo e mal organizado (Wiener, 1996). *Walden Two* acabou sendo aceito quando Skinner concordou em escrever um livro introdutório sobre a psicologia behaviorista para a mesma editora. Esse trabalho, *Science and human behavior*, 1953, tornou-se o mais conhecido de Skinner. *Walden Two* continuou a ser comercializado, chegando a ter 3 milhões de cópias vendidas.

No romance, Skinner retratou uma sociedade com base nas suposições a respeito da semelhança entre o homem e a máquina. Essa ideia reflete a linha de pensamento traçada desde Galileu e Newton, passando pelos empiristas britânicos até chegar a Watson e Skinner. A visão da ciência natural determinista, analítica e mecanicista de Skinner, reforçada pelos resultados de seus experimentos sobre condicionamento, convenceu vários psicólogos behavioristas de que o comportamento humano pode ser guiado, modificado e modelado com o conhecimento das condições ambientais e a aplicação do reforço positivo.

A modificação de comportamento

A sociedade de Skinner, com base no reforço positivo, existe apenas na ficção, mas o controle ou a modificação do comportamento humano, de forma individual ou em pequenos grupos, é muito difundido. A modificação de comportamento mediante o reforço positivo é aplicada clinicamente com frequência em hospitais psiquiátricos, fábricas, prisões e escolas, a fim de alterar comportamentos indesejáveis, transformando-os em mais aceitáveis. A **modificação de comportamento** funciona com as pessoas da mesma forma que o condicionamento operante o faz para alterar o comportamento de ratos e pombos, ou seja, reforçando o comportamento desejado e não reforçando o indesejado.

Modificação de comportamento: uso de reforço positivo para controlar ou modificar o comportamento individual ou coletivo.

Pense em uma criança que vive fazendo cena para obter comida ou chamar a atenção. Quando os pais cedem, estão reforçando o comportamento inadequado. Na situação de modificação de comportamento, chutes ou gritos jamais devem ser reforçados; isso deve acontecer somente os comportamentos socialmente aceitáveis. Depois de algum tempo, o comportamento da criança acaba mudando, porque os ataques de teimosia não surtem mais efeito para a obtenção de recompensas, enquanto o comportamento adequado é recompensado.

O condicionamento operante e o reforço vêm sendo aplicados em ambientes de trabalho, em que os programas de modificação de comportamento têm sido usados para reduzir o absenteísmo, melhorar o desempenho, promover práticas de trabalho seguras e ensinar habilidades profissionais. A modificação de comportamento também serve para alterar o comportamento dos pacientes em hospitais psiquiátricos. Pode-se induzir a modificação para um comportamento positivo, recompensando o paciente com fichas que podem ser trocadas por mercadorias ou privilégios, e não reforçando o comportamento negativo ou agressivo.

Ao contrário das técnicas clínicas tradicionais, o psicólogo behaviorista, nessa situação, não se preocupa em saber o que se passa na mente do paciente, assim como o experimentador não se importa com as atividades mentais do rato na caixa de Skinner. O enfoque concentra-se exclusivamente no comportamento aberto e no reforço positivo.

As pesquisas têm mostrado que os programas de modificação de comportamento costumam ter êxito somente nas organizações ou instituições em que são aplicados. Os efeitos, raras vezes, são transferidos para situações externas, porque o programa de reforço teria de ser continuado, mesmo de modo intermitente, a fim de que as mudanças desejadas persistissem. No caso de pacientes, por exemplo, isso pode ser feito em casa, com acompanhantes treinados para reforçar o comportamento desejável com sorrisos, elogios ou outros sinais de afeto e aprovação.

A punição não faz parte do programa de modificação de comportamento. De acordo com Skinner, as pessoas não devem ser punidas por não se comportarem da forma desejada. Ao contrário, devem ser reforçadas ou recompensadas quando mudarem o comportamento na direção positiva. A posição de Skinner de que o reforço positivo é mais eficaz que a punição para alterar o comportamento é comprovada por várias pesquisas com animais e seres humanos.

Skinner (1976) contou que, quando criança, nunca fora castigado fisicamente pelo pai, e apenas uma vez pela mãe – quando ela lavou sua boca com sabão e água porque dissera um palavrão. Ele não disse se o castigo funcionou para a mudança do seu comportamento ou se ele usou tal palavra outra vez.

As críticas ao behaviorismo de Skinner

As críticas ao behaviorismo de Skinner tinham como alvo o seu extremo positivismo e a oposição à teoria, a qual seus oponentes alegavam ser impossível eliminar completamente. O planejamento prévio dos detalhes de um experimento é uma evidência da teorização, mesmo sendo uma teoria simples. Além disso, a aplicação dos princípios básicos de condicionamento como quadro de referência para a sua pesquisa também constitui um grau de teorização.

Skinner emitia afirmações ousadas a respeito de questões econômicas, sociais, políticas e religiosas derivadas do seu sistema. Em 1986, escreveu um artigo com título bem abrangente "O que há de errado com a vida no mundo ocidental?" ["What is wrong with life in the western world?"]. Afirmava que o "comportamento humano ocidental se enfraquecera, mas pode ser fortalecido com a aplicação dos princípios derivados da análise experimental do comportamento" (Skinner, 1986, p. 568). Os críticos apontam que essa disposição de extrapolar os dados, especialmente para propor soluções aos problemas humanos complexos, é inconsistente com uma posição antiteórica e mostra que Skinner rompeu os limites dos dados observáveis ao apresentar seu esquema de reestruturação da sociedade.

A afirmação de Skinner de que todo comportamento é aprendido foi rebatida pelo trabalho de treinamento animal de seus antigos alunos, Keller e Marian Breland. Eles constataram que o porco, a galinha, o hamster, o boto, a baleia, a vaca e outros animais demonstraram uma propensão à "transferência instintiva", ou seja, que tendiam a substituir o comportamento instintivo pelo comportamento reforçado, mesmo que o comportamento instintivo interferisse na obtenção de comida.

Utilizando a comida como reforço, o porco e o guaxinim rapidamente se condicionavam a apanhar uma moeda, carregá-la por certa distância e colocá-la em um banco de brinquedo. Depois de certo tempo, no entanto, os animais começavam a apresentar comportamentos indesejados.

> O porco parava pelo caminho, enterrava a moeda na areia e a retirava com o focinho; o guaxinim ficava bastante tempo mexendo na moeda e fazendo movimentos como se estivesse se lavando. No começo, pareceu interessante, mas acabava consumindo tempo demais e fazia o show parecer cheio de falhas para o espectador. Comercialmente, foi um desastre. (Richelle, 1993, p. 68)

O que estava acontecendo era uma transferência instintiva. O animal revertia o comportamento inato que tinha precedência sobre o comportamento aprendido, mesmo que atrapalhasse na obtenção do alimento. Nesse caso, o reforço, evidentemente, não era tão eficaz quanto afirmava Skinner.

As visões de Skinner sobre o comportamento verbal e a explicação sobre como a criança aprendia a falar também foram contestadas. Os críticos insistiam em afirmar que alguns comportamentos seriam inatos. Os bebês não aprendem a língua, palavra por palavra, porque receberam reforço pelo uso correto ou pela pronúncia de cada palavra. Ao contrário, eles dominam as regras gramaticais necessárias para produzir frases. O potencial para construir essas regras, de acordo com essa argumentação, é inato, e não adquirido (Chomsky, 1959, 1972).

As contribuições do behaviorismo de Skinner

Apesar dessas críticas, Skinner foi o campeão inconteste da psicologia behaviorista entre as décadas de 1950 e 1980. Durante esse período, a psicologia norte-americana foi moldada muito mais pelo seu trabalho do que pelas ideias de qualquer outro psicólogo. Em 1958, a APA outorgou a Skinner o Prêmio de Destaque pela Contribuição Científica (Distinguished Scientific Contribution Award), observando que "poucos psicólogos norte-americanos exerceram tamanho impacto no desenvolvimento da psicologia e nos jovens promissores psicólogos".

Em 1968, Skinner recebeu a Medalha Nacional da Ciência (National Medal of Science), a mais alta honraria concedida pelo governo norte-americano, por suas contribuições à ciência. A Fundação Americana de Psicologia (American Psychological Foundation) concedeu a Skinner o Prêmio da Medalha de Ouro (Gold Medal Award), e ele foi capa da revista *Time*. Em 1990, foi homenageado com a citação presidencial da APA por uma vida de contribuições à psicologia. Em 1971, escreveu um livro que foi um sucesso de vendas, chamado *Para além da liberdade e da dignidade* [*Beyond Freedom and Dignity*], e que o tornou ainda mais famoso.

"Skinner foi, por um breve período, o que tinha de mais relevante nos programas de entrevistas nacionais e de grandes cidades. Em um mês, milhões de norte-americanos tinham lido ou ouvido falar sobre B. F. Skinner e de seu *Para além da liberdade e da dignidade*. Ele estava totalmente ocupado com cartas, ligações telefônicas e visitas... Desconhecidos pediam para apertar sua mão em restaurantes. Ele tinha, conforme destacou um escritor, 'alcançado a fama de uma estrela de cinema ou de TV'" (Bjork, 1993, p. 192).

O objetivo geral de Skinner era a melhoria da vida humana e da sociedade por meio da aplicação dos princípios de seu tipo de behaviorismo (ver Rutherford, 2009). Apesar da natureza mecanicista do seu sistema, ele era humanista, qualidade expressa em seus esforços para modificar o comportamento nos ambientes do mundo real, como em lares, escolas, empresas e instituições. Esperava que sua tecnologia do comportamento ajudasse a aliviar o sofrimento humano, e sentia-se muito frustrado ao ver que suas ideias, embora populares e influentes, não eram aplicadas de forma mais sábia e mais ampla.

Embora o tipo de behaviorismo de Skinner continue a ser aplicado em laboratórios, clínicas, empresas e outros ambientes do mundo real, foi contestado pelo trabalho dos neo-neobehavioristas, incluindo Albert Bandura e Julian Rotter, entre outros, que adotam uma abordagem mais sociobehaviorista.

Behaviorismo social: o desafio cognitivo

Bandura, Rotter e outros seguidores da abordagem sociobehaviorista eram, em princípio, behavioristas, mas adotavam uma forma de behaviorismo bem distinta da de Skinner. Eles questionavam a sua total negação aos processos mentais ou cognitivos e propunham em seu lugar uma aprendizagem social ou uma abordagem sociobehaviorista, uma reflexão sobre um movimento cognitivo mais amplo na psicologia como um todo. As teorias de aprendizagem social marcam o terceiro estágio (o estágio neo-neobehaviorista) no desenvolvimento da escola de pensamento behaviorista. A origem e o impacto do movimento cognitivo serão abordados integralmente no Capítulo 15.

Albert Bandura (1925-)

Albert Bandura (Figura 11.4) nasceu no Canadá, em uma cidade tão pequena, que a escola secundária tinha somente 20 alunos e dois professores. Seus pais eram imigrantes da Polônia, com pouca educação formal, mas que a valorizaram muito para seu filho. "Você tem uma escolha", sua mãe lhe disse. "Você pode trabalhar no campo e se embebedar no bar ou estudar" (citado em Foster, 2007, p. 3). Bandura optou pela educação.

Depois de terminar o colegial, Albert trabalhou na construção civil, no território Yukon, tapando buracos em uma estrada do Alasca. "Vendo-se no meio de diversas personalidades curiosas, muitas das quais fugindo de credores, de pensões e de funcionários da justiça, [Bandura] desenvolveu rapidamente uma profunda admiração pela psicopatologia da vida cotidiana, que parecia brotar da rigorosa tundra" (Distinguished Scientific Contribution Award, 1981, p. 28).

Bandura matriculou-se na University of British Columbia, em Vancouver, onde, por acaso, descobriu o que queria fazer na vida. "Eu pegava carona com estudantes de medicina e de engenharia que se matricularam em aulas em um horário impiedosamente cedo. Então, enquanto esperava pelo início de minha aula de inglês, folheei um catálogo de cursos que parecia ter sido deixado sobre a mesa, na biblioteca. Notei que um curso introdutório em psicologia poderia ser uma ocupação para aquela hora vaga. Eu me matriculei nele e encontrei minha futura profissão" (Bandura, 2007, p. 46).

Assim ele fez seu primeiro curso em psicologia somente, porque este era oferecido em um horário conveniente. Obteve o diploma de Ph.D. pela University of Iowa, em 1952, e daí em diante teve uma carreira brilhante e altamente produtiva na Stanford University.

A teoria social cognitiva

A teoria social cognitiva de Bandura é uma forma de behaviorismo menos radical que a de Skinner e reflete o espírito dos tempos, o impacto do renovado interesse da psicologia nos fatores cognitivos. Mesmo assim, a visão de Bandura ainda era behaviorista. Sua pesquisa tinha como meta observar o comportamento dos indivíduos durante a interação. Não usava a introspecção nem enfatizava a importância da recompensa ou do reforço na aquisição ou modificação do comportamento.

A abordagem de Bandura é uma teoria de aprendizagem *social* porque estuda o comportamento enquanto este é formado e modificado em situações sociais. Bandura criticava Skinner por usar apenas sujeitos individuais (a maioria ratos e pombos) em vez de sujeitos humanos interagindo uns com os outros. Ele destacava que poucas pessoas vivem em isolamento social, e que os psicólogos não podem esperar que descobertas de pesquisas que ignoram as interações sociais sejam relevantes para o mundo moderno.

JON BRENNEIS/LIFE MAGAZINE/TIME & LIFE PICTURES/GETTY IMAGES

FIGURA 11.4 Albert Bandura.

Além de ser uma teoria behaviorista, o sistema de Bandura era cognitivo. Ele enfatizava a influência dos esquemas de reforço externo dos processos de pensamento, como crenças, expectativas e instrução. Para Bandura, respostas comportamentais não são disparadas automaticamente por um estímulo externo, como em uma máquina ou em um autômato.

Ao contrário, as reações aos estímulos são autoativadas, iniciadas pela própria pessoa. Quando um reforço externo altera o comportamento, é porque a pessoa tem consciência da resposta que está sendo reforçada e antecipa a recepção do mesmo reforço ao repetir o comportamento da próxima vez em que a situação ocorrer.

O reforço vicário

Embora Bandura concordasse com Skinner a respeito da possibilidade de mudar o comportamento humano por meio do reforço, também sugeriu e demonstrou, na prática, a capacidade de as pessoas aprenderem quase todos os tipos de comportamento sem receber diretamente nenhum reforço. Para ele, não é necessário receber *sempre* um reforço para se aprender algo. A aprendizagem também ocorre por meio do **reforço vicário**, ou seja, mediante a observação tanto do comportamento das outras pessoas como das suas consequências.

Reforço vicário: noção de Bandura de que o aprendizado pode ocorrer por observação dos comportamentos de outras pessoas e das consequências deles decorrentes, e não apenas experimentando o reforço diretamente.

Essa habilidade de aprender por meio de exemplos e de reforço vicário (ou aprendizagem variante) parte do princípio de que somos capazes de antecipar e avaliar as consequências que observamos nas outras pessoas, mesmo não tendo passado pela mesma experiência. Nós podemos controlar nosso comportamento observando as consequências de determinado comportamento, ainda que não experimentadas pessoalmente, e fazer uma escolha consciente de agir ou não da mesma maneira. Bandura acredita não existir uma ligação direta entre estímulo e resposta, ou entre comportamento e reforço, como afirmava Skinner. Para ele, há um mecanismo mediador interposto entre o estímulo e a resposta, que nada mais é do que o processo cognitivo do indivíduo.

Os modelos em nossas vidas

Desse modo, o processo cognitivo exerceu um papel importante na teoria social cognitiva de Bandura, diferenciando a sua visão da de Skinner. Na opinião de Bandura, não é o esquema de reforço em si que produz efeito na mudança do comportamento de uma pessoa, mas o que ela pensa desse esquema. A aprendizagem ocorre não pelo reforço direto, mas por meio de "modelos", o que implica observar o comportamento de outras pessoas e nele fundamentar os nossos próprios padrões de comportamento. Para Skinner, o controlador do reforço regula o comportamento. Para Bandura, o controlador do modelo social regula o comportamento.

Bandura e muitos outros conduziram pesquisas completas sobre as características dos modelos que influenciam o comportamento humano. A tendência do indivíduo é modelar o próprio comportamento com base nas pessoas do mesmo sexo e idade, ou seja, nos nossos semelhantes que conseguiram resolver os problemas similares aos nossos. Há uma propensão também de se deixar impressionar por modelos de prestígio e *status* superiores ao nosso. O tipo de comportamento envolvido afeta a amplitude da imitação. A tendência é de imitar mais os comportamentos simples que os extremamente complexos. A hostilidade e a agressividade tendem a ser muito imitadas, principalmente pelas crianças (Bandura, 1986). Assim, o que se vê na vida real ou na mídia, muitas vezes, determina o nosso comportamento.

A violência nas telas e na vida real

Pesquisas realizadas em vários países comprovaram, consistentemente, que as crianças que assistem uma grande quantidade de atos violentos na televisão e em filmes, ou passam horas jogando videogames cheios de ação, demonstram muito mais comportamento violento e agressivo quando se tornam adolescentes e jovens adultos do que as crianças expostas a menos violência (Anderson et al., 2010; Rogoff, Paradise, Correa-Chavez e Angelillo, 2003; Uhlmann e Swanson, 2004). Pesquisas também demonstraram que, com frequência, adolescentes e jovens adultos que ouvem *rap* tendem a se tornar mais hostis e sexualmente agressivos do que aqueles que ouvem menos esse tipo de música (Chen, Miller, Grube e Walters, 2006).

Outras pesquisas revelaram que jogos de videogames que retratam corridas de rua levam a uma direção mais imprudente, e que o simples ato de ver imagens de pessoas fumando, bebendo e fazendo sexo sem proteção leva a uma disposição maior para se envolver em todos os tipos de comportamento de risco (Fischer, Greitmeyer, Kastenmuller, Vogrincic e Sauer, 2011). Também foi comprovado que observar atos de violência na escola, em casa ou no bairro tem uma probabilidade muito alta de gerar comportamentos violentos e agressivos (Elson e Ferguson, 2014).

As descobertas dos efeitos da exposição à violência na mídia ou pessoalmente são tão fortes, que o Surgeon General of the United States (Cirurgião Geral dos Estados Unidos), o National Institute of Mental Health (Instituto Nacional de Saúde Mental), a APA, a American Medical Association (Associação Médica Americana) e a American Psychiatric Association (Associação Psiquiátrica Americana) concordam que a exposição à violência é um fator de risco significativo para produzir violência naqueles que a presenciam (Pozios, Kambam e Bender, 2013).

A autoeficácia: acreditar que você consegue

Bandura (1982) realizou muitas pesquisas sobre a **autoeficácia**, descrita como o senso de autoestima ou valor próprio, o sentimento de adequação, eficácia e competência para enfrentar os problemas. Seu trabalho demonstrou que as pessoas com grau elevado de autoeficácia acreditam ser capazes de lidar com os diversos acontecimentos da vida. Um pesquisador a descreveu simplesmente como "o poder de acreditar que se consegue fazer coisas", acrescentando que "acreditar que consegue realizar o que quer é um dos ingredientes mais importantes na receita para o sucesso" (Maddux, 2002, p. 277).

Autoeficácia: senso de autoestima e competência lidar com os problemas da vida.

As pessoas com baixo grau de autoeficácia sentem-se inúteis, sem esperança, acreditam que não conseguem lidar com as situações que enfrentam e que têm poucas chances de mudá-las. Diante de um problema, tendem a desistir na primeira tentativa frustrada. Não acreditam que a sua atitude faça alguma diferença nem que controlam e podem mudar o próprio destino.

Resultados de pesquisas sobre autoeficácia

A pesquisa de Bandura mostrou que a crença no nível de autoeficácia influencia vários aspectos da vida. Por exemplo, pessoas com elevado grau de autoeficácia tendem a obter notas altas, analisar mais opções de carreira, obter maior sucesso profissional, estabelecer metas pessoais mais altas e apreciar mais a saúde mental e física do que as com baixa autoeficácia. Em geral, constatou-se que o homem tem a autoeficácia mais elevada do que a mulher. Tanto no homem como na mulher, o pico da autoeficácia ocorre na meia-idade e diminui depois dos 60 anos.

Parece óbvio que o alto grau de autoeficácia produz efeitos positivos em praticamente todos os aspectos da vida. O estudo demonstrou que as pessoas com grau elevado de autoeficácia sentem-se melhor e mais saudáveis, menos estressadas, suportam mais a dor física e tendem a recuperar-se mais rapidamente de uma doença ou de uma cirurgia do que as de baixa autoeficácia. Esta afeta também o desempenho escolar e profissional. Por exemplo, constatou-se que empregados com elevado grau de autoeficácia sentem-se mais realizados profissionalmente, são mais comprometidos com a empresa e mais motivados a realizar bem as tarefas e os programas de treinamento que os funcionários de baixa autoeficácia (Salas e Cannon-Bowers, 2001; Gupta, Ganster e Kepes, 2013).

Além disso, pessoas com alto grau de autoeficácia social sentem-se mais confiantes a respeito de sua habilidade de iniciar um contato social e fazer novas amizades. Elas têm uma pontuação elevada quando seu bem-estar emocional é mensurado e são menos propensas a se tornar viciadas no uso da Internet do que as que obtiveram pontuação baixa em autoeficácia social (Herman e Betz, 2006; Iskender e Akin, 2010). Um longo estudo feito com professores da Alemanha descobriu que aqueles que tinham um alto grau de autoeficácia eram classificados pelos alunos como mais competentes do que aqueles que tinham um nível baixo. Outro ponto é que, aqueles que foram classificados como tendo um alto nível de qualidade de instrução na sala de aula desenvolveram, posteriormente, níveis mais altos de autoeficácia. O feedback positivo da classificação dos alunos fez que se sentissem ainda mais seguros de si mesmos (Holzberger, Philipp e Kunter, 2013).

A eficácia coletiva

Bandura descobriu também que os grupos desenvolvem níveis coletivos de eficácia que influenciam no desempenho de diversas tarefas. A pesquisa com grupos, como equipes esportivas, departamentos corporativos, unidades militares, comunidades de bairro e grupos de ação política, mostrou que "quanto mais intensamente percebida a eficácia coletiva, mais elevadas são as aspirações do grupo e maior é a motivação para as realizações; quanto mais intensa a persistência diante de impedimentos e obstáculos, mais elevados são o moral e a capacidade de recuperação diante do estresse, e maior a realização de proezas" (Bandura, 2001, p. 14). Um estudo realizado com funcionários de uma grande instituição financeira da Itália revelou que aqueles com altos níveis de eficácia coletiva eram mais comprometidos com a companhia do que aqueles com níveis baixos de autoeficácia (Petitta e Borgogni, 2011).

A modificação de comportamento

A proposta de Bandura para o desenvolvimento de uma abordagem social cognitiva para o behaviorismo consistia em alterar ou modificar comportamentos considerados socialmente anormais ou indesejáveis. Ele pensava que, se todo comportamento é aprendido observando outras pessoas e modelando o nosso comportamento de acordo com o delas, então é possível alterar ou reaprender o comportamento indesejável também por meio da observação. Assim como Skinner, Bandura concentrava-se nos fatores externos, ou seja, no comportamento em si, e não em alguma consciência interna presumida ou em algum conflito inconsciente. Para ele, tratar o sintoma significava tratar o distúrbio, porque sintoma e distúrbio são a mesma coisa.

As técnicas de modelagem são usadas para modificar o comportamento, levando os indivíduos a observar um modelo em uma situação que, em geral, lhes causa ansiedade. Por exemplo, uma criança que tem medo de cachorro observa outra da mesma idade – o modelo – aproximar-se do animal e acariciá-lo. Observando de uma distância segura, a criança vê o modelo realizar movimentos progressivos, aproximando-se aos poucos do cachorro. O modelo acaricia o cão pelas barras do cercadinho e, em seguida, entra e brinca com o animal. Como resultado dessa situação de aprendizagem por observação, o medo da criança pode ser reduzido. Em uma variação dessa técnica, pessoas assistem a modelos brincar com objetos temidos, como uma cobra, e então os próprios indivíduos realizam movimentos progressivos de aproximação em direção ao objeto, até se sentirem realmente capazes de tocá-lo.

A forma de terapia do comportamento de Bandura é amplamente empregada em clínicas, empresas e salas de aula, e tem sido comprovada por centenas de estudos experimentais. Esse método tem sido eficaz na eliminação de fobias, como as de cobras, de espaços fechados, de espaços abertos e de altura. Também é válido no tratamento de distúrbios obsessivo-compulsivos, disfunções sexuais e algumas formas de ansiedade, além de ser eficaz no aumento da autoeficácia. Também foi comprovado que reduz a ansiedade antes de provas entre estudantes universitários.

O trabalho de Bandura vem sendo adaptado para programas de rádio e televisão com o objetivo de apresentar modelos de comportamento adequados para tratar de problemas sociais e nacionais, como prevenção de gravidez indesejada, controle da disseminação da Aids, redução do analfabetismo, melhoria do *status* das mulheres e adoção de estratégias para o planejamento familiar. Esses programas se baseiam em personagens fictícias, atuando como modelos para que ouvintes e telespectadores simulem a mudança do comportamento. Pesquisas relatam aumentos significativos de comportamentos desejáveis, tais como a prática de sexo seguro, o planejamento familiar e a melhoria do *status* da mulher (Smith, 2002).

Comentários

Como esperado, os behavioristas tradicionais criticaram o behaviorismo social cognitivo de Bandura, alegando que os processos cognitivos, como a crença e a antecipação, não causam efeito no comportamento. A resposta de Bandura foi a seguinte: "é interessante observar os behavioristas radicais afirmarem que o pensamento não exerce influência, enquanto dedicam um tempo razoável com palestras, artigos e livros em um esforço para convencer as pessoas a adotarem sua forma de pensamento" (apud Evans, 1989, p. 83).

A teoria social cognitiva tem sido amplamente aceita na psicologia como uma forma eficaz para o estudo do comportamento em laboratórios e para modificá-lo nos ambientes clínicos e no mundo real. Além disso, as contribuições de Bandura foram amplamente reconhecidas pelos colegas. Ele presidiu a APA em 1974 e, em 1980, recebeu o Prêmio de Destaque pela Contribuição Científica da APA. Em 2004, recebeu o prêmio Outstanding Contribution to Psychology Award, da APA, e em 2006 recebeu o American Psychological Foundation's Gold Medal Award for Life Achievement in the Science of Psychology.

A teoria de Bandura e a terapia de modelos dela derivada ajustam-se à forma prática e funcional da psicologia norte-americana contemporânea. A sua abordagem é objetiva e adaptável aos métodos precisos de laboratório, atendendo aos anseios do clima intelectual corrente que se concentra nas variáveis cognitivas internas, além de ser aplicável às questões da vida real.

Julian Rotter (1916-2014)

Julian Rotter cresceu no bairro do Brooklyn, em Nova York. A família levou uma vida confortável até seu pai perder os negócios no início da Grande Depressão de 1929. Essa desastrosa mudança no cenário econômico marcou a guinada na vida de Rotter, na época com 13 anos. Ele declarou que "essa experiência despertou a minha eterna preocupação com a injustiça social e proporcionou-me uma grande lição de como a personalidade e o comportamento são influenciados pelas condições situacionais" (Rotter, 1993, p. 274).

Durante o ensino médio, Rotter descobriu os livros de psicanálise de Sigmund Freud e de Alfred Adler. Como brincadeira, começou a interpretar os sonhos dos colegas e resolveu que desejava se tornar psicólogo. Decepcionado ao descobrir a pouca disponibilidade de empregos para psicólogos naquela época, decidiu formar-se em química, na Brooklyn College. No entanto, ao ingressar na faculdade, conheceu, por acaso, Adler e resolveu afinal mudar para a psicologia, mesmo sabendo que era impraticável. Desejava seguir a carreira acadêmica, mas a discriminação contra os judeus frustrou suas expectativas. "Tanto na Brooklyn College como no curso de pós-graduação, fui alertado de que os judeus simplesmente não conseguiam obter posições acadêmicas, independentemente de suas credenciais. Os alertas se confirmaram" (Rotter, 1982, p. 346).

Depois de obter o Ph.D. na Indiana University, em 1941, aceitou um emprego em um hospital psiquiátrico em Connecticut. Serviu o exército norte-americano como psicólogo durante a Segunda Guerra Mundial, lecionou na Ohio State University até 1963 e foi para a University of Connecticut. Em 1988, recebeu o Prêmio de Destaque pela Contribuição Científica da APA.

Os processos cognitivos

Rotter desenvolveu uma forma de behaviorismo que, como a de Bandura, inclui referências às experiências subjetivas internas. Desse modo, seu behaviorismo é menos radical que o de Skinner.

Rotter criticou Skinner por estudar os indivíduos isoladamente, afirmando que a aprendizagem do comportamento ocorre, principalmente, mediante experiências sociais. A pesquisa de laboratório de Rotter era rigorosa e bem controlada, típica do movimento behaviorista. Ele realizou pesquisas somente com pessoas em situações de interação social.

Rotter enfatizava os processos cognitivos mais amplamente que Bandura. Acreditava que nos percebemos como seres conscientes, capazes de influenciar as experiências que afetam nossas vidas, e que o nosso comportamento é determinado por estímulos externos e pelo esforço que eles oferecem, mas a influência relativa desses dois fatores é intermediada pelos processos cognitivos. Rotter (1982) esboçou quatro princípios regentes dos resultados comportamentais.

- Criamos expectativas subjetivas em relação às consequências ou aos resultados do nosso comportamento com base na quantidade e no tipo de reforço que recebemos.
- Calculamos a probabilidade de determinado comportamento conduzir a um reforço específico e o ajustamos apropriadamente.

- Atribuímos valores diferentes para os diversos reforços e avaliamos o seu valor relativo nas variadas situações.
- Como cada um de nós apresenta um comportamento exclusivo e único no ambiente psicológico, o mesmo reforço pode adquirir diferentes valores para diversas pessoas.

Desse modo, para Rotter, nossos valores e expectativas subjetivas, que são estados cognitivos internos, determinam os efeitos que diferentes experiências externas (estímulos e reforços externos diferentes) terão sobre nós.

Locus de controle

Rotter concentrou razoável pesquisa nas crenças a respeito da origem do reforço. Algumas pessoas consideram o reforço dependente do próprio comportamento e alegam a existência de um ***locus* de controle interno**. Outras acreditam no reforço dependente das forças externas, como destino, sorte ou atitudes de outros indivíduos; estas referem-se à existência do ***locus* de controle externo** (Rotter, 1966).

***Locus* de controle:** a ideia de Rotter sobre a origem do reforço – o *locus* de controle interno é a crença de que o reforço depende do comportamento da pessoa, enquanto o *locus* de controle externo é a crença de que ele depende de forças externas.

Obviamente, tais percepções sobre a origem do controle exercem variadas influências sobre o comportamento. Para as pessoas que percebem a existência do *locus* de controle externo, as próprias habilidades e ações não exercem muita influência nos reforços que recebem. Convencidas de que não têm poder sobre as forças externas, não se esforçam em tentar mudar ou melhorar a situação. Já as pessoas com um *locus* de controle interno acreditam ser responsáveis pela própria vida e atuam de acordo com essa crença.

A pesquisa de Rotter demonstrou que as pessoas com *locus* de controle interno tendem a ser física e mentalmente mais saudáveis que as outras. Em geral, sua pressão sanguínea é mais baixa, apresentam menos infartos, ansiedade e depressão e são mais hábeis ao lidar com o estresse. Obtêm as melhores notas na escola e acreditam ter maior liberdade de escolha. São mais populares e sociáveis e apresentam elevado grau de autoestima. Além disso, o trabalho de Rotter sugere que o *locus* de controle é adquirido na infância, por meio do comportamento dos pais ou dos responsáveis pela criação. Pais de adultos que possuem um *locus* de controle interno tendem a ser solidários, generosos ao elogiar as realizações (reforço positivo), coerentes na disciplina e demonstram atitudes não autoritárias.

Rotter desenvolveu um teste para medir o *locus* de controle, que consiste em 23 questões com alternativas obrigatórias; a pessoa deve escolher uma das duas opções que melhor descreva as suas crenças (ver Tabela 11.1).

Uma descoberta ao acaso

Relembremos o caso da descoberta acidental de Skinner do esquema de reforço, resultado do acaso, por ele não desejar passar o fim de semana no laboratório preparando as bolinhas de ração para os ratos. Percebemos que a ciência nem sempre avança da forma sistemática e racional descrita na maioria dos livros. Os fatores aleatórios ou acidentais ocorrem para moldar o desenvolvimento de um campo de estudo. A conceituação de Rotter sobre o *locus* de controle, que ele considerava a sua descoberta mais importante, ocorreu por acaso, em razão de um comentário casual de um colega.

Rotter conduzia um experimento em que as pessoas trabalhavam com um conjunto de cartões, tentando adivinhar se no verso de cada um havia a figura de um quadrado ou de um círculo. Elas foram informadas de que estavam sendo testadas a respeito da percepção extrassensorial (PES). Depois de terminar uma série de cartões, elas deviam tentar calcular quantos acertos obteriam na segunda série.

TABELA 11.1 Exemplos da Escala I-E (*Locus* de Controle Interno-Externo)

1. Muitos acontecimentos infelizes na vida das pessoas são devidos parcialmente à má sorte. A falta de sorte das pessoas é consequência dos próprios erros cometidos.
2. Uma das principais razões para a existência das guerras deve-se ao fato de as pessoas não se interessarem por política. Sempre haverá guerras, independentemente do esforço das pessoas em tentar evitá-las.
3. Em longo prazo, as pessoas obtêm o respeito merecido na vida. Infelizmente, o valor do indivíduo, muitas vezes, passa despercebido, independentemente do esforço em tentar ser reconhecido.
4. A noção de injustiça do professor em relação ao aluno não tem o menor sentido. A maioria dos estudantes não percebe o grau de influência dos acontecimentos eventuais sobre as suas notas.
5. Não é possível tornar-se um líder efetivo sem quebrar as regras. As pessoas capacitadas que não se tornam líderes são as que não aproveitam as oportunidades.
6. Não importa o quanto você se esforce, algumas pessoas simplesmente não gostam de você. As pessoas que não conseguem se mostrar queridas não sabem lidar com os outros indivíduos.

Fonte: Exemplo extraído de "Generalized expectancies for internal versus external control of reinforcement" ["Expectativas generalizadas de reforço de controle interno em comparação com o de controle externo"], de J. B. Rotter, Psychological Monographs, n. 80, p. 11, 1966.

Alguns indivíduos afirmavam que acertariam menos, pois acreditavam que os acertos da primeira tentativa foram apenas questão de sorte. Outros alegavam que se desempenhariam melhor, pois acreditavam que os acertos da primeira tentativa foram por causa de sua capacidade de percepção extrassensorial, a qual esperavam aperfeiçoar com a prática.

Ao mesmo tempo que estava envolvido com essa pesquisa, Rotter supervisionava o treinamento clínico de E. Jerry Phares. Phares contou a Rotter sobre um paciente insatisfeito com a sua falta de vida social. Pressionado por Phares, o rapaz foi a uma festa e dançou com várias mulheres, mas, mesmo com o aparente sucesso social, sua visão não mudou. Ele afirmou a Phares que fora apenas uma questão de sorte. "Jamais vai se repetir."

Quando Rotter ouviu a história, ocorreu-lhe uma ideia. Ele observou que

> nas experiências há sempre algumas pessoas cujas expectativas, assim como a desse paciente, nunca melhoram, mesmo ante o êxito. Eu e meu aluno de pós-graduação realizamos várias experiências em que manipulávamos o êxito ou o fracasso dos voluntários. [...] Alguns voluntários, mesmo quando informados de que estavam corretos ou errados na maioria das vezes, não mudavam suas expectativas de que cometeriam mais erros na próxima tentativa. Outros, independentemente do que lhes fosse dito, acreditavam que se desempenhariam melhor na vez seguinte.
>
> Nesse momento, juntei os dois lados do meu trabalho – o cientista e o empirista – e formulei a hipótese de que algumas pessoas acreditam em forças externas que, de uma forma ou outra, regem os acontecimentos da vida, enquanto outras creem na capacidade própria e no esforço individual como determinantes dos próprios destinos. (Rotter apud Hunt, 1993, p. 334)

Ficamos imaginando se Rotter teria desenvolvido a ideia do *locus* de controle caso o paciente de Phares houvesse mudado de posição sobre a sua popularidade depois do baile.

Comentários

A teoria da aprendizagem social de Rotter atraiu muitos seguidores, que, a princípio, seguiam a orientação experimentalista, mas concordavam com a importância das variáveis cognitivas no impacto do comportamento. Sua pequisa é tão rigorosa e controlada quanto o assunto permite, e ele definiu seus conceitos com a precisão que os torna passíveis de testes experimentais. Vários estudos de pesquisa, principalmente a respeito do *locus* de controle interno e externo, sustentam sua abordagem. Rotter afirmou que o *locus* de controle era "uma das variáveis mais estudadas na psicologia e nas demais ciências sociais" (Rotter, 1990, p. 489).

Como você provavelmente suspeitou, há uma certa similaridade entre o *locus* de controle e o conceito de autoeficácia de Bandura. Um estudo de grande escala feito com estudantes universitários e funcionários de uma companhia farmacêutica descobriu uma forte relação entre os dois conceitos (Judge, Erez, Bono e Thoresen, 2002). Tanto o *locus* de controle quanto a autoeficácia lidam com nossas crenças em relação ao nível de controle que temos sobre os eventos de nossas vidas e nossa capacidade de enfrentá-los. Uma das principais diferenças é que o *locus* de controle pode ser generalizado para muitas situações diferentes, enquanto a autoeficácia parece estar relacionada a situações mais específicas. Ambos os conceitos foram pesquisados a fundo e são considerados grandes contribuições da abordagem comportamental social cognitiva.

O destino do behaviorismo

Apesar de o debate interno a respeito da questão cognitiva no behaviorismo ter provocado mudanças no movimento behaviorista que se seguiu desde Watson até Skinner, é importante lembrar que Bandura, Rotter e outros neo-neobehavioristas defensores da abordagem cognitiva ainda se consideram behavioristas. Podemos chamá-los de behavioristas metodológicos, porque se referem aos processos cognitivos internos como parte do objeto de estudo da psicologia, enquanto os behavioristas radicais acreditam que a disciplina deva se dedicar ao estudo do comportamento público e do estímulo ambiental, e não dos estados internos presumidos. Watson e Skinner eram behavioristas radicais. Hull, Tolman, Bandura e Rotter podem ser classificados como behavioristas metodológicos.

O domínio do tipo de behaviorismo de Skinner chegou ao auge na década de 1980 e diminuiu depois da sua morte, em 1990. Até o laboratório de pombos da Harvard, criado por Skinner em 1948, foi fechado em 1998 (Azar, 2002). Skinner admitia que a sua forma de behaviorismo estava perdendo terreno e que o impacto da abordagem cognitiva aumentava. Outros pesquisadores concordam, observando que "menos especialistas das principais universidades hoje se denominam behavioristas no sentido tradicional. Na verdade, 'behaviorismo' costuma ser mencionado como algo pertencente ao passado" (Baars, 1986, p. 1).

O behaviorismo que permanece vivo na psicologia contemporânea, principalmente na psicologia aplicada, é diferente daquele que surgiu nas décadas entre o manifesto de Watson, de 1913, e a morte de Skinner. Assim como ocorre com todo movimento evolutivo na ciência e na natureza, as espécies continuam a evoluir. Nesse sentido, o behaviorismo sobrevive com o espírito da intenção de seu fundador, que era desenvolver uma tecnologia que pudesse modificar o comportamento para melhor.

QUESTÕES PARA DISCUSSÃO

1. O que Priscilla, o Porco Metódico, tem a ver com a história da psicologia?
2. Descreva os três estágios na evolução da escola de pensamento behaviorista.
3. Quais psicólogos podem ser classificados como neo-behavioristas? Em que pontos importantes eles concordavam?

4. O que era operacionismo, e como ele influenciou os neo-behavioristas das décadas de 1920 e 1930?
5. O que são pseudoproblemas? Por que a noção de pseudoproblemas interessou tanto aos behavioristas?
6. Dê exemplo de uma variável interveniente e descreva como ela pode ser definida operacionalmente.
7. O que Tolman quis dizer com behaviorismo intencional?
8. Em que o behaviorismo de Hull difere das visões de Watson e Tolman?
9. Defina os seguintes conceitos de Hull: impulso primário e secundário, e reforço primário e secundário.
10. Descreva a visão de Skinner a respeito de teorização, espírito mecanicista, variáveis intervenientes e uso de estatísticas.
11. Estabeleça a diferença entre o condicionamento operante e o respondente. De que maneira o condicionamento operante é usado para modificar o comportamento?
12. O que é a lei da aquisição de Skinner? Em que ela se diferencia das visões sobre aprendizagem de Thorndike e Hull?
13. Qual é a diferença entre os esquemas de reforço de intervalo fixo e de razão fixo. Cite exemplos de cada um deles.
14. Como você aplicaria o método de aproximação sucessiva para treinar um cachorro a andar em círculo?
15. Em que se baseavam as críticas ao sistema de Skinner?
16. Como a visão de Bandura e de Rotter a respeito dos fatores cognitivos difere da visão de Skinner?
17. Como os modelos são usados para mudar o comportamento? Dê um exemplo.
18. Em que o indivíduo com elevado grau de autoeficácia difere daquele com baixo grau de autoeficácia?
19. Estabeleça a distinção entre a autoeficácia e o *locus* de controle com base em seus efeitos sobre o comportamento.

Capítulo 12

A psicologia da Gestalt

Um *insight* repentino

Tenerife, localizada a 200 milhas da costa da África, é a ilha mais famosa na história da psicologia, pois foi lá que Wolfgang Köhler estudou macacos. Mas esse não é mais um conto sobre Hans, o Esperto, ou Priscilla, o Porco Metódico, animais que tinham sido treinados ou condicionados a se comportar de determinada maneira. Até Köhler, psicólogo alemão, ir para Tenerife, em 1913, acreditava-se que a única maneira de animais aprenderem era por meio de tentativa e erro, isto é, tropeçando acidentalmente na resposta correta – aquela que trazia comida como recompensa. A maioria das pesquisas sobre animais citadas nos capítulos anteriores envolve animais ensinados a se comportar da maneira como o experimentador ou treinador desejava.

Köhler não tinha interesse em treinar os macacos que encontrou vivendo na ilha. Seu objetivo era observá-los para ver como eles resolviam problemas. Ele acreditava que eles eram mais inteligentes do que as pessoas imaginavam e que eram capazes de resolver problemas de maneira muito semelhante à dos humanos. Assim, colocou os macacos em gaiolas grandes, colocou os instrumentos que poderiam usar para obter comida bem à vista deles, e sentou-se para observar o que faziam.

Uma macaca, Nueva, pegou uma vara que Köhler havia colocado em sua gaiola. Ela arranhou o chão com a vara por um curto período; em seguida, perdeu o interesse e a deixou de lado. Dez minutos depois, algumas frutas foram colocadas do lado de fora. Ela esticou um dos braços pelas grades da gaiola em direção a uma fruta, mas não conseguiu alcançá-la. Começou a choramingar e a gemer, e em seguida jogou-se no chão em um "gesto muito eloquente de desespero", Köhler escreveu.

Minutos depois ela olhou a vara, parou de choramingar, e repentinamente a agarrou. Então, esticou a vara pelas grades da gaiola e arrastou a fruta até que estivesse perto o suficiente para poder alcançá-la com a mão. Uma hora depois, Köhler repetiu o experimento. Dessa vez, Nueva pegou a vara e a usou como instrumento mais habilmente que da primeira vez, e assim conseguiu obter a fruta mais rapidamente. Na terceira vez, ela pegou a vara de imediato, reagindo ainda mais rapidamente.

Ficou evidente para Köhler que Nueva não se atrapalhou usando a técnica de tentativa e erro para a aprendizagem, e que esta aconteceu no decorrer dos movimentos realizados ao acaso para tocar a comida com a vara. Ao contrário, os movimentos eram orientados para um objetivo, eram propositais e deliberados. Isso era diferente do comportamento dos gatos na caixa quebra-cabeça ou dos ratos no labirinto de Thorndike.

Nueva e os outros chimpanzés estudados em Tenerife exibiram uma maneira diferente de aprender, e suas ações levaram a uma outra revolução na psicologia, a outra maneira de abordar o estudo da mente e do comportamento.

A revolta da Gestalt

Traçamos até aqui a evolução da psicologia desde as ideias iniciais de Wundt e a elaboração dessas noções por Titchener, passando pela escola de pensamento funcionalista, bem como pelas áreas aplicadas da psicologia, até chegar ao behaviorismo de Watson e Skinner e ao desafio cognitivo nesse movimento. Mais ou menos na mesma época em que a revolução behaviorista aglutinava forças nos Estados Unidos, a revolução da Gestalt tomava conta da psicologia na Alemanha. Essa revolução consistia em mais um protesto contra a psicologia wundtiana e viria, mais tarde, a se tornar um testemunho das ideias de Wundt como fonte de inspiração para o surgimento de novas visões e como base para o lançamento de novos sistemas de psicologia.

Nesse ataque contra a psicologia dominante, a psicologia da Gestalt concentrava-se principalmente na natureza elementar do trabalho de Wundt. Apenas para relembrar, os elementos sensoriais formavam a base da psicologia wundtiana, e os psicólogos da Gestalt fizeram desse enfoque o alvo do seu ataque. Wolfgang Köhler, fundador da psicologia da Gestalt, afirmou: "Ficamos chocados com a tese de que todo fato psicológico constitui-se de átomos inertes não relacionados e que as associações consistem, praticamente, nos únicos fatores que combinam esses átomos, introduzindo, assim, a ação" (Köhler, 1959, p. 728).

Para compreender o protesto da Gestalt, retornemos ao ano de 1912. O behaviorismo de Watson começava a atacar Wundt e Titchener e também o funcionalismo. A pesquisa sobre animais realizada nos laboratórios de Thorndike e de Pavlov exercia grande impacto e a psicanálise de Freud (ver Capítulo 13) já completava uma década. Embora o movimento dos psicólogos da Gestalt contra a posição de Wundt tenha ocorrido concomitantemente ao surgimento do behaviorismo nos Estados Unidos, os dois movimentos foram totalmente independentes. E ainda que ambas as escolas de pensamento tivessem começado por se opor às mesmas ideias – o foco de Wundt sobre os elementos sensoriais, elas acabaram por voltar-se uma contra a outra.

As diferenças entre a psicologia da Gestalt e o behaviorismo logo ficaram evidentes. Os psicólogos da Gestalt admitiam o valor da consciência, embora criticassem a tentativa de reduzi-la a elementos ou átomos, enquanto os psicólogos behavioristas recusavam-se a reconhecer o valor do conceito de consciência na psicologia científica.

Os psicólogos da Gestalt comparavam a abordagem da psicologia de Wundt (do modo como a interpretavam) com a construção de uma casa, em que os elementos (os tijolos) seriam unidos pela argamassa mediante o processo de associação. Afirmavam que, ao olhar pela janela, enxergamos efetivamente as árvores e o céu, e não os denominados elementos sensoriais, como o brilho e as tonalidades, os quais, de alguma forma, se conectariam para formar a nossa percepção de árvore e de céu.

Ademais, os psicólogos da Gestalt insistiam no fato de que, quando os elementos sensoriais são combinados, eles formam um novo padrão ou configuração. Se juntarmos um grupo de notas musicais individuais (elementos da música), por exemplo, uma melodia ou um tom surge dessa combinação, formando algo novo, que não existia em nenhuma das notas enquanto elementos individuais. Um modo popular de se afirmar essa noção é a ideia de que o todo é diferente da soma das partes. Para fazer justiça a Wundt, deve-se observar que ele considerou essa questão em sua doutrina da síntese criativa. Os psicólogos da Gestalt, no entanto, fizeram deste o ponto central da sua revolução.

Mais para se perceber do que os olhos podem encontrar

Para ilustrar a diferença básica entre as abordagens da Gestalt e de Wundt em relação à percepção, imagine que você é estudante de um laboratório alemão ao estilo wundtiano no início do século XX. O psicólogo encarregado pede-lhe que descreva um objeto que está sobre uma mesa. Você diz:

– Um livro.

– Sim, é claro que é um livro – ele concorda –, mas o que você vê, realmente?

– O que você quer dizer? O que eu vejo realmente? – você questiona, intrigado. – Eu disse que estou vendo um livro. Um livro pequeno com capa vermelha.

O psicólogo é persistente.

– Qual é sua verdadeira percepção? – ele insiste. – Descreva da forma mais precisa que puder.

– Você quer dizer que isso não é um livro? É algum tipo de truque?

Surge um traço de impaciência.

– Sim, é um livro. E não tem nenhum truque envolvido. Só quero que me descreva exatamente o que vê, nem mais, nem menos.

Agora você começa a ficar desconfiado.

– Bem – você diz –, deste ângulo aqui, a capa do livro se parece com um paralelogramo vermelho escuro.

– Isso – ele diz, animado. – Sim, você vê um pedaço vermelho escuro com a forma de um paralelogramo. O que mais?

– Tem um canto acinzentado debaixo dele e outra linha fina da mesma cor mais para baixo. E, sob o livro, eu vejo a mesa. – Ele estremece. – Em volta dela, vejo algo amarronzado com listras quase paralelas em um marrom mais claro.

– Ótimo – ele agradece por sua cooperação.

Enquanto espera, olhando para o livro na mesa, você se sente um pouco envergonhado por seu colega persistente ter conseguido induzi-lo a tal análise. Ele o deixou tão cauteloso, que você não tinha mais certeza do que viu realmente ou do que acha que viu... Em sua precaução, você começou a falar sobre o que viu em termos de sensações, enquanto, um minuto antes, você tinha certeza de ter percebido um livro sobre uma mesa.

Seu devaneio é interrompido repentinamente pela presença de um psicólogo que lembra vagamente Wilhelm Wundt.

— Obrigado por ajudar a confirmar mais uma vez minha teoria da percepção. Você comprovou — diz ele —, que o livro que viu não é nada mais que um aglomerado de sensações elementares. Quando estava tentando ser preciso e dizer exatamente o que viu, precisou falar em termos de pedaços de cores, e não objetos. As sensações de cores são primárias, e todo objeto visual pode ser reduzido a elas. Sua percepção do livro é construída por sensações, assim como uma molécula é construída por átomos.

Este pequeno discurso, aparentemente, é um sinal para começar uma batalha.

— Isso é tolice! — grita uma voz que vem do outro lado da sala. — Tolice! Qualquer idiota sabe que o livro é o fato perceptual primário, imediato, direto, irrefutável!

O psicólogo que se aproxima de você tem uma leve semelhança com William James, mas parece ter um sotaque alemão, e seu rosto está tão corado de raiva que você não tem certeza.

— Essa redução de uma percepção em sensações sobre a qual você continua falando não é nada mais que um jogo intelectual. Um objeto não é apenas um conjunto de sensações. Qualquer homem que fala sobre ver manchas em vermelho escuro onde deveria ver um livro está doente!

Quando a briga começa a ganhar força, você fecha a porta com cuidado e foge. Você conseguiu o que procurava: uma ilustração de que existem duas atitudes diferentes, duas formas diferentes de se falar sobre as informações que seus sentidos fornecem.[1]

Os psicólogos da Gestalt acreditam que existe mais para se perceber do que os olhos podem alcançar. Em outras palavras, nossa percepção vai além dos elementos sensoriais, os dados físicos básicos fornecidos aos órgãos dos sentidos.

As influências anteriores sobre a psicologia da Gestalt

Assim como em todo movimento, as ideias contestadoras da Gestalt tiveram origem em conceitos anteriores (Vezzani, Marino e Giori, 2012). A base da posição da Gestalt, ou seja, o enfoque na unidade da percepção, encontra-se no trabalho do filósofo alemão Immanuel Kant (1724-1804), que, curiosamente, escrevia seus livros confortavelmente vestido de roupão e calçando chinelos. Kant alegava que, quando percebemos o que chamamos de "objeto", como o livro sobre a mesa, encontramos os estados mentais que parecem compostos de partes e pedaços.

Essa ideia é semelhante à proposta dos elementos sensoriais defendida pelos empiristas ingleses e associacionistas já discutidos no Capítulo 2. No entanto, para Kant, esses elementos são organizados de forma que tenham algum sentido, e não por meio de processos de associação. Durante o processo de percepção, a mente forma ou cria uma experiência completa. Desse modo, a percepção não é uma impressão passiva e uma combinação de elementos sensoriais, como afirmavam os empiristas e associacionistas, mas uma organização ativa dos elementos, de modo que forme uma experiência coerente. Assim, a mente molda e forma os dados originais da percepção.

Franz Brentano (ver Capítulo 4), da University of Vienna, opôs-se ao enfoque de Wundt sobre os elementos da experiência consciente e propôs à psicologia o estudo do ato da experiência. Ele considerava artificial a introspecção utilizada por Wundt e defendia uma observação menos rígida e mais direta da experiência na forma como ela ocorre. A visão de Brentano estava mais próxima dos métodos mais recentes dos psicólogos da Gestalt.

Ernst Mach (1838-1916), professor de física da University of Prague, exerceu influência mais direta sobre o pensamento da Gestalt com a obra *Análise das sensações* [*The analysis of sensations*] (1885). Nesse livro, Mach discutia os padrões espaciais, como as figuras geométricas, bem como os padrões temporais, como as melodias, e os considerava sensações. Essas sensações de forma do espaço e de forma do tempo independem dos elementos individuais. Por exemplo, a forma do espaço de um círculo pode ser branca ou preta, grande ou pequena e, ainda, manter a qualidade elementar circular. Ainda é um círculo.

---

[1] De *Psychology: The Science of Mental Life*, de G. A. Miller. Nova York: Harper & Row, 1962, p. 103-105. Copyright 1962 por George A. Miller. Reproduzido com permissão da Harper & Row, Publishers, Inc.

Mach alegava que a percepção de um objeto não muda, ainda que modifiquemos nossa orientação em relação a ele. Uma mesa continua a ser uma mesa se a olharmos de lado, de cima ou de algum outro ângulo. Do mesmo modo, o tom continua o mesmo em nossa percepção até quando a forma do tempo é modificada; ou seja, quando é executado mais lenta ou rapidamente.

Christian von Ehrenfels (1859-1932) estudou as ideias de Mach e propôs qualidades de experiência que não podem ser explicadas, como combinações de elementos sensoriais. Chamou essas qualidades de Gestalt Qualitäten (qualidades de forma), que são percepções baseadas em algo além da aglutinação de sensações individuais. A melodia é uma qualidade de forma, porque parece a mesma até quando transposta para outra nota. Ela independe das sensações de que é composta. Para Ehrenfels e os seus seguidores, a forma em si era um elemento criado pela mente em operação sobre os elementos sensoriais. Desse modo, a mente seria dotada de capacidade para criar formas a partir de sensações elementares. Max Wertheimer, um dos três principais fundadores da psicologia da Gestalt, percebeu que, do trabalho de Ehrenfels, com quem estudara em Praga, vinha o maior incentivo para o movimento da Gestalt.

William James, que se opôs à tendência do elementarismo na psicologia, também foi precursor da escola de psicologia da Gestalt. James considerava os elementos da consciência abstrações artificiais. Afirmava que as pessoas veem os objetos como uma unidade, e não como pacotes formados de sensações. Outros principais fundadores da psicologia da Gestalt, Kurt Koffka e Wolfgang Köhler, tomaram contato com o trabalho de James quando foram alunos de Stumpf.

Fenomenologia: abordagem do conhecimento com base em uma descrição imparcial da experiência imediata conforme ela ocorre, e não analisada ou reduzida a elementos.

Outra influência anterior foi o movimento ocorrido na filosofia e na psicologia alemãs, conhecido como **fenomenologia**, doutrina baseada na descrição imparcial da experiência imediata na forma como ela ocorre. A experiência não é analisada nem reduzida a elementos ou abstraída de alguma forma artificial. Ela envolve uma experiência praticamente ingênua de senso comum, e não uma experiência relatada por um observador treinado, dotado de orientação ou tendência sistemática.

As mudanças do *Zeitgeist* na física

O *Zeitgeist* – mais especificamente, a atmosfera intelectual predominante na física – exerceu grande influência no desenvolvimento da psicologia da Gestalt. Nas últimas décadas do século XIX, as noções da física tornavam-se cada vez menos atomísticas com o reconhecimento e a aceitação dos **campos de força** – regiões ou espaços atravessados por linhas de força, por exemplo, por corrente elétrica.

Campos de força: regiões ou espaços atravessados em sentido diagonal por linhas de força, como a de uma corrente elétrica ou um ímã.

O exemplo clássico desse conceito é o magnetismo, propriedade difícil de explicar com base na visão tradicional de Galileu ou Newton. Por exemplo, quando limalhas de ferro são sacudidas em uma folha de papel colocada sobre um ímã, os pedacinhos formam um padrão característico. Embora as limalhas não toquem no ímã, são obviamente afetadas pelo campo de força existente em torno do magneto. Acreditava-se que a luz e a eletricidade funcionavam da mesma forma. Esses campos de força eram considerados entidades novas, e não apenas a soma dos efeitos dos elementos ou das partículas individuais.

Desse modo, a noção do atomismo ou elementarismo, tão influente no estabelecimento de grande parte da mais recente ciência da psicologia, estava sendo reconsiderada na física. Os físicos descreviam campos e entidades orgânicas completas, proporcionando, assim, munição e apoio para a visão revolucionária dos psicólogos da Gestalt a respeito da percepção. As noções oferecidas pelos psicólogos da Gestalt refletiam a nova física. Mais uma vez, os psicólogos esforçavam-se para imitar as ciências naturais já estabelecidas.

Houve uma conexão pessoal no impacto da nova física sobre a psicologia da Gestalt. Köhler havia estudado com Max Planck, um dos criadores da física moderna, e afirmou que, por influência de Planck, percebera haver uma conexão entre a aula de física e o conceito de unidade da Gestalt. Köhler testemunhou diretamente na física a crescente relutância em lidar com os átomos e a substituição dessa ideia pelo enfoque no conceito mais amplo dos campos, e afirmou: "A partir de então, a psicologia da Gestalt transformou-se em uma espécie de aplicação da física de campo nas áreas essenciais da psicologia" (1969, p. 77).

Entretanto, Watson, aparentemente, não tomou conhecimento da nova física. Sua escola de pensamento behaviorista manteve a abordagem reducionista, enfatizando elementos – os elementos do comportamento. Essa visão é compatível com a antiga perspectiva atomística da física.

O fenômeno *phi*: um desafio à psicologia Wundtiana

A psicologia da Gestalt desenvolveu-se por um estudo de pesquisa conduzido em 1910 por Max Wertheimer. Enquanto viajava de trem pela Alemanha durante as férias, ocorreu-lhe a ideia de realizar uma experiência para visualizar um movimento quando não estivesse efetivamente acontecendo. Abandonou seus planos de viagem, desceu do trem em Frankfurt, comprou um estroboscópio de brinquedo e analisou suas sensações internas em um estudo preliminar que realizou no quarto de um hotel. (O estroboscópio, um precursor da câmera filmadora, é um instrumento que projeta uma série de imagens rapidamente, o que, para o olho humano, produz o efeito de movimento). Mais tarde, conduziu um programa de pesquisa mais abrangente na University of Frankfurt, com dois psicólogos, Koffka e Köhler.

O problema de pesquisa de Wertheimer, para a qual Koffka e Köhler serviram como sujeitos, envolvia a percepção do movimento aparente, ou seja, do movimento quando não há efetivamente o movimento físico. Wertheimer referia-se a essa percepção como "impressão" do movimento. Usando o taquistoscópio, projetava a luz através de duas fendas, uma vertical e a outra com ângulo de 20 ou 30 graus da vertical. Se a luz fosse projetada primeiro através de uma fenda e depois através da outra, com um intervalo relativamente longo entre cada projeção (mais de 200 milissegundos), os sujeitos enxergavam algo como duas luzes sucessivas primeiro em uma fenda e depois na outra. Quando o intervalo entre as luzes era menor, os observadores percebiam duas luzes que pareciam contínuas. Com um intervalo ideal entre as luzes, cerca de 60 milissegundos, eles enxergavam um único feixe de luz que parecia se mover de uma fenda a outra, voltando novamente ao lugar.

Os cientistas conheciam esse fenômeno há anos, e o filme – ou as figuras em movimento – já era popular fazia uma década. Por que, então, o movimento aparente era considerado um grande avanço? Porque, de acordo com a posição predominante na psicologia, que era dominada pela visão de Wundt, toda experiência consciente poderia ser analisada ou dividida em seus elementos sensoriais. Então, de que maneira a percepção de movimento aparente pode ser explicada como uma soma de elementos individuais, quando os elementos eram apenas dois feixes de luz fixos? Seria possível adicionar um estímulo fixo a outro para produzir uma sensação de movimento? Não, não era possível, e esse ponto, exatamente, foi demonstrado de modo simples e brilhante por Wertheimer. Ele confrontou a explicação baseada no sistema wundtiano.

Wertheimer acreditava que o fenômeno na forma verificada no laboratório era tão elementar quanto uma sensação, mas era diferente de uma sensação ou de uma série delas. Denominou essa noção de **fenômeno *phi*.**

Fenômeno *Phi*: ilusão de que dois focos fixos de luz piscante estão em movimento de um lugar para o outro.

E como Wertheimer explicava o fenômeno *phi* quando a psicologia da época não conseguia encontrar nenhuma explicação? Sua resposta era tão simples quanto sua pesquisa. O movimento aparente dispensa qualquer explicação. Ele existe assim como é percebido, e não pode ser reduzido a um elemento mais simples.

De acordo com Wundt, a introspecção do estímulo produziria duas linhas sucessivas de luz e nada mais. No entanto, não importa quão rigorosamente um observador realizasse a introspecção dos dois feixes de luz, a experiência de uma única linha em movimento persistia. Qualquer tipo de análise mais profunda fracassava. Toda a experiência – o aparente movimento do feixe de luz de uma fenda para a outra – era distinta da soma das partes (os dois feixes fixos). Desse modo, a psicologia elementarista e associacionista, quando desafiada, não fora capaz de sustentar o seu ponto de vista.

Wertheimer publicou os resultados da pesquisa em 1912, no artigo intitulado "Estudos experimentais de percepção do movimento" ["Experimental studies of perception of moviment"], considerado o marco formal da escola de pensamento da psicologia da Gestalt.

Max Wertheimer (1880-1943)

Max Wertheimer (Figura 12.1) estudou direito na University of Prague, mudou sua graduação para filosofia e, então, seguiu para University of Berlin, para prosseguir o estudo de filosofia e psicologia. Obteve o doutorado em 1904, pela University of Würzburg, sob a orientação de Oswald Külpe. Seguiu para a University of Frankfurt, para lecionar e realizar pesquisas, obtendo uma posição acadêmica em 1929. Durante a Primeira Guerra Mundial, realizou pesquisas militares com os aparelhos de escuta dos submarinos e dos fortes localizados nas regiões portuárias.

Na década de 1920, na University of Berlin, Wertheimer desempenhou alguns de seus trabalhos mais produtivos para o desenvolvimento da psicologia da Gestalt. Um discípulo dele lembra-se de que as paredes do escritório de Wertheimer eram pintadas de vermelho vivo. Aparentemente, ele achava que cores fortes eram estimulantes, e que se as paredes fossem pintadas de cinza ou verde-claro, ou outra cor maçante, as pessoas não trabalhariam tão bem como se fossem pintadas de cores excitantes, como o vermelho (King e Wertheimer, 2005, p. 188).

O estilo das aulas de Wertheimer era estimulante e sua imaginação também era muito viva. Alguns alunos achavam que isso facilitava o entendimento, mas outros achavam confuso e obscuro. Uma aluna, entusiasmada pela paixão, zelo e convicções do professor, acreditava, a princípio, que poucos sabiam sobre o que Wertheimer estava falando. "Demorou, praticamente, metade do ano para que eu, indo a duas ou três aulas dele por semana, entendesse o que ele dizia. Quando entendíamos, ficávamos maravilhados! Nossa vida mudava, toda nossa visão sobre ela modificava. De repente, tudo ficava colorido e cheio de vida e começava a fazer sentido" (King e Wertheimer, 2004, p. 171).

A vida daquela aluna mudou significativamente. Aos 22 anos de idade ela se casou com o professor de 43 anos, mesmo ele tendo avisado que era obcecado por seu trabalho. "Deve sempre se lembrar", ele disse, "que estarei sempre à minha mesa trabalhando. Preciso criar a teoria da Gestalt" (King e Wertheimer, 2005, p. 172). Ele não estava exagerando.

Em 1921 Wertheimer, Koffka e Köhler, assistidos por Kurt Goldstein e Hans Gruhle, fundaram o periódico *Psychological Research*, que se tornou a publicação oficial da escola de pensamento da Gestalt. O governo nazista suspendeu sua publicação em 1938, mas ela foi retomada após a guerra, em 1949.

FIGURA 12.1 Max Wertheimer.

Wertheimer fazia parte do primeiro grupo de estudiosos a fugir da Alemanha nazista para os Estados Unidos, chegando a Nova York em 1933, ano em que Hitler assumiu o poder na Alemanha. Associou-se à New School for Social Research, onde permaneceu até sua morte, dez anos mais tarde. Embora os anos que passou nos Estados Unidos tivessem sido produtivos, teve dificuldade em se adaptar a uma nova língua e cultura.

Em 1994, mais de 60 anos após os psicólogos da Gestalt terem sido forçados a fugir da Alemanha, a University of Frankfurt fundou a *Max Wertheimer Lecture Series* (Série de Palestras Max Wertheimer). Micheal, o filho de Wertheimer, também um psicólogo eminente, fez uma palestra em sua homenagem no mesmo auditório em que o pai havia dado aulas tantos anos antes (ver King e Wertheimer, 2005).

Max Wertheimer impressionou muito o jovem psicólogo Abraham Maslow, que, de tão admirado, começou a estudar as características pessoais de Wetheimer. Por essas observações sobre Weitheimer e outros, Maslow desenvolveu o conceito de autorrealização e, posteriormente, promoveu a escola de pensamento da psicologia humanística (ver Capítulo 14).

Kurt Koffka (1886-1941)

Kurt Koffka, nascido em Berlim, foi o mais criativo entre os fundadores da psicologia da Gestalt. Interessado em ciência e filosofia, frequentou a University of Berlin. Estudou psicologia com Carl Stumpf, obtendo o Ph.D. em 1909. No ano seguinte, começou a longa e frutífera relação com Wertheimer e Köhler (ver foto de Koffka e Köhler na Figura 12.2, a seguir), na University of Frankfurt. Koffka afirmou:

> Pessoalmente, a simpatia era recíproca, tínhamos o mesmo entusiasmo, o mesmo tipo de formação e nos encontrávamos diariamente para discutir todas as questões, sob o sol [...] ainda [podia] sentir a emoção da experiência quando me dei conta do que o fenômeno *phi* realmente significava. [...] agora, por fim, a forma tornou-se assunto que pode ser tratado, ela [fez] sua entrada final no sistema da psicologia. (apud Ash, 1995, p. 120, 131)

Muitos anos depois, Köhler escreveu que "Koffka era uma pessoa orgulhosa; nunca o vi com medo de nada. Para poucos, ele era o amigo mais leal. Todos o consideravam generoso e justo" (1942, p. 101).

Em 1911, Koffka aceitou um cargo na University of Giessen, a 64 quilômetros de Frankfurt, onde permaneceu até 1924. Durante a Primeira Guerra Mundial, trabalhou em uma clínica psiquiátrica, tratando de pacientes afásicos e com danos cerebrais.

Depois da guerra, percebendo que os psicólogos norte-americanos estavam tomando conhecimento dos desenvolvimentos da psicologia da Gestalt na Alemanha, Koffka escreveu um artigo para a revista norte-americana *Psychological Bulletin* intitulado "Percepção: uma introdução à teoria da Gestalt" ["Perception: an introduction to the Gestalt-Theorie"] (Koffka, 1922). Nesse artigo, apresentou os conceitos básicos da psicologia da Gestalt, acompanhados dos resultados e das consequências de várias pesquisas.

Apesar da importância do artigo como a primeira explicação completa do movimento da Gestalt para psicólogos norte-americanos, ele parece ter provocado mais danos que benefícios. A palavra percepção, usada no título, criou um enorme equívoco, dando a impressão de que os psicólogos da Gestalt lidavam exclusivamente com percepção e de que movimento não era importante para as outras áreas da psicologia.

FIGURA 12.2 Kurt Koffka (esquerda) e Wolfgang Köhler (direita).

Em 1925, Max Wertheimer escreveu que a crença de que a psicologia da Gestalt se ocupava somente da percepção era um "mal entendido [que era] objetiva e historicamente falso, que se espalhou" (apud King, Wertheimer, Keller e Crochetiere, 1994, p. 1-2). Na verdade, a psicologia da Gestalt preocupava-se mais amplamente com os processos cognitivos, as questões relacionadas ao pensamento, à aprendizagem e outros aspectos da experiência consciente. Michael Wertheimer explicou o enfoque inicial da Gestalt, como segue:

> A principal razão para que os primeiros psicólogos da Gestalt se concentrassem em suas publicações sistemáticas sobre a percepção deve-se ao *Zeitgeist*: a psicologia de Wundt, contra a qual os gestálticos se rebelaram, recebia muito apoio das pesquisas sobre sensação e percepção, então os psicólogos da Gestalt escolheram a percepção como arena, a fim de atacar Wundt no próprio reduto. (Michael Wertheimer, 1979, p. 134)

Em 1921, Koffka publicou *O desenvolvimento da mente* [*The growth of the mind*], um livro a respeito da psicologia do desenvolvimento infantil, que teve sucesso na Alemanha e nos Estados Unidos. Koffka lecionou como professor visitante na Cornell University e na University of Wisconsin, e, em 1927, foi indicado para lecionar na Smith College, em Northampton, Massachusetts, onde permaneceu até a morte, em 1941. Em 1935, publicou *Princípios da psicologia Gestalt* [*Principles of Gestalt psychology*] , obra de difícil leitura, que, portanto, não se tornou a abordagem definitiva da psicologia da Gestalt, contrariando as expectativas do autor.

Wolfgang Köhler (1887-1967)

Wolfgang Köhler foi considerado o mais prolífico promotor do movimento da Gestalt. Seus livros, escritos com cuidado e precisão, tornaram-se trabalhos-padrão na psicologia da Gestalt. Os estudos de física realizados com Max Planck convenceram Köhler de que a psicologia devia aliar-se à física e que as *Gestalten* (formas ou padrões) ocorriam não apenas na física, mas também na psicologia.

Nascido na Estônia, Köhler estava com 5 anos quando a família se mudou para o norte da Alemanha. Estudou em universidades em Tübingen, Bonn e Berlim, e doutorou-se orientado por Stumpf, na University of Berlin, em 1909. Seguiu para a University of Frankfurt, chegando pouco tempo antes de Wertheimer e seu estroboscópio de brinquedo.

Em 1913, a convite da Academia de Ciência da Prússia, viajou para Tenerife, nas ilhas Canárias, próximo à costa noroeste da África, para estudar os chimpanzés. Seis meses depois da sua chegada, começou a Primeira Guerra Mundial, e Köhler informou à Alemanha não ter condições de retornar (outros cidadãos alemães conseguiram voltar ao país durante a guerra).

Um psicólogo, com base em sua interpretação idiossincrática dos dados históricos, chegou a insinuar que Köhler talvez fosse um espião alemão e que o local de pesquisa dele não passava de um disfarce para atividades de espionagem (Ley, 1990). Acusaram-no também de transmitir informações sobre os movimentos das frotas aliadas por meio de um potente rádio transmissor escondido no andar de cima de sua casa.

Em 2006, um psicólogo norte-americano visitou a casa, que estava "situada em uma colina com vista para o oceano [e], realmente, tinha uma boa visibilidade de uma importante porção do Atlântico. Se Köhler estava operando um transmissor secreto, este teria sido um local ideal para fazê-lo" (Johnson, 2007, p. 907).

No entanto, as provas para sustentar essas acusações intrigantes continuam sendo circunstanciais e foram contestadas por seguidores de Köhler e historiadores (Lück, 1990).

Seja como espião, seja como um cientista desamparado por causa da guerra, Köhler passou os sete anos seguintes estudando o comportamento dos chimpanzés. Registrou o trabalho no clássico volume *A mentalidade dos macacos* [*The mentality of the apes*] (1917), lançado em segunda edição em 1924 e traduzido para o inglês e o francês. Embora, no começo, considerasse interessante a pesquisa com os chimpanzés, logo se cansou de trabalhar com os animais, e declarou: "Dois anos observando macacos todos os dias; qualquer um acaba se transformando em um 'chimpanzoide' e não consegue mais perceber facilmente qualquer característica do animal" (apud Ash, 1995, p. 167).

Em 1920, Köhler retornou à Alemanha. Vendeu os chimpanzés para o zoológico de Berlim; no entanto, por não suportarem a mudança climática, os animais não sobreviveram muito tempo. Dois anos depois, Köhler substituiu Stumpf como professor de psicologia da University of Berlin. A razão mais provável para essa honrosa indicação teria sido a publicação de *Static and stationary physical Gestalts* (1920), livro bastante elogiado em razão do seu elevado grau de erudição. Nele, Köhler sugere que a teoria da Gestalt consistia em uma lei geral da natureza que pode ser amplamente aplicada em todas as ciências.

Na metade da década de 1920, Köhler se divorciou da esposa e casou-se com uma jovem e rica aluna sueca; depois, cortou contato com os quatro filhos do primeiro casamento. Cerca de 60 anos depois, a segunda esposa disse em uma entrevista que, por princípio, Köhler se opunha ao casamento, vendo-o como uma "imposição à sua liberdade", e que não gostava da vida familiar. Ele achava que "todos deveriam ser livres" (apud Ley, 1990, p. 201). Não muito tempo depois, Köhler desenvolveu um tremor nas mãos, que era mais notado quando estava aborrecido; assim, todas as manhãs, seus assistentes de laboratório observavam o tremor das mãos dele para avaliar como estava o seu humor.

No ano letivo de 1925-1926, Köhler lecionou na Harvard University e na Clark University, onde também ensinou os estudantes de pós-graduação a dançar tango. Em 1929, publicou *Psicologia da Gestalt* [*Gestalt psychology*], uma descrição completa do movimento da Gestalt.

Deixou a Alemanha nazista em 1935, por causa de divergências com o governo. Depois de ele ter criticado o regime em suas aulas, uma gangue de assassinos nazistas invadiu a classe. As ameaças, porém, não o impediram de continuar correndo riscos que, facilmente, o teriam-no levado à sentença de morte. Motivado pela demissão dos professores judeus das universidades alemãs, escreveu uma carta corajosa criticando o nazismo e enviou-a para um jornal de Berlim. À tarde, a carta foi publicada, e ele e alguns amigos permaneceram em casa, aguardando a Gestapo para prendê-lo; mas a temida batida na porta jamais ocorreu.

Um historiador contemporâneo comentou que Köhler foi o único psicólogo não judeu na Alemanha a protestar publicamente contra as demissões dos intelectuais judeus (Geuter, 1987). A maioria dos professores e dos alunos apoiou com entusiasmo o governo nazista desde o princípio. Um professor chamou o ditador Adolf Hitler de "grande psicólogo" e outro o elogiou, dizendo ser um homem de "visão, corajoso e emocionalmente profundo" (apud Ash, 1995, p. 342). Os líderes da German Psychological Society (Sociedade Alemã de Psicologia) apoiaram imediatamente o regime nazista, demitiram editores judeus, mesmo antes das leis que determinariam tais demissões, e rendiam homenagens públicas a Hitler. Nas reuniões da sociedade, proclamavam a "influência demoníaca" dos judeus (Mandler, 2002b, p. 197).

Depois de emigrar para os Estados Unidos, Köhler lecionou na Swarthmore College, Pensilvânia, publicou diversos livros e editou a revista gestáltica *Psychological Research*. Em 1956, recebeu o Prêmio de Destaque pela Contribuição Científica da APA, órgão que, em 1959, o elegeu presidente.

A natureza da revolta da Gestalt

As ideias dos psicólogos da Gestalt contradiziam grande parte da tradição acadêmica da psicologia alemã. Nos Estados Unidos, o behaviorismo não constituiu uma revolta tão imediata contra a psicologia wundtiana e contra o estruturalismo de Titchener, porque o funcionalismo já provocara mudanças básicas na psicologia norte-americana. O caminho para a revolução da Gestalt, na Alemanha, não contou com efeitos assim moderados. As declarações dos psicólogos da Gestalt eram consideradas total heresia.

Como a maioria dos revolucionários intelectuais, os líderes da Gestalt exigiam completa revisão da antiga ordem. Köhler declarou:

> Estamos entusiasmados com o que descobrimos, e ainda mais com a perspectiva de constatar mais fatos reveladores. A inspiração não veio apenas da novidade do nosso trabalho. Ocorreu também uma grande onda de alívio, como se estivéssemos fugindo de uma prisão. A prisão era a psicologia tal como era ensinada nas universidades, quando ainda éramos estudantes. (Köhler, 1959, p. 728)

Constância perceptual

Depois que Wertheimer passou a estudar a percepção do movimento aparente, os psicólogos da Gestalt começaram a se dedicar a outro fenômeno perceptual. A experiência da **constância perceptual** produziu apoio adicional para as suas visões. Por exemplo, quando paramos na frente de uma janela, uma imagem retangular é projetada na nossa retina, mas quando paramos de lado, a imagem da retina transforma-se em um trapezoide, embora, é claro, continuemos a perceber a janela no formato retangular. A percepção da janela permanece constante, embora a informação sensorial (a imagem projetada na retina) mude.

Constância perceptual: qualidade de integridade ou plenitude da experiência perceptual que não se altera mesmo com a mudança dos elementos sensoriais.

O mesmo ocorre com a constância do tamanho e do brilho em que os elementos sensoriais mudam, mas não a percepção. Nesses casos, assim como no movimento aparente, a experiência perceptual é dotada da qualidade da totalidade ou da integridade não encontrada em nenhuma parte componente. Assim, existe uma diferença entre o caráter da estimulação sensorial e da percepção em si. A percepção não pode ser explicada apenas como um conjunto de elementos ou a soma das partes.

A percepção é um todo, uma Gestalt, e qualquer tentativa de analisá-la ou reduzi-la em elementos a destruirá.

> Começar com os elementos é começar de forma errada, já que eles são produtos da reflexão e da abstração, derivados remotamente da experiência imediata e utilizados para explicá-la. A psicologia da *Gestalt* tenta retornar à percepção simples, à experiência imediata, e insiste em afirmar que não encontra ali conjuntos de elementos, mas unidades completas; não massas de sensações, mas árvores, nuvens e céu. E essa afirmação convida todos à verificação, simplesmente abrindo os olhos e olhando apenas para o mundo de forma simples e cotidiana. (Heidbreder, 1933, p. 331)

Uma questão de definição

A própria palavra *Gestalt* criou dificuldades. Diferentemente do termo funcionalismo ou behaviorismo, ela não expressa a ideia principal do movimento. Além disso, não existe equivalente exato na língua inglesa, embora hoje o termo já faça parte da linguagem cotidiana da psicologia. Os termos equivalentes mais comuns seriam "forma", "formato" e "configuração".

Na obra *Gestalt psychology* (1929), Köhler afirmou que a palavra era empregada de duas maneiras na Alemanha. Uma que denota a forma ou o formato como propriedade dos objetos. Nesse sentido, a *Gestalt* refere-se às propriedades gerais expressas em questões como angular ou simétrico e descreve as características como a forma triangular de uma figura geométrica ou o ritmo de uma melodia. A segunda forma denota a unidade ou a entidade concreta que tem como atributo uma forma ou um formato específico. E, nesse sentido, a palavra diz respeito a, digamos, triângulos, e não à noção do formato triangular da figura.

Assim, *Gestalt* pode ser usada para se referir a objetos ou às suas características formais. Além disso, o termo não se restringe ao campo visual nem mesmo a todo o campo sensorial, podendo abranger aprendizagem, pensamento, emoções e comportamento (Köhler, 1947). É nesse sentido geral e funcional da palavra que os psicólogos da Gestalt tentaram lidar com toda a área de atuação da psicologia.

Os princípios da Gestalt sobre a organização perceptual

Wertheimer apresentou os princípios de organização perceptual da escola de psicologia da Gestalt em um artigo publicado em 1923. Ele alegava que percebemos os objetos do mesmo modo que observamos o movimento aparente, ou seja, como unidades completas e não como agrupamentos de sensações individuais. Esses princípios da Gestalt seriam as regras fundamentais, por meio das quais organizamos nosso universo perceptual.

Uma premissa subjacente estabelece que a organização perceptual ocorre instantaneamente, sempre que percebemos diversos padrões ou formatos. As minúsculas partes do campo perceptual unem-se para formar estruturas distintas das originais. A organização perceptual é espontânea e inevitável sempre que vemos ou ouvimos. Em geral, não precisamos aprender a formar padrões, como afirmavam os associacionistas, embora algumas percepções de nível superior, como nomear os objetos, dependam da aprendizagem.

De acordo com a teoria da Gestalt, o cérebro é um sistema dinâmico, em que todos os elementos ativos interagem em determinado momento. A área visual do cérebro não responde separadamente aos elementos individuais do estímulo visual, conectando-os mediante algum processo mecânico de associação. Ao contrário, os elementos similares, ou bem próximos, tendem a se combinar, e os elementos diferentes ou distantes, a não se combinar.

Relacionamos, a seguir, vários princípios de organização perceptual, se encontram ilustrados na Figura 12.1.

1. *Proximidade.* Partes bem próximas umas das outras no tempo e no espaço parecem unidas e tendem a ser percebidas juntas. Na Figura 12.1(a) percebemos círculos nas três colunas duplas e não apenas como um grande conjunto.
2. *Continuidade.* Há uma tendência de a nossa percepção seguir uma direção para conectar os elementos de modo que eles pareçam contínuos ou fluir em uma direção específica. Na Figura 12.1(a), a tendência é seguir as colunas com pequenos círculos de cima para baixo.
3. *Semelhança.* As partes similares tendem a ser vistas juntas, formando um grupo. Na Figura 12.1(b), os círculos e os pontos parecem juntos, e a tendência é perceber fileiras de círculos e de pontos em vez de colunas.
4. *Preenchimento.* Há uma tendência da nossa percepção em completar as figuras incompletas, de preencher as lacunas. Na Figura 12.1(c), é possível perceber três quadrados, mesmo que as figuras estejam incompletas.

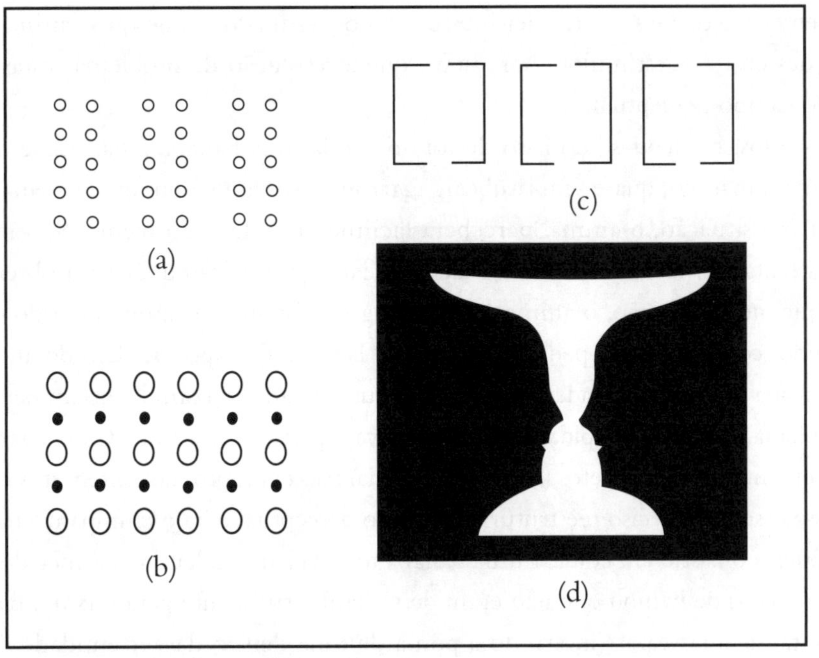

FIGURA 12.3 Exemplos de organização perceptual.

5. *Simplicidade*. Há uma tendência de vermos a figura como tendo boa qualidade sob as condições de estímulos; a psicologia da Gestalt chama essa característica de *prägnanz* ou boa forma. Uma boa *Gestalt* é simétrica, simples e estável, e não pode ser mais simples nem mais organizada. Os quadrados na Figura 12.1(c) são boas *Gestalts*, porque são claramente percebidos como completos e organizados.
6. *Figura/fundo*. Há uma tendência de organizar as percepções do objeto (a figura) que está sendo visto e do fundo (a base) sobre o qual ele aparece. A figura parece ser mais substancial e destacar-se do seu fundo. Na Figura 12.1(d), a figura e o fundo são reversíveis; é possível ver dois rostos ou um vaso, dependendo de como a percepção é organizada.

Esses princípios de organização não dependem dos processos mentais superiores nem de experiências passadas, pois estão nos próprios estímulos. Wertheimer chamou-os de fatores periféricos, reconhecendo também que os fatores centrais dentro do organismo influenciam a percepção. Por exemplo, sabe-se que os processos mentais superiores de familiaridade e de atitude afetam a percepção; no entanto, em geral, os psicólogos da Gestalt concentram-se mais nos fatores periféricos da organização perceptual do que nos efeitos da aprendizagem ou da experiência.

Os estudos da Gestalt sobre a aprendizagem: *insight* e a mentalidade dos macacos

Mencionamos anteriormente a longa visita de Köhler ao Tenerife (1913-1920), onde ele investigou a inteligência dos chimpanzés demonstrada por meio das habilidades na solução de problemas. Essas experiências foram realizadas tanto dentro quanto em volta das jaulas dos animais e envolveram apetrechos muito simples, como as barras das jaulas (usadas para bloquear o acesso), bananas, varas para puxar as frutas para o interior das jaulas e caixas que serviam de apoio para os animais tentarem alcançar as frutas penduradas no teto. Com base na visão de percepção da Gestalt, Köhler interpretou os resultados da pesquisa animal analisando toda a situação e as relações entre os estímulos. Acreditava que a resolução de problemas estava relacionada com a reestruturação do campo perceptual.

Em um dos estudos, colocou-se do lado de fora da jaula uma banana amarrada em um barbante que chegava até a jaula, e o macaco, quase sem titubear, agarrou o barbante e puxou a banana para dentro. Köhler concluiu que, nessa situação, o animal percebera facilmente todo o problema. Se vários fios saíssem da jaula em direção à fruta, o macaco não saberia de imediato qual deles puxar para obter a banana. Assim, Köhler observou que, nessa situação, o animal não conseguia visualizar claramente todo o problema.

Em outro estudo, colocou-se um pedaço da fruta do lado de fora, pouco além do alcance do animal. Se uma vara fosse colocada próximo às grades, em frente à fruta, a vara e a comida seriam percebidas como parte de um mesmo problema, e o animal rapidamente usaria a vara para puxar a fruta. Caso a vara fosse colocada no fundo da jaula, no entanto, os dois objetos (a vara e a banana) não eram prontamente vistos como parte do mesmo problema. Nesse caso, era preciso reestruturar o campo perceptual para o chimpanzé resolver a questão.

Outra experiência consistiu em colocar uma banana fora da jaula e além do alcance do animal, e, do lado de dentro, duas varas ocas de bambu que não eram de tamanho suficiente para puxar a fruta. Para fazê-lo, o animal teria de juntar as duas varas (inserindo a ponta de uma dentro da extremidade da outra) para criar outra do tamanho de que precisava. Assim, para solucionar o problema, o animal tinha de perceber uma nova relação entre as duas varas.

O trecho a seguir, extraído do livro de Köhler, descreve mais estudos e observações sobre a aprendizagem dos chimpanzés. Köhler discute os esforços dos animais para aprender a usar os acessórios a fim de que eles obtenham a comida. Essas experiências mostram como os animais aprendem a usar caixas para alcançar o objeto de estímulo, em geral uma banana suspensa no teto da jaula.

Observe como Köhler empregou uma linguagem não técnica para descrever o trabalho. Ele se concentrou na personalidade e nas diferenças individuais dos seus sujeitos de pesquisa. Não adotou nenhuma forma de medição ou experimentação, nenhum tratamento experimental rigoroso, tampouco valeu-se de grupos de controle ou de análises estatísticas. Em lugar disso, Köhler descreveu suas observações sobre as reações dos animais às situações que ele criava.

Texto original

Trecho sobre a psicologia da Gestalt, extraído de *The mentality of apes* (1927), de Wolfgang Köhler[2]

O chimpanzé não recebeu da vida apenas alguma aptidão especial para ajudá-lo a alcançar os objetos colocados no alto, empilhando materiais de construção; ao contrário, ele é capaz de realizar muito por esforço próprio, quando as circunstâncias assim exigirem e quando houver material disponível.

O ser humano adulto tende a não perceber as reais dificuldades do chimpanzé diante dessa construção, por assumir que o fato de acrescentar um segundo material de construção ao primeiro é apenas uma repetição do ato de posicionar o primeiro no chão (debaixo do objetivo); que, quando a primeira caixa está no chão, é como se a sua superfície fosse do mesmo nível do solo e, portanto, o único fator novo nesse processo de construção seria o levantamento efetivo do material. Assim, as únicas dúvidas seriam se os animais realizam ordenadamente o seu trabalho, se manipulam as caixas desajeitadamente ou de outra forma. [...]

No entanto, a existência de outra dificuldade específica se tornaria óbvia ao se observar mais detalhadamente a primeira tentativa de Sultão durante a realização dessa tarefa: quando Sultão [considerado o chimpanzé mais inteligente] apanha e levanta

[2] Trecho extraído de *The mentality of apes*, de W. Köhler, Londres: Routledge & Kegan Paul, 1927, p. 135-172.

pela primeira vez a segunda caixa, balançando-a estranhamente sobre a primeira, mas não a põe em cima dela. Na segunda vez, coloca-a em cima da que está no chão, com o lado maior virado no sentido vertical, aparentemente sem qualquer hesitação, mas a construção ainda fica muito baixa, já que o objetivo foi pendurado, sem querer, alto demais.

A experiência continua imediatamente, com o objetivo pendurado agora a aproximadamente dois metros da lateral, em um ponto mais baixo do teto, e com a construção de Sultão mantida no mesmo lugar. Entretanto, o fracasso de Sultão parece provocar um efeito posterior perturbador: por muito tempo ele ignora as caixas, diferentemente das outras vezes, em que achava uma nova solução, em geral repetindo prontamente a ação. [...]

Mais tarde, durante a experiência, um curioso incidente ocorre: o animal volta a adotar os métodos antigos, tenta puxar o tratador pelas mãos para conduzi-lo até o objetivo; sendo repelido, tenta fazer o mesmo comigo, e novamente é rejeitado. Em seguida, orientamos o tratador para que, caso Sultão tente puxá-lo novamente, ele finja ceder, mas, assim que o animal subir nos seus ombros, deve se ajoelhar e ficar bem baixo.

Logo isso realmente acontece: depois de arrastar o tratador até ficar debaixo do objetivo, Sultão sobe em seus ombros e o homem rapidamente dobra os joelhos. O animal sai de cima dele, resmungando, segura-o com as duas mãos pelos quadris, e tenta com toda a força empurrá-lo para cima. Uma forma surpreendente de tentar aprimorar o instrumento humano!

Agora que Sultão não toma mais conhecimento das caixas, já que descobriu a solução sozinho, parece razoável remover o motivo do seu fracasso. Coloquei as caixas uma sobre a outra para Sultão, debaixo do objetivo, exatamente como ele fizera da primeira vez, e deixei-o pegar o objetivo.

Quanto ao esforço de Sultão em empurrar o tratador, tentando endireitá-lo, desejo logo de início refutar a acusação de equívoco na interpretação da "leitura do animal"; trata-se apenas de uma descrição do procedimento, e não há nenhuma possibilidade de equívoco. No entanto, a fim de evitar qualquer suspeita, por se tratar de um caso isolado (suspeita, de qualquer modo, injustificável, considerando que Sultão tenta utilizar tanto o tratador como a mim, não apenas uma, mas várias vezes, como um apoio), devo acrescentar resumidamente a descrição de outros casos semelhantes:

Sultão não consegue resolver o problema quando o objetivo está do lado de fora e além do seu alcance; eu me encontro perto dele, dentro da jaula. Depois de todo tipo de tentativa fracassada, o animal aproxima-se de mim, segura o meu braço, arrasta-me em direção às grades, puxando, ao mesmo tempo, o meu braço com toda a força na sua direção, e, em seguida, empurra o meu braço pelas grades, na direção do objetivo. Como eu não pego o objetivo, vai em direção ao tratador, e tenta fazer o mesmo com ele.

Mais tarde, ele repete o procedimento, apenas com uma diferença: primeiro, ele me chama com lamúrias, como se estivesse suplicando, já que dessa vez estou do lado de fora. Nesse caso, assim como no primeiro, ofereci tanta resistência que o animal quase não conseguiu superá-la, e não me largou até que a minha mão, efetivamente, alcançasse o objetivo, mas não lhe fiz o favor (para o bem das futuras experiências) de levar o objetivo até ele.

Devo mencionar ainda que, em um dia quente, os animais tiveram de esperar mais tempo que o normal pela tigela d'água, de modo que, por fim, eles simplesmente tentaram agarrar as mãos, os pés ou os joelhos do tratador e empurrá-lo com toda força em direção à porta, atrás da qual costumava ficar guardada a jarra d'água. Durante algum tempo, esse comportamento tornou-se rotineiro; se o homem tentava alimentá-los com as bananas, Chica calmamente as tirava da mão do tratador e as colocava de lado, e o empurrava na direção da porta (Chica estava sempre com sede).

Talvez seja um equívoco pensar que os chimpanzés não tenham noção ou que sejam estúpidos em relação a essas questões. Devo acrescentar que os animais percebem o corpo humano com certa facilidade, quando vestido com roupas comuns, como camisa e calças e sem qualquer tipo de casaco. Se alguma coisa os deixa intrigados, eles investigam imediatamente, e qualquer grande mudança na maneira de vestir ou na aparência (por exemplo, uma barba) faz com que Grande e Chica realizem prontamente uma investigação minuciosa.

Depois do auxílio encorajador a Sultão, as caixas foram deixadas novamente de lado. Um novo objetivo é pendurado no mesmo ponto no teto da jaula. Sultão imediatamente empilha as duas caixas, mas no mesmo lugar em que o objetivo fora pendurado, bem no início da experiência, e onde ficara a sua primeira construção. Em cerca de cem casos usando as caixas, essa foi a única ocasião em que esse tipo de estupidez foi cometido. Sultão parece confuso quando está fazendo isso, e provavelmente muito cansado, já que a experiência durou mais de uma hora e em um local quente.* Sultão continuou a empurrar as caixas de um lado a outro, praticamente ao acaso, até colocá-las novamente uma sobre a outra e debaixo do objetivo; ele pega a fruta e nós o deixamos sair. Somente em uma ocasião o vi assim tão confuso e perturbado.

No dia seguinte, fica claro que deve haver uma dificuldade específica contida no problema em si. Sultão carrega uma caixa e coloca-a debaixo do objetivo, mas não traz a segunda caixa; por fim, acabamos empilhando-as e assim ele alcança a meta. O novo problema que se segue imediatamente (a construção novamente foi destruída) não o induz a trabalhar; ele continua tentando usar o observador como apoio; e assim, mais uma vez, montamos a construção para ele. No terceiro problema, debaixo do objetivo, Sultão coloca uma caixa, puxa a outra e a põe ao lado, mas para no momento crítico: seu comportamento provoca total perplexidade. Ele continua olhando para o objetivo e, ao mesmo tempo, tenta desajeitadamente agarrar a segunda caixa. Então, quase de repente, ele a agarra com firmeza, faz um movimento seguro, colocando-a sobre a primeira. Sua longa indecisão é totalmente contraditória em relação a essa solução repentina.

Dois dias depois, repetimos a experiência; o objetivo é novamente pendurado em outro ponto. Sultão coloca uma caixa um pouco inclinada debaixo do objetivo, traz a segunda e começa a levantá-la, todo o tempo olhando para o objetivo, quando a deixa cair novamente. Depois de diversas ações (tentando subir até o teto, empurrando o observador para cima), ele recomeça a construir; coloca cuidadosamente a primeira caixa com o lado maior no sentido vertical debaixo do objetivo, e agora faz enorme esforço para colocar a segunda em cima; a caixa gira e balança de um lado a outro e acaba ficando sobre a outra, mas com o lado menor no sentido vertical e com a parte aberta presa em um dos cantos. Sultão sobe nelas e imediatamente destrói a construção, jogando tudo no chão.

Muito cansado, fica deitado em um canto da sala, dali olhando as duas caixas e o objetivo. Somente depois de passado um tempo razoável, ele retoma o trabalho. Coloca uma caixa no sentido vertical e tenta alcançar o objetivo; desce, pega a segunda caixa, e finalmente, com muito cuidado, consegue colocá-la no sentido vertical sobre a primeira, mas as duas não estão exatamente uma sobre a outra, por isso, cada vez que ele tenta subir, as caixas começam a desabar. Somente depois de uma longa tentativa, durante a qual o animal nitidamente age quase cegamente, deixando o sucesso ou o fracasso por conta de movimentos aleatórios, consegue colocar a caixa de cima em posição mais segura, finalmente atingindo o objetivo.

Depois dessa tentativa, Sultão passou a usar sempre e imediatamente a segunda caixa, e, acima de tudo, nunca teve dúvida quanto ao lugar em que deveria colocá-la.

* Somente mais tarde percebi que pressionava um pouco demais os animais nos primeiros meses; apenas com o tempo consegui desenvolver o ritmo de procedimento adequado para o macaco e de acordo com o clima.

Comentários

Para Köhler, esses estudos e outros similares proporcionavam evidências do **insight**, a espontânea e aparente apreensão ou compreensão das relações. Sultão, finalmente, obteve o *insight* do problema depois de várias tentativas, assimilando as relações entre as caixas e a banana pendurada sobre a sua cabeça. A palavra em alemão que Köhler usou para descrever esse fenômeno foi *Einsicht*, traduzida para o inglês como *insight* ou compreensão. "Não tem nenhum condicionamento acontecendo", ele escreveu; ao contrário, depois de determinado ponto, o animal *entende* o que está ocorrendo, e, então, o comportamento resultante é, logicamente, perfeito (apud Ley, 1990, p. 182). Em outro exemplo de descoberta simultânea e independente, o psicólogo norte-americano de animais Robert Yerkes encontrou evidências, em experiências com orangotangos, para sustentar o conceito de *insight*, e a denominou "aprendizagem ideacional". Na Figura 12.4, a seguir, vemos um chimpanzé tentando alcançar um pedaço de fruta com varas de tamanhos diferentes.

***Insight*:** compreensão ou percepção imediata.

Na década de 1930, Ivan Pavlov repetiu algumas das pesquisas de Köhler, em que o macaco precisava colocar uma caixa sobre a outra para alcançar a comida suspensa no teto. Constatou que os animais levavam

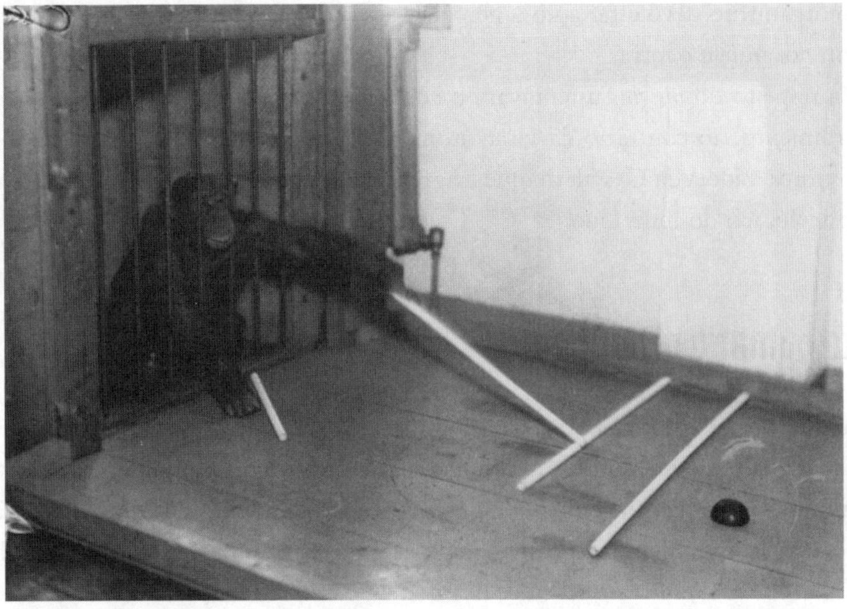

YERKES PRIMATE RESEARCH CENTER

FIGURA 12.4 Um chimpanzé usa varas de comprimentos diferentes para alcançar um pedaço de fruta.

diversos meses para resolver o problema. Questionou a hipótese de Köhler de que os macacos obtinham o *insight* da situação e chamou de "caótico" o comportamento dos animais na solução do problema. Pavlov disse que as respostas por ele obtidas não eram tão diferentes daquelas da aprendizagem por ensaio-e-erro da pesquisa de Thorndike (Windholz, 1997).

Em 1974, o tratador dos chimpanzés de Köhler, Manuel Gonzalez y Garcia, descreveu a pesquisa em uma entrevista. Contou diversas histórias sobre os animais, e principalmente de Sultão, que costumava ajudá-lo a alimentar os outros animais. Gonzalez dava a Sultão cachos de bananas para segurar. "Mediante uma ordem, 'duas para cada', Sultão caminhava pelo recinto e distribuía duas bananas para cada um dos demais macacos" (apud Ley, 1990, p. 12-13).

Um dia, Sultão viu o tratador pintando uma porta. Quando o homem saiu, o animal pegou o pincel e começou a imitar o comportamento que observara. Em outra ocasião, Claus, o filho caçula de Köhler, sentou-se em frente da jaula, tentando sem êxito empurrar uma banana entre as grades. Sultão, dentro da gaiola e aparentemente sem fome, girou a banana 90 graus, de modo que a fruta pudesse passar entre as barras, enquanto Köhler dizia a seu filho que Sultão era mais esperto que ele.

Certa vez, Sultão, de algum modo, encorajou Claus a subir bem alto em uma árvore, e o menino se recusava a descer, apesar das ordens severas de seu pai. Quando Claus finalmente desceu, Köhler o agarrou, abaixou seus shorts, e bateu nele. Logo depois disso, Sultão agarrou Köhler e abaixou suas calças. Cerca de 70 anos depois, Ao contar essa história para um entrevistador, os olhos de Claus brilharam de prazer.

Köhler acreditava que o *insight* e as habilidades para resolver problemas demonstrados pelos chimpanzés eram diferentes da aprendizagem por ensaio-e-erro descrita por Thorndike. Köhler criticava o trabalho de Thorndike, alegando que as condições experimentais eram artificiais e permitiam a demonstração apenas de comportamentos aleatórios dos animais. E afirmou que os gatos das caixas-problema de Thorndike não exploravam todo o mecanismo que os libertava (todos os elementos pertencentes a toda a situação) e, assim, apresentavam apenas respostas de ensaio-e-erro.

Do mesmo modo, um animal no labirinto não consegue ver todo o padrão ou o formato, mas apenas o corredor que encontra. Portanto, os animais não têm muita opção a não ser arriscar um caminho por vez. Na visão da Gestalt, o organismo deve estar apto a perceber as relações entre as várias partes do problema antes que a aprendizagem por *insight* ocorra.

Esses estudos a respeito do *insight* sustentavam o conceito global ou molar dos psicólogos da Gestalt em relação ao comportamento, ao contrário da visão atomística e molecular promovida pelos behavioristas. A pesquisa também reforça a ideia da Gestalt de que a aprendizagem envolve a reorganização ou a reestruturação do ambiente psicológico do indivíduo.

O pensamento humano produtivo

O livro de Wertheimer a respeito do pensamento produtivo (Wertheimer, 1945), publicado após a sua morte, apresentou os princípios da Gestalt sobre a aprendizagem aplicados ao pensamento criativo humano. Sua proposta afirmava que o pensamento se forma como um todo. O aprendiz assim considera a situação, e o professor deve apresentá-la igualmente. É possível notar as diferenças entre esse método e o de ensaio-e-erro, em que a solução do problema, em certo sentido, fica oculta, e o aprendiz pode cometer erros antes de alcançar a resposta correta.

Os casos apresentados no livro de Wertheimer vão de processos de pensamento infantil na solução de problemas de geometria até processos cognitivos complexos, como o do físico Albert Einstein na elaboração da teoria da relatividade. Em diversas faixas etárias e em vários níveis de dificuldade, Wertheimer constatou evidências para sustentar a ideia de que o problema como um todo deve dominar as partes. Acreditava que os detalhes de um problema devessem ser considerados apenas em relação à situação inteira. Além disso, a solução do problema deve seguir do todo para as partes, e não o contrário.

Em um ambiente de sala de aula, por exemplo, se o professor organizar ou arrumar os elementos dos exercícios, como as palavras ou os números, em uma unidade com sentido, os alunos obterão mais facilmente o *insight* e assimilarão os problemas e as soluções. Wertheimer mostrou que, uma vez compreendido, o princípio básico de uma solução pode ser transferido ou aplicado a outras situações.

Ele desafiou as práticas educativas tradicionais, como a repetição mecânica de estruturas e a aprendizagem dirigida, derivadas da abordagem associacionista. Considerava a repetição pouco produtiva, e citava como prova a incapacidade de um aluno resolver a variação de um problema quando a solução fora adquirida por outro método e não assimilada por um *insight*. Concordava, no entanto, que nomes e datas deviam ser aprendidos por memorização, por meio de associação reforçada por repetição. Desse modo, admitia ser a repetição útil em alguns casos, mas insistia em que esse método produzia um desempenho mecânico e não a compreensão ou um pensamento produtivo ou criativo.

O isomorfismo

Satisfeitos por estabelecer que os seres humanos percebem unidades organizadas e não conjuntos de elementos sensoriais, os psicólogos da Gestalt mudaram o enfoque para os mecanismos cerebrais envolvidos na percepção. Tentaram desenvolver uma teoria sobre correlatos neurológicos subjacentes das Gestalts percebidas. Descreviam o córtex cerebral como um sistema dinâmico, em que os elementos ativos interagem em determinado momento. Essa ideia contradiz o conceito de semelhança entre o homem e a máquina, que compara a atividade neural a uma central telefônica, conectando mecanicamente as ligações sensoriais recebidas de acordo com os princípios da associação. Nessa visão associacionista, o cérebro opera de forma passiva e é incapaz de organizar ou modificar ativamente os elementos sensoriais recebidos. Essa última teoria também implica a correspondência direta entre a percepção e o seu equivalente neurológico.

Com base em sua pesquisa sobre o movimento aparente, Wertheimer sugeriu que a atividade cerebral é um processo integral de configuração. Como o movimento aparente e o real são percebidos de forma idêntica, os respectivos processos corticais também devem ser similares, ou seja, devem ocorrer processos cerebrais correspondentes.

Em outras palavras, deve haver uma correspondência entre a experiência consciente ou psicológica e a cerebral subjacente, responsável pelo fenômeno *phi*. Essa ideia é denominada **isomorfismo**, princípio já aceito na biologia e na química. Os psicólogos da Gestalt compararam a percepção a um mapa, no sentido de ser idêntica ("iso") na forma ou no formato ("morfo") daquilo que representa, sem ser uma cópia literal. No entanto, a percepção não é um guia confiável para perceber o mundo real.

Isomorfismo: doutrina que afirma existir uma correspondência entre a experiência psicológica ou consciente e a experiência cerebral latente.

Köhler aprofundou a posição de Wertheimer no trabalho *Static and stationary physical gestalts* (1920), em que afirmou que os processos corticais se comportam de modo semelhante a campos de força. Sugeriu que, tal como o comportamento de um campo de força eletromagnética em volta de um ímã, os campos de atividade neurais são estabelecidos por processos eletromecânicos do cérebro em resposta aos impulsos sensoriais.

A expansão da psicologia da Gestalt

Em meados da década de 1920, o movimento da Gestalt era uma escola de pensamento coerente, dominante e poderosa na Alemanha. Centralizado no Psychological Institute da University of Berlin, o movimento atraía muitos alunos de diversos países (quase metade deles eram mulheres). O instituto estava instalado em uma das alas do antigo Palácio Imperial e orgulhava-se de possuir um dos maiores laboratórios do mundo, equipado para investigar diversas questões psicológicas do ponto de vista da Gestalt. A revista *Psychological Research* era muito lida e respeitada.

Depois de os nazistas assumirem o poder na Alemanha, em 1933, suas ações repressoras contra intelectuais e judeus forçaram muitos pesquisadores, até os fundadores da psicologia da Gestalt, a deixar o país. O núcleo da Gestalt se transferiu para os Estados Unidos, disseminando-se por meio de contatos pessoais, bem como pelas publicações dos trabalhos. Mesmo antes da fundação formal da escola, muitos psicólogos norte-americanos haviam estudado com seus futuros líderes, absorvendo suas ideias.

Alguns livros de Koffka e de Köhler foram traduzidos do alemão para o inglês, e resenhas foram publicadas nas revistas norte-americanas de psicologia. Uma série de artigos escritos pelo psicólogo norte-americano Harry Helson e publicados na *American Journal of Psychology* também ajudou a divulgar a teoria da Gestalt nos Estados Unidos (Helson, 1925, 1926). Koffka e Köhler estiveram nesse país para dar aulas e conferências em universidades. Koffka deu 30 palestras em três anos e, em 1929, Köhler foi um dos conferencistas a apresentar as diretrizes básicas do 9º Congresso Internacional de Psicologia, na Yale University (o outro palestrante foi Ivan Pavlov, que levou uma cuspida de um dos chimpanzés de Robert Yerkes).

A psicologia da Gestalt vinha chamando a atenção nos Estados Unidos, mas, por diversas razões, sua aceitação como escola de pensamento foi lenta. Primeiro, porque o behaviorismo estava no auge da popularidade. Segundo, porque havia uma barreira linguística, isto é, as principais publicações da Gestalt eram em alemão, e a necessidade de tradução atrasava a divulgação completa e precisa daquela visão. Terceiro, como já mencionamos, porque muitos psicólogos pensavam, equivocadamente, que a Gestalt se dedicava apenas à percepção. Quarto, porque os fundadores Wertheimer, Koffka e Köhler instalaram-se em faculdades pequenas nos Estados Unidos, que não ofereciam programas de pós-graduação; portanto, era difícil atrair discípulos para transmitir suas ideias.

Quinto, e mais importante, porque a psicologia norte-americana havia avançado muito além das ideias de Wundt e Titchener, às quais os psicólogos da Gestalt estavam se opondo. O behaviorismo já era o segundo estágio da oposição norte-americana. Consequentemente, a psicologia norte-americana, muito mais que a alemã, já superara a posição elementarista de Wundt. Os psicólogos norte-americanos acreditavam que os psicólogos da Gestalt estavam lutando contra um inimigo que eles já haviam derrotado. Os psicólogos da Gestalt chegaram aos Estados Unidos protestando contra algo que, naquele território, não fazia mais sentido.

Esse cenário era arriscado para a sobrevivência da escola da Gestalt. Temos testemunhado por toda a história que o movimento revolucionário depende de uma oposição para sobreviver, de algo para combater se deseja promover suas ideias com êxito. No entanto, quando os psicólogos da Gestalt chegaram aos Estados Unidos, encontraram pouca oposição.

A batalha contra o behaviorismo

Quando os psicólogos da Gestalt perceberam quais eram as tendências na psicologia norte-americana, imediatamente estudaram o novo alvo. Se não havia sentido em protestar contra a psicologia wundtiana, que já desaparecera da psicologia norte-americana, então podiam atacar as qualidades reducionistas típicas da escola de pensamento behaviorista. Os psicólogos da Gestalt alegavam que o behaviorismo, do mesmo modo que a psicologia de Wundt, também se dedicava a abstrações artificiais. Para eles, não fazia muita diferença se a análise era feita com base na redução introspectiva em elementos mentais (Wundt) ou na redução objetiva em unidades condicionadas de estímulo-resposta (Watson). O resultado era o mesmo: uma abordagem molecular em vez de molar. Os psicólogos da Gestalt também contestavam o fato de os behavioristas não aceitarem a validade da introspecção e descartarem qualquer reconhecimento da consciência. Koffka acusava de insensato o desenvolvimento de uma psicologia sem o conceito de consciência, como faziam os behavioristas, porque significava que a psicologia era pouco mais que uma coleção de pesquisas com animais.

As batalhas entre psicólogos da Gestalt e behavioristas começaram a inflar emocional e pessoalmente. Uma ocasião, quando Clark Hull, E. C. Tolman, Wolfgang Köhler e vários psicólogos saíram para tomar cerveja depois de um encontro científico na Filadélfia, em 1941, Köhler disse a Hull que ouvira dizer que ele teria usado uma expressão insultante durante suas aulas: "aqueles malditos gestaltistas". Embaraçado, Hull disse esperar que as divergências científicas não se transformassem em agressões pessoais. Köhler, então, respondeu que estava "ávido por discutir mais assuntos de forma lógica e científica, mas quando as pessoas tentam transformar o homem em uma espécie de máquina caça-níqueis, ele se vê obrigado a brigar". Então, deu um murro na mesa "provocando um barulho estridente", para deixar bem clara a sua opinião (apud Amsel e Rashotte, 1984, p. 23).

A psicologia da Gestalt na Alemanha nazista

Embora os fundadores da escola de pensamento da psicologia da Gestalt tivessem fugido da Alemanha na época da guerra, alguns de seus discípulos permaneceram no país durante o período nazista, que terminou com os alemães derrotados pelos aliados, em 1945. Esses adeptos da Gestalt continuaram a conduzir pesquisas, concentrando-se nos estudos da visão e da percepção de profundidade. O instituto psicológico de Köhler continuou a funcionar na University of Berlin, embora, assim como todas as universidades alemãs daquela época, esta não se caracterizasse mais pela liberdade acadêmica nem pela receptividade às pesquisas. Um norte-americano em visita ao instituto, em 1936, comentou sobre a "absoluta aridez do clima intelectual desse ex-baluarte da escola da Gestalt" (apud Ash, 1995, p. 340). As atividades de pesquisa da maioria dos psicólogos alemães durante a Segunda Guerra Mundial foram direcionadas ao esforço de guerra, principalmente na avaliação do pessoal militar. A pesquisa prática e aplicada teve precedência sobre a ciência pura e a construção teórica.

A teoria de campo: Kurt Lewin (1890-1947)

A psicologia da Gestalt refletia a tendência científica do final do século XIX, do estudo com base nas relações de campo e não no modelo atomístico e elementarista. A teoria de campo surgiu dentro da psicologia como um conceito equivalente ao dos campos de força da física. Na psicologia atual, o termo **teoria de campo** costuma referir-se às ideias de Kurt Lewin. O trabalho de Lewin segue a orientação gestáltica, mas ultrapassa os limites da posição ortodoxa da Gestalt, para incluir as necessidades humanas, a personalidade e as influências sociais no comportamento.

Teoria de campo: sistema de Lewin, que aplica o conceito de campos de força para explicar o comportamento de um indivíduo com base em seu campo de influências sociais.

A biografia de Lewin

Kurt Lewin (Figura 12.5) nasceu em Mogilno, Alemanha, e estudou nas universidades de Friburgo, Munique e Berlim. Recebeu o Ph.D. em psicologia de Carl Stumpf, na University of Berlin, em 1914, onde também estudou matemática e física. Durante a Primeira Guerra Mundial, serviu no exército alemão e foi ferido em combate, recebendo a medalha da Cruz de Ferro, da Alemanha. Retornou à University of Berlin, e dedicou-se com tanto entusiasmo à pesquisa da Gestalt a respeito de associação e motivação, que, várias vezes, foi considerado colega dos três fundadores da Gestalt. Apresentou uma versão da teoria de campo aos psicólogos norte-americanos no International Congress of Psycology, realizado em 1929, na Yale.

Desse modo, Lewin já era conhecido nos Estados Unidos quando chegou à Stanford, em 1932, como professor visitante. No ano seguinte, decidiu deixar a Alemanha por causa da ameaça nazista. Escreveu a Köhler, dizendo: "Agora acredito que não há alternativa para mim a não ser emigrar, mesmo que a minha vida seja despedaçada" (apud Benjamin, 1993, p. 158, 160).[3] Passou dois anos na Cornell University e, em seguida, seguiu para a University of Iowa. Sua pesquisa a respeito da psicologia social infantil lhe rendeu um convite para desenvolver o novo Centro de Pesquisa para a Dinâmica de Grupo (Research Center for Group Dynamics) no Massachusetts Institute of Technology. Embora tenha falecido poucos anos após aceitar essa posição, seu programa foi tão eficaz, que o centro de pesquisa, agora localizado na University of Michigan, permanece ativo até hoje.

[3] A mãe e a irmã de Lewin morreram nos campos de concentração nazistas.

O espaço vital

Durante seus 30 anos de carreira, Lewin (1936, 1939) dedicou-se à área amplamente definida da motivação humana, descrevendo o comportamento humano na totalidade de seu contexto físico e social. Seu conceito geral de psicologia era prático, concentrado nas questões sociais que afetam a nossa vida pessoal e profissional. Buscava humanizar as fábricas da época, de modo que o trabalho se tornasse mais uma fonte de satisfação pessoal do que apenas uma forma de ganhar a vida.

O conhecimento a respeito da teoria de campo da física fez Lewin imaginar que as atividades psicológicas de um indivíduo também ocorrem em uma espécie de campo psicológico, chamado espaço vital, que compreende todos os acontecimentos do passado, do presente e do futuro que nos afetam. Do ponto de vista psicológico, cada um desses fatos determina algum tipo de comportamento em uma situação específica. Dessa forma, o espaço vital consiste na necessidade de as pessoas interagirem com o ambiente psicológico.

O espaço vital exibe diversos graus de desenvolvimento em razão da quantidade e do tipo de experiência acumulados. Como o bebê tem pouca experiência, possui poucas regiões diferenciadas em seu espaço vital. Um adulto extremamente culto e sofisticado é dotado de um espaço vital complexo e bem diferenciado, exibindo grande variedade de experiências.

Lewin tentou criar um modelo matemático para representar esse conceito teórico de processos psicológicos. Em razão do interesse em um único indivíduo (um único caso) e não em grupos nem no desempenho médio, a análise estatística não tinha muito valor para esse fim. Ele escolheu a topologia, uma forma de geometria, para criar um diagrama do espaço vital, mostrando os objetivos possíveis de uma pessoa e os caminhos que conduziam a essas metas em qualquer momento determinado.

No mapa topológico, usado para criar o diagrama de todas as formas de comportamento e de fenômenos psicológicos, Lewin usava setas (vetores) para representar a direção do movimento do indivíduo em busca da meta. Acrescentou a noção de peso a essas opções (valências), para referir-se ao valor positivo ou negativo dos objetos dentro do espaço vital. Os objetos atraentes ou que satisfizessem às necessidades humanas recebiam

ARCHIVES OF THE HISTORY OF AMERICAN PSYCHOLOGY, UNIVERSITY OF AKRON

FIGURA 12.5 Kurt Lewin.

valência positiva, enquanto os ameaçadores recebiam valência negativa. Esses diagramas chegaram a ser chamados de "psicologia do quadro-negro".

No exemplo simples apresentado na Figura 12.6, uma criança deseja ir ao cinema, mas está proibida pelos pais. A elipse representa o espaço vital; C representa a criança. A seta é o vetor indicando que C está motivada a atingir o objetivo de ir ao cinema; portanto, tem valor positivo. A linha vertical é a barreira estabelecida pelos pais, que impedem C de atingir a meta, logo, tem valência negativa.

A motivação e o efeito de Zeigarnik

Lewin propôs a existência de um estado básico de balanço ou equilíbrio entre o indivíduo e o ambiente. Qualquer perturbação desse equilíbrio provoca uma tensão, que, por sua vez, conduz a alguma ação, em um esforço de aliviar a tensão e restabelecer o equilíbrio. Assim, para explicar a motivação humana, Lewin acreditava que o comportamento envolve um círculo de estados de tensão ou estados de necessidade seguidos de atividade e alívio.

Em 1927, Bluma Zeigarnik realizou um experimento, sob a supervisão de Lewin, para testar essa proposição. Os indivíduos recebiam uma série de tarefas e lhes era permitido terminar algumas, mas eles eram interrompidos antes de completarem outras. Lewin fez algumas previsões.

1. Um sistema de tensão será criado quando o indivíduo receber uma tarefa para realizar.
2. Quando a tarefa for concluída, a tensão desaparecerá.
3. Se a tarefa não for concluída, a persistência da tensão resultará na maior probabilidade de o indivíduo lembrar-se da tarefa.

Efeito Zeigarnik: tendência de se lembrar mais facilmente das tarefas não completadas do que das completadas.

Os resultados de Zeigarnik confirmaram as previsões. As pessoas lembravam-se das tarefas não concluídas com mais facilidade do que das completadas. Desde então, esse efeito passou a se chamar **efeito Zeigarnik**.

A inspiração para essa pesquisa de Lewin a respeito da motivação surgiu da sua observação de um garçom do café situado do outro lado da rua do Psychological Institute em Berlim. Uma tarde, ao reunir-se com alguns alunos da pós-graduação no café,

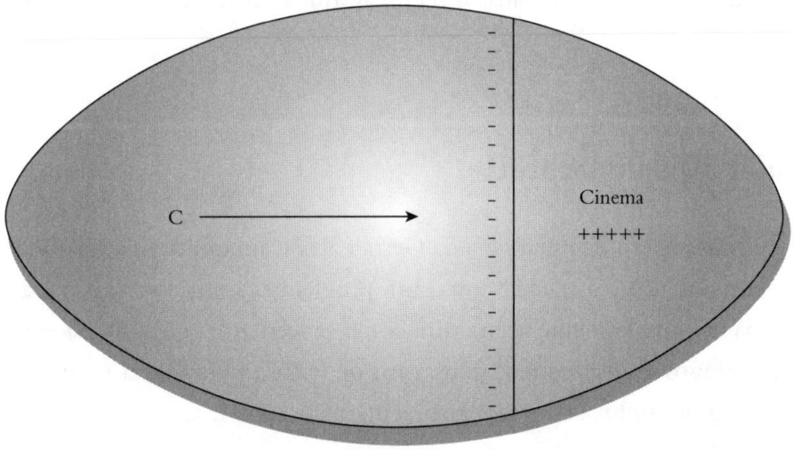

FIGURA 12.6 Um exemplo simplificado do espaço vital.

> alguém comentou estar surpreso com a habilidade aparente do garçom em lembrar-se do pedido de cada um sem anotar nada. Algum tempo depois de pagar a conta, Lewin chamou o garçom e perguntou-lhe o que eles haviam consumido. O garçom, indignado, respondeu que não se lembrava mais. (Ash, 1995, p. 271)

Depois que os clientes pagavam a conta, a tarefa do garçom terminava e a tensão desaparecia. Ele não precisava mais se lembrar do que cada um tinha pedido.

A psicologia social

Sua extraordinária realização na psicologia social foi a criação da dinâmica de grupo, a aplicação dos conceitos psicológicos aos comportamentos individual e coletivo. Assim como o indivíduo e seu ambiente formam um campo psicológico, o grupo e seu ambiente formam o campo social. Os comportamentos sociais resultam de entidades sociais coexistentes, como subgrupos, membros de grupo, barreiras e canais de comunicação. O comportamento coletivo a qualquer momento é uma função da situação total do campo.

Lewin conduziu pesquisas sobre o comportamento em várias situações sociais. Uma experiência que se tornou clássica reunia tipos de liderança autoritários, democráticos e neutros em um grupo de garotos (Lewin, Lippitt e White, 1939). Os resultados mostraram que os garotos do grupo autoritário tornavam-se bem agressivos, enquanto os do grupo democrático eram gentis uns com os outros e completavam mais tarefas que os dos demais grupos. A pesquisa de Lewin deu início a novas áreas da pesquisa social e impulsionou o crescimento da psicologia social.

Além disso, Lewin enfatizou a pesquisa da ação social, o estudo de problemas sociais relevantes visando a introdução de mudanças na sociedade. Refletindo sua preocupação pessoal com questões raciais, conduziu estudos em comunidades sobre moradia integrada, oportunidades iguais de emprego e desenvolvimento e prevenção do preconceito na infância. Seu trabalho transformou essas questões polêmicas em estudos de pesquisa controlados, aplicando o rigor do método experimental sem a artificialidade do laboratório acadêmico.

Lewin promoveu o treinamento da sensibilidade dos educadores e dos empresários para reduzir o conflito entre grupos e desenvolver o potencial individual. Os grupos de treinamento da sensibilidade (grupos-T) foram precursores dos grupos de encontro, que se tornaram muito populares nas décadas de 1960 e 1970.

Em geral, os programas experimentais e as descobertas das pesquisas de Lewin são mais aceitos pelos psicólogos do que muitos de seus conceitos teóricos. Sua influência na psicologia infantil e social foi bastante considerável, e muitos de seus conceitos e técnicas ainda são usados nos estudos da personalidade e da motivação.

As críticas à psicologia da Gestalt

Os críticos da escola de pensamento da psicologia da Gestalt alegavam que a organização dos processos perceptuais, como no fenômeno *phi*, não era tratada como um problema científico a ser investigado, mas como um fenômeno cuja existência era simplesmente aceita. Era como se fosse uma negação da existência do problema.

Além disso, os psicólogos experimentais acusavam de vaga a posição da Gestalt, e afirmavam que os conceitos básicos não eram definidos com rigor suficiente para possuir algum significado científico. Os psicólogos da Gestalt rebatiam essas acusações, afirmando que, em uma ciência jovem, as tentativas de explicação e definição podem estar incompletas, mas que estar incompletas não significa que sejam vagas.

Outros psicólogos alegavam que os proponentes da Gestalt estavam ocupados demais com a teoria, em detrimento da pesquisa e dos dados empíricos. Embora a escola da Gestalt assumisse a orientação teórica, também enfatizou a experimentação e produziu considerável quantidade de pesquisa.

Ligada a essa visão existe a afirmação de que o trabalho experimental da Gestalt era inferior à pesquisa da psicologia behaviorista, porque faltavam controles adequados, e dados não quantificáveis não eram passíveis de análise estatística (Wagemans et al., 2012). Os psicólogos da Gestalt sustentavam que grande parte da sua pesquisa era propositalmente menos quantitativa do que as outras escolas consideravam necessário, já que, nesse sistema, os resultados qualitativos tinham precedência. A maioria das pesquisas da Gestalt tem caráter exploratório, investigando os problemas psicológicos em um modelo diferente.

A noção de Köhler sobre *insight* também foi questionada. As tentativas de reproduzir a experiência dos chimpanzés e as duas varas proporcionaram pouca comprovação sobre o papel do *insight* na aprendizagem. Esses últimos estudos sugeririam que a solução do problema não ocorre de repente, e pode depender da aprendizagem ou da experiência anterior (ver, por exemplo, Windholz e Lamal, 1985).

As contribuições da psicologia da Gestalt

O movimento da Gestalt deixou uma permanente marca na psicologia e influenciou o trabalho a respeito de percepção, aprendizagem, pensamento, personalidade, psicologia social e motivação. Em 2012, a German Psychological Society organizou uma celebração pelo 100° aniversário da publicação do artigo fundamental de Wertheimer sobre o fenômeno *phi*. Entre os palestrantes estava seu filho, o famoso psicólogo norte-americano Michael Wertheimer, que declarou que "a Psicologia da Gestalt, claramente, continua viva e intensa na segunda década do século XXI" (2014, p. 130).

Ao contrário de seu maior rival na época – o behaviorismo –, a psicologia da Gestalt manteve uma identidade separada. Seus maiores princípios não foram absorvidos pelo principal pensamento psicológico. Ela continuou a promover o interesse na experiência consciente como um problema legítimo para a psicologia durante os anos em que o behaviorismo dominava.

O enfoque da Gestalt na experiência consciente era diferente da abordagem de Wundt e Titchener, pois se concentrava em uma versão moderna da fenomenologia. Os adeptos contemporâneos da posição da Gestalt acreditam, realmente, na ocorrência da experiência consciente, sendo ela, portanto, um objeto de estudo legítimo. Eles reconhecem, no entanto, não ser possível investigá-la com a mesma precisão e objetividade do estudo do comportamento manifesto. A abordagem fenomenológica da psicologia tem maior aceitação entre os psicólogos europeus do que entre os norte-americanos, mas sua influência pode ser percebida no movimento da psicologia humanista norte-americana (veja no Capítulo 14). Muitos aspectos da psicologia cognitiva contemporânea também devem sua origem à psicologia da Gestalt.

QUESTÕES PARA DISCUSSÃO

1. Quais são as diferenças entre as revoltas da Gestalt e as do behaviorismo contra a psicologia wundtiana?
2. O que os psicólogos da Gestalt queriam dizer com as expressões "o todo é diferente da soma de suas partes" e "há mais na percepção do que os olhos veem"?

3. Se você visse um livro sobre a mesa e dissesse: "Estou vendo um livro sobre a mesa", que erro estaria cometendo, de acordo com Titchener?
4. Descreva os antecedentes históricos da psicologia da Gestalt.
5. Explique as diferenças entre a revolta da Gestalt e a dos behavioristas contra a psicologia wundtiana.
6. Como o *Zeitgeist* na física mudou no final do século XIX? Como essa mudança influenciou a psicologia da Gestalt?
7. O que é o fenômeno *phi*? Por que a psicologia wundtiana não conseguia explicá-lo?
8. Por que algumas pessoas, erroneamente, acreditavam que a psicologia da Gestalt se dedicava somente à percepção?
9. Descreva alguns princípios da organização perceptual.
10. De que forma os estudos da constância perceptual sustentam o ponto de vista da Gestalt?
11. Por que a palavra *Gestalt* provocou problemas para o movimento?
12. Dê um exemplo da pesquisa de Köhler sobre *insight* na ilha de Tenerife.
13. Como a aprendizagem pelo *insight* difere da aprendizagem por tentativa-e-erro, descrita por Thorndike?
14. Quais fatores impediram a aceitação da psicologia da Gestalt nos Estados Unidos?
15. Que fatores são usados nas críticas contra a psicologia da Gestalt?
16. Quais foram os argumentos usados pela psicologia da Gestalt para criticar o behaviorismo?
17. Descreva a teoria de campo de Lewin e explique a influência da física na formulação dessa teoria.
18. De que modo a teoria de campo lida com a motivação e com a psicologia social? O que é a pesquisa da ação social?
19. De que maneira a psicologia da Gestalt afetou a psicologia como um todo?

Capítulo 13

O início da psicanálise

Foi apenas um sonho?

O menino olhava fixamente, com horror, enquanto sua mãe estava sendo levada para o quarto. Foi uma visão que ele jamais esqueceu. Olhava o rosto dela; era jovem e bonita, mas ele estava perplexo, e assustado com sua expressão calma. Ela só estava dormindo ou estava morta? Seu olhar vagava pelas pessoas que a carregavam, mas elas não pareciam ser pessoas.

Elas não pareciam humanas. Eram muito altas e estavam vestidas com roupas estranhas, mas era o rosto delas que mais o assustava. Pareciam ser algum tipo de criatura semelhante a pássaro, com bicos muito longos. De repente acordou de seu sonho, de seu pesadelo, chorando e gritando de seu sonho. Pulou da cama e correu para o quarto de seus pais. Somente quando viu por si mesmo que sua mãe estava viva é que conseguiu se acalmar e voltar a dormir.

Trinta anos depois, aquele sonho ainda representava uma experiência altamente emocional para Sigmund Freud, e quando aplicou suas próprias técnicas para analisar sonhos, ele finalmente entendeu o por quê. O significado superficial era óbvio: um menino com medo de perder a mãe. Não havia nada incomum ou suspeito a respeito disso. Mas, quanto mais Freud pensava a respeito daquele sonho, mais compreendia que ele revelava um significado mais sutil, sinistro, até mesmo chocante.

Freud se concentrava no aspecto mais estranho do sonho: as criaturas que se pareciam com pássaros de bicos longos. Que significado poderiam ter? O que poderiam revelar sobre os desejos inconscientes de um menino de 7 anos de idade? Ele também se lembrava de um amigo de infância, um jovem muito mais vivido que ele. Esse menino gostava de conversar sobre sexo, um assunto proibido, e havia ensinado a Freud uma expressão popular em alemão para se referir a relações sexuais. A palavra era *Vögeln*.

Já adulto, Freud conhecia a palavra e sabia que era derivada de outra palavra alemã, que significava pássaro. As criaturas em seu pesadelo tinham rostos semelhantes aos de pássaros. Assim que fez a ligação, entendeu o verdadeiro significado de seu sonho. Simbolizava o desejo sexual de um menino de 7 anos por sua mãe. Inconscientemente, ele desejava fazer amor com ela.

Se a criança é o pai do homem, como diz o provérbio popular – e como Freud acreditava –, então podemos ver a semelhança entre a criança que sonhou perder e amar sua mãe e o médico de meia-idade que desvendou o fio condutor do sonho, e, no processo, iniciou outra revolução na psicologia.

O desenvolvimento da psicanálise

O termo "psicanálise" e o nome Sigmund Freud são amplamente conhecidos no mundo moderno. Outros nomes de destaque na história da psicologia, como Fechner, Wundt e Titchener, são pouco conhecidos fora da área, diferentemente de Freud, que mantém até hoje alto grau de notoriedade entre o público em geral. Ele apareceu na capa da revista *Times* três vezes, sendo a última, cerca de 60 anos após a sua morte. No 150º aniversário de seu nascimento, em 2006, sua foto foi estampada na capa da *Newsweek* e ele foi tratado como celebridade em um extenso editorial no *Wall Street Journal*. O jornalista da *Newsweek* o descreveu como "uma força inexorável que cativou a todos nós" (Adler, 2006, p. 43). Freud foi, certamente, uma pessoa fundamental na história da civilização, que alterou o modo como as pessoas têm de pensar sobre si mesmas.

O próprio Freud (1917) sugeriu que, em toda a história registrada, três grandes choques para o ego humano coletivo. O primeiro, quando Copérnico (1473-1543), o astrônomo polonês, demonstrou que a Terra não era o centro do universo, mas apenas um dos muitos planetas a girar em torno do Sol. O segundo choque ocorreu no século XIX, quando Charles Darwin mostrou que não somos uma espécie única e distinta, com um lugar de destaque na criação, mas apenas uma espécie superior proveniente de formas inferiores de vida animal. E, finalmente, Freud provocou o terceiro choque ao afirmar que não somos os agentes racionais de nossa vida, pois nos encontramos sob a influência de forças inconscientes que não percebemos e sobre as quais temos pouco ou nenhum controle.

Cronologicamente, a psicanálise se sobrepõe às demais escolas de pensamento da psicologia. Observe a situação em 1895, quando Freud publicou o primeiro livro, marcando o início formal do novo movimento. Naquele ano, Wundt estava com 63 anos de idade. Titchener, de 28, estava em Cornell há apenas dois anos e estava começando a desenvolver sua psicologia estrutural. O espírito do funcionalismo começava a florescer nos Estados Unidos. Nem o behaviorismo nem a psicologia da Gestalt haviam sido propostos; Watson tinha, então, 17 anos, e Wertheimer, 15.

Entretanto, em 1939, ano da morte de Freud, o universo da psicologia havia mudado completamente. A psicologia wundtiana, o estruturalismo titcheriano e a psicologia funcional já pertenciam ao passado. A psicologia da Gestalt era transplantada da Alemanha para os Estados Unidos, e o behaviorismo constituía a forma dominante da psicologia norte-americana.

Uma nova escola de pensamento

Apesar das divergências básicas, as escolas de psicologia abordadas até aqui compartilhavam uma herança acadêmica e deviam grande parte de sua inspiração e forma a Wilhelm Wundt. Os conceitos e métodos científicos dessas escolas foram aprimorados em laboratórios, bibliotecas e salas de conferências, e todos abordavam temas como sensação, percepção e aprendizagem. Entretanto, a psicanálise não era um produto das universidades nem uma ciência pura; ela surgiu dentro das tradições da medicina e da psiquiatria a partir das tentativas de tratamento de pessoas rotuladas pela sociedade como doentes mentais. Desse modo, a psicanálise não foi (e não é) uma escola de pensamento diretamente comparável com as estudadas aqui até o momento.

Desde o início, a psicanálise distinguia-se do pensamento psicológico geral, tanto em relação aos objetivos como no tocante aos métodos e ao objeto de estudo. O objeto de estudo da psicanálise é a psicopatologia – ou o comportamento anormal –, em parte negligenciada pelas demais escolas de pensamento, e adota como principal método a observação clínica, e não a experimentação controlada de laboratório. E, ainda, trata do inconsciente, tópico praticamente ignorado por outros sistemas de pensamento.

Wundt e Titchener não admitiam no sistema deles a ideia de forças inconscientes, por não serem objetos passíveis de aplicação do método introspectivo, não podendo, assim, ser reduzidas a elementos sensoriais. Os funcionalistas, concentrados exclusivamente no estudo do consciente, não viam validade no uso da mente inconsciente, embora James admitisse a noção desses processos. Angell, em seu livro básico publicado em 1904, não dedica mais de duas páginas, no final, ao inconsciente. Na obra de referência publicada em 1921, Woodworth dedica-se um pouco mais à questão, tratando-a como um tema para reflexão. Watson, é claro, não tinha mais espaço em seu sistema behaviorista para o inconsciente do que teve para o consciente. Ele menosprezava o inconsciente, tratando-o como algo ainda não verbalizado pelo indivíduo. Freud foi o responsável pela introdução da noção de inconsciente na psicologia.

As influências anteriores sobre a psicanálise

As três principais fontes de influência no movimento psicanalítico foram as seguintes:

1. especulações filosóficas a respeito do fenômeno psicológico inconsciente,
2. as primeiras ideias sobre a psicopatologia,
3. a teoria da evolução.

As teorias da mente inconsciente

O alemão Gottfried Wilhelm Leibniz (1646-1716) foi um filósofo, matemático, advogado, diplomata e garoto prodígio que inventou uma máquina de calcular aos 13 anos. No início do século XVIII, desenvolveu uma ideia que chamou de **monadologia**. As mônadas não eram apenas átomos físicos, mas também elementos individuais de toda a realidade. Assim, as mônadas não eram compostas totalmente de matéria, no sentido da palavra empregada pelos físicos. Cada mônada era uma entidade psíquica não estendida que, mesmo sendo de natureza mental, continha algumas propriedades de matéria física. A união de mônadas suficientes criava uma extensão.

Monadologia: teoria de Leibniz sobre as entidades psíquicas, denominadas mônadas, similares às percepções.

As mônadas eram comparadas à percepção. Leibniz acreditava que os fatos mentais (a atividade das mônadas) possuíam graus diferentes de consciência, variando do completamente inconsciente para o claramente consciente. Os graus de consciência inferiores eram denominados *petites perceptions* (percepções minúsculas); a realização consciente dessas percepções era denominada apercepção. Por exemplo, o som das ondas quebrando na praia é uma apercepção composta de gotas individuais de água (as *percepções minúsculas*). Conscientemente, não se percebe cada gota d'água individual; no entanto, quando gotículas se juntam em uma quantidade suficiente, produz-se a apercepção.

Um século depois, o filósofo e educador alemão Johann Friedrich Herbart (1776-1841) aprimorou a noção de Leibniz sobre o inconsciente, transformando-a no conceito de limiar de consciência. Refletindo o impacto do *Zeitgeist* mecanicista, Herbart considerava inconscientes as ideias no nível abaixo do limiar proposto. Quando ela surge no nível consciente do conhecimento, é apercebida (usando o termo de Leibniz). No entanto, para que a ideia apareça no consciente, ela deve ser compatível com as já existentes na consciência. As incompatíveis não podem coexistir na consciência, e as irrelevantes são expulsas da consciência e tornam-se ideias inibidas. Estas (semelhantes às *percepções minúsculas* de Leibniz) existem abaixo do limiar de consciência. De acordo com Herbart, surgem conflitos entre as ideias à medida que elas lutam pela realização consciente.

Fechner também estudava o inconsciente e, embora aceitasse a noção de limiar, foi a analogia dele entre a mente e o *iceberg* que provocou maior impacto em Freud. Fechner afirmava que, assim como a maior porção do *iceberg*, grande parte da mente fica escondida debaixo da superfície e é influenciada por forças não observáveis.

É interessante observar que o trabalho de Fechner, ao qual a psicologia experimental deve bastante, também influenciou a psicanálise. Freud, em seus livros, fez várias referências à obra *Elements of psychophysics*, de Fechner, e elaborou muitos de seus principais conceitos, como o do princípio do prazer, o da energia psíquica e o da agressão, com base nos trabalhos de Fechner. Nas cartas que escreveu a um amigo da juventude, Freud contava que, no final da sua adolescência, já por volta dos 20 anos, gostava de ler as obras satíricas de um tal de dr. Mises, pseudônimo usado por Fechner para satirizar as tendências da ciência e da medicina (ver Boehlich, 1990).

O inconsciente vem a público

As discussões sobre o inconsciente dominavam o *Zeitgeist* intelectual europeu na década de 1880, quando Freud iniciou a prática clínica. O tema não despertava o interesse somente dos profissionais, como também era frequentemente abordado nas conversas do público erudito. O livro intitulado *Philosophy of the unconscious* tornara-se tão popular, que teve nove edições (Hartmann, 1869/1884). Na década de 1870, no mínimo meia dúzia de livros publicados na Alemanha mencionava a palavra "inconsciente" no título.

A noção de que as forças inconscientes podiam suplantar e dominar a porção mais racional do indivíduo logo estava presente na literatura popular. No romance do escritor Robert Louis Stevenson, *O médico e o monstro* [*Dr. Jekyll and Mr. Hyde*], publicado em 1889, o bom doutor bebe uma poção misteriosa que liberta um lado diferente da sua personalidade dotado de todas as formas de imperfeição. Essa personalidade inferior, essa exigente presença amoral – um tipo de força inconsciente –, gradualmente consome a personalidade moral, íntegra e racional.

Observa-se, assim, que Freud não foi o primeiro a discutir com seriedade a mente humana inconsciente. Freud reconhecia que, antes dele, outros escritores e filósofos tinham abordado profundamente esse tema, mas alegava ser ele o descobridor da forma científica para o estudo do inconsciente.

As primeiras abordagens para tratar distúrbios mentais

Como já observamos, para um novo movimento ganhar destaque é necessário haver algum objeto de contestação. Como não foi desenvolvido no ambiente acadêmico, o movimento psicanalítico não se opunha à forma de psicologia de Wundt ou a qualquer outra escola de pensamento dominante na época. Para compreender qual era o alvo da contestação de Freud, é necessário observar as tendências predominantes na área em que ele atuava: o tratamento dos distúrbios mentais.

A história do tratamento da doença mental é tão fascinante quanto deprimente. O reconhecimento da doença mental data de 2000 a.C. Os babilônios acreditavam na possessão demoníaca como causa da doença mental, um estado tratado humanitariamente com uma combinação de magia e orações. As antigas culturas hebraicas consideravam a doença mental uma punição pelos pecados, e contavam com a cura por meio da magia e da oração. Os filósofos gregos – notadamente Sócrates, Platão e Aristóteles – afirmavam ser o distúrbio mental resultante de processos de pensamento desordenados e prescreviam o método persuasivo de cura, por meio da força das palavras.

No século IV, com o estabelecimento do cristianismo, o distúrbio mental voltou a ser atribuído a espíritos demoníacos. O tratamento imposto pela Igreja por mais de mil anos consistia na tortura e na execução daqueles considerados possuídos pelo demônio. Iniciada no século XV, e prosseguindo durante 300 anos, a inquisição conduzida pela Igreja perseguia a heresia e a bruxaria, identificando implacavelmente os sintomas de doenças mentais, para os quais a única cura estava na punição severa.

Por volta do século XVIII, a doença mental passou a ser vista como um comportamento irracional. As pessoas portadoras de doenças mentais ficavam confinadas em instituições semelhantes a prisões; e embora não fossem mais torturadas ou condenadas à morte, não recebiam nenhum tipo de tratamento. Às vezes, os pacientes eram exibidos publicamente como animais de zoológico. Alguns passavam anos acorrentados à cama ou com braços e pernas presos por barras de ferro. Outros tinham anéis de ferro em volta do pescoço, presos por correntes em ganchos pendurados na parede, assim como cães na coleira. Essas prisões, que ficaram conhecidas como asilos para lunáticos, eram descritas como "cemitérios para os mortos-vivos" (Scull, MacKenzie e Hervey, 1996, p. 118).

Tratamentos mais humanos

Juan Luis Vives (1492-1540), um estudioso espanhol, foi um dos primeiros a exigir tratamento mais sensível e humano para os indivíduos portadores de doenças mentais. No entanto, em razão das barreiras linguísticas e geográficas, seus apelos por tratamentos mais tolerantes ficaram restritos à Espanha. Somente após o fim do século XVIII é que as ideias dele foram acolhidas em outras regiões.

O médico francês Philippe Pinel (1745-1826) considerava a doença mental um fenômeno natural, passível de tratamento por meio de métodos da ciência natural. Ele tirou as correntes dos pacientes, tratando-os com decência e ouvindo pacientemente suas queixas. Registrou e arquivou minuciosamente os dados dos casos clínicos e os índices de cura.

> O doente mental, longe de ser um indivíduo culpado e merecedor de castigo, é uma pessoa doente, cujo estado de sofrimento merece toda a consideração dispensada à humanidade sofredora. Alguém deve tentar restaurar a razão desse indivíduo usando métodos simples. (Pinel apud Wade, 1995, p. 25)

Sob a direção de Pinel, o número de pacientes graves curados cresceu significativamente. Com seu exemplo, pacientes foram libertados das correntes na Europa e nos Estados Unidos, e o estudo das doenças mentais foi ampliado. "O esclarecimento científico resultou [...] o tratamento do ser humano como uma máquina que, quando quebra, precisa ser consertada. Esse conserto era realizado em sanatórios dotados de equipamentos e aparelhagens, invenções resultantes da Revolução Industrial (Brems, Thevenin e Routh, 1991, p. 12).

Nos Estados Unidos, a reformadora mais influente dos sanatórios foi Dorothea Dix (1802-1887), pessoa extremamente religiosa e que sofria de depressão. Impressionada com os resultados obtidos por Pinel com seus pacientes, ela se empenhou ao máximo e usou sua capacidade de persuasão para repetir o sucesso por ele obtido. Viajou pelos Estados Unidos, reivindicando e obtendo dos deputados estaduais a imposição de um tratamento mais humanitário ao doente mental. Durante a Guerra Civil Americana, Dix iniciou uma cruzada em prol da melhoria de condições para os soldados feridos; sua militância social rendeu-lhe a indicação de superintendente das enfermeiras do exército.

No fim do século XIX, muitos manicômios (também chamados de hospícios) criados para tratar pacientes com doenças mentais tinham sido construídos nos Estados Unidos. Tomou-se muito cuidado para deixá-los o mais confortável e atraente possível. Os prédios e jardins eram tão atraentes, que turistas começaram a visitá-los nos feriados. O fenômeno chamado "turismo de hospício" ficou tão popular, que os guias passaram a descrevê-los como tendo "lindos jardins, gramado aparado, arquitetura interessante e dimensões que competem com as maravilhas da maioria das cidades" (Bazar e Burman, 2014, p. 68). As pessoas vinham individualmente ou em grupos para contemplar os doentes mentais e suas instalações; um fenômeno semelhante ocorreu com as prisões (Miron, 2011).

O desenvolvimento do tratamento psiquiátrico

O primeiro psiquiatra a abrir uma clínica formal nos Estados Unidos foi Benjamin Rush (1745-1813), um dos signatários da Declaração de Independência. Rush fundou o primeiro hospital inteiramente dedicado ao tratamento de distúrbios emocionais. Trabalhando na conhecida tradição mecanicista, afirmava que tudo no universo, "inclusive a mente e a moralidade humana, podia ser explicado com base nas leis da física e inserido na estrutura racional e científica" (Gamwell e Tomes, 1995, p. 19). Por exemplo, Rush acreditava que o excesso ou a falta de sangue eram a causa de alguns comportamentos irracionais. O remédio era simples: bastava drenar ou injetar mais sangue nos pacientes.

Rush chegou a criar uma cadeira giratória que rodava o infeliz do paciente em alta velocidade, muitas vezes fazendo-o desmaiar. Como uma das primeiras formas de tratamento de choque, Rush mergulhava os pacientes em água gelada. Também se credita a ele a primeira técnica de sedação: o paciente ficava preso em uma cadeira tranquilizante, amarrado com tiras em volta do peito, dos pulsos e dos tornozelos, e grandes blocos de madeira presos em um torno faziam pressão sobre a cabeça dele.

Embora, hoje, essas técnicas pareçam cruéis, lembre-se de que a intenção de Rush era ajudar as pessoas portadoras de doenças mentais, evitando que elas fossem, simplesmente, jogadas em instituições que ignoravam suas necessidades. Ele reconhecia que os pacientes estavam doentes, e não possuídos pelo demônio.

Durante o século XIX, os psiquiatras dividiam-se entre duas visões: a somática e a psíquica. Os psiquiatras da visão somática afirmavam que o comportamento anormal tinha causas físicas, como lesão cerebral, falta de estimulação nervosa, tensão excessiva dos nervos ou muito ou pouco sangue. Os da escola psíquica baseavam-se nas causas psicológicas e emocionais para explicar o comportamento anormal. No geral, a visão somática predominava, sustentada nas ideias do filósofo alemão Immanuel Kant, que ridicularizava a noção de que a doença mental fosse, de alguma forma, resultante de problemas emocionais.

A psicanálise desenvolveu-se como uma revolta contra a orientação somática. Com os avanços no tratamento das doenças mentais, alguns cientistas se convenciam de que os fatores emocionais tinham maior importância que as lesões cerebrais ou outras causas físicas.

O movimento da Igreja Emmanuel. A inclinação à visão psíquica da doença mental foi impulsionada nos Estados Unidos pelo sucesso surpreendente do Emmanuel Church Healing Movement (Movimento de Cura da Igreja Emmanuel), comprovando a eficácia da psicoterapia. Com o enfoque nos benefícios proporcionados pela terapia da palavra, os promotores do movimento conscientizavam o público e a comunidade médica sobre a importância dos fatores psicológicos como prováveis causas da doença mental (Caplan, 1998; Gifford, 1997). O movimento, iniciado por Elwood Worcester, reitor da Igreja Emmanuel, de Boston, Massachusetts, exerceu muita influência no período, mais ou menos, de 1906 a 1910. O reverendo Worcester era um religioso diferenciado, já que possuía o título de Ph.D. em filosofia e psicologia da University of Leipzig, na Alemanha, onde estudou sob a orientação de Wilhelm Wundt. Assim, Worcester foi mais um dos discípulos de Wundt a desviar-se de sua orientação, abandonando a abordagem wundtiana e seguindo a psicologia experimental, passando a aplicá-la aos problemas da vida real.

> O movimento começou em 1906, quando Worcester anunciou publicamente, em uma palestra para seus paroquianos, que estaria disposto a se encontrar na manhã seguinte com qualquer pessoa que tivesse problemas psicológicos e que quisesse discuti-los. Ele achava que alguns apareceriam, mas ficou surpreso, pois 200 apareceram. (Benjamin e Baker, 2004, p. 49)

Obviamente, havia interesse pelo que Worcester estava oferecendo. As sessões de terapia da palavra, tanto individuais quanto coletivas, eram conduzidas por líderes religiosos de diversas denominações e contavam muito com o poder de sugestão e com a autoridade moral do religioso para impor aos pacientes a orientação sobre o comportamento adequado. A terapia rapidamente tornou-se popular nos Estados Unidos, e logo foi reforçada com uma série de artigos da revista *Good Housekeeping*, publicada por quase dois anos. Em 1908, o livro escrito por Worcester e mais dois colegas, *Religião e medicina:* o controle moral de distúrbios nervosos [*Religion and medicine*: the moral control of nervous disorders], foi aclamado pela imprensa como a publicação mais importante a respeito da "psicoterapia científica" (Caplan, 1998, p. 297).

Em 1909, foi publicado um periódico chamado *Psychotherapy,* que englobava "psicologia, medicina e religião profundas" (Zaretsky, 2004, p. 80). Não tão incidentalmente, como veremos, 1909 também foi o ano da única visita de Freud aos Estados Unidos.

Embora o público acolhesse com entusiasmo o movimento, a comunidade médica e os psicólogos clínicos, como Witmer e Münsterberg, opunham-se à ideia de atuação de religiosos como psicoterapeutas. No entanto, foi principalmente em razão da popularidade do movimento da Igreja Emmanuel que Freud e sua psicanálise foram muito bem recebidos nos Estados Unidos quando esteve no país, em 1909, para transmitir as suas ideias. O conceito de terapia da palavra já fazia parte da consciência nacional.

A hipnose

O interesse no fenômeno da hipnose também impulsionou o enfoque crescente nas causas psíquicas do distúrbio mental. Sua aplicação no tratamento dos distúrbios emocionais teve origem em uma misteriosa e obscura força chamada "magnetismo animal", conceito introduzido pelo médico vienense Franz Anton Mesmer (1734--1815), que era meio cientista e meio artista, e ficou conhecido como o "Pai da Hipnose" (Zhihao, 2008).

Mesmer acreditava ser o corpo humano dotado de uma força magnética que funcionava como os ímãs usados pelos físicos. Esse magnetismo animal, que era capaz de penetrar nos objetos e atuar sobre eles a distância, também era capaz de curar distúrbios nervosos, restaurando o equilíbrio entre o nível magnético do paciente e o nível prevalente no ambiente.

No início, Mesmer afirmava reverter a doença mental fazendo o paciente agarrar barras de ferro imantadas. Depois, alegava que bastava ele mesmo tocar ou bater nas mãos do paciente para que a sua força magnética fosse transmitida para o corpo dos doentes. Como era de se esperar, a comunidade médica vienense considerou-o um charlatão.

Mesmer fez um estrondoso sucesso em Paris, onde conduzia sessões de terapia em grupo em uma sala fracamente iluminada, com música suave de fundo e perfume de flores de laranjeira no ar. Vestindo um roupão lilás, orquestrava resultados, muitas vezes, dramáticos. Os pacientes, amarrados uns aos outros com cordas, ficavam empoleirados em volta de uma banheira cheia de fluido magnetizado, agarrados às hastes de ferro que saíam do recipiente.

Mesmer e seus assistentes magnetizadores caminhavam entre os pacientes, passando as mãos sobre o corpo daquelas pessoas perturbadas. Muitos sofriam convulsões ou entravam em transe antes de voltar à consciência, curados milagrosamente (Wade, 1995). "Mesmer fez fortuna administrando várias clínicas e atendendo pessoas em particular, frequentemente, mulheres de classe alta. As senhoras tinham convulsões, gritavam e desmaiavam enquanto Mesmer agitava suas mãos sobre elas ou as tocava" (Dingfelder, 2010, p. 30).

Quando uma comissão de investigação pronunciou-se contra as pretensas curas de Mesmer, afirmando que ele não estava curando as pessoas de modo algum, ele fugiu para a Suíça, onde "morreu sozinho e em descrédito, tendo como única companhia seu canário de estimação, que, segundo rumores, havia sido treinado para jogar torrões de açúcar em seu café" (Levingston, 2014, p. 4). No entanto, a popularidade do mesmerismo se espalhou nos Estados Unidos. Um historiador da cultura da época relatou que, em meados do século XIX,

> havia entre 20 e 30 mil praticantes do mesmerismo, somente na região nordeste do país. Muitos deles utilizavam sua [...] força para controlar o comportamento e as atitudes dos indivíduos magnetizados, para espanto do público, que, muitas vezes, era de 2 a 3 mil pessoas (Reynolds, 1995, p. 260).

A hipnose se torna respeitável: Charcot e Janet

Na Inglaterra, o mesmerismo recebeu novo nome e ganhou maior credibilidade quando o médico e cirurgião James Braid (1795-1860) chamou o estado de transe de *neuro-hipnologia*, expressão da qual, por fim, derivou-se o termo *hipnose*. O trabalho cuidadoso e o desprezo de Braid pela divulgação exagerada renderam à hipnose alguma respeitabilidade científica (ver Schmit, 2005).

A hipnose obteve maior reconhecimento profissional no círculo médico em razão do trabalho do médico francês Jean Martin Charcot (1825-1893), diretor da clínica neurológica de Salpêtrière, um hospital parisiense para mulheres com doenças mentais. Charcot obteve algum êxito tratando pacientes histéricas por meio da hipnose. Sua contribuição mais importante foi a descrição em terminologia médica dos sintomas da histeria e do uso da hipnose, facilitando assim a aceitação da técnica pela Academia Francesa de Ciências (Hustvedt, 2011).

Seu trabalho abordava principalmente os aspectos neurológicos, mas enfatizando os distúrbios físicos, como a paralisia. A maioria dos médicos continuou a atribuir a histeria a causas somáticas ou físicas até 1889, quando Pierre Janet (1859-1947), aluno de Charcot, tornou-se diretor do laboratório de psicologia da Salpêtrière.

Janet rejeitava a opinião de que a histeria fosse como um problema físico, entendendo-a como um distúrbio mental causado por deterioração da memória, por ideias fixas e forças inconscientes. Ele adotava a hipnose como método de tratamento. Desse modo, durante os primeiros anos da carreira de Sigmund Freud, a sociedade médica prestava muita atenção à hipnose e às causas psicológicas da doença mental. Veremos mais adiante que o trabalho de Janet antecipou muitas das ideias de Freud.

O trabalho de Charcot e Janet no tratamento dos distúrbios mentais ajudou a mudar o foco dos psiquiatras da perspectiva somática (física) para a psíquica (mental). Os médicos começaram a pensar na cura dos distúrbios emocionais por meio de tratamento da mente e não do corpo. Quando Freud começou a divulgar suas ideias, o termo "psicoterapia" já era amplamente utilizado nos Estados Unidos e na Europa.

A influência de Charles Darwin

Em 1979, Frank J. Sulloway, famoso historiador da ciência, publicou a obra *Freud: biólogo da mente* [*Freud: biologist of the mind*] (1979), na qual afirma que o trabalho de Darwin influenciou o pensamento de Freud. Sulloway chegou a essa conclusão com base em uma nova interpretação dos dados históricos. Estudou as informações disponíveis, mas partiu de uma visão que ninguém mais adotara. Ele verificou os livros da biblioteca pessoal de Freud, onde encontrou muitas cópias dos trabalhos de Darwin. Constatou que Freud lera todos e fizera anotações nas margens, além de haver elogiado os trabalhos para os colegas e em suas próprias publicações. Sulloway afirmou que Darwin "provavelmente, fez mais do que qualquer outra pessoa, abrindo o caminho para Sigmund Freud e a revolução da psicanálise" (Sulloway, 1979, p. 238). Mais ao final da vida, Freud insistia em afirmar que o estudo da teoria da evolução de Darwin fora parte fundamental do programa de formação de psicanalistas (Ritvo, 1990).

Darwin discutiu várias ideias usadas posteriormente por Freud como temas centrais da psicanálise, até conflitos e processos mentais inconscientes, significado dos sonhos, simbolismo oculto de alguns comportamentos e importância do impulso sexual. De modo geral, Darwin concentrou-se, assim como Freud faria posteriormente, nos aspectos não racionais do pensamento e do comportamento.

As teorias de Darwin também influenciaram as ideias de Freud a respeito do desenvolvimento infantil. Darwin doou suas anotações e o material não publicado a Romanes (ver Capítulo 6), que, mais tarde, escreveu dois livros, com base nesse material, sobre a evolução humana e a animal. Sulloway encontrou cópias dos livros de Romanes nas prateleiras da biblioteca de Freud com comentários de próprio punho escritos nas margens. Romanes estudou e aprofundou o conceito de Darwin sobre a continuidade do comportamento emocional da infância até a fase adulta, e sobre a sugestão do surgimento do impulso sexual já nos bebês com sete semanas de vida. Ambos os temas tornaram-se centrais na psicanálise freudiana.

Ademais, Darwin afirmava que os seres humanos eram conduzidos pelas forças biológicas do amor e da fome, o que ele considerava a base de todo comportamento. Menos de uma década depois, o psiquiatra alemão Richard von Krafft-Ebing expôs visão semelhante, de que a satisfação sexual e a autopreservação seriam os únicos instintos fisiológicos humanos. Dessa maneira, cientistas respeitados estavam seguindo a visão de Darwin e reconhecendo o sexo como uma motivação humana básica.

Sexo antes de Freud

Outro aspecto do *Zeitgeist* refletido no trabalho de Freud foi a atitude em relação a sexo existente em Viena no fim do século XIX, onde ele viveu e trabalhou. A noção popularmente conhecida de que a discussão aberta de Freud a respeito do sexo fora considerada chocante por causa da sociedade repressora da época é equivocada. Embora a inibição sexual fosse um assunto típico de Freud e de suas pacientes da alta classe média, essa não era uma atitude cultural generalizada. Viena, naquela época, era uma sociedade permissiva (mesmo a Inglaterra vitoriana e a América puritana não eram assim tão puritanas e inibidas como normalmente se costuma imaginar). As décadas de 1880 e 1890 foram caracterizadas por uma interrupção da sublimação vitoriana da sexualidade. A paixão, a prostituição e a pornografia floresciam.

O interesse por sexo estava evidente na vida cotidiana, bem como na literatura científica. Na última década do século XIX, o estudo científico da sexualidade tinha se tornado popular tanto na Europa quanto nos Estados Unidos. Esperava-se que os pesquisadores, os chamados "sexólogos", "trariam uma visão naturalista fria a questões que há muito se considerava indecentes, imorais, repulsivas e pecaminosas. Os sexólogos eram encorajados a estudar as variações na experiência sexual humana não como vícios, pecados ou crimes, mas como parte integrante do mundo natural" (Makari, 2008, p. 93). Anos antes de Freud elaborar a teoria com base no sexo, outras pesquisas foram publicadas a respeito da patologia sexual, da sexualidade infantil e da repressão dos impulsos sexuais e também dos seus efeitos na saúde física e mental.

Em 1845, o médico alemão Adolf Patze afirmou que o impulso sexual podia ser detectado já em crianças de 3 anos, afirmação reiterada em 1867 por Henry Maudsley, um psiquiatra britânico. Em 1886, Krafft-Ebing publicou um livro sensacional, *Psicopatia do sexo* [*Psychopathia sexualis*]. E, em 1897, um médico vienense, Albert Moll, escreveu sobre a sexualidade infantil e o amor do filho pelos pais do sexo oposto, antecipando a teoria do complexo de Édipo elaborada por Freud.

Em Viena, colega de Freud, o neurologista Moritz Benedikt, obteve curas drásticas de mulheres histéricas, fazendo-as falar sobre a sua vida sexual. O psicólogo francês Alfred Binet publicou um trabalho sobre perversões sexuais. Mesmo a palavra "libido", de grande significado na psicanálise de Freud, já era usada praticamente com o mesmo sentido por ele atribuído. Desse modo, o componente sexual do trabalho de Freud já tinha sido antecipado há tempos, de uma forma ou de outra. Ele não foi o primeiro a discutir o papel do sexo no comportamento humano.

Catarse e sonhos antes de Freud

O conceito de **catarse,** uma forma de tratamento das dificuldades emocionais, fazendo o paciente relembrar e descrever os conflitos inconscientes, também já era conhecido antes de Freud publicá-lo em seu trabalho. Em 1880, um ano antes de Freud se formar em medicina, um tio da sua noiva escreveu a respeito do conceito aristotélico de catarse, que logo se tornou um assunto popular nas conversas da elite. Por volta de 1890, havia mais de 140 publicações na Alemanha abordando-a (Sulloway, 1979).

Catarse: processo de redução ou eliminação de um complexo, transferindo-o para o consciente e, assim, permitindo a sua expressão.

Muitas das ideias de Freud a respeito da simbologia dos sonhos tinham sido antecipadas na filosofia e na fisiologia já no século XVII. Embora ele afirmasse ser o único cientista a demonstrar interesse pelos sonhos, os fatos históricos o desmentem: o estudo dos sonhos tinha se tornado "uma arena bem estabelecida para se estudar, empiricamente, os subterrâneos da vida mental" (Makari, 2008, p. 76). Ao fim do século XIX, mais de uma dúzia de trabalhos sobre sonhos eram publicados anualmente. Até mesmo Wilhelm Wundt e os psicofisiologistas estavam conduzindo pesquisas sobre sonhos, particularmente, a respeito de como os estímulos externos conseguiam invadir a consciência durante o sono.

Três contemporâneos de Freud já estudavam os sonhos. Em sua proposta, Charcot afirmava que o trauma psicológico relacionado com a histeria era revelado nos sonhos do paciente. Janet dizia que as causas da histeria estavam contidas nos sonhos, e usava a análise deles como ferramenta terapêutica. Krafft-Ebing alegava que os desejos sexuais inconscientes podiam ser encontrados nos sonhos (Sand, 1992).

Nos Estados Unidos, Mary Whiton Calkins conduziu um experimento científico no qual analisou o conteúdo de 375 sonhos, alguns dos quais eram dela mesma, e descobriu que a maioria dos sonhos continha pessoas e ambientes familiares à vida dos sonhadores. Ela publicou seu trabalho, *Statistic of Dreams*, em 1893, sete anos antes de Freud publicar seu livro sobre sonhos (Bulkeley, 2013; Calkins, 1893).

Embora o pensamento de Freud sofresse diversas influências, não podemos nos esquecer da sua genialidade, bem como da de todos os demais fundadores de outras escolas. Com base em suas habilidades de unir as tramas de diversas ideias e tendências, um coerente sistema foi tecido. O próprio Freud reconhecia seus precursores. Em 1924, disse que a psicanálise "não caiu pronta do céu. O ponto de partida dele está nas ideias antigas, desenvolvidas posteriormente; a psicanálise surgiu de sugestões anteriores, que foram aperfeiçoadas" (apud Grubich-Simitis, 1993, p. 265).

Sigmund Freud (1856-1939)

Sigmund Freud (Figura 13.1), que amava romances policiais ingleses e queijo, nasceu em 6 de maio de 1856, em Freiberg, na Morávia (hoje Pribor, na República Tcheca). A casa onde Freud nasceu foi restaurada e mantida como um museu, e a cidade de Pribor mudou o nome da praça Stalin para praça Freud.

O pai dele era comerciante e trabalhava com lãs. Quando os negócios fracassaram na Morávia, mudou-se com a família para Leipzig e, mais tarde, quando Freud estava com 4 anos, para Viena. Freud permaneceu em Viena por quase 80 anos. Seu pai, severo e autoritário, era 20 anos mais velho que sua mãe, a mais velha das três esposas que ele tinha tido.

Quando garoto, Freud sentia ao mesmo tempo medo e amor pelo pai. A mãe era protetora e carinhosa; com ela, o jovem Freud tinha uma ligação de paixão. Esse medo do pai e a atração sexual pela mãe foi o que ele, mais tarde, chamou complexo de Édipo. Veremos que grande parte da sua teoria possuía base autobiográfica, resultante das experiências e recordações da própria infância.

LIBRARY OF CONGRESS

FIGURA 13.1 Sigmund Freud.

A mãe de Freud tinha imenso orgulho do primogênito, dedicando-lhe constante atenção e apoio, totalmente convencida de que ele teria um futuro grandioso. Entre as características da personalidade de Freud adulto, notavam-se a autoconfiança, a ambição, o desejo de grandes realizações e o sonho com fama e a glória. Ele disse: "Um homem que foi, sem dúvida alguma, o preferido da mãe, mantém durante a vida o sentimento de conquistador e a confiança no êxito que, muitas vezes, induz à concretização do sucesso" (apud Jones, 1953, p. 5).

Freud demonstrava considerável habilidade intelectual desde muito novo. Seu quarto era o único provido de lamparina a óleo, que proporcionava melhor iluminação para estudar do que as velas usadas pelos seus sete irmãos. Os pais não permitiam que os irmãos e as irmãs de Freud tocassem instrumentos musicais, temendo que o som perturbasse o jovem gênio. Apesar desse tratamento especial, Freud parecia ressentir-se dos irmãos, porque, às vezes, eles tomavam seu tempo e atenção.

Freud ingressou no ensino médio um ano antes do usual e era considerado um aluno brilhante, formando-se com distinção aos 17 anos. Falava alemão e hebraico em casa e, na escola, estudava latim, grego, francês e inglês. Além disso, estudava sozinho italiano e espanhol. Exposto à teoria da evolução de Darwin, interessou-se pela visão científica do conhecimento, decidindo assim estudar medicina. Não se sentia inclinado à prática médica, mas acreditava que a formação em medicina o guiaria para a carreira da pesquisa científica.

Iniciou os estudos em 1873 na University of Vienna. Por causa do interesse em frequentar cursos – como filosofia – que não faziam parte da grade curricular de medicina, levou oito anos para se formar. Especializou-se em biologia, tendo dissecado mais de 400 enguias machos para determinar a estrutura dos testículos. Suas descobertas foram inconclusivas, mas é interessante observar que a primeira pesquisa dele já envolvia o sexo. Mudou para fisiologia e realizou um trabalho sobre a espinha dorsal do peixe, passando seis anos debruçado sobre o microscópio no instituto fisiológico.

Uso de cocaína

Durante esses anos na universidade, Freud realizou experiências com cocaína, que naquela época não era uma substância proibida. Ele próprio fez uso da droga e a fornecia para a noiva, as irmãs e os amigos, além de haver introduzido a substância na prática médica. Ficou entusiasmado com o seu efeito e disse que a droga amenizava a sua depressão e a indigestão crônica de que sofria. Ele "continuou usando cocaína para transformar os dias ruins em dia bons, e os dias bons em dias melhores... A cocaína o estimulava de uma maneira que a vida cotidiana não conseguia fazer. Ele escrevia cartas românticas, frequentemente eróticas, para sua noiva [e] tinha sonhos grandiosos para o futuro de sua carreira" (Markel, 2011, p. 81, 6).

Convencido de haver encontrado na cocaína a droga milagrosa para a cura de todas as doenças, desde a ciática até o enjoo, esperava obter com essa descoberta o reconhecimento por que tanto ansiava, o que não se concretizou. Carl Koller, um dos colegas médicos de Freud, depois de ouvir sem querer uma conversa em que ele falava da droga, conduziu a própria pesquisa e descobriu a possibilidade do uso da cocaína como anestésico para o olho humano, facilitando, assim, os procedimentos cirúrgicos para o tratamento dos distúrbios oculares. Assim, Koller alcançou a fama que Freud almejava.

Em 1996, um historiador alemão, revendo os trabalhos de Koller na Biblioteca do Congresso em Washington, encontrou um pequeno envelope com um pó branco no qual estava escrito: "Resto da primeira dose de cocaína que usei em minha primeira experiência com a droga, em agosto de 1884". O pó foi rapidamente removido pelos surpresos funcionários da biblioteca.

Freud publicou um artigo sobre os benefícios da cocaína, que, mais tarde, foi considerado parcialmente responsável pela epidemia de uso da droga na Europa e nos Estados Unidos, que durou até a década de 1920. Freud foi muito criticado por defender o uso da cocaína para outros fins além da cirurgia ocular e por disseminar essa praga pelo mundo.

Ele tentou, pelo resto da vida, apagar as lembranças do seu endosso ao uso da droga e omitiu da própria bibliografia qualquer referência a essas publicações. Acredita-se que Freud parou de usar a droga depois de terminar a escola de medicina, mas uma análise posterior das suas cartas revelou que ele teria usado a droga por, pelo menos, mais dez anos, até chegar à meia-idade (Masson, 1985). Aparentemente, ele usou a droga entre 1884 e 1896 e depois a trocou pelo vinho. Em junho de 1899, escreveu a um amigo: "Estou ficando gradualmente acostumado com o vinho; ele se parece com um velho amigo. Estou planejando beber bastante em julho" (citado em Markel, 2011, p. 177).

Casamento e filhos

Freud queria continuar a pesquisa científica em um laboratório acadêmico; no entanto, Ernst Brücke, o professor da escola de medicina e diretor do instituto fisiológico onde ele trabalhava, desencorajou-o por razões econômicas. Freud era pobre demais para se sustentar e aguardar durante anos o surgimento de alguma rara posição acadêmica. Sabendo que Brücke estava certo, decidiu realizar os exames de medicina e começar a atender pacientes particulares para melhorar suas condições financeiras e conseguir se casar.

Recebeu o título de doutor em medicina em 1881 e começou a clinicar como neurologista. Não considerava a carreira nem um pouco mais interessante do que imaginava, mas o dinheiro falava mais alto. Freud e Martha Bernays ficaram noivos, mas adiaram várias vezes o casamento até, finalmente, terem condições de arcar com as despesas; mesmo assim, tiveram de tomar um empréstimo e penhorar seus relógios.

Durante os quatro anos de noivado, Freud tinha ciúmes de qualquer pessoa que chamasse a atenção ou despertasse o afeto de Martha, até mesmo dos familiares. Ele escreveu a ela, dizendo:

> A partir de hoje, você passa a ser visita para a sua família. Não deixarei você para ninguém. Se não gosta tanto assim de mim para renunciar à sua família, então deve me abandonar e arruinar a sua vida. Sim, a minha personalidade é realmente tirânica. (apud Appignanesi e Forrester, 1992, p. 30-31).

As longas horas de trabalho de Freud impediram-no de passar muito tempo com esposa e filhos, que no total foram seis. Saía de férias sozinho ou com a cunhada Minna, porque Martha não conseguia acompanhar o ritmo das longas caminhadas aos pontos turísticos.

O estranho caso de Anna O.

O médico Josef Breuer (1842-1925), que ganhou notoriedade com o estudo sobre a respiração e o funcionamento dos canais semicirculares do ouvido, ajudou o jovem Freud. O bem-sucedido e sofisticado Breuer aconselhava Freud, emprestava dinheiro a ele e, aparentemente, o considerava um irmão mais novo precoce. Para Freud, Breuer tinha a figura de um pai. Os dois, muitas vezes, discutiam a respeito dos pacientes de Breuer, até mesmo sobre a paciente de 21 anos, Anna O., cujo caso se tornou fundamental no desenvolvimento da psicanálise.

Inteligente e atraente, Anna O. apresentava sintomas profundos de histeria, que incluíam paralisia, perda de memória, deterioração mental, náuseas e distúrbios visuais e orais. Os primeiros sintomas apareceram quando ela cuidava do pai, que sempre a mimara e estava morrendo. Dizem que ela nutria por ele uma espécie de paixão (Ellenberger, 1972, p. 274).

Breuer começou o tratamento de Anna usando a hipnose. Ele pensava que, enquanto estivesse hipnotizada, ela se lembraria de experiências específicas que pudessem ter originado alguns dos sintomas. Ao falar sobre as experiências durante a hipnose, frequentemente ela se sentia aliviada dos sintomas. Durante mais de um ano, Breuer atendia Anna O. diariamente. Ela relatava os incidentes perturbadores ocorridos durante o dia e, depois de falar, algumas vezes alegava sentir-se aliviada dos sintomas. Ela se referia às conversas como uma limpeza de chaminé ou o que chamou de cura da palavra. Conforme prosseguiam as sessões, Breuer percebia (assim ele disse a Freud) que os incidentes de que Anna se lembrava estavam relacionados com pensamentos ou eventos que ela repudiava. Revivendo as experiências perturbadoras durante a sessão de hipnose, os sintomas eram reduzidos ou eliminados.

A esposa de Breuer começou a ficar com ciúmes da relação emocional muito próxima criada entre os dois. A jovem paciente exibia o que, mais tarde, se tornou conhecido como **transferência** positiva para Breuer. Em outras palavras, ela estava transferindo o amor que sentia pelo seu pai para o terapeuta. Essa transferência fora incentivada pela semelhança física entre o pai e Breuer. Além disso, talvez Breuer também estivesse nutrindo uma ligação emocional pela paciente. Um historiador observou: "os seus dotes joviais, o charmoso ar de desamparo e até mesmo o seu nome [o mesmo de sua mãe] despertaram em Breuer os desejos edipianos adormecidos que ele sentia pela própria mãe" (Gay, 1988, p. 68).

Transferência: processo pelo qual um paciente responde ao terapeuta como se ele fosse uma pessoa importante (como o pai ou a mãe) em sua vida.

Breuer acabou sentindo-se ameaçado com a situação e disse a Anna que não podia mais tratar dela. Dali a poucas horas, Anna foi acometida de dores histéricas, comparáveis às do parto. Breuer acabou com essa condição usando a hipnose. Assim, reza a lenda que ele teria viajado com a esposa para Veneza em uma espécie de segunda lua de mel, durante a qual ela teria engravidado.

Essa história transformou-se em um mito perpetuado por diversas gerações de psicanalistas e historiadores. Ela ilustra mais um exemplo de dado histórico distorcido. Nesse caso, a história persistiu durante mais de cem anos. Breuer e a esposa, de fato, viajaram para Veneza, mas a data de nascimento dos filhos deles revela que nenhum foi concebido naquela época (Ellenberger, 1972).

Análises posteriores dos registros históricos revelaram que Anna O. (cujo nome real, revelado em 1953, era Bertha Pappenheim) não foi curada com os tratamentos catárticos de Breuer. Depois que ele deixou de vê-la, ela foi internada e passava horas diante da foto do pai, dizendo que ia visitar o seu túmulo. Ela teve alucinações e convulsões, neuralgia facial e dificuldades recorrentes na fala.

Também tornou-se viciada em morfina, que Breuer havia prescrito para aliviar a dor facial. "Viver com uma seringa [de morfina] não é uma situação invejável", escreveu ela (apud Ramos, 2003, p. 239). Em 1883, Freud escreveu para sua esposa, que conhecia Bertha, contanto que Breuer "diz que deseja que ela [Bertha] estivesse morta, para que a pobre mulher pudesse se libertar do sofrimento. Ele diz que ela nunca mais ficará bem" (citado em Borch-Jacobsen, 2012, p. 3).

Com o tempo, Bertha Pappenheim se recuperou e se tornou assistente social e feminista, apoiando a educação feminina. Ela publicou vários contos, escreveu uma peça sobre os direitos das mulheres e acabou sendo homenageada com a criação de um selo postal alemão em 1954 (Sheperd, 1993). Morreu em 1936, não muito tempo depois de um extenuante interrogatório conduzido pela Gestapo a respeito de um comentário antinazista que ela, supostamente, tinha feito. Em 1992, sua vida foi tema de uma peça da Broadway intitulada *O mistério de Anna O.*

O relato de Breuer sobre o caso de Anna O. foi importante para o desenvolvimento da psicanálise por ter apresentado a Freud o método catártico, a chamada cura por meio da conversa, que, mais tarde, viria a figurar com destaque em seus trabalhos.

Os fatores sexuais da neurose

Em 1885, Freud recebeu uma pequena bolsa de pós-graduação que lhe permitiu passar vários meses em Paris, estudando com Charcot. Observou como Charcot aplicava a hipnose para tratar a histeria e logo passou a considerá-lo como outra figura paterna, imaginando como seria benéfico para a sua carreira se fosse casado com a filha dele. Freud chegou a escrever uma carta a Martha, descrevendo a filha de Charcot como uma moça muito atraente (Gelfand, 1992).

Charcot chamou a atenção de Freud para o papel do sexo no comportamento histérico. Em uma festa, Freud ouviu uma conversa de Charcot em que dizia este que as dificuldades de determinado paciente teriam fundo sexual: "Nesse tipo de caso, é sempre uma questão de órgãos genitais – sempre, sempre, sempre" (apud Freud, 1914, p. 14). Freud observou que, quando Charcot estava discutindo sobre sexo, ele "cruzava as mãos sobre as pernas e pulava para cima e para baixo várias vezes. Por um momento, quase fiquei paralisado de espanto" (apud Prochnik, 2006, p. 135).

Depois de Freud voltar a Viena, novamente foi lembrado da provável origem sexual dos distúrbios emocionais. Rudolph Chrobak, famoso ginecologista, pediu a Freud para examinar o caso de uma mulher que sofria de ataques de ansiedade, os quais eram aliviados somente quando ela sabia o tempo todo onde se encontrava o seu médico. Chrobak disse a Freud que a origem da ansiedade estava na impotência do marido da paciente, porque, depois de 18 anos, o casamento dos dois ainda não se havia consumado. Freud afirmou que Chrobak teria dito: "Há somente uma única prescrição para tamanha doença, e é bem familiar para nós; no entanto, não é de bom tom prescrevê-la. Segue prescrição: *Penis normalis dosim repetatur!* [Doses repetidas de pênis normal!]" (Freud, 1914). Posteriormente, Chrobak negou ter pronunciado tal observação (Ritvo, 1990, p. 75).

Freud adotou os métodos hipnóticos e catárticos de Breuer para tratar dos seus pacientes, mas não estava satisfeito com a hipnose e logo acabou abandonando-a. Embora a técnica se mostrasse aparentemente eficaz no alívio ou na eliminação de alguns sintomas, raramente proporcionava a cura prolongada. Muitos pacientes retornavam com novas queixas. Ademais, Freud descobriu que não conseguia hipnotizar com facilidade e profundamente alguns pacientes. Continuou a usar o método catártico como tratamento e, a partir da catarse, elaborou a técnica de **livre associação.** (Recorde-se que, no Capítulo 1, vimos que o significado pretendido por Freud era livre intrusão ou invasão, e não livre associação.)

Livre associação: técnica psicoterápica em que o paciente diz o que vem à mente.

Na livre associação, o paciente fica deitado no divã e o terapeuta o encoraja a falar livre e espontaneamente, dando completa vazão a qualquer ideia, mesmo que seja embaraçosa, sem importância ou aparentemente tola. O objetivo do sistema de psicanálise de Freud era trazer para a mente consciente as memórias ou os pensamentos reprimidos, supostamente causadores do comportamento anormal do paciente. Freud acreditava não haver nada de aleatório nas ideias que invadiam a mente do paciente, reveladas durante as sessões de livre associação. As experiências assim resgatadas seriam predeterminadas e não deviam ser censuradas pela escolha consciente do paciente. A natureza do conflito do paciente forçava essas ideias a invadir a consciência, devendo elas, assim, ser exteriorizadas para o terapeuta.

Empregando a técnica da livre associação, Freud descobriu que as lembranças de seus pacientes remetiam à infância, e que muitas das experiências reprimidas das quais se lembravam estavam relacionadas a questões sexuais. Percebendo os fatores sexuais como prováveis causas do estresse emocional e consciente dos trabalhos recentes sobre a patologia sexual, Freud começou a prestar mais atenção no conteúdo sexual revelado nas narrativas dos pacientes. Mais ou menos em 1898, disse estar convencido de que "as principais e mais imediatas causas, para fins práticos, do distúrbio neurótico estão nos fatores oriundos da vida sexual" (apud Breger, 2000, p. 117).

Os estudos sobre a histeria

Em 1895, Freud e Breuer publicaram *Estudos sobre a histeria* [*Studies on hysteria*], livro considerado o marco formal da psicanálise, embora Freud viesse a adotar a palavra "psicanálise" somente um ano depois (Rosenzweig, 1992). O livro apresentava trabalhos de ambos e diversos casos médicos, incluindo o de Anna O. A obra recebeu algumas críticas negativas, mas foi bastante elogiada nas publicações literárias e científicas de toda a Europa como uma contribuição extremamente valiosa para a área. Era um início sólido, mesmo que modesto, do reconhecimento almejado por Freud, ainda que o livro tenha vendido apenas 626 cópias nos 13 anos seguintes (Makari, 2008).

Breuer relutara em publicar o livro e os dois discutiram sobre a convicção de Freud em creditar exclusivamente ao sexo o comportamento neurótico, argumento não convincente para Breuer, que concordava que os fatores sexuais seriam importantes, mas não estava totalmente certo de ser o sexo a única explicação. Disse a Freud não haver provas suficientes nas quais se basear para chegar a tal conclusão. Apesar de concordarem em publicar o livro, a discussão abalou a amizade dos dois.

Freud acreditava estar correto e não via necessidade de coletar mais informações para sustentar seu ponto de vista. No entanto, uma das razões para a relutância em coletar mais evidências científicas seria a demora, que podia dar chance a outro pesquisador de publicar a ideia e reivindicar sua prioridade. A ambição de sucesso pode ter superado a cautela científica ao publicar o trabalho com evidências insuficientes.

Breuer sentiu-se incomodado com a atitude dogmática de Freud em relação a seu trabalho e, em alguns anos, a amizade entre os dois estava totalmente rompida. Freud ficou desgostoso; no entanto, mais tarde, viria a reconhecer publicamente o mérito do trabalho de Breuer a respeito da histeria e, na época da morte de Breuer em 1925, estava mais amadurecido. Escreveu um obituário tocante, reconhecendo as realizações do seu mentor. Além disso, enviou uma carta de condolência ao filho de Breuer, mencionando a "magnífica função desempenhada pelo seu falecido pai na criação da nossa nova ciência" (apud Hirschmüller, 1989, p. 321).

A controvérsia sobre a sedução infantil

Como já destacamos, Freud não tinha nenhuma dúvida do papel determinante do sexo na neurose. Observou que a maioria das pacientes relatava traumáticas experiências sexuais vividas na infância, muitas vezes envolvendo membros da própria família. Também passou a crer que as condições neuróticas não ocorriam em pessoas com vida sexual normal.

Em um trabalho apresentado para a Viennese Society of Psychiatry and Neurology [Sociedade Vienense de Psiquiatria e Neurologia], em 1896, Freud relatou que, usando informações extraídas por meio da técnica da livre associação, os pacientes revelaram ter sido seduzidos na infância, e o sedutor normalmente era um parente mais velho, muitas vezes o pai. Mais tarde, Freud assegurou serem esses traumas de sedução a causa do comportamento neurótico do adulto. Eles hesitavam em descrever os detalhes das experiências de sedução vividas, como se os acontecimentos fossem, de alguma forma, irreais ou nunca houvessem ocorrido. Os pacientes titubeavam ao falar, dando a impressão de não conseguir lembrar-se totalmente dos fatos.

O grupo recebeu a pesquisa de Freud com ceticismo. Krafft-Ebing, presidente da Sociedade, declarou que o trabalho soava mais como uma "história infantil científica" (apud Jones, 1953, p. 263). Freud rebateu e afirmou que seus críticos eram burros, e que fossem para o inferno. De modo geral, creditou-se a reação negativa ao trabalho de Freud ao choque e à fúria do público em razão da afirmação sobre a grande frequência com que ocorria o abuso sexual infantil. Um pesquisador contemporâneo de Freud apresentou outro argumento, de que a "oposição à afirmação da teoria da sedução fora baseada ou na crença na predominância constitutiva das bases [somáticas] dos distúrbios nervosos ou, mais comumente, com base na alegação de não serem confiáveis as descobertas obtidas por meio dos procedimentos clínicos adotados por Freud" (Esterson, 2002, p. 117-118). Qualquer que seja a explicação mais válida, o fato é que o trabalho estava muito longe do sucesso almejado por Freud.

Cerca de um ano depois, Freud mudou de opinião e passou a afirmar que, na maioria dos casos, as experiências de sedução infantil descritas pelos pacientes eram irreais – não haviam, efetivamente, ocorrido. Em princípio, Freud ficou chocado ao tomar consciência de que os pacientes relatavam fantasias e não fatos, já que sua teoria sobre a neurose estava totalmente baseada na crença dos traumas adquiridos de experiências sexuais da infância como responsáveis pelo comportamento irracional na vida adulta. No entanto, após refletir muito, Freud chegou à conclusão de que, para os pacientes, suas fantasias eram praticamente reais. Como envolviam sexo, o fator sexual continuava a ser a raiz do problema. Com esse raciocínio, Freud manteve a noção básica do sexo como a causa da neurose.

Quase um século depois, em 1984, um psicanalista com uma rápida passagem como diretor dos arquivos de Freud, Jeffrey Masson, afirmou que Freud havia mentido a respeito da realidade das experiências sexuais de infância dos seus pacientes. Masson (1984) alegou que os abusos sexuais relatados pelos pacientes de Freud de fato ocorreram, e que ele decidira chamar essas seduções de fantasias com a intenção de que seu sistema fosse mais facilmente aceito entre os colegas e o público em geral. Os pesquisadores mais renomados refutaram as afirmações de Masson, alegando serem inconvincentes as evidências por ele apresentadas (ver Gay, 1988; Krüll, 1986; Malcolm, 1984). Esse debate recebeu ampla cobertura da mídia norte-americana.

Em uma entrevista publicada no *Washington Post* (19 de fevereiro de 1984), os eminentes estudiosos de Freud, Paul Roazen e Peter Gay, descreveram a teoria de Masson como um embuste e uma calúnia, "uma séria distorção na história da psicanálise". Devemos observar que Freud jamais abandonara a crença de que, algumas vezes, os abusos sexuais infantis realmente ocorriam; na verdade, o que ele reavaliou foi seu ponto de vista, questionando se todas aquelas experiências relatadas pelos pacientes efetivamente teriam acontecido. Freud disse ser "difícil de acreditar que tais atos pervertidos contra crianças fossem assim tão frequentes" (Freud, 1954, p. 215-216).

Mais tarde, provas indicaram ser tão frequentes os abusos sexuais contra crianças, a ponto de Freud não estar preparado para admitir. Um escritor declarou que a "real ocorrência de incesto entre pai e filha é muito superior ao que a literatura no geral estaria disposta a reconhecer" (Lerman, 1986, p. 65). Essa conscientização levou alguns psicanalistas a sugerirem a aceitação do conceito original de Freud sobre a teoria da sedução como explicação para a neurose. Não é possível afirmar com certeza se Freud omitira propositalmente a verdade, assim como afirmou Masson, ou se realmente chegou a acreditar que os relatos dos pacientes eram fantasiosos.

Na década de 1930, Sandor Ferenczi, um discípulo de Freud, concluiu que os sintomas do complexo de Édipo apresentados por seus pacientes eram resultantes de atos de abusos sexuais, e não de fantasias. Quando descrevia as suas constatações no congresso de psicanálise em 1932, Freud tentou impedi-lo de falar. Com o fracasso da tentativa, Freud liderou a oposição contra a visão de Ferenczi.

Outra razão para que Freud mudasse de opinião a respeito da teoria da sedução seria que, caso ela fosse verdadeira, todos os pais, até mesmo o dele, seriam considerados culpados por atos perversos contra os filhos (Krüll, 1986).

A vida sexual de Freud

Independentemente da posição final em relação à teoria da sedução, o próprio Freud apresentava uma atitude negativa em relação ao sexo e enfrentou dificuldades sexuais. Um estudioso da vida de Freud escreveu que ele tinha interações limitadas com o sexo oposto quando jovem e que "era decididamente tímido, tinha medo de mulheres e era virgem quando se casou, aos 30 anos" (Breger, 2009, p. 11).

Ele escreveu sobre os riscos da sexualidade (também entre as pessoas normais, não neuróticas) e afirmou que todos deviam lutar para superar essa "necessidade tipicamente animal". Considerava o ato sexual degradante, contaminador da mente e do corpo. Aos 41 anos, depois do nascimento do seu sexto filho, abdicou do sexo com Martha. "A excitação sexual não tem mais a menor utilidade para uma pessoa como eu" (Freud, 1954, p. 227). Algumas vezes, sofria de impotência, em outras, abstinha-se do sexo porque não gostava de preservativos e dos coitos interrompidos, métodos contraceptivos que eram padrão naquela época.

Freud responsabilizava a esposa pelo fim da sua vida sexual e interpretou alguns dos próprios sonhos como o retrato do ressentimento por ela o haver forçado a desistir do sexo. Um biógrafo escreveu: "Ele ficou ressentido porque ela engravidava com facilidade, ficava muito indisposta durante a gravidez e recusava-se a manter qualquer tipo de atividade sexual além [dos atos de procriação]" (Elms, 1994, p. 45).

Os conflitos sexuais de Freud, aparentemente, foram responsáveis pela atração e fascinação dele por mulheres bonitas, que pareciam gravitar em torno do seu círculo de alunas. Um amigo chegou a comentar que, entre os alunos de Freud, "havia tantas mulheres atraentes, que parecia não se dever apenas a um fator contingencial" (Roazen, 1993, p. 138).

Também havia todos os rumores sobre suas relações com Minna Bernays, sua cunhada, que era mais jovem e mais inteligente que Martha. Ele escreveu longas cartas, descritas como calorosas e carinhosas, para Minna, e frequentemente discutia seu trabalho com ela, algo que nunca fez com Martha. Depois do nascimento de seu sexto filho, quando Freud anunciou que abdicaria do sexo com Martha, Minna passou a viver com a família Freud, lá permanecendo por 43 anos, até a morte de Freud.

Muitas vezes, Minna viajava com Freud, já que Martha estava cansada demais por gerar e cuidar de todas as crianças. Um dos muitos lugares que Freud e Minna visitaram foi uma pequena cidade na Suíça, onde ficaram por duas semanas em 1898. Em 2006, um pesquisador alemão descobriu o registro do hotel daquela visita e a assinatura de Freud para o quarto número 11. Ele assinou como "*Dr. Sigm Freud u frau* [Dr. Sigmund Freud e esposa]" (Markel, 2011, p. 159). Ainda não há provas de que eles tiveram um caso, mas o registro do hotel apoia aqueles que acreditam na hipótese positiva.

A neurose de Freud

Logo Freud tornou-se um exemplo de referência da própria teoria. Suas frustrações sexuais apareciam na forma de neuroses. Ele descreveu um episódio de neurose profunda ocorrido no ano em que abdicara do sexo, envolvendo "estados mentais bizarros e não inteligíveis conscientemente – pensamentos perturbados e dúvidas veladas, raramente uma clareza aqui e ali. [...] Não tenho noção do que aconteceu comigo" (Freud, 1954, p. 210-212). Os sintomas físicos problemáticos incluíam dores de cabeça e enxaquecas, dificuldades urinárias e cólon espástico. Achava que ia morrer, preocupava-se com o coração e ficava ansioso ao pensar em viajar e permanecer em lugares abertos.

Autodiagnosticara-se com uma neurose de ansiedade e neurastenia resultantes do acúmulo de tensão sexual. Havia concluído anteriormente que a neurastenia masculina resultava da masturbação e que a neurose de ansiedade estava relacionada às práticas anormais, como o coito interrompido e a abstinência, que caracterizavam sua vida na época. Definindo dessa forma os próprios sintomas, "sua vida pessoal estava profundamente envolvida na própria teoria, já que se baseava nela para tentar interpretar e resolver seus problemas. [...] A teoria de Freud sobre a verdadeira neurose consiste, assim, em uma teoria dos próprios sintomas neuróticos" (Krüll, 1986, p. 14, 20). Reconhecendo a necessidade de se submeter à psicanálise, Freud continuou a analisar a si mesmo por meio da análise de seus sonhos.

A análise dos sonhos

Freud percebeu que os sonhos dos pacientes podiam ser uma rica fonte de material emocional significativo, além de conter pistas para as causas subjacentes de um distúrbio. Por sua crença positivista na existência de uma causa para tudo, presumiu que os acontecimentos do sonho não eram totalmente desprovidos de significado. Muito provavelmente, eram resultantes de algum fato da mente inconsciente.

Ele percebeu a impossibilidade da realização de uma autoanálise utilizando o método da livre associação, já que seria impossível desempenhar o papel de paciente e de terapeuta ao mesmo tempo; assim, decidiu analisar os próprios sonhos. Freud escreveu para um amigo, em 1897, "O principal paciente com o qual estou ocupado [agora] sou eu" (citado em Kandel, 2012, p. 63). Ao despertar logo de manhã, realizava uma **análise dos sonhos** pessoais. Escrevia as histórias dos sonhos da noite anterior e, em seguida, realizava a livre associação com o material obtido.

Análise do sonho: técnica psicoterápica que envolve a interpretação dos sonhos para revelar os conflitos inconscientes.

Por meio da exploração do sonho, Freud acabou percebendo certa hostilidade que nutria pelo pai. Lembrou-se pela primeira vez da sua paixão sexual infantil pela mãe e sonhou ter desejos sexuais pela irmã mais velha. Essa intensa exploração do próprio inconsciente tornou-se a base da sua teoria. Desse modo, grande parte do sistema psicanalítico foi formulada pela análise dos próprios episódios neuróticos e das suas experiências de infância. Freud chegou a comentar com perspicácia que "o meu paciente mais importante fui eu mesmo" (apud Gay, 1988, p. 96).

Prosseguiu com a autoanálise por cerca de dois anos, culminando com a publicação de *A interpretação dos sonhos* [*The interpretation of dreams*] (1900), hoje considerada sua principal obra. Mais tarde, Freud chegou a declarar que o livro continha "a mais valiosa de todas as descobertas a mim contemplada" (apud Forrester, 1998). Ele esboçara pela primeira vez a teoria do complexo de Édipo, baseando-se muito nas experiências da própria infância. Embora os elogios não fossem unânimes, o livro recebeu mais críticas favoráveis. As publicações profissionais apresentaram resenhas do livro, assim como as revistas e os jornais de Viena, Berlim e de outras cidades da Europa. Em Zurique, Carl Jung leu o livro e tornou-se adepto da psicanálise.

Freud adotava a análise dos sonhos como técnica de psicanálise-padrão, e dedicava a última meia hora de cada dia para analisar os próprios sonhos. É interessante observar que, dos mais de 40 sonhos de Freud descritos no livro, poucos tinham conteúdo sexual, apesar da sua afirmação de os sonhos normalmente envolverem desejos sexuais infantis. O principal tema presente nos sonhos de Freud era a ambição, característica da sua personalidade que ele próprio não admitia (Welsh, 1994).

O auge do sucesso

Freud continuou a escrever e a publicar suas ideias.

> A partir de 1900, ele terminava pelo menos um trabalho importante por ano, o que correspondia a um livro. É difícil ser ignorado quando se é tão prolixo, quando se aplica uma teoria abrangente a um assunto tão

diversificado quanto a sexualidade, criatividade, destrutibilidade, perda, culpa, ansiedade, e a tendência a repetir experiências traumáticas. (Messer e McWilliams, 2003, p. 76)

Em 1901, publicou *Sobre a psicopatologia da vida cotidiana* [*The psychopathology of everyday life*], apresentando a descrição do famoso **ato falho**. O termo de Freud, em alemão, era *Fehlleistung*, que significa um engano ou um mau desempenho. A denominação freudiana "ato falho" só se tornou popular a partir dos anos 1950 (Erard, 2007).

Atos falhos: atos de esquecimento ou lapsos de fala que refletem motivos inconscientes ou ansiedade.

Freud sugeriu que, no comportamento cotidiano, as ideias inconscientes em busca de expressão afetam nossos pensamentos e nossas ações. O que parece ser apenas um ato falho ou um ato de esquecimento é, em geral, reflexo de motivos não reconhecidos, porém, reais.

A obra *Três ensaios sobre a teoria da sexualidade* [*Three essays on the theory of sexuality*] foi publicada em 1905. Três anos antes, alguns alunos levaram Freud a promover um grupo de discussão semanal sobre a psicanálise. Conta-se que o tema da primeira reunião teria sido a psicologia da fabricação de charutos (Kerr, 1993). Entre os primeiros discípulos estavam Jung e Adler, que mais tarde desenvolveram sistemas importantes em oposição a Freud, mas a maioria dos participantes do grupo era considerada "neuróticos marginais" (Gardner, 1993, p. 51).

Anna Freud chamava-os de "excêntricos, sonhadores e conhecedores do sofrimento neurótico das próprias experiências" (apud Coles, 1998, p. 144). Um dos membros do grupo, Herbert Nunberg, lembrou-se de que "eles discutiam não apenas os problemas dos outros, como também as próprias dificuldades, revelando os conflitos internos, confessavam sua masturbação, suas fantasias e as lembranças relacionadas aos seus pais, amigos, esposas e filhos" (apud Breger, 2000, p. 178).

Por causa do rompimento da amizade com Breuer, Freud não admitia nenhuma divergência a respeito do papel da sexualidade apresentado na sua teoria. Os discípulos ou alunos que não aceitassem essa premissa ou que, de algum modo, tentassem modificá-la, eram excomungados. Freud dizia: "A psicanálise é criação minha; durante dez anos fui a única pessoa a se preocupar com ela. Ninguém além de mim sabe mais a respeito da psicanálise" (Freud, 1914, p. 7). Até mesmo um seguidor leal e dedicado observou que "Freud não era simplesmente o pai da psicanálise, mas também seu tirano!" (Sadger, 2005, p. 40).

Freud também era um tirano em casa, onde comandava uma vida disciplinada e regimentada, insistindo que sua família fizesse o mesmo. A nora dele comentou que "a família de Freud se reunia para o almoço, a principal refeição de Viena, exatamente à uma, e com ou sem guerra, você tinha de estar lá a tempo ou não comeria" (citado em Berman, 2008, p. 641).

Entre os anos de 1900 e 1910, o *status* de Freud havia melhorado. As consultas particulares aumentavam, os colegas ficavam atentos às suas declarações e ele tinha menos preocupações com dinheiro. Ele ficou tão conhecido e tão procurado como analista, que podia cobrar uma taxa surpreendente de 25 dólares por hora. Um pesquisador de sua carreira escreveu posteriormente que "um analista de hoje teria de cobrar cerca de 4 mil dólares por hora para se igualar àquele valor" (Cohen, 2012, p. 120).

Freud vai para os Estados Unidos

Em 1909, ele e Jung foram convidados por G. Stanley Hall a discursar no 20º aniversário da Clark University, em Massachusetts (uma memória dessa ocasião pode servista na Figura 13.2). Freud realizou palestras e recebeu um título honorário de doutor em psicologia. "Talvez a pessoa mais profundamente afetada pelas palestras de Freud fosse ele mesmo. Aqui, para um público muito, muito superior a qualquer outro que comandara na Europa, ele se apresentava como um cientista e terapeuta realizador de importantes descobertas empíricas, e o público respondia com lisonjas" (Kerr, 1993, p. 243-244).

Ali ele conheceu famosos psicólogos norte-americanos, como James, Titchener e Cattell. As palestras de Freud foram publicadas na *American Journal of Psychology* e traduzidas para diversos idiomas (Freud, 1909/1910). O conceito de Freud sobre a mente inconsciente também foi recebido com entusiasmo pelo público norte-americano. As pessoas já demonstravam interesse pelo assunto, graças aos trabalhos do psicólogo canadense H. Addington Bruce. Entre 1903 e 1917, Bruce escreveu 63 artigos de revista e sete livros relatando sobre o inconsciente, despertando, assim, o interesse do público (Dennis, 1991).

Embora Freud tenha sido muito bem acolhido e tenha recebido muitas homenagens durante a viagem, guardou várias impressões negativas a respeito dos Estados Unidos. Criticou a qualidade da comida norte-americana, a escassez de banheiros públicos, a dificuldade do idioma e a informalidade dos modos do norte-americano. Ficou ofendido quando, nas cataratas do Niágara, um guia turístico nas cataratas ele chamando-o de "velho amigo". Disse a um biógrafo: "Os Estados Unidos são um equívoco; um equívoco gigantesco, é verdade, mas, ainda assim, um equívoco" (Jones, 1955, p. 60). Com o passar do tempo, não mudou de opinião.

Quatorze anos depois da visita aos Estados Unidos, perguntaram-lhe por que parecia odiar o país, e ele respondeu: "Não odeio os Estados Unidos. Sinto pena dos norte-americanos! Sinto muito por Colombo haver descoberto a América!" (apud Rabkin, 1990, p. 34). Para fazer justiça, é necessário mencionar que Freud também afirmava não gostar de Viena, onde vivera por quase 80 anos.

Divergência, doença e fuga

A família psicanalítica oficial logo se dividiria com o surgimento de discórdias e divergências a respeito de algumas ideias de Freud. As situações costumavam acabar em alguma dissidência. Em 1911, Freud rompeu com Adler, e três anos mais tarde, com Jung, a quem via como um filho de alma e herdeiro da psicanálise. Freud ficara furioso e, em um jantar em família, reclamou da deslealdade dos dois. Então, a tia dele comentou: "O seu problema, Sigi, é que você simplesmente não entende as pessoas" (apud Hilgard, 1987, p. 641).

Em 1923, no auge da fama, Freud foi diagnosticado com câncer na boca. Nos 16 anos seguintes, sofreu dores constantes e passou por 33 cirurgias para remover partes do céu da boca e da mandíbula superior. Submeteu-se a radioterapia e a tratamento com raios X, assim como a vasectomia, que os médicos acreditavam ser capaz de reverter o crescimento do tumor. Precisou utilizar um aparelho especial, já que as cirurgias na boca haviam afetado sua fala, dificultando, muitas vezes, a compreensão. Embora continuasse a atender os pacientes e os discípulos, esquivava-se do contato com as outras pessoas. Não abandonou o hábito de fumar 20 charutos por dia, mesmo depois de diagnosticada a doença.

Depois de Hitler ter assumido o poder na Alemanha, a posição oficial nazista tornou-se clara: os livros de Freud foram queimados publicamente em um comício em Berlim, em maio de 1933. Enquanto atirava os livros na fogueira, um líder nazista gritava: "Contra a supervalorização da atividade sexual destruidora das almas – e em nome da nobreza do espírito humano – ofereço às chamas os escritos do tal Sigmund Freud!" (apud Schur, 1972, p. 446). Freud comentou: "Que evolução! Na Idade Média eu seria atirado na fogueira; hoje, eles se contentam em atirar meus livros" (apud Jones, 1957, p. 182).

Por volta de 1934, os psicólogos e psicanalistas judeus mais prudentes haviam emigrado. A campanha nazista para erradicar a psicanálise da Alemanha fora bem-sucedida; o conhecimento de Freud, que um dia fora tão disseminado, estava praticamente extinto. Um aluno do Instituto de Pesquisas Psicológicas e Psicoterapia (Institute for Psychological Research and Psychotherapy), criado pelos nazistas em Berlim, lembrou-se

CLARK UNIVERSITY IN WORCESTER, MASSACHUSETTS PUBLICATION

FIGURA 13.2 Na Clark University, 1909. Sentados, da esquerda para a direita: Sigmund Freud, G. Stanley Hall, Carl Jung. De pé, da esquerda para a direita: A. A. Britt, Ernest Jones, Sandor Ferenczi.

de que o "nome de Freud nunca era mencionado, e os livros dele ficavam trancados em um armário" (*The New York Times*, 3 jul. 1984).

Apesar dos riscos, Freud insistia em permanecer em Viena. Em março de 1938, as tropas alemãs foram recebidas com entusiasmo na Áustria. Logo depois um bando de nazistas invadiu sua casa. Uma semana depois, Anna, a filha dele, foi presa e permaneceu detida. Esse ato, finalmente, convencera Freud a deixar o país para preservar sua segurança. Graças, em parte, à intervenção do governo norte-americano, os nazistas concordaram em deixar Freud partir para a Inglaterra (ver Cohen, 2010). Quatro das irmãs de Freud permaneceram em Viena e morreram em campos de concentração nazistas.

A fim de obter um visto de saída, Freud teve de assinar um documento declarando que tinha sido tratado com consideração e respeito pela Gestapo (a polícia secreta). Assinou o documento, e parece ter acrescentado um comentário irônico: "Recomendo a Gestapo de todo o coração a qualquer pessoa" (apud Jones, 1957, p. 226). Assim afirmou Ernest Jones, amigo e biógrafo de Freud, que, supostamente, relatara o incidente como ele havia contado. Dados históricos descobertos mais recentemente – o documento original assinado por Freud – revelaram que tal comentário não existe (Decker, 1991). Entretanto, a versão original é a que continua a aparecer publicada.

Freud foi bem recebido na Inglaterra, onde viveu em uma adorável casa de tijolos vermelhos em 20 Maresfield Gardens, que hoje abriga o Freud Museum. Ele conseguiu trazer consigo seu famoso divã e grande parte de seus pertences, e escreveu a um amigo que vivia "incomparavelmente melhor do que em Berggasse [sua rua em Viena]" (citado em Collins, 2013, p. 23).

Mas sua saúde continuava a se deteriorar. Em seu diário e nas cartas escritas para os amigos, falava das dores que sofria por causa do câncer que se espalhara. "Tive de cancelar meu trabalho por 12 dias, e me deito com dor e garrafas de água quente no divã que é destinado aos outros" (Freud, 1939/1992, p. 229). Mesmo assim, permaneceu lúcido e trabalhou quase até o último momento.

Anos antes, ao escolher Max Schur como seu médico particular, Freud o fez prometer que não o deixaria sofrer sem necessidade. No dia 21 de setembro de 1939, Freud lembrou-o da promessa: "Você prometeu não me abandonar quando a minha hora chegasse. Agora, só me resta a tortura, o que não faz o menor sentido" (apud Schur, 1972, p. 529). Schur escreveu que aplicou nele uma superdosagem de morfina em um período de 24 horas, colocando fim aos anos de sofrimentos de Freud.

Ainda em mais um exemplo da natureza dinâmica e sempre mutante da história, esse relato da morte de Freud, escrito por seu próprio médico, foi questionado. Intensas pesquisas de arquivos revelaram que Schur não estava presente no momento da morte de Freud, e que a última (e fatal) dose de morfina foi aplicada por Josephine Stross, médica aposentada e amiga de longa data de Anna Freud (Lacoursiere, 2008). Mesmo depois de morto, Freud continua gerando controvérsias.

Texto original

Trecho sobre histeria, extraído da primeira lição de Sigmund Freud, na Clark University, em 9 de setembro de 1909[1]

Neste trecho da palestra inicial apresentada por Freud na Clark (ministrada em alemão), ele discute o caso de Anna O.

Senhoras e senhores: para mim, esta é uma experiência nova e, de alguma forma, sinto-me até constrangido em me apresentar como palestrante diante dos estudantes do Novo Mundo. Estou ciente de que devo essa honra à associação do meu nome com o tema da psicanálise e, consequentemente, é à psicanálise que devo direcionar a minha fala. Tentarei proporcionar-lhes, de forma bem resumida, um panorama histórico da origem e do posterior desenvolvimento desse novo método de pesquisa e cura.

Reconheço ser uma honra haver criado a psicanálise; no entanto, o mérito não é meu. Na época, eu era estudante e estava preocupado em passar nos exames finais, quando outro médico de Viena, dr. Joseph Breuer, realizou a primeira aplicação desse método no caso de uma moça com histeria (1880-1882). Vamos agora examinar o histórico desse caso e o seu tratamento, que estão detalhados no livro *Studies on hysteria*, publicado posteriormente por dr. Breuer juntamente comigo [...].

A paciente do dr. Breuer era uma jovem de 21 anos, dotada de alto grau de inteligência. Ela apresentou, no curso de dois anos da sua doença, uma série de distúrbios físicos e mentais que realmente mereciam ser analisados com seriedade. Sofreu de uma grave paralisia dos membros superior e inferior do lado direito do corpo, com ausência de sensibilidade, e, algumas vezes, o mesmo problema em ambos os membros do lado esquerdo, distúrbio do movimento dos olhos e profunda dificuldade visual, incapacidade para manter a posição da cabeça, uma intensa *Tussis nervosa* [tosse incontrolável], náuseas quando tentava se alimentar e, em certa ocasião, por várias semanas, uma perda da capacidade de beber, apesar de sentir muita sede. Teve também a capacidade de fala diminuída, e esse quadro se agravou de tal forma, que ela ficou incapacitada para falar e até mesmo compreender a própria língua materna; e, finalmente, passara por estados de "ausência", confusão, delírio, alteração total da personalidade. Deixarei para abordar esses estados minuciosamente mais tarde.

Quando se ouve um caso como esse, não é necessário ser médico para emitir uma opinião de que se trata de um dano sério, muito provavelmente do cérebro, para o qual há poucas esperanças de cura e que, possivelmente, ocasionará a morte precoce da paciente. Os médicos diriam, no entanto, que, em um tipo de caso com sintomas tão desfavoráveis, outra opinião, muito mais favorável, é justificável. Quando se vê uma série de sintomas desse tipo, no caso uma jovem cujos órgãos vitais (coração e rins) se mostram normais nos testes objetivos, mas que ainda assim sofre de fortes distúrbios emocionais, e os sintomas diferem em certas características mais sutis do que logicamente se espera, os médicos não ficam muito perturbados. Eles consideram não haver lesão orgânica do cérebro, mas, sim, aquele estado enigmático, conhecido desde o tempo dos médicos gregos como *histeria*, em que se é capaz de simular uma série de sintomas de diversas doenças. Consideram, nessa situação, que a vida da paciente não corre risco e que a restauração da saúde depende dela própria.

O distúrbio apareceu pela primeira vez quando a paciente cuidava do pai, por quem ela nutria um amor carinhoso, durante uma doença grave que o levou à morte, tarefa que ela foi obrigada a abandonar por ela mesma ter ficado doente. [...]

---

1 Extraído de "The origin and development of psychoanalysis", de Sigmund Freud. *American Journal of Psychology*, v. 21, p. 181-210, 1910.

Observou-se que a paciente, durante os estados de ausência, de alteração psíquica, normalmente murmurava diversas palavras, como se estivesse falando consigo mesma. Essas palavras pareciam surgir de associações com os pensamentos que ocupavam a sua mente. O médico, ao conseguir captar as palavras, colocava a paciente em uma espécie de estado de hipnose e repetia os termos diversas vezes para ela, a fim de descobrir se existia alguma associação. A paciente cedia ao sugestionamento e reproduzia para ele as criações psíquicas que controlavam seus pensamentos durante as ausências, e que se revelavam nessa simples expressão de palavras. Essas criações eram ilusões [fantasias] de profunda tristeza, muitas vezes de beleza poética – devaneios, podemos assim chamá-las – que frequentemente tinham como ponto de partida a situação de uma garota postada na cabeceira do pai doente. Sempre que conseguia estabelecer associações com algumas dessas fantasias, ela ficava, como realmente acontecia, livre e restabelecida a seu estado mental normal. Esse estado de saúde durava várias horas, e, então, no dia seguinte, mais uma ausência, removida da mesma maneira, ou seja, relacionando as fantasias recém-criadas.

Era impossível não ficar com a impressão de que a alteração psíquica expressa durante a ausência fosse uma consequência da excitação provocada por essas imagens fantasiosas carregadas de emoção. A própria paciente, que a essa altura da doença, estranhamente, conseguia falar e entender apenas inglês, chamou esse novo tipo de tratamento de "cura da fala", ou, em um tom de brincadeira, "limpeza de chaminé".

O médico logo se viu diante da possibilidade de, por meio dessa limpeza da alma, obter algo mais que a eliminação temporária das constantes e recorrentes turvações mentais. Os sintomas da doença poderiam desaparecer se, durante a hipnose, a paciente fosse induzida a se lembrar das circunstâncias e das relações associativas em que as condições se manifestaram pela primeira vez, permitindo a livre vazão das emoções que as provocaram.

Era um verão de intenso calor, e a paciente sentia muita sede; no entanto, sem nenhuma razão aparente, de repente, não conseguia beber água. Pegava um copo d'água, mas, assim que o encostava na boca, afastava o recipiente, como se sofresse de hidrofobia [medo de água]. Obviamente, durante esses poucos segundos, ela se encontrava em estado de ausência. Ela comia apenas frutas, como melão, para aliviar a profunda sede. Quando essa situação já se prolongava por mais ou menos seis semanas, em uma sessão de hipnose, ao falar de uma governanta inglesa de quem não gostava, a paciente acabou contando, demonstrando total repugnância, sobre uma ocasião em que entrara no quarto da governanta e vira o cachorro desta, que ela abominava, bebendo água em um copo. Por respeito às convenções, a paciente não comentou o episódio com ninguém. Assim, depois de dar vazão à fúria contida, pediu um copo d'água, bebeu bastante sem qualquer dificuldade e despertou da hipnose com o copo na boca. A partir de então, o sintoma desapareceu para sempre.

Permitam-me que eu me detenha um pouco mais nessa experiência. Nenhuma outra pessoa jamais havia curado um sintoma de histeria dessa forma, ou chegado tão próximo de compreender a sua causa. Esta seria uma descoberta [de grandes consequências], com a confirmação da expectativa de que outros, talvez a maioria dos sintomas, se originassem dessa forma e pudessem ser eliminados com o mesmo método. Breuer não poupou esforços para convencer-se dessa hipótese e investigou a patogenia de outros sintomas mais sérios, de forma mais organizada.

A expectativa foi realmente confirmada; praticamente todos os sintomas originavam-se dessa forma, como indícios súbitos ou, se preferirem, da experiência de fundo afetivo, que por isso chamamos de *trauma psíquico*. A natureza dos sintomas tornava-se clara quando se estabelecia a relação com a cena que os teria provocado. Os sintomas eram, para usar o termo técnico, "determinados" pela cena da qual incorporavam indícios de lembrança e, assim, não podiam mais ser descritos como funções enigmáticas ou arbitrárias da neurose.

Observou-se apenas uma variação dentro das expectativas. Nem sempre o sintoma era provocado por uma única experiência; em geral, eram várias; talvez vários traumas semelhantes repetidos motivassem esse efeito. Era necessário repetir toda a série de lembranças patogênicas na sequência cronológica e, é claro, na ordem inversa, primeiro repetindo a última, e vice-versa. Era praticamente impossível chegar diretamente ao primeiro e principal trauma, sem antes esclarecer todos os que vinham em seguida.

Vocês desejam, é claro, ouvir outros relatos de causa dos sintomas de histeria, além dessa incapacidade de beber água devido à repugnância provocada pelo ato do cachorro de beber água no copo. Devo, no entanto, para me ater ao programa, limitar-me a alguns poucos exemplos. Breuer relata, por exemplo, que os distúrbios visuais da paciente remeteriam a causas externas da seguinte forma: ela chorava, sentada à cabeceira da cama do pai doente, quando, de repente, ele lhe perguntou as horas. Por causa das lágrimas, ela não conseguia enxergar direito e forçou os olhos para ver melhor, aproximou o relógio para visualizar bem os ponteiros ou, então, tentou conter o choro para o pai não perceber que estivera chorando.

Todas as impressões patogênicas emergiam do tempo em que cuidara do pai doente. Uma noite, ela estava muito preocupada, olhando o pai, que tinha uma febre muito alta, e estava ansiosa, porque aguardava um cirurgião vindo de Viena para operá-lo. A mãe dela havia saído por um instante, e Anna sentara-se ao lado da cabeceira da cama, com o braço direito sobre o espaldar da cadeira. Entrou em delírio e viu uma cobra preta, como em um sonho, surgir da parede e aproximar-se do doente, como se fosse dar um bote (é bem provável que ela realmente tenha visto muitas cobras na campina localizada atrás da casa, que já houvesse se assustado com elas e que essas experiências anteriores tenham proporcionado o material para a alucinação que estava tendo).

Ela tentou desviar a criatura, mas se sentiu como que paralisada. O braço direito pousado sobre o espaldar da cadeira ficou "dormente", anestesiado e paralisado [insensível e com formigamento], e, enquanto ela olhava para o membro, seus dedos se transformaram em pequenas cobras com cabeça em forma de caveira [as unhas]. Provavelmente, ela tentou enxotar a cobra com o braço direito paralisado e, assim, o entorpecimento e a paralisia do membro formaram associações com a alucinação da cobra. Quando esse sintoma desapareceu, ela, agoniada, tentou falar, mas não pôde. Não conseguia se expressar em nenhum idioma, até finalmente se lembrar de algumas palavras em inglês de uma canção de ninar, e, então, conseguia pensar e falar somente nessa língua. Quando a lembrança dessa cena foi revivida durante a hipnose, a paralisia do braço direito, ocorrida desde o início da doença, foi curada, e o tratamento, encerrado.

Vários anos depois, comecei a utilizar as pesquisas e o tratamento de Breuer em meus pacientes, e minhas experiências coincidiram totalmente com as dele. [...]

Senhoras e senhores, se me permitem generalizar, como é indispensável em uma breve apresentação como esta, deveríamos expressar os resultados obtidos até aqui na fórmula: *o sofrimento dos nossos pacientes está nas lembranças*. Os sintomas são os vestígios e representam as recordações de algumas experiências traumáticas.

Métodos de tratamento de Freud

Freud sentia que o método de livre associação nem sempre funcionava, de fato, livremente. Cedo ou tarde, os pacientes chegavam a um ponto das recordações que se sentiam incapacitados ou indispostos para continuar. Ele pensava que essas **resistências** indicavam que os pacientes teriam trazido à tona lembranças vergonhosas demais para encarar conscientemente. Desse modo, a resistência seria uma espécie de proteção contra a angústia emocional de ter de enfrentar essas memórias. A simples presença do sofrimento, no entanto, indicava que o processo de análise estava próximo da origem do problema e que o analista devia prosseguir naquela linha de pensamento.

A descoberta de Freud sobre a resistência dos pacientes levou-o a formular o princípio fundamental da **repressão**, descrita como o processo de expulsão ou exclusão de qualquer ideia, lembrança ou desejo inaceitáveis da consciência, deixando-os, no entanto, operar no inconsciente. Ele escreveu que "a essência da repressão está simplesmente em se distanciar de algo, mantendo-o longe do consciente". Além disso, ele considerava a repressão como "a base sobre a qual está toda a estrutura da psicanálise" (apud Boag, 2006, p. 74). As ideias ou os impulsos desagradáveis não apenas eram expulsos da consciência, como também forçados a permanecer fora. O terapeuta deve ajudar o paciente a trazer esse material reprimido para o consciente, a fim de enfrentá-lo e aprender a lidar com ele.

Freud admitia que a eficácia do tratamento de pacientes neuróticos dependia do desenvolvimento de uma relação pessoal e íntima entre paciente e terapeuta. Vimos, anteriormente, como a transferência de Anna O. em

Resistência: bloqueio ou recusa em revelar lembranças dolorosas durante uma sessão de livre associação.

Repressão: processo de barrar ideias inaceitáveis, memórias ou desejos do consciente, deixando-os operar livremente no inconsciente.

relação a Breuer o perturbara a ponto de ele decidir deixar de atendê-la. Para Freud, a transferência constituía uma parte necessária do processo terapêutico. Uma das metas da terapia seria afastar a dependência praticamente infantil do paciente em relação ao terapeuta e ajudá-lo a assumir um papel mais adulto na condução da própria vida.

Outro método de tratamento importante na psicanálise freudiana consistia na análise dos sonhos. Freud acreditava nos sonhos como representações da satisfação dissimulada dos desejos reprimidos. A essência de um sonho seria a concretização dos desejos do indivíduo. Para Freud, os fatos do sonho ocorrem em dois níveis: o conteúdo manifesto seria a verdadeira história do paciente, expressa por meio das lembranças dos fatos sonhados, enquanto o conteúdo latente, ou seja, o sentido simbólico ou oculto, expressaria o verdadeiro significado do sonho.

Freud acreditava que, quando descreviam os sonhos, os pacientes estavam expressando simbolicamente os desejos proibidos (o conteúdo latente do sonho). Embora muitos símbolos associados ao sonho sejam atribuídos exclusivamente ao indivíduo que o está relatando, acredita-se em símbolos comuns a todos (ver Tabela 13.1). Entretanto, apesar da aparente universalidade desses símbolos, a interpretação de determinado sonho para fins terapêuticos demanda o conhecimento dos conflitos específicos do paciente.

TABELA 13.1 Fatos ou símbolos de sonhos e os respectivos significados psicanalíticos latentes

SÍMBOLO	INTERPRETAÇÃO
Casa com frente lisa	Corpo masculino
Casa com saliências ou sacadas	Corpo feminino
Rei e rainha	Pais
Animais de pequeno porte	Crianças
Crianças	Órgãos genitais
Brincar com crianças	Masturbação
Calvície, extração de dentes	Castração
Objetos alongados (por exemplo, tronco de árvore, guarda-chuva, gravata, cobra, vela)	Órgão genital masculino
Espaços fechados (por exemplo, caixa, forno, armário, caverna, bolso)	Órgão genital feminino
Subir degraus ou escadas; dirigir automóvel; montar a cavalo; atravessar uma ponte	Relação sexual
Tomar banho	Nascimento
Começar uma viagem	Morte
Estar nu no meio de uma multidão	Desejo de ser notado
Voar	Desejo de ser admirado
Cair	Desejo de retornar a um estado (como a infância) em que a pessoa se sentia satisfeita e segura

Nem todos os sonhos têm como causa conflitos emocionais. Alguns são provocados por simples estímulos, como a temperatura do quarto, o contato com alguém ou a ingestão excessiva de comida antes de dormir.

Pesquisas recentes também indicam que o conteúdo dos sonhos pode ser afetado pela exposição à mídia eletrônica, como internet, televisão e videogames (Gackenbach, 2009). Portanto, nem todo sonho contém material simbólico ou reprimido.

Freud como terapeuta

Apesar da crescente popularidade da psicanálise como terapia, Freud tinha pouco interesse pessoal no valor potencial do tratamento do seu sistema. Sua principal preocupação não estava na cura dos pacientes, mas na explicação da dinâmica do comportamento humano. Identificava-se mais como cientista do que como terapeuta, e considerava os métodos de livre associação e de análise dos sonhos simples instrumentos de coleta de dados para os estudos de caso. Para Freud, a aplicação terapêutica dessas técnicas era um fator secundário em relação ao uso científico que delas fazia.

Talvez por sua relativa falta de interesse no tratamento dos pacientes, Freud era descrito como um terapeuta impessoal e até indiferente. "Não possuo a paixão necessária para ajudar as pessoas" (apud Jones, 1955, p. 446). A paixão dele era a pesquisa, a partir da qual elaborava a teoria para explicar o funcionamento da personalidade humana.

Posicionava sua cadeira na cabeceira do divã de psicanálise, porque, segundo ele, "não conseguia suportar ser encarado por outras pessoas durante oito horas por dia" (citado em Lingiardi e De Bei, 2011, p. 391). Algumas vezes, pegava no sono durante as sessões de análise. Um dos pacientes norte-americanos de Freud lembrou-se de que seu cachorro, um chow chamado Jofi, participava das sessões de terapia. Quando Jofi começava a riscar a porta para sair, Freud dizia: "Jofi não aprova o que você está dizendo". Quando o cachorro arranhava a porta novamente para voltar para a sala, Freud dizia: "Jofi queria dar outra chance a você". Em uma ocasião, quando o paciente se tornou bastante emotivo, Jofi pulou nele, e Freud disse: "Está vendo? Jofi está feliz por você ter descoberto a causa da sua ansiedade" (apud Grinker, 2001, p. 39).

Freud e a psicologia tradicional

A metodologia e o conteúdo do sistema de Freud eram totalmente diferenciados em relação à psicologia experimental tradicional daquela época. Apesar da formação científica, Freud não adotava métodos de pesquisa experimentais, baseando-se na livre associação, na análise dos sonhos e na compilação das informações dos casos. Não coletava dados de experiências controladas nem utilizava a estatística para analisar os resultados. Embora não acreditasse muito no tratamento experimental formal, afirmava realizar um trabalho científico, e que os casos e a sua autoanálise ofereciam ampla sustentação às suas conclusões. Freud dizia:

> Quando me impus a tarefa de trazer à luz o que o ser humano mantém oculto dentro de si, não por meio da força compulsória da hipnose, mas observando o conteúdo da fala e do que ele revela, considerei a tarefa mais difícil do que realmente era. O indivíduo dotado de olhos para ver e de ouvidos para escutar pode convencer-se da incapacidade de qualquer mortal manter um segredo. Se os lábios estão silenciosos, ele conversa com as próprias pontas dos dedos; a traição esvai-se por todos os poros. E, assim, a tarefa de tornar consciente as reentrâncias mais ocultas da mente é provavelmente exequível. (Freud, 1901/1905, p. 77-78)

Freud elaborou, reavaliou e ampliou suas ideias em razão das evidências que ele mesmo interpretava. A capacidade crítica dele foi o orientador mais importante na elaboração de sua teoria. Afirmava que apenas os psicanalistas que adotassem os seus métodos estariam qualificados a julgar o valor científico do seu trabalho, e ignorava a crítica dos demais, principalmente dos não simpatizantes da psicanálise. A psicanálise era o sistema dele, exclusivamente dele.

A psicanálise como um sistema de personalidade

O sistema de Freud não abrangia todos os tópicos geralmente abordados nos livros básicos de psicologia da época, mas explorava áreas que outros psicólogos tendiam a ignorar: as forças motivadoras do inconsciente, os conflitos entre essas forças e os efeitos desses conflitos no comportamento.

Os instintos

Instintos são a força propulsora ou motivadora da personalidade, o incentivo biológico impulsor da energia mental. Embora o emprego da palavra "instinto" tenha se tornado aceito no idioma inglês, ele não transmite a intenção de Freud. Ele não costumava adotar a palavra equivalente em alemão, *Instinkt*, ao se referir à personalidade humana, mas, sim, ao descrever o impulso inato do animal. O termo usado por Freud para a força motivadora humana era *Trieb*, cuja melhor tradução seria impulso ou força propulsora (Bettelheim, 1982). Os instintos freudianos não consistiam em predisposições herdadas – o significado geralmente aceito para *instinto* –, mas se referem a fontes de estimulação inerentes ao corpo. A função do instinto é remover ou reduzir essa estimulação por meio de algum comportamento, como o ato de comer, beber ou manter relações sexuais.

Instintos: para Freud, as representações mentais dos estímulos internos (como a fome) que motivam a personalidade e o comportamento.

Instintos de vida: o impulso para garantir a sobrevivência do indivíduo e da espécie por meio da satisfação das necessidades de alimento, água, ar e sexo.

Instintos de morte: o impulso inconsciente em direção à decadência, destruição e agressividade.

Libido: para Freud, a energia psíquica que direciona o indivíduo na busca de pensamentos e comportamentos prazerosos.

Freud não tentou criar uma lista detalhada de todos os instintos humanos possíveis, mas os agrupou em duas categorias gerais: **instintos de vida** e **instintos de morte**. Entre os instintos de vida estão fome, sede e sexo. Esses instintos relacionam-se à autopreservação e à sobrevivência das espécies e, assim, constituem as forças criativas sustentadoras da vida. A forma de energia por meio da qual se manifestam os instintos de vida chama-se **libido**. O instinto de morte consiste em uma força destrutiva, que pode se direcionar para o interior, na forma de masoquismo ou suicídio, ou para o exterior, por meio de agressão ou ódio. À medida que amadurecia, Freud convencia-se de que a agressão era um motivador tão forte quanto o sexo para o comportamento humano.

Ele também observou a tendência à agressividade em si próprio. Os colegas o descreviam como um bom inimigo, e alguns de seus trabalhos indicam alto grau de agressividade. Essa inclinação também pode ser detectada na amargura e no caráter definitivo de seu rompimento com os dissidentes do movimento psicanalítico.

O conceito de agressão como um aspecto motivador foi muito mais bem recebido pelos psicanalistas do que a noção do instinto de morte. Um analista comentou que o instinto de morte devia ser "relegado à lata de lixo da história" (Becker, 1973, p. 99). Outro insinuou que, se Freud fosse realmente um gênio, o instinto de morte seria o exemplo de um gênio em um péssimo dia (ver Eissler, 1971).

Os níveis de personalidade

Em seus primeiros trabalhos, Freud sugeria a divisão da vida mental em duas partes: consciente e inconsciente. A porção consciente, assim como a parte visível do *iceberg*, seria pequena e insignificante, preservando apenas uma visão superficial de toda a personalidade. A imensa e poderosa porção inconsciente – assim como a parte submersa do *iceberg* – conteria os instintos, ou seja, as forças propulsoras de todo comportamento humano. Em seus trabalhos posteriores, Freud reavaliou essa distinção simples entre o consciente e o inconsciente e propôs os conceitos de id, ego e superego.

O id. Pode-se dizer que o **id** corresponde à noção inicial de inconsciente de Freud; seria a parte mais primitiva e menos acessível da personalidade, na qual se encontram o sexo e os instintos agressivos. Freud afirmou: "Nós chamamos de [...] um caldeirão cheio de excitações fervescentes. [O id] desconhece o julgamento de valores, o bem e o mal, a moralidade" (Freud, 1933, p. 74). As forças do id buscam a satisfação imediata, sem tomar conhecimento das circunstâncias da realidade.

Id: fonte de energia psíquica e o aspecto da personalidade relacionado aos instintos.

Funcionam de acordo com o princípio do prazer, preocupadas em reduzir a tensão mediante a busca do prazer e evitando a dor. A palavra em alemão usada por Freud para id era *es*, que queria dizer "isso", termo sugerido pelo psicanalista Georg Groddeck, que enviara a Freud o manuscrito do seu livro intitulado *O livro do it* [*The book of it*] (Isbister, 1985).

O id contém a nossa energia psíquica básica, ou a libido, e se expressa por meio da redução de tensão. Aumento na energia libidinal resulta aumento da tensão, e nós, então, agimos na tentativa de reduzir essa tensão a um nível mais tolerável. Entretanto, precisamos interagir com o mundo real a fim de satisfazer nossas necessidades e manter um nível confortável de tensão. Por exemplo, as pessoas famintas devem ir em busca de comida, caso queiram descarregar a tensão induzida pela fome. Portanto, alguma ligação funcional entre as demandas do id e a realidade precisam ser estabelecidas, e isso é proporcionado pelo ego.

O ego. O **ego** serve como mediador, um facilitador da interação entre o id e as circunstâncias do mundo externo. O ego representa a razão ou a racionalidade, ao contrário da paixão insistente e irracional do id. Freud chamava o ego de *ich*, traduzido para o inglês como "I" ["eu" em português]. Ele não gostava da palavra ego e raramente a usava.

Ego: aspecto racional da personalidade, responsável pelo controle dos instintos.

Enquanto o id anseia cegamente e ignora a realidade, o ego tem consciência da realidade, manipula-a e, dessa forma, regula o id. O ego obedece ao princípio da realidade, refreando as demandas em busca do prazer até encontrar o objeto apropriado para satisfazer a necessidade e reduzir a tensão.

O ego não existe sem o id; ao contrário, o ego extrai sua força do id. O ego existe para ajudar o id e está constantemente lutando para satisfazer os instintos do id. Freud comparava a interação entre o ego e o id com o cavaleiro montando um cavalo. O cavalo fornece energia para mover o cavaleiro pela trilha, mas a força do animal deve ser conduzida ou refreada com as rédeas, senão ele pode refugar e derrubar o montador. Do mesmo modo, o id deve ser guiado ou contido, senão acaba derrotando o ego racional.

O superego. A terceira parte da estrutura da personalidade definida por Freud, o **superego**, desenvolve-se desde o início da vida, quando a criança assimila as regras de comportamento ensinadas pelos pais ou responsáveis mediante o sistema de recompensas e punições. O comportamento inadequado sujeito à punição

Superego: aspecto moral da personalidade, produto da internalização dos valores e padrões recebidos dos pais e da sociedade.

torna-se parte da consciência da criança, uma porção do superego. O comportamento aceitável para os pais ou para o grupo social e que proporcione a recompensa torna-se parte do ego-ideal, a outra porção do superego.

Dessa forma, o comportamento infantil é controlado, inicialmente, pelas ações dos pais; no entanto, uma vez formado o superego, o comportamento é determinado pelo autocontrole. Nesse ponto, a pessoa administra as próprias recompensas ou punições. O termo cunhado por Freud para o superego foi *über-ich*, que significava literalmente "sobre-eu".

O superego representa a moralidade. Freud descreveu-o como o "defensor da luta em busca da perfeição – o superego é, resumindo, o máximo assimilado psicologicamente pelo indivíduo do que é considerado o lado superior da vida humana" (Freud, 1933, p. 67). Observe, então, que, obviamente, o superego estará em conflito com o id. Ao contrário do ego, que tenta adiar a satisfação do id para os momentos e lugares mais adequados, o superego tenta inibir a completa satisfação do id.

Assim, Freud imaginava a constante luta dentro da personalidade, quando o ego é pressionado pelas forças contrárias insistentes. O ego deve tentar retardar os ímpetos agressivos e sexuais do id, perceber e manipular a realidade para aliviar a tensão resultante, e lidar com a busca do superego pela perfeição. E quando o ego é pressionado demais, o resultado é a condição definida por Freud como ansiedade. O ego é, portanto, pressionado em três lados, ameaçado por perigos persistentes do id, da realidade e do superego. Quando o ego se torna gravemente estressado, o resultado inevitável é o desenvolvimento da ansiedade.

A ansiedade

A ansiedade funciona como um alerta das ameaças contra o ego. Freud descreveu três tipos: a ansiedade objetiva, que surge do medo dos perigos reais no mundo real, como aranhas ou cobras (ou exames), e a ansiedade neurótica e a ansiedade moral, que derivam da ansiedade objetiva.

A ansiedade neurótica surge diante do reconhecimento dos perigos potenciais inerentes à satisfação dos instintos do id; não se trata dos instintos propriamente ditos, mas do temor à provável punição em consequência de algum comportamento indiscriminado, dominado pelo id. Em outras palavras, a ansiedade neurótica é o medo da punição por expressar os desejos impulsivos.

Mecanismos de defesa: comportamentos que representam negações inconscientes ou distorções da realidade, mas que são adotados para proteger o ego contra a ansiedade.

A ansiedade moral surge do medo da consciência. Quando realizamos, ou mesmo pensamos em realizar, algum ato contrário aos valores morais da nossa consciência, é bem provável que sintamos culpa ou vergonha. O nível de ansiedade moral resultante depende de quão desenvolvida é a nossa consciência. As pessoas com menos virtudes apresentam menos ansiedade moral.

A ansiedade provoca a tensão, motivando o indivíduo a tomar alguma atitude para reduzi-la. De acordo com a teoria de Freud, o ego desenvolve um sistema de proteção – os chamados **mecanismos de defesa** – que consistem nas negações inconscientes ou distorções da realidade. Alguns desses mecanismos de defesa estão descritos na Tabela 13.2.

Os estágios psicossexuais de desenvolvimento da personalidade

Freud estava convencido da origem dos distúrbios neuróticos de seus pacientes nas experiências da infância. Assim, foi um dos primeiros teóricos a enfatizar a importância do desenvolvimento infantil. Acreditava que a personalidade adulta já estava quase totalmente formada aos 5 anos.

TABELA 13.2 Mecanismos de defesa freudianos

Negação Negação da existência de uma ameaça externa ou de um acontecimento traumático; por exemplo: uma pessoa com doença terminal pode negar a iminência da morte.
Deslocamento Transferência dos impulsos do id de uma ameaça ou de um objeto indisponível para um objeto disponível, como a substituição da hostilidade para com o chefe para a hostilidade para com o filho.
Projeção Atribuição de um impulso perturbador a outra pessoa, como dizer que você não odeia seu professor e que, ao contrário, é ele quem o odeia.
Racionalização Reinterpretação do comportamento para torná-lo mais aceitável e menos ameaçador, como dizer que o emprego do qual você foi despedido não era tão bom assim.
Formação reativa Expressão de um impulso do id que é o oposto daquilo que impulsiona a pessoa. Por exemplo: o indivíduo perturbado por paixões sexuais pode tornar-se um combatente feroz da pornografia.
Regressão Retorno a um período anterior, menos frustrante da vida, acompanhado da exibição de um comportamento dependente e infantil, característico desse período mais seguro.
Repressão Negação da existência de um fator provocador da ansiedade, como a eliminação involuntária da consciência de algumas lembranças ou percepções que causam desconforto.
Sublimação Alteração ou o deslocamento dos impulsos do id, desviando a energia instintiva para os comportamentos socialmente aceitáveis, como desviar a energia sexual para um comportamento de criação artística.

Estágios psicossexuais: na teoria psicanalítica, os estágios de desenvolvimento infantil centrados nas zonas erógenas.

De acordo com a sua teoria psicanalítica do desenvolvimento, as crianças passam por uma série de **estágios psicossexuais**. Durante esse período, acredita-se que elas sejam dotadas de autoerotismo, ou seja, obtêm prazer sexual estimulando as zonas erógenas do próprio corpo ou sendo estimuladas pelos pais durante as atividades normais de cuidados com a criança. Cada estágio do desenvolvimento concentra-se em uma zona erógena específica.

O estágio oral estende-se do nascimento ao segundo ano de vida. Durante esse período, a estimulação da boca, como sugar, morder e engolir, é a principal fonte de satisfação sensual. A satisfação inadequada (a carência ou o excesso) pode produzir uma personalidade do tipo oral, ou seja, uma pessoa preocupada com os hábitos bucais, como fumar, beijar e comer. Freud acreditava que uma ampla variedade de comportamentos do adulto, desde o otimismo em excesso ao sarcasmo e ao cinismo, podia ser atribuída aos acontecimentos do estágio oral.

No estágio anal, a satisfação é transferida da boca para o ânus, e a criança obtém o prazer na região anal. Esse estágio coincide com o treino da higiene íntima e, nesse período, a criança pode expelir ou reter as fezes. Qualquer uma dessas situações demonstra o desprezo pelos desejos dos pais. Os conflitos durante esse estágio podem produzir um adulto anal-expulsivo, que se caracteriza pela sujeira, desperdício e extravagância, ou um adulto anal-retentor, que é excessivamente ordeiro, limpo, consciencioso, compulsivo e preocupado com arrumação, eficiência e perfeição (Haslam, 2011).

Complexo de Édipo: aos 4 ou 5 anos, o desejo inconsciente do menino pela mãe e de substituir ou destruir o pai.

Durante o estágio fálico, que ocorre por volta dos 4 anos, a satisfação erótica envolve fantasias sexuais, além de carícias e exibições dos órgãos genitais. O **complexo de Édipo** ocorre nesse estágio. Freud deu esse nome ao complexo por causa da lenda grega segundo a qual Édipo, sem saber, mata o pai e casa-se com a mãe. Freud sugeriu que as crianças se sentiam atraídas sexualmente pelos pais do sexo oposto e enxergavam os pais do mesmo sexo como rivais. Suas experiências da infância confirmam esse conceito. Ele declarou: "No meu caso, eu amava a minha mãe e sentia ciúmes do meu pai" (Freud, 1954, p. 223).

As crianças, normalmente, superam o complexo de Édipo, identificando-se com os pais do mesmo sexo. Além disso, acabam substituindo a paixão sexual pelos pais do sexo oposto por uma espécie de afeição mais aceitável socialmente. Entretanto, as atitudes em relação ao sexo oposto desenvolvidas durante esse estágio persistem, vindo a influenciar as relações com os membros do outro sexo durante a vida adulta. Uma consequência da identificação com os pais do mesmo sexo ocorre em razão do desenvolvimento do superego. Adotando os modos e as atitudes dos pais do mesmo sexo, as crianças assumem os padrões de superego dos pais.

A criança que sobrevive às dificuldades desses estágios iniciais entra em um período de latência dos 5 aos 12 anos, ou seja, até o início da puberdade, quando começa o estágio genital. Nesse período, o comportamento heterossexual torna-se importante, e o indivíduo começa a preparar-se para o casamento e a paternidade ou a maternidade.

O mecanicismo e o determinismo no sistema de Freud

Como vimos anteriormente, os psicólogos estruturalistas e, mais tarde, os behavioristas consideravam os humanos semelhantes a máquinas. A mente e, depois, o comportamento humano foram reduzidos aos componentes mais elementares. Pode ser surpreendente saber que Freud, que abordava a mente humana a partir de uma perspectiva tão diferente, também fora influenciado por ideias mecanicistas.

Freud acreditava, com o mesmo entusiasmo dos experimentalistas, que todos os acontecimentos mentais, até mesmo os sonhos, eram predeterminados; nada ocorria ao acaso ou por livre iniciativa. Toda ação possuía um motivo ou uma causa consciente ou inconsciente. Além disso, Freud aceitava a ideia de que qualquer fenômeno poderia ser reduzido, seguindo os princípios das ciências naturais. Com a adoção da palavra "análise" como parte do sistema de psicanálise, Freud reconhecia os métodos analíticos, até então adotados na física e na química (Haynal, 1993).

Em 1895, Freud decidiu desenvolver o próprio conceito de psicologia científica, tentando demonstrar que a psicologia devia fincar raízes nos princípios da física, e que os fenômenos mentais exibiam muitas das características dos processos neurofisiológicos em que eram fundamentados. A meta da psicologia seria a "representação dos processos [mentais] como estados determinados quantitativamente de partículas materiais específicas" (Freud, 1895, p. 359). Ele não chegou a concluir o projeto; no entanto, é possível perceber em seus últimos trabalhos as ideias e a terminologia adotadas com base na física, principalmente na mecânica, na elétrica e na hidráulica. Os trabalhos dele que seguem essa linha são outro exemplo de dados perdidos na história, já que permaneceram desconhecidos por mais de 50 anos. Até então, ninguém conhecia esse tipo de abordagem da psicologia pensada por Freud.

Apesar de Freud mudar a intenção de modelar a psicologia com base na física quando descobriu que o objeto de estudo escolhido – a personalidade humana – não podia ser estudado por meio das técnicas da química e da física, continuou fiel ao positivismo e ao determinismo que alimentaram a psicologia experi-

MARY EVANS, SIGMUND FREUD COPYRIGHTS

FIGURA 13.3 Freud trabalha em seu escritório em Viena, em 1937. Ele está rodeado por sua coleção de antiguidades gregas, romanas e egípcias.

mental. Além disso, embora Freud tenha sido influenciado por essa visão, não ficou restrito a ela. Ele alterou ou descartou a filosofia em áreas nas quais percebeu que não se adequava. Por fim, demonstrou quão limitante o conceito mecanicista da natureza humana poderia ser.

Psicanálise *versus* psicologia acadêmica

A psicanálise desenvolveu-se à margem da psicologia acadêmica geral, e assim permaneceu durante vários anos. "A psicologia acadêmica, realmente, fechara as portas para a doutrina psicanalítica. Um editorial de autoria desconhecida da edição de 1924 da *Journal of Abnormal Psychology* lamentava a quantidade interminável de trabalhos a respeito do inconsciente escritos pelos psicólogos europeus" (Fuller, 1986, p. 123). O editorial repudiava esses trabalhos, afirmando serem essencialmente desprovidos de valor. Por causa dessa pesada declaração, poucos artigos de psicanálise passaram a ser aceitos para publicação profissional, restrição que durou, pelo menos, 20 anos.

Muitos psicólogos acadêmicos criticavam veementemente a psicanálise. Em 1916, quando praticamente qualquer coisa de origem alemã era considerada suspeita, por causa das agressões da Alemanha no tempo da guerra, Christine Ladd-Franklin afirmou ser a psicanálise um produto da "mente subdesenvolvida alemã". Robert Woodworth, da Columbia University, chamou a psicanálise de "religião sobrenatural", que conduzia pessoas racionais a conclusões absurdas. John B. Watson chamou-a de "voduísmo" (apud Hornstein, 1992, p. 255-256). James McKeen Cattell, que era radicalmente contra a psicanálise, descreveu Freud como um homem que "vive na terra da fantasia e dos sonhos, rodeado de monstros sexualmente pervertidos" (apud Fancher, 2000, p. 1027).

Apesar desses e de outros ataques mordazes desferidos pelos líderes da psicologia norte-americana, algumas das ideias de Freud acabaram constando de livros norte-americanos de psicologia. Por volta da década de 1920, os mecanismos de defesa eram discutidos com seriedade, juntamente com o conceito de mente inconsciente e do conteúdo latente e manifesto dos sonhos (Popplestone e McPherson, 1994). O behaviorismo ainda continuava a ser a escola de pensamento dominante da psicologia, e a psicanálise, de modo geral, era ignorada.

Em torno das décadas de 1930 e 1940, a psicanálise chamou a atenção do público. A combinação de sexo, violência e causas ocultas e a promessa de cura de diversos problemas emocionais mostraram-se atraentes, praticamente irresistíveis. A comunidade psicológica dominante ficou furiosa! As pessoas estavam confundindo a psicanálise com a psicologia, assumindo as duas áreas como a mesma coisa. Os psicólogos abominavam essa noção de que psicologia tratava apenas de sexo, sonhos e neuroses. Os historiadores afirmam: "Mais ou menos na década de 1930, ficara claro para os psicólogos que a psicanálise não era apenas uma moda passageira e sim um sério concorrente que ameaçava as bases da psicologia científica, pelo menos na mente do público" (Morawski e Hornstein, 1991, p. 114).

Para enfrentar essa ameaça, psicólogos decidiram aplicar o método experimental à psicanálise, a fim de determinar sua legitimidade científica. Depois de realizadas centenas de pesquisas, declararam, com base na experimentação, que a psicanálise era inferior à psicologia, pelo menos na visão dos experimentalistas. Embora a forma de realização desses estudos fosse questionável, os psicólogos acreditavam que os resultados restauravam a sua posição de supremacia. Além disso, essas pesquisas demonstraram que a psicologia acadêmica podia ser de suma importância para o público, já que estudava os mesmos tópicos da psicanálise (Hornstein, 1992).

Nas décadas de 1950 e 1960, o que se viu foram behavioristas adotando a terminologia da psicanálise na linguagem do comportamento. Watson dera o exemplo antes, quando definiu as emoções como um mero conjunto de hábitos e descreveu o comportamento neurótico como resultante do condicionamento inadequado. Skinner remodelou os mecanismos de defesa freudianos, empregando-os na linguagem do condicionamento operante.

A psicologia, por fim, acabou incorporando os conceitos de Freud, tornando-os parte da área em geral. O papel do inconsciente, a importância das experiências da infância e a operação dos mecanismos de defesa são alguns exemplos das noções psicanalíticas consolidadas, que fazem parte da psicologia contemporânea.

A validação científica dos conceitos psicanalíticos

Como vimos anteriormente, entre as décadas de 1930 e 1940 vários conceitos de Freud foram submetidos a testes experimentais que obtiveram resultados questionáveis. Anos depois, foi realizada uma pesquisa de maior valor. Uma análise envolvendo 2.500 estudantes de várias disciplinas, como psiquiatria, psicologia, antropologia e outras, examinou a credibilidade científica das formulações de Freud (Fisher e Greenberg, 1977, 1996).

Embora alguns conceitos resistissem às tentativas de validação (id, ego, superego, desejo de morte, libido e ansiedade), outros foram considerados passíveis de submissão aos testes científicos. As análises confirmaram os seguintes conceitos dos estudos publicados:

1. algumas características dos tipos de personalidade oral e anal;
2. a ansiedade de castração;
3. a noção de que os sonhos refletem as preocupações emocionais; e
4. alguns aspectos do complexo de Édipo em meninos (a rivalidade com o pai e as fantasias sexuais com a mãe).

Os conceitos freudianos testados, mas não confirmados pelos resultados, são os seguintes:

1. os sonhos satisfazem simbolicamente as vontades e os desejos reprimidos;

2. ao resolver o complexo de Édipo, os meninos se identificam com o pai e aceitam os seus padrões de superego por medo;
3. as mulheres têm uma concepção inferior de seus corpos, padrões de superego menos severos que os homens e consideram mais difícil alcançar uma identidade; e
4. a personalidade se forma aos 5 anos de idade e muda muito pouco depois disso.

Uma pesquisa posterior confirmou a influência dos processos inconscientes em pensamentos, emoções e comportamento, sugerindo que as influências inconscientes seriam mais penetrantes do que Freud afirmava (Custers e Aarts, 2010; Scott e Dienes, 2010; Winkielman, Berridge e Wilbarger, 2005). Como um pesquisador observou, "hoje em dia, acredita-se que a maior parte do funcionamento [psicológico] ocorre em oposição ao que é conscientemente desejado" (Pervin, 2003, p. 225). No Capítulo 15, veremos que a psicologia cognitiva readmitiu o estudo dos processos mentais inconscientes.

A pesquisa também confirmou os mecanismos de defesa da repressão, negação, identificação, projeção e deslocamento. As experiências com os chamados lapsos freudianos mostraram que pelo menos alguns desses equívocos verbais parecem ser exatamente o que Freud disse que era: conflitos e ansiedades inconscientes revelando-se de forma embaraçosa.

Uma grande quantidade de pesquisas continua sendo conduzida sobre sonhos, desde que Freud introduziu o tema na psicologia, mostrando que muitas de nossas experiências cotidianas influenciam o que sonhamos. Para citar apenas algumas delas, foi demonstrado que jogar videogame, ser exposto ao perigo extremo (como um combate) e até mesmo a posição em que dormimos pode afetar nossos sonhos. Programas de computador estão sendo desenvolvidos para rastrear as imagens de sonhos enquanto dormimos (ver Barret et al., 2014; Gackenbach, 2009; Horikawa, Tamaki, Miyawaki e Kamitani, 2013; Phelps e Forbes, 2012; Yu, 2012).

O aspecto mais importante das tentativas científicas de analisar os princípios freudianos foi a constatação de que, pelo menos, alguns conceitos psicanalíticos podem ser reduzidos a proposições que podem ser testadas por métodos científicos.

As críticas à psicanálise

Coleta de dados

Os métodos de Freud para a coleta de dados foram alvo de muitas críticas. Primeiro, as condições sob as quais Freud coletava os dados careciam de controle e não eram sistemáticas. Ele não fazia a transcrição verbal das palavras de cada paciente, mas trabalhava com anotações realizadas horas depois da sessão. "À noite, depois do trabalho, escrevo o que vou me lembrando" (Freud apud Grubrich-Simitis, 1993, p. 20). Alguns dados originais (as palavras dos pacientes), certamente, se perdiam com o tempo, por causa de alterações da memória e da possibilidade de haver distorções e omissões. Dessa forma, os dados consistiam apenas do que Freud se lembrava.

Segundo, enquanto resgatava as palavras do paciente, os críticos alegam que Freud pode tê-las reinterpretado, guiado pelo desejo de encontrar material de apoio. Ele pode ter se lembrado e gravado apenas o que desejava ouvir. Por outro lado, também é possível que suas anotações fossem precisas, mas o fato importante é que não teremos certeza disso, uma vez que os dados originais não foram preservados.

Terceiro, Freud pode haver inferido, e não efetivamente ouvido, as histórias de sedução sexual na infância com base na sua avaliação dos sintomas do paciente. Outro escritor sugeriu que, embora Freud afirmasse que quase todas as suas pacientes disseram ter sido seduzida pelo pai,

> a análise dos casos reais aos quais Freud se referia [...] não revela um único exemplo confirmado [...] não há evidências de nenhuma paciente que *afirmasse* a Freud haver sido seduzida pelo *próprio* pai. Não passa de uma suposição de Freud. (Kihlstrom, 1994, p. 683)

Outros críticos argumentam que Freud pode ter usado da sugestão, ou de procedimentos mais corecitivos para extrair ou implantar essas lembranças, sendo que, na realidade, nenhum ato de sedução ocorrera (Powell e Boer, 1994; Showalter, 1997). Freud chegou a admitir ser possível que as recordações de sedução fossem "fantasias criadas pelas pacientes ou, talvez, eu mesmo as houvesse forçado" (apud Webster, 1995, p. 210).

Quarto, a pesquisa de Freud baseou-se em uma amostragem pequena e não representativa de pessoas, limitada a ele mesmo e àqueles que optaram por fazer psicanálise com ele. Não mais que cerca de uma dezena de casos foram detalhados nos trabalhos de Freud; a maioria desses pacientes era formada por mulheres jovens, solteiras, de boa escolaridade, classe alta. É difícil generalizar a partir dessa amostra para a população em geral.

Quinto, foram constatadas discrepâncias entre as anotações de Freud das sessões de terapia e os casos publicados supostamente com base naqueles registros. Os pesquisadores encontraram diferenças envolvendo a extensão do estudo e a sequência dos acontecimentos descobertos durante a análise, além das alegadas curas não fundamentadas (Eagle, 1988; Mahony, 1986). Não há como determinar se as afirmações de Freud foram propositais, a fim de produzir provas para a sua posição, ou se foram forçadas pelo seu inconsciente. Não há como os historiadores tentarem rastrear os erros contidos nos casos não publicados de Freud, porque ele destruiu a maioria dos arquivos dos pacientes. Além disso, Freud publicou apenas seis casos depois de seu rompimento com Breuer, e nenhum deles contém provas convincentes da eficácia da psicanálise. Um biógrafo concluiu:

> Alguns desses casos apresentam evidências tão duvidosas a favor da teoria psicanalítica, que qualquer um ficaria curioso em saber por que Freud teve o trabalho de publicá-los. Dois casos estão incompletos, e a terapia se mostrou ineficaz. Um terceiro caso, na verdade, não foi tratado por Freud. (Sulloway, 1992, p. 160)

Sexto, mesmo que algum registro preciso, palavra por palavra, das sessões de terapia fosse mantido, nem sempre seria possível determinar a precisão dos relatos dos pacientes. Freud realizou poucas tentativas de verificar os relatos de seus pacientes sobre suas experiências de infância. Os críticos afirmam que ele devia ter questionado os parentes e amigos sobre os fatos descritos. Então, resumindo, a primeira etapa – ou seja, a da coleta de dados – da construção da teoria científica mostrou-se incompleta, imperfeita e imprecisa.

Em relação à etapa seguinte, ou seja, a das suposições e generalizações a partir dos dados, não há como avaliar a forma de execução, já que Freud jamais explicou o raciocínio empregado. Além disso, os historiadores não têm como determinar a confiabilidade ou o significado estatístico dos dados, pois eles não foram quantificados nem analisados estatisticamente.

Visão sobre as mulheres

Os pesquisadores contestaram as afirmações de Freud sobre a mulher. Ele alegava que a mulher é dotada de superego pouco desenvolvido e de sentimentos de inferioridade em relação ao corpo por não possuir pênis.

A analista Karen Horney (Capítulo 14) abandonou o círculo psicanalítico de Freud por causa dessa afirmação e desenvolveu o próprio sistema, discordando que a mulher sentisse inveja do pênis. Ao contrário, ela sugeriu que o homem sentia inveja do útero.

Hoje, grande parte dos analistas acredita que são incorretas e não comprovadas as ideias de Freud sobre o desenvolvimento psicossexual feminino. O Capítulo 14 apresenta trabalhos de outros teóricos que discordavam da ênfase de Freud nas forças biológicas, principalmente no sexo, como determinantes da personalidade. Esses teóricos consideravam mais importante o impacto das forças sociais no desenvolvimento da personalidade.

Outros neofreudianos contestaram a negação de Freud do livre-arbítrio e seu enfoque no comportamento passado, excluindo os efeitos de esperanças e de objetivos futuros como forças motivadoras. Alguns criticaram Freud por desenvolver uma teoria da personalidade baseada em pessoas neuróticas, ignorando os traços emocionais dos indivíduos saudáveis. Todos esses aspectos foram usados para elaborar visões concorrentes da personalidade humana. O surgimento de teorias alternativas logo conduziu a divisões na família psicanalítica e à formalização das escolas analíticas de pensamento derivadas.

As contribuições da psicanálise

Apesar desses ataques contrários, por que a psicanálise sobrevive há tanto tempo? Até certo ponto, todas as teorias do comportamento são criticadas com base na aceitabilidade científica. Os psicólogos em busca de uma teoria, algumas vezes devem selecioná-la com base em critérios distintos de precisão científica formal, e aqueles que escolhem a psicanálise não o fazem se não houver evidências comprobatórias. A psicanálise não oferece provas, pelo menos não as do tipo aceito pela ciência. A aceitação da psicanálise se baseia em uma aparência intuitiva de plausibilidade.

Freud, que confiava pouco nos métodos experimentais tradicionais, argumentava que seu trabalho *era* científico e que havia reunido muitas provas que justificavam suas conclusões. Também acreditava que as únicas pessoas qualificadas para julgar o mérito científico de suas ideias eram os psicanalistas, como ele mesmo. Escreveu que seu sistema se baseava em "um número incalculável de observações e experiências, e somente alguém que tivesse repetido aquelas observações feitas sobre ele mesmo, e, em outras pessoas, estaria em posição de chegar a um julgamento próprio sobre isso" (Freud, 1940, p. 144).

Independentemente da credibilidade científica do trabalho de Freud, não se pode negar o tremendo impacto que teve na psicologia acadêmica norte-americana. As ideias de Freud ainda despertam grande interesse. No entanto, a popularidade da psicanálise como terapia tem declinado, se a medirmos pelo número de pacientes e de estudantes especializando-se em análise, ainda que alguns pesquisadores aprovem a controvérsia de que a psicoterapia psicodinâmica, derivada das ideias freudianas, possa ser bem-sucedida (Engel, 2008; Shedler, 2010).

A terapia dispendiosa e prolongada de Freud foi suplantada pelas psicoterapias mais curtas e mais baratas (algumas delas oriundas da psicanálise) e pelas terapias comportamentais e cognitivas. Alguns terapeutas descobriram que a análise virtual, conduzida pela Internet, é uma abordagem útil. Aqueles que utilizam essa técnica podem até simular uma sala de espera com realidade virtual, além da própria sessão de terapia (Migone, 2013).

Essa tendência geral de afastamento da terapia presencial foi reforçada por medidas de redução de custos instituídas pelos programas dirigidos de saúde. É muito mais barato ter a prescrição de um medicamento psicoativo em uma única visita ao médico do que fazer vários meses de sessões de psicoterapia. O número e a variedade de prescrições de medicamentos antidepressivos e antipsicóticos tem aumentado drasticamente nos últimos 25 anos (Carlat, 2010; Mojtabai e Olfson, 2010).

O desenvolvimento de vários programas medicamentosos reduziu a necessidade de psicoterapia para alguns tipos de distúrbios mentais. O sucesso de muitas terapias medicamentosas fez que alguns psiquiatras e psicólogos clínicos reavaliassem sua posição sobre os fatores desencadeadores da doença mental, afastando-se da escola de pensamento psíquica e retornando à somática.

A visão somática ou bioquímica afirma que os distúrbios mentais são resultantes do desequilíbrio químico do cérebro. Para que prescrever uma psicoterapia cara e extensa se o paciente pode tomar apenas uma pílula para se sentir melhor? O tratamento medicamentoso, no entanto, não é adequado para qualquer condição nem para qualquer paciente. É interessante observar, bem antes, que Freud já previra esse desenvolvimento no tratamento dos distúrbios mentais.

A cultura popular norte-americana e a psicanálise

O impacto de Freud na cultura popular e na consciência norte-americana foi estrondoso, e ficou evidente logo após a sua visita, em 1909, à Clark University. Os jornais publicaram várias histórias sobre ele e, já em 1920, mais de 200 livros haviam sido lançados a respeito da psicanálise (Abma, 2004). Entre 1909 e a morte de Freud, em 1939, cerca de mil artigos sobre psicanálise foram publicados no *New York Times*. Revistas como *Ladies Home Journal*, *The Nation* e *The New Republic* publicaram muitos artigos.

O famoso estúdio de cinema, MGM, ofereceu a Freud 100 mil dólares para ter colaboração dele em um filme sobre o amor, mas ele recusou. Em outubro de 1924, Freud foi capa da revista *Time*, e o trabalho dele a respeito do sonho ficara tão conhecido, que um músico escreveu uma canção com esse tema. Em um dos versos ouvia-se "Não me conte o seu sonho de ontem/Pois estive lendo Freud!" (apud Fancher, 2000, p. 1026).

Em 2005, a British Broadcasting Company produziu um documentário de quatro horas para a televisão sobre a influência freudiana na sociedade ocidental. *O século do Eu* mostrou de que maneira as teorias dele afetaram o marketing e a publicidade, as campanhas políticas e as relações públicas, particularmente como foram desenvolvidas nos Estados Unidos por seu sobrinho, Edward Bernays (Held, 2009; Stevens, 2005). Como podemos observar, esse entusiasmo público pelas ideias de Freud ocorreu bem mais cedo que sua aceitação pela psicologia acadêmica.

O século XX viu a liberação sexual no comportamento, nas artes, na literatura e no entretenimento, um avanço equivocadamente atribuído à influência de Freud. No entanto, é irônico observar como a mensagem de Freud a respeito do sexo foi mal interpretada. Ele jamais defendeu o afrouxamento dos códigos de conduta ou o aumento da liberdade sexual.

Ao contrário, na sua visão, a inibição do impulso sexual era necessária para a sobrevivência da civilização. Apesar da sua intenção, o grau de liberação sexual que marcou grande parte do século XX foi, em parte, consequência do trabalho de Freud, já que a ênfase no sexo ajudou a popularizar as ideias dele. Até mesmo nas publicações científicas, os artigos abordando o sexo chamam a atenção.

Desse modo, conclui-se que, apesar da falta de rigor científico e da fragilidade metodológica, a psicanálise freudiana tornou-se uma força vital na psicologia moderna. Freud ainda é a figura mais frequentemente citada na literatura de pesquisa da psicologia, de acordo com os catálogos de citações publicados (ver, por exemplo, Fancher, 2000; Haagbloom et al., 2002). A Divisão de Psicanálise (Divisão 39) é a sexta maior, entre as 51 da APA.

"Quando a revista *Time* colocou Freud em sua capa, em abril de 1956 [pela segunda vez], o movimento da psicanálise tinha chegado aos Estados Unidos, e, nas décadas seguintes, os psicanalistas dominaram amplamente o campo da saúde mental" (Stossel, 2008, p. 16). Agora, já no século XXI, a influência de Freud, até mesmo além do campo da psicologia, permanece vital e forte. Um editorial do *New York Times* apontou, na ocasião de sua morte, em 1939, que Freud foi o "perturbador da tranquilidade mais eficiente da nossa época" (citado em Bakalar, 2011, p. D7).

Em 1929, E. G. Boring escreveu em seu livro, *História da psicologia experimental* [*A history of experimental psychology*], que, na psicologia, não havia nenhum verdadeiro grande proponente da importância de Darwin ou Helmholtz. Na segunda edição, publicada 21 anos depois, em 1950, Boring mudou de opinião. Refletindo os avanços da psicologia entre as décadas, escreveu sobre Freud, tecendo elogios:

> Hoje ele é visto como o grande originador de tudo, o agente do *Zeitgeist* que concretizou a invasão da psicologia por meio do princípio do processo inconsciente. [...] Não parece possível registrar a história da psicologia nos próximos três séculos sem mencionar o nome de Freud e continuar afirmando tratar-se de história geral da psicologia. E eis aqui o melhor critério para se estabelecer a grandeza: a fama póstuma. (Boring, 1950, p. 743, 707)

QUESTÕES PARA DISCUSSÃO

1. De acordo com Freud, quais foram os três grandes choques da história que afetaram o ego humano coletivo?
2. Descreva a relação entre o desenvolvimento histórico da psicanálise e as outras escolas de pensamento.
3. Qual é o papel do inconsciente no estruturalismo, no funcionalismo e no behaviorismo?
4. Descreva as teorias do inconsciente desenvolvidas por Leibniz e Herbart.
5. Como as pessoas doentes mentais eram tratadas antes de Freud?
6. De que modo os trabalhos de Mesmer e Charcot influenciaram Freud?
7. Em que consistiu o movimento da Igreja Emmanuel? De que modo esse movimento influenciou na aceitação da psicanálise nos Estados Unidos?
8. De que forma as experiências de Freud de sua própria infância e sua visão sobre sexualidade influenciaram a psicanálise?
9. Por que o caso de Anna O. foi tão importante no pensamento de Freud?
10. Como Freud tentou explicar os processos mentais em termos mecanicistas e deterministas?
11. Qual foi a polêmica gerada pela visão de Freud sobre as experiências de sedução infantil?
12. Descreva os estágios do desenvolvimento psicossexual.
13. Defina repressão, instinto, id, ego e superego. Em que consistem o instinto de vida e o instinto de morte?
14. Qual é o significado terapêutico de livre associação, resistência e repressão?
15. De que modo os níveis de personalidade propostos por Freud diferem um do outro? Por que eles estão tão frequentemente em conflito?
16. Qual é a relação entre a psicanálise e a psicologia acadêmica geral?
17. Que críticas têm sido feitas aos métodos de coleta de dados de Freud? Como ele acreditava que seus conceitos deveriam ser testados?
18. De um modo geral, qual é o impacto da psicanálise sobre a psicologia e a cultura popular?
19. Você acredita que Freud estava certo ao se incluir na lista das três pessoas que mudaram o mundo?

Capítulo 14

Psicanálise: período pós-fundação

Um garotinho perdido e solitário

O menino solitário viu dois gatinhos perdidos e os pegou. Precisava de algo para amar, algo de que se sentir perto e, talvez, ser amado em troca. Ele sabia que ninguém mais o amava. Ele os levou para casa e tentou escondê-los no porão, mas sua mãe os tomou dele violentamente e os arremessou de cabeça contra a parede, repetidas vezes, até que morressem. Isso era típico de seu comportamento desequilibrado. Ele devia saber que ela faria algo parecido.

Não é nenhuma surpresa que Abraham Maslow nunca tenha amado sua mãe; pelo menos, não do modo como Freud dizia que meninos o faziam. Não tinha complexo de Édipo armazenado para ele. Ao contrário, seu ódio irascível, profundo, pela mãe ajudou a determinar a direção do trabalho dele.

Como um dos sete filhos de pais pobres, imigrantes russos, vivendo em um apartamento pobre no Brooklyn, em Nova York, Maslow teve uma infância difícil. Posteriormente, disse em uma entrevista: "Com a infância que tive, não sei como não sou psicótico" (apud Hall, 1968, p. 37). "Minha família era miserável, e minha mãe, uma criatura horrível" (apud Hoffman, 1996, p. 2).

Cresceu isolado, não era amado nem querido. Não tinha amigos, e seu pai não ajudava muito. Distante e desligado, o pai de Maslow frequentemente abandonava a família, além de beber, brigar e ser mulherengo. Ele descreveu sentimentos de raiva e hostilidade em relação ao pai, mas seu relacionamento com a mãe era ainda pior.

Ela, claramente, o rejeitava a favor de seus irmãos e irmãs e, com frequência, o punia com severidade por qualquer coisa, ameaçando que Deus iria puni-lo por seu comportamento. Ele jamais a perdoou pelo modo como o tratou. Ela o menosprezava e o criticava constantemente, e nunca disse nenhuma palavra boa para ele ou sobre ele. Quando ela morreu, ele se recusou a ir ao enterro.

O relacionamento com a mãe afetou não somente sua vida emocional, mas também seu trabalho em psicologia. "Todo o impulso da minha filosofia", ele disse ao biógrafo, "e toda a minha pesquisa e teoria têm suas raízes no ódio e na revolta por tudo o que ela defendia" (apud Hoffman, 1988, p. 9).

Quando adolescente, enfrentou ainda outros problemas. Convencido de que era feio por causa de um nariz saliente, também se sentia inferiorizado por ser extremamente magro. Os pais sempre o insultavam a respeito de sua aparência e costumavam dizer que ele era desajeitado e pouco atraente. Em uma grande reunião de família, seu pai apontou para o garoto e disse: "Abe não é a criança mais feia que vocês já viram?" (citado em Hoffman, 1996, p. 6).

"Eu estava totalmente sozinho no mundo." Sentia-me peculiar. Isso estava realmente no meu sangue, um profundo sentimento de que, de alguma forma, eu estava errado. Nunca tive nenhum sentimento de que eu era superior. Somente um grande e doloroso complexo de inferioridade (apud Milton, 2002, p. 42).

Maslow quis compensar esses sentimentos de inferioridade tornando-se um atleta, achando que isso poderia levar ao reconhecimento e aceitação. Quando falhou nos esportes, entretanto, voltou-se para os livros. A biblioteca local tornou-se seu jardim solitário; ler e estudar formaram o caminho que iria tirá-lo de sua solidão, trazendo a aceitação, a admiração e a bajulação que ele desejou desesperadamente na infância. Ao fazer isso, ele criou sua própria abordagem para estudar a natureza humana.

As facções concorrentes na psicanálise

Assim como ocorreu com Wundt e sua psicologia experimental, Freud não manteve o monopólio de seu novo sistema de psicanálise por muito tempo. Passados apenas 20 anos da fundação, o movimento se dividia em facções concorrentes, lideradas pelos analistas que discordavam dos pontos básicos. Freud não reagia bem a esses dissidentes e via com desprezo os analistas que adotavam novas posições. Não importava quão próximas fossem as relações pessoal e profissional: se abandonassem os seus ensinamentos, Freud os expulsava e nunca mais falava com eles.

Comecemos com sua filha Anna, que aprofundou e ampliou seu trabalho, mas permaneceu fiel às crenças do pai. Em seguida, discutiremos os três principais dissidentes, que desenvolveram teorias próprias ao longo da vida de Freud: Carl Jung, Alfred Adler e Karen Horney. Depois, descrevemos o movimento da psicologia humanista desenvolvido na década de 1960, vários anos após a morte de Freud.

Dois importantes teóricos, Abraham Maslow e Carl Rogers, aspiravam substituir a psicanálise (bem como o behaviorismo) pela sua visão da natureza humana. Uma variação contemporânea e expansão da psicologia humanista, atualmente, é a psicologia positiva, que aplica o método experimental para estudar as emoções positivas e a felicidade. É preciso ter em mente que não importa quanto esses teóricos divergissem dos ensinamentos de Freud, todos derivaram suas ideias do trabalho dele, aperfeiçoando-o ou opondo-se a ele.

Os neofreudianos e a psicologia do ego

Nem todo teórico e profissional seguidor da tradição psicanalítica freudiana sentia necessidade de abandonar ou suplantar o sistema de Freud. Conservou-se um grupo razoável de analistas neofreudianos que, mesmo adotando as premissas centrais da psicanálise, modificaram o sistema. A principal mudança introduzida por esses leais seguidores foi a expansão do conceito de ego, o qual, para eles, era dotado de um papel mais abrangente do que apenas servir ao id.

A psicologia do ego incluía a noção de maior independência do ego em relação ao id, ou seja, ele era dotado de energia própria, e não derivada deste, e com funções separadas das do id. Os analistas neofreudianos também sugeriam a isenção do ego em relação ao conflito produzido pela pressão dos impulsos do id em busca da satisfação. Na visão de Freud, o ego sempre respondia ao id, jamais estava livre das suas demandas. Em uma visão revisada, o ego funcionaria independentemente do id – perspectiva bem distante do pensamento ortodoxo freudiano.

Outra alteração introduzida pelos neofreudianos foi a redução da ênfase na influência das forças biológicas sobre a personalidade. Ao contrário, mais ênfase foi dada ao impacto das forças psicológicas e sociais. Os neofreudianos também minimizavam a importância da sexualidade infantil e do complexo de Édipo, sugerindo que o desenvolvimento da personalidade era determinado, principalmente, pelas forças psicossociais e não pelas psicossexuais. Dessa forma, as interações sociais na infância passaram a assumir maior importância do que as interações sexuais reais ou imaginárias.

Anna Freud (1895-1982)

A filha de Freud, Anna (Figura 14.1), foi a líder da psicologia do ego neofreudiana. Caçula entre os seis filhos, Anna Freud afirmou que não teria nascido se, na época, existissem métodos contraceptivos mais seguros. Em uma carta que escrevera a um amigo, Freud anunciara o nascimento da filha com um tom de resignação e não de entusiasmo, comentando que, se fosse um menino, teria mandado um telegrama para contar a novidade (Young-Bruehl, 1988). No entanto, o ano do nascimento de Anna (1895) foi simbólico, talvez até profético, já que coincide com o surgimento da psicanálise. Anna seria a única entre os filhos de Freud a seguir a carreira do pai, tornando-se analista.

Uma infância infeliz

Sendo a menos favorecida das meninas da família, Anna teve uma infância infeliz. Ela se lembrava de ter sido uma criança triste e solitária, muitas vezes excluída das brincadeiras pelos irmãos mais velhos. Sentia ciúmes da irmã Sophie, claramente a favorita da mãe. Anna tornou-se a predileta do pai; ele "ficou viciado na caçula, tanto quanto era viciado nos charutos" (Appignanesi e Forrester, 1992, p. 277).

Aos 14 anos, interessou-se pelo trabalho de Freud. Ficava sentada discretamente em um canto, nas reuniões da Vienna Psychoanalytic Societ [Sociedade Psicanalítica de Viena], absorvendo tudo o que ouvia. Aos 22, por causa da ligação emocional com Freud e da preocupação com a sua sexualidade, Anna começou a fazer análise com o pai.

FIGURA 14.1 Anna Freud.

Ela relatava violentos sonhos em que atirava, matava, morria e defendia o pai dos inimigos. A análise, mantida secreta por muito tempo, durou quatro anos, com seis sessões noturnas por semana, começando às dez da noite. Durante essas sessões, "ela partilhava com ele suas fantasias sexuais e suas incursões na masturbação, e saía da análise grata ao pai e mais comprometida com ele do que nunca" (Edmundson, 2007, p. 61).

Posteriormente, Freud foi criticado por tentar analisar a própria filha. A situação foi considerada "absurda e incestuosa", "um acontecimento bizarro e sério" e uma "atuação do complexo de Édipo em ambos os lados do divã" (apud Mahony, 1992, p. 307). Naquela época, no entanto, parecia não haver outra opção. Um historiador afirmou que "ninguém mais ousaria realizar essa tarefa, já que a análise de Anna, inevitavelmente, acabaria levantando questões sobre o papel de Freud como pai" (Donaldson, 1996, p. 167). Era impensável admitir outro analista ouvindo os detalhes íntimos sobre a vida do pai da psicanálise.

Uma crise de identidade

Em 1924, Anna apresentou seu primeiro trabalho acadêmico para a Sociedade Psicanalítica de Viena. O trabalho, intitulado "Beating fantasies and daydreams" ("Fantasias de espancamento e devaneios"), teve supostamente como base o caso de uma paciente, mas, na verdade, abordava as fantasias da própria Anna. Ela descrevia sonhos envolvendo surras, masturbação e relações incestuosas entre pai e filha. O trabalho foi bem recebido por Freud e seus colegas, rendendo a admissão dela na Sociedade.

Freud era ambivalente a respeito de Anna tornar-se psicóloga, e ela passou por uma crise de identidade por causa dessa situação, que durou cerca de seis anos. Aos 30 anos de idade, tendo rejeitado propostas de casamento de diversos discípulos de seu pai – mais jovens que ela –, e de amigos da família, ela, finalmente, tomou a decisão de se tornar analista. Também iniciou uma longa amizade com uma herdeira norte-americana, Dorothy Tiffany Burlingham, e passou a ser como uma segunda mãe para os filhos dela.

Sabe-se que Freud ficou "perturbado quando soube que Anna havia, finalmente, decidido não se casar e não ter filhos, além de desenvolver uma relação emocional intensa com uma mulher" (Elms, 2001, p. 88). O biógrafo de Anna Freud, entretanto, sempre insistiu no fato de que o relacionamento era estritamente emocional, e não sexual (ver Young-Bruehl, 1988).

Anna Freud dedicou sua vida ao desenvolvimento e aprimoramento da teoria psicanalítica, bem como sua aplicação no tratamento de crianças emocionalmente perturbadas. Outra atividade a que se dedicou foi a de cuidar do pai durante a sua prolongada doença. Quando ele morreu, ela guardou o casaco dele em seu armário. Muitos anos após a morte de seu pai, ela relatou uma série de sonhos que tinha tido com ele. Escreveu:

> Ele está aqui novamente. Todos esses sonhos recentes têm o mesmo caráter: o papel principal não é desempenhado por meu pai, objeto de meu desejo, mas, ao contrário, do desejo que ele tinha por mim. No primeiro sonho desse tipo, ele abertamente disse: "Sempre a desejei tanto!". (apud Zaretsky, 2004, p. 263)

Em uma ocasião, mais de 40 anos depois, quando Anna estava quase morrendo, um amigo a acompanhou ao parque e a observou como "a diminuta figura de Anna Freud, hoje tão pequena quanto uma aluna de escola primária, sentada [na cadeira de rodas], agasalhada no enorme casaco de lã do pai" (Webster, 1995, p. 434).

A análise infantil

Em 1927, Anna Freud publicou o livro *Introdução à técnica da análise infantil* [*Introduction to the technique of child analysis*], um prenúncio dos rumos dos seus interesses. Ela desenvolveu uma abordagem para a aplicação da terapia psicanalítica em crianças, levando em conta a relativa imaturidade e o nível da capacidade verbal infantil. Embora Sigmund Freud não houvesse trabalhado com crianças, sentiu-se orgulhoso com o trabalho de Anna. Ele disse: "As visões de Anna sobre análise infantil são independentes das minhas; compartilho das suas opiniões, mas ela as desenvolveu a partir de experiências próprias e independentes" (apud Viner, 1996, p. 9).

Entre as inovações introduzidas estavam a utilização de brincadeiras e a observação da criança no ambiente da família. Grande parte dessas observações foi realizada em Londres, onde a família de Freud se instalara em 1938, depois de fugir de Viena por causa dos nazistas. Ela abriu uma clínica ao lado da casa do pai, e ali estabeleceu um centro de tratamento e um instituto de treinamento em psicanálise, que atraía psicólogos clínicos do mundo inteiro. O Anna Freud Centre de Londres dá continuidade a seu trabalho até hoje. Seus estudos constaram dos volumes anuais da publicação *Estudo psicoanalítico da criança* [*The psychoanalytic study of the child*], lançada inicialmente em 1945. A coletânea dos seus trabalhos compreende oito volumes, publicados entre 1965 e 1981.

Anna Freud revisou a teoria psicanalítica ortodoxa, expandindo o papel do ego com um funcionamento independente do id. Em *O ego e os mecanismos de defesa* [*The ego and the mechanisms of defense*] (1936), ela explicou como os mecanismos de defesa funcionam para proteger o ego da ansiedade. A lista padrão dos mecanismos de defesa freudianos (ver Capítulo 13) era, substancialmente, um trabalho dela. Anna definiu com mais precisão os mecanismos e contribuiu com exemplos extraídos das análises conduzidas com as crianças em sua clínica.

Comentários

O sistema de psicologia do ego desenvolvido por Anna Freud e outros tornou-se a principal forma de psicanálise norte-americana, desde a década de 1940 até o início da década de 1970. Um dos objetivos dos neofreudianos era transformar a psicanálise em uma parte aceita da psicologia científica. "Assim o fizeram, traduzindo, simplificando e definindo operacionalmente as noções freudianas, incentivando a investigação experimental das hipóteses psicanalíticas e modificando a psicoterapia psicanalítica" (Steele, 1985, p. 222). Nesse processo, os neofreudianos promoveram uma relação mais conciliatória entre a psicanálise e a psicologia experimental acadêmica.

Carl Jung (1875-1961)

Freud chegou a considerar Carl Jung (Figura 14.2) o seu substituto e herdeiro do movimento psicanalítico, chamando-o de "meu sucessor e príncipe coroado" (apud McGuire, 1974, p. 218). Depois do rompimento da amizade entre os dois, em 1914, Jung desenvolveu a **psicologia analítica**, em oposição a grande parte do trabalho de Freud.

Psicologia analítica: teoria da personalidade de Jung.

A biografia de Jung: outra infância terrível

HULTON ARCHIVE/STRINGER/ARCHIVE PHOTOS/GETTY IMAGES

FIGURA 14.2 Carl Jung.

Jung foi criado em um vilarejo no nordeste da Suíça, próximo à famosa catarata do Reno. Ele mesmo foi o responsável por sua infância solitária, isolada e infeliz (Jung, 1961). O pai, religioso que aparentemente havia perdido a fé, era irascível e rabugento. "Carl ouvia tudo", um biógrafo observou, "quando os acessos de raiva de seu pai ressoavam por toda a casa" (Bair, 2003, p. 20). A mãe sofria de distúrbios emocionais, exibindo um comportamento excêntrico, passando em um instante de uma esposa feliz para uma mulher endemoniada e incoerente, falando coisas sem nenhum sentido. Um biógrafo chegou a comentar que "todo o lado da família materna parecia apresentar traços de insanidade" (Ellenberger, 1978. p. 149).

Jung aprendeu desde cedo a não confiar nem acreditar nos pais e, por analogia, a desconfiar do restante do mundo. Ele se afastava do mundo consciente da razão e se aventurava para dentro de si, no mundo de seus sonhos, visões e fantasias, em seu inconsciente. Esse tipo de fuga dirigiu a sua infância, e assim seguiu até a vida adulta. Mais de 50 anos depois, um vizinho da família Jung, lembrando--se de quando conheceu Carl, escreveu: "Jamais havia conhecido um monstro tão antissocial antes" (apud Bair, 2003, p. 23).

Nos momentos difíceis, Jung resolvia os problemas e tomava as decisões com base no que o inconsciente lhe dizia por meio dos sonhos. Quando estava para ingressar na universidade, um sonho revelou-lhe a carreira que seguiria. Nesse sonho, ele se viu desenterrando ossadas de animais pré-históricos em um local bem abaixo da superfície terrestre, e interpretou-o como um sinal de que devia estudar algo relacionado à natureza e à ciência. Uma lembrança que teve dos 3 anos de idade, quando sonhou estar em uma caverna subterrânea, previa o seu futuro como um estudioso da personalidade. Jung viria a dedicar-se ao estudo das forças inconscientes enterradas bem abaixo da superfície da mente.

Jung frequentou a University of Basel, na Suíça, formando-se em medicina, em 1900. Estava interessado em psiquiatria, e sua primeira indicação profissional foi para trabalhar em um hospital psiquiátrico em Zurique. O diretor do hospital era Eugen Bleuler, um psiquiatra famoso pelo trabalho sobre a esquizofrenia. Em 1905, Jung foi indicado para ser professor de psiquiatria na University of Zurich.

Muitos anos mais tarde, depois de se casar com a segunda herdeira mais rica de toda a Suíça, ele pôde se afastar da universidade para se dedicar à escrita, à pesquisa e ao atendimento a pacientes particulares. Jung e sua esposa tinham um método muito formal e rígido para educar suas filhas: mantinham contato físico limitado com elas e insistiam para que não houvesse beijos ou abraços. "Quando eles se cumprimentavam ou se despediam, costumavam apertar as mãos, se é que se tocavam" (Bair, 2003, p. 585).

No atendimento aos pacientes, diferentemente de Freud, Jung não pedia que se deitassem no divã; dizia que não tinha a intenção de colocá-los na cama. Jung e o paciente sentavam-se em confortáveis poltronas, um de frente para o outro. Às vezes, ele realizava as sessões de terapia a bordo do seu barco a vela, aproveitando o vento forte do lago, velejando, feliz. Algumas vezes, chegava até a cantar para seus pacientes. No entanto, outras vezes, chegava a ser deliberadamente rude. Nessas ocasiões, quando um paciente chegava para a consulta, Jung dizia: "Ah, não! Não aguento ver mais ninguém. Vá para casa e cure-se sozinho, hoje" (apud Brome, 1981, p. 185).

Freud, o pai

Jung interessou-se pelo trabalho de Freud em 1900, quando leu *The interpretation of dreams*, considerando-o uma obra-prima. Por volta de 1906, os dois começaram a se corresponder e, um ano depois, Jung viajou para Viena, a fim de visitar Freud. O primeiro encontro dos dois durou 13 horas, um início bem animado para o que viria a se tornar uma relação íntima, como a de pai e filho (Freud era quase 20 anos mais velho que Jung).

A proximidade entre os dois pode ter envolvido elementos do complexo de Édipo, como propõe a teoria psicanalítica de Freud, com o desejo do filho de destruir o pai. Outro fator complicador, que pode ter prejudicado a relação, foi uma experiência sexual vivida por Jung aos 18 anos. Um amigo da família, que ele via como uma figura paterna, teria assediado Jung sexualmente, que o teria repelido e imediatamente rompido a relação. Anos depois, quando Freud tentou assegurar que Jung daria continuidade ao movimento psicanalítico como ele previra, Jung rebelou-se contra o encargo, talvez sentindo novamente que um homem mais velho tentava dominá-lo. Em ambos os casos, Jung ficara decepcionado com sua escolha de figura paterna. Talvez por causa do incidente anterior, Jung foi incapaz de sustentar a estreita relação emocional desejada por Freud (Alexander, 1994; Elms, 1994).

Ao contrário da maioria dos discípulos da psicanálise, Jung já construíra uma reputação profissional antes de se associar a Freud. Era o mais conhecido entre os primeiros adeptos da psicanálise. Por isso, talvez, ele fosse menos sujeito a se impressionar e se sugestionar que os jovens analistas membros da família psicanalítica de Freud, muitos dos quais ainda cursavam a escola de medicina ou a pós-graduação e eram indecisos em relação à identidade profissional.

Embora durante algum tempo Jung se identificasse como discípulo de Freud, jamais deixou de expressar sua opinião. No início da relação entre os dois, tentou dirimir dúvidas e expressar suas objeções. Enquanto escrevia a obra *Psicologia do inconsciente* [*The psychology of the unconscious*] (1912), comentou que estava enfrentando um problema, já que, quando o livro fosse lançado, a apresentação pública da sua posição significativamente diferente da psicanálise ortodoxa prejudicaria o seu prestígio junto a Freud. Durante meses, Jung não conseguiu levar adiante o projeto, tamanha a preocupação com a provável reação de Freud. Evidentemente, acabou publicando o livro, e o inevitável aconteceu.

Em 1911, por insistência de Freud, e apesar da oposição dos membros vienenses, Jung tornou-se o primeiro presidente da International Psychoanalytic Association (Associação Psicanalítica Internacional). Freud acreditava que o antissemitismo impediria o crescimento da psicanálise se o presidente do grupo fosse judeu. Os analistas vienenses, quase todos judeus, ressentiram-se e desconfiavam do jovem suíço Jung, que claramente era o favorito de Freud. Esses analistas não apenas estavam há mais tempo no movimento, como também acreditavam que Jung tivesse visões antissemíticas. Pouco tempo depois, a amizade entre Jung e Freud começou a exibir sinais de tensão e, por volta de 1912, os dois deixaram de se corresponder. Em 1914, Jung renunciou e deixou a Associação.

O rompimento

Aos 38 anos, Jung foi acometido de problemas emocionais profundos, que persistiram por três anos; Freud passara por um período de turbulência semelhante mais ou menos na mesma etapa da vida. Acreditando que estava ficando louco, Jung sentia-se incapaz de realizar qualquer tipo de trabalho intelectual ou até mesmo de ler um livro científico. Pensou em suicídio, e mantinha uma arma ao lado da cama "caso sentisse que havia chegado ao ponto sem retorno" (Noll, 1994, p. 207).

Durante aqueles anos, ele era atormentado por visões sangrentas do apocalipse e por uma carnificina e desolação generalizadas. Ele registrou, meticulosamente, esses sonhos com sua própria caligrafia e elaborou 200 desenhos em quase 200 páginas, no que ficou conhecido como *O livro vermelho* [*The Red Book*]. Este diário foi mantido em segredo, em um cofre de um banco suíço, e não foi publicado até 2009, aproximadamente 50 anos após a sua morte (ver Harrison, 2009).

Alguns de seus sonhos eram intensamente pessoais, embora não menos assustadores. Em um conjunto de sonhos, "Jung viaja para a terra da morte, apaixona-se por uma mulher, que depois percebe ser sua irmã, é esmagado por uma serpente gigante e ... come o fígado de uma criancinha" (Corbett, 2009, p. 5). Não é de se admirar que ele tenha ficado perturbado.

As visões de Jung surgiam para ele em um fluxo interminável, o qual ele descreveu como uma sensação de pedras caindo sobre sua cabeça. "Eu, com frequência, tinha de me agarrar à mesa para não cair" (apud Corbett, 2009, p. 36). É interessante observar que, mesmo durante essa crise, ele não deixou de atender a seus pacientes.

Resolveu o seu dilema basicamente da mesma maneira que Freud, confrontando a sua mente inconsciente. Embora não analisasse constantemente os próprios sonhos, como fazia Freud, Jung seguiu os impulsos inconscientes revelados neles e em suas fantasias. Assim como ocorreu com Freud, esse período foi de intensa criatividade para Jung, levando-o a formular a sua teoria da personalidade. Ele escreveu que "Os anos em que estava voltado às suas imagens interiores foram os mais importantes da sua vida – nesses anos, foi decidido tudo o que é essencial" (Jung, 1961, p. 199). Concluiu, com base em sua experiência, que a fase mais importante do desenvolvimento da personalidade não era a infância, como Freud queria, mas a meia-idade, período de sua própria crise.

Ainda que a crise pessoal de Jung tivesse sido resolvida, aparentemente, pelo confronto com seu inconsciente, alguns aspectos de seu comportamento permaneceram incomuns. Todas as manhãs ele falava com os utensílios de cozinha: "Saudações!", dizia para as frigideiras, ou "Bom dia para você", para o bule de café (Bair, 2003, p. 568). Ele escondia grandes quantias de dinheiro dentro de livros ou metidos em jarros que enterrava no jardim, mas se esquecia rapidamente dos códigos que tinha inventado para lembrar-se de onde os havia escondido. Apesar disso, Jung permaneceu altamente produtivo e continuou a escrever e desenvolver seu sistema até quase os 86 anos.

A psicologia analítica de Jung

As experiências da vida de Jung, sem dúvida, influenciaram sua psicologia analítica. Como se observou anteriormente, sua aceitação das forças de seu próprio inconsciente anteviu seus interesses profissionais. Há também fortes evidências autobiográficas de sua visão a respeito de sexo. Na teoria de Jung não havia espaço para o complexo de Édipo; esse conceito simplesmente não teve importância na sua infância. Ele achava a mãe gorda e nem um pouco atraente, e jamais entendeu a insistência de Freud em afirmar que os meninos desenvolvem paixões sexuais pela mãe.

Ao contrário de Freud, Jung não desenvolveu nenhum tipo de insegurança, inibição ou ansiedade sexual na vida adulta. Ademais, ele não tentava refrear suas atividades sexuais, assim como fazia Freud. Preferia a companhia de mulheres em vez de homens, e vivia rodeado de adoráveis discípulas e pacientes do sexo feminino. Quando, inevitavelmente, surgia alguma paixão, ele não hesitava em iniciar um relacionamento sexual, alguns dos quais duraram anos.

Ele até alertava as alunas de que, cedo ou tarde, elas acabariam se apaixonando por ele (Noll, 1997). Uma análise da malfadada relação entre Freud e Jung revelou que, "para Jung, que satisfazia livre e frequentemente suas necessidade sexuais, o sexo desempenhava um papel pequeno na motivação humana; para Freud, bloqueado pelas frustrações e ansioso por causa dos seus desejos reprimidos, o sexo desempenhava um papel central" (Schultz, 1990, p. 148).

Na infância, Jung preferia se isolar das outras crianças e ficar sozinho. Essa opção também se reflete na sua teoria, por meio do enfoque no crescimento interior em lugar do cultivo das relações sociais. Entretanto, a teoria de Freud está mais voltada para as relações interpessoais, até porque ele não teve uma infância, assim, tão isolada e introvertida.

Outro ponto de divergência entre a psicologia analítica de Jung e a psicanálise de Freud refere-se à libido. Enquanto Freud a definia exclusivamente em termos sexuais, Jung referia-se à libido como uma energia de vida generalizada, da qual o sexo apenas fazia parte. Para Jung, a energia básica da libido expressava-se no crescimento, na reprodução e em outras atividades, dependendo do que o indivíduo considerasse crucial em determinado período.

Outra diferença entre o trabalho de Jung e Freud consiste na direção das forças que afetam a personalidade. Freud descrevia o indivíduo como vítima dos acontecimentos da infância, enquanto Jung acreditava na pessoa moldada não apenas pelos acontecimentos do passado, como também pelas próprias metas, esperanças e aspirações futuras. Na visão de Jung, a personalidade não era totalmente determinada pelas experiências vividas durante os primeiros cinco anos de vida, podendo ser modificada ao longo da vida do indivíduo.

Além disso, Jung tentou investigar a mente inconsciente mais a fundo do que Freud, e acrescentou uma nova dimensão – o inconsciente coletivo –, a qual descreveu como as experiências herdadas da espécie humana e de seus ancestrais animais.

O inconsciente coletivo

Jung descreveu dois níveis da mente inconsciente. Um pouco abaixo da consciência estaria o **inconsciente pessoal**, contendo lembranças, impulsos, desejos, percepções indistintas e outras experiências da vida do indivíduo que foram suprimidas ou esquecidas. O inconsciente pessoal não é muito profundo, de modo que os incidentes ali armazenados podem ser facilmente trazidos para o nível consciente.

Inconsciente pessoal: local em que se armazena o que, em algum momento, foi consciente, mas que foi esquecido ou suprimido.

Inconsciente coletivo: nível mais profundo da psique, que contém as experiências herdadas das espécies humanas e pré-humanas.

As experiências do inconsciente pessoal são agrupadas em complexos, ou seja, em padrões de emoções e lembranças com temas comuns. O indivíduo manifesta um complexo por causa da preocupação com alguma ideia (como inferioridade ou superioridade) que, por sua vez, influencia o comportamento. Portanto, o complexo consiste, basicamente, em uma personalidade menor na personalidade total.

Em um nível abaixo do inconsciente pessoal estaria o **inconsciente coletivo**, desconhecido para o indivíduo. Nele estariam armazenadas as experiências acumuladas das gerações anteriores, incluindo as dos nossos ancestrais animais. Essas experiências universais e evolutivas formam a base da personalidade. Observe que as experiências contidas no inconsciente coletivo são inconscientes. O indivíduo não está ciente delas, tampouco se lembra ou tem imagens delas, assim como ocorre com as experiências contidas no inconsciente pessoal.

Os arquétipos

As tendências herdadas, armazenadas no inconsciente coletivo, são denominadas **arquétipos** e consistem em determinantes inatos da vida mental, que levam o indivíduo a comportar-se de modo semelhante aos ances-

Arquétipos: tendências herdadas, contidas no inconsciente coletivo, que levam o indivíduo a se comportar de forma semelhante aos ancestrais que passaram por situações similares.

trais que enfrentaram situações similares. A experiência do arquétipo costuma se concretizar na forma de emoções associadas a acontecimentos importantes da vida, como nascimento, adolescência, casamento e morte, ou a reações diante de um perigo extremo. Jung referia-se aos arquétipos como as "divindades" do inconsciente (Noll, 1997).

Quando Jung investigou as criações artísticas e místicas das civilizações antigas, descobriu símbolos arquetípicos comuns, mesmo entre culturas bem distantes no tempo e no espaço, sem nenhum indício de influência direta. Também descobriu o que considerou serem traços desses símbolos nos sonhos relatados pelos pacientes. Todo esse material confirmava o seu conceito de inconsciente coletivo. Os arquétipos que ocorrem com mais frequência e que são os mais importantes para moldar nossa personalidade são a *persona*, a *anima* e o *animus*, a *sombra* e o *self*.

A *persona* seria a máscara que o indivíduo usa quando está em contato com outra pessoa. Essa máscara o representa da forma como ele deseja parecer aos olhos da sociedade; assim, a *persona* pode não corresponder à verdadeira personalidade do indivíduo. A noção de *persona* é semelhante ao conceito sociológico do desempenho de papel [role-playing], em que a pessoa atua da forma como crê que as outras esperam que ela atue nas diferentes situações.

Os arquétipos da *anima* e do *animus* refletem a noção de que cada indivíduo exibe algumas características do sexo oposto. A *anima* refere-se às características femininas presentes no homem, e o *animus* denota as características masculinas observadas na mulher. Assim como os demais arquétipos, *anima* e *animus* surgem do passado primitivo da espécie humana, quando o homem e a mulher adotaram as tendências emocionais e comportamentais do sexo oposto.

O arquétipo da *sombra*, o nosso *self* mais sombrio, consiste na parte animalesca da personalidade. Para Jung, esse arquétipo é herdado das formas inferiores de vida. A sombra contém as atividades e os desejos imorais, violentos e inaceitáveis. Ela nos incita a nos comportarmos de uma forma que normalmente não nos permitiríamos.

Quando isso ocorre, o indivíduo costuma insistir em dizer que foi acometido por algo – esse "algo" seria a sombra, a parte primitiva da sua natureza. No entanto, a sombra possui também um lado positivo, que serve como uma fonte de espontaneidade, criatividade, *insight* e emoção profunda, características necessárias para o total desenvolvimento humano.

Na opinião de Jung, o principal arquétipo é o *self*. Integrando e equilibrando todos os aspectos do inconsciente, o *self* proporciona unidade e estabilidade à personalidade. Jung comparou-o a um impulso para a autorrealização, com isso se referindo a harmonização, completude e pleno desenvolvimento das habilidades individuais. No entanto, acreditava que a autorrealização plena seria atingida somente na meia-idade (30 a 40 anos), período crucial para o desenvolvimento da personalidade. Esse seria o período natural para a transição, quando a personalidade passa por várias mudanças necessárias e benéficas. Observa-se aqui outro exemplo de elemento autobiográfico na teoria de Jung. Na meia-idade, ele próprio havia atingido a autointegração resultante da solução da sua crise neurótica. Dessa forma, para Jung, o estágio mais importante no desenvolvimento da personalidade não seria a infância (como foi no sistema e na vida de Freud), mas o período da vida adulta, entre os 30 e os 40 anos, quando ocorreram as mudanças na sua personalidade.

A introversão e a extroversão

Os conceitos de Jung a respeito de introversão e extroversão são bem conhecidos. O indivíduo extrovertido libera a libido (a energia de vida) dentro dele, direcionando-a aos acontecimentos e às pessoas do mundo exterior. Este tipo é bastante influenciado pelas forças do ambiente, além de ser sociável e confiante nas diversas situações. Ao contrário, o introvertido direciona a libido para o seu interior. Esse tipo é pensativo, introspectivo e resistente às influências externas. O introvertido costuma ser mais inseguro que o extrovertido ao lidar com pessoas e situações.

Todo indivíduo é dotado de algum nível dessas atitudes opostas, mas, em geral, uma é mais forte que a outra. Nenhum indivíduo é completamente extrovertido ou introvertido. A atitude dominante em algum momento específico pode ser determinada pelas circunstâncias. Muitas vezes, o introvertido se torna sociável e expansivo diante de situações de seu interesse.

Os tipos psicológicos: funções e atitudes

Na teoria de Jung, as diferenças de personalidade são expressas não apenas por atitudes introvertidas ou extrovertidas, como também por meio de quatro funções: pensamento, sentimento, sensação e intuição. Essas funções são as maneiras pelas quais o indivíduo se orienta tanto diante do universo exterior objetivo quanto diante do universo interior subjetivo.

- O pensamento é o processo conceitual que proporciona o significado e a compreensão.
- O sentimento é o processo subjetivo de ponderação e de avaliação.
- A sensação é a percepção consciente dos objetos físicos.
- A intuição envolve a percepção de maneira inconsciente.

Jung rotulou o pensamento e o sentimento como modos racionais de responder porque envolvem processos cognitivos de raciocínio e de julgamento. A sensação e a intuição são consideradas não racionais, pois não envolvem o uso da razão. Dentro de cada par de funções, apenas uma função é dominante em determinado momento. A combinação das funções dominantes com a atitude dominante de extroversão e introversão produz os oito tipos psicológicos, como o tipo pensador extrovertido ou o tipo intuitivo extrovertido.

Comentários

As ideias de Jung influenciaram várias áreas bastante distintas, como religião, história, arte e literatura. Muitos historiadores, teólogos e escritores reconheciam-no como fonte de inspiração. No entanto, a psicologia científica, em geral, ignorou sua psicologia analítica.

O desprezo de Jung pelos métodos científicos tradicionais afasta muitos psicólogos experimentais, para quem as teorias com base religiosa e mística contêm menos apelo que as visões de Freud. Além disso, as críticas observadas em relação à busca de evidências para apoiar a psicanálise de Freud também se aplicam ao trabalho de Jung, pois ele, igualmente, se apoiava na interpretação e na orientação clínica, e não na investigação controlada em laboratório.

No entanto, alguns trabalhos de Jung tiveram uma influência duradoura e constante na psicologia. Por exemplo, o teste de associação de palavras, que ele desenvolveu no início da década de 1900, é ainda hoje um instrumento padrão de laboratório de clínico em psicologia. A versão de Jung do teste usava uma lista de cem palavras como estímulo, que, segundo ele, eram capazes de provocar emoções. Ele media o tempo que levava para um paciente responder a cada palavra, bem como as reações fisiológicas da pessoa para determinar a intensidade emocional das palavras de estímulo.

Os oito tipos psicológicos de Jung motivaram muitas pesquisas. Vale a pena mencionar o teste de personalidade Indicador de Tipo Myers-Briggs, elaborado para medir os tipos psicológicos. Criado na década de 1920 por Katharine Briggs e Isabel Briggs Myers, esse teste é amplamente usado para fins de aplicação e pesquisa, especialmente na seleção e orientação de pessoal. A fórmula introversão-extroversão inspirou o psicólogo inglês Hans Eysenck a desenvolver o teste de Inventário de Personalidade Maudsley para medir as duas atitudes. Pesquisas realizadas com esses testes produziram evidências empíricas para esses conceitos e demonstraram que pelo menos uma das noções de Jung seria passível de teste experimental. De fato, os conceitos de introversão e extroversão de Jung são amplamente aceitos na psicologia de hoje.

No entanto, assim como ocorreu com o trabalho de Freud, muitos outros aspectos da teoria de Jung, como os complexos, os arquétipos e o inconsciente coletivo, resistem às tentativas de validação científica. O conceito de autorrealização serviu de base para o desenvolvimento do trabalho de Abraham Maslow e dos psicólogos humanistas. A noção da crise da meia-idade foi adotada por Maslow e outros psicólogos, e aceita por muitos como um estágio necessário ao desenvolvimento da personalidade. Esse conceito foi comprovado por muitas pesquisas.

Cursos formais de análise junguiana são ministrados em várias cidades da Europa e dos Estados Unidos, como Nova York, São Francisco e Los Angeles. A Sociedade de Psicologia Analítica (The Society of Analytical Psychology) publica a revista junguiana *Journal of Analytical Psychology*.

As teorias da psicologia social: o ressurgimento do *Zeitgeist*

Sabemos que Freud foi influenciado pela perspectiva mecanicista e positivista da ciência do século XIX. Ao final desse século, diversas novas disciplinas sugeriam outras formas de enxergar a natureza humana, visões que ultrapassavam os limites da biologia e da física. Pesquisas conduzidas na antropologia, na sociologia e na psicologia social sustentavam a proposta de que o indivíduo era produto das forças e instituições sociais e, portanto, devia ser estudado em termos sociais e não somente biológicos. À medida que os antropólogos publicavam os estudos a respeito das diversas culturas, tornava-se claro que alguns sintomas neuróticos e tabus descritos por Freud não eram universais, conforme ele sugeria. Por exemplo, nem todas as culturas proíbem o incesto. Além disso, os sociólogos e psicólogos sociais compreenderam que a maioria dos comportamentos humanos tem origem no condicionamento social, e não nas ações tomadas para satisfazer as necessidades biológicas.

Portanto, o espírito dos tempos exigia uma revisão do conceito sobre a natureza humana, mas Freud, para decepção de alguns de seus seguidores, apegava-se aos determinantes biológicos da personalidade. Os analistas mais jovens, menos arraigados à tradição, distanciavam-se da psicanálise ortodoxa para remodelar a teoria freudiana, seguindo o pensamento corrente das ciências sociais. A visão desses jovens analistas, de que a personalidade seria um produto mais do ambiente que dos instintos biológicos, era compatível com a cultura e o pensamento norte-americanos e oferecia um cenário mais otimista que a posição determinista de Freud.

Entre esses dissidentes estão Alfred Adler e Karen Horney, que acreditavam ser o comportamento humano determinado não por forças biológicas, mas pelas relações interpessoais às quais o ser humano era exposto, principalmente na infância.

Alfred Adler (1870-1937)

Em razão de seu rompimento com Freud, em 1911, Adler (Figura 14.3) costuma ser considerado o primeiro proponente da abordagem psicológica social da psicanálise. Ele desenvolveu uma teoria em que o interesse social desempenha o papel principal, e é o único psicólogo a ter um quarteto de cordas batizado com seu nome, como homenagem.

A biografia de Adler

Nascido em uma família rica, que vivia em um bairro afastado de Viena, na Áustria, Adler teve uma infância marcada pela doença, pelo ciúme do irmão mais velho e pela rejeição da mãe. Ele se considerava insignificante e pouco atraente. Era mais próximo do pai que da mãe. Ela era "fria por natureza, e é provável que preferisse seu primogênito a Alfred. Ele não entendeu, e nunca a perdoou pelo sorriso que ela deu pouco depois – para ele, um pouco rápido demais – da morte repentina de um irmão mais novo" (Bottome, 1929, p. 30). Como uma criança poderia confiar em uma mãe assim?

Adler passou a rejeitar a definição freudiana do complexo de Édipo, talvez porque, assim como Jung, não correspondesse às experiências da sua infância. Quando jovem, Adler trabalhou muito em busca da popularidade junto aos colegas, adquirindo finalmente a autoestima e a aceitação que não encontrava na família.

De início, foi um estudante tão fraco e inepto, a ponto de um professor dizer ao seu pai que a única profissão adequada para ele seria aprendiz de sapateiro. Com persistência e dedicação, Adler partiu de baixo para chegar ao topo da turma. Esforçava-se acadêmica e socialmente para superar as deficiências e inferioridades, tornando-se, assim, um dos primeiros exemplos da teoria que elaboraria sobre a necessidade de o indivíduo compensar seus pontos fracos. O sentimento de inferioridade, um dos pontos principais da sua teoria, reflete claramente a infância dele, falta reconhecida por Adler. "Os que conhecem o meu trabalho perceberão claramente as relações existentes entre os fatos da minha infância e os pontos de vista ali expressos" (apud Bottome, 1939, p. 9).

Adler lembrou-se de que, aos 4 anos, quando se recuperava de um ataque quase fatal de pneumonia, decidiu tornar-se médico. Perseguiu esse objetivo, formando-se em medicina, em 1895, na University of Vienna. Especializou-se em oftalmologia e trabalhou como clínico geral. Interessou-se pela psiquiatria em 1902, juntando-se ao grupo de discussão semanal de Freud sobre a psicanálise e tornando-se um dos quatro membros fundadores. Embora trabalhasse muito próximo de Freud, a relação entre os dois era impessoal (Freud chegou a dizer que Adler o entediava).

IMAGES FROM THE HISTORY OF MEDICINE/U.S. NATIONAL LIBRARY OF MEDICINE

FIGURA 14.3 Alfred Adler.

Nos anos seguintes, Adler desenvolveu uma teoria da personalidade que diferia em vários aspectos da de Freud, principalmente na ênfase freudiana aos fatores sexuais. Em 1910, Freud nomeara Adler presidente da Sociedade Psicanalítica de Viena, em uma tentativa de evitar o iminente rompimento; contudo, mais ou menos em 1911, ocorreu o inevitável. O rompimento foi traumático, com Adler descrevendo Freud como vigarista e a psicanálise como "obscena" (Roazen, 1975, p. 210), e Freud referindo-se a Adler como uma pessoa "anormal", "guiada exclusivamente pela ambição", além de ser paranoico, ciumento, sádico e baixo (Gay, 1988, p. 223).

Tornando-se uma celebridade nos Estados Unidos

Durante a Primeira Guerra Mundial (1914-1918), Adler serviu como médico no exército austríaco. Mais tarde, fundou clínicas de orientação infantil voltadas para o sistema escolar vienense. Durante a década de 1920, seu sistema psicossocial, que chamou de **psicologia individual**, atraiu muitos adeptos. Costumava viajar com frequência aos Estados Unidos para dar aulas e foi-lhe oferecida uma posição de professor de psicologia médica da Long Island College of Medicine, de Nova York.

Psicologia individual: teoria de Adler sobre a personalidade, que incorpora fatores tanto sociais quanto biológicos.

Suas palestras e trabalhos eram extremamente populares nos Estados Unidos. Um biógrafo observou que, pelas qualidades pessoais de Adler, como a "genialidade, o otimismo e a cordialidade, aliados à intensa força de ambição", foi fácil as pessoas atribuírem a ele *status* de celebridade e aceitarem-no como um especialista da natureza humana (Hoffman, 1994, p. 160). Adler morreu vítima de um ataque cardíaco em Aberdeen, na Escócia, durante uma cansativa excursão, dando palestras.

Em resposta a uma carta recebida de um amigo que expressava sua tristeza pela morte de Adler, Freud revelou ainda ressentir-se da traição dele, fazendo o seguinte comentário:

> Não entendo essa sua comoção por Adler. Para um garoto judeu, vindo de um bairro afastado de Viena, a morte em Aberdeen significa, em si, uma carreira extraordinária e uma prova de quão longe ele chegou. O mundo, realmente, recompensou com generosidade seu serviço em desafiar a psicanálise. (apud Scarf, 1971, p. 47)

A psicologia individual

Adler acreditava na determinação do comportamento humano, principalmente por meio dos fatores sociais e não pelos instintos biológicos. Propôs o conceito de **interesse social**, definido como o potencial inato de cooperar com os indivíduos para atingir metas pessoais e sociais. O interesse social do indivíduo se desenvolve na infância, por meio das experiências aprendidas. Ao contrário de Freud, Adler minimizava a influência do sexo na formação da personalidade do indivíduo. Além disso, concentrava-se nas determinantes conscientes do comportamento e não nas inconscientes. Enquanto Freud associava o comportamento presente com as experiências do passado, Adler acreditava na maior influência dos próprios planos individuais para o futuro. Em sua visão, o esforço em busca das metas ou a antecipação dos acontecimentos futuros influenciam o comportamento presente. Por exemplo, a pessoa que teme a maldição eterna após a morte comporta-se, provavelmente, de modo diverso da que tem expectativas diferentes.

Interesse social: conceito de Adler sobre o potencial inato de cooperação com as pessoas, a fim de atingir as metas pessoais e sociais.

Enquanto Freud dividia a personalidade em partes separadas (id, ego e superego), Adler enfatizava a sua unidade e consistência. Ele postulou uma força inata e dinâmica, canalizadora dos recursos da personalidade, para atingir um grande objetivo, o qual, para qualquer indivíduo, seria a superioridade (no sentido da perfeição), e isso representava a total realização e desenvolvimento de si mesmo.

Outra grande diferença entre Adler e Freud estava na visão sobre a mulher. Adler afirmava não haver razão biológica, como o conceito freudiano da inveja do pênis, para justificar o sentimento de inferioridade da mulher. E afirmava ser esse um mito inventado pelo homem apenas para sustentar o próprio sentimento de superioridade. Qualquer sentimento de inferioridade da mulher resultava dos fatores sociais, como o estereótipo da mulher sensual. Adler acreditava na igualdade dos sexos e apoiava os movimentos de emancipação feminina daquela época.

O sentimento de inferioridade

Adler sugeriu que um sentimento generalizado de inferioridade constituía uma força motriz importante do comportamento, assim como observara na própria vida. No início, Adler relacionava esse sentimento de inferioridade a deficiências físicas. A criança nascida com fraca compleição física busca a superação, acentuando bastante a função deficiente. A criança que gagueja pode, mediante uma terapia de fala consciente, tornar-se um grande orador; a que tem membros fracos pode, por meio de muito exercício físico, destacar-se como atleta ou bailarina. Posteriormente, Adler ampliou esse conceito, a fim de incluir qualquer deficiência física, mental ou social, real ou imaginária.

Na infância, o sentimento que a criança tem de impotência e de dependência das outras pessoas desperta essa inferioridade. Dessa maneira, todos vivenciam esse sentimento. Ao mesmo tempo que toma consciência da necessidade de superação desse sentimento, a criança é impelida pelo impulso inato de aperfeiçoamento próprio. Esse processo de restrição e impulsão ocorre durante toda a vida, motivando o indivíduo a realizar grandes feitos.

Complexo de inferioridade: condição que o indivíduo desenvolve quando é incapaz de compensar os sentimentos normais de inferioridade.

Os sentimentos de inferioridade funcionam a favor do indivíduo e da sociedade, porque motivam a constante busca pelo aperfeiçoamento. No entanto, se na infância esses sentimentos forem recebidos com o excesso de mimos ou rejeição, o resultado pode ser comportamentos compensatórios anormais. A compensação inadequada do sentimento de inferioridade pode conduzir ao desenvolvimento do **complexo de inferioridade**, produzindo um indivíduo incapaz de enfrentar os problemas da vida.

O estilo de vida

Na visão de Adler, as propensões à superioridade e à perfeição são universais; mas cada indivíduo age de modo diferente na tentativa de atingir o objetivo. O esforço do indivíduo se reflete na forma de reação única e característica, desenvolvendo um estilo próprio de vida, que envolve comportamentos por meio dos quais o indivíduo compensa a inferioridade, seja real ou imaginária. No exemplo da criança fisicamente fraca, podem fazer parte do seu estilo de vida os exercícios físicos e a prática de esportes para aumentar o vigor e a força física.

O estilo de vida se consolida entre os 4 e 5 anos; a partir de então, é difícil modificá-lo. Essa forma de comportamento proporciona o modo de vida de acordo com o qual são tratadas todas as experiências posteriores. Mais uma vez, percebemos como Adler reconhecia a importância dos primeiros anos de vida, porém discordava de Freud por acreditar na capacidade individual de criação de um estilo de vida próprio.

O poder criativo do self

O conceito de Adler sobre a força criativa do *self* afirma que o indivíduo é dotado de capacidade para determinar a própria personalidade de acordo com seu estilo único de vida. A pessoa adquire certas habilidades e experiências por meio da hereditariedade e por influência do ambiente, mas é a maneira de usar e de interpretar ativamente essas experiências que lhe proporciona a base para a formação da sua personalidade e das suas atitudes em relação à vida. Adler afirmava que cada pessoa está conscientemente envolvida na moldagem da própria personalidade e do próprio destino, o qual é determinado pelo indivíduo, e não pelas experiências do passado.

A ordem de nascimento

Ao examinar a infância de seus pacientes, Adler interessou-se pela relação existente entre a personalidade e a ordem de nascimento. Descobriu que o filho mais velho, o do meio e o caçula, em razão das posições que ocupam na família, passam por variadas experiências sociais, das quais resultam diferentes atitudes em relação à vida e ao modo de enfrentar as situações.

O mais velho recebe mais atenção até ser destronado diante do nascimento do segundo filho. O primeiro, portanto, pode se tornar inseguro e hostil, autoritário e conservador, manifestando grande interesse em manter a ordem. Adler sugeriu que criminosos, neuróticos e pervertidos são, em geral, filhos mais velhos. Também sugeriu que Freud era o típico irmão mais velho.

Adler descobriu que o segundo filho é ambicioso, rebelde e ciumento, brigando constantemente para ultrapassar o mais velho. Ele próprio era o segundo filho, e passou a vida inteira competindo com o irmão mais velho, cujo nome, por coincidência, era Sigmund. Mesmo quando Adler atingiu o reconhecimento internacional pelo seu trabalho, continuou a sentir-se à sombra do irmão, na época um empresário muito rico. Ele se referia ao irmão como um "cara bom e esforçado [que] ainda continuava à minha frente" (apud Hoffman, 1994, p. 11).

Ainda assim, Adler acreditava que o segundo filho era mais ajustado que o primeiro ou o caçula. Ele dizia que o caçula da família, provavelmente, era mimado e com predisposição a apresentar problemas comportamentais na infância e na vida adulta. Além disso, um filho único pode enfrentar dificuldades em se ajustar ao mundo fora da família, no qual ele não é o centro das atenções.

Reações às visões de Adler

As teorias de Adler foram muito bem recebidas pelos psicólogos insatisfeitos com a imagem de Freud sobre a personalidade humana dominada pelos impulsos sexuais e dirigida pelas experiências da infância. É bem melhor pensar em cada indivíduo como capaz de conduzir o próprio desenvolvimento e de se esforçar para melhorar, independentemente das limitações genéticas ou das experiências da infância. Adler apresentava uma visão muito mais otimista e satisfatória da natureza humana.

Mesmo assim, a psicologia individual não escapou das críticas. Muitos psicólogos afirmavam que as teorias de Adler eram superficiais e que se baseavam em observações de senso comum do cotidiano; outros consideravam suas ideias astutas e perspicazes. Freud dizia que o sistema de Adler era simples demais. A aprendizagem da psicanálise levava dois anos, em razão da sua complexidade, mas o sistema de Adler podia ser assimilado em poucas semanas "porque, com Adler, havia pouca coisa a aprender" (Freud apud Sterba, 1982, p. 156). Adler afirmou, então, ser essa a principal característica da sua teoria, já que teria levado 40 anos para simplificar a sua psicologia.

As objeções dos experimentalistas aos trabalhos de Freud e de Jung também se aplicavam a Adler. Suas observações de pacientes não podiam ser repetidas, verificadas, tampouco eram obtidas de forma sistemática e controlada. Ele não tentava confirmar a precisão dos relatos de seus pacientes nem explicava os procedimentos adotados para analisar os dados e chegar às conclusões.

Suporte de pesquisas

Embora muitos dos conceitos de Adler resistissem às tentativas de validação científica, a noção da ordem de nascimento foi objeto de muita pesquisa (Eckstein e Kaufman, 2012). Estudos mostram que o filho mais velho é mais inteligente, que sua necessidade de obter sucesso é maior e que eles tendem a ter ansiedade quando um segundo filho passa a fazer parte da família. Os primogênitos, mais que os filhos nascidos depois, são mais propensos a estudar por mais anos em sua educação formal, a trabalhar em ocupações de maior prestígio e a ser mais famosos em suas carreiras (ver Herrera, Zajonc, Weiczorkowska e Cichomski, 2003; Kristensen e Bjerkedal, 2007).

Pesquisas britânicas revelaram que filhos mais velhos são muito menos propensos a sofrer de transtorno de estresse pós-traumático do que aqueles que nasceram muito tempo depois em famílias numerosas. Descobriu-se que os mais novos são mais sujeitos ao estresse e a transtornos de adaptação (Green e Griffiths, 2014). Essas descobertas, em geral, sustentam a visão de Adler.

Há menos suporte de pesquisa para a alegação de Adler de que o segundo filho é mais competitivo e ambicioso que seus irmãos. No entanto, alguns estudos recentes estão levantando questionamentos. Um estudo com 700 irmãos que jogavam na liga principal de beisebol descobriu que os irmãos mais novos eram dez vezes mais capazes de chegar às outras bases que seus irmãos mais velhos, além de serem superiores ao rebater a bola com sucesso. Este e outros estudos também mostraram que os irmãos mais novos eram mais propensos a participar de atividades de alto risco, como paraquedismo (Sulloway e Zweigenhaft, 2010).

As pesquisas não sustentam a visão de Adler de que filhos únicos são mais egoístas e têm dificuldade em se ajustar ao mundo real. Alguns estudos mostram que os filhos únicos tendem a ser superiores em suas realizações, assim como em inteligência, iniciativa, esforço e autoestima (Falbo e Polit, 1986; Mellor, 1990).

Comentários

A influência de Adler na psicanálise pós-freudiana foi bastante substancial (ver Olt, 2009). O trabalho dos psicólogos do ego, que se concentra mais no processo racional consciente do que no inconsciente, segue a linha de Adler. A ênfase nas forças sociais sobre a personalidade é observada no trabalho de Karen Horney. A força criativa para moldar o estilo de vida de cada um influenciou o trabalho de Abraham Maslow, que escreveu: "A cada ano que passa, Alfred Adler fica mais certo. À medida que novos fatos surgem, eles reforçam cada vez mais a sua imagem de homem" (Maslow, 1970, p. 13).

O enfoque de Adler sobre as variáveis sociais podem ser observadas no trabalho do teórico da aprendizagem social, Julian Rotter, que, quase 50 anos após a morte de Adler, escreveu que ele continua "impressionado pelos *insights* de Adler sobre a natureza humana" (Rotter, 1982, p. 1-2). Adler pode ter estado à frente de seu tempo ao reconhecer as variáveis sociais e cognitivas; essas ideias são mais compatíveis com a psicologia contemporânea do que eram com a psicologia da sua época.

Embora muitas das ideias de Adler tenham sido aceitas, sua aclamação pública diminuiu após sua morte e ele recebeu pouco crédito por suas contribuições. Muitos conceitos foram emprestados de sua teoria sem reconhecimento adequado. Por exemplo, nos obituários do *Times* (de Londres), quando Freud morreu, ele foi indicado como o criador do termo *complexo de inferioridade*. Quando Carl Jung morreu, *The New York Times* escreveu que *ele* é quem havia cunhado aquele termo! Nenhum jornal mencionou Adler.

Os seguidores de Adler afirmam que a psicologia individual continua influente entre psicólogos, psiquiatras, assistentes sociais e educadores. O periódico *Individual Psychology: The Journal of Adlerian Theory, Research and Practice* é publicado trimestralmente nos Estados Unidos, e outros periódicos adlerianos são publicados na Alemanha, na Itália e na França. Atualmente, há institutos adlerianos de treinamento em Nova York, São Francisco e Chicago.

Karen Horney (1885-1952)

FIGURA 14.4 Karen Horney.

Feminista à frente de seu tempo, Karen Horney (Figura 14.4) estudou psicanálise freudiana em Berlim. Descrevia seu trabalho como uma extensão do sistema de Freud, e não como uma tentativa de suplantá-lo.

Horney e seu pai

Karen Horney nasceu em Hamburgo, na Alemanha. O pai, capitão de navio, era um homem religioso e taciturno, muito mais velho que a esposa, mulher ativa e liberal. Ela deixava muito claro a Karen que desejava a morte do marido e que se casara apenas por medo de permanecer solteira. Rejeitava a filha e demonstrava nitidamente a preferência pelo filho mais velho, de quem Karen sentia muita inveja simplesmente por ser menino, e o pai a menosprezava por causa da sua aparência e inteligência. Consequentemente, ela se sentia inferior, inútil e hostilizada (Sayers, 1991). "Por que tudo o que é belo na Terra é dado para mim", ela escreveu em seu diário aos 16 anos "e não a mais importante das coisas, que é o amor? Tenho um coração tão carente de amor" (Horney, 1980, p. 30). Essa falta de amor por parte dos pais provocou o surgimento, mais tarde, do que ela chamou de "ansiedade básica", outro exemplo da influência da experiência pessoal na visão do teórico. Um biógrafo comentou: "Em todos os trabalhos psicanalíticos de Karen Horney, era visível a sua luta para encontrar o sentido da própria existência e superar as dificuldades" (Paris, 1994, p. xxii).

Quando adolescente, Horney teve várias paixões na busca frenética do amor e da aceitação que não encontrava em casa. Criou um jornal que chamava de "órgão virginal para supervirgens" e andava pelas ruas frequentadas por prostitutas. Em seu diário, escreveu: "Na minha imaginação, não há sequer uma parte de mim que não tenha sido beijada por uma boca ardente. Na minha imaginação, não existe depravação do mais baixo nível que eu não tenha experimentado" (Horney, 1980, p. 64).

Casamento, depressão e sexo

Contra a vontade do pai, Horney ingressou na escola de medicina da University of Berlin e, em 1913, recebeu seu diploma. Casou-se, teve três filhas (duas das quais, mais tarde, se submeteram a análise para conseguir lidar com seus conflitos com a mãe) e começou a sofrer de profunda depressão. Ela descreveu um longo período de problemas conjugais, infelicidade e depressão. Reclamava de crises de choro, dores de estômago, cansaço crônico, comportamento compulsivo e incapacidade para trabalhar, além de pensamentos de suicídio.

Depois de manter vários casos, divorciou-se do marido e continuou sua busca incansável por aceitação e amor pelo restante da vida. Ela teve inúmeros romances, um após o outro. Um biógrafo escreveu que, "quando não tinha um amante ou quando um relacionamento estava acabando, ela se sentia perdida, sozinha, desesperada e, às vezes, suicida. Quando estava envolvida em um relacionamento dependente e doentio, ela se odiava por sua incapacidade de se libertar. Ela atribuía a necessidade desesperada por homens à sua infância infeliz" (Paris, 1994, p. 140).

Seu relacionamento mais duradouro foi com o psicanalista Eric Fromm, que era 15 anos mais jovem; quando a relação terminou, ela ficou arrasada. Resolveu submeter-se à psicanálise para tratar da depressão e dos problemas sexuais. Seu analista freudiano disse-lhe que a busca do amor e a atração por homens mais fortes refletiam paixões edipianas da infância pelo pai severo (Sayers, 1991).

Quando Horney percebeu que a análise freudiana não a estava ajudando, passou para a autoanálise, prática que adotou pelo restante da vida. Impressionada com a observação de Adler sobre a falta de atrativos físicos como causa dos sentimentos de inferioridade, concluiu que, estudando medicina e adotando uma vida sexual promíscua, estava agindo mais como homem do que como mulher. Essa atitude a ajudava a sentir-se superior, mas, mesmo assim, nunca desistiu de encontrar o amor. À medida que envelhecia, no entanto, ela selecionava homens cada vez mais jovens, muitos dos quais eram analistas, cujo treinamento era supervisionado por ela. A atitude dela em relação a eles tornou-se casual e distante. Ao contar para uma amiga sobre um desses homens mais jovens, ela disse que não sabia se deveria se casar com ele ou criar um cocker spaniel. Escolheu o cachorro (Paris, 1994).

De 1914 a 1918, Horney estudou psicanálise ortodoxa no Berlin Psychoanalytic Institute (Instituto de Psicanálise de Berlim). Mais tarde, tornou-se professora do instituto e começou a atender pacientes particulares. Escrevia artigos de revista abordando os problemas da personalidade feminina, descrevendo alguns pontos discordantes em relação a conceitos de Freud. Em 1932, seguiu para os Estados Unidos, para ser diretora adjunta do Chicago Institute for Psychoanalysis (Instituto de Psicanálise de Chicago). Lecionou também no New York Psychoanalitic Institute (Instituto Psicanalítico de Nova York) e continuou a atender seus pacientes. O crescente descontentamento com a teoria freudiana logo a levou ao rompimento com o grupo. Fundou o American Institute of Psychoanalysis (Instituto Americano de Psicanálise) e ali permaneceu como diretora até a morte.

As divergências com Freud

Horney discordava da visão de Freud que a personalidade depende de forças biológicas imutáveis. Negava a predominância dos fatores sexuais, questionava a validade da teoria do complexo de Édipo e não aceitava os conceitos de libido e da personalidade estruturada em três partes. No entanto, concordava com a visão da motivação inconsciente e da existência de razões emocionais não racionais.

Contrária à crença de Freud de que as mulheres são motivadas pela inveja do pênis, Horney afirmava que o homem é que era motivado pela inveja do útero, ou seja, pelo ciúme da maternidade; acreditava que comportamentos de intimidação e de menosprezo contra a mulher nada mais eram que a manifestação masculina da inveja do útero e dos respectivos ressentimentos consequentes. Ao negar a igualdade de direitos, limitar as oportunidades e subestimar os esforços da mulher para atingir os objetivos, o homem tenta manter a alegada superioridade natural. Para Horney, a principal razão para esse tipo de comportamento masculino é resultante do sentimento de inferioridade provocado pela inveja do útero.

Horney e Freud também divergiam a respeito da natureza humana. Horney dizia:

> O pessimismo de Freud em relação à neurose e ao respectivo tratamento resulta da sua profunda descrença na bondade e na capacidade de evolução do homem. Para ele, o homem está fadado ao sofrimento e à destruição. A minha crença, no entanto, é no homem dotado da capacidade e do desejo de desenvolver a sua potencialidade e de tornar-se um ser humano decente. Creio na capacidade de o homem mudar e continuar mudando por toda a vida. (Horney, 1945, p. 19)

A ansiedade básica

A **ansiedade básica** é o conceito fundamental do sistema de Horney. Ela a definia como "o sentimento de isolamento e de desamparo da criança em um mundo potencialmente hostil" (Horney, 1945, p. 41.) Essa definição caracteriza os sentimentos da sua infância. A ansiedade básica resulta de atitudes parentais como dominação, falta de proteção e de amor e comportamento errático. Qualquer ato que perturbe a relação segura entre pais e filhos pode provocar a ansiedade básica. Assim, essa condição não é inata, mas resultante das forças sociais e das interações existentes no ambiente infantil. Horney não aceitava a visão freudiana dos instintos como forças motivadoras, e propunha que a criança desamparada fosse guiada pela necessidade de buscar segurança, estabilidade e de eliminar o medo em um universo cheio de ameaças.

Ansiedade básica: definição de Horney para solidão invasiva e impotência, sentimentos que dão origem à neurose.

Horney compartilhava com Freud a crença no desenvolvimento da personalidade nos primeiros anos da infância, mas insistia em que a personalidade continuaria a sofrer mudanças durante toda a vida. Enquanto Freud detalhava as etapas psicossexuais do desenvolvimento, Horney concentrava-se no tratamento que pais e responsáveis dispensavam à criança na fase de crescimento. Ela discordava dos conceitos das etapas de desenvolvimento universal, como a fase oral ou anal. Sugeria que, se a criança apresentasse alguma tendência de personalidade tipo oral ou anal, seria derivada do comportamento dos pais. Nenhum aspecto do comportamento infantil era universal; todas as características dependiam dos fatores social, cultural e ambiental.

As necessidades neuróticas

Desse modo, na visão de Horney, a ansiedade básica deriva da relação entre pais e filhos. Quando esse tipo de ansiedade produzida socialmente se torna evidente, a criança desenvolve estratégias comportamentais em resposta ao comportamento dos pais como uma forma de lidar com os sentimentos de desamparo e insegurança consequentes. Se alguma das estratégias comportamentais da criança se torna parte fixa da personalidade, cria-se a necessidade neurótica, que nada mais é do que uma forma de defesa contra a ansiedade.

Inicialmente, Horney relacionou dez necessidades neuróticas, incluindo afeto, realização e autossuficiência. Em seus últimos trabalhos, ela agrupou essas necessidades em três tendências (Horney, 1945):

- a personalidade condescendente – o indivíduo que vai ao encontro de outros em busca de aprovação, de afeto e de um parceiro dominante;
- a personalidade independente – o indivíduo que se afasta dos outros em busca de independência, perfeição e isolamento;
- a personalidade agressiva – o indivíduo que vai de encontro aos outros expressando necessidade de poder, de exploração, de prestígio, admiração e conquista.

O movimento ao encontro dos outros implica a aceitação dos sentimentos de desamparo do indivíduo e a sua atuação para obter o afeto alheio, sendo essa a única forma de se sentir seguro com as pessoas. O movimento de afastamento das pessoas envolve o isolamento, comportamento que faz o indivíduo parecer autossuficiente e evitar a dependência. O movimento de encontro às pessoas envolve a hostilidade, a rebeldia e a agressão. Nenhuma das tendências ou necessidades neuróticas é uma forma realista de lidar com a ansiedade. Por serem incompatíveis, podem ocasionar conflitos. Uma vez estabelecida a estratégia comportamental para lidar com a ansiedade básica, esse padrão deixa de ser suficientemente flexível, não permitindo, assim, comportamentos alternativos.

Quando um comportamento fixo mostra-se inadequado para determinada situação, o indivíduo é incapaz de mudar em reação às exigências que ela demanda. Esse tipo de comportamento enraizado intensifica as dificuldades do indivíduo, pois afeta toda a personalidade, as relações com as pessoas, consigo mesmo e com a vida como um todo.

A autoimagem idealizada

A autoimagem idealizada fornece à pessoa um falso retrato da personalidade ou do *self*. É uma máscara enganosa e imperfeita, que impede a pessoa neurótica de compreender e aceitar o seu verdadeiro *self*. Ao vestir a máscara, o indivíduo nega a existência de seus conflitos internos. Ele acredita ser verdadeira a autoimagem idealizada, e essa crença faz que se considere superior ao tipo de pessoa que realmente é.

Horney não afirmava serem inatos ou inevitáveis tais conflitos neuróticos. Apesar de resultantes de situações indesejáveis da infância, eles podiam ser evitados, caso a vida familiar da criança fosse rodeada de calor, compreensão, segurança e amor.

Horney e o feminismo

As opiniões de Horney sobre a psicologia feminina são consideradas uma contribuição importante. Muitas de suas posições feministas, declaradas há quase um século, têm um forte apelo contemporâneo. Ela começou a trabalhar com psicologia feminina em 1922, e foi a primeira mulher a apresentar um trabalho sobre o assunto em um congresso internacional de psicanálise. A reunião, sediada em Berlim, foi presidida por Sigmund Freud.

Horney fez uma distinção entre a mulher tradicional, que busca sua autoidentidade por meio do casamento e da maternidade, e a mulher moderna, que procura a identidade por meio de uma carreira. O conflito entre amor e trabalho, segundo Horney, caracterizou sua própria vida. Ela optou por se concentrar no trabalho, o que lhe gerou enorme satisfação, embora continuasse buscando o amor ao longo da vida.

Seu dilema permanece tão relevante para mulheres do século XXI quanto foi para ela, que lutou para que as mulheres tivessem o direito de tomar suas próprias decisões diante das restrições impostas por uma sociedade dominada por homens.

Comentários

O otimismo de Horney em relação à possibilidade de evitar o surgimento de neuroses foi bem recebido por psicólogos e psiquiatras, que viram isso como um alívio do pessimismo de Freud. Seu trabalho também mereceu destaque, porque ela descrevia o desenvolvimento da personalidade em termos de forças sociais, atribuindo pouca importância aos fatores herdados.

As provas para sustentar a teoria de Horney, assim como mencionamos no caso de Freud, Jung e Adler, foram extraídas de observações clínicas de pacientes e, assim, estavam sujeitas aos mesmos questionamentos em relação à credibilidade científica. Pouca pesquisa foi realizada com base nos conceitos do seu sistema. Freud não chegou a emitir nenhum comentário direto sobre o trabalho dela, mas uma vez comentou a respeito de Horney, dizendo que "ela é capaz, mas maliciosa" (apud Blanton, 1971, p. 65). Em outra ocasião, em uma discreta alusão dissimulada ao trabalho de Horney, Freud disse: "Não ficaríamos muito surpresos caso uma analista, não suficientemente convencida da intensidade do próprio desejo por um pênis, também deixe de dar a devida importância a esse fator demonstrado por suas pacientes" (1940, p. 65). Comenta-se que Horney se sentia "magoada" com a falta de reconhecimento da legitimidade das suas visões por parte de Freud (Paris, 1994).

Embora Horney não tivesse discípulos nem uma revista para divulgar suas ideias, o trabalho dela provocou grande impacto. O Centro Psicanalítico Karen Horney (Karen Horney Psychoanalytic Center) funciona até hoje em Nova York, e oferece treinamentos e tratamentos com base em suas visões.

A evolução da teoria da personalidade: a psicologia humanista

A teoria psicanalítica freudiana não permaneceu por muito tempo como a única abordagem para explicar a personalidade humana. Observe que, ao longo da vida de Freud, várias alternativas foram oferecidas por Jung e pelos teóricos psicossociais, bem como pelos leais neofreudianos, como sua filha. O estudo da personalidade, tanto da teoria quanto da pesquisa, cresceu imensamente, disseminando pela área vários pontos de vista conflitantes. Os livros básicos contemporâneos abordam em torno de 15 a 20 teorias. Embora esses sistemas difiram tanto nos aspectos básicos quanto nos gerais, eles compartilham uma herança comum na medida em que todos devem sua forma e origem, até certo ponto, aos esforços fundadores de Sigmund Freud.

Freud serviu, no lado psicanalítico da história da psicologia, ao mesmo propósito que Wundt serviu no lado experimental: uma fonte de inspiração tanto quanto uma força à qual se opor. Qualquer estrutura, seja real ou teórica, depende da solidez da fundação. Assim como Wundt, Freud proporcionou uma base sólida e desafiadora para as novas construções.

No início da década de 1960, menos de duas décadas antes do 100º aniversário da fundação formal da psicologia, a chamada terceira força se desenvolvia dentro da psicologia norte-americana. Essa psicologia humanista não tinha como objetivo a revisão nem a adaptação de nenhuma escola de pensamento corrente, como foi o caso dos neofreudianos. Ao contrário, os psicólogos humanistas desejavam suplantar as duas maiores forças da psicologia: o behaviorismo e a psicanálise.

A psicologia humanista enfatizava o poder do homem, bem como as suas aspirações positivas, a experiência consciente, o livre-arbítrio (não o determinismo), a plena utilização do potencial humano e a crença da integridade da natureza humana. É fácil perceber como esses temas são bem distintos daqueles abordados no behaviorismo ou na psicanálise.

As influências anteriores na psicologia humanista

Assim como ocorre com todas as ideias, também é possível encontrar indícios anteriores do enfoque da psicologia humanista nos trabalhos de outros psicólogos. Observe Brentano, por exemplo, opositor de Wundt e antecessor da psicologia da Gestalt. Ele criticava o mecanicismo, o reducionismo, a abordagem científica natural da psicologia e aceitava o estudo da consciência como uma qualidade molar e não um conteúdo molecular.

Külpe demonstrava que nem toda experiência consciente era passível de redução à forma elementar ou de explicação em termos de respostas a estímulos. James não concordava com a abordagem mecanicista e exigia o enfoque na consciência e no indivíduo como um todo. Os psicólogos da Gestalt defendiam a abordagem psicológica da consciência como um "todo". Desafiando o domínio do behaviorismo, os psicólogos da Gestalt insistiam na visão da experiência consciente como uma área de estudo legítima e frutífera.

Raízes da posição humanista também podem ser observadas na psicanálise. Adler, Horney e outros teóricos da personalidade discordavam da noção de Freud sobre o domínio exercido pelas forças inconscientes na vida do indivíduo. Esses dissidentes da psicanálise ortodoxa acreditavam no indivíduo como um ser consciente, dotado de espontaneidade e livre-arbítrio, influenciado tanto pelo presente e pelo futuro quanto pelo passado. Esses teóricos creditavam à personalidade a força criativa responsável pela própria moldagem.

O *Zeitgeist* é sempre influente na organização dos precedentes e das tendências para formar uma visão coesa. A psicologia humanista refletia o sentimento de descontentamento manifestado na década de 1960 contra os aspectos mecanicistas e materialistas da cultura ocidental. A contracultura da época era constituída pelos denominados *hippies*, principalmente estudantes universitários os que abandonavam os estudos, alguns dos quais usavam drogas alucinógenas para estimular e expandir suas experiências conscientes.

Como grupo, compartilhavam ideais compatíveis com a abordagem humanista da psicologia, ou seja, o enfoque na realização pessoal, a crença na perfeição humana, a ênfase no presente e no hedonismo (a satisfação da procura da satisfação do prazer instintivo), a tendência à exteriorização do *self* (dar vazão ao conteúdo da mente) e a valorização dos sentimentos em detrimento da razão e do intelecto.

A natureza da psicologia humanista

Na visão dos psicólogos humanistas, a psicologia comportamental consistia em uma abordagem limitada, artificial e improdutiva da natureza humana. Eles consideravam que o foco no comportamento manifesto era desumanizador e que essa visão reduzia o ser humano ao *status* de simples animal ou máquina. Discordavam da visão de comportamento do homem como uma forma predeterminada em resposta aos fatos de estímulo da vida. E, ainda, consideravam o homem um ser muito mais complexo do que ratos de laboratório ou autômatos, de forma que ele não poderia ser analisado de forma objetiva, quantificado e reduzido a unidades de estímulo-resposta (E-R).

Os psicólogos humanistas também se opunham às tendências deterministas da psicanálise freudiana e à forma como se minimizava o papel da consciência, além de criticarem Freud por estudar apenas indivíduos neuróticos e psicóticos. Eles argumentavam que, se os psicólogos se concentravam apenas no estudo da disfunção mental, como seria possível compreender a natureza da saúde emocional e de outras qualidades positivas do homem? Ao abrir mão de analisar prazer, alegria, êxtase, bondade, generosidade, por exemplo, para estudar o lado obscuro da personalidade humana, a psicologia estava ignorando as virtudes e as forças exclusivamente humanas.

Assim, em resposta às limitações observadas tanto no behaviorismo como na psicanálise, os psicólogos humanistas desenvolveram o que, esperavam que fosse a terceira força na psicologia. Os trabalhos de Abraham Maslow e de Carl Rogers consistem na melhor expressão da psicologia humanista, apresentando-se como estudos sérios dos aspectos ignorados da natureza humana.

Abraham Maslow (1908-1970)

Maslow (Figura 14.5), considerado o pai espiritual da psicologia humanista, provavelmente foi quem mais contribuiu para incentivar o movimento e conferir-lhe certo grau de respeitabilidade acadêmica. Dotado do interesse de compreender a capacidade de grandes realizações do indivíduo, estudou uma pequena amostragem de pessoas notáveis para determinar como estas se diferenciavam daquelas com saúde mental mediana ou normal.

A biografia de Maslow

Descrevemos antes a infância infeliz de Maslow e como ele se voltou aos livros e aos estudos para fugir de seus sentimentos de solidão e inferioridade. Quando foi para Cornell University, sua primeira experiência com a área de psicologia o alienou quase completamente. O curso para o qual se matriculou, dado por E. B. Titchener, era "horrível e desanimador e não tinha nada a ver com pessoas, por isso, fiquei horrorizado e me afastei do curso" (apud Hoffman, 1988, p. 26). Maslow transferiu-se para a University of Wisconsin, onde encontrou uma abordagem diferente em psicologia, e obteve o Ph.D. em 1934.

ANN KAPLAN/CORBIS

FIGURA 14.5 Abraham Maslow.

Maslow tornou-se um entusiasta behaviorista watsoniano, convencido de que a abordagem científica natural mecanicista proporcionava todas as respostas para os problemas do mundo. Então, uma série de experiências pessoais levou-o a perceber que o behaviorismo era limitado demais para lidar com os persistentes problemas do homem. Ele foi profundamente afetado pelo nascimento do filho, no início da Segunda Guerra Mundial, e pelas leituras de filosofia, da psicologia da Gestalt e da psicanálise. Maslow também foi influenciado pelo contato com os psicólogos europeus fugidos da Alemanha nazista e instalados nos Estados Unidos, como Adler, Horney, Koffka e Wertheimer. A grande admiração que tinha pelo psicólogo da Gestalt, Max Wertheimer, e pela antropóloga Ruth Benedict motivou-o a realizar o primeiro trabalho sobre as características das pessoas autorrealizadoras e psicologicamente saudáveis. Maslow considerava Wertheimer e Benedict modelos de excelência da natureza humana.

Assistindo a um desfile

Maslow também foi profundamente afetado por um desfile que presenciou em Nova York, logo após o ataque surpresa do Japão à esquadra norte-americana em Pearl Harbor, no Havaí, em 7 de dezembro de 1941, que forçou os Estados Unidos a participar da Segunda Guerra Mundial. "Aquele momento mudou a minha vida toda", ele escreveu, "e determinou o que tenho feito desde então" (apud Hall, 1968, p. 54). Decidiu dedicar-se ao desenvolvimento de uma psicologia que lidasse com os mais elevados ideais humanos. Trabalharia para melhorar a personalidade humana e mostrar que as pessoas eram capazes de comportamentos mais nobres que o ódio, o preconceito e a guerra.

Naquela época, Maslow estava dando aulas no Brooklyn College, onde suas primeiras tentativas para humanizar a psicologia tiveram consequências pessoais negativas. A comunidade, predominantemente behaviorista, o excluiu. Embora os estudantes simpatizassem com suas ideias, os demais professores, seus colegas, evitavam-no. Era considerado excessivamente ortodoxo, totalmente fora do compasso do behaviorismo, que era a psicologia dominante na época, e os editores das principais revistas recusavam-se a publicar seu trabalho. Foi na Brandeis University, entre os anos de 1951 e 1969, que Maslow desenvolveu e aprimorou a sua teoria, divulgando-a em uma série de livros populares. Apoiou o movimento do grupo de sensitividade e, em 1967, foi eleito presidente da APA.

Na década de 1960, Maslow tornou-se celebridade, um herói do movimento da contracultura, atingindo, finalmente, a adulação tão almejada desde a juventude. "Os jovens consideravam o trabalho de Maslow extremamente interessante, e muitos o viam como um verdadeiro guru" (Nicholson, 2001, p. 86). Maslow, enfim, foi compensado, do ponto de vista adleriano, pelo sentimento de inferioridade da infância.

A autorrealização

Na visão de Maslow, cada indivíduo é dotado de propensão inata à **autorrealização** (Maslow, 1970). Esse estado, o mais elevado das necessidades humanas, envolve o uso ativo de todas as qualidades e habilidades, além do desenvolvimento e da aplicação plena do potencial individual. Para o indivíduo sentir-se autorrealizado, primeiro é necessário satisfazer as necessidades mais inferiores na hierarquia inata, e cada uma delas deve ser satisfeita antes que a próxima possa nos motivar.

Autorrealização: desenvolvimento pleno das habilidades de um indivíduo e realização de seu potencial.

As necessidades propostas por Maslow, na ordem de prioridade de satisfação, são: fisiológicas, de segurança, de pertinência e amor, de estima e de autorrealização (ver Figura 14.6).

Em sua pesquisa, Maslow procurou identificar as características de pessoas com a necessidade de autorrealização satisfeita e, assim, consideradas psicologicamente saudáveis. De acordo com a sua definição, essas pessoas não apresentam neuroses. Em geral, estão na meia-idade ou em faixa etária superior e representam cerca de 1% da população. Entre as personalidades com características de autorrealização estudadas por Maslow mediante a análise das biografias e de outros registros escritos, estão o físico Albert Einstein, a escritora e ativista social Eleanor Roosevelt, o cientista afro-americano George Washington Carver e o psicólogo da Gestalt Max Wertheimer.

Os indivíduos dotados da característica de autorrealização apresentam, em comum, as seguintes tendências:

1. percepção objetiva da realidade;
2. plena aceitação da própria natureza;
3. compromisso e dedicação a algum tipo de trabalho;
4. simplicidade e naturalidade de comportamento;
5. necessidade de autonomia, privacidade e independência;
6. experiências de "pico" ou místicas intensas;
7. empatia e afeição pela humanidade;
8. resistência ao conformismo;
9. estrutura de caráter democrático;
10. atitude de criatividade;
11. alto grau do que Adler chamava de interesse social.

FIGURA 14.6 Hierarquia das necessidades de Maslow.

Maslow acreditava que os pré-requisitos para a autorrealização eram o amor suficiente na infância e a satisfação das necessidades fisiológicas e de segurança nos primeiros dois anos de vida. Se a criança for segura e confiante nesse período (não era o caso de Maslow), assim o será na vida adulta. Sem o amor, a estabilidade e o respeito por parte dos pais, será difícil o indivíduo na vida adulta atingir a autorrealização.

No trecho a seguir, extraído do livro de Maslow, *Motivação e personalidade* [*Motivation and personality*], ele descreve três características encontradas nos estudos realizados com personalidades autorrealizadas. Observe a linguagem relativamente simples e não técnica do livro e a maneira como ele se baseou nos trabalhos de William James e Alfred Adler para sustentar seu ponto de vista.

Texto original

Trecho sobre a psicologia humanista, extraído de *Motivation and Personality* (1970), de Abraham Maslow[1]

Constante e renovada contemplação. A pessoa autorrealizadora é dotada da maravilhosa capacidade de contemplar repetidas vezes, de modo renovado e até mesmo ingênuo, as coisas simples da vida, com admiração, prazer, surpresa e até êxtase, mesmo que as outras pessoas vejam essas experiências como corriqueiras. [...] Assim, para esse indivíduo, qualquer pôr do sol é tão belo quanto o primeiro testemunhado, qualquer flor tem um encanto deslumbrante, mesmo já tendo visto milhares de flores. O milésimo bebê parece-lhe um ser tão milagroso quanto o primeiro visto. Mesmo depois de 30 anos de casamento, continua a considerar-se uma pessoa de sorte e a se surpreender, como há 40 anos, com a beleza da esposa, mesmo ela estando com 60 anos. Para essas pessoas, até mesmo o trabalho cotidiano rotineiro ou cada momento do ato de viver pode ser excitante, emocionante e arrebatador. Essas sensações intensas não ocorrem o tempo todo; elas surgem ocasionalmente em vez de normalmente, mas nos momentos mais inesperados. A pessoa pode atravessar o rio de balsa dezenas de vezes, e na décima primeira travessia reviver intensamente as mesmas sensações, a mesma reação diante da beleza e igual excitação como da primeira vez em que pisara na embarcação.

Observam-se algumas diferenças entre as escolhas dos objetos de contemplação. Alguns indivíduos escolhem principalmente a natureza. Outros optam principalmente por crianças, e, para alguns, a escolha recai na música de boa qualidade. No entanto, é possível afirmar que todas essas escolhas resultam êxtase, inspiração e intensidade das experiências básicas da vida. Nenhum desses indivíduos, por exemplo, terá esse mesmo tipo de reação por frequentar uma danceteria, obter muito dinheiro ou até mesmo por se divertir em uma festa.

A experiência (mística) de pico. Essas expressões subjetivas, chamadas experiências místicas, tão bem descritas por William James, são razoavelmente comuns para esses indivíduos, embora não para todos. As fortes emoções descritas na seção anterior às vezes tornam-se suficientemente intensas, caóticas e generalizadas para serem chamadas de experiências místicas.

O interesse e a atenção sobre esse assunto foram inicialmente despertados em mim pela descrição feita por esses indivíduos da sensação do orgasmo sexual, em termos mais ou menos familiares, que, mais tarde, lembrei terem sido usados por vários escritores para descrever o que *eles* chamavam de experiência mística. Observou-se a mesma sensação do horizonte infinito se abrindo diante dos olhos, o sentimento nunca antes vivido de ser ao mesmo tempo mais vigoroso e mais impotente, a sensação total de êxtase, encantamento e admiração, a perda da noção de tempo e de espaço e, finalmente, a convicção de haver experimentado algo extremamente importante e valioso, de modo que a pessoa se sentiu de alguma maneira transformada e fortalecida por essas experiências, até mesmo na vida cotidiana.

É importante desvincular essas experiências de qualquer referência teológica ou sobrenatural, embora, por milhares de anos, fossem vinculadas. Por se tratar de experiência natural, bem de acordo com a área de atuação da ciência, chamo-a de experiência de pico.

[1] Trecho extraído de *Motivation and personality*, 3. ed., ©1987 de Abraham Maslow. Reimpresso com permissão da Pearson Education, Inc., Upper Sadde River, NJ.

Também aprendemos com essas pessoas que tais experiências podem ocorrer em menor grau de intensidade. A literatura teológica tem, geralmente, assumido uma diferença absoluta e qualitativa entre a experiência mística e as demais. Assim que desvinculada da referência sobrenatural e estudada como um fenômeno natural, torna-se possível situar a experiência mística em uma série contínua do intenso ao brando. Descobrimos, então, que a experiência mística *branda* ocorre para muitos, talvez até para a maioria dos indivíduos; e, para as pessoas favorecidas, com frequência, talvez até mesmo diariamente.

A mística aguda ou a experiência de pico parece ser uma extrema intensificação de *qualquer* das experiências em que há perda de si ou transcendência da experiência, por exemplo, a centralização do problema, a concentração intensa [...] a experiência sensual intensa, o desfrute profundo e altruístico de uma música ou uma arte.

O interesse social (*Gemeinschaftsgefuehl*). Essa palavra, inventada por Alfred Adler, é a única disponível para descrever perfeitamente o sabor dos sentimentos que pessoas com características de autorrealização expressam pela humanidade. Essas pessoas têm pelo ser humano, de modo geral, um profundo sentimento de identificação, compaixão e afeto, apesar de ocasionalmente sentirem raiva, impaciência ou repugnância, descritas a seguir. Por causa desses sentimentos, esses indivíduos possuem um verdadeiro desejo de contribuir com a raça humana. É como se fossem todos membros de uma única família. O sentimento dessas pessoas em relação a seus irmãos seriam afetuosos, mesmo que eles sejam tolos, fracos ou até mesmo desagradáveis. Eles seriam perdoados mais facilmente que os estranhos.

Se a visão do indivíduo não for geral o suficiente e não for propagada durante um longo período, talvez ela não enxergue esse sentimento de identificação com a espécie humana. A pessoa autorrealizadora é, afinal, bem diferente das outras no pensamento, no impulso, no comportamento e na emoção. Em resumo, em alguns aspectos básicos, ela se parece com um forasteiro em uma terra de estranhos. Bem poucos a compreendem, mas muitos gostam dela.

Ela se sente muitas vezes aflita, amargurada e, até mesmo, irada pelas limitações dos indivíduos medianos; enquanto, para ela, esses indivíduos medianos costumam ser apenas simples ameaças, outras vezes se tornam verdadeiras tragédias. Às vezes, não importa quão distante esteja deles, ainda nutre um sentimento subjacente básico de bondade por essas criaturas com as quais deve se preocupar, não por condescendência, mas por se saber capaz de realizar muito mais do que elas, de enxergar coisas que elas não conseguem ver, porque a verdade que lhe é tão clara é obscura ou oculta para a maioria das pessoas. Esse comportamento é o que Adler chamou de atitude de irmão mais velho.

Comentários

A metodologia de pesquisa e os dados de Maslow foram considerados falhos, porque a amostragem de indivíduos analisada foi considerada pequena demais para permitir o tipo de generalização feita. Além disso, esses indivíduos foram selecionados de acordo com critérios subjetivos próprios de saúde psicológica, com base em seus conceitos ambíguos e inconsistentes. Maslow concordava que a sua investigação não atendia o rigor exigido na pesquisa científica, mas argumentava não existir outra forma de avaliar a autorrealização. Ele se referia a esse trabalho como preliminar, e continuou convencido de que essas conclusões seriam confirmadas um dia.

Estudos posteriores, de fato, confirmaram algumas características do indivíduo com sentimento de autorrealização e a ordem das necessidades na hierarquia elaborada por Maslow. Por exemplo, os pesquisadores constataram que as pessoas com alto grau de satisfação das necessidades de segurança, pertinência e estima, tinham menor probabilidade de apresentar comportamentos neuróticos se comparadas com as insatisfeitas. Além disso, as pessoas com grau elevado de autoestima se apresentam igualmente na mensuração da autovalorização, da autoconfiança e da competência.

Pesquisas mais recentes, que continuam sendo conduzidas décadas depois da morte de Maslow, dão ainda mais suporte ao seu trabalho. Um estudo realizado com mais de 40 mil pessoas que vivem em 123 países confirmou sua visão de que as necessidades básicas fisiológicas e de segurança devem ser satisfeitas antes que as pessoas possam alcançar satisfação e felicidade (Tay e Diener, 2011).

Outros estudos revelaram que, quanto mais as necessidades básicas forem satisfeitas, maiores as chances de as necessidades mais elevadas também serem. Além disso, as pessoas que estão por volta de 30 anos de idade ou mais têm maior probabilidade de alcançar a autorrealização do que as mais jovens (Ivtzan, Gardner, Bernard, Sekhon e Hart, 2013; Taormina e Gao, 2013).

Apesar da limitada comprovação empírica às ideias de Maslow, seu objetivo de lidar com os mais elevados ideais humanos ganhou um grande número de seguidores que estavam desencantados tanto com o behaviorismo quanto com a psicanálise. Suas teorias tiveram um grande impacto, que foi além da área da psicologia. Professores, terapeutas, líderes governamentais e de empresas, profissionais da área da saúde, e outros que tentavam lidar com os problemas da vida moderna acharam que os pontos de vista de Maslow eram compatíveis com suas necessidades e úteis para ajudar a resolver os problemas da vida diária.

Alguns dos temas de sua abordagem à psicologia podem ser encontrados em movimentos de psicologia positiva contemporâneos, que discutiremos mais adiante, neste capítulo. Alguns desses que promoveram tal abordagem dão crédito a Maslow como um dos precursores (ver por exemplo, Diener, Oishi e Lucaas, 2003). Assim, o legado de Maslow durou diversas décadas, passando de um século a outro.

Carl Rogers (1902-1987)

Carl Rogers (Figura 14.7) é mais conhecido por sua abordagem popular da psicoterapia, chamada terapia centrada na pessoa. Ele também elaborou uma teoria da personalidade com base em um único fator motivacional, semelhante ao conceito de autorrealização de Maslow, mas, ao contrário dele, suas ideias não resultaram do estudo de pessoas emocionalmente saudáveis, e sim da aplicação da terapia centrada na pessoa em seus pacientes dos centros de aconselhamento da universidade.

O nome da terapia de Rogers expressa sua visão da personalidade humana. Ao colocar a responsabilidade pela melhora na pessoa ou no paciente, e não no terapeuta (como ocorre na terapia ortodoxa), Rogers assumia que as pessoas seriam capazes, consciente e racionalmente, de mudar os próprios pensamentos e comportamentos do indesejável para o desejável. Ele não acreditava no indivíduo permanentemente reprimido por forças inconscientes ou por experiências da infância. A personalidade é moldada pelo presente e pela maneira como o indivíduo percebe a circunstância.

Uma criança solitária

Carl Rogers nasceu em Oak Park, Illinois, em um bairro afastado de Chicago. Seus pais adotavam visões estritamente fundamentalistas que, nas palavras de Rogers, mantiveram-no reprimido por toda a infância e adolescência. Suas crenças religiosas e a eliminação de qualquer expressão emocional forçaram-no a viver sob um código que não via como seu. Disse, mais tarde, que essas restrições lhe deram motivos para revoltar-se, embora a rebeldia tenha demorado a chegar.

Era uma criança solitária que lia muito. Acreditava que o irmão mais velho era preferido dos pais. Resultado, Rogers sentia-se em constante disputa com o irmão. Cresceu com "lembranças amargas de ser a vítima das piadas de seu irmão, embora desejasse ardentemente ver sua mãe feliz" (Milton, 2002, p. 128).

CENTER FOR THE STUDY OF THE PERSON, LA JOLIA. DOUG LAND, PHOTOGRAPHER

FIGURA 14.7 Carl Rogers.

A solidão levou Rogers a confiar em suas próprias experiências e se voltou aos livros como uma fuga. Ele lia tudo o que podia encontrar, até um dicionário e uma enciclopédia. Sua solidão o forçou a depender de seus próprios recursos e de sua própria opinião a respeito do mundo, característica essa que acabou sendo a base de sua abordagem para a compreensão da personalidade humana.

> Quando olho para trás, compreendo que meu interesse pela entrevista na terapia, certamente, surgiu da minha solidão inicial. Ali estava um meio socialmente aceito de se aproximar de indivíduos, matando, assim, um pouco da fome que sentia. (Rogers, 1980, p. 34)

Fantasias bizarras

A saúde de Rogers, quando criança, era fraca, e sua família o considerava extremamente sensível e nervoso. "Isso, às vezes, gerava brincadeiras que acabavam beirando a crueldade e acentuava a tendência que Carl tinha em se retrair e viver em seu mundo de fantasia" (Rogers e Russel, 2002, p. 2).

Quando Rogers tinha 12 anos, a família se mudou para uma fazenda, onde ele desenvolveu um grande interesse pela natureza. Lia sobre as experiências agrícolas e sobre a abordagem científica na solução dos problemas. Embora a leitura o ajudasse a canalizar a vida intelectual, sua vida emocional estava em constante turbulência. Ele afirmou: "Minhas fantasias durante esse período eram realmente bizarras e, provavelmente, seriam classificadas como esquizofrênicas por um especialista, mas, felizmente, jamais tive contato com um psicólogo" (Rogers, 1980, p. 30).

Aos 22 anos, durante uma conferência estudantil cristã realizada na China, ele, por fim, se libertou do código fundamentalista dos pais e adotou uma filosofia de vida mais liberal. Convencera-se de que as próprias pessoas deviam dar rumo às suas vidas com base na própria interpretação dos acontecimentos e não dependerem da visão dos outros. Convencera-se, ainda, de que cada um deve empenhar esforços para tornar-se uma pessoa melhor. Esses conceitos tornaram-se a base da sua teoria da personalidade.

Romper com a religião de seus pais, embora tivesse sido libertador para Rogers, também foi física e emocionalmente debilitador. Pouco tempo depois de voltar da China ele foi hospitalizado com úlcera, o que pode ter sido causado por estresse. Teve de ficar em casa por um ano, para se recuperar, antes de voltar para a faculdade.

Rogers recebeu o Ph.D. em psicologia clínica e educacional, em 1931, da Teacher College da Columbia University. Permaneceu nove anos na Sociedade para a Prevenção da Crueldade contra a Criança (Society for the Prevention of Cruelty to Children), trabalhando com jovens delinquentes e desfavorecidos. Em 1940, iniciou a carreira acadêmica, lecionando na Ohio State University, University of Chicago e University of Wisconsin. Durante esses anos, desenvolveu e aprimorou a sua teoria e o seu método de psicoterapia.

Um colapso

Em uma ocasião, durante a carreira acadêmica, ele sucumbiu ao que, na época, se chamava de colapso nervoso, ocasionado por não ter conseguido ajudar um paciente gravemente perturbado. Sua autoconfiança ficou abalada e ele escreveu que "tinha profunda certeza de sua completa incapacidade como terapeuta, de sua inutilidade como pessoa, e da falta de qualquer perspectiva futura na área de psicologia" (1967, p. 367). Felizmente, estava errado a respeito dos três pontos mencionados.

É importante ressaltar que as experiências clínicas de Rogers, durante a época em que desenvolvia a sua teoria, foram, em sua maioria, realizadas com os estudantes universitários do centro de aconselhamento.

Dessa forma, o tipo de pessoa tratada consistia, basicamente, de jovens inteligentes e extremamente comunicativos. Os problemas, em geral, relacionavam-se a questões de ajuste e não de distúrbios emocionais graves. Essa população de pessoas era bem distinta daquela tratada por Freud ou por outros psicólogos clínicos de consultórios particulares.

A autorrealização

Rogers (1961) acreditava que a maior força motivadora da personalidade é o impulso para a realização do *self*. Embora essa ânsia pela autorrealização seja inata, pode ser incentivada ou reprimida por experiências da infância e por aprendizagem. Rogers enfatizava a importância da relação entre mãe e filho, por ela afetar o senso de *self* em evolução da criança. Se a mãe satisfaz a necessidade de amor do bebê, que Rogers chamou de **atenção positiva**, ele, provavelmente, terá uma personalidade saudável.

Atenção positiva: amor incondicional da mãe pelo bebê.

No entanto, se a mãe condiciona o amor pelo filho a um comportamento adequado (atenção positiva condicional), ele internalizará essa sua atitude e desenvolverá condições de valor. Nesse caso, a criança se sentirá valorizada somente em determinadas condições, e tentará evitar comportamentos considerados reprováveis. Consequentemente, a noção de si mesma não se desenvolverá plenamente. A criança não será capaz de expressar todos os aspectos de si própria, porque aprendeu que alguns desses comportamentos produzem rejeição.

Desse modo, o principal requisito para o desenvolvimento da saúde psicológica é a atenção positiva incondicional na infância. O ideal seria que a mãe demonstrasse amor e aceitação à criança, independentemente de seu comportamento. A criança que recebe atenção positiva incondicional não desenvolve condições de valorização e, assim, não terá de reprimir nenhuma parte emergente de si. Somente dessa maneira a pessoa, por fim, será capaz de obter a autorrealização.

A autorrealização consiste no mais elevado nível da saúde psicológica. O conceito de Rogers é semelhante, em princípio, ao de Maslow, embora ambos divirjam em algumas características de pessoas psicologicamente saudáveis. Rogers considerava que elas tinham alcançado um estágio que ele chamava de funcionamento pleno.

Pessoas em pleno funcionamento

Para Rogers, as pessoas plenamente funcionais ou psicologicamente saudáveis apresentam essas características:

- mente aberta para aceitar qualquer tipo de experiência e de novidades;
- tendência a viver plenamente cada momento;
- capacidade para se orientar pelos próprios instintos e não pelas opiniões ou razões de outras pessoas;
- senso de liberdade no pensamento e na ação;
- alto grau de criatividade;
- necessidade contínua de maximizar o seu potencial.

Rogers descrevia as pessoas plenamente funcionais como realizadoras, em vez de realizadas, para indicar que a evolução do *self* está em constante andamento. Essa ênfase na espontaneidade, na flexibilidade e na capacidade contínua de crescimento está perfeitamente expressa no título do livro mais famoso de Rogers: *Tornar-se pessoa* [*On becoming a person*] (1961).

Comentários

A psicoterapia centrada na pessoa, de Rogers, provocou grande impacto na psicologia. Sua rápida aceitação foi fomentada pelas circunstâncias sociais nos Estados Unidos em 1945, ao final da Segunda Grande Guerra: um grande número de veteranos que retornavam da ativa no exterior precisava de ajuda para se ajustar à vida civil. O resultado foi uma demanda por psicólogos e técnicas eficazes de terapia que pudessem ser aprendidas rapidamente. O treinamento em psicanálise exigia diploma de médico e muitos anos de especialização. Já a terapia de Rogers, que se concentra na pessoa, era muito mais simples e exigia menos preparo. Ela atendeu perfeitamente às necessidades da época.

Mais de 400 centros de aconselhamento universitários baseados nos ensinamentos de Rogers foram estabelecidos sob a égide da Administração dos Veteranos (Veterans Administration), para ajudar os veteranos da guerra a se ajustar à vida civil. A terapia centrada na pessoa recebeu um grande impulso, e centenas de outras universidades estabeleceram seus próprios centros de aconselhamento. Mais tarde, Rogers reconheceu que o estresse da América pós-Segunda Guerra Mundial deram notoriedade a ele e a suas ideias a respeito da forma de abordar e tratar problemas de personalidade (Barrett-Lennard, 2012; McCarthy, 2014).

A abordagem de Rogers continua influente em aconselhamento e psicoterapia (Patterson e Joseph, 2007; Routh, 2010). No mundo moderno de negócios, tem sido usada como técnica de treinamento para gerentes. Nas profissões em que se ajudam pessoas, ela é aplicada para treinar psicólogos clínicos, assistentes sociais e terapeutas. Mais de 50 periódicos profissionais e cerca de 200 organizações em todo o mundo se dedicam a promover alguma versão da terapia centrada na pessoa.

Rogers foi influente no movimento de potencial humano da década de 1960 e em parte da tendência geral de humanização da psicologia. Foi eleito presidente da APA em 1946 e recebeu o Prêmio de Destaque pela Contribuição Científica e de Destaque Profissional.

Contribuições da psicologia humanista

O movimento da psicologia humanista formalizou-se com a criação da sua própria revista, da sua própria associação e de uma divisão da APA. A *Journal of Humanistic Psychology* foi lançada em 1961, a Associação Americana de Psicologia Humanista (American Association for Humanistic Psychology) foi criada em 1962, e a Divisão de Psicologia Humanista (Division of Humanistic Psychology), da APA, em 1971. A revista *The Humanistic Psychologist* tornou-se a publicação oficial da divisão em 1989 e, em 1986, foi criado o departamento de arquivos de psicologia humanista na University of California, em Santa Bárbara.

Os psicólogos humanistas ofereciam uma definição da psicologia distinta das demais forças da área (behaviorismo e psicanálise) e possuíam o que toda escola de pensamento se vangloriava de ter: uma convicção apaixonada de ser o melhor caminho para a psicologia.

Apesar desses atributos característicos, a psicologia humanista, efetivamente, não se tornou uma escola de pensamento. Essa foi a conclusão dos próprios psicólogos humanistas mais de 20 anos após a evolução do movimento. Um psicólogo afirmou: "A psicologia humanista foi uma grande experiência, mas uma experiência fracassada, já que não existe uma escola de pensamento humanista na psicologia, nem existe uma teoria reconhecida como filosofia da ciência" (Cunningham, 1985, p. 18).

Carl Rogers concordou: "A psicologia humanista não provocou um impacto significativo na psicologia geral. Somos vistos com relativamente pouca importância" (apud Cunningham, 1985, p. 16). No entanto, hoje, mais de 30 anos depois de Rogers ter feito essa avaliação pessimista, a psicologia humanista é vista como um ramo que ofereceu grandes contribuições para a evolução contínua da psicologia.

Embora a psicologia humanista não tenha transformado a psicologia, ela fortaleceu na psicanálise a ideia da capacidade que as pessoas têm de, consciente e livremente, moldar a própria vida. A psicologia humanista, por ter surgido concomitantemente ao movimento da psicologia cognitiva e ter se tornado parte do *Zeitgeist*, ajudou indiretamente a restaurar o estudo da consciência na psicologia experimental acadêmica.

Um dos fundadores da psicologia cognitiva afirmou que tinha sido "mais tocado pelo espírito dos psicólogos humanistas [e] visto a abordagem cognitiva como uma visão mais humanista do organismo humano" (Neisser apud Baars, 1986, p. 273).

De modo geral, a psicologia humanista ajudou a ratificar as mudanças já em andamento na área, e, analisada desse ponto de vista, pode ser considerada bem-sucedida. Além disso, provocou impacto ainda por quatro décadas na psicologia contemporânea. (ver Nicholson, 2007)

A psicologia positiva: a ciência da felicidade

O tema da psicologia humanista e a noção de que os psicólogos deviam estudar tanto os melhores atributos humanos como os piores, tanto as características positivas como as negativas, foi reprisado na fala do presidente da APA, Martin Seligman, em 1998. Discursando em um simpósio sobre a ciência do otimismo e da esperança, Seligman observou que o "incansável enfoque nos aspectos negativos cegou a psicologia para os muitos exemplos de crescimento, perícia, esforço e *insight* resultantes até mesmo de acontecimentos dolorosos e indesejáveis da vida" (Seligman, 1998, p. 1). Com opinião não muito diferente da que havia sido manifestada por Maslow, 30 anos antes, Seligman ainda acrescentou:

> Por que as ciências sociais enxergam o potencial e as virtudes humanas – como altruísmo, coragem, honestidade, obediência, alegria, saúde, responsabilidade e bom estado de espírito – como ilusões absolutas, defensivas ou secundárias, enquanto a fraqueza e as motivações negativas – como ansiedade, luxúria, egoísmo, paranoia, raiva, desordem e tristeza – são consideradas autênticas? (Seligman, 1998, p. 1)

Seu objetivo era persuadir psicólogos a desenvolver conceitos mais positivos sobre a natureza e o potencial humanos, o que iria se concretizar com base no trabalho pioneiro de Maslow e Rogers (ver Seligman, Steen, Part e Peterson, 2005).

Martin Seligman (1942-)

Seligman, que introduziu a ciência da felicidade na psicologia norte-americana, antecipando, assim, outra escola de pensamento, não foi um rapaz particularmente feliz. Apesar de seu sucesso, ele admite que raras vezes se sente alegre. Em 2010, ele se classificou entre os últimos 30% de pessoas com sentimentos e emoções positivas.

A um repórter do jornal *Philadelphia Inquirer*, ele disse que "uma vida pode ser perfeitamente boa e plenamente satisfatória sem nenhum sentimento positivo. Minha vida gira amplamente em torno de significado e propósito agora" (citado em Burling, 2010, p. 14). Em uma pesquisa anterior, realizada com estudantes universitários classificados entre os 10% mais felizes, Seligman disse a um repórter do *New York Times* que ele não era um bom candidato para os primeiros 10% (Diener e Seligman, 2002). No entanto, Seligman foi rápido ao destacar que há diferentes tipos de felicidade; ele encontra seu nível mais profundo de satisfação envolvendo-se totalmente no trabalho.

Uma adolescência difícil

Quando Seligman tinha 13 anos de idade, seu pai sofreu um grave derrame, que o deixou deficiente e quase totalmente indefeso. Ele conta que o episódio deixou suas emoções totalmente "congeladas". Para ele, o martírio foi uma "sombra muito importante" que afetou toda sua vida (citado em Burling, 2010, p. 7).

Por ter frequentado uma academia militar particular, na qual a maioria dos alunos vinha de famílias ricas, Seligman se sentia um intruso, ciente das diferenças entre ele e os outros garotos. Como resultado, sentia-se isolado e sozinho. Um amigo relatou que Seligman nunca perdeu essa sensação: "Acho que ele ainda pode estar lutando internamente para ser aceito" (Burling, 2010, p. 6).

Apesar disso, Seligman era inteligente o bastante para ser aceito na Princeton University. Ele teve de escolher entre cursar pós-graduação ou se tornar um jogador de *bridge* profissional, e mesmo ainda sendo um ótimo jogador, ele escolheu a University of Pennsylvania, obteve seu PhD em 1967 e ainda está lá como membro do corpo docente, estudando o que faz as pessoas felizes.

O rápido crescimento da psicologia positiva

O apelo de Seligman por uma psicologia positiva recebeu reações entusiásticas. Pesquisas, artigos e livros começaram a surgir em abundância. Por volta de 2001, estudos subjetivos do bem-estar, tratando das correlações e das causas da felicidade e de outras emoções positivas, demonstravam o "intenso crescimento da quantidade de publicações ao longo dos últimos 40 anos" (Staudinger, 2001, p. 552).

Em 2000, a principal publicação especializada da APA, *American Psychologist*, dedicou à psicologia positiva uma edição especial de mais ou menos 200 páginas, que deu destaque à felicidade, à excelência e ao funcionamento humano perfeito, conceitos raramente encontrados nos trabalhos de Freud e de outros psicanalistas (ver Seligman e Csikszentmihalyi, 2000).

Também no ano 2000, o *Journal of Happiness Studies* começou sua publicação, tendo sido o primeiro periódico na área. No ano seguinte, uma edição da *American Psychologist* apresentou quatro artigos a respeito da psicologia positiva. A introdução dessa série de artigos foi intitulada "Por que a psicologia positiva é necessária" ["Why Positive Psychology Is Necessary"] (Sheldon e King, 2001).

Em 2002, Seligman publicou um livro popular, chamado *Felicidade autêntica*: usando a psicologia positiva para a realização permanente [*Authentic happiness*: using the new positive psychology to realize your potential for lasting fulfillment]. Uma resenha do livro descreveu o movimento da psicologia positiva como uma "total nova era da psicologia de pesquisa" (Cowley, 2002, p. 49). Outra revista colocou uma foto de Seligman na capa e dedicou uma edição especial ao seu trabalho. Na Harvard University, em 2005, o curso de graduação mais popular, com 885 anos matriculados, foi "Positive Psychology". Nenhum outro curso chegou perto disso. Em 2006, o *Journal of Positive Psychology* começou a ser publicado. Assim, em menos de dez anos, desde que Seligman publicou seu primeiro apelo para a psicologia positiva, a área tornou-se fenomenalmente bem-sucedida. As Bandeirantes dos Estados Unidos, agora, têm uma insígnia da "Ciência da Felicidade", que os membros recebem ao completar um curso de um mês sobre estratégias e técnicas para se tornar felizes (Wojcik, 2012, p. 11).

Em 2014, mais de 10 mil artigos de jornais eram publicados anualmente sobre o assunto; seminários são oferecidos, livros publicados e revistas populares e programas de entrevista em televisão elogiam seus objetivos. Uma pesquisa no Google sobre "como ser feliz" gerava mais de 1,8 milhão de resultados (Diener e Scollon, 2014).

Os livros didáticos sobre psicologia positiva tipicamente abrangem assuntos como o bem-estar subjetivo, a ciência da felicidade, amor e satisfação da vida, intervenções para realçar seres humanos, lazer, desempenho máximo, afetividade positiva, criatividade emocional, otimismo, teoria da esperança, o estabelecimento de metas para a vida e a felicidade e a psicologia positiva na vida profissional.

Quais são as características de uma personalidade feliz? O que contribui para o estado de bem-estar subjetivo? Que tipos de pessoas são mais felizes e como elas diferem das que são menos felizes?

Dinheiro e felicidade

Você acha que dinheiro deixa as pessoas felizes? Sim, pode deixar, mas até certo ponto. Um estudo com 136 mil pessoas em 132 países descobriu que a satisfação com a vida variava de acordo com a renda. Aqueles que ganhavam mais dinheiro disseram que estavam mais satisfeitos com a sua vida do que os que ganhavam menos (Diener, Ng, Harter e Aurora, 2010).

No entanto, sentimentos positivos, como alegria, felicidade e bem-estar subjetivo eram menos dependentes de dinheiro e mais dependente de fatores como sentir-se respeitado, estar no controle da própria vida, ter amigos íntimos e família. O principal pesquisador naquele estudo disse em uma entrevista que o dinheiro "faz que uma pessoa se sinta mais satisfeita do que bem". Os sentimentos positivos são menos afetados pelo dinheiro e mais afetados por aquilo que as pessoas estão fazendo em seu dia a dia (apud Stein, 2010, p. 1).

Essas descobertas parecem confirmar o antigo ditado de que dinheiro não traz felicidade. Entretanto, a falta de recursos financeiros e de estabilidade econômica pode produzir infelicidade. Até mesmo ganhar um prêmio milionário na loteria resulta um aumento temporário de bem-estar subjetivo, depois do qual a maioria dos ganhadores volta ao nível anterior de felicidade.

Assim, se você acredita que precisa de uma casa maior ou de um carro mais caro, pense de novo. Pesquisas com adultos mostram que posses maiores e mais chamativas não se relacionam com mais felicidade. Um pesquisador concluiu que "Quanto mais materialistas as pessoas se tornam, menos felizes e satisfeitas serão suas vidas" (Van Boven, 2005, p. 133).

Outra pesquisa mostrou que pessoas de alta renda tendem a ser mais tensas e dedicam menos tempo ao relaxamento e a atividades de lazer. "As atividades em que pessoas de alta renda se envolvem mais não estão, em média, associadas a uma felicidade maior, mas, sim, a um nível mais alto de tensão e estresse" (Kahneman, Krueger, Schkade, Schwartz e Stone, 2006, p. 1908).

Saúde e idade

Assim como a relação entre dinheiro e bem-estar, ter boa saúde também não garante felicidade. No entanto, problemas de saúde, assim como baixa renda, podem diminuir o nível geral de satisfação com a vida.

A relação entre idade e felicidade ainda não está muito clara. Alguns estudos mostram que o bem-estar subjetivo melhora com a idade, exceto entre as pessoas com problemas sérios de saúde ou limitações físicas na idade avançada (Kunzmann, Little, e Smith, 2000). Um estudo comparando dois grupos de adultos (com idades médias de 31 e 68 anos, respectivamente) relatou um aumento da felicidade com o avanço da idade, pelo menos até os 60 anos (Lacey, Smith e Ubel, 2006).

Uma pesquisa com 340 mil norte-americanos com idades entre 18 e 85 anos revelou que o bem-estar subjetivo e a satisfação com a vida eram elevados aos 18, declinavam progressivamente até cerca dos 50 anos, e aumentavam até o ponto em que pessoas com 85 anos de idade se sentiam mais satisfeitas do que eram aos 18 anos (Stone, Schwartz, Broderick e Deaton, 2010). No entanto, uma pesquisa feita com moradores da Alemanha com idade entre 70 e 104 descobriu que a felicidade cai em idades mais avançadas (Kotter-Gruhn e Smith, 2011).

Outro estudo com, aproximadamente, 7 mil norte-americanos ao longo de um período de 28 anos descobriu que o bem-estar subjetivo, os sentimentos positivos e a satisfação com a vida estavam associados à longevidade. Em outras palavras, pessoas mais felizes vivem mais (Xu e Roberts, 2010). Na Espanha, pesquisas com pessoas mais idosas revelaram que exercícios ou outras atividades físicas estavam forte e positivamente relacionados aos sentimentos de felicidade e bem-estar subjetivo (Garatachea et al., 2009).

Casamento

Também se descobriu que casamento e outras variáveis de personalidade estão relacionados a uma abordagem positiva da vida. As pesquisas comprovam que as pessoas casadas apresentam um grau mais elevado de felicidade do que as que nunca se casaram ou são divorciadas ou viúvas. No entanto, o grau de felicidade de uma pessoa pode depender do grau de felicidade de seu cônjuge. Se um membro do casamento estiver infeliz, a possibilidade é de que o outro também esteja infeliz. Mas se um estiver feliz, há chances de que o outro também fique (Hoppmann, Gerstorf, Willis e Schaie, 2011). Também foi descoberto que os casais sem filhos são mais felizes que casais com filhos, e que a felicidade cai depois do nascimento do primeiro filho (Munsey, 2010).

Personalidade

As pessoas com resultados elevados nas mensurações do bem-estar subjetivo também apresentam elevado grau de autoeficácia, centro de controle interno, forte desejo de controlar a vida de outra pessoa, autoestima, autoaceitação, autodeterminação, extroversão e conscientização. Além disso, essas pessoas são dotadas de baixo grau de neurose (ver, por exemplo, Roberts, Walton e Bogg, 2005; Ryan e Deci, 2001; Seligman e Csikzentmihalyi, 2000; Snyder e Lopez, 2001; Staudinger, Fleeson e Baltes, 1999).

Outros fatores que influenciam a felicidade

Afro-americanos que frequentam a faculdade, bem como afro-americanos mais idosos, que sofreram discriminação, tinham níveis mais baixos de felicidade do que aqueles que não passaram pela experiência de ser discriminados (Prelow, Mosher e Bowman, 2006; Utsey, Payne, Jackson e Jones, 2002). Alunos universitários negros que relataram um forte sentimento de identificação e aceitação pela comunidade negra sentiam níveis mais elevados de bem-estar subjetivo do que aqueles que não se identificavam com aquela comunidade (Postmes e Branscombe, 2002).

Foi encontrada uma correlação muito baixa entre atração física e felicidade. E uma análise de dados de 90 países mostrou que as pessoas que vivem em nações altamente desenvolvidas, urbanizadas e industrializadas são mais felizes e vivem mais do que aquelas que vivem em países menos desenvolvidos (Veenhoven, 2005).

Outra descoberta que não causa surpresa é que pessoas com acesso à Internet relatam ser mais felizes do que as que não o têm. No entanto, esses resultados variam de acordo com o nível de renda. Indivíduos com renda mais baixa relatam uma satisfação de vida maior por ter acesso à Internet do que os mais ricos (Kelly, 2010). Por fim, pessoas que têm empregos em período integral dizem ser mais felizes nos fins de semana do que durante a semana de trabalho (Helliwell e Wang, 2014).

O que vem primeiro: felicidade ou sucesso?

As pessoas felizes são mais propensas a ter sucesso simplesmente porque são felizes? Ou será que são felizes porque têm sucesso? Pesquisas indicam que a felicidade ocorre primeiro, e leva a tipos de comportamentos que podem resultar sucesso (Oishi, Diener e Lucas, 2007).

> "Pessoas com bem-estar subjetivo alto tendem a conseguir mais entrevistas de emprego, a ser avaliadas mais positivamente por supervisores quando começam a trabalhar, a exibir desempenho e produtividade superiores e a lidar melhor com trabalhos de gerência" (Lyubomirsky, King e Diener, 2005, p. 803).

Florescimento: um novo nível de felicidade

Em 2011, Seligman publicou um livro intitulado *Florescer: uma nova e visionária interpretação da felicidade e do bem-estar* [*A visionary new understanding of happiness and well-being*]. Ele sugere que "florescimento" é uma palavra melhor que felicidade ou "bem-estar" para descrever as pessoas que estão no topo da escala da felicidade. Este seleto grupo, que, segundo ele, abrange apenas 10% a 18% da população mundial, inclui aqueles que não só se sentem felizes, mas também se destacam em suas relações e realizações. Um escritor considerou essa ideia "um novo indicador para ver o que está além da felicidade" (Tierney, 2011, p. D2).

A felicidade por si só, conclui Seligman, não é suficiente para dar um sentido total e profundo à vida. Para alcançar este nível mais alto de bem-estar – este florescimento –, as pessoas precisam cultivar seus talentos e capacidades, estabelecer relações profundas e significativas com os outros e contribuir de forma positiva e construtiva com o mundo ao seu redor. O que, antes, era chamado de *felicidade*, hoje recebe o nome de *emoção positiva*, e é apenas um dos cinco componentes da personalidade florescente. Esses componentes são (Seligman, 2011, p. 24):

- Emoções positivas (que incluem felicidade e satisfação com a vida)
- Engajamento
- Relacionamentos
- Propósito
- Realizações

Uma pesquisa de grande escala realizada com 43 mil europeus em 23 países registrou diferenças significativas na porcentagem da população que poderia ser descrita como florescente. O nível mais alto foi encontrado na Dinamarca, país que, em pesquisas anteriores, teve o mais alto grau das escalas de felicidade. Os outros níveis altos de florescimento foram encontrados na Suíça, na Áustria, na Finlândia e na Noruega. Os níveis mais baixos foram registrados na Polônia, na Bulgária, na Ucrânia, na Federação Russa e em Portugal (Huppert e So, 2013).

Seligman diz que pretende estender o conceito de florescimento para o local de trabalho, a sala de aula e a cultura geral, para gerar um aumento no nível geral de bem-estar. O exército dos Estados Unidos capacita, atualmente, mais de 1 milhão de soldados com aulas sobre psicologia positiva por meio do Comprehensive Solvier Fitness Program, em uma tentativa de torná-los menos vulneráveis ao transtorno de estresse pós-traumático e outras formas de estresse. Seligman continua otimista sobre o futuro da psicologia positiva. "Acredito que está dentro da nossa capacidade fazer que, no ano de 2051, 51% da população humana esteja florescendo. Essa é minha responsabilidade. É o nosso objetivo" (citado em Burling, 2010, p. 3).

Comentários

A pesquisa e teorização no campo da psicologia positiva captam o interesse de um número cada vez maior de psicólogos e, talvez, represente o legado mais duradouro do movimento da psicologia humanista, em especial o trabalho de Abraham Maslow sobre autorrealização. E para o futuro desenvolvimento da psicologia positiva como um movimento formal ou uma escola de pensamento, Seligman e outros psicólogos positivos pioneiros têm um objetivo bem menos estruturado. "Vemos a psicologia positiva como uma mera mudança de enfoque da psicologia", disse Seligman, "do estudo de alguns dos piores aspectos da vida para o estudo dos seus fatores valiosos. Não vemos a psicologia positiva como um substituto de tudo o que foi desenvolvido antes, mas apenas um complemento e uma extensão dos estudos anteriores" (Seligman, 2002, p. 266-267).

Alguns concordam com a avaliação inicial de Seligman. Dois pesquisadores escreveram que "a variedade de tópicos é agora tão grande, que a psicologia positiva, com certeza, pode ser considerada uma *psicologia geral*" (Simonton e Baumeister, 2005, p. 100). E, parafraseando comentários semelhantes feito por outros: "O futuro da psicologia positiva? É psicologia pura" (Gable e Haidt, 2005, p. 108). Qualquer que seja o *status* final da psicologia positiva, esse campo vem adotando uma visão amplamente distinta da natureza humana em relação à proposta por Sigmund Freud, que começou os estudos da personalidade há mais de um século.

A tradição psicanalítica na história

Descrevemos algumas das divergências surgidas na escola psicanalítica durante a época de Freud e posteriormente a ela. Algumas posições contemporâneas mantêm pouca semelhança com as visões freudianas, sendo chamadas de "psicanalíticas" apenas por convenção, para distingui-las, na psicologia, da tradição experimental comportamental. A psicanálise foi mais dividida que o behaviorismo pelos seus teóricos revisionistas. Apesar das mudanças introduzidas pelos neobehavioristas e os neo-neobehavioristas, todos compartilhavam da crença de Watson em manter o comportamento como o foco central de estudo. Entretanto, poucos seguidores de Freud concordavam em concentrar o enfoque do estudo nas forças biológicas do inconsciente ou na motivação sexual ou agressiva do indivíduo.

Todo esse movimento resultou muito mais subescolas da psicanálise que do behaviorismo. Essa diversidade de pontos de vista, no entanto, pode ser considerada um sinal de vitalidade ou de fraqueza. Os acontecimentos são recentes demais para serem julgados. Mais de cem anos após Freud ter iniciado seu monumental trabalho, os fatos ainda são histórias em andamento.

QUESTÕES PARA DISCUSSÃO

1. Que experiências pessoais influenciaram a abordagem de Maslow à psicologia?
2. De que forma os neofreudianos modificaram a psicanálise freudiana?
3. Como a mudança no *Zeitgeist* das ciências sociais influenciou os mais recentes desenvolvimentos da psicanálise?
4. Descreva a relação entre Anna Freud e seu pai. Que mudanças ela introduziu na psicanálise?
5. Em que a experiência de vida de Jung influenciou na sua psicologia analítica?
6. Descreva os conceitos junguianos de inconsciente coletivo e de arquétipos.
7. Qual é a diferença entre a psicologia analítica de Jung e a psicanálise de Freud?
8. Quais eram os pontos de discordância entre Adler e Freud?
9. Explique o que Adler quis dizer por "estilo de vida". De acordo com a sua teoria, como os sentimentos de inferioridade se desenvolvem?
10. Que contribuições duradouras foram feitas por Jung e Adler à psicologia?
11. Como as experiências de infância influenciaram a visão de Horney?
12. De que modo Freud e Horney divergiam em suas teorias a respeito da psicologia feminina?
13. Explique os conceitos de Horney sobre ansiedade básica, necessidades neuróticas e autoimagem idealizada.
14. Em que se basearam as críticas behavioristas e psicanalíticas feitas pelos psicólogos humanistas?
15. Compare as diferenças entre as visões de Maslow e de Rogers sobre autorrealização e características do indivíduo psicologicamente saudável.
16. Em que se basearam as críticas contra as teorias de Maslow e de Rogers?
17. Por quais razões a psicologia humanista não conseguiu atingir seu objetivo de transformar a psicologia?
18. Em sua opinião, o movimento da psicologia positiva terá uma influência mais duradoura na área que o movimento humanístico? Justifique sua resposta.
19. Quais são os fatores que podem afetar a felicidade?
20. De que forma o conceito de florescimento difere do termo felicidade?
21. Que tipos de experiência influenciam sua própria felicidade?

Capítulo 15

O desenvolvimento contemporâneo

Experimente, pode ser que você goste

A seção "Texto original" deste capítulo não foi escrita por um psicólogo famoso. O texto é um trabalho de 2001 do jornalista vencedor do Prêmio Pulitzer e famoso analista de noticiários de televisão, Haynes Johnson. Não fique chateado ao perceber que ele fala sobre xadrez. Não é preciso saber nada sobre o jogo para apreciar a intensa paixão humana e o drama da história contada por Johnson, e você também verá como o texto se relaciona com eventos da psicologia da época moderna.

O campeão de xadrez se rende ao computador engenhoso

Garry Kasparov não era somente outro grande jogador de xadrez, o mestre de todos os mestres. Em um consenso universal, ele era considerado o maior jogador de xadrez da história. Na primavera de 1997, aos

34 anos, no auge da expansão econômica, ele mantinha o posto de campeão mundial há 12 anos. Nunca tinha perdido uma partida sequer contra um oponente individual. Nunca demonstrou nada além de confiança absoluta em seu gênio do xadrez. Sua atitude em relação a qualquer rival beirava o desprezo, um traço, conforme esperado, que ele exibiu novamente depois de vencer o primeiro de seis jogos em sua revanche anunciada em maio, em Nova York, contra um adversário que ele havia derrotado tranquilamente há apenas um ano.

Quando a partida foi reiniciada, os especialistas em xadrez que se reuniram para observar o grande campeão esmagar seu inimigo testemunharam algo tão inesperado, que os deixou sem palavras. Eles não estavam sozinhos. Milhões de observadores que seguiam a disputa pela Internet e por conexões de televisão em todo o mundo ficaram surpresos ao ver Kasparov exibir sinais atípicos de confusão. Primeiro, ele mostrou uma crescente dúvida, seguida por medo, desespero e perda de controle. Por fim, parecia estar tendo um colapso nervoso. Ele estava apavorado.

O primeiro sinal de que o campeão estava à beira de um colapso surgiu durante a segunda partida. Foi ali que Kasparov se deparou com algo único em sua experiência. No passado, ele sempre tinha conseguido explorar as fraquezas de um oponente ao compreender o padrão de pensamento que estava sendo empregado contra ele, mas dessa vez não conseguiu.

Aquela segunda partida terminou empatada. Depois, veio outro empate. Então, seu adversário venceu uma partida. Quando os competidores voltaram a jogar, em um sábado, a partida estava bem equilibrada. Kasparov começou de forma agressiva, brilhante; ele sabia que estava ganhando. Seu adversário reagiu com uma série de movimentos inspirados e brutais que o deixaram visivelmente abalado.

Os mestres ficaram chocados ao ver o campeão, pela primeira vez, em um estado lastimável. Ele foi forçado a aceitar outro empate. Depois de uma pausa de um dia na partida, o desfecho veio na segunda-feira.

A atenção mundial foi ainda mais intensa. Redes de televisão designaram correspondentes para cobrir o evento em suas transmissões no horário nobre. Jornais enviaram seus melhores redatores, e não apenas os analistas de xadrez, preparando-se para registrar os resultados finais na primeira página. Eles, e outros milhões que estavam assistindo pela TV e pela Internet, viram o grande Garry Kasparov, o campeão consumado, cuja confiança suprema só podia ser comparada com sua arrogância, ser substituído por um jogador nervoso e vazio, com olhos escurecidos e inquieto. Ele parecia derrotado antes mesmo de fazer o primeiro movimento.

Kasparov ficou ainda mais desanimado depois que movimentos rápidos e implacáveis o deixaram encurralado. Em um momento impressionante captado pelas câmeras de televisão, e depois nas capas dos jornais, o campeão se inclinou sobre o tabuleiro de xadrez, colocou as mãos sobre o rosto e cobriu os olhos, baixando a cabeça com tristeza. Este se tornou um retrato duradouro do desespero humano. Momentos depois, Kasparov se levantou repentinamente. Ele anunciou que estava desistindo do jogo e da partida depois que apenas dezenove movimentos tinham sido feitos.

Os mestres ficaram impressionados com a forma como o campeão desmoronou abruptamente. "Isso teve o impacto de uma tragédia grega", disse o presidente do comitê de xadrez responsável por oficializar a partida. A reação de Kasparov foi mais simples. "Perdi o meu espírito de luta", explicou. "Não estava mais com vontade de jogar."

Quando questionado sobre o porquê, em uma tumultuada coletiva de imprensa minutos depois, ele respondeu: "Sou um ser humano; quando vejo algo que está muito além do meu entendimento, fico com medo".[1]

---

[1] "Deep (RS/6000 SP) Blue", extraído de The Best of Times, © 2001 por Haynes Johnson, reproduzido com permissão da Harcourt, Inc.

O que Kasparov viu que estava além de seu entendimento? O que o aterrorizou a ponto de ele não conseguir mais jogar o jogo em que era considerado o melhor do mundo? E o que isso tem a ver com a história da psicologia? Você já deve saber, ou supôs corretamente, que Kasparov perdeu para um computador.

A dramática e altamente divulgada vitória de um computador sobre o homem simboliza e reflete as grandes mudanças que já estão a caminho, tanto na psicologia quanto na cultura como um todo, conforme veremos adiante. Agora, vamos seguir a natureza dinâmica da psicologia ao longo do século XXI.

As escolas de pensamento em perspectiva

Vimos até aqui de que maneira cada uma das escolas de pensamento da psicologia se desenvolveu, progrediu com o passar o tempo e, então, com exceção da psicanálise, se tornou parte do pensamento psicológico contemporâneo geral. Observamos ainda que cada movimento extraiu forças da oposição à escola anterior e que, quando não havia mais motivo para protestos, quando a nova escola havia esgotado as divergências, deixava de ser revolucionária e se tornava a ordem vigente, pelo menos durante algum tempo.

Estruturalismo, funcionalismo e psicologia da Gestalt

Cada escola contribuiu substancialmente para a evolução da psicologia. Esse fato se aplica até mesmo ao estruturalismo, embora esse movimento tenha publicado pouco material relacionado à psicologia como a conhecemos atualmente. Não existem mais estruturalistas como Titchener na psicologia moderna, e isso ocorre há mais de um século.

No entanto, o estruturalismo obteve enorme sucesso em promover a empreitada iniciada por Wundt, estabelecendo uma ciência da psicologia independente e livre das limitações da filosofia. O fato de o estruturalismo haver fracassado em dominar a psicologia, fazendo-o apenas por um curto período, não desvaloriza a sua realização revolucionária como a primeira escola de pensamento da nova ciência e a fonte vital de oposição para os sistemas seguintes.

Analisemos o sucesso do funcionalismo, que não conseguiu persistir como escola separada. Os funcionalistas buscavam apenas impor uma atitude ou um ponto de vista e, nesse aspecto, o funcionalismo obteve êxito em penetrar no pensamento psicológico norte-americano. Na medida em que a psicologia norte-americana atual é vista mais como uma profissão científica e suas descobertas são aplicadas praticamente em todos os aspectos da vida, a atitude funcional e utilitária, de fato, mudou a natureza da psicologia.

E o que dizer da psicologia da Gestalt? A escola da Gestalt, em uma escala mais modesta, também cumpriu sua missão. A oposição ao elementarismo, o apoio à abordagem da "totalidade" e o interesse na consciência influenciaram os psicólogos da psicologia clínica, da aprendizagem, da percepção, da psicologia social e do pensamento. Embora a escola da Gestalt não tenha transformado a psicologia da maneira como esperavam seus fundadores, ela exerceu considerável impacto e deve ser considerada um sucesso.

Behaviorismo e psicanálise

Mesmo que as realizações do estruturalismo, do funcionalismo e da psicologia da Gestalt mereçam o devido destaque, esses movimentos ocupam o segundo lugar em comparação com o impacto fenomenal do behaviorismo e da psicanálise. Os efeitos desses movimentos foram profundos, mantendo identidades próprias e independentes como escolas únicas de pensamento.

Passada a época de seus fundadores, Watson e Freud, tanto o behaviorismo como a psicanálise dividiram-se internamente em várias posições. Nenhuma forma de behaviorismo ou de psicanálise obteve adesão total dos membros de qualquer uma dessas escolas. O surgimento de subescolas dividiu os sistemas em facções concorrentes, cada uma com o próprio mapa para o caminho da verdade. No entanto, apesar dessa diversidade interna, tanto os behavioristas quanto os psicanalistas mantêm-se firmes na oposição, uns contra os outros, em relação às suas visões sobre a psicologia. Por exemplo, os behavioristas skinnerianos têm mais aspectos em comum com os sociobehavioristas seguidores de Bandura e de Rotter do que com os adeptos da psicanálise de Jung e de Horney. A vitalidade das duas escolas de pensamento é evidente na sua contínua evolução.

Assim como a psicologia individual de Adler em relação à psicanálise, a psicologia de Skinner não é o último estágio no desenvolvimento do behaviorismo. Vimos, ainda, que a psicologia humanista, mesmo não conseguindo provocar impacto como escola de pensamento independente, influenciou a psicologia contemporânea, incentivando o crescimento do movimento da psicologia positiva.

Por volta das décadas de 1960 e 1970, dois outros movimentos surgiram na psicologia norte-americana, cada um na tentativa de moldar uma nova definição para o campo – são eles a psicologia cognitiva e a psicologia evolucionista.

O movimento cognitivo na psicologia

Em 1913, em seu manifesto behaviorista, Watson insistia que se eliminasse da psicologia qualquer referência à mente, à consciência ou aos processos conscientes. E, de fato, os psicólogos seguidores dos mandamentos de Watson eliminaram a menção a conceitos e baniram toda a terminologia mentalista. Durante décadas, os livros básicos de introdução à psicologia apresentavam descrições sobre o funcionamento do cérebro, mas não proporcionavam discussões sobre qualquer conceito relacionado à mente. As pessoas comentavam, em tom de piada, que a psicologia tinha "perdido a consciência" ou "perdido a cabeça", aparentemente para sempre.

No entanto, de repente (embora a tendência já estivesse se formando há algum tempo), a psicologia resgatou a consciência. Palavras que antes eram consideradas politicamente incorretas, então eram pronunciadas em alto e bom tom em encontros e utilizadas em trabalhos escritos. Em 1979, a publicação *American Psychologist* apresentou um artigo intitulado "O behaviorismo e a mente: um apelo (limitado) para a retomada da introspecção" ["Behaviorism and the mind: a (limited) call for a return to introspection"] (Lieberman, 1979), resgatando não apenas a mente, como também a suspeita técnica de introspecção. Alguns meses antes, a revista publicara um artigo com um título bem simples: "Consciência" ["Consciousness"]. Seu autor escreveu: "Depois de décadas de descaso proposital, a consciência passa novamente a ser alvo da investigação científica, com discussões sobre o tópico surgindo por toda parte na respeitada literatura da psicologia" (Natsoulas, 1978, p. 906).

Em 1976, em seu discurso no encontro anual da APA, o presidente falou ao público presente sobre as mudanças que estavam ocorrendo na psicologia, afirmando que o novo conceito incluía a retomada do enfoque na consciência. A imagem da psicologia a respeito da natureza humana estava sendo "humanizada e não mecanizada" (McKeachie, 1976, p. 831). Quando um representante da APA e uma publicação científica de prestígio discutem a consciência de forma tão aberta e otimista, parece óbvio estar em andamento uma revolução, outro novo movimento.

Em seguida, vieram as revisões dos livros básicos de introdução à psicologia, redefinindo o campo como uma ciência do comportamento e dos processos mentais, e não apenas do comportamento; uma disciplina em busca da explicação do comportamento manifesto, bem como das suas relações com os processos mentais. Portanto, estava claro que a psicologia progredira muito além dos desejos e dos planos de Watson e de Skinner. Uma nova escola de pensamento estava surgindo. A mente foi recebida de volta na psicologia.

As influências anteriores da psicologia cognitiva

Assim como todos os movimentos revolucionários da psicologia, o movimento cognitivo não surgiu de uma hora para outra. Muitas das características já haviam surgido antes. O interesse pela consciência era claro no período inicial da psicologia, antes de a disciplina ser considerada uma ciência formal. As obras dos filósofos gregos Platão e Aristóteles mencionavam os processos de pensamento, como também o faziam as teorias dos associacionistas e empiristas britânicos.

Quando Wundt instituiu a psicologia como disciplina científica independente, o trabalho dele concentrou-se na consciência. Ele pode ser considerado o precursor da psicologia cognitiva contemporânea pela ênfase do seu trabalho na atividade criativa da mente. As escolas de pensamento estruturalista e funcionalista abordavam a consciência, estudando seus elementos e suas funções. O behaviorismo, no entanto, alterou radicalmente essa visão, descartando a consciência e ignorando-a por cerca de 50 anos.

O behaviorismo intencional de E. C. Tolman (Capítulo 11) foi outro precursor do movimento cognitivo. Sua forma de behaviorismo reconhecia a importância das variáveis cognitivas e contribuiu para o declínio da visão de estímulo-resposta. Tolman propôs o mapa cognitivo, atribuiu comportamento intencional aos animais e enfatizou as variáveis intervenientes como uma forma de definir operacionalmente os estados internos não observáveis.

A psicologia da Gestalt também influenciou a psicologia cognitiva por causa do enfoque "na organização, na estrutura, nas relações, no papel ativo do objeto e na participação importante da percepção na aprendizagem e na memória" (Hearst, 1979, p. 32). A escola de pensamento da Gestalt ajudou a manter vivo ao menos um pouco do interesse na consciência durante os anos em que o behaviorismo dominava a psicologia norte-americana.

Outro precursor da psicologia cognitiva foi o psicólogo suíço Jean Piaget (1896-1980), que gostava de comer pão amanhecido com maionese e alho. Ele também permitia que mulheres trabalhassem em seu laboratório, uma atitude incomum para a época (Burman, 2012). Piaget escreveu seu primeiro estudo científico aos dez anos de idade e, mais tarde, estudou com Carl Jung. Também trabalhou com Théodore Simon, que, juntamente com Alfred Binet, desenvolveu o primeiro teste psicológico de habilidade mental (ver Capítulo 8).

Mais tarde, Piaget se tornou importante por seu trabalho sobre o desenvolvimento infantil, não com base nos estágios psicossexuais, conforme propunha Freud, mas em razão dos estágios cognitivos. O método clínico de Piaget de entrevistar crianças e sua insistência em fazer anotações detalhadas durante as entrevistas eram vistos como uma inspiração importante para o famoso estudo de Hawthorne sobre os trabalhadores industriais na década de 1920, que descrevemos no Capítulo 8 (ver Hsueh, 2004).

No entanto, o trabalho de Piaget sobre desenvolvimento cognitivo, publicado entre 1920 e 1930, embora altamente influente na Europa, não foi amplamente aceito nos Estados Unidos dada a sua incompatibilidade com a posição behaviorista. Os primeiros teóricos cognitivos, todavia, receberam bem a ênfase de Piaget nos fatores cognitivos.

À medida que as ideias da psicologia cognitiva tomavam conta da psicologia norte-americana, a importância dos conceitos de Piaget ficava ainda mais evidente. Em 1969, ele foi o primeiro psicólogo europeu a receber o Distinguished Scientific Contribution Award (Prêmio de Destaque pela Contribuição Científica) da APA. Seu trabalho, focado na criança, ajudou a ampliar o campo de aplicação da psicologia cognitiva.

A mudança do Zeitgeist na física

Quando ocorre uma grande mudança na evolução de uma ciência, ela é entendida como um reflexo das modificações já concretizadas no *Zeitgeist* intelectual. Sabemos que a ciência, como uma espécie viva, se adapta às condições e exigências do ambiente. Qual foi a atmosfera intelectual que favoreceu o movimento cognitivo e amenizou as ideias behavioristas, readmitindo a consciência? Mais uma vez, observa-se aqui o *Zeitgeist* da física, modelo para a psicologia há bastante tempo, e que tem influenciado a área desde o seu início como ciência.

No início do século XX, surge uma nova visão desenvolvida pelos trabalhos de Albert Einstein, Neils Bohr e Werner Heisenberg. Eles rejeitavam o modelo mecanicista do universo, originário da época de Galileu e Newton e protótipo para a visão mecanicista, reducionista e determinista da natureza humana adotada pelos psicólogos desde Wundt até Skinner. A nova perspectiva da física descartava a necessidade de total objetividade e a completa separação entre o universo externo e o observador.

Os físicos reconheciam a provável interferência de qualquer tipo de observação feita sobre o universo natural. Seria necessário tentar estabelecer uma relação na lacuna artificial entre observador e observado, entre o universo interior e o exterior, e entre o mental e o material. Desse modo, a investigação científica passou do universo independente, identificável objetivamente, para a observação do universo pelo indivíduo. Os cientistas modernos não podem mais permanecer tão distantes do foco da observação. Em certo sentido, devem se tornar "observadores participativos".

Como resultado o ideal da realidade totalmente objetiva não era mais considerado inatingível. A física passou a ser caracterizada pela crença de que aquilo que se considerava conhecimento objetivo é, na verdade, subjetivo, e, portanto, altamente dependente do observador. Essa ideia de que todo conhecimento é pessoal é suspeitamente parecida com o que George Berkeley propôs há 300 anos, como vimos no Capítulo 2: que todo conhecimento é subjetivo porque depende da natureza do observador.

Assim, nossa visão de mundo, "bem longe de ser uma verdadeira reprodução fotográfica da realidade que está 'lá fora', na verdade, [está] mais para uma pintura: uma criação subjetiva da mente que reproduz uma imagem semelhante, jamais uma réplica" (Matson, 1964, p. 137).

A rejeição pelos físicos do objeto de estudo mecanicista e objetivo e, ao mesmo tempo, o reconhecimento da subjetividade restabeleceram o papel vital da experiência consciente como uma forma de obter informações sobre o mundo real. Essa revolução na física foi um argumento efetivo para tornar novamente a consciência uma parte legítima do objeto de estudo da psicologia. Embora o sistema psicológico científico tenha resistido à nova física por meio século, atendo-se a um modelo desatualizado e definindo-se insistentemente como uma ciência objetiva do comportamento, a disciplina acabou reagindo ao *Zeitgeist* e modificando-se, de modo a readmitir os processos cognitivos.

A fundação da psicologia cognitiva

Uma análise retrospectiva do movimento cognitivo deixa a impressão de uma rápida transição que solapou as bases behavioristas da psicologia em alguns poucos anos. Ao mesmo tempo, é claro, essa transição não foi totalmente evidente. A mudança, agora percebida como drástica, ocorreu de forma gradual e silenciosa, sem alardes. Um psicólogo afirmou: "O termo 'revolução' talvez não seja adequado. Não houve acontecimentos cataclísmicos; a mudança ocorreu lentamente, nos diferentes subcampos, ao longo de 10 a 15 anos; não houve nenhum momento e nenhum líder de destaque" (Mandler, 2002a, p. 339).

Com frequência, o progresso histórico fica evidente somente depois do acontecimento. A fundação da psicologia cognitiva não ocorreu da noite para o dia nem deve ser atribuída ao carisma de uma pessoa que – como Watson – transformou a área praticamente sozinha. Assim como a psicologia funcional, o movimento cognitivo não apresenta um fundador único, talvez porque nenhum dos psicólogos atuantes na área ambicionasse a liderança do novo movimento. O interesse dele era pragmático, apenas dar continuidade ao trabalho de redefinição da psicologia.

Em retrospecto, a história identifica dois pesquisadores que não foram fundadores, no sentido formal da palavra, mas contribuíram com o trabalho inovador e influente na forma de um centro de pesquisa e de livros considerados marcos no desenvolvimento da psicologia cognitiva. São eles George Miller e Ulric Neisser. Suas histórias indicam alguns fatores pessoais envolvidos na formação de novas escolas de pensamento.

George Miller (1920-2012)

As conquistas do amor

George Miller (Figura 15.1) foi criado por seus pais, adeptos da Ciência Cristã, para acreditar que a psicologia era pecado (Pinker, 2013; Vitello, 2012). Ele cresceu em West Virginia, uma criança tímida e solitária, e foi para a faculdade na University of Alabama, em Tuscaloosa, onde se formou em história e fala. Para superar a timidez, entrou para o clube de teatro, uma atitude que mudou sua vida; ele conheceu uma jovem atraente que era (para completar a história) estudante de psicologia. Miller a seguiu em um seminário de psicologia e, rapidamente, mudou de ideia em relação à área. Ele aprendeu que, "talvez, a mente realmente tenha poder para influenciar as coisas" (citado em Langer, 2012, p. 2).

Casou-se com a estudante de psicologia, fez mestrado em fala e recebeu um convite para lecionar 16 seções de introdução à psicologia, embora nunca tenha frequentado nenhum curso formal na área. Ele dizia que, depois de ensinar o mesmo conteúdo 16 vezes por semana, tinha passado a acreditar nele!

Harvard e o mágico número sete

Miller foi para a Harvard University, onde trabalhou no laboratório de psicoacústica, lidando com problemas de comunicação oral, obtendo o Ph.D. em 1946. Cinco anos depois, publicou um livro sobre psicolinguística, considerado um marco divisório, *Linguagem e comunicação* [*Language and communication*] (1951). Miller reconhecia a escola de pensamento behaviorista, afirmando não ter outra alternativa, já que os behavioristas mantinham as posições de liderança nas principais universidades e associações profissionais.

> O poder, as honras, a autoridade, os livros, os lucros, tudo relacionado à psicologia estava nas mãos da escola behaviorista [...] aqueles que desejassem ser psicólogos científicos não podiam opor-se ao behaviorismo. Senão, ficariam desempregados. (Miller apud Baars, 1986, p. 203)

Em meados da década de 1950, após investigar a teoria estatística da aprendizagem, a teoria da informação e os modelos de mente com base no computador, Miller chegou à conclusão de que o behaviorismo, literalmente, não iria "funcionar". As semelhanças entre os computadores e o funcionamento da mente humana o impressionaram, e sua visão voltou-se mais para a orientação cognitiva.

ARCHIVES OF THE HISTORY OF AMERICAN PSYCHOLOGY/UNIVERSITY OF AKRON

FIGURA 15.1 George Miller.

Ao mesmo tempo, desenvolveu uma alergia grave a pelos e descamações de animais, o que o impedia de fazer pesquisas com ratos de laboratório, e trabalhar apenas com humanos era uma desvantagem no universo dos behavioristas, que preferiam ratos e pombos.

A mudança de Miller para a psicologia cognitiva também foi motivada por seu temperamento rebelde, típico de muitos da sua geração de psicólogos, na década de 1960. Estavam sempre dispostos a se revoltar contra a psicologia ensinada e praticada no momento, prontos a oferecer sua nova abordagem, seu enfoque no fator cognitivo em lugar do comportamental. Mas como Miller escreveu cerca de 50 anos depois, "Na época em que estava acontecendo, não percebi que eu era, na realidade, um revolucionário" (2003, p. 141).

Em 1956, Miller publicou um artigo que, desde então, tornou-se um clássico. Seu título: "O mágico número sete, mais ou menos dois: alguns limites da nossa capacidade de processamento de informação" ["The magical number seven, plus or minus two: some limits on our capacity for processing information"]. Nesse trabalho, Miller demonstrou que a capacidade consciente do indivíduo para a memória de curto prazo de números (ou, similarmente, para palavras ou cores) é limitada a, aproximadamente, sete "pedaços" de informação. Essa é a capacidade individual de processamento em determinado momento. A importância, o impacto dessa descoberta reside no fato de lidar com a experiência consciente ou cognitiva em uma época em que o behaviorismo ainda dominava o pensamento psicológico. Além disso, o uso que ele fez da frase "processamento de informações" indicava a influência do modelo da mente humana com base no computador.

O Centro de Estudos Cognitivos

Em parceria com Jerome Bruner (1915-), seu colega da Harvard, Miller criou um centro de pesquisa para investigar a mente humana. Miller e Bruner pediram ao reitor da universidade um espaço físico e, em 1960, lhes foi oferecida a casa em que William James morara. Não havia lugar mais apropriado, já que James abordara de modo muito requintado a natureza da vida mental em seu livro *Principles*.

A escolha do nome para o novo centro não foi uma tarefa comum. Por estar associado a Harvard, o centro tinha potencial para exercer grande influência na psicologia. Optaram pela palavra "cognição", para denotar o objeto de estudo, e decidiram chamar o local de Centro de Estudos Cognitivos.

> Ao usarmos a palavra "cognição", estávamos nos colocando à parte do behaviorismo. Desejávamos algo relacionado a *mental*; no entanto, "psicologia mental" parecia extremamente redundante. "Psicologia do senso comum" podia dar a entender alguma espécie de investigação antropológica, e "psicologia do povo", a psicologia social de Wundt. Que palavra usar para rotular esse conjunto de conceitos? Optamos por cognição. (Miller apud Baars, 1986, p. 210)

Mais tarde, dois estudantes do centro lembraram-se de que, naquela época, ninguém conseguia explicar a eles o significado do termo cognição ou as ideias supostamente promovidas ali. O centro "não havia sido criado com um objetivo em particular; fora criado para se opor a algo. O importante não era saber o que era, mas sim o que não era" (Norman e Levelt, 1988, p. 101). Não era behaviorismo. Não era a autoridade vigente, o sistema predominante ou a psicologia do presente. Ao definir o centro, os fundadores demonstravam quão diferentes eram dos behavioristas.

Uma ideia ocorrida no momento certo

Como já vimos, todo novo movimento anuncia a sua posição ou atitude como diferente da escola de pensamento corrente; esse é um estágio preliminar necessário para definir o objetivo e as alterações propostas. Miller, no entanto, atribuiu o devido crédito ao *Zeitgeist*. "Nenhum de nós deve receber muitos créditos pelo sucesso do Centro. Foi apenas uma ideia ocorrida no tempo certo" (Miller, 1989, p. 412).

Miller não considerava a psicologia cognitiva uma verdadeira revolução, apesar das diferenças em relação ao behaviorismo. Chamava-a de "acréscimo", uma mudança mediante um lento crescimento ou acúmulo. Enxergava o movimento mais como evolucionário que revolucionário, e acreditava ser um retorno à psicologia do senso comum, que reconhecia e ratificava a preocupação psicológica com a vida mental e com o comportamento.

Os pesquisadores do centro investigavam ampla variedade de temas: linguagem, memória, percepção, formação de conceito, pensamento e psicologia do desenvolvimento. A maioria dessas áreas havia sido eliminada do vocabulário dos behavioristas. Mais tarde, Miller criou um programa de ciências cognitivas na Princeton University.

Miller tornou-se presidente da APA em 1969, e recebeu o Prêmio de Destaque pela Contribuição Científica e a Medalha de Ouro da Fundação Americana de Psicologia pelas Realizações na Aplicação da Psicologia. Em 1991, recebeu a Medalha Nacional da Ciência. Em 2003, recebeu da APA o Prêmio pela Extraordinária Contribuição à Psicologia. Outro reconhecimento do significado do seu trabalho é a quantidade de laboratórios de psicologia cognitiva criados tendo o seu centro como modelo, além do rápido desenvolvimento e a formalização da abordagem à qual ele se dedicara com afinco para definir.

Ulric Neisser (1928-2012)

Um intruso

Nascido em Kiel, na Alemanha, Ulric Neisser (Figura 15.2) foi para os Estados Unidos com os pais aos 3 anos de idade. Ao descrever sua infância, Neisser escreveu "Eu tinha medo de garotas, era péssimo em esportes, e incompetente até mesmo para fazer compras. Via a mim mesmo como um estranho e a meus poucos amigos, como esquisitos. Talvez eu fosse esquisito também" (2007, p. 272).

Iniciou os estudos universitários em Harvard, formando-se em física, mas conheceu George Miller, então um jovem professor de psicologia, e mudou para psicologia. Ele fez o curso de Miller sobre a psicologia da comunicação e teoria da informação, tendo recebido menção honrosa. Ele conta também que foi influenciado pelo livro de Koffka, *Principles of Gestalt psychology*. Depois de obter a graduação como bacharel em Harvard, em 1950, Neisser recebeu o título de mestrado na Swarthmore College, estudando sob a orientação do psicólogo da Gestalt, Wolfgang Köhler. Retornou a Harvard para obter o Ph.D., que completou em 1956.

Apesar do crescente interesse pela abordagem cognitiva da psicologia, Neisser não via como escapar do behaviorismo, já que desejava seguir a carreira acadêmica. "Não havia outra opção. Estávamos em uma era em que o fenômeno psicologia seria considerado real somente se demonstrado em um rato de laboratório" (apud Baars, 1986, p. 275). No entanto, Neisser teve sorte, pois sua primeira posição acadêmica foi na Brandeis University, onde o diretor do departamento de psicologia era Abraham Maslow. Naquela época, Maslow estava se afastando da sua formação behaviorista para desenvolver a abordagem humanista ao campo. Maslow não conseguiu convencer Neisser a se tornar psicólogo humanista nem a transformar a psicologia humanista na terceira força da disciplina, mas proporcionou a Neisser a oportunidade de perseguir seu interesse nas questões cognitivas (mais tarde, Neisser afirmou ser a psicologia cognitiva, e não a humanista, a terceira força da psicologia).

EMORY UNIVERSITY

FIGURA 15.2 Ulric Neisser.

Definindo a si mesmo

Em 1967, Neisser publicou a obra *Psicologia cognitiva* [*Cognitive psychology*] e alegou ser esse um livro pessoal, uma tentativa de definir a si próprio e o tipo de psicólogo que almejava ser. O trabalho também foi um marco divisório na história da psicologia, uma tentativa de definir um novo tratamento para a disciplina. A obra tornou-se extremamente conhecida, e Neisser sentia-se constrangido por ser identificado como o "pai" da psicologia cognitiva.

"Em um piscar de olhos", Neisser escreveu 40 anos mais tarde, "havia periódicos, cursos sobre cognição, programas de treinamento em psicologia cognitiva e conferências de todos os tipos. Eu mesmo era uma estrela, agora apresentado em todos os lugares como 'o pai da psicologia cognitiva'. Foi uma experiência inebriante para um homem que mal chegara aos 40 anos" (2007, p. 284).

Mudança de curso

Entretanto, a despeito de toda a adulação, ele logo se desiludiu com o que havia criado. Apenas nove anos depois, Neisser publicou *Cognição e realidade* [*Cognition and Reality*] (1976), no qual expressava sua profunda insatisfação com o que via como um estreitamento da posição cognitiva e sua dependência de situações de laboratório, em lugar de configurações do mundo real para a coleta de dados. Insistia em afirmar que os resultados da pesquisa psicológica deviam ter validade ecológica. Com isso, queria dizer que os resultados deviam ser generalizados para as situações além dos limites do laboratório.

Além disso, alegava que a psicologia cognitiva devia permitir a aplicação das descobertas aos problemas práticos, ajudando as pessoas a lidarem com as questões cotidianas particulares e profissionais. Assim, Neisser concluiu que o movimento da psicologia cognitiva tinha pouco a contribuir com a psicologia para compreender como as pessoas lidam com as situações. Desse modo, a principal figura na fundação da psicologia cognitiva tornara-se seu crítico audaz, desafiando o movimento, como fizera anteriormente com o behaviorismo.

Depois de 17 anos na Cornell University, onde seu escritório ficava perto do local em que foi guardado o cérebro conservado de Titchener, Neisser mudou-se para a Emory University, em Atlanta, retornando a Cornell em 1996, local em que permaneceu até sua morte, em 2012 (Cutting, 2012; Martin, 2012).

Dos relógios aos computadores

Vimos no Capítulo 2 que os relógios e os autômatos foram as metáforas do século XVII para a visão mecânica do universo e, por analogia, para a mente humana. Essas máquinas eram modelos bem difundidos e facilmente compreensíveis de como se acreditava ser o funcionamento da mente. Hoje, o modelo do universo mecânico e a psicologia behaviorista com base nessas máquinas foram superados por outras visões – como a aceitação da subjetividade na física e o movimento cognitivo da psicologia.

Como resultado, o relógio deixou de ser um exemplo útil para a visão moderna da mente. O computador, uma máquina do século XX, surgiu para servir de modelo, como uma nova metáfora para o funcionamento da mente, em substituição ao relógio. Um historiador da ciência comentou: "O veículo responsável pela reintrodução da mente e um agente vital da derrocada do behaviorismo foi a noção da mente comparada ao computador. Essa afirmação transformou-se em senso comum na literatura histórica da 'revolução cognitiva'" (Crowther-Heyck, 1999, p. 37).

Os psicólogos tomam as operações do computador como base para explicar o fenômeno cognitivo. Dizem que os computadores exibem uma inteligência artificial e, normalmente, são descritos "de forma humana". A capacidade de armazenagem chama-se memória; os códigos de programação, linguagem; e as novas gerações de computadores, evoluções.

O funcionamento dos programas de computador, basicamente formados de conjuntos de instruções para o tratamento de símbolos, é semelhante ao da mente humana. Tanto o computador quanto a mente recebem entradas do ambiente na forma de grande quantidade de informação (estímulos sensoriais ou dados). Ambos compilam essas informações, manipulando, armazenando e recuperando os dados, e agindo de várias maneiras. Desse modo, a programação do computador foi sugerida como base para a visão cognitiva humana do processamento de informações, do raciocínio e da solução de problemas.

Os psicólogos cognitivos estão interessados na sequência de manipulação dos símbolos envolvida nos processos de pensamento humano. Em outras palavras, estão preocupados em descobrir como a mente processa a informação. Seu objetivo é descobrir o programa que cada indivíduo tem armazenado na memória, os padrões de pensamento que permitem compreender e articular as ideias, lembrar e resgatar os acontecimentos e os conceitos, e assimilar e resolver um problema novo.

Em mais de 125 anos de história, a psicologia partiu do simples relógio até chegar aos sofisticados computadores como modelos de objeto de estudo, mas é importante observar que ambos são máquinas. Já em 1982, a revista *Time* declarou que o computador pessoal era a "Máquina do Ano" (Brynjolfsson e McAfee, 2014, p. 4). Esse aspecto demonstra a continuidade histórica na evolução da psicologia, desde as mais antigas escolas de pensamento até as mais recentes. É possível observar também uma continuidade histórica na própria evolução dos computadores.

O desenvolvimento do computador moderno

Vimos, anteriormente, como Charles Babbage e Henry Hollerith desenvolveram máquinas que seriam capazes de "pensar" como o homem. No entanto, um problema prático surgido durante os primeiros dias da Segunda Guerra Mundial provocou o início da moderna era dos computadores. Em 1942, o exército norte-americano precisava desesperadamente encontrar uma forma de realizar com mais rapidez os cálculos necessários para disparar as peças de artilharia.

A mira perfeita do canhão para o projétil atingir o alvo envolvia (e até hoje envolve) um processo muito complicado, bem mais complexo que o procedimento de o soldado mirar um rifle e apertar o gatilho. "Para mirar um canhão, o atirador tinha de efetuar diversos ajustes. Esse procedimento exigia o uso de uma série de tabelas [matemáticas] para calcular todas as variáveis que afetam a trajetória do projétil, como a direção e a velocidade do vento, a umidade do ar, a temperatura, a elevação e, até mesmo, a temperatura da pólvora" (Keiger, 1999, p. 40).

O manual de ajustes para cada tipo de artilharia continha centenas, até milhares de tabelas de cálculos. Uma simples trajetória requeria 12 horas de cálculos contínuos e complicados (ver Friedel, 2007). Esse trabalho era realizado pelas mulheres, recém-contratadas durante o período da guerra, que usavam calculadoras manuais (essas mulheres eram chamadas de "computadoras"). No entanto, um ano depois, elas foram superadas, pois não conseguiam acompanhar a demanda. A situação era tão crítica, que alguns canhões chegaram a ser abandonados em combate por falta de tabelas com os cálculos para atirar.

Essa necessidade incentivou o desenvolvimento do primeiro computador de grande porte, o Eniac – *Electronic Numerical Integrator and Calculator* (Integrados Numérico Eletrônico e Calculadora). Concluída em 1943, a máquina, em formato de ferradura, ocupava três paredes de uma sala enorme, com "braços de 24 metros de comprimento e altura aproximada de 2,4 metros, pesando em torno de 30 toneladas. Continha 17.468 válvulas eletrônicas, além de 10 mil capacitores, 70 mil resistores, 1.500 relés e 6 mil chaves manuais, uma quantidade tão grande de peças eletrônicas, que exigia enormes ventiladores para dissipar o calor produzido" (Waldrop, 2001, p. 45).

Em 1951, foi desenvolvido um computador menor e mais rápido, chamado de *Mathematical and Numerical Integrator and Computer* (Integrador Numérico e Matemático e Computador), popularmente conhecido como Maniac. Ele pesava mais de 450 quilos e media apenas cerca de 2 metros de altura e 2,5 metros de comprimento.

As máquinas com capacidade para realizar operações mentais percorreram um longo caminho desde a época da calculadora de Babbage. Basta comparar o tamanho e a capacidade de um *laptop* ou *smartphone* para perceber quão primitivos eram o Eniac e o Maniac. Qualquer *laptop*, hoje, é cerca de 100 mil vezes mais rápido que o Maniac. A evolução das máquinas para a realização de funções mentais prossegue em um ritmo tão rápido, que nos leva, inevitavelmente, a questionar se elas realmente demonstram inteligência.

A inteligência artificial

Os psicólogos cognitivos aceitavam computadores como modelo para o funcionamento cognitivo humano, afirmando que as máquinas exibiam inteligência artificial e processamento de informações semelhantes aos do homem. É possível supor, então, que a inteligência do computador seja igual à do homem? Será que o computador é capaz de pensar? No século XVII, os autômatos simulavam a fala e o movimento humanos. No futuro, será que as novas gerações de computadores simularão o pensamento humano?

No início, os cientistas da computação e os psicólogos cognitivos acolheram com grande entusiasmo a noção da inteligência artificial. Já em 1949, quando os computadores ainda eram relativamente primitivos, o autor de um livro intitulado *Cérebros gigantes* [*Giant brains*] afirmou: "...a máquina manipula informações; realiza cálculos, chega a conclusões e faz opções; a máquina faz uma quantidade razoável de operações com os dados. A máquina, portanto, pensa" (apud Dyson, 1997, p. 108). Em 1950, o gênio da computação Alan Turing (1912-1954) propôs uma maneira de verificar a hipótese de o computador ser capaz de pensar.

A vida de Alan Turing (1912-1954)

Turing, geralmente chamado de pai da ciência da computação, nasceu na Inglaterra, estudou em Cambridge e obteve seu PhD em Princeton. Em 1942, de volta à Inglaterra, foi trabalhar no famoso Bletchley Park, uma instalação ultrassecreta cujo objetivo era decifrar o código alemão Enigma, usado para transmitir informações vitais durante a Segunda Guerra Mundial.

"Ele foi o gênio por trás da bomba de Turing, um dispositivo eletrônico projetado para decifrar as configurações constantemente variáveis das máquinas de criptografia Enigma, da Alemanha. Ela poderia decodificar mensagens secretas descobertas, revelando segredos militares cruciais" (Temple, 2012, p. 1). Os historiadores concordam que o trabalho de Turing foi essencial para a vitória dos Aliados na Segunda Guerra Mundial. No final da guerra, seu dispositivo estava decodificando milhares de mensagens alemãs todos os dias. O trabalho no Bletchley Park foi mantido em segredo até 30 anos depois da guerra.

Turing e a Branca de Neve

Turing era uma figura colorida e excêntrica. Muitos o consideravam esquisito e socialmente desajeitado, o que pode ser um eufemismo. Costumava ir para Bletchley de bicicleta e usando uma máscara de gás, segundo ele, para evitar sentir o cheiro do pólen. Ele contava o número de voltas que os pneus da bicicleta estavam dando e ligou uma xícara de chá ao tubo de um radiador em seu escritório.

"Em Bletchley, havia rumores de que Turing amarrava as calças com barbante, vestia pijama por baixo do casaco esportivo e que raramente fazia a barba ou cortava as unhas" (Leavitt, 2006, p. 176). Ele ficou completamente encantado pelo filme *Branca de Neve e os sete anões*, de Walt Disney, especialmente pela cena em que a Rainha Má mergulha a maçã em um barril de veneno. Durante anos ele andou cantarolando as falas do filme: "Nesta mistura bem forte, a maçã sorve o sono da morte" (Leavitt, 2006, p. 140).

Indecência

Turing continuou projetando softwares e computadores pioneiros depois da guerra, com a perspectiva de um futuro brilhante pela frente, até que foi preso, em 1952, sob a acusação de atentado ao pudor. Turing era gay, e a homossexualidade era crime na época. Ele foi considerado culpado e condenado à castração química com uma série de injeções de estrogênio, o que o deixou profundamente deprimido. Dois anos depois, aos 41 anos, ele mordeu uma maçã que havia sido envenenada, não muito diferente da cena de Branca de Neve – sua morte foi tratada como suicídio. Em 2009, o governo britânico emitiu um pedido de desculpas formal por sua condenação e, em 2013, a Rainha Elizabeth da Inglaterra concedeu a Turing a absolvição formal. Em 1986, a peça "Breaking the Code", estrelada por Derek Jacobi, retratava o trabalho de Turing e suas tentativas de confrontar sua homossexualidade. Em 2014, foi lançado o filme *O jogo da imitação*, sobre o trabalho de Turing para decifrar o código Enigma; o filme é estrelado por Benedict Cumberbatch, Keira Knightley e Charles Dance.

O teste de Turing

Dois anos antes da sua prisão e condenação, Turing propôs uma forma de examinar a afirmação de que os computadores conseguiam pensar. Chamado Teste de Turing, o processo consistia em convencer um indivíduo de que o computador com o qual estava se comunicando era realmente uma pessoa, e não uma máquina. Se o indivíduo não conseguisse distinguir entre as respostas do computador e as humanas, a máquina estaria exibindo inteligência semelhante à do homem. O Teste de Turing funciona da seguinte forma:

> O entrevistador [um indivíduo] estabelece duas formas diferentes de "conversação" com o programa interativo do computador. O entrevistador deve tentar descobrir qual das duas partes seria uma pessoa usando o computador para se comunicar e qual seria a própria máquina respondendo. O entrevistador formula qualquer tipo de pergunta. Entretanto, o computador tenta enganar o entrevistador, ou seja, tenta fazê-lo acreditar ser uma pessoa, enquanto a pessoa de verdade tenta mostrar que ela é humana. O computador é aprovado no Teste de Turing se o entrevistador não conseguir fazer a distinção entre a máquina e o indivíduo. (Sternberg, 1996, p. 481-482)

O problema da sala chinesa

Nem todos concordavam com a premissa do Teste de Turing. John Searle (1932-), um filósofo norte-americano da University of California, em Berkeley, que elaborou o problema da sala chinesa, foi quem apresentou as objeções mais veementes (Searle, 1980).

Imagine-se sentado em uma cadeira, de frente para uma parede com duas aberturas. Pedaços de papel contendo um conjunto de ideogramas chineses aparecem, um de cada vez, na abertura da esquerda. Sua tarefa é combinar, de acordo com o formato, o conjunto de símbolos com os que se encontram em um livro. Quando você consegue encontrar o conjunto correto, deve copiar outro conjunto de símbolos do livro em um pedaço de papel e passá-lo pela abertura da direita.

O que está acontecendo aqui? Você está sendo alimentado com as informações pela abertura da esquerda e transmitindo dados pela da direita, obedecendo às instruções (o programa) recebidas. Se você é como a maioria dos ocidentais, não se espera que você leia ou compreenda chinês. Você está apenas seguindo as instruções de forma mecânica.

No entanto, se um psicólogo chinês estivesse observando a uma distância bem razoável da parede com as aberturas, não conseguiria perceber que você não sabe chinês. As comunicações chegam a você em chinês e, por sua vez, você responde corretamente em chinês, copiando-as do livro. Não importa quantas mensagens você receba ou a quantas responda, ainda continua não sabendo chinês. Você não está pensando, está apenas seguindo instruções. Não está exibindo inteligência, mas simplesmente seguindo ordens.

Searle afirmava que os programas de computador que parecem compreender os diferentes tipos de dados recebidos e responder a essas informações de forma inteligente estariam funcionando como a pessoa do problema da sala chinesa. O computador não entende as mensagens que recebe mais do que você sabe chinês. Nesses exemplos, tanto você como o computador estão funcionando exatamente de acordo com o conjunto de regras programadas.

Passando no teste de Turing

Vários psicólogos cognitivos chegaram a concordar que o computador passa no Teste de Turing e simula a inteligência sem realmente ser inteligente. Todos os anos, desde 1990, uma competição pela medalha de ouro do prêmio Loebner é realizada para encontrar um programa de computador que convença mais de 30% dos juízes de que estão conversando com uma pessoa e não com um computador.

Ninguém ainda fora capaz de ganhar o prêmio até 2014, quando um programa de computador fingindo ser um garoto de 13 anos de Odessa, na Ucrânia, convenceu 33% do júri de que era humano (Griffin, 2014; McCoy, 2014). Isso aconteceu no 60° aniversário da morte de Turing.

Os céticos e alguns realistas nos lembram, no entanto, que a suposta vitória não foi esmagadora. A maioria dos juízes não ficou convencida de que o garoto era uma pessoa real. Assim, as evidências fornecidas pelo

Teste de Turing de que os computadores conseguem realmente pensar permanecem sugestivas, mas ainda não são provas definitivas.

O campeão de xadrez

Podemos concluir, então, que os computadores ainda não conseguem pensar. No entanto, eles podem trabalhar como se estivessem pensando, e isso nos leva de volta à partida de xadrez que tanto abateu o campeão mundial Garry Kasparov, cujo adversário vitorioso era um computador.

Fabricado pela IBM, seu nome era Deep Blue. Ele pesava quase três toneladas, e cada uma de suas duas torres tinha quase dois metros. Era capaz de processar 200 milhões de posições de xadrez por segundo; em três minutos, conseguia processar 50 bilhões de movimentos. Não espanta que o maior mestre do xadrez tenha desistido, desesperado. Mas, por toda sua capacidade, o Deep Blue estava mesmo pensando?

A conclusão é que não, mesmo que ele "agisse" como se estivesse. Um autor científico britânico concluiu: "Apesar das melhorias implacáveis no desempenho de computadores, houve pouco progresso na direção de uma inteligência da máquina para uso geral. Deep Blue mostrou que construir um computador capaz de jogar xadrez tão bem quanto um humano revela muito pouco sobre inteligência em geral" (Standage, 2002, p. 241). O computador, apesar de seu desempenho espetacular, ainda tinha de ser programado anteriormente por seres humanos pensantes.

Kasparov escreveu que "em vez de um computador que pensava e jogava como um humano, com criatividade e intuição humanas, [os programadores] conseguiram um que jogava como uma máquina, avaliando sistematicamente 200 milhões de movimentos possíveis no tabuleiro por segundo, vencendo com uma força brutal de cálculos numéricos" (2010, p. 2).

Em 2003, Kasparov jogou contra o Deep Junior, uma nova geração de computadores que jogam xadrez. Antes da partida, disse: "Estou aqui representando a raça humana. Prometo que farei o meu melhor". Mas ele teve dificuldades novamente. Um observador da revista *Wired* escreveu:

> Enquanto Kasparov está quase esgotado, Deep Junior continua jogando. Como um robô homicida, o computador simplesmente não vai parar. Garry fica cada vez mais exausto. Ele está tentando se manter calmo e focado, para que possa perturbar a máquina e não cometer um erro, [mas] perturbar a máquina não é uma opção. Ela não se irrita. (wired.com/news, 6 de julho de 2006).

Quando Kasparov concordou com um empate em 3 a 3, foi vaiado pela multidão. Entretanto, seu desempenho mostrou que a inteligência artificial ainda não alcançou o nível e a complexidade da inteligência humana. Alguns anos depois, quando um mestre do xadrez holandês foi questionado sobre como se prepararia para uma partida contra um computador, ele respondeu: "Eu traria um martelo!" (citado em in Brynjolfsson e McAfee, 2014, p. 189).

A natureza da psicologia cognitiva

No Capítulo 11, vimos como a inclusão dos fatores cognitivos nas teorias da aprendizagem social de Albert Bandura e de Julian Rotter alterou o behaviorismo norte-americano. Hoje, o impacto do movimento cognitivo é observado não apenas na psicologia behaviorista. Os fatores cognitivos são observados por pesquisadores em diversas áreas da disciplina: teoria da atribuição em psicologia social, teoria da dissonância cognitiva, motivação e a emoção, personalidade, aprendizagem, memória, percepção e processamento da informação na tomada de decisões ou solução de problemas. Nas áreas aplicadas, como psicologia clínica, comunitária, educacional e industrial-organizacional, também se observam a ênfase nos fatores cognitivos.

A psicologia cognitiva é diferente do behaviorismo em vários aspectos. Primeiro, os psicólogos cognitivos dedicam-se a estudar o processo de aquisição do conhecimento e não apenas à mera resposta ao estímulo. Os principais fatores são os fatos e os processos mentais e não as conexões estímulo-resposta; a ênfase é dada à mente e não ao comportamento. Isso não quer dizer que os psicólogos cognitivos ignorem o comportamento, mas que as reações comportamentais não consistem no único enfoque da pesquisa. As respostas comportamentais constituem fontes de dedução para chegar à conclusão sobre os processos mentais associados a essas reações.

Segundo, os psicólogos cognitivos estão interessados em saber como a mente estrutura ou organiza as experiências. Os psicólogos da Gestalt, assim como Piaget, argumentavam em favor da tendência inata de organizar a experiência consciente (as sensações e as percepções) em unidades e padrões de significado. A mente dá forma e coerência à experiência mental; esse processo é o objeto de estudo da psicologia cognitiva. Os empiristas e associacionistas britânicos e a psicologia do século XX derivada dessas teorias, o behaviorismo skinneriano, insistiam em que a mente não é dotada de capacidade organizacional inata.

Terceiro, os psicólogos cognitivos acreditam na atuação ativa e criativa do indivíduo em organizar estímulos recebidos do ambiente. O indivíduo é capaz de participar da aquisição e da aplicação do conhecimento, participando intencionalmente de alguns fatos e optando por associá-los à memória. O indivíduo não é, como afirmavam os behavioristas, respondente passivo às forças externas ou folhas em branco para o registro da experiência sensorial.

A neurociência cognitiva

As pesquisas sobre o mapeamento das funções cerebrais datam dos séculos XVIII e XIX e estão nos trabalhos de Hall, Flourens e Broca (ver Capítulo 3). Empregando métodos como extirpação e choques elétricos, os primeiros psicólogos tentaram determinar as partes específicas do cérebro controladoras das várias funções cognitivas.

Essa investigação continua até hoje na disciplina chamada neurociência cognitiva, um híbrido da psicologia cognitiva e da neurociência (ver Spear, 2007). Os objetivos desse campo são determinar "como as funções cerebrais originam a atividade mental" e "correlacionar aspectos específicos do processamento de informação com as regiões específicas do cérebro" (Sarter, Bernston e Cacioppo, 1996, p. 13).

Os pesquisadores da neurociência cognitiva obtiveram avanços extraordinários no mapeamento cerebral, principalmente em razão do desenvolvimento e da aplicação das sofisticadas técnicas de utilização de imagens. Por exemplo, o eletroencefalograma (Electroencephalogram – EEG) registra as variações na atividade elétrica de partes selecionadas do cérebro. A leitura da tomografia axial computadorizada (Computerized Axial Tomography – CAT) revela perfis detalhados do cérebro.

O exame de ressonância magnética (Magnetic Resonance Imagery – MRI) produz imagens tridimensionais do cérebro. Enquanto essas técnicas produzem imagens estáticas, a varredura da tomografia por emissão de pósitron (Positron Emission Tomography – PET) produz imagens ao vivo de várias atividades cognitivas. Essas e outras técnicas de uso de imagens vêm oferecendo aos cientistas um grau de precisão e de detalhes impossível de ser obtido até então.

Uma nova frenologia?

Grandes estudos têm sido conduzidos para determinar com precisão quais partes do cérebro controlam certas funções cognitivas e da personalidade; esse campo já foi até chamado (em tom de brincadeira) de nova frenologia. Notamos no Capítulo 3 que "ler" o cérebro através das protuberâncias e sulcos do crânio de uma pessoa foi um método extremamente popular no século XIX, tanto na Europa quanto nos Estados Unidos.

Agora, no século XXI, um psicólogo escreveu que "a frenologia pode estar passando por uma redenção. Não é a parte do crânio – isso ainda é considerado um absurdo. Mas os neurocientistas estão usando suas novas ferramentas para revisitar e explorar a ideia de que diferentes traços de personalidade estão localizados em diferentes regiões cerebrais" (Wray, 2010, p. 1). Por exemplo, os traços de personalidade de extroversão, meticulosidade e afabilidade foram regularmente encontrados na mesma região do cérebro por estudos que usam imagens por ressonância magnética. Outra pesquisa está identificando áreas específicas do cérebro associadas à depressão (Kandel, 2013).

O pensamento pode fazer acontecer

Neurocientistas cognitivos demonstraram que o cérebro humano podia exercer controle sobre um computador ou, até mesmo, por meio de um computador, sobre outra pessoa. Em outras palavras, o pensamento pode ser traduzido em movimento apenas por impulsos elétricos. O primeiro sujeito para uma demonstração desse tipo foi um homem de 25 anos de idade que estava totalmente paralisado havia três anos. Censores eletrônicos, implantados no córtex motor de seu cérebro, eram interligados a um computador, permitindo-lhe controlar não somente o computador, mas também um aparelho de televisão e um autômato – tudo isso usando somente seus pensamentos.

Em poucos minutos, ele havia aprendido a movimentar o cursor do computador e abrir e-mails, movimentar objetos usando um braço robótico, jogar videogame simples e desenhar um círculo na tela. Ele praticou esse controle pensando em tais movimentos, isto é, ao ter a intenção ou o desejo de fazê-los. Naturalmente, ele não conseguia mover o controle com suas mãos.

Essa aplicação da neurociência cognitiva, chamada neuroprostética, dá a pessoas com esses tipos de deficiências a esperança de que um dia serão capazes de interagir com objetos em seu ambiente, e controlá-los (Hochberg et al., 2006; Isa, Fetz e Muller, 2009; Pollack, 2006).

Em outro experimento, um indivíduo, ao qual chamaremos de "emissor", conseguiu enviar um sinal cerebral pela Internet para controlar o movimento da mão de outra pessoa e jogou videogame com a mão dela em seu computador. Quando tinha de fazer um movimento com a mão direita para iniciar uma ação na tela, o emissor a mantinha imóvel e apenas imaginava a ação. Do outro lado da sala, o outro sujeito, usando uma bobina de estimulação elétrica sobre seu córtex motor, descobriu que seu dedo indicador da mão direita se movia involuntariamente no teclado para iniciar o movimento que o emissor pensava em fazer no jogo (Armstrong e Ma, 2013).

O retorno à introspecção

A aceitação das experiências conscientes levou os psicólogos cognitivos a reconsiderar a primeira abordagem de pesquisa da psicologia científica, o método introspectivo introduzido por Wundt há mais de um século.

Em uma declaração que podia ter sido escrita por Wundt ou Titchener, um psicólogo fez uma afirmação óbvia, no fim do século XX, de que "[...] se vamos estudar a consciência, devemos adotar a introspecção juntamente com os relatos introspectivos" (Farthing, 1992, p. 61). Ainda mais recentemente, outro psicólogo afirmou que a "introspecção é indispensável à psicologia" (Locke, 2009, p. 24).

Depois de ter sido banida pelos behavioristas durante décadas, a introspecção agora está de volta como o principal método da psicologia. Os psicólogos cognitivos tentaram quantificar os relatos introspectivos, a fim de permitir análises estatísticas mais objetivas e manipuláveis. Uma das abordagens, a avaliação fenomenológica retrospectiva, consiste em pedir ao indivíduo que avalie a intensidade das experiências subjetivas durante a resposta a uma situação de estímulo anterior.

Em outras palavras, o indivíduo avalia retrospectivamente as experiências subjetivas ocorridas durante um período anterior, quando lhe pediram para responder a dado estímulo. Um psicólogo cognitivo notou que não somente a introspecção podia ser amplamente utilizada, como também que os estados conscientes revelados pela introspecção são "frequentemente bons preditivos do comportamento da pessoa" (Wilson, 2003, p. 131).

Embora alguma forma de introspecção constitua o método de pesquisa mais frequentemente usado na psicologia contemporânea, até mesmo os mais fervorosos adeptos reconhecem as limitações para a sua validação. Por exemplo, alguns sujeitos podem fazer relatos introspectivos socialmente desejáveis, falando aos pesquisadores aquilo que eles querem ouvir, em um esforço para agradá-los. Outro problema com a introspecção é que os sujeitos podem não ser capazes de avaliar alguns de seus pensamentos ou sentimentos, pois eles residem profundamente no inconsciente, um tópico ao qual os psicólogos também estão dedicando atenção crescente.

A cognição inconsciente

O estudo do processo mental consciente motivou um renovado interesse nas atividades cognitivas inconscientes. "Depois de cem anos de descaso, desconfiança e frustração, o processo inconsciente voltou com firmeza na mente coletiva dos psicólogos" (Kihlstrom, Barnhardt e Tataryn, 1992, p. 788). Cada vez mais, os psicólogos cognitivos concordam que o inconsciente é capaz de realizar muitas funções que, antes, se acreditava precisar de conscientização deliberada. As pesquisas sugerem que a maioria de nosso pensamento e processamento de informações ocorre no inconsciente, que pode operar mais rápida e eficientemente que a mente consciente (ver Bargh e Morscela, 2008; Hassin, Uleman e Margh, 2005; Wilson, 2002).

Não é o mesmo inconsciente

Entretanto, essa não é a mente inconsciente de que falava Freud, transbordando de lembranças e desejos reprimidos trazidos ao consciente somente por meio da psicanálise. Esse novo inconsciente é mais racional que emocional, e está envolvido no primeiro estágio da cognição de resposta a um estímulo. Desse modo, o processo inconsciente constitui uma parte integrante da aprendizagem e é passível de estudo experimental.

Para distinguir a versão moderna de inconsciente cognitivo da versão psicanalítica (e dos estados físicos de inconsciência, sonolência ou comatoso), alguns psicólogos cognitivos preferem empregar o termo "não consciente". Em geral, os pesquisadores cognitivos concordam que a maioria dos processos mentais do homem ocorre no nível não consciente.

Um inconsciente inteligente

"Hoje, acredita-se que o estado inconsciente é mais 'alerta' do que se pensava, sendo capaz de processar informações visuais e verbais complexas e até prever (e planejar) acontecimentos futuros. [...] Não mais um simples depositário do ímpeto e do impulso, o inconsciente parece desempenhar importante papel na solução de problemas, no teste de hipóteses e na criatividade" (Bornstein e Masling, 1998, p. xx).

Tanto nos experimentos laboratoriais quanto nos estudos com base na observação do comportamento do consumidor ao fazer compras, os pesquisadores verificaram que o pensamento inconsciente (aqui chamado de "atenção sem deliberação") era mais criativo e diversificado e levava a compras mais satisfatórias do que quando as respostas no laboratório e comportamento de compra eram dirigidos pelo pensamento consciente (Kijksterhuis, Bos, Nordgren, e Van Baaren, 2006; Dijksterhuis e Meurs, 2006).

Uma abordagem popular no estudo do processamento não consciente envolve a percepção subliminar (ou ativação subliminar), na qual estímulos são apresentados abaixo do nível de consciência do indivíduo. Apesar da incapacidade do indivíduo de percebê-los, a estimulação ativa o processo consciente e o comportamento da pessoa. Desse modo, esse tipo de pesquisa demonstra que o indivíduo pode ser influenciado por um estímulo que não vê ou não ouve.

Essas e outras descobertas semelhantes convenceram os psicólogos cognitivos de que o processo de aquisição do conhecimento (dentro ou fora do ambiente laboratorial) ocorre tanto no nível consciente como no não consciente, mas a maior parte do trabalho mental envolvido na aprendizagem ocorre no nível não consciente. No entanto, depois de estabelecer a importância da cognição inconsciente, os psicólogos são cuidadosos ao ressaltar que o papel da consciência no processamento de informações continua a ter uma grande importância (Baumeister, Masicampo e Vohs, 2011).

A cognição animal: o retorno aos animais que pensam

O movimento cognitivo resgatou a consciência não apenas dos seres humanos, como também dos animais. De fato, a psicologia comparativa e a animal fecharam o círculo completo, desde as observações da vida mental do animal relatadas por Romanes e Morgan nas décadas de 1880 e 1890, passando pelo estudo do condicionamento mecânico por estímulo-resposta dos behavioristas skinnerianos nas décadas de 1950 e 1960, até a restauração contemporânea da consciência pelos psicólogos cognitivos.

Este retorno da consciência animal recebeu *status* formal com a estreia de um periódico chamado *Animal Cognition*, em 1998. Em 2014, uma publicação da APA, chamada *The Journal of Experimental Psychology: Animal Behavior Processes* mudou seu nome para reconhecer a importância da cognição animal, passando a se chamar *The Journal of Experimental Psychology: Animal Learning and Cognition* (Miller, 2014). Note que não há nenhuma menção a comportamento no novo título.

Desde a década de 1970, estudiosos da psicologia animal tentam demonstrar como o animal "codifica, transforma, computa e manipula as representações simbólicas das texturas espacial, temporal e causal do mundo real para adaptar e organizar o próprio comportamento" (Cook, 1993, p. 174). Em outras palavras, o sistema de processamento de informações semelhante ao do computador que se acredita operar nos humanos também está sendo estudado nos animais.

Observou-se, ainda, uma memória animal complexa e flexível e, pelo menos, alguns processos cognitivos operando de modo semelhante em animais e seres humanos. Os animais de laboratório são capazes de aprender conceitos variados e sofisticados. Eles exibem processos mentais, como codificação e organização de símbolos, capacidade de formar abstrações espaciais, temporais e numéricas e percepção das relações de causa e efeito. Além disso, o uso que fazem de ferramentas e de outros implementos e sua habilidade para modificar utensílios que funcionem em diferentes situações implicam um senso básico de raciocínio (Bania, Harris, Kinsley e Boysen, 2009; Wynne, 2001).

Estudos feitos com animais, desde insetos até mamíferos (incluindo ratos, pombas, chimpanzés, papagaios, golfinhos e corvos), sugerem que os animais conseguem desempenhar uma série de funções cognitivas. Entre estas estão formação de mapas cognitivos, percepção de motivos, planejamento levando em consideração experiências passadas, compreensão de conceitos de números e resolução de problemas pelo uso da razão (ver por exemplo, Emery e Clayton, 2005; Pennisi, 2006).

Vários estudos mostraram que papagaios e cachorros podem ter funções intelectuais em níveis comparados aos de humanos de 2 a 5 anos de idade. Porcos podem jogar videogames com controles e usar espelhos para encontrar alimentos que estão atrás deles. E, caso você não tenha notado, as abelhas podem aprender a identificar rostos humanos. (Ver Avargues-Weber, Portelli, Bernard, Dyer & Giorfa, 2010; Broom, Sena, & Moynihan, 2009; Jayson, 2009; Pepperberg, 2008).

Nem todo mundo concorda que os animais podem pensar

Como é de se esperar, no entanto, a ideia de cognição animal é controversa. Alguns estudiosos da psicologia animal sustentam que as pesquisas, até o presente momento, não oferecem comprovação suficiente para generalizar que a cognição animal funcione de modo semelhante à humana. A lacuna entre o funcionamento da mente animal e o da mente humana proposta por Descartes no século XVII mantém o seu apelo.

Os psicólogos comportamentais ainda rejeitam a noção de consciência, tanto em animais como em seres humanos. Um behaviorista afirmou sobre os psicólogos cognitivos animais: "Eles são os George Romaneses de hoje. Especular sobre memória, raciocínio e consciência dos animais não é menos ridículo do que era há cem anos" (Baum, 1994, p. 138). Um historiador famoso apresentou uma opinião contraditória:

> Será que os animais demonstram todos os aspectos observáveis da consciência? As evidências biológicas apontam para uma clara resposta positiva. Teriam, então, também, o lado subjetivo? Dada a longa e crescente lista de semelhanças, parece-me que o peso da evidência está inexoravelmente tendendo para uma resposta afirmativa. Sinto que a comunidade científica, agora, inclinou-se a seu favor. Os fatos básicos acabaram retornando à origem. Não somos os únicos seres conscientes do planeta. (Baars, 1997, p. 33)

Se os animais são seres conscientes e podem desempenhar funções cognitivas semelhantes às dos seres humanos, é possível perguntar se também exibem características comuns de personalidade? Um número crescente de psicólogos acredita que a resposta é afirmativa.

A personalidade animal

No início da década de 1990 dois psicólogos decidiram estudar 44 polvos vermelhos no aquário de Seattle, Washington, onde cientistas e cuidadores haviam notado que eles tinham personalidades diferentes entre si.

De fato, eles deram às criaturas nomes que correspondiam com a natureza delas. Uma fêmea mais tímida foi chamada de Emily Dickinson, em homenagem à poetisa. Outra era tão agressiva e destrutiva que foi chamada de Lucretia McEvil, em referência à música sucesso do rock do início dos anos 1970, da banda Blood, Sweat & Tears (Siebert, 2006).

Os psicólogos observaram o comportamento dos polvos em três situações experimentais e verificaram que diferiam em três fatores: atividade, reação e fuga. A resposta à pergunta: "Os polvos têm personalidade?" foi inexoravelmente afirmativa (Mather e Anderson, 1993).

Desde a época dessa pesquisa, os estudos têm documentado características de personalidade em uma variedade de animais, incluindo peixes, aranhas, animais de fazenda, hienas, porquinhos da índia, chimpanzés e cachorros. Por exemplo, cuidadores observaram hienas em um zoológico e relataram que apresentavam características semelhantes às dos humanos, como excitabilidade, sociabilidade, curiosidade e assertividade. Ovelhas foram avaliadas por diferirem, marcadamente, entre timidez *versus* ousadia, e essa característica afetava seu comportamento.

Ratos exibiram certo grau de empatia por outros ratos com dor, assim como chimpanzés, elefantes e golfinhos. Os orangotangos com grau elevado de extroversão e amabilidade, e baixo grau de comportamento neurótico, também apresentam um alto grau de bem-estar subjetivo. Além disso, os traços de personalidade exibidos por cachorros têm sido medidos com a mesma exatidão que em seres humanos.

Foi demonstrado que elefantes exibem delicadeza, bom humor, exploração e altos níveis de atividade. Estudos de chimpanzés mostraram que eles exibem os traços de personalidade humana de extroversão, afabilidade e meticulosidade, e mostram os mesmos declínios nessas características à medida que ficam mais velhos, assim como as pessoas.

Para exemplos desses tipos de estudos sobre características de personalidade realizados com animais, ver Gosling, Kwan, e John (2003); Guenther, Finkemeier e Trillmich (2014); Hirayoshi e Nakajima (2009); King, Weiss e Sisco (2008); Lee e Moss (2012); Miller (2006); Sibbald, Erhard, McLeod, e Hopper (2009); Siebert (2006); Weiss, King e Perkins (2006).

Como concluiu um psicólogo animal, "com o advento dos estudos da personalidade animal, estamos obtendo uma apreciação ainda maior não só da distinção entre pássaros e animais e seus comportamentos, mas também de suas semelhanças profundas com nós mesmos e nossos comportamentos" (Siebert, 2006, p. 51). Se os animais são tão semelhantes aos humanos em termos de processamento cognitivo, temperamento e personalidade, isso significa confirmação adicional da importância da evolução em todas as criaturas vivas? Como veremos, o campo relativamente novo da psicologia evolucionista se dedica a investigar justamente essa questão.

O estágio atual da psicologia cognitiva

Com o movimento cognitivo na psicologia experimental e a ênfase na consciência na psicologia humanista e na psicanálise pós-freudiana, é possível observar que a consciência estava exigindo a posição central que ocupou quando do início formal da disciplina. A visão predominante do objeto de estudo da psicologia oscilou dos fatos subjetivos, com Wundt e Titchener, para os objetivos, com Watson e Skinner, retornando aos subjetivos. A retomada da consciência ocorreu de forma vigorosa e substancial.

Armadilhas do sucesso

Como escola de pensamento, a psicologia cognitiva ostenta todo o aparato do sucesso. Na década de 1970, o movimento obteve tantos adeptos, que conseguiu sustentar as próprias revistas especializadas: *Cognitive Psychology* (publicada primeiro em 1970), *Cognition* (1971), *Cognitive Science* (1977), *Cognitive Therapy and Research* (1977), *Journal of Mental Imagery* (1977) e *Memory and Cognition* (1983). A revista *Consciousness and Cognition* começou a ser publicada em 1992, e a *Journal of Consciousness Studies*, em 1994. Hoje, existem mais de 40 periódicos tratando de vários aspectos sobre a psicologia cognitiva.

Em uma ocasião, Jerome Bruner descreveu a psicologia cognitiva como "uma revolução cujos limites ainda não podem ser previstos" (Bruner, 1983, p. 274). O cientista Roger Sperry, ganhador do prêmio Nobel, comentou que a revolução da consciência ou cognitiva, comparada às revoluções psicanalítica e behaviorista na psicologia, é "a reviravolta mais radical; a mais revisionista e mais transformadora" (Sperry, 1995, p. 35).

O impacto da psicologia cognitiva é sentido na maioria das áreas de interesse da psicologia norte-americana e europeia. Além disso, os psicólogos cognitivos têm tentado aprofundar e consolidar o trabalho de diversas grandes disciplinas em um estudo unificado e multidisciplinar de aquisição do conhecimento. Essa perspectiva, intitulada *ciência cognitiva*, é uma fusão de psicologia cognitiva, linguística, antropologia, filosofia, ciência da computação, inteligência artificial e neurociências.

Vários laboratórios e institutos de ciência cognitiva foram criados nas universidades dos Estados Unidos; alguns departamentos de psicologia passaram a se chamar departamentos de ciência cognitiva. Qualquer que seja o nome, a abordagem cognitiva para o estudo do fenômeno mental e dos processos mentais passou a dominar a psicologia e as disciplinas aliadas.

Talvez, a única característica que a ciência cognitiva compartilhe com seu predecessor, o behaviorismo, seja o uso do método experimental. "Os métodos usados pela psicologia cognitiva para estudar a mente são os mesmos utilizados pelos behavioristas, enquanto ignoram (ou negam) a mente" (Marken, 2009, p. 137).

Cognição incorporada

Uma recente extensão da psicologia cognitiva, denominada *cognição incorporada*, reconhece que há aspectos físicos da cognição revelados na atividade cerebral, na sensação e na percepção. Como consequência, então, as respostas dos sistemas perceptivo e motor afetam, direcionam e, frequentemente, determinam os processos cognitivos que ocorrem na mente. Desse modo, "a mente deve ser compreendida no contexto da sua relação com um corpo físico que interage com o mundo" (Wilson, 2002, p. 625).

Por exemplo, foi demonstrado que situações tão simples como segurar uma xícara de café quente ou fria pode afetar a forma como julgamos ou avaliamos a personalidade de outra pessoa – as pessoas que estavam em contato com as xícaras quentes fizeram avaliações diferentes daquelas que estavam segurando as xícaras frias. Em outra pesquisa, carregar pranchetas leves *versus* pesadas afetaram o modo como os alunos de faculdade avaliaram o valor de uma moeda estrangeira – os que carregavam as pranchetas mais pesadas julgaram que a moeda valia muito mais do que aqueles carregando pranchetas leves. Assim, os sinais físicos deram contexto à situação e influenciaram os processos de pensamento, o que apoia a sugestão de que a maneira como processamos a informação envolve não somente a mente, mas também o corpo (Jostmann, Lakens e Schubert, 2009; Miles, Nind e Macrae, 2010).

Sobrecarga cognitiva

Outro importante tópico na psicologia cognitiva é a *sobrecarga cognitiva*, que lida com essa atividade familiar, conhecida como multitarefas (*multitasking*). Uma pesquisa considerável mostrou que os estudantes universitários que foram expostos a uma variedade de imagens eletrônicas e de tarefas tiveram baixo desempenho. Eles não conseguiam se concentrar tão bem quanto os que não eram multitarefas.

As pessoas multitarefas distraíam-se com maior facilidade, tinham dificuldade em organizar informações e em passar de uma tarefa para outra (Ophir, Nass e Wagner, 2009). "As pessoas multitarefas foram, simplesmente, desleixadas em tudo", disse um dos pesquisadores (Pennerbaker, 2009). Isso explica por que tantos estudantes universitários que caminhavam pelo campus não viram o palhaço no exemplo que demos no início do Capítulo 1.

Quando se comparou um grande grupo de estudantes com idades entre 11 e 25 anos, os mais jovens eram bem menos afetados pela sobrecarga cognitiva. Os mais velhos (em idade universitária) não se saíram tão bem quanto as crianças. Portanto, foi sugerido que, ao menos aparentemente, os efeitos da sobrecarga cognitiva aumentam com a idade (Murray e Thomson, 2011).

Críticas ao movimento cognitivo

Temos visto consistentemente que nenhuma revolução, mesmo que bem-sucedida, escapa das críticas. Por exemplo, a maioria dos psicólogos behavioristas seguidores de Skinner se opõe ao movimento cognitivo. Mesmo os que apoiam o movimento apontam suas limitações e fraquezas, observando que há poucos conceitos com os quais a maioria dos psicólogos cognitivos concorda ou considera importantes, e ainda permanece uma considerável confusão acerca de terminologia e definições.

Outra crítica relaciona-se à ênfase excessiva na cognição em detrimento das outras influências sobre o pensamento e o comportamento, como a motivação e a emoção. A literatura especializada em motivação e emoção diminuiu ao longo das últimas décadas, enquanto as publicações relacionadas à cognição aumentaram. Ulric Neisser sugeriu que o resultado disso é uma abordagem limitada e improdutiva do campo.

"O pensamento humano é apaixonado e emocional, as pessoas atuam sob motivações complexas. O programa de computador, ao contrário, não trabalha por emoção e é monomaníaco em sua singularidade" (Neisser apud Goleman, 1983, p. 57). Ele percebeu o risco de a psicologia cognitiva fixar-se excessivamente nos processos de pensamento, do mesmo modo que o behaviorismo concentrou-se excessivamente no comportamento manifesto, ignorando todos os outros aspectos do funcionamento humano.

A psicologia cognitiva não está terminada. Está ainda em desenvolvimento; portanto, ainda é cedo demais para avaliar suas contribuições definitivas. Ela tem todas as características que uma escola de pensamento tinha em seu auge: publicações próprias especializadas, laboratórios, encontros, jargões e convicções, bem como o zelo dos seus adeptos.

Agora falamos de cognitivismo, como já fizemos no funcionalismo e no behaviorismo. A psicologia cognitiva já se tornou o que outras escolas de pensamento se tornaram em seu tempo: parte da corrente principal da psicologia. E, como vimos, é a progressão natural de todos os movimentos e revoluções quando estes se tornam bem-sucedidos.

A psicologia evolucionista

A psicologia evolucionista tem sido tratada como "a segunda onda da revolução cognitiva" (Cosmides e Tooby, 2013, p. 201). De acordo com essa visão, a primeira onda foi a nova ênfase na consciência e na inteligência artificial. A psicologia evolucionista afirma que os indivíduos são criaturas "ligadas" ou programadas pela evolução para se comportar, pensar e aprender de acordo com as formas que favoreceram a sobrevivência ao longo de várias gerações passadas. Essa abordagem é baseada na afirmação de que pessoas com certas tendências comportamentais e cognitivas têm mais chances de sobreviver, perdurar e criar proles.

Conforme comentou um psicólogo evolucionista, "os seres humanos que defendiam territórios, criaram filhos e se esforçaram para dominar eram mais propensos a se reproduzir com sucesso do que os humanos que não faziam essas coisas; resultando que seus últimos descendentes – membros da atual geração – geralmente têm todas essas tendências comportamentais" (Funder, 2001, p. 209). Os genes relacionados a esses comportamentos facilitadores da sobrevivência "passam de geração a geração, porque se adaptam, aperfeiçoando a forma de sobrevivência e o sucesso reprodutivo, e acabam disseminados, tornando-se instrumento padrão" (Goode, 2000, p. D9).

A biologia é mais importante que a aprendizagem

Assim, de acordo com essa visão, o ser humano é moldado tanto, se não mais, pelo meio biológico quanto pela aprendizagem. Sem negar que forças sociais e culturais influenciam o comportamento humano pela aprendizagem, os psicólogos evolucionistas afirmam que o indivíduo é predisposto, ao nascer, a certas formas de comportamento moldadas pela evolução.

A psicologia evolucionista lida com quatro proposições fundamentais:

1. Todos os mecanismos psicológicos, em algum nível básico, originam-se de processos evolucionistas e devem sua existência a eles.
2. As teorias de Darwin sobre a seleção natural e sexual são as mais importantes para os processos evolucionistas responsáveis por criar mecanismos psicológicos desenvolvidos.
3. Mecanismos psicológicos desenvolvidos podem ser descritos como instrumentos de processamento de informações.
4. Mecanismos psicológicos desenvolvidos são funcionais; funcionam para resolver problemas recorrentes de adaptação que confrontaram nossos antepassados. (citado em David Buss em Barker, 2006, p. 69-70).

Psicologia evolucionista é uma ampla área que faz uso de resultados de pesquisas de outras disciplinas, incluindo comportamento animal, biologia, genética, neuropsicologia e teoria evolucionista. Ela aplica esses resultados em todas as áreas da psicologia, como as que tratam de inteligência, personalidade e diferenças pessoais, psicologia social e comportamento de assumir riscos (ver Buss, 2009; Kanazawa, 2010, Pawlowski, Atwal e Dunbar, 2008).

Existe, afinal, unidade na psicologia?

No Capítulo 1 observamos que a psicologia atual está fragmentada em abordagens diversas para seus problemas, e que não há um único tema que reúna todas essas propostas em uma única psicologia. Os defensores da psicologia evolucionista afirmam que sua definição pode unir essas áreas discrepantes.

Um dos fundadores da psicologia evolucionista, David Buss (1953-), escreveu que ela "representa uma revolução verdadeiramente científica, uma profunda mudança de paradigma no campo de psicologia" (2005, p. xxiv). Em uma entrevista, no ano seguinte, ele chamou a psicologia evolucionista de "uma das revoluções científicas mais importantes que já tivemos na história da psicologia" (apud Barker, 2006, p. 73).

As influências anteriores na psicologia evolucionista

Qualquer movimento que se denomine psicologia evolucionista deve oferecer os créditos a Charles Darwin. A ideia de que somente aqueles dotados de algumas caraterísticas sobrevivem e reproduzem uma espécie com as mesmas qualidades parece ser a base da psicologia evolucionista, assim como fora para Darwin "A emergência da psicologia evolucionista e das disciplinas correlatas sinalizam a realização da visão de Darwin" (Buss, 2009c, p. 140).

William James

Em 1890, 31 anos depois da publicação do monumental trabalho de Darwin a respeito da evolução, William James utilizou o termo "psicologia evolucionista" em seu livro, *The principles of psychology*. James previu que, um dia, a psicologia se basearia na teoria da evolução. Também propôs que a maior parte do comportamento humano é programada no nascimento por predisposições genéticas chamadas instintos. Esses comportamentos instintivos seriam passíveis de modificação por meio da experiência ou da aprendizagem, mas, inicialmente, são formados independentemente das experiências.

James acreditava ser instintiva uma ampla variedade de comportamentos, incluindo o medo de objetos específicos, como cobras, animais estranhos e altura, todos envolvendo claramente o valor de sobrevivência. Outros comportamentos instintivos, afirmava James, seriam moldados pelos pais – o amor, a sociabilidade e a pugnacidade (a propensão à luta e à disputa). Ele afirmava que os comportamentos instintivos tinham evoluído por meio da seleção natural e de adaptações destinadas a lidar com problemas específicos de sobrevivência e de reprodução.

Behaviorismo

Durante o reinado do behaviorismo, de 1913 a cerca de 1960, a noção de determinação genética do comportamento era vista como uma espécie de maldição. Todo comportamento era aprendido, afirmavam os behavioristas, mas, mesmo assim, durante esse período de supremacia e efetiva dominação do behaviorismo na psicologia, surgiam trabalhos a respeito da precedência das influências genéticas e das tendências herdadas sobre as respostas condicionadas.

Por exemplo, no Capítulo 11, vimos o trabalho dos alunos de Skinner, os Brelands, que treinavam animais para apresentações em circos, propagandas de televisão e feiras comerciais. Alguns desses animais demonstravam propensão à transferência instintiva. Os animais, às vezes, substituíam o comportamento instintivo por outros, reforçados por alimento, mesmo quando o instintivo interferia na obtenção de comida, uma violação clara do princípio básico behaviorista de que o reforço seria predominante.

Tendências predispostas

Há um trabalho conhecido do psicólogo Harry Harlow, que realizou uma pesquisa sobre o amor materno dos macacos (Harlow, 1971). Harlow criou filhotes de macacos com mães artificiais de dois tipos. Ambas eram construídas de armações de arame, mas uma era coberta de tecido de pelúcia macio e aconchegante, enquanto a outra era descoberta e dura, mas com mamilos para fornecer leite. Para os skinnerianos, era óbvia a associação do reforço apenas com a mãe que fornecia a recompensa do leite.

Entretanto, quando os macacos ficavam assustados, agarravam-se na mãe coberta de pelúcia e não na que sempre lhes fornecia o reforço. Parecia haver outra força atuando, impossível de ser explicada pelo condicionamento operante e pelo reforço.

Uma pesquisa realizada por Martin Seligman, o iniciador da psicologia positiva, demonstrou que era fácil condicionar as pessoas a ter medo de cobras, insetos, cães, altura e túneis. Difícil, no entanto, era condicionar o indivíduo a temer objetos menos ameaçadores e mais neutros, como um automóvel ou uma chave de fenda (Seligman, 1971).

O medo de cobras sempre serviu para a sobrevivência e, consequentemente, para a evolução; assim, presume-se que o indivíduo já nasça com essa predisposição. Entretanto, o medo de objetos neutros não teve valor para a sobrevivência ao longo de várias gerações, não sendo, portanto, transmitido. Seligman chamou esse fenômeno de *preparo biológico*. Esse conceito sugere que "as fobias realmente são aprendidas por meios clássicos de condicionamento, mas que certos medos, que podem ter servido a algum propósito adaptador nos ambientes ancestrais, são mais facilmente condicionáveis" (Siegert e Ward, 2002, p. 244).

A revolução cognitiva

A revolução cognitiva também foi uma precursora da psicologia evolucionista. O movimento cognitivo ligou a mente humana a um computador capaz de processar qualquer tipo de informação recebida. Parte da metáfora do computador da mente é a compreensão de que a mente, assim como o computador, deve ser programada para realizar sua vastidão de tarefas.

Portanto, a psicologia evolucionista, além de se valer da revolução cognitiva, também expande sua importância ao considerá-la uma estrutura necessária para se compreender a natureza humana e a animal. Concentra-se na importância do consciente que se desenvolveu com o tempo, e dá grande ênfase à noção do computador como uma metáfora para todos os processos conscientes. Dois psicólogos evolucionistas famosos escreveram:

> Os programas que abrangem a mente humana foram desenvolvidos por seleção natural para resolver problemas de adaptação regularmente encontrados por nossos ancestrais na caça e coleta – problemas como encontrar um companheiro, cooperar com outros, caçar, coletar, proteger as crianças, navegar, evitar predadores, evitar exploração e assim por diante. A função desenvolvida do cérebro é extrair informações do ambiente e usá-la para gerar comportamentos e regular a fisiologia. Portanto, o cérebro não é apenas parecido com um computador. Ele *é* um computador, isto é, um sistema físico planejado para processar informações. (Tooby e Cosmides, 2005, p. 5)

A influência da sociobiologia

Surgiu outro ímpeto mais contemporâneo da psicologia evolucionista, em 1975, quando o biólogo Edward O. Wilson (1929-) publicou um livro totalmente inovador, intitulado *Sociobiologia*: a nova síntese [*Sociobiology*: a new synthesis] (Wilson, 1975), o qual tanto foi aclamado como veementemente criticado. Dois anos depois, era capa da revista *Time*. Nesse mesmo ano, Wilson ganhou a Medalha Nacional da Ciência e, durante a reunião anual da Associação Americana para o Progresso da Ciência, sociedade não caracterizada pela violência física, ele recebeu um balde de água gelada na cabeça.

A tese ousada e corajosa de Wilson era uma afronta para muitas pessoas, porque o trabalho desafiava a crença de que todos são criados iguais e que somente forças sociais e ambientais podem melhorar o desenvolvimento humano. Wilson irritou as pessoas ao afirmar que as influências genéticas podem ser mais importantes que as culturais. Se todo comportamento for geneticamente determinado, então, não há esperanças de modificá-lo por meio de práticas de criação e educação da criança ou por qualquer outro método. No entanto, não era esse o ponto central de Wilson, embora adotasse uma visão hereditária muito forte em uma época na qual esse tipo de perspectiva era malvisto. Wilson escreveu:

> O ser humano herda a propensão a adquirir estruturas sociais e comportamentais, tendência compartilhada por uma quantidade suficiente de indivíduos para ser chamada de natureza humana. Os traços determinantes incluem divisão de tarefas entre os sexos, ligação entre pais e filhos, grande altruísmo entre os semelhantes mais próximos, rejeição ao incesto, outras formas de comportamento ético, suspeita de estranhos, tribalismo, ordens dominantes entre os grupos, total domínio masculino e agressões territoriais diante da limitação de recursos. Embora o indivíduo seja dotado de livre-arbítrio e de escolha de retroceder em muitas decisões, os canais de seu desenvolvimento psicológico são – por mais que desejássemos o contrário – mais determinados pelos genes em certas direções do que em outras. (Wilson, 1994, p. 332-333)

Como resultado do enorme protesto contra o livro de Wilson, a palavra *sociobiologia* acabou criando uma conotação tão negativa, que caiu em desuso. Em 1989, quando um grupo de cientistas norte-americanos decidiu criar uma associação profissional para estudar o campo iniciado por Wilson, deram o nome de Comportamento Humano e Evolução da Sociedade [Human Behavior and Evolution Society] e procuravam evitar a palavra *sociobiologia* nos encontros.

O campo de estudo iniciado por Wilson foi incorporado às visões modificadas de vários psicólogos norte-americanos, que chamavam seus trabalhos de psicologia evolucionista. Com esse nome aparentemente mais aceitável, o campo tornou-se imensamente popular.

O estágio atual da psicologia evolucionista

A psicologia evolucionista lida com os mecanismos psicológicos de evolução que são conectados ou programados na cognição e no comportamento humano porque foram bem-sucedidos na solução de problemas específicos de sobrevivência e reprodução na história evolucionária do organismo. Essa abordagem tornou-se altamente bem-sucedida e influente, ocupando um papel central na neurociência cognitiva (Confer et al., 2010; C. Webster, 2007).

Apesar da sua popularidade, a psicologia evolucionista gerou críticas consideráveis, como todo novo movimento gera. Como vimos na sociobiologia, as pessoas que acreditam que os seres humanos são exclusivamente, ou pelo menos principalmente, produtos da aprendizagem se opõem a qualquer discussão a respeito de determinantes biológicas do comportamento. Se a natureza humana é determinada apenas pelo dom natural genético, não há possibilidade de forças culturais e sociais positivas alterarem o comportamento para melhor, ou de as pessoas tentarem exercer o livre-arbítrio.

A resposta dos psicólogos evolucionistas para essa crítica é observar, como fez Wilson, que não se está afirmando que todo tipo de comportamento é imutável e determinado pelos genes. O comportamento humano é modificável; nós continuamos livres para escolher. As forças sociais e culturais são influentes e, algumas vezes, superam ou alteram a programação herdada para responder de determinada forma.

Os opositores argumentam que a amplitude do campo "torna a teoria difícil de ser testada de qualquer maneira convincente. A capacidade da psicologia evolucionista de explicar praticamente tudo não é nenhuma virtude" (Funder, 2001, p. 210). Os críticos também questionam como é possível vincular ou conectar claramente uma história de adaptação em um comportamento específico, através de centenas de gerações, até chegar aos povos primitivos, onde o valor de sobrevivência do comportamento provavelmente se originou.

História em construção: não existe final

Temos visto ao longo deste livro que cada nova abordagem da psicologia, cada nova tentativa de definir e redefinir o campo, teve críticas e pontos de vulnerabilidade aparente. Tal como no caso da psicologia cognitiva, ainda é cedo demais para julgar se a psicologia evolucionista terá seu valor legitimado. Também esse campo faz parte da história em formação. Um defensor do movimento da psicologia evolucionista resumiu o estágio atual da área nos seguintes termos: "No momento, temos um princípio poderoso, que acabará fornecendo a base para uma psicologia mais profunda e mais enriquecida. No entanto, ainda temos de trabalhar muito" (Nesse apud Goode, 2000, p. D9).

Assim, continha a busca pela abordagem verdadeiramente definitiva da psicologia, pela escola final de pensamento que possa caracterizar o campo por mais de algumas décadas. Será que a psicologia evolucionista ou a psicologia cognitiva se tornará o juiz final e definirá a psicologia e o seu objeto de estudo? Com base no que foi visto até aqui, provavelmente não.

A única afirmação possível a partir da história da psicologia estudada até aqui é que, quando um movimento se formaliza em uma escola de pensamento, esta ficará em evidência até que um novo movimento apresente ideias que a superem com êxito. Quando isso ocorre, as artérias desobstruídas do até então jovem e vigoroso movimento começam a endurecer. A flexibilidade se transforma em rigidez, a paixão revolucionária começa a ser protetora da sua posição, e olhos e mente começam a se fechar para as novas ideias. É dessa maneira que nasce um novo sistema.

Assim acontece no progresso de qualquer ciência, uma construção evolucionista para níveis mais elevados de desenvolvimento. Não há complementação nem final, apenas um processo interminável de crescimento, como as novas espécies evoluem das antigas e tentam se adaptar a um ambiente em constante mudança.

QUESTÕES PARA DISCUSSÃO

1. De que maneiras o estruturalismo, o funcionalismo e a psicologia da Gestalt contribuíram para a psicologia como conhecemos hoje, embora eles já não existam como escolas de pensamento?

2. Quais influências anteriores nos campos da psicologia e da medicina levaram ao desenvolvimento da psicologia cognitiva? Descreva essas influências.
3. Quais são os primeiros indícios do surgimento da revolução cognitiva na psicologia?
4. Quais fatores pessoais influenciaram Miller e Neisser no desenvolvimento de uma abordagem cognitiva para a psicologia?
5. Qual é a diferença entre a psicologia cognitiva e a behaviorista?
6. O que o termo "validade ecológica" significa? Esse termo se aplica a todas as formas de psicologia ou somente à abordagem cognitiva?
7. De que forma os computadores podem servir como metáforas para a mente humana? Qual era a metáfora antes do desenvolvimento dos computadores?
8. Discuta três modos pelos quais a psicologia cognitiva difere do behaviorismo.
9. Na Segunda Guerra Mundial, qual a necessidade prática levou ao desenvolvimento do computador moderno?
10. O que a partida de xadrez mais famosa do século XXI tem a nos dizer sobre a capacidade de uma máquina pensar?
11. Estabeleça a diferença entre o Teste de Turing e o problema da sala chinesa.
12. Como o Teste de Turing foi usado para examinar a proposição da capacidade de pensar do computador?
13. Em que aspectos a psicologia cognitiva se diferencia do behaviorismo?
14. De que maneiras a neurociência cognitiva pode ser usada para mapear o cérebro?
15. Como a neurociência cognitiva pode ser descrita como a nova frenologia?
16. O que é neuroprostética e como ela envolve a neurociência cognitiva?
17. Quais são as limitações para se usar a introspecção na psicologia cognitiva?
18. De que modo a versão do inconsciente cognitivo difere da visão freudiana do inconsciente?
19. Em sua opinião, os animais são capazes de atividades cognitivas ou estamos atribuindo a eles funções humanas que, na realidade, não possuem?
20. Qual é o *status* atual da psicologia cognitiva?
21. Como a evidência da existência de personalidade em animais confirma a noção de evolução de Darwin e a área da psicologia evolucionista?
22. Descreva o significado dos termos "cognição incorporada" e "sobrecarga cognitiva".
23. Descreva a relação entre a psicologia evolucionista e a cognitiva. Qual delas deu origem à outra?
24. Você acredita que a psicologia evolucionista seja a última fase da história dividida e fragmentada da área?

Capítulo 16

Apontamentos para a pesquisa em história da psicologia no Brasil

Introdução

A construção de uma área específica de pesquisa sobre a psicologia e sua história no Brasil está em consonância com o desenvolvimento mais recente da ciência no país. Para relatar o surgimento, o desenvolvimento e a pesquisa sobre a história da psicologia no Brasil propõe-se, inicialmente, apresentar os órgãos e entidades que regulam e fomentam a pesquisa científica, e depois os aspectos históricos do ensino superior. Sendo assim, a seguir serão descritos os primeiros movimentos para a constituição dessa área, cujo processo de construção da pesquisa em história e historiografia da psicologia no Brasil decorre desses primeiros movimentos.

Instituições representativas para o desenvolvimento científico recente do Brasil

Conselho Nacional de Desenvolvimento Científico e Tecnológico (CNPq), criado, em 1951 (Lei nº 1.310, de 15/01/1951), para fomentar o desenvolvimento científico do país por meio de bolsas, participação em reuniões científicas e apoio em intercâmbio científico, nacional e internacional. Desde a criação do Ministério da Ciência e Tecnologia, em 1985 (Decreto nº 91.146 de 15/03/1985), o CNPq é o órgão central do sistema federal de ciência e tecnologia no país (http://www.cnpq.br/web/guest/a-criacao/)[1], que é responsável pela Plataforma Lattes, repositório que reúne currículos, grupos de pesquisa e instituições de ensino superior (http://lattes.cnpq.br/).

Coordenação de Aperfeiçoamento de Pessoal de Nível Superior (Capes), criada em 1951 como Campanha Nacional de Aperfeiçoamento de Pessoal de Nível Superior, (Decreto nº 29.741, de 11/07/1951), é uma fundação vinculada ao Ministério da Educação, que atua na consolidação e expansão da pós-graduação no país, em nível de mestrado e doutorado (http://www.capes.gov.br/historia-e-missao). Em 1998, implantou o Sistema Nacional de Pós-Graduação (SNPG), com o objetivo de avaliar e qualificar a pós-graduação no país; e, em 2014, implantou a Plataforma Sucupira, que passou a concentrar as solicitações de Avaliação de

[1] Todos os sites apresentados neste capítulo foram acessados em dez/2018.

Propostas de Cursos Novos (APCN) de pós-graduação; e a receber dados dos cursos de pós-graduação, que são periodicamente avaliados (https://sucupira.capes.gov.br/sucupira/).

Financiadora de Inovação e Pesquisa (Finep), criada em 1967 (Decreto-lei nº 61.056, de 24/07/1967), e vinculada ao Ministério do Planejamento, possibilitou a criação do Fundo Nacional de Desenvolvimento Científico e Tecnológico, em 1969 (Decreto-lei nº 719 de 31/07/1969), cuja finalidade é dar apoio financeiro aos programas e projetos prioritários de desenvolvimento científico e tecnológico (http://www.finep.gov.br/a-finep-externo/historico).

Ministério de Ciência e Tecnologia (MCTIC), criado em 1985 (Decreto nº 91.146, de 15/03/1985), é o órgão central do sistema federal de Ciência e Tecnologia, responsável por formular e programar uma política nacional para a ciência e a tecnologia do país, por meio de CNPq e Finep.

Ensino superior no Brasil

O ensino superior no Brasil foi organizado a partir do Estatuto das Universidades Brasileiras (Decreto nº 19.851, 11/04/1931), documento que especifica que o título de doutor será atribuído a quem defender tese perante uma comissão examinadora, mas não esclarece os critérios e atividades exigidos para obtenção do título (http://www2.camara.leg.br/legin/fed/decret/1930-1939/decreto-19851-11-abril-1931-505837-publicacaooriginal-1-pe.html). Depois de 30 anos, a Lei de Diretrizes e Bases da Educação (Lei nº 4.024, de 20/12/1961) habilitou as universidades a ministrar cursos "de pós-graduação, abertos a matrícula de candidatos que hajam concluído o curso de graduação e obtido o respectivo diploma" (http://www2.camara.leg.br/legin/fed/lei/1960-1969/lei-4024-20-dezembro-1961-353722-publicacaooriginal-1-pl.html). A regulamentação dos cursos de pós-graduação[2], por sua vez, foi feita pelo Conselho Federal de Educação, no parecer nº 977/65, de 03/12/1965, que destaca como motivos:

1. formar professorado competente que possa atender à expansão quantitativa do nosso ensino superior garantindo, ao mesmo tempo, a elevação dos atuais níveis de qualidade;
2. estimular o desenvolvimento da pesquisa científica por meio da preparação adequada de pesquisadores;
3. assegurar o treinamento eficaz de técnicos e trabalhadores intelectuais do mais alto padrão para fazer face às necessidades do desenvolvimento nacional em todos os setores.

Esse parecer diferencia o *lato sensu* de *stricto sensu*. O *stricto sensu* é definido como um "ciclo de cursos regulares em segmento à graduação, sistematicamente organizados, visando desenvolver e aprofundar a formação adquirida no âmbito da graduação e conduzindo à obtenção de grau acadêmico" (http://www.scielo.br/pdf/rbedu/n30/a14n30.pdf). Distingue também mestrado e doutorado, sendo o mestrado "etapa preliminar na obtenção do grau de doutor ou como grau terminal" (http://www.scielo.br/pdf/rbedu/n30/a14n30.pdf).

Outros fatores também impulsionaram a pesquisa científica, como a criação de associações científicas, como a Sociedade de Psicologia de São Paulo (1945), a Sociedade Brasileira para o Progresso da Ciência (1948); a criação de periódicos, como a *Revista de psicologia normal e patológica* (1948), o *Boletim de psicologia* (1949), o *Arquivos brasileiros de psicotécnica* (1949), entre outros. O intercâmbio internacional promovido pelas agências

[2] Disponível em: http://www.scielo.br/pdf/rbedu/n30/a14n30.pdf. Acesso em dez/2018.

de fomento - entre 1953-1959, período em que cerca de 1.200 estudantes e docentes realizaram estágios e cursos no exterior -, foi importante para a implantação dos primeiros cursos de pós-graduação no Brasil. Esse contexto contribuiu para a primeira participação de pesquisadores da psicologia na reunião anual da Sociedade Brasileira para o Progresso da Ciência (1950), para a concessão da primeira bolsa de pesquisa (1952); e para a instalação dos primeiros cursos de pós-graduação em psicologia: em 1966, o mestrado em Psicologia Clínica da Pontifícia Universidade Católica do Rio de Janeiro (PUC-Rio) (Costa e Yamamoto, 2016); em 1969, o mestrado em Psicologia da Educação da Pontifícia Universidade Católica de São Paulo (PUC-SP) (https://www.pucsp.br/pos-graduacao/mestrado-e-doutorado/psicologia-psicologia-social#historia).

A pós-graduação foi complementada pela lei da Reforma Universitária (Lei nº 5.540, de 28/11/1968), que renovou a estrutura de funcionamento, organizou o financiamento dos cursos, instituiu a carreira acadêmica, vinculou a produção de conhecimento, ensino e extensão; e criou, portanto, um ambiente propício para o desenvolvimento da pós-graduação no Brasil. Na década de 1970, foram ofertados pelo menos 12 cursos de mestrado. Em 1971, foi criado o Centro de Pós-Graduação em Psicologia Aplicada do Instituto de Seleção e Orientação Profissional (ISOP) da Fundação Getúlio Vargas do Rio de Janeiro (ISOP, 1978). Em 1974, a Universidade de São Paulo implantou os dois primeiros cursos de doutorado em psicologia no país: um em Psicologia Escolar e Desenvolvimento Humano e outro em Psicologia Experimental. Pouco depois, em 1977, o Centro de Pós-Graduação em Psicologia Aplicada instalou o doutorado (Costa e Yamamoto, 2016); e, em 1978, a Pontifícia Universidade Católica de São Paulo (PUC-SP) inaugurou o doutorado em Psicologia (https://www.pucsp.br/pos-graduacao/mestrado-e-doutorado/psicologia-psicologia-social#historia).

Inícios institucionais da psicologia no Brasil

A história da psicologia como área específica de pesquisa no Brasil começou a se organizar na década de 1980. O primeiro grupo de pesquisa em história da psicologia, oficialmente registrado no Diretório dos Grupos de Pesquisa no Brasil do CNPq, data de 1983. Atualmente, denominado Grupo da PUCSP em História da Psicologia, é vinculado ao Programa de Estudos Pós-Graduados em Psicologia Social da PUC-SP (dgp.cnpq.br/dgp/espelhogrupo/9295117377016493).

No âmbito da estruturação e consolidação da pesquisa em história da psicologia como área de pesquisa, pelo menos dois eventos lhe garantem importância concreta: em São Paulo, a publicação de um volume sobre a *História da Psicologia* (Guedes, 1987); e no Rio de Janeiro, a organização do *Seminário Nacional de História da Psicologia* (Stubbe, 1988).

Sobre o volume *História da psicologia*

Guedes (1987) relata que o volume se originou de um ciclo de debates, composto de 11 encontros, do qual participaram 18 convidados, entre eles psicólogos, filósofos, historiadores, psicanalistas, antropólogos. Como motivo, Guedes (1987, p.7) atribuiu a importância da história da psicologia para a formação de pesquisadores de pós-graduação, cabendo ao então "Laboratório de Psicologia Social - [e] ao ensejo da criação do doutoramento - reanimar na PUC-SP os estudos históricos". Na ocasião, a história da psicologia serviu aos ingressantes de diferentes áreas no Programa de Pós-Graduação como um aglutinador de conhecimentos sobre a psicologia no Brasil. O volume contém textos dos seguintes autores:

1. **Marina Massimi:** "A questão mente-corpo nas doutrinas dos primeiros séculos da cultura cristã".
2. **Luiz Claudio Mendonça Figueiredo:** "W. Wundt e alguns impasses da psicologia: uma proposta de interpretação".
3. **Fernando González Rey:** "La categoria personalidad en la obra de los psicólogos marxistas".
4. **Tereza Maria Azevedo Pires Sério:** "Algumas questões sobre a análise da proposta skinneriana para a psicologia".
5. **Marina Massimi:** "As origens da psicologia brasileira em obras do período colonial".
6. **Maria Amália Pie Abib Andery e Tereza Maria Azevedo Pires Sério:** "O ensino de história da psicologia: análise de uma experiência".

Quanto às origens e ao desenvolvimento da pesquisa em história da psicologia, observa-se que os capítulos focam diferentes temas e períodos, abordando de autores clássicos da psicologia a relatos sobre a docência em história da psicologia. Além disso, nesse volume, a diversidade na vinculação institucional e a participação de pesquisador internacional já contemplavam as exigências das agências de fomento e os critérios de avaliação dos programas de pós-graduação em voga no país.

Sobre o *Seminário Nacional de História da Psicologia*

O primeiro evento sobre a história da psicologia, no Brasil, ocorreu em 1987, e seu conteúdo foi publicado em 1988. Foi organizado pela professora Miriam Langenbach e pelo então professor visitante Hannes Stubbe, ambos do Departamento de Psicologia da Pontifícia Universidade Católica do Rio de Janeiro. Os informes da época relatam que o evento era composto de nove mesas-redondas e que contou com uma audiência de 180 participantes.

Mesa-redonda 1: "25 anos de regulamentação da profissão no Brasil, um balanço crítico"
Coordenação: Maria Helena Novaes Mira
Elisa Velloso: *25 anos da regulamentação*
Padre Benko: *Liberdade e institucionalização*
Franco Lo Presti Seminério: sem título

Mesa-redonda 2: "História da psicologia no mundo"
Coordenação: Anamaria Ribeiro Coutinho
Ulfried Geuter: *A psicologia na Alemanha*
Padre Antonius Benko: *A psicologia na Áustria*
Karl Peltzer: *Psicohistória da personalidade negra africana*
Hannes Stubbe: *A situação da psicologia na China*

Mesa-redonda 3: "História da psicologia no Brasil"
Coordenação: Monique Rose-Aimée Augras
Antonio Gomes Penna: *Alguns comentários sobre a história da psicologia no Rio de janeiro*
Marina Massimi: *História do conhecimento psicológico no Brasil, na época colonial*
Ana Cristina Figueiredo: *Uma reflexão sobre as relações entre psicanálise e psicologia clínica no Rio de Janeiro na década de 1970*
Miriam Langenbach: *A psicologia no estado do Rio de janeiro: algumas considerações*

Mesa-redonda 4: "A psicologia nos regimes totalitários"
Coordenação: Ione Caldas
Ulfried Geuter: *A psicologia alemã durante o nazismo*
Isabel Victória Mazarina: *A psicologia sob os regimes totalitários*
Cecília Maria Bouças Coimbra: *A ditadura militar no Brasil e o saber psicológico*

Mesa-redonda 5: "A psicologia e a realidade brasileira"
Coordenação: Circe Navarro Vital Brasil
Ana Lucia Schliemann: *A psicologia cognitiva e a educação brasileira*
Celio Garcia & Regina Campos: *A psicologia e a realidade brasileira*

Mesa-redonda 6: "Psicologia clínica"
Coordenação: Terezinha Féres Carneiro
Terezinha Lins de Albuquerque: *Psicologia clínica*
Bellkiss Wilma Romano Lamosa: *Psicologia clínica: um enfoque da assistência à saúde*
Maria Anita C. R. Lima Silva: *A profissionalização do psicólogo clínico*

Mesa-redonda 7: "Psicologia comunitária"
Coordenação: Teresa Creusa G.M. Negreiros
Maria Cristina P. Ventura: *Caderneta de saúde e educação: uma experiência em saúde comunitária*
Marco Aurélio G. M. Negreiros: *Psicologia e trabalho comunitário*

Mesa-redonda 8: "Psicologia e educação"
Coordenação: Esther Maria de M. Arantes
Maria Helena Novaes Mira: *Breve histórico da psicologia escolar e sua prática na realidade educacional brasileira*
Angela Maria Dias Fernandes: *Psicologia e educação: a necessária construção de novos caminhos*

Mesa-redonda 9: "Psicologia e justiça"
Coordenação: Francisco Leonel F. Fernandes
Eliezer Schneider: *A psicologia jurídica como disciplina do currículo de graduação*
Raquel O' Donnell: *Psicologia e justiça*
Marlene Guirado: *Psicologia e justiça*

Além dos textos das mesas-redondas, o volume apresenta os seguintes documentos: *Bibliografia básica sobre história da psicologia no Brasil*; *Arquivo da história da psicologia brasileira*; e *Projeto história da psicologia brasileira*.

A publicação do volume e a realização do seminário podem ser considerados eventos que configuram os princípios da história da psicologia como área de pesquisa em nível de pós-graduação no país. No entanto, não se pode desvincular seu surgimento da organização dos cursos de mestrado e doutorado, associações científicas e instituições reguladoras da pós-graduação.

Alguns antecedentes

Os primeiros cursos de pós-graduação no Brasil surgiram na década de 1960. Em 1963, inicialmente, foram criados cursos na Escola Superior de Agricultura de Viçosa (Universidade do Brasil), e no Instituto de Tecnologia da Aeronáutica e no Instituto de Química (Universidade do Brasil). Em 1965, já havia "vinte e poucos mestrados e cerca de dez doutorados" (Sucupira, 1980, p. 15). Em 1966, na psicologia, os primeiros mestrados foram em Psicologia Clínica, da PUC-Rio; em 1969, em Psicologia da Educação, da PUC-SP. Portanto, a instalação de mestrados e doutorados em psicologia ocorreu em sintonia com o estabelecimento dos cursos de pós-graduação no país.

Em 1974, a Capes passou a ser um "órgão central superior, gozando de autonomia administrativa e financeira" (http://www.capes.gov.br/historia-e-missao), o que possibilitou, em 1975-1976, a decisão de criar uma associação científica para as ciências humanas. O modelo adotado na ocasião foi o da recém-criada Associação Nacional dos Centros de Pós-Graduação em Economia, inaugurada em 1973 (http://www.anpec.org.br/novosite/br). Contudo, a criação de uma associação científica de psicologia de âmbito nacional só surgiria cerca de uma década depois.

Na década de 1980, novos eventos contribuíram para a organização da pós-graduação: a Capes passou a ser o órgão responsável pela elaboração e implantação do Plano Nacional de Pós-Graduação; e o CNPq estabeleceu "igual tratamento às ciências humanas e às sociais aplicadas, com a introdução de novas áreas de conhecimento nas atividades de fomento" (http://www.cnpq.br/web/guest/anos-80/). Um dos objetivos do Plano Nacional de Pós-Graduação, no período de 1982-1985, foi a qualificação da atividade docente; já no período de 1986-1989 foi consolidar e integrar a pós-graduação (Nobre E Freitas, 2017). Portanto, os objetivos abrangiam um conjunto de iniciativas que criou as condições para estruturar a pós-graduação: autonomia orçamentária, unidade em torno de associações científicas, perspectiva de fomento e de financiamento para as pesquisas e a definição das atividades que atualmente caracterizam a pesquisa em nível de pós-graduação.

Foi nesse panorama que coordenadores de cursos de psicologia se reuniram e aprovaram a criação, em 9 de julho de 1983, da Associação Nacional de Pesquisa e Pós-graduação em Psicologia (Anpepp), durante a 34ª Reunião da Sociedade Brasileira para o Progresso da Ciência, coordenada por Carolina Bori e secretariada por Analucia Schliemann, com a participação de pesquisadores, estudantes e entidades de psicologia (http://www.anpepp.org.br/acervo/Admin/Cs830709.pdf).

A Anpepp é uma organização sem fins lucrativos que congrega programas de pós-graduação vinculados a instituições de ensino superior, com o objetivo de fomentar e estimular a formação de profissionais para pesquisa e pós-graduação em psicologia, e que se propõe a:

1. promover e defender medidas de apoio e incentivo aos programas afiliados consoantes aos interesses da pesquisa e da pós-graduação;
2. promover o intercâmbio e a cooperação entre os centros de pesquisa e seus pesquisadores;
3. defender o interesse e a promoção do aperfeiçoamento de programas de pós-graduação;
4. incentivar o desenvolvimento da pesquisa em psicologia;
5. incentivar a formação de pesquisadores em psicologia;
6. promover a divulgação dos trabalhos científicos em psicologia produzidos no país, por meio da realização de congressos, seminários e reuniões de interesse da pesquisa e da pós-graduação em psicologia;
7. colaborar com outras sociedades científicas na defesa dos interesses nacionais, especialmente com relação à pesquisa e à pós-graduação em psicologia;

8. colaborar com outras entidades representativas da psicologia, visando ao desenvolvimento e ao fortalecimento da ciência e da profissão de psicólogo.

Esses objetivos são atingidos com a realização dos Simpósios Brasileiros de Pesquisa e Intercâmbio Científicos, ou Simpósios Anpepp, e dos Seminários Novos Horizontes, que ocorrem a cada dois anos, ora com pesquisadores doutores membros da Anpepp, ora com os coordenadores dos Programas de Pós-Graduação em Psicologia filiados à Anpepp.

Os simpósios da Anpepp acontecem ininterruptamente desde seu primeiro encontro, em 1988. Os associados são Programas de Pós-Graduação; e os participantes, ou membros, são professores e/ou pesquisadores doutores vinculados aos Programas de Pós-Graduação que integram a entidade. Os encontros se estruturam em Grupos de Trabalho, em geral temáticos, e contam com até 30 pesquisadores, cujo foco de pesquisa esteja em consonância com o tema do Grupo de Trabalho. Os Seminários Novos Horizontes, em que participam coordenadores e representantes dos Programas de Pós-Graduação, é um evento dedicado ao aperfeiçoamento do Sistema Nacional da Pós-Graduação, à melhoria da pesquisa em psicologia, à elaboração de políticas científicas e ao debate de perspectivas para a pesquisa e a pós-graduação em psicologia no Brasil e em "suas articulações com a realidade internacional" (http://www.anpepp.org.br/conteudo/view?ID_CONTEUDO=508). Inicialmente, além de ser uma instituição que organiza um campo de conhecimentos, atualmente a Anpepp é uma associação científica de relevância nacional que, simultaneamente, organiza, orienta e avalia perspectivas da pesquisa em psicologia em âmbito nacional e internacional.

Sobre as pesquisas em história da psicologia

Um olhar atento aos participantes do volume *História da psicologia* (Guedes, 1987) e do *Seminário nacional de história da psicologia* (Stubbe e Langenbach, 1988) permite identificar alguns dos pesquisadores responsáveis pela consolidação de história da psicologia com a área de pesquisa no Brasil. As possibilidades abertas com esses eventos resultaram de esforços anteriores, representaram a concretização da pesquisa e também definiram as contribuições dos primeiros pesquisadores para as futuras gerações de pesquisadores em história da psicologia no Brasil.

Nos textos de *História da psicologia* (Guedes, 1987) pode-se observar, por exemplo, as pesquisas iniciais de Marina Massimi (1990), sobre as quais se desenvolveu sua trajetória acadêmica: a psicologia no Brasil colonial. As pesquisas de Luis Claudio Figueiredo (1992, 1992a), que o conduziram a novas interpretações sobre a psicologia e sua história. Os estudos de Fernando González Rey, professor cubano e ativo colaborador do Programa de Pós-Graduação em Psicologia Social, da Pontifícia Universidade Católica de São Paulo, uma das primeiras instituições a introduzir pesquisas em história da psicologia.

Nos textos do *Seminário nacional de história da psicologia* (Stubbe e Langenbach, 1988), por exemplo, nota-se que Marina Massimi manteve seu tema de pesquisa, intitulado *História do conhecimento psicológico no Brasil, na época colonial*. Antonio Gomes Penna, um dos incentivadores dos estudos históricos em psicologia, apresentou sua pesquisa regional *Alguns comentários sobre a história da psicologia no Rio de Janeiro*. Regina Campos, uma das iniciadoras da pesquisa em história da psicologia em Minas Gerais, com *A psicologia e a realidade brasileira*. E a importante contribuição da mesa-redonda "25 anos de regulamentação da profissão no Brasil, um balanço crítico", com o relato de personagens diretamente envolvidos nesse processo.

Cerca de uma década depois, outro esforço dos pesquisadores foi recompensado com o credenciamento de um Grupo de Trabalho na Anpepp..Nesse processo, contaram com o apoio decisivo de Josef Brozek, que incentivou e orientou sobre a importância de um grupo coeso para o desenvolvimento e a consolidação de pesquisas na área. Desse modo, em 1996, foi criado o Grupo de Trabalho História da Psicologia, com a participação de Brozek, Maria do Carmo Guedes, Marina Massimi, Regina Campos e Mitsuko Aparecida Makino Antunes. Na ocasião, a definição dos objetivos foi clara: promover o intercâmbio entre pesquisadores e a divulgação da pesquisa em história da psicologia, oferecer subsídios para a organização dos cursos em história da psicologia no Brasil.

Desde então, tem sido uma constante a publicação de diversos conteúdos (Antunes, 1998; Brozek e Massimi 1998; Campos, 1996; Guedes, 1998; Guedes & Campos, 1999; Antunes, 2004; Massimi, 2004), como obras coletivas (Campos, 2007; Jacó-Vilela, 2011; Lourenço, Assis & Campos, 2012); a organização de eventos científicos, como o Encontro Clio-Psyché. Histórias da Psicologia no Brasil, que acontece desde 1998, e o Encontro Interinstitucional em Historiadores da Psicologia", que ocorre desde 2000; e a criação de grupos, como a Rede Iberoamericana de Pesquisadores em História da Psicologia, fundada em 2010 (https://ripehp.com/about/) e a Sociedade Brasileira de História da Psicologia, fundada em 2013 (http://sbhpsi.com.br/). A criação de grupos de pesquisa ativos é um aspecto que demonstra a vitalidade da pesquisa em história da psicologia. Após o estabelecimento do Grupo da PUCSP em História da Psicologia, em 1983, outros grupos surgiram: História da Psicologia e contexto sociocultural, de 1991, Estudos em Psicologia e em Ciências Humanas: História e Memória, de 1997, Laboratório de Pesquisa e Ensino em História da Psicologia, de 2013, e os Grupo de Estudos e Pesquisas em História da Psicologia, 2015. Também foram lançados periódicos, tais como o *Memorandum: memória e história em psicologia* (de 2001) (https://seer.ufmg.br/index.php/memorandum) e a *Revista Mnemosine* (de 2004) (http://www.mnemosine.com.br/). E ainda a criação, em 1999, do Programa de Pós-Graduação em Psicologia Experimental: Análise do Comportamento, na PUC-SP, implantado por participantes dos primeiros eventos em história da psicologia (Guedes, 1987) (https://www.pucsp.br/pos-graduacao/mestrado-e-doutorado/psicologia-experimental-analise-do-comportamento); e a criação da linha de pesquisa História e Filosofia da Psicologia, vinculada ao Programa de Pós-Graduação em Psicologia da Universidade Federal de Juiz de Fora, instalado em 2008 (http://www.ufjf.br/ppgpsicologia/apresentacao-do-curso/linhas-de-pesquisa/). Somam-se a esses fatos docentes e pesquisadores vinculados a Programas de Pós-Graduação de universidades públicas e privadas das diferentes regiões do país, que declaram a história da psicologia como sua linha de pesquisa no repositório de currículos acadêmicos da Plataforma Lattes.

Tais realizações contribuem para qualificação docente, para a formação em psicologia - em nível de graduação e de pós-graduação -, para a ampliação e o aprofundamento de pesquisas em história da psicologia e para a relevância e consolidação desta área. Por outro lado, a necessidade de renovação conduziu à criação da Sociedade Brasileira de História da Psicologia, em 2013, e ao credenciamento de um novo grupo na Anpepp, o Grupo de Trabalho História Social da Psicologia, a partir de 2014.

Retornando aos dois primeiros eventos ícones da organização da área de pesquisas em história da psicologia, é possível avaliar que naquela ocasião houve o que se poderia caracterizar como um encontro entre professores interessados na psicologia e sua história e pesquisadores em história da psicologia como área de pesquisa. Isto porque dos primeiros eventos (Guedes, 1987; Stubbe e Langenbach, 1988) e respectivos textos relativos à pesquisa em história da psicologia, ao lado de professores como Franco Lo Presti Seminério (Figueiredo e Seminério, 1973) e Antonio Gomes Penna (1981), estavam pesquisadores que viriam a ter relevante produção científica na área (Massimi, 1990; Figueiredo, 1992a,1992b; Campos, 1996, 2007; Guedes, 1998; Guedes e Campos, 1999; Massimi, 2004). Aqueles professores certamente contribuíram com os pesquisadores que, na ocasião, estavam em início de carreira. Este seria um dos motivos pelos quais teriam figurado, lado a lado, comunicações de docentes e apresentações de futuros pesquisadores em história da psicologia.

No volume do *Seminário nacional: história da psicologia no Brasil* (Stubbe e Langenbach, 1988), mencionou-se que, em 1985, a Pontifícia Universidade Católica do Rio de Janeiro criou um arquivo de história da psicologia, com objetivo de reunir a produção do seu departamento de Psicologia e de transformá-lo em um "centro de documentação com entrevistas históricas com profissionais de relevo para a psicologia" e um "acervo significativo, ponto de partida e estímulo para produção acadêmica em história da psicologia". Também anunciou-se a criação de "um projeto interinstitucional com o objetivo de preservar a memória da psicologia brasileira" (Stubbe e Langenbach, 1988, p. 224) e a "implantação do projeto História da Psicologia Brasileira" (p.226), com intuito de produzir conhecimentos sobre a psicologia e sua prática no Brasil, observando o passado e o presente, a situação econômica, os tipos de prática; e a influência da formação; de estimular a manutenção da memória pelo testemunho direto e pela sistematização das informações; de criar um banco de dados sobre a psicologia; de promover interação entre as instituições; de promover a divulgação e o intercâmbio da práxis psicológica. O projeto foi assinado por professores interessados na psicologia e sua história, como Franco Seminério, e por pesquisadores em história da psicologia, como Luiz Claudio Figueiredo.

Por fim, há que se considerar a constituição da história da psicologia como área específica de pesquisa, no Brasil, e sua relação com o surgimento desse campo em âmbito mundial. Após a criação da 26ª divisão da American Psychologial Association, e da Society for the History of Psychology, em 1965, surgiram associações similares: a International Society for the History of the Behavioral and Social Sciences, em 1968 (http://www.bcp.psych.ualberta.ca/~mike/Cheiron/index.html); a Société Française pour l'Histoire des Sciences de l'Homme, em 1986 (https://sfhsh.hypotheses.org/la-sfhsh); a Sociedad Española de Historia de la Psicología, em 1987 (http://sehp.org/wordpress/?page_id=13); Na sequência do surgimento dessas associações, publicações e eventos têm constantemente ampliado o campo da pesquisa em história da psicologia. Observa-se, com esses exemplos, que a organização dessa área de pesquisa em nível internacional coincidiu com a estruturação da pós-graduação no Brasil; o que significa que a história da psicologia constituiu-se no momento que, no Brasil, estruturava-se a pesquisa acadêmica. Essa simultaneidade pode ter contribuído para um desenvolvimento mais robusto de pesquisa, assim como pode ter reunido professores interessados e pesquisadores em história da psicologia, por ocasião dos eventos inaugurais da psicologia como área de pesquisa no Brasil (Stubbe & Langenbach, 1988).

Sugestões de leitura

Capítulo 1

Cadwallader, T. C. Unique values of archival research. *Journal of the History of Behavioral Sciences*, n. 11, p. 27-33, 1975. Discussão a respeito do uso de materiais de arquivo (documentos não publicados, agendas, correspondências e cadernos) para traçar, no sentido inverso, a evolução de uma teoria, ou seja, partindo da forma publicada, chegando às versões mais antigas, para descobrir o impacto do contexto pessoal nas ideias de um teórico.

Chabris, C., & Simons, D. *The invisible gorila and other ways our intuitions deceive us*. New York: Crown, 2010. Discute as ilusões e limitações de nossa atenção e dos processos da memória tanto com exemplos históricos como contemporâneos.

Dewsbury D. Is psychology losing its foundations? *Review of General Psychology*, n. 13, p. 281-289, 2009b. Examina o crescente anti-intelectualismo na sociedade, nas universidades e nos limites da disciplina da psicologia, sugerindo algumas soluções.

Hilgard, E. R. (Ed.). *American psychology* In: *historical perspective*: Addresses of the presidents of the American Psychological Association, 1892-1977. Washington: American Psychological Association, 1978. Anotações e seleções biográficas dos discursos dos presidentes que refletem o desenvolvimento da psicologia americana como ciência e profissão.

Hyman, I. Boss, S., Wise, B., McKenzie, K., & Caggiano, J. Did you see the unicycling clown: Blindness while walking and talking on a cell phone. *Applied Cognitive Psychology*, n. 24, p. 597-607, 2009. Pesquisa sobre multitarefas e desvio de atenção.

Karabel, J. *The chosen*: The hidden history of admission and exclusion at Harvard, Yale, and Princeton. Boston: Houghton Mifflin, 2005. Um antigo membro do conselho de matrículas de faculdade descreve fatores culturais na discriminação contra os afro-americanos, judeus e mulheres que requerem matrícula nas faculdades, e explora o conceito de diversidade étnica.

Mack, A., e Rock, I. *Inattentional blindness*. Boston: MIT Press, 2000. Explica a pesquisa do autor para demonstrar que, em geral, não há percepção consciente de nosso mundo visual, a não ser que prestemos muita atenção a apenas um estímulo por vez.

Philogene, G. (Ed.). *Racial identity* In: *context*: The legacy of Kenneth B. Clark. Washington: American Psychological Association, 2004. Descreve vida e obra de Clark; explora a criação da identidade racial e os efeitos da imagem racial negativa.

Pickens, W. APA on your screen. *Monitor on Psychology*, 44(8), 9, 2013. Um panorama das fontes de informação on-line do YouTube fornecidas pela APA.

Popplestone, J. A.; McPgerson, M. W. *An illustrated history of American psychology*. Akron: University of Akron Press, 1998. Uma compilação de fotografias e ilustrações que proporcionam uma história visual da psicologia desde a sua origem na Europa do século XIX até o final do século XX, nos Estados Unidos.

Capítulo 2

Babbage, C. *On the principles and development of the calculator, and other seminal writings*. In: Morrison, P.; Morrison, E. (Eds.). Nova York: Dover Publications, 1961. Seleção entre vários trabalhos de Babbage referentes a computadores e outros dispositivos mecânicos. Contém uma biografia resumida.

Capaldi, N. *John Stuart Mill*: A Biography. Cambridge: Cambridge University Press, 2004. Narrativa das influências pessoais, sociais e ambientais de Mill e seus relacionamentos com outros importantes pensadores da época.

Clarke, D. *Descartes*: A Biography. Cambridge: Cambridge University Press, 2006. Enfatiza a contribuição sem precedentes de Descarte para a história das ideias, ao desenvolver uma filosofia que acomodou as necessidades das disciplinas científicas emergentes, ganhando assim a hostilidade da igreja estabelecida.

Dolnick, E. *The clockwork universe: Isaac Newton, the Royal Society, and the birth of the modern world.* Nova York: Harper Perennial, 2012. Um panorama dinâmico dessa era da descoberta científica.

Green, C.; Shore, M.; Teo, T. (Eds.). *The transformation of psychology*: Influences of 19th century philosophy, technology, and natural science. Washington: American Psychological Association, 2001. Este livro revê as ideias e as práticas sociais, intelectuais, tecnológicas e institucionais do século XIX, e como influenciaram o desenvolvimento da nova psicologia.

Johnson, G. *The ten most beautiful experiments.* New York: Knopf, 2008. Descreve os experimentos históricos cuja simplicidade e metodologia prática de pesquisa produziram resultados significativos não apenas para o mundo científico como também para nossa vida diária.

Kang, M. *Sublime dreams of living machines: The automation in the European imagination.* Cambridge, MA: Harvard University Press, 2011. Traça o desenvolvimento dos robôs e do início da filosofia mecanicista da Grécia antiga ao século XXI, passando pelo Renascimento.

Landes, D. S. *Revolution* In: *time*: Clocks and the making of the modern world. Cambridge: Belknap Press of Harvard University Press, 1983. Relatos minuciosos sobre a invenção do relógio mecânico e o aperfeiçoamento da precisão dos dispositivos de medição do tempo. Apresenta uma avaliação do seu impacto no desenvolvimento da ciência e da sociedade.

Newton, R. *Galileo's pendulum*: From the rhythm of time to the making of matter. Cambridge: Harvard University Press, 2004. O livro cobre os assuntos básicos da história das ciências para o público em geral, e lida extensivamente com a construção de todos os tipos de relógios e a conceituação dos calendários.

Reeves, R. *John Stuart Mill*: Victorian firebrand. New York: Overlook, 2008. Uma biografia bem escrita que fundamenta as ideias de Mill no contexto de sua época e analisa o impacto duradouro de seu ponto de vista.

Teresi, D. *Lost discoveries*: The ancient roots of modern science – from the Babylonians to the Maya. Nova York: Simon & Schuster, 2002. Um trabalho que mostra como as grandes conquistas humanas da ciência ocidental (matemática, astronomia, física, química, geologia e tecnologia) foram previstas décadas e até séculos antes, por meio da análise das contribuições dos índios, chineses, árabes, polinésios, maias, astecas e outros povos.

Watson, R. *Cogito ergo sum*: The life of Rene Descartes. Boston: Godine, 2002. Uma cativante narrativa sobre a vida de Descartes que enfatiza sua importância para o mundo moderno.

Wood, G. *Edison's Eve*: A magical history of the quest for mechanical life. Nova York: Knopf, 2002. Uma descrição sobre o desenvolvimento do autômato, incluindo os brinquedos mecânicos e os mecanismos de entretenimento da Europa, além da boneca "que fala", inventada por Thomas Edison.

Capítulo 3

Burrell, B. *Postcards from the Brain Museum*: The improbable search for meaning In: the matter of famous minds. Nova York: Broadway Books, 2004. O livro oferece uma viagem pelas coleções de cérebros de vários museus e explora tentativas científicas (tanto as que têm crédito como as fantasiosas) para explicar as estruturas do cérebro e suas funções.

Cahan, D. (Ed.). *Hermann von Helmholtz and the foundations of nineteenth-century science.* Berkeley: University of California Press, 1993. Apresenta as aulas e os discursos populares de Helmholtz realizados entre 1853 e 1892 e os analisa. Esse período abrange a natureza e o propósito da pesquisa científica, as condições sociais e intelectuais ideais para o progresso científico e o impacto da ciência na sociedade.

Dobson, V.; Bruce, D. The German university and the development of experimental psychology. *Journal of the History of the Behavioral Sciences*, n. 8, p. 204-207, 1972. Descreve o clima de liberdade acadêmica das universidades alemãs como condição necessária para a evolução da psicologia moderna.

Heidelberger, M. *Nature from within*: Gustav Theodor Fechner and his psychophysical worldview. Pittsburgh: University of Pittsburgh Press, 2004. Uma excelente e informativa introdução à vida e ao trabalho de Fechner que discute a originalidade e influência de suas ideias.

Zimmer, C. *Soul made flesh*: The discovery of the brain and how it changed the world. Nova York: Free Press, 2004. O livro examina 200 anos de desenvolvimento do pensamento científico sobre a alma humana, o cérebro e o consciente.

Capítulo 4

Baldwin, B. T. In: memory of Wilhelm Wundt by his American students. *Psychological Review*, n. 28, *p*. 153-158, 1921. Lembranças dos estudantes americanos de Wundt.

Danziger, K. A history of introspection reconsidered. *Journal of the History of the Behavioral Sciences*, n. 16, p. 241-262, 1980. Descreve como a introspecção wundtiana limitava-se a respostas simples aos estímulos sensoriais e como o método foi expandido por outros psicólogos para incluir respostas subjetivas às perguntas dos pesquisadores.

Langfeld, H. S. Stumpf's "Introduction to Psychology". *American Journal of Psychology*, n. 50, p. 33-56, 1937. Descreve o curso introdutório de psicologia ministrado por Stumpf entre 1906 e 1907 na Universidade de Berlim.

Lindenfeld, D. Oswald Külpe and the Würzburg School. *Journal of the History of the Behavioral Sciences*, n. 14, p. 132-141, 1978. Descreve o impacto das visões filosóficas de Külpe no seu conceito de psicologia e analisa sua importância no desenvolvimento do campo.

Postman, L. Hermann Ebbinghaus. *American Psychologist*, n. 23, p. 149-157, 1968. Descreve as contribuições de Ebbinghaus ao estudo experimental da memória.

Sullivan, B.; Thompson, H. Brain, interrupted: How distractions make us dumber. *New York Times*, 5 maio 2013. Um breve resumo da pesquisa sobre distrações no atual mundo multitarefas.

Wong, W. Retracing the foosteps of Wilhelm Wundt. *History of Psychology*, n. 12, p. 229-265, 2009. Observações sobre a relevância contínua dos objetivos, ideias e métodos de Wundt à luz dos avanços contemporâneos da psicologia.

Capítulo 5

Angell, F. Titchener at Leipzig. *Journal of General Psychology*, n. 1, p. 195-198, 1928. Um colega da época de Leipzig descreve as qualidades pessoais e os interesses de pesquisa de Titchener.

Beenfeldt, C. *The philosophical background and scientific legacy of E. B. Titchener's psychology:* Understanding introspection. Nova York: Springer Science & Business Media, 2013. Uma análise da abordagem de Titchener à nova psicologia, com foco na influência da filosofia empirista-associacionista britânica e na "devoção fanática" de Titchener para reduzir a consciência a elementos.

Boring, E. G. A history of introspection. *Psychological Bulletin*, n. 50, p. 169-189, 1928. Apresenta detalhes práticos da forma de introspecção adotada por Titchener e descreve o uso dos relatórios de introspecção pelas posteriores escolas de pensamento psicológico.

Danziger, K. The history of introspection reconsidered. *Journal of the History of the Behavioral Sciences*, n. 16, p. 241-262, 1980. Analisa diversas visões sobre a teoria e a prática de introspecção dos sistemas psicológicos britânico, alemão e americano.

Hindeland, M. J. Edward Bradford Titchener: a pioneer In: perception. *Journal of the History of the Behavioral Sciences*, n. 7, p. 23-28, 1971. Discute a abordagem experimental de Titchener a respeito da sensação e da percepção.

Lieberman, D. A. Behaviorism and the mind: a (limited) call for a return to introspection. *American Psychologist*, n. 34, p. 319-333, 1979. Analisa os argumentos históricos contrários à introspecção, conclui que a maioria deles era inválida ou tornara-se inadequada e defende a aplicação mais ampla dos métodos introspectivos às questões da psicologia moderna.

Pillsbury, W. B. Margaret Floy Washburn (1871-1939). *The Psychological Review*, n. 47(2), 99-109. Um interessante obituário de Washburn, que reconta sua vida, personalidade e principais contribuições para a área da psicologia.

Capítulo 6

Aydon, C. *Charles Darwin*: The naturalist who started a scientific revolution. Nova York: Carroll & Graf, 2002. Um relato envolvente, leitura altamente interessante sobre a família, vida e carreira de Darwin; inclui fotografias e um ensaio sobre a ampla influência de suas ideias em um período de mais de cem anos.

Browne, J. *Charles Darwin*: The power of place. Nova York: Knopf, 2002. Este é o segundo volume da maior biografia de Darwin. Aborda inclusive a resposta de Darwin ao trabalho de Alfred Russel Wallace, a publicação de *The origin of species* e o impacto das suas ideias na ciência da era vitoriana. O primeiro volume, *Charles Darwin:* voyaging, foi publicado em 1996.

Costall, A. How Lloyd Morgan's Canon backfired. *Journal of the History of the Behavioral Sciences*, n. 29, p. 113-122, 1993. Discute as abordagens de Morgan e Romanes no estudo do comportamento animal.

Diamond, S. Francis Galton and American psychology. *Annals of the New York Academy of Sciences*, n. 291, p. 47-55, 1977. Descreve a influência de Galton sobre os pioneiros americanos da psicologia funcional.

Eldredge, N. *Darwin: Discovering the tree of life*. Nova York: Norton, 2005. O curador de um museu que montou a exposição para o 200º aniversário de Darwin reconstrói seus cadernos de notas e segue seus processos analíticos, mostrando como ele organizou suas ideias, aceitando algumas e descartando outras.

Fancher, R. Scientific cousins: The relationship between Charles Darwin and Francis Galton. *American Psychologist*, n. 64, p. 84-92, 2009. Descreve o relacionamento pessoal e científico entre esses dois grandes cientistas, assim como suas concordâncias e discordâncias sobre assuntos intelectuais e filosóficos.

Fisher, M.; Garcia, J.; Sokol-Chang, R. *Evolution's empress: Darwinian perspectives on the nature of women*. Nova York: Oxford University Press, 2013. Artigos de 33 autores que adotam uma visão feminista da evolução, argumentando que o papel da mulher na evolução tem sido negligenciado e simplificado.

Gribbin, J.; Gribbin, M. *Fitzroy*: The remarkable story of Darwin's captain and the invention of the weather forecast. New Haven: Yale University Press, 2004. Fitzroy, capitão do *Beagle* na famosa viagem de Darwin, teve uma carreira importante tanto na área de meteorologia quanto no governo.

Heiligman, D. *Charles and Emma: The Darwins' leap of Faith*. Nova York: Holt, 2009. Uma breve abordagem da vida familiar de Darwin e de como sua esposa e filhos o ajudaram a se concentrar no trabalho.

Keynes, R. *Darwin, his daughter, and human evolution*. Nova York: Riverhead Books, 2002. Discute o impacto da morte da filha de 10 anos de Darwin sobre o desenvolvimento de suas ideias sobre o papel do sofrimento humano.

Morgan, C. L. Autobiography. In: Murchison, C. (Ed.). *A history of psychology in autobiography*. Nova York: Russell & Russell, 1961, v. 2, p. 237-264. (Trabalho original publicado em 1930.) Conwy Lloyd Morgan descreve sua vida e seu trabalho sobre a psicologia animal.

Shermer, M. *In: Darwin's shadow*: The life and science of Alfred Russel Wallace. Nova York: Oxford University Press, 2002. Esse "estudo biográfico sobre a história da psicologia" mostra como Wallace, o codescobridor da teoria evolucionista, era dotado de uma personalidade fascinante, extremamente autodidata, quebrando os moldes da ortodoxia científica.

Slotten, R. *The heretic* In: *Darwin's court: The life of Alfred Russel Wallace*. Nova York: Columbia University Press, 2004. Relata o momento crítico em que Wallace e Darwin, separadamente, conceitualizaram o papel da seleção natural. Descreve outros interesses de Wallace, como a justiça social, reforma agrária, e espiritualismo.

www.victorianweb.org

Um site mantido pelo professor de Língua Inglesa na Brown University que fornece informações e recursos sobre todos os aspectos da Era Vitoriana, incluindo história política e social, filosofia, ciência e tecnologia. Consulte material sobre Babbage, Darwin, Galton, Huxley, Lyell, Wallace, entre outros.

Capítulo 7

Appignanesi, L. *Mad, bad and sad*: *Women and mind doctors*. New York: Norton, 2008. Um relato sobre como as vidas criativas de algumas mulheres ao longo da história foram limitadas pelas normas culturais e políticas, e de como os seus desvios e sua rebeldia foram rotulados como instabilidade mental.

Campbell-Kelley, M.; Aspray, W. Computer: *A history of the information machine*. Nova York: Basic Books, 1996. Traça o desenvolvimento do computador a partir do trabalho de Hollerith e o seu tabulador de cartões perfurados utilizado no censo de 1890.

Furumoto, L. From "paired associates" to a psychology of self: the intellectual odyssey of Mary Whiton Calkins. In: Kimble, G. A.; Wertheimer, M.; White, C. (Eds.). Portraits of pioneers In: psychology. Washington: American Psychological Association, 1991, p. 57-72. Descreve a abordagem de Calkin sobre a pesquisa experimental em psicologia no contexto acadêmico de uma faculdade para mulheres (Wellesley, 1887-1930).

Klein, A. *A forgotten voice*: A biography of Leta Stetter Hollingworth. Scottsdale: Great Potential Press, 2002. Descreve sua extraordinária vida, sua luta para tirar proveito das oportunidades abertas às mulheres daquele tempo e suas contribuições para a psicologia e educação, especialmente para crianças superdotadas.

Lewis, R. W. B. *The Jameses*: A family narrative. Nova York: Farrar, Straus and Giroux, 1991. Um relato da família de James, incluindo William (psicólogo), Henry (romancista) e Alice (ativista política). Para outra biografia da família James, ver P. Fisher, *House of Wits* (Nova York: Holt, 2008).

Lutz, T. *American nervousness, 1903*: An anecdotal history. Ithaca: Cornell University Press, 1991. Discute a neurastenia, doença cultural prevalecente nos Estados Unidos no início do século XX, e especula sobre seus efeitos provocados em William James, entre outros.

Martin, J. *The education of John Dewey*: A biography. Nova York: Columbia University Press, 2002. Uma história muito interessante sobre a vida pessoal de Dewey e a implementação de suas ideias na educação progressista.

McKinney, F. Functionalism at Chicago – memories of a graduate student: 1929-1931. *Journal of the History of the Behavioral Sciences*, n. 14, p. 142-148, 1978. Descreve o corpo docente, o corpo discente, o programa do curso e o clima intelectual do departamento de psicologia da University of Chicago.

Richardson, R. D. *William James*: In: the maelstrom of American modernism. Boston: Houghton Mifflin, 2006. Uma biografia excelente da vida pessoal e intelectual de William James.

Simon, L. *William James remembered*. Lincoln: University of Nebraska Press, 1996. Coletânea de lembranças de membros da família, amigos e líderes intelectuais daquela época, a respeito de James.

Thorne, F. C. Reflections on the Golden Age of Columbia's psychology. *Journal of the History of the Behavioral Sciences*, n. 12, p. 159-165, 1976. Descreve o corpo docente e os interesses em pesquisas do departamento de psicologia da Columbia University (1920-1940).

Werth, B. *Banquet at Delmonico's*: Great Minds, the Gilded Age, and the triumph of evolution In: America. New York: Random House, 2009. Examina como a teoria evolucionista trouxe um desafio à sociedade e à ciência americanas do século XIX, com sua subsequente influência nos negócios, na teologia e no governo.

Capítulo 8

Fuchs, A. H. Psychology and "The Babe". *Journal of the History of the Behavioral Sciences*, n. 34, p. 153-165, 1998. Descreve um exemplo de aplicação da psicologia no esporte; o maior jogador de beisebol, Babe Ruth, foi testado no laboratório de psicologia da Columbia University para avaliar a sua habilidade de rebatida da bola, na esperança de que essas medidas quantitativas pudessem resultar em testes para a identificação de prováveis jogadores de destaque.

Kunda, D. P. The concept of suggestion in: the early history of advertising psychology. *Journal of the History of the Behavioral Sciences*, n. 12, p. 347-353, 1976. Discute as primeiras teorias psicológicas sobre a publicidade e a sugestionabilidade propostas por Walter Dill Scott e outros.

Lancaster, J. *Making Time* – Lilian Moller Gilbreth: A life beyond "Cheaper by the Dozen". Boston: Northeastern University Press, 2004. Uma biografia envolvente da psicóloga e engenheira que enfatizou o componente humano do trabalho ambiental e desafiou o papel tradicional das mulheres.

Landy, F. J. Hugo Münsterberg: victim or visionary? *American Psychologist*, n. 47, p. 787-802, 1992. Analisa as contribuições de Münsterberg para a psicologia aplicada.

Laskow, S. Good 'til the last drop. *Lapham's Quarterly*, 2013. www.laphamsquarterly.org/roundtable/good-til-the-last-drop.php. Resumo da tentativa do governo dos Estados Unidos de impedir que a Coca-Cola vendesse o que a FDA considerava uma bebida altamente viciante e o experimento de pesquisas de Hollingsworth, que mostrou que o nível de cafeína da bebida não era prejudicial.

McReynolds, P. *Lightner Witmer*: His life and times. Washington: American Psychological Association. Descreve a vida e a carreira de Witmer e o desenvolvimento da sua clínica na University of Pennsylvania.

Murdoch, S. *IQ*: *A smart history of a failed idea*. New York: Wiley, 2007. Registra os esforços para medir a inteligência desde os primeiros testes de Binet até os instrumentos mais complexos de avaliação. Examina assuntos tais como a discriminação racial, a má utilização dos resultados dos testes para justificar procedimentos questionáveis e os perigos do excesso de confiança em testes de padronização.

Spillmann, J.; Spillmann, L. The rise anf fall of Hugo Münsterberg. *Journal of the History of the Behavioral Sciences*, n. 29, p. 322-338, 1991. Descreve a vida de Münsterberg, seu laboratório de psicologia em Harvard e suas contribuições para as psicologias forense e industrial.

Von Mayrhauser, R. T. Making intelligence functional: Walter Dill Scott and applied psychological testing in: World War I. *Journal of the History of the Behavioral Sciences*, n. 25, p. 60-72, 1989. Descreve os esforços de Scott, Thorndike e outros na construção dos testes de inteligência em grupo.

Zenderland, L. *Measuring minds*: Henry Herbert Goddard and the origins of American intelligence testing. Nova York: Cambridge University Press, 1998. Analisa as contribuições de Goddard ao movimento dos testes de inteligência e sua ampla aplicação nos Estados Unidos.

Capítulo 9

Dewsbury, D. A. Early interaction between animal psychologists and animal activists and the founding of the APA Committee on Precautions in: Animal Experimentation. *American Psychologist*, n. 45, p. 315-327, 1990. Analisa o conflito entre a psicologia comparativa e o movimento de defesa dos animais; relembra os ataques da mídia contra os pesquisadores de animais como Hall, Pavlov, Thorndike e Watson.

Fernald, D. *The Hans legacy*: A story of science. Hillsdale: Erlbaum, 1984. Relembra a história de Hans, o Esperto, e suas implicações na investigação científica.

Scarborough, E. Understanding the animal mind. *Monitor on Psychology*, n. 45(8), p. 28-29, 2010. Um breve resumo das contribuições de Margaret Washburn para a psicologia e sua crença de que era possível estudar a consciência em animais.

Todes, D. *Pavlov's physiology factors*: Experiment, interpretation, laboratory enterprise. Baltimore: Johns Hopkins University Press, 2001. Um trabalho inteligente e provocante que retrata o empreendimento científico de Pavlov.

Windholz, G. Pavlov and the Pavlovians in: the laboratory. *Journal of the History of the Behavioral Sciences*, n. 26, p. 64-74, 1990. Descreve a rotina diária no laboratório de Pavlov e a sua influência sobre os colegas e alunos.

Yerkes, R. M. Autobiography. In: Murchison, C. (Ed.) *A history of psychology in: autobiography*. Nova York: Russell & Russell, 1961, v. 2, p. 381-407. (Trabalho original publicado em 1930.) O relato do próprio Yerkes acerca da sua carreira na psicologia comparativa.

Zagrina, N. Ivan Petrovich Pavlov and the authorities. *Neuroscience and Behavioral Physiology*, n. 39, p. 383-385, 2009. Cita documentos recentemente publicados e traduzidos a partir de fontes científicas russas para descrever o relacionamento contencioso de Pavlov com o governo.

Capítulo 10

Baum, W. *Understanding behaviorism: Behavior, culture and evolution*. Hoboken, NJ: Wiley-Blackwell, 2004. Um resumo da história do behaviorismo e suas aplicações na vida cotidiana; discute reforço, análise comportamental e controle de estímulos, além de questões sociais e culturais.

Brewer, C. L. Perspectives on John B. Watson. In: Kimble, G. A.; Wertheimer, M.; White, C. (Eds.). *Portraits of pioneers in psychology*. Washington: American Psychological Association, 1991, p. 171-186. Analisa a vida e as contribuições de Watson para a psicologia, e comenta sobre os esforços da Furman University para reconhecer a sua importância.

Buckley, K. W. *Mechanical man*: John Broadus Watson and the beginnings of behaviorism. Nova York: Guilford, 1989. Descreve a carreira acadêmica e empresarial de Watson e seu papel na popularização da psicologia.

Duke, C.; Fried, S.; Pliley, W.; Walker, D. Rosalie Rayner Watson: The mother of a behaviorist's sons. *Psychological Reports*, n. 65, p. 163-169, 1989. Descreve a esposa de Watson, coautora do estudo sobre as reações emocionais condicionadas e assistente na preparação do livro de Watson a respeito da educação infantil.

Hannush, M. J. John B. Watson remembered: An interview with James B. Watson. *Journal of the History of the Behavioral Sciences*, n. 23, p. 137-152, 1987. Uma entrevista com o filho de John B. Watson e Rosalie Rayner Watson, em um esforço para ligar a vida do psicólogo com a teoria por ele promovida.

Jastrow, J. Autobiography. In: Murchison, C. (Ed.). *A history of psychology In autobiography*. Nova York: Russell & Russell, 1961, v. 1, p. 135-162. (Trabalho original publicado em 1930.) Inclui as visões de Jastrow a respeito da popularização da psicologia.

Samelson, F. Struggle for scientific authority: The reception of Watson's behaviorism, 1913-1920. *Journal of History of the Behavioral Sciences*, n. 17, p. 399-425, 1981. Relata o impacto das ideias de Watson depois da publicação do seu manifesto behaviorista.

Capítulo 11

Bandura, A. Albert Bandura. In: Evans, R. I. (Ed.). *The making of psychology*: discussions with creative contributors. Nova York: Knopf, 1976. Entrevistas com Bandura a respeito de sua vida e obra.

Freeman, J. (2010). *The tiranny of e-mail*. New York: Scribner. Propõe que o "esquema de reforço variável" de receber e-mails em nossa caixa de entrada tem o efeito de condicionar nosso comportamento.

Kuhlmann, H. *Living Walden Two*: B. F. Skinner's behaviorist utopia and experimental communities. Champaign: University of Illinois Press, 2005. Descreve a fundação e funcionamento de diversas comunidades estabelecidas com base nos princípios do behaviorismo e reforço de Skinner.

Rutherfod, A. *Beyond the Box*: Skinner's technology of behavior from laboratory to life. Toronto: University of Toronto Press. Traça o desenvolvimento da análise do comportamento a partir do trabalho de Skinner e mostra a evolução de suas ideias desde os experimentos de laboratório até a aplicação em uma variedade de situações.

Skinner, B. F. *Science and human behavior*. Nova York: Free Press, 1953. A abordagem de Skinner acerca da análise científica do comportamento humano.

Smith, L. D.; Woodward, W. R. (Eds.). *B. F. Skinner and behaviorism In: American culture*. Bethlehem: Lehigh University Press, 1996. Apresenta análises sobre a filosofia social e a visão tecnológica de Skinner e avalia o seu impacto na sociedade americana. Inclui material biográfico e autobiográfico.

Tolman, E. C. Autobiography. In: Boring, E. G.; Langfeld, H. S.; Werner, H.; Yerkes, R. M. (Eds.). *A history of psychology In: autobiography*. Worcester: Clark University Press, 1952, v. 4, p. 323-329. O relato do próprio Tolman a respeito da sua carreira na psicologia.

Walter, M. *Science and cultural crisis*: An intellectual biography of Percy Williams Bridgman (1882-1961). Stanford: Stanford University Press, 1990. Apresenta a vida e o trabalho de Bridgman e descreve como ele se tornou, embora relutantemente, a principal figura da filosofia científica em virtude de sua doutrina do operacionismo.

Watrin, J.; Darwich, R. On behaviorism in the cognitive revolution: Myth and reactions. *Review of General Psychology*, 2012, n. 16, p. 269-282. Discute o papel da revolução cognitiva na reformulação da psicologia e a importância contínua do behaviorismo mediante programas de modificação de comportamento.

Wiener, D. N. B. F. *Skinner*: Benign anarchist. Boston: Allyn & Bacon, 1996. Um retrato psicológico e intelectual de Skinner com base em entrevistas completas realizadas com pessoas que serviram como sujeitos nas suas pesquisas, colegas e alunos.

Capítulo 12

Arnheim, R. Wolfgang Köhler and Gestalt theory. *History of Psychology*, n. 1, p. 21-26, 1998. Tradução em inglês da introdução de Köhler do livro sobre as Gestalts físicas, que também ilustra o processo pelo qual ele desenvolvia e avaliava as suas ideias.

Ash, M. G. Gestalt psychology In: German culture, 1890-1967: Holism and the quest for objectivity. Cambridge: Cambridge University Press, 1995. Descreve o desenvolvimento e a recepção da psicologia da Gestalt na Alemanha e apresenta ricas histórias das vidas dos principais proponentes do movimento da Gestalt.

Cole, J. *The great American university*. New York: Public Affairs, 2009. Cita o impacto positivo de acadêmicos imigrantes sobre a vida intelectual americana. Inclui, entre outros exemplos, os líderes do movimento de psicologia Gestalt.

Helson, H. The psychology of Gestalt. *American Journal of Psychology*, n. 36, p. 342-370, 494-526; n. 37, p. 25-62, 189--223, 1925, 1926. A série de artigos que introduziu a visão da psicologia da Gestalt aos psicólogos americanos.

Henle, M. One man against the nazis – Wolfgang Köhler. *American Psychologist*, n. 33, p. 939-944, 1978. Descreve os últimos anos de Köhler em Berlim e a luta para salvar o Psychological Institute da repressão nazista.

__________. Koffka's principles after fifty years. *Journal of the History of the Behavioral Sciences*, n. 23, p. 14-21, 1987. Analisa o impacto do livro de Koffka, *Principles of Gestalt psychology*.

King, D. B.; Wertheimer, M. *Max Wertheimer and Gestalt theory*. Brunswick: Transaction Publishers, 2005. Michael Wertheimer desenvolveu cuidadosamente a biografia de seu pai, entrelaçando-a com o desenvolvimento da escola de pensamento da psicologia da Gestalt.

Köhler, W. Gestalt psychology today. *American Psychologist*, n. 14, p. 727-734. Descreve as diferenças entre a psicologia da Gestalt e a psicologia behaviorista predominante.

Sokal, M. M. The Gestalt psychologist In: behaviorist America. *American Historical Review*, n. 89, p. 1240-1263, 1984. Descreve a disseminação do movimento da psicologia da Gestalt nos Estados Unidos.

Capítulo 13

Burnham, J. *After Freud left: A century of psychoanalysis*. Chicago: University of Chicago Press, 2012. Ensaios reflexivos dos principais historiadores da psicanálise, descrevendo o avanço dos trabalhos de Freud nos Estados Unidos depois de sua visita, em 1909.

Decker, H. S. *Freud, Dora, and Vienna 1900*. Nova York: Free Press, 1991. Descreve o tratamento aplicado por Freud em Dora, paciente de 18 anos, que expressava seus distúrbios emocionais por uma tosse nervosa e perda de voz.

Ellenberger, H. F. The story of "Anna O.": a critical review with new data. *Journal of the History of the Behavioral Sciences*, n. 8, p. 267-279, 1972. Analisa o caso de Anna O. como o protótipo da cura por meio da catarse.

Erard, M. *Um..Slips, stumbles, and verbal blunders, and what they mean*. New York Pantheon. Sugere que pode se aprender muito sobre a personalidade e a aquisição linguística através da análise do discurso humano. Delineia os estudos sobre o uso errado de palavras, incluindo o chamado ato falho freudiano, o lapso, malapropismos e os passos em falso verbais de figuras públicas.

Evans, R. B.; Koelsch, W. A. Psychoanalysis arrives in: America: The 1909 psychology conference at Clark University. *American Psychologist*, n. 40, p. 942-948, 1985. Descreve o encontro que apresentou Freud, Jung e a psicanálise ao público acadêmico americano.

Freeman, L.; Strean, H. S. *Freud and women*. Nova York: Continuum, 1987. Explora as relações de Freud com a mãe, irmãs, esposa, filhas, colegas e pacientes do sexo feminino.

Hale Jr., N. G. *The rise and crisis of psychoanalysis in the United States*: Freud and the americans, 1917-1985. Nova York: Oxford University Press, 1995. Oferece uma visão geral da história da psicanálise nos Estados Unidos. Aborda as disputas entre psicanalistas ortodoxos e revisionistas, além do tratamento dispensado pela mídia americana aos conceitos psicanalíticos.

Hustvedt, A. *Medical uses: Hysteria in 19th-century Paris*. Nova York: Norton, 2011. Um fascinante estudo do trabalho de Charcot para definir e tratar a histeria, conforme relatado pela vida de três pacientes.

Makari, G. *Revolution* In: *mind*: The creation of psychoanalysis. New York: HarperCollins, 2008. Uma história abrangente da psicanálise desde 1895 até 1946, mostrando as mudanças no pensamento de Freud sobre a natureza da psique. Avalia os membros do círculo íntimo de Freud e o desenrolar de disputas intelectuais entre eles.

Markel, H. *An anatomy of addiction: Sigmund Freud, William Halstead, and the miracle drug cocaine.* Nova York: Pantheon, 2011. Uma história bem contada sobre os usos e abusos de cocaína no século XIX, contada por meio da vida de Freud e do médico norte-americano William Halstead.

Roazen, P. *Freud and his followers.* Nova York: Knopf, 1975. Relata a vida de Freud e sua relação com os discípulos, alguns dos quais romperam com ele para promover as próprias ideias acerca da personalidade e da psicoterapia.

Zaretsky, E. *Secrets of the soul*: A social and cultural history of psychoanalysis. Nova York: Knopf, 2004. Investiga diversas décadas da ascensão, queda e incorporação generalizada das ideias de Freud na cultural geral.

Capítulo 14

Bair, D. *Jung*: A biography. Boston: Little, Brown, 2003. Descrição equilibrada sobre a ambição, arrogância e rivalidades de Jung, bem como de sua originalidade como teórico. Avalia o impacto duradouro de suas ideias.

Ellenberger, H.F. *The Discovery of the unconscious*: The history and evolution of dynamic psychiatry. New York: Basic Books, 1970. Sublinha ideias sobre o inconsciente a partir de estudos antropológicos de povos primitivos e antigos até a psicanálise freudiana e seus derivados. (O Capítulo 8 discute Adler, enquanto o Capítulo 9 examina Jung).

Grogan, J. *Encountering America: Humanistic psychology, sixties culture and the shaping of the modern self.* Nova York: Harper Perennial, 2013. Um relato da ascensão e desenvolvimento da psicologia humanista, enfatizando o papel da contracultura da década de 1960 e focalizando o trabalho de Maslow; destaca que a psicologia positiva deve sua origem ao trabalho de Maslow.

Jung, C. G. *The red book.* New York: Norton, 2009. Compilação das anotações de Jung sobre seus sonhos e visões, com sua caligrafia, e acompanhadas de desenhos, cuidadosamente acumulados pelo período de 15 anos enquanto ele estava, ativamente, desenvolvendo sua teoria.

Paris, B. J. *Karen Horney*: A psychoanalyst's search for self-understanding. New Haven, CT: Yale University Press, 1994. Descreve a vida de Horney e sua impressionante contribuição para a compreensão da neurose e do próprio indivíduo.

Rogers, C. R.; Russell, D. E. *Carl Rogers, the quiet revolutionary*: An oral history. Roseville: Penmarin Books, 2002. Entrevista detalhada com Rogers a respeito de sua vida pessoal e profissional. Aborda seu trabalho sobre a educação, aconselhamento, psicoterapia e resolução de conflitos.

Sayers, J. *Mothers of psychoanalysis*: Helene Deutsch, Karen Horney, Anna Freud, Melanie Klein. Nova York: Norton, 1991. Discute como essas analistas ajudaram a redefinir a psicanálise de Freud transferindo o enfoque da visão patriarcal para a matriarcal.

Seligman, M. *Flourish: A visionary new understanding of happiness and well-being.* Nova York: Free Press, 2011. O novo conceito de florescimento criado por Seligman, incluindo as características que nos permitem florescer e os meios pelos quais podemos trazer o florescimento para nossas vidas.

Selin, H. e Davey, G. (Eds.). *Happiness across cultures: Views of life in non-Western cultures.* Nova York: Springer Science, 2012. Pontos de vista de estudiosos de diversas áreas sobre felicidade em uma variedade de culturas. Aponta similaridades e diferenças na felicidade; quais características são comuns e quais são exclusivas de um país específico.

Young-Bruehl, E. *Anna Freud*: A biography. Nova York: Summit Books, 1988. Apresenta a biografia e o trabalho da filha de Freud, Anna, que desenvolveu um sistema de análise infantil e foi confidente do pai.

Capítulo 15

Buss, D. *Evolutionary psychology: The new science ofthe mind.* Nova York: Sage, 2010. Um livro introdutório abrangente, que cobre as maneiras pelas quais psicologia evolucionista explica grande parte do comportamento humano.

Carr, N. *What the Internet is doing to our brains.* Nova York: Norton, 2011. Uma explicação convincente dos efeitos da Internet sobre a mente, o comportamento e a cultura e como a pesquisa em neurociência revela que, como resultado, o cérebro está mudando de maneira positiva e negativa.

Dyson, G. *Turing's cathedral: The origins of the digital universe*. Nova York: Pantheon, 2012. Um relato empolgante do desenvolvimento dos computadores nos anos 1940 e 1950, incluindo a vida de Alan Turing e de outros personagens da vanguarda da revolução digital.

Graziano, M. *Consciousness and the social brain*. Nova York: Oxford University Press, 2013. Explica a consciência em termos das novas pesquisas da neurociência, uma explicação cuidadosamente elaborada de como o cérebro pode funcionar.

Leavitt, D. *The man who knew too much*: Alan Turing and the invention of the computer. Nova York: Norton, 2006. Uma biografia altamente recomendada a respeito deste pensador e de sua vida pessoal trágica.

Miller, G. A. Autobiography. In: Lindzey, G. (Ed.). *A history of psychology* in: *autobiography*. Stanford: Stanford University Press, 1989, v. 8, p. 391-418. Inclui as lembranças de Miller sobre os professores que influenciaram a sua carreira na psicologia.

Neisser, U. Autobiography. In: *A history of psychology In: autobiography*. Washington: American Psychological Association, v. 9, p. 269-301, 2007.

Pinker, S. *The blank slate*: The modern denial of human nature. Nova York: Viking, 2002. Ilustra temas evolucionistas comuns na natureza humana entre culturas bem distintas e defende a aceitação da herança genética. Também avalia os conceitos populares do passado sobre a natureza humana, tais como o "papel em branco", o "bom selvagem" e o "fantasma da máquina".

Skinner, B. F. Whatever happened to psychology as the science of behavior? *American Psychologist*, n. 42, p. 780-786, 1987. Apresenta a visão de Skinner sobre a psicologia humanista e a psicologia cognitiva como obstáculos para a aceitação do seu programa de análise experimental do comportamento na psicologia.

Wilson, Edward. *The social conquest of earth*. Nova York: Liveright, 2013. Uma remodelação da história da evolução para mostrar as origens biológicas do funcionamento humano, incluindo moralidade, religião e artes criativas.

Glossário

Análise do sonho: técnica psicoterápica que envolve a interpretação dos sonhos para revelar os conflitos inconscientes.

Ansiedade básica: definição de Horney para solidão invasiva e impotência, sentimentos que dão origem à neurose.

Apercepção: processo pelo qual elementos mentais são organizados.

Aprendizagem por tentativa-e-erro: aprendizagem com base na repetição das tendências de resposta que levam ao êxito.

Aproximação sucessiva: uma explicação para a aquisição de comportamento complexo; comportamentos, como aprender a falar, serão reforçados somente à medida que tendam ao comportamento final desejado ou se aproximem dele.

Arco reflexo: conexão entre os estímulos sensoriais e as respostas motoras.

Arquétipos: tendências herdadas, contidas no inconsciente coletivo, que levam o indivíduo a se comportar de forma semelhante aos ancestrais que passaram por situações similares.

Associação: noção de que o conhecimento resulta da ligação ou da associação de ideias simples para a formação de ideias complexas.

Atenção positiva: amor incondicional da mãe pelo bebê.

Atos falhos: atos de esquecimento ou lapsos de fala que refletem motivos inconscientes ou ansiedade.

Autoeficácia: senso de autoestima e competência para lidar com os problemas da vida.

Autorrealização: desenvolvimento pleno das habilidades de um indivíduo e realização de seu potencial.

Behaviorismo: ciência do comportamento concebida por Watson, que lidava apenas com atos comportamentais observáveis, que poderiam ser descritos em termos objetivos.

Behaviorismo intencional: sistema de Tolman, que combina o estudo objetivo do comportamento com a ponderação da intenção ou a orientação do propósito no comportamento.

Campos de força: regiões ou espaços atravessados em sentido diagonal por linhas de força, como uma corrente elétrica ou um ímã.

Catarse: processo de redução ou eliminação de um complexo, transferindo-o para o consciente e, assim, permitindo a sua expressão.

Complexo de Édipo: aos 4 ou 5 anos, o desejo inconsciente do menino pela mãe é de substituir ou destruir o pai.

Complexo de inferioridade: condição que o indivíduo desenvolve quando é incapaz de compensar os sentimentos normais de inferioridade.

Condicionamento operante: situação de aprendizagem que envolve o comportamento emitido por um organismo, em vez de eliciado por um estímulo detectável.

Conexionismo: abordagem dada por Thorndike à aprendizagem, com base nas conexões entre as situações e as respostas.

Constância perceptual: qualidade de integridade ou plenitude da experiência perceptual que não se altera mesmo com a mudança dos elementos sensoriais.

Determinismo: doutrina que afirma serem os atos determinados pelos eventos do passado.

Diferença mínima perceptível: a menor diferença detectável entre dois estímulos físicos.

Efeito de Zeigarnik: tendência de se lembrar mais facilmente das tarefas não completadas do que das completadas.

Ego: aspecto racional da personalidade, responsável pelo controle dos instintos.

Empirismo: busca do conhecimento mediante a observação da natureza e a atribuição de todo conhecimento à experiência.

Equipotencialidade: ideia de que uma parte do córtex cerebral é essencialmente igual à outra em relação à sua contribuição na aprendizagem.

Erro de estímulo: confusão entre o processo mental que está sendo estudado e o estímulo ou objeto que está sendo observado.

Esquema de reforço: condições que envolvem diferentes razões ou intervalos de tempo entre reforços.

Estágios psicossexuais: na teoria psicanalítica, os estágios de desenvolvimento infantil centrados nas zonas erógenas.

Estímulos elétricos: técnica de exploração do córtex cerebral que consiste em aplicar pequenos choques elétricos para observar a resposta motora.

Estruturalismo: sistema de psicologia de E. B. Titchener, que considera a experiência consciente dependente da pessoa que a experimenta.

Experiência mediata e imediata: a experiência mediata oferece informação sobre qualquer coisa, exceto sobre os elementos da experiência em si; a experiência imediata é equilibrada pela interpretação.

Extirpação: técnica para definir a função de determinada parte do cérebro animal, removendo-a ou destruindo-a para observar as mudanças no comportamento.

Fenômeno *Phi*: ilusão de que dois focos fixos de luz piscante estão em movimento de um lugar para o outro.

Fenomenologia: método de introspecção de Stumpf que examina a experiência à medida que ocorre, sem reduzi-la a componentes elementares. Também é uma abordagem do conhecimento com base em uma descrição imparcial da experiência imediata conforme ela ocorre, e não analisada ou reduzida a elementos.

Filosofia sintética: ideia de Herbert Spencer de que o conhecimento e a experiência podem ser aplicados em termos de princípios evolutivos.

Fluxo de consciência: conceito de James de que a consciência é um processo de fluxo contínuo e que qualquer tentativa de reduzi-la a elementos pode distorcê-la.

Força do hábito: força da conexão estímulo-resposta, que é uma função do número de reforços.

Funcionalismo: sistema de psicologia que se preocupa com o modo como a mente é usada na adaptação de um indivíduo ao seu ambiente.

Hipótese da variabilidade: noção de que o homem demonstra maior gama de variação no desenvolvimento físico e mental que a mulher; as habilidades da mulher são consideradas mais medianas.

Historiografia: princípios, métodos e questões filosóficas envolvidas da pesquisa histórica.

Id: fonte de energia psíquica e o aspecto da personalidade relacionado aos instintos.

Idade mental: idade na qual as crianças podem realizar certas tarefas típicas da idade.

Ideias derivadas e inatas: as ideias derivadas são produzidas pela aplicação direta de um estímulo externo; as inatas surgem da mente ou da consciência, independentemente das experiências sensoriais ou dos estímulos externos.

Ideias simples e complexas: ideias simples são as elementares, que surgem da sensação e da reflexão; ideias complexas são a derivadas, compostas pelas simples, podendo ser analisadas ou reduzidas a componentes mais simples.

Inconsciente coletivo: nível mais profundo da psique, que contém as experiências herdadas das espécies humanas e pré-humanas.

Inconsciente pessoal: local em que se armazena o que, em algum momento, foi consciente, mas que foi esquecido ou suprimido.

Insight: compreensão ou percepção imediata.

Instintos: para Freud, as representações mentais dos estímulos internos (como a fome) que motivam a personalidade e o comportamento.

Instintos de morte: impulso inconsciente em direção à decadência, destruição e agressividade.

Instintos de vida: impulso para garantir a sobrevivência do indivíduo e da espécie por meio da satisfação das necessidades de alimento, água, ar e sexo.

Interesse social: conceito de Adler sobre o potencial inato de cooperação com as pessoas, a fim de atingir as metas pessoais e sociais.

Introspecção: autoanálise da mente para se inspecionar e relatar pensamentos ou sentimentos pessoais.

Introspecção experimental sistemática: método de introspecção de Külpe que usava relatos retrospectivos de processos cognitivos das pessoas após terem completado uma tarefa experimental.

Introspecção por analogia: técnica para estudar o comportamento animal, partindo-se do princípio de que os processos mentais ocorridos na mente do observador também ocorrem na mente do animal.

Isomorfismo: doutrina que afirma existir uma correspondência entre a experiência psicológica ou consciente e a experiência cerebral latente.

Lei da ação da massa: a eficácia da aprendizagem é uma função da massa total do tecido cortical.

Lei da aquisição: a força de um comportamento operante aumenta quando ele é seguido da apresentação de um estímulo reforçador.

Lei da parcimônia (Cânone de Lloyd Morgan)**:** noção de que não se deve atribuir o comportamento animal a um processo mental superior quando for possível explicá-lo em termos de um processo mental inferior.

Lei do efeito: os atos que produzem satisfação em determinada situação tornam-se associados a ela; quando a situação ocorre novamente, os atos tendem a se repetir.

Lei do exercício: quanto mais um ato (ou resposta) é realizado em uma dada situação, mais forte se torna a associação entre ato e situação.

Lei do reforço primário: quando uma relação estímulo-resposta é seguida pela redução em uma necessidade corporal, aumenta a probabilidade de que o mesmo estímulo provoque a mesma resposta em ocasiões subsequentes.

Libido: para Freud, a energia psíquica que direciona o indivíduo na busca de pensamentos e comportamentos prazerosos.

Limiar absoluto: ponto de sensibilidade abaixo do qual as sensações não são detectadas e acima do qual elas são percebidas.

Limiar de dois pontos: limiar em que é possível distinguir dois pontos de estímulo.

Limiar diferencial: ponto de sensibilidade em que a menor alteração em um estímulo provoca uma mudança na sensação.

Livre associação: técnica psicoterápica em que o paciente diz o que vem à mente.

Locus de controle: a ideia de Rotter sobre a origem do reforço – o *locus* de controle interno é a crença de que o reforço depende do comportamento da pessoa, enquanto o *locus* de controle externo é a crença de que ele depende de forças externas.

Materialismo: doutrina que considera os fatos do universo como suficientemente explicados em termos físicos pela existência e natureza da matéria.

Mecanicismo: doutrina para a qual os processos naturais são determinados mecanicamente e passíveis de explicação pelas leis da física e da química.

Mecanismos de defesa: comportamentos que representam negações inconscientes ou distorções da realidade, mas que são adotados para proteger o ego contra a ansiedade.

Memória associativa: associação entre estímulo e resposta, usada para provar a existência de consciência em animais.

Mentalismo: doutrina que considera que todo conhecimento é função de um fenômeno mental e dependente da pessoa que o percebe ou vivencia.

Método anedótico: utilização dos relatos de observação a respeito do comportamento animal.

Método clínico: exame pós-morte das estruturas cerebrais para detectar as áreas lesionadas consideradas responsáveis pelo comportamento do indivíduo antes de sua morte.

Método hipotético-dedutivo: método estabelecido por Hull para definir postulados a partir dos quais se podem obter conclusões testáveis por meio de experiências.

Modificação de comportamento: uso de reforço positivo para controlar ou modificar o comportamento individual ou coletivo.

Monadologia: teoria de Leibniz sobre as entidades psíquicas, denominadas *mônadas*, similares às percepções.

Operacionismo: doutrina que afirma ser possível definir o conceito físico com precisão em relação ao conjunto de operações ou procedimentos que o determinam.

Pensamento sem imagens: a ideia de Külpe de que o significado pode ocorrer no pensamento sem qualquer componente sensorial ou imaginário.

Positivismo: doutrina que reconhece somente os fenômenos naturais ou fatos que possam ser objetivamente observáveis.

Pragmatismo: doutrina que valida as ideias medidas por suas consequências práticas.

Problema mente-corpo: a questão da distinção entre as qualidades mentais e físicas.

Psicanálise: teoria de Sigmund Freud sobre a personalidade e o sistema de psicoterapia.

Psicofísica: estudo científico das relações entre os processos mental e físico.

Psicologia analítica: teoria da personalidade de Jung.

Psicologia cognitiva: sistema de psicologia que se concentra nos processos de aquisição do conhecimento, mais especificamente em como a mente organiza ativamente experiências na mente.

Psicologia da Gestalt: sistema de psicologia que se concentra principalmente na aprendizagem e na percepção, sugerindo que a combinação de elementos sensoriais produz novos padrões com propriedades inexistentes nos elementos individuais.

Psicologia dinâmica: sistema de psicologia de Woodworth, que se dedica aos fatores causais e às motivações que influenciam os sentimentos e o comportamento.

Psicologia do ato: sistema de psicologia de Brentano, que se concentra nas atividades mentais (por exemplo, no ato de ver) e não no conteúdo mental (por exemplo, no que se vê).

Psicologia humanista: sistema de psicologia que enfatiza o estudo da experiência consciente e a totalidade da natureza humana.

Psicologia individual: teoria de Adler sobre a personalidade, que incorpora fatores tanto sociais quanto biológicos.

Qualidades primárias e secundárias: qualidades primárias são características como tamanho e forma de um objeto, perceptíveis ou não; qualidades secundárias são características como cor e cheiro, que existem em nossa percepção de um objeto.

Quociente de inteligência (QI): número que representa a inteligência de uma pessoa, obtido pela seguinte fórmula: idade mental dividida pela idade cronológica, multiplicada por 100.

Reducionismo: doutrina que explica os fenômenos em um nível (como ideias complexas) em termos de fenômenos de outro nível (como ideias simples).

Reflexos associados: reflexos provocados não apenas por estímulos não condicionados, como também por estímulos que foram associados aos estímulos não condicionados.

Reflexo condicionado: reflexo condicional ou dependente na formação de uma associação ou ligação entre o estímulo e a resposta.

Reforço: algo que aumenta a probabilidade de uma resposta.

Reforço vicário: noção de Bandura de que o aprendizado pode ocorrer por observação dos comportamentos de outras pessoas e das consequências deles decorrentes, e não apenas experimentando o reforço diretamente.

Repetição: noção de que, quanto mais frequente é a ocorrência de duas ideias simultâneas, mais rápida será sua associação.

Repressão: processo de barrar ideias inaceitáveis, memórias ou desejos do consciente, deixando-os operar livremente no inconsciente.

Resistência: bloqueio ou recusa em revelar lembranças dolorosas durante uma sessão de livre associação.

Sílabas sem sentido: sílabas apresentadas em séries aleatória para o estudo dos processos de memória.

Síntese criativa: noção de que ideias complexas, formadas de ideias simples, adquirem novas qualidades; a combinação dos elementos mentais cria um elemento maior que a soma dos elementos originais ou diferente destes.

Superego: aspecto moral da personalidade, produto da internalização dos valores e padrões recebidos dos pais e da sociedade.

Teoria da recapitulação: conceito de Hall, que afirma ser o desenvolvimento psicológico da criança uma repetição da história da humanidade.

Teoria de campo: sistema de Lewin, que aplica o conceito de campos de força para explicar o comportamento de um indivíduo com base em seu campo de influências sociais.

Teoria do ato reflexo: ideia de que um objeto externo (um estímulo) pode provocar uma resposta involuntária.

Teoria naturalista: visão de que o progresso e as mudanças na história científica podem ser atribuídos ao *Zeitgeist*, que torna receptiva a algumas ideias, mas não a outras.

Teoria personalista: visão de que o progresso e as mudanças na história científica são atribuídos às ideias de um único indivíduo.

Teoria tridimensional do sentimento: explicação de Wundt para os estados do sentimento, com base em três dimensões: prazer/desprazer, tensão/relaxamento e excitação/depressão.

Testes mentais: testes de habilidades motoras e capacidades sensoriais; os testes de inteligência usam medições mais complexas das habilidades mentais.

Transferência: processo pelo qual um paciente responde ao terapeuta como se ele fosse uma pessoa importante (como o pai ou a mãe) em sua vida.

Tropismo: movimento forçado involuntário.

Variáveis intervenientes: fatores não observáveis e deduzidos inseridos no organismo, que são determinantes reais do comportamento.

Voluntarismo: ideia de que a mente é capaz de organizar o conteúdo mental em processos de pensamento de nível mais elevado.

Zeitgeist: ambiente intelectual e cultural ou espírito da época.

Bibliografia

Abma, R. Madness and mental health. In: J. Jansz & P. Van Drunen (Eds.), *A social History of Psychology*. Malden: Blackwell, 2004, p. 93-128.

Abramson, C. A study in inspiration: Charles Henry Turner (1867-1923) and the investigation of insect behavior. *Annual Review of Entomology*, n. 54, p. 343-359, 2009.

Adelman, K. Examined lives. *Washingtonian Magazine*, p. 27-32, jun. 1996.

Adler, J. Freud is not dead. *Newsweek*, 27 mar. 2006, p. 43-49.

Agassiz, G. R. (Ed.). *Meade's headquarters, 1863-1865*: letters of Colonel Theodore Lyman from the Wilderness to Appomattox. Boston: atlantic Monthly Press.

Aldhaus, P. Birds evolve shorter wings to survive on roads. *Newscientist.com*, 18 mar. 2013.

Alexander, I. E. C. G. Jung: the man and his work, then and now. In: G. A. Kimble, M. Wertheimer & C. White (Eds.), *Portraits of pioneers in psychology*. Washington: american Psychological Association, p. 153-169, 1994.

Allen, G. W. *William James*. New York: Viking Press, 1967.

Amsel, A.; Rashotte, M. E. (Eds.). *Mechanisms of adaptive behavior*: Clark L. Hull's theoretical papers with commentary. New York: Columbia University Press, 1984.

Anastasi, A. A century of Psychological testing. In: t. K. Fagan & G. R. VandenBos (Eds.), *Exploring applied psychology*. Washington: american Psychological Association. 1993, p. 9-36.

Anderson, C.; Shibuya, A.; Ihori, N., Swing, E.; Bushman, B.; Sakamoto, A., Rothstein, H. & Saleem, M. Violent video game effects on aggression, empathy, and prosocial behavior in Eastern and Western countries: a meta-analytic review. *Psychological Bulletin*, n. 136, p. 151-173, 2010.

Angell, J. R. *Psychology*: an introductory study of the structure and function of human consciousness. New York: Holt, 1904.

Angell, J. R. The province of functional psychology. *Psychological Review*, n. 14, p. 61-91, 1907.

Antunes, M. M. A. *A psicologia no Brasil: leitura histórica sobre sua constituição*. São Paulo: Educ, Unimarco, 1998

______. *História da psicologia no Brasil: primeiros ensaios*. Rio de Janeiro: EdUERJ, Conselho Federal de Psicologia, 2004.

Appignanesi, L. *Mad, bad & sad*: women and the mind doctors. New York: Norton, 2008.

Appignanesi, L. & Forrester, J. *Freud's women*. New York: Basic Books, 1992.

Araujo, S. Why did Wundt abandon his early theory of the unconscious? Towards a new interpretation of Wundt's psychological project. *History of Psychology*, v. 1, n. 15, p. 33-49, 2012.

Araujo, S. Role of scientific psychology in Wundt's philosophical project. Trabalho apresentado na 121ª Convenção Anual da APA, em Honolulu, Havaí, 31 jul. a 4 ago. 2013.

Armstrong, D.; Ma, M. Researcher controls colleague's motion in 1st human brain-to-brain interface. Relatório on-line da University of Washington, 27 ago. 2013.

Arnett, J. The neglected 95%: why American psychology needs to become less American. *American Psychologist*, n. 63, p. 602-614, 2008.

Arnett, J. & Cravens, H. G. Stanley Hall's Adolescence: a centennial reappraisal introduction. *History of Psychology*, n. 9, p. 165-171, 2006.

Ash, M. G. *Gestalt psychology in German culture, 1890-1967*: holism and the quest for objectivity. Cambridge, England: Cambridge University Press, 1995.

Avargues-Weber, A., Portelli, G.; Benard, J.; Dyer, A. & Giorfa, M. Configural processing enables discrimination and categorization of face-like stimuli in honeybees. *Journal of Experimental Biology*, n. 213, p. 593-601, 2010.

Averill, L. A. Recollections of Clark's G. Stanley Hall. *Journal of the History of the Behavioral Sciences*, n. 26, p. 125-130, 1990.

Aydon, C. *Charles Darwin*: the naturalist who started a scientific revolution. New York: Carroll & Graf, 2002.

Azar, B. Saying goodbye to the Harvard Pigeon Lab. *Monitor on Psychology*, v. 33, n. 9, p. 44, 2002.

Baars, B. J. *The cognitive revolution in psychology*. New York: Guilford, 1986.

Baars, B. J. *In the theater of consciousness*: the workspace of the mind. New York: Oxford University Press, 1997.

Backe, A. John Dewey and early Chicago functionalism. *History of Psychology*, n. 4, p. 323-340, 2001.

Bailey, R. & Gillaspy, J. Operant psychology goes to the fair: Marian and Keller Breland in the popular press, 1947-1966. *The Behavior Analyst*, n. 28, p. 143-159, 2005.

Bair, D. *Jung*: a biography. Boston: Little, Brown, 2003.

Bakalar, N. First mention: Sigmund Freud, 1909. *New York Times*, 11 out. 2011.

Balance, W. D. G. & Bringmann, W. G. Fechner's mysterious malady. *History of Psychology Newsletter*, v. 19, n. 1-2, p. 36-47, 1987.

Baldwin, B. T. (Ed.). In memory of Wilhelm Wundt. In: w. G. Bringmann & R. D. Tweney (Eds.), *Wundt studies*: a centennial collection. Toronto: C. J. Hogrefe, 1980. p. 280--308. (Original work published 1921)

Ball, L. Genius without the "Great Man": New possibilities for the historian of psychology. *History of Psychology*, v. 1, n. 15, p. 72-83, 2012.

Bandura, A. Self-efficacy mechanism in human agency. *American Psychologist*, n. 37, p. 122-147, 1982.

Bandura, A. *Social foundations of thought and action*: a social cognitive theory. Englewood Cliffs: Prentice-Hall, 1986.

Bandura, A. Social cognitive theory: an agentic perspective. *Annual Review of Psychology*, n. 52, p. 1-26, 2001.

Bandura, A. Albert Bandura. In: G. Lindzey & W. Runyan (Eds.), *History of Psychology in autobiography,*. Washington: aPA, 2007, v. 9.

Bandura, A. Social cognitive theory goes global. *The Psychologist*, n. 22, p. 504-506, 2009.

Bania, A.; Harris, S.; Kinsley, H. & Boysen, S. Constructive and deconstructive tool modification by chimpanzees. *Animal Cognition*, n. 12, p. 85-95, 2009.

Bargh, J. & Morsella, E. The unconscious mind. *Perspectives on Psychological Science*, n. 3, p. 73-79, 2008.

Barker, L. Teaching Evolutionary psychology: an interview with David M. Buss. *Teaching of Psychology*, v. 33, n. 1, p. 69-76, 2006.

Barrett, D.; Sogolow, Z.; Oh, A.; Panton, J.; Grayson, M.; Justiniano, M. Content of dreams from WWII POWs. *Imagination, Cognition, and Personality,* v. 102, n. 33, p. 193--204, 2014.

Barrett-Lennard, G. The Roosevelt years: Crucial Milieu for Carl Rogers' innovation. *History of Psychology,* v. 1, n. 15, p. 19-32, 2012.

Baum, W. M. John B. Watson and behavior analysis. In: J. T. Todd & E. K. Morris (Eds.), *Modern perspectives on John B. Watson and classical behaviorism*. Westport: Greenwood Press, 1994, p. 133-140.

Baumeister, R.; Masicampo, E.; Vohs, K. Do conscious thoughts cause behavior? *Annual Review of Psychology,* n. 62, p. 331-361, 2011.

Baumgartner, E. Book review of Karl Pearson: the scientific life in a statistical age by T. M. Porter. *Journal of the History of the Behavioral Sciences*, n. 41, p. 84-85, 2005.

Bazar, J. Psyche Cattell. *Psychology's Feminist Voices*, 2010. Disponível em: <http://www.feministvoices.com>. Acesso em: 17 jun. 2018.

Bazar, J.; Burman, J. Asylum tourism. *Monitor on Psychology,* v. 2, n. 43, p. 58-70, 2014.

Beck, H., Levinson, S. & Irons, G. Finding Little Albert: a journey to John B. Watson's infant laboratory. *American Psychologist*, n. 64, p. 605-614, 2009.

Becker, E. *The denial of death*. New York: Free Press, 1973.

Behrens, P. War, sanity, and the Nazi mind: the last passion of Joseph Jastrow. *History of Psychology*, n. 12, p. 266-284, 2009.

Bekhterev, V. M. *General principles of human reflexology*. New York: International Publishers, 1932.

Bellhouse, D. Karl Pearson's influence in the United States. *International Statistical Review,* v. 1, n. 77, p. 51-63, 2009.

Belliveau, A. Psychology's first foray into film: Lillian and Frank Gilbreth filmed industrial employees in an effort to increase worker safety and happiness, while limiting boredom. *Monitor on Psychology,* v. 5, n. 43, p. 24-27, 2012.

Benjamin, L. Meet me at the fair: A centennial perspective of psychology at the 1904 St. Louis World's Fair. *Association for Psychological Science Observer,* v. 7, n. 17, p. 1-4, 2004.

Benjamin, L. Pop psychology: The man who saved Coca--Cola. *Monitor on Psychology,* v. 2, n. 40, p. 18, 2009.

Benjafield, J. The golden section and American psychology, 1892-1938. *Journal of the History of the Behavioral Sciences*, n. 46, p. 62-71, 2010.

Benjamin, L. T., Jr. The pioneering work of Leta Hollingworth in the psychology of women. *Nebraska History*, n. 56, p. 493-505, 1975.

Benjamin, L. T., Jr. Why don't they understand us? A History of Psychology's public image. *American Psychologist*, n. 41, p. 941-946, 1986.

Benjamin, L. T., Jr. Knee jerks, Twitmyer, and the Eastern Psychological Association. *American Psychologist*, n. 42, p. 1118-1120, 1987.

Benjamin, L. T., Jr. A history of teaching machines. *American Psychologist*, n. 43, p. 703-712, 1988.

Benjamin, L. T., Jr. A history of the New York branch of the American Psychological Association: 1903-1935. *American Psychologist*, n. 46, p. 1003-1011, 1991.

Benjamin, L. T., Jr. *A History of Psychology in letters*. Dubuque: Brown & Benchmark, 1993.

Benjamin, L. T., Jr. The psychology laboratory at the turn of the 20th century. *American Psychologist*, n. 55, p. 318-321, 2000a.

Benjamin, L. T., Jr. Hugo Münsterberg: portrait of an applied psychologist. In: G. A. Kimble & M. Wertheimer (Eds.), *Portraits of pioneers in psychology*. Washington: american Psychological Association, 2000b, v. 4, p. 113-129.

Benjamin, L. T., Jr. American psychology's struggles with its curriculum: Should a thousand flowers bloom? *American Psychologist*, n. 56, p. 735-742, 2001.

Benjamin, L. T., Jr. Behavioral science and the Nobel Prize: a history. *American Psychologist*, n. 58, p. 731-741, 2003.

Benjamin, L. T., Jr. *A History of Psychology in letters*. Malden: Blackwell, 2006a.

Benjamin, L. T., Jr. Hugo Münsterberg's attack on the application of scientific psychology. *Journal of Applied Psychology*, n. 91, p. 414-425, 2006b.

Benjamin, L. T., Jr. America's first black female psychologist. *Monitor on Psychology*, v. 39, n. 10, p. 20-21, 2008.

Benjamin, L. T., Jr. Where's psychology's museum? *Monitor on Psychology*, v. 40, n. 5, p. 22-33, 2009a.

Benjamin, L. T., Jr. The birth of American intelligence testing. *Monitor on Psychology*, v. 40, n. 1, p. 20-21, 2009b.

Benjamin, L. T., Jr. & Baker, D. *From séance to science*: the history of the profession of psychology in America. Belmont: thomson/Wadsworth, 2004.

Benjamin, L. T., Jr. & Bryant, W. H. M. A history of popular psychology magazines in America. In: w. Bringmann et al. (Eds.), *A pictorial History of Psychology*. Carol Stream: Quintessence, 1997, p. 585-593.

Benjamin, L. T., Jr. & Nielsen-Gammon, E. B. F. Skinner and psychotechnology: the case of the hair conditioner. *Review of General Psychology*, n. 3, p. 155-167, 1999.

Benjamin, L. T., Jr. & Shields, S. Leta Stetter Hollingworth (1886-1939). In: a. N. O'Connell & N. F. Russo (Eds.), *Women in psychology*: a bio-bibliographic sourcebook. New York: Greenwood Press, p. 173-183, 1990.

Benjamin, L. T., Jr.; Bryant, W. H. M.; Campbell, C., Luttrell, J. & Holtz, C. Between psoriasis and ptarmigan: american encyclopedia portrayals of psychology, 1880-1940. *Review of General Psychology*, v. 1, n. 1, p. 5-18, 1997.

Benjamin, L. T., Jr.; Durkin, M.; Link, M.; Vestal, M. & Acord, J. Wundt's American doctoral students. *American Psychologist*, n. 47, p. 123-131, 1992.

Benjamin, L. T., Jr.; Rogers, A. M. & Rosenbaum, A. Coca--Cola, caffeine, and mental deficiency: Harry Hollingworth and the Chattanooga trial of 1911. *Journal of the History of the Behavioral Sciences*, n. 27, p. 42-55, 1991.

Benjamin, L. T., Jr.; Whitaker, J.; Ramsey, R. & Zeve, D. John B. Watson's alleged sex research: an appraisal of the evidence, *American Psychologist*, n. 62, p. 131-139, 2007.

Berkeley, G. An essay towards a new theory of vision. In: M. W. Calkins (Ed.), *Berkeley*: essay, principles, dialogues. New York: Scribners, p. 1-98, 1957a. (Original work published 1709)

Berkeley, G. A treatise concerning the principles of human knowledge. In: M. W. Calkins (Ed.), *Berkeley*: essay, principles, dialogues New York: Scribners, 1957b, p. 99-216. (Original work published 1710)

Berman, J. Book review: Living in the shadow of the Freud family, by Sophie Freud. Westport, CT. Praeger. *Psychoanalytic Psychology*, v. 3, n. 25, p. 560-563, 2008.

Berman, L. *The religion called Behaviorism*. New York: Boni & Liveright, 1927.

Berscheid, E. Lessons in "greatness" from Kurt Lewin's life and work. In: R. Sternberg (Ed.), *The anatomy of impact*: what makes the great works of psychology great. Washington: american Psychological Association, 2003, p. 109-123.

Bettelheim, B. *Freud and man's soul*. New York: Knopf, 1982.

Bibby, C. *Scientist extraordinary: The life and scientific work of Thomas Henry Huxley, 1825-1895*. Nova York: St. Martin's Press, 1972.

Bihm, E.; Gillaspy, J. A.; Lammers, W.; Huffman, S. IQ zoo and teaching operant concepts. *The Psychological Record,* v. 3, n. 60, p. 523-526, 2010.

Binet, A. *The psychic life of micro-organisms*. West Orange: Saifer, 1971. (Original work published 1889)

Bjork, D. W. *The compromised scientist*: William James in the development of American psychology. New York: Columbia University Press, 1983.

Bjork, D. W. *B. F. Skinner*. New York: Basic Books, 1993.

Blanton, S. *Diary of my analysis with Sigmund Freud*. New York: Hawthorn Books, 1971.

Blum, D. Conceiving 'Frankenstein': Grave Robbers, Ghoulish experiments and the romantic age (crítica do livro). *New York Times*, 3 fev. 2013.

Blumenthal, A. Wilhelm Wundt and early American psychology. In: R. Rieber (Ed.), *Wilhelm Wundt and the making of a scientific psychology*. New York: Plenum Press, 1980, p. 117-135.

Blumenthal, A. Wilhelm Wundt: Psychology as the propaedeutic science. In: C. E. Buxton (Ed.), *Points of view in the modern History of Psychology*. Orlando: academic Press, 1985, p. 19-50.

Boag, S. Freudian repression, the common view, and pathological science. *Review of General Psychology*, n. 10, p. 74-86, 2006.

Boakes, R. *From Darwin to behaviourism*: Psychology and the minds of animals. Cambridge: Cambridge University Press, 1984.

Boas, M. *The scientific renaissance*: 1450-1630. London: Collins, 1961.

Boehlich, W. *The letters of Sigmund Freud to Eduard Silberstein*, 1871-1881. Cambridge: Harvard University Press, 1990.

Bollack, J. The Freudian romance: The "Bridal Letters" of Sigmund Freud and Martha Bernays: Now published after being kept under lock and key until the early 2000s. *Signandsight.com,* 2011. Disponível em: <http//signandsight.com/features/2149.html>. Acesso em: 17. jun. 2018.

Boorstin, D. J. *The discoverers*. New York: Random House, 1983.

Bolwig, T.; Fink, M. Electrotherapy for melancholia: The pioneering contributions of Benjamin Franklin and Giovanni Aldini. *Journal of ECT,* v. 1, n. 25, p. 15-18, 2009.

Borch-Jacobsen, M. Bertha Pappenheim, the original patient of psychoanalysis. *Psychology Today Online*, 29 jan. 2012.

Boring, E. G. Edward Bradford Titchener. *American Journal of Psychology*, n. 38, p. 489-506, 1927.

Boring, E. G. *A history of experimental psychology*. New York: appleton, 1929.

Boring, E. G. *A history of experimental psychology*. 2. ed. New York: appleton-Century-Crofts, 1950.

Boring, E. G. Autobiography. In: H. S. Langfeld, H. Werner & R. M. Yerkes (Eds.), *A History of Psychology in autobiography*. Worcester: Clark University Press, 1952, v. 4, p. 27-52.

Boring, E. G. Titchener's experimentalists. *Journal of the History of the Behavioral Sciences*, n. 3, p. 315-325, 1967.

Bornstein, R. F. & Masling, J. M. Introduction: the psychoanalytic unconscious. In: R. F. Bornstein & J. M. Masling (Eds.), *Empirical perspectives on the psychoanalytic unconscious*. Washington: american Psychological Association, 1998, p. xiii-xxvii.

Bottom, W. Organizing intelligence: development of behavioral science and the research based model of business education. *Journal of the History of the Behavioral Sciences*, n. 45, p. 253-283, 2009.

Bottome, P. *Alfred Adler*: a biography. New York: Putnam, 1939.

Bouton, M. Behaviorism, thoughts, and actions. *British Journal of Psychology*, n. 100, p. 181-183, 2009.

Breger, L. *Freud*: darkness in the midst of vision. New York: wiley, 2000.

Breger, L. (2009). *A dream of undying fame: How Freud betrayed his mentor and invented psychoanalysis.* New York: Basic Books.

Breland, K. & Breland, M. A field of applied animal psychology. *American Psychologist*, n. 6, p. 202-204, 1951.

Brems, C., Thevenin, D. M. & Routh, D. K. The history of clinical psychology. In: C. E. Walker (Ed.), *Clinical psychology*: Historical and research foundations. New York: Plenum Press, 1991, p. 3-35.

Brentano, F. *Psychology from an empirical standpoint.* Leipzig: Duncker & Humblot, 1874.

Breuer, J. & Freud, S. *Studies on hysteria.* Standard edition. London: Hogarth Press, 1895, v. 2.

Brewer, C. L. Perspectives on John B. Watson. In: G. A. Kimble, M. Wertheimer & C. White (Eds.). *Portraits of pioneers in psychology.* Washington: american Psychological Association, 1991, p. 171-186.

Brewer, W. & Schommer-Aikins, M. Scientists are not deficient in mental imagery: Galton revised. *Review of General Psychology*, n. 10, p. 130-146, 2006.

Bridgman, P. W. *The logic of modern physics.* New York: Macmillan, 1927.

Bringmann, W. G. & Balk, M. M. Another look at Wilhelm Wundt's publication record. *History of Psychology Newsletter*, v. 24, n. 3-4, p. 50-66, 1992.

Brock, A. Rediscovering the history of psychology: interview with Kurt Danziger. History of Psychology, n. 9, p. 1-16, 2006.

Brome, V. *Jung*: man and myth. New York: atheneum, 1981.

Brookes, M. *Extreme measures*: the dark visions and bright ideas of Francis Galton. New York: Bloomsbury, 2004.

Broom, D. Sena, H. & Moynihan, K. Pigs learn what a mirror image represents and use it to obtain information. *Animal Behaviour*, n. 78, p. 1037-1041, 2009.

Brown-Iannuzzi, J.; Hoffman, K.; Payne, B. K.; Trawalter, S. The invisible man: Interpersonal goals moderate inattentional blindness to African- Americans. *Journal of Experimental Psychology: General*, 2013. Primeira publicação on-line: 7 jan. 2013.

Browne, J. *Charles Darwin*: the power of place. New York: Knopf, 2002.

Brozek, J. The echoes of Wundt's work in the United States, 1887-1977: a quantitative citation analysis. *Psychological Research*, n. 42, p. 103-107, 1980.

Brozek, J.; Pongratz, L. J. (Eds.) *Historiography of modern psychology.* Toronto: Hogrefe, 1980.

Brozek, J.; Massimi, M. *Historiografia da psicologia moderna: versão brasileira.* São Paulo: Loyola, 1998.

Bruner, J. S. *In search of mind*: essays in autobiography. New York: Harper & Row, 1983.

Brynjolfsson, E.; McAfee, A. *The second machine age: Work, progress, and prosperity in a time of brilliant technologies.* Nova York: Norton, 2014.

Buckley, K. W. The selling of a psychologist: John Broadus Watson and the application of behavioral techniques to advertising. *Journal of the History of the Behavioral Sciences*, n. 18, p. 207-221, 1982.

Buckley, K. W. *Mechanical man*: John Broadus Watson and the beginnings of behaviorism. New York: Guilford, 1989.

Buckley, K. W. Misbehaviorism: the case of John B. Watson's dismissal from Johns Hopkins University. In: J. T. Todd & E. K. Morris (Eds.), *Modern perspectives on John B. Watson and classical behaviorism.* Westport: Greenwood Press, 1994, p. 19-36.

Buckley, V. Christina, *Queen of Sweden*: the restless life of a European eccentric. New York: Harper Perennial, 2004.

Bulkeley, K. Data-mining our dreams. *New York Times*, 20 out. 2013.

Burghardt, G. Darwin's legacy to comparative psychology and ethology. *American Psychologist*, n. 64, p. 102-110, 2009.

Burling, S. The power of a positive thinker. *Philadelphia Inquirer*, 30 maio 2010.

Burman, J. Jean Piaget: Images of a life and his factory. *History of Psychology*, v. 3, n. 15, p. 283-288, 2012.

Burnes, B.; Cooke, B. Kurt Lewin's field theory: A review and re-evaluation. *International Journal of Management Reviews*, v. 4, n. 15, p. 408-425, 2013.

Burnham, J. On the origins of behaviorism. *Journal of the History of the Behavioral Sciences*, n. 4, p. 143-151, 1968.

Burnham, J. What happened "after Freud left"? *The General Psychologist*, n. 44, p. 15-17, 2009.

Burt, C. The concept of consciousness. *British Journal of Psychology*, n. 53, p. 229-242, 1962.

Buss, D. Introduction: the emergency of *Evolutionary psychology*. In: D. Buss (Ed.), *The handbook of evolutionary psychology.* New York: wiley, 2005, p. xiii-xxv.

Buss, D. The great struggles of life: Darwin and the emergence of evolutionary psychology. *American Psychologist*, n. 64, p. 140-148, 2009b.

Buss, D. (2009c). The great struggles of life: Darwin and the emergence of evolutionary psychology. *American Psychologist, 64*, 140–148.

Cadwallader, T. C. Early zoological input to comparative and animal psychology at the University of Chicago. In: E. Tobach (Ed.), *Historical perspectives and the international status of comparative psychology.* Hillsdale: Erlbaum, 1987, p. 37-59.

Cahan, D. Helmholtz and the civilizing power of science. In: D. Cahan (Ed.), Hermann von Helmholtz and the foundations of nineteenth century science. Berkeley: University of California Press, 1993, p. 559-601.

Calkins, M. W. Statistics of dreams. *American Journal of Psychology*, n. 5, p. 311-343, 1893.

Camfield, T. M. The American Psychological Association and World War I: 1914 a 1919. In: R. B. Evans, V. S. Sexton & T. C. Cadwallader (Eds.), *The American Psychological Association*: a historical perspective. Washington: american Psychological Association, 1992, p. 91-118.

Campbell-Kelly, M. & Aspray, W. *Computer*: a history of the information machine. New York: Basic Books, 1996.

Campos, R.H.F. *História da psicologia: pesquisa, formação, ensino*. São Paulo: Educ, 1996.

______. *Dicionário biográfico da psicologia no Brasil. Pioneiros*. Brasília: Conselho Federal de Psicologia, 2007.

Candland, D. K. *Feral children and clever animals*: Reflections on human nature. New York: Oxford University Press, 1993.

Cannato, V. *American passage*: the history of Ellis Island. New York: Harper, 2009.

Capaldi, N. *John Stuart Mill*: a biography. Cambridge: Cambridge University Press, 2004.

Caplan, E. Popularizing American psychotherapy: the Emmanuel Movement, 1906-1910. *History of Psychology*, n. 1, p. 289-314, 1998.

Capshaw, J. H. *Psychologists on the march*: science, practice, and professional identity in America, 1929-1969. Cambridge: Cambridge University Press, 1999.

Carlat, D. Mind over meds: how I decided my psychiatry patients needed more from me than prescriptions. *New York Times*, 25 abr. 2010.

Carmichael, L. Robert Mearns Yerkes, 1876-1956. *Psychological Review*, n. 64, p. 1-7, 1951.

Carpentero, H. Watson's Behaviorism: a comparison of two editions (1925 and 1930). *History of Psychology*, n. 7, p. 183--202, 2004.

Carroll, D. The regents versus the professors: Edward Tolman's role in the California loyalty oath controversy. *Journal of the History of the Behavioral Sciences*, n. 48, p. 218-235, 2012.

Catania, A. C. B. F. Skinner, organism. *American Psychologist*, n. 47, p. 1521-1530, 1992.

Catania, A. C. A natural science of behavior. *Review of General Psychology*, v. 2, n. 17, p. 133-139, 2013.

Caton, H. Getting our history right: six errors about Darwin and his influence. *Evolutionary psychology*, n. 5, p. 52-69, 2007.

Cattell, J. M. Mental tests and measurements. *Mind*, n. 15, p. 373-381, 1890.

Cattell, J. M. Address of the president before the American Psychological Association, 1895. *Psychological Review*, n. 3, p. 134-148, 1896.

Cattell, J. M. The conceptions and methods of psychology. *Popular Science Monthly*, n. 66, p. 176-186, 1904.

Cattell, J. M. Early psychological laboratories. *Science*, n. 67, p. 543-548, 1928.

Chamberlin, J. Don't know much about history. *Monitor on Psychology*, v. 2, n. 41, p. 44-47, 2010.

Chamberlin, J. Notes on a scandal. *Monitor on Psychology*, n. 43(9), p. 20, 2012.

Cherry, F. Kenneth B. Clark and social psychology's other history. In: G. Philogene (Ed.), *Racial identity in context*: the legacy of Kenneth B. Clark. Washington: american Psychological Association, p. 17-33, 2004.

Chomsky, N. Review of Verbal Behavior by B. F. Skinner. *Language*, n. 35, p. 26-58, 1959.

Chomsky, N. *Language and mind*. New York: Harcourt Brace, 1972.

Clarke, E. H. *Sex and education*. Boston: Osgood, 1873.

Clegg, J. Teaching about mental health and illness through the history of the DSM. *History of Psychology*, v. 4, n. 15, p. 364-370, 2012.

Cohen, D. *The escape of Sigmund Freud*. London: J. R. Books Ltd., 2010.

Cohen, D. (2012). *The escape of Sigmund Freud*. New York: The Overlook Press.

Cohen, I. B. *The triumph of numbers*: how counting shaped modern life. New York: Norton, 2005.

Cole, J. *The great American university*: Its rise to preeminence, its indispensable national role, why it must be protected. New York: Public Affairs Press, 2009.

Collins, L. London post card: Fixer Upper. *New Yorker*, 2 dez. 2013, p. 23-24.

Comte, A. *The positive philosophy of Comte*. London: Bell, 1896. (Original work published 1830)

Confer, J.; Easton, J.; Fleischman, D.; Goetz, C.; Lewis, D.; Perilloux, C. & Buss, D. Evolutionary psychology: controversies, questions, prospects, and limitations. *American Psychologist*, n. 65, p. 110-126, 2010.

Cook, R. C. The experimental analysis of cognition in animals. *Psychological Science*, n. 4, p. 174-178, 1993.

Coon, D. J. Eponymy, obscurity, Twitmyer, and Pavlov. *Journal of the History of the Behavioral Sciences*, v. 3, n. 18, p. 255-262, 1982.

Coon, D. J. "Not a creature of reason": the alleged impact of Watsonian behaviorism on advertising in the 1920s. In: J. T. Todd & E. K. Morris (Eds.), *Modern perspectives on John B. Watson and classical behaviorism*. Westport: Greenwood Press, 1994, p. 37-63.

Corbett, S. The holy grail of the unconscious. *New York Times Magazine*, 20 set. 2009.

Cosmides, L.; Tooby, J. Evolutionary psychology: New perspectives on cognition and motivation. *Annual Review of Psychology*, n. 64, p. 201-229, 2013.

Costa, A. L. F.; Yamamoto, O.H. 50 anos de pós-graduação stricto sensu de psicologia no Brasil: notas sobre seu processo de constituição (1966-2015). *Memorandum*, n. 31, 133-160, 2016. Recuperado de https://seer.ufmg.br/index.php/memorandum/article/view/6190.

Cowley, G. The science of happiness. *Newsweek*, n. 49, 16 set. 2002.

Cranston, M. *John Locke: A biography*. Nova York: Macmillan, 1957.

Croarken, M. Astronomical labourers: Maskelyne's assistants at the Royal Observatory, Greenwich, 1765-1811. *Notes and Records of the Royal Society*, n. 57, p. 285-298, 2003.

Croce, P. J. Physiology as the antechamber to metaphysics: the young William James's hope for a philosophical psychology. *History of Psychology*, n. 2, p. 302-323, 1999.

Cromie, W. How Darwin's finches got their beaks. *Harvard University Gazette*, 24 jul. 2006.

Crosby, A. W. The measure of reality: quantification and western society, 1250-1600. Cambridge: Cambridge University Press, 1997.

Crowther-Heyck, H. George A. Miller, language, and the computer metaphor of mind. *History of Psychology*, n. 2, p. 37-64, 1999.

Cunningham, S. Humanists celebrate gains, goals. *APA Monitor*, n. 16, p. 18, maio 1985.

Cuny, H. *Ivan Pavlov*: the man and his theories. New York: Eriksson, 1965.

Custers, R. & Aarts, H. The unconscious will: how the pursuit of goals operates outside of conscious awareness. *Science*, n. 329, p. 47-50, 2010.

Cutting, J. Ulric Neisser (1928-2012). *American Psychologist*, v. 6, n. 67, p. 492, 2012.

Dallenbach, K. Autobiography. In: E. G. Boring & G. Lindzey (Eds.), *A History of Psychology in autobiography*. New York: appleton-Century-Crofts, 1967, v. 5, p. 57-93.

Danziger, K. A history of introspection reconsidered. *Journal of the History of the Behavioral Sciences*, n. 16, p. 241-262, 1980.

Darwin, C. *On the origin of species by means of natural selection*. London: Murray, 1859.

Darwin, C. *The descent of man*. London: Murray, 1871.

Darwin, C. *The expression of the emotions in man and animals*. London: Murray, 1872.

Darwin, C. A biographical sketch of an infant. *Mind*, n. 2, p. 285-294, 1877.

DeAngelis, T. Little Albert regains his identity. *Monitor on Psychology*, v. 1, n. 41, p. 10, 2010.

DeAngelis, T. Was 'Little Albert' Ill during the famed conditioning study? *Monitor on Psychology*, v. 3, n. 43, p. 12-13, 2012.

Decker, H. S. *Freud, Dora, and Vienna 1900*. New York: Free Press, 1991.

Dehue, T. From deception trials to control reagents: the introduction of the control group about a century ago. *American Psychologist*, n. 55, p. 264-268, 2000.

Demarest, J. Two comparative psychologies. In: E. Tobach (Ed.), *Historical perspectives and the international status of comparative psychology*. Hillsdale: Erlbaum, 1987, p. 127-155.

Denmark, F. L. & Fernandez, L. C. Women: their influence and their impact on the *Teaching of Psychology*. In: a. E. Puente, J. R. Matthews & C. L. Brewer (Eds.), *Teaching psychology in America*: a history). Washington: american Psychological Association, 1992, p. 171-188.

Dennis, P. M. The Edison questionnaire. *Journal of the History of the Behavioral Sciences*, n. 20, p. 23-37, 1984.

Dennis, P. M. Psychology's first publicist: H. Addington Bruce and the popularization of the subconscious and the power of suggestion before World War I. *Psychological Reports*, n. 68, p. 755-765, 1991.

Dennis, P. M. Psychology's public image in "Topics of the Times": commentary from the editorial page of *The New York Times* between 1904 e 1947. *Journal of the History of the Behavioral Sciences*, n. 38, p. 371-392, 2002.

Dennis, P. M. Press coverage of the new psychology by the *New York Times* during the progressive era. *History of Psychology*, v. 2, n. 14, p. 113-136, 2011.

Descartes, R. *A discourse on method*. London: Dent, 1912. (Original work published 1637)

Desmond, A. & Moore, J. *Darwin*. New York: warner Books, 1991.

Desmond, J. *Huxley*: from devil's disciple to evolution's high priest. Reading: addison-Wesley, 1997.

Dewey, J. *Psychology*. New York: Harper, 1886.

Dewey, J. The reflex arc concept in psychology. *Psychological Review*, n. 3, p. 357-370, 1896.

Dewsbury, D. Charles Darwin and psychology at the bicentennial and sesquicentennial. *American Psychologist*, n. 64, p. 67-74, 2009a.

Dewsbury, D. A. James Rowland Angell: born administrator. In: G. Kimble & M. Wertheimer (Eds.), *Portraits of pioneers in psychology*. Washington: american Psychological Association, 2003, v. 5, p. 57-71.

Dewsbury, D.; Pickren, W. E. Psychologists as teachers: Sketches toward a history of teaching during 100 years of American psychology. In A. E. Puente, J. R. Matthews & C. L. Brewer (Eds.), *Teaching psychology in America: A history* (p. 127-151). Washington, DC: American Psychological Association, 1992.

Diamond, S. Francis Galton and American psychology. *Annals of the New York Academy of Sciences*, n. 291, p. 47-55, 1974.

Diamond, S. A plea for historical accuracy [Letter to the editor]. *Contemporary Psychology*, n. 25, p. 84-85, 1980a.

Diamond, S. Wundt before Leipzig. In: R. Rieber (Ed.), *Wilhelm Wundt and the making of a scientific psychology*. New York: Plenum Press, p. 3-70, 1980b.

DiClemente, D. F. & Hantula, D. A. John Broadus Watson, I/O psychologist. *The Industrial-Organizational Psychologist*, v. 4, n. 37, p. 47-55, 2000.

Diehl, L. A. The paradox of G. Stanley Hall: foe of coeducation and educator of women. *American Psychologist*, n. 41, p. 868-878, 1986.

Diener, E., Ng, W., Harter, J. & Arora, R. Wealth and happiness across the world: Material prosperity predicts life evaluation, whereas psychosocial prosperity predicts positive feeling. *Journal of Personality and Social Psychology*, n. 99, p. 52-60, 2010.

Diener, E.; Oishi, S. & Lucas, R. Personality, culture, and subjective well-being: Emotional and cognitive evaluations of life. *Annual Review of Psychology*, n. 54, p. 403-425, 2003.

Diener, E.; Scollon, C. The what, why, when and how of teaching the science of subjective wellbeing. *Teaching of Psychology*, v. 2, n. 42, p. 175-183, 2014.

Diener, E.; Seligman, M. Happy people. *Psychological Bulletin*, n. 13, p. 81-84, 2002.

Dijksterhuis, A. & Meurs, T. Where creativity resides: the generative power of unconscious thought. Consciousness and cognition: an *International Journal*, n. 15, p. 135-146, 2006.

Dijksterhuis, A., Bos, M., Nordgren, L. & van Baaren, R. On making the right choice: the deliberation-without--attention effect. *Science*, v. 311, n. 5763, p. 1005-1007, 2006.

Dingfelder, S. The first modern psychology study: or how Benjamin Franklin unmasked a fraud and demonstrated the power of the mind. *Monitor on Psychology*, v. 7, n. 41, p. 30-31, 2010.

Distinguished Scientific Contribution Award [Bandura]. *American Psychologist*, n. 36, p. 27-42, 1981.

Dolnick, E. *The clockwork universe: Isaac Newtown, the royal society, and the birth of the modern world*. Nova York: Harper-Collins, 2011.

Donaldson, G. Between practice and theory: Melanie Klein, Anna Freud, and the development of child analysis. *Journal of the History of the Behavioral Sciences*, n. 32, p. 160-176, 1996.

Donnelly,M. E. (Ed.). *Reinterpreting the legacy of William James. Washington*: american Psychological Association, 1992.

Draguns, J. G. Toward a truly international psychology: beyond English only. *American Psychologist*, n. 56, p. 1019--1030, 2001.

Drew, T., Vo, M.; Wolfe, J. The invisible Gorilla strikes again: Sustained inattentional blindness in expert observers. *Psychological Science,* 2013. Consulta on-line antes da impressão em 17 jul. 2013.

Drumm, P. Applied animal psychology at an American roadside attraction: Animal behavior enterprises and the IQ zoo of hot springs, Arkansas. *The American journal of Psychology*, v. 4, n. 122, p. 537-545, 2009.

Drumm, P.; Ovre, C. A batman to the rescue: A biopsychologist and bat expert worked to arm bats with miniature bombs in World War II. *Monitor on Psychology*, abr. 2011, p. 24-26.

Dyson, G. B. *Darwin among the machines*: the evolution of global intelligence. Reading: addison-Wesley, 1997.

Eagle, M. N. How accurate were Freud's case histories? [Book review of Freud and the Rat Man]. *Contemporary Psychology*, n. 33, p. 205-206, 1988.

Ebbinghaus, H. *On memory*. Leipzig: Duncker & Humblot, 1885.

Ebbinghaus, H. *The principles of psychology*. Leipzig: Veit, 1902.

Ebbinghaus, H. *A summary of psychology*. Leipzig: Veit, 1908.

Eckstein, D.; Kaufman, J. The role of birth order in personality: An enduring intellectual legacy of Alfred Adler. *Journal of Individual Psychology,* v. 1, n. 68, p. 60-61, 2012.

Edmundson, M. *The death of Sigmund Freud: The legacy of his last days*. Nova York: Bloomsbury, 2007.

Eissler, K. R. *Talent and genius*: the fictitious case of Tausk contra Freud. New York: Quadrangle, 1971.

Elkins, D. Why humanistic psychology lost its power and influence in American psychology. *Journal of humanistic Psychology*, n. 49, p. 267-291.

Ellenberger, H. F. The story of "Anna O.": a critical review with new data. *Journal of the History of the Behavioral Sciences*, n. 8, p. 267-279, 1972.

Ellenberger, H. F. Carl Gustav Jung: His historical setting. In: H. Reise (Ed.), *Historical explanations in medicine and psychiatry*. New York: 1978, p. 142-150.

Elms, A. *Uncovering lives*: the uneasy alliance of biography and psychology. New York: Oxford University Press, 1994.

Elms, A. Apocryphal Freud: Sigmund Freud's most famous "quotations" and their actual sources. In: J. Winer & W. Anderson (Eds.), *Sigmund Freud and his impact on the modern world*.. Hillsdale: the Analytic Press, 2001, p. 83-104.

Elson, M.; Ferguson, C. The ideological rigidity of social--cognitive theories of media violence and a response to Bushman and Huesmann. *European Psychologist,* v. 1, n. 19, p. 68-75, 2014.

Emery, N. & Clayton, N. Animal Cognition. In: J. Bolhuis & L. Giraldeau (Eds.), *The behavior of animals*: mechanisms, function, and evolution. Malden: Blackwell, 2005, p. 170--196.

Engel, J. *American therapy*: the rise of psychotherapy in the United States. New York: Gotham Books, 2008.

Erard, M. *Um*: slips, stumbles, and verbal blunders, and what they mean. New York: Pantheon, 2007.

Erdelyi, M. The ups and down of memory. *American Psychologist,* v. 7, n. 65, p. 623-633, 2010.

Esterson, A. The myth of Freud's ostracism by the medical community in 1896-1905: Jeffrey Masson's assault on truth. *History of Psychology*, n. 5, p. 115-134, 2002.

Evans, R. B. E. B. Titchener and his lost system. *Journal of the History of the Behavioral Sciences*, n. 8, p. 168-180, 1972.

Evans, R. B. Growing pains: the American Psychological Association from 1903 a 1920. In: Evans R. B.; Sexton V. S. & T. C. Cadwallader (Eds.), *The American Psychological Association*: a historical perspective. Washington: american Psychological Association, p. 73-90, 1992.

Evans, R. B. & Scott, F. J. D. The 1913 International Congress of Psychology: the American congress that wasn't. *American Psychologist*, n. 33, p. 711-723, 1978.

Evans, R. I. *Albert Bandura*: the man and his ideas. New York: Praeger, 1989.

Falbo, T. & Polit, D. F. Quantitative review of the only child literature: Research evidence and theory development. *Psychological Bulletin*, n. 100, p. 176-189, 1986.

Fancher, R. Snapshots of Freud in America, 1899-1999. *American Psychologist*, n. 55, p. 1025-1028, 2000.

Fancher, R. Scientific cousins: the relationship between Charles Darwin and Francis Galton. *American Psychologist*, n. 64, p. 84-92, 2009.

Farthing, G. W. The psychology of consciousness. Englewood Cliffs: Prentice-Hall, 1992.

Fechner, G. *Elements of psychophysics*. New York: Holt, Rinehart and Winston, 1966. (Original work published 1860.)

Fernald, D. *The Hans legacy*: a story of science. Hillsdale: Erlbaum, 1984.

Fernberger, S. W. Edwin Burkett Twitmyer, 1873-1943. *Psychological Review,* v. 3, n. 50, p. 345-349, 1943.

Ferster, C. B. & Skinner, B. F. *Schedules of reinforcement*. New York: appleton-Century-Crofts, 1957.

Figueiredo, L. C. M. *A invenção do psicológico. Quatro séculos de subjetivação 1500-1900*. São Paulo: Escuta, Educ, 1992a.

________. *Psicologia. Uma introdução. Uma visão histórica da psicologia como ciência*. São Paulo: Educ, 1992b.

Figueiredo, J. C.; Seminério, F. P. A psicologia no Brasil. *Arquivos brasileiros de psicologia aplicada, 25,* v.1, p. 147-161, 1973.

Fisher, P. *House of wits*: an intimate portrait of the James family. New York: Holt, 2008.

Fischer, P.; Greitmeyer, T.; Kastenmuller, A.; Vogrincic, C.; Sauer, A. The effects of risk-glorifying media exposure on risk-positive cognitions, emotions and behaviors: A meta--analytic review. *Psychological Bulletin,* v. 3, n. 137, p. 367-390, 2011.

Fisher, S. P. & Greenberg, R. P. *The scientific credibility of Freud's theories and therapy*. New York: Basic Books, 1977.

Fisher, S. P. & Greenberg, R. P. *Freud scientifically reappraised*: testing the theories and therapy. New York: wiley, 1996.

Foster, S. Confidence man [Albert Bandura]. *Stanford Magazine*, set./out. 2007, p. 1-4 (on-line).

Fountain, H. Graceful moves, for a boy made out of metal. *New York Times*, 27 dez. 2011.

Fowler, R. D. In: memoriam: Burrhus Frederic Skinner, 1904-1990. *American Psychologist*, n. 45, p. 1203, 1990.

Fowler, R. D. Convention wisdom from a true veteran [E. R. Hilgard]. *APA Monitor*, n. 3, ago. 1994.

Francis, M. *Herbert Spencer and the invention of modern life*. Durham: acumen Publishing, 2007.

Freeman, J. *The tyranny of email*: the 4000-year journey to your inbox. New York: Scribners, 2009.

Freud, A. *The ego and the mechanisms of defense*. London: Hogarth Press, 1936.

Freud, A. Introduction to the technique of child analysis. In: *the writings of Anna Freud*. New York: International Universities Press, 1966, v. 1, p. 3-69. (Original work published as "Four lectures on child analysis," 1927.)

Freud, S. On the origins of psychoanalysis. In: J. Strachey (Ed. & Trans.), *The standard edition of the complete psychological works of Sigmund Freud*. London: Hogarth Press, 1895, v. 1.

Freud, S. *The interpretation of dreams*. Standard edition. London: Hogarth Press, v. 4, n. 5, 1900.

Freud, S. *The psychopathology of everyday life*. Standard edition. London: Hogarth Press, v. 6, 1901.

Freud, S. *Three essays on the theory of sexuality*. Standard edition. London: Hogarth Press, 1905, v. 7, p. 125-243.

Freud, S. *Five lectures on psychoanalysis*. Standard edition. London: Hogarth Press, 1910, v. 11, p. 3-55. (Original work published 1909.)

Freud, S. *On the history of the psychoanalytic movement*. Standard edition. London: Hogarth Press, 1914, v. 14, p. 3-66.

Freud, S. *A difficulty in the path of psychoanalysis*. Standard edition. London: Hogarth Press, 1917, v. 17, p. 136-144.

Freud, S. *New introductory lectures on psychoanalysis*. Standard edition. London: Hogarth Press, v. 22, 1933, p. 3-182.

Freud, S. *An outline of psychoanalysis*. Standard edition. London: Hogarth Press, 1940, v. 23, p. 141-207.

Freud, S. *The origins of psychoanalysis*: letters to Wilhelm Fliess, drafts and notes: 1887-1902. New York: Basic Books, 1954.

Freud, S. *The letters of Sigmund Freud*. New York: McGraw--Hill, 1964. (Original letter published 1883.)

Freud, S. *The diary of Sigmund Freud, 1929-1939*: a record of the final decade. New York: Charles Scribner's Sons, 1992. (Original work published 1939.)

Fridlund, A.; Beck, H.; Goldie, W.; Irons, G. Little Albert: A neurologically impaired child. *History of Psychology,* v. 4, n. 15, p. 302-327, 2012.

Friedel, R. *A culture of improvement*: technology and the Western millennium. Cambridge: MIT Press, 2007.

Friend, T. *Cheerful money*: me, my family, and the last days of WASP splendor. New York: Little, Brown, 2009.

Fuchs, A. Babe Ruth sees a psychologist. *Monitor on Psychology*, v. 40, n. 10, p. 20-22, 2009.

Fuchs, A. H. Psychology and "The Babe." *Journal of the History of the Behavioral Sciences*, n. 34, p. 153-165, 1998.

Fuller, R. *Americans and the unconscious*. New York: Oxford University Press, 1986.

Fuller, R. American psychology and the religious imagination. *Journal of the History of the Behavioral Sciences*, n. 42, p. 221-235, 2006.

Funder, D. C. Personality. *Annual Review of Psychology*, n. 52, p. 197-221, 2001.

Furumoto, L. Mary Whiton Calkins (1863-1930). In: a. N. O'Connell & N. F. Russo (Eds.), *Women in psychology*: a bio--bibliographic sourcebook. New York: Greenwood Press, 1990, p. 57-65.

Gable, S. & Haidt, J. What (and why) is positive psychology? *Review of General Psychology*, n. 9, p. 103-110, 2005.

Gackenbach, J. Electronic media and lucid-control dreams: Morning- after reports. *Dreaming*, n. 19, p. 1-6, 2009.

Galef, B. G. Edward Thorndike: Revolutionary psychologist, ambitious biologist. *American Psychologist*, n. 53, p. 1128-1134, 1998.

Galton, F. *Hereditary genius*: an inquiry into its laws and consequences. London: Macmillan, 1869.

Galton, F. *English men of science*: their nature and nurture. London: Macmillan, 1874.

Galton, F. *Natural inheritance*. London: Macmillan, 1889.

Gamwell, L. & Tomes, N. *Madness in America*: cultural and medical perceptions of mental illness before 1914. Ithaca: Cornell University Press, 1995.

Gantt, W. H. Introduction. In: I. P. Pavlov, *Lectures on conditioned reflexes*. New York: International Publishers, 1941.

Gantt, W. H. Interview with Professor Emeritus W. Horsley Gantt. *Johns Hopkins Magazine*, p. 26-32, fev. 1979.

Garatachea, N.; Molinero, O.; Martinez-Garcia, R.; Jimenez--Jiminez, R.; Gonzales-Gallego, J. & Marquez, S. Feelings of well-being in elderlypeople: relationship to physical activity and physical function. *Archives of Gerontology and Geriatrics*, n. 48, p. 306-312, 2009.

Gardner, H. *Creating minds*. New York: Basic Books, 1993.

Gaukroger, S. *Descartes*: an intellectual biography. Oxford, England: Clarendon Press, 1995.

Gavin, E. Prominent *Women in psychology*, determined by ratings of distinguished peers. *Psychotherapy in Private Practice*, n. 5, p. 53-68, 1987.

Gay, P. *Freud*: a life for our time. New York: Norton, 1988.

Gazzaniga, M. S. Life with George: the birth of the Cognitive Neuroscience Institute. In: w. Hirst (Ed.), *The making of cognitive science*: Essays in honor of George A. Miller). Cambridge, England: Cambridge University Press, 1988, p. 230-241.

Gelder, L. V. Manuscript sheds light on early science. *The New York Times*, n. 1, 10 fev. 2006.

Gelfand, T. Sigmund-sur-Seine: Fathers and brothers in Charcot's Paris. In: t. Gelfand & J. Kerr (Eds.), *Freud and the history of psychoanalysis*. Hillsdale: analytic Press, 1992, p. 29-57.

Gengerelli, J. A. Graduate school reminiscences: Hull and Koffka. *American Psychologist*, n. 31, p. 685-688, 1976.

George, M. Bluma Zeigarnik. Psychology's Feminist Voices, 2013. Disponível em: <http//:www.psychologysfeminist-voices.com/bluma-zeigarnik>.

Geuter, U. German psychology during the Nazi period. In: M. G. Ash & W. R. Woodward (Eds.), *Psychology in twentieth--century thought and society*. Cambridge: Cambridge University Press, 1987, p. 165-187.

Gibson, J. J. Autobiography. In: E. G. Boring & G. Lindzey (Eds.), *A History of Psychology in autobiography*. New York: appleton-Century-Crofts, 1967, v. 5, p. 127-143.

Gifford, S. *The Emmanuel Movement*: the origins of group treatment and the assault on lay psychotherapy. Boston: Countway Library of Medicine, 1997.

Gilgen, A. R.; Gilgen, C. K.; Koltsova, V. A. & Oleinik, Y. N. *Soviet and American psychology during World War II*. Westport: Greenwood Press, 1997.

Gillaspy, J. A. & Bihm, E. M. Marian Breland Bailey, 1920--2001. *American Psychologist*, n. 57, p. 292-293, 2002.

Gillham, N. W. *A life of Sir Francis Galton*: from African exploration to the birth of eugenics. Oxford: Oxford University Press, 2001.

Giorgi, A. Remaining challenges for humanistic psychology. *Journal of Humanistic Psychology*, n. 45, p. 204-216, 2005.

Gladwell, M. Who says big ideas are rare? *New Yorker*, 12 maio 2008.

Goleman, D. A conversation with Ulric Neisser. *Psychology Today*, p. 54-62, maio 1983.

Goode, E. Human nature: born or made? Evolutionary theorists provoke na uproar. *The New York Times*, 4 mar. 2000.

Goode, E. Anne Anastasi. The "Test Guru" of Psychology, is dead at 92. *New York Times*, 16 maio 2001.

Goodenough, F. L. *Mental testing*: its history, principles, and applications. New York: Rinehart, 1949.

Goodwin, C. Recognizing the experimentalists: the origins of the Society of Experimental Psychologists. *History of Psychology*, n. 8, p. 347-361, 2005.

Goodwin, C. J. Amazing research. *Monitor on Psychology*, v. 2, n. 43, p. 20-22, 2012.

Gopnik, A. Right again: the passions of John Stuart Mill. *New Yorker*, 6 out. 2008.

Gorlick, A. Media multitaskers pay mental price, Stanford study shows. news.stanford.edu/news/2009/August24/multitask-research-study-082409.html?vie. Acesso em: 2009.

Gosling, S.; Kwan, V. & John, O. A dog's got personality: a cross-species comparative approach to personality judgments in dogs and humans. *Journal of Personality and Social Psychology*, n. 85, p. 1161-1169, 2003.

Gottfredson, L. S. Mainstream science on intelligence: an editorial with 52 signatories, history, and bibliography. *Intelligence*, n. 24, p. 13-23, 1997.

Gould, S. J. *The mismeasure of man*. New York: Norton, 1981.

Grackenbach, J. Electronic media and Lucid control dreams: Morning after reports. *Dreaming*, v. 1, n. 19, p. 1-6, 2009.

Graham, E.; Burke, D. Aging increases inattentional blindness to the Gorilla in our midst. *Psychology and Aging*, v. 1, n. 26, p. 162-166, 2011.

Grant, P. & Grant, B. Evolution of character displacement in Darwin's finches. *Science*, v. 313 n. 5784, p. 224-226, 2006.

Grayling, A. C. *Descartes: The life and times of a genius*. Nova York: Walker & Co, 2005.

Green, B.; Griffiths, E. Birth order and posttraumatic stress disorder. *Psychology, Health and Medicine*, v. 1, n. 19, p. 24-32, 2014.

Green, C. Charles Babbage, the analytic engine, and the possibility of a 19th-century cognitive science. In: C. Green, M. Shore & T. Teo (Eds.), *The transformation of psychology*: Influences of 19th-century philosophy, technology, and natural science). Washington: american Psychological Association, 2001, p. 133-152.

Green, C. Darwinian theory, functionalism, and the first American psychological revolution. *American Psychologist*, n. 64, p. 75-83, 2009.

Greenwood, J. Mechanism, purpose and progress: Darwin and early American psychology. *History of the Human Sciences*, n. 21, p. 103-126, 2008.

Gregory, K. Chinatown fair is back, without chickens playing Tic-Tac-Toe. *New York Times*, 11 jun. 2012, p. A15-A16.

Gribbin, J. *The scientists*: a history of science told through the lives of its greatest inventors. New York: Random House, 2002.

Gribbin, J. & Gribbin, M. *Fitzroy*: the remarkable story of Darwin's captain and the invention of the weather forecast. New Haven: Yale University Press, 2004.

Griffin, A. Computer becomes first to pass Turing test in artificial intelligence millstone, but academics warn of dangerous future. *The Independent*, 8 jun. 2014.

Grinker, R., Jr. My father's analysis with Sigmund Freud. In: J. Winer & J. Anderson (Eds.), *Sigmund Freud and his impact on the modern world*. Hillsdale: the Analytic Press, 2001, p. 35-47.

Grogan, J. *Encountering America: Humanistic psychology, sixties culture and the shaping of the modern self.* Nova York: Harper Perennial, 2013.

Gruber, C. Academic freedom at Columbia University, 1917-1918: the case of James McKeen Cattell. *American Association of University Professors Bulletin*, v. 58, n. 3, 297-305, 1972.

Grubrich-Simitis, I. *Back to Freud's texts*: making silent documents speak. New Haven: Yale University Press, 1993.

Guedes, M. C. (Org.) *História da psicologia. Série cadernos PUC-SP 23*. São Paulo: Educ, 1987.

Guedes, M. C. *História e historiografia da psicologia: revisões e novas pesquisas*. São Paulo: Educ, 1998.

Guedes, M. C.; Campos, R.H.F. *Estudos em história da psicologia*. São Paulo: Educ, 1999.

Guenther, A.; Finkemeier, M. A.; Trillmich, F. The ontogeny of personality in the wild guinea pig. *Animal Behaviour*, n. 90, p. 131-139, 2014.

Gundlach, H. U. K. Ebbinghaus, nonsense syllables, and three-letter words [Book review]. *Contemporary Psychology*, n. 31, p. 469-470, 1986.

Gupta, N.; Ganster, D.; Kepes, S. Assessing the validity of sales self-efficacy: A cautionary tale. *Journal of Applied Psychology*, v. 4, n. 98, p. 690-700, 2013.

Guthrie, R. V. *Even the rat was white*: a historical view of psychology. New York: Harper & Row, 1976.

Guthrie, R. V. Mamie Phipps Clark (1917-1983). In: a. N. O'Connell & N. F. Russo (Eds.), *Women in psychology*: a bio--bibliographic sourcebook. New York: Greenwood Press, p. 66-74, 1990.

Haagbloom, S. J.; Warnick, R.; Warnick, J. E.; Jones, V. K.; Yarbrough, G. L.; Russell, T. M.; et al. The 100 most eminent psychologists of the 20th century. *Review of General Psychology*, n. 6, p. 139-152, 2002.

Hale, M., Jr. Human science and social order: Hugo Münsterberg and the origins of applied psychology. Philadelphia: temple University Press, 1980.

Hall, G. S. *Adolescence*: its psychology, and its relations to physiology, anthropology, sociology, sex, crime, religion, and education. New York: appleton, 1904.

Hall, G. Watson: the thinking man's behaviorist. *British Journal of Psychology*, n. 100, p. 185-187, 2009.

Hall, G. S. Founders of modern psychology. New York: appleton, 1912.

Hall, G. S. Some possible effects of the war on American psychology. *Psychological Bulletin*, n. 16, p. 48-49, 1919.

Hall, G. S. *Recreations of a psychologist*. New York: appleton, 1920.

Hall, G. S. *Senescence*. New York: appleton, 1922.

Hall, G. S. *The life and confessions of a psychologist*. New York: appleton, 1923.

Hall, M. A conversation with Abraham H. Maslow. *Psychology Today*, n. 35-37, p. 54-57, jul. 1968.

Hambrick, D. A good intelligence test. *New York Times*, 16 dez. 2011.

Hannush, M. J. John B. Watson remembered: an interview with James B. Watson. *Journal of the History of the Behavioral Sciences*, n. 23, p. 137-152, 1987.

Harlow, H. F. Learning to love. San Francisco: albion, 1971.

Harris, B. Jewish quotas in clinical psychology?: the Journal of Clinical Psychology and the scandal of 1945. *Review of General Psychology*, n. 13, p. 252-261, 2009.

Harris, B. Preparing the human machine for war. *Monitor on Psychology*, v. 7, n. 44, p. 80-82, 2013.

Harrison, K. The symbologist: after he broke with Freud, Jung came to believe that myth and archetype were the unconscious mind's language. *New York Times Book Review*, 6 dez. 2009.

Harrison, R. Functionalism and its historical significance. *Genetic Psychology Monographs*, n. 68, p. 387-423, 1963.

Hartley, M. & Commire, A. *Breaking the silence*. New York: G.P. Putnam's Sons, 1990.

Haslam, N. The return of the anal character. *Review of General Psychology*, v. 4, n. 15, p. 351-360, 2011.

Hassin, R., Uleman, J. & Margh, J. *The new unconscious*. New York: Oxford University Press, 2005.

Haynal, A. *Psychoanalysis and the sciences*: epistemology – history. Berkeley: University of California Press, 1993.

Hearnshaw, L. S. *The shaping of modern psychology*. London: Routledge & Kegan Paul, 1987.

Hearst, E. (Ed.). *The first century of experimental psychology*. Hillsdale: Erlbaum, 1979.

Heddy, B.; Nadelson, L. The variables related to public acceptance of evolution in the United States. *Evolution: Education and Outreach*, v. 3, n. 6, p. 1-14, 2013.

Heidbreder, E. *Seven psychologies*. New York: appleton, 1933.

Heiligman, D. *Charles and Emma: The Darwins' leap of faith*. Nova York: Henry Holt & Company, 2009.

Held, L. Psychoanalysis shapes consumer culture. *Monitor on Psychology*, n. 11 v. 40, p. 32-34, 2009.

Helliwell, J.; Wang, S. Weekends and subjective well-being. *Social Indicators Research*, v. 2, n. 116, p. 389-407, 2014.

Helmholtz, H. *Handbook of physiological optics*. Leipzig: Voss, 1856-1866.

Helmholtz, H. *On the sensations of tone*. New York: Dover, 1954. (Original work published 1863.)

Helson, H. The psychology of Gestalt. *American Journal of Psychology*, n. 36, p. 342-370, p. 494-526; n. 37, p. 25-62, p. 189-223, 1925, 1926.

Henle, M. E. B. Titchener and the case of the missing element. *Journal of the History of the Behavioral Sciences*, n. 10, p. 227-237, 1974.

Herman, K.; Betz, N. Path models of the relationships of instrumentality, social self-efficacy, and self-esteem to depression and loneliness. *Journal of Social and Clinical Psychology*, n. 25, p. 1086-1106, 2006.

Herrera, N.; Zajonc, R.; Wieczorkowska, G. & Cichomski, B. Beliefs about birth rank and their reflection in reality. *Journal of Personality and Social Psychology*, n. 85, p. 142-150, 2003.

Herrnstein, R. J. & Murray, C. *The bell curve*: intelligence and class structure in American life. New York: Free Press, 1994.

Hess, U. & Thibault, P. Darwin and emotional expression. *American Psychologist*, n. 64, p. 120-128, 2009.

Hilgard, E. R. *Theories of learning*. 2. ed. New York: appleton--Century-Crofts, 1956.

Hilgard, E. R. *Psychology in America*: a historical survey. San Diego: Harcourt Brace Jovanovich, 1987.

Hilgard, E. R. Foreword. In: J. T. Todd & E. K. Morris (Eds.), *Modern perspectives on John B. Watson and classical behaviorism*. Westport: Greenwood Press, 1994, p. vx-vxii.

Hirayoshi, S. & Nakajima, S. Analysis of personality trait structure of dogs with personality trait descriptors. *Japanese Journal of Animal Psychology*, n. 59, p. 57-75, 2009.

Hirschmüller, A. *The life and work of Josef Breuer*: Physiology and psychoanalysis. New York: New York University Press, 1989.

Hochberg, L.; Serruya, M.; Friehs, G.; Mukand, J.; Branner, A.; Chen, D.; Penn, R. & Donoghue, J. Neuronal ensemble control of prosthetic devices by a human with tetraplegia. *Nature*, n. 442, p. 164-171, 13 jul. 2006.

Hoffman, E. *The right to be human*: a biography of Abraham Maslow. Los Angeles: tarcher, 1988.

Hoffman, E. *The drive for self*: Alfred Adler and the founding of individual psychology. Reading: addison-Wesley, 1994.

Hoffman, E. (Ed.) *Future vision*: the unpublished papers of Abraham Maslow. Thousand Oaks: Sage, 1996.

Hofstadter, R. Social *Darwinism in American thought*. Boston: Beacon Press, 1992.

Hogan, J. Anne Anastasi: master of differential psychology and psychometrics. In: G. Kimble & M. Wertheimer (Eds.), *Portraits of pioneers in psychology*. Mahwah: Erlbaum, 2003, v. 5, p. 263-277.

Hollingworth, H. Chewing gum as a technique of relaxation. *Science*, n. 90, p. 385-387, 1939.

Hollingworth, H. L. Leta Stetter Hollingworth. Lincoln: University of Nebraska Press, 1943.

Holzberger, D.; Philipp, A.; Kunter, M. How teachers' self--efficacy is related to instructional quality: A longitudinal analysis. *Journal of Educational Psychology*, v. 3, n. 105, p. 774--786, 2013.

Holtzman, E. A home away from home: Luxurious accommodations were the staples of America's gilded age asylums. *Monitor on Psychology*, v. 3, n. 43, p. 24-27. 2012.

Hoppmann, C.; Gerstorf, D.; Willis, S.; Schaie, K. Spousal interrelations in happiness in the Seattle longitudinal study: Considerable similarities in levels and change over time. *Developmental Psychology*, v. 1, n. 47, p. 1-8, 2011.

Horikawa, T.; Tamaki, M.; Miyawaki, Y.; Kamitani, Y. Neural decoding of visual imagery during sleep. *Science*, v. 6132, n. 340, p. 639-632, 2013.

Horney, K. *Our inner conflicts*. New York: Norton, 1945.

Horney, K. *The adolescent diaries of Karen Horney, 1899-1911*. New York: Basic Books, 1980.

Hornstein, G. A. The return of the repressed: Psychology's problematic relations with psychoanalysis, 1909-1960. *American Psychologist*, n. 47, p. 254-263, 1992.

Hosking, S.; Young, K. & Regan, M. The effects of text messaging on young drivers. *Human Factors*, n. 51, p. 582--592, 2009.

Howse, D. *Nevil Maskelyne*: the seaman's astronomer. Cambridge: Cambridge University Press, 1989.

Hsueh, Y. He sees the development of children's concepts upon a background of sociology: Jean Piaget's honorary degree at Harvard University in 1936. *History of Psychology*, n. 7, p. 20-44, 2004.

Hulbert, A. *Raising America*: experts, parents, and a century of advice about children. New York: Alfred A. Knopf, 2003.

Hull, C. L. *Aptitude testing*. Yonkers: world, 1928.

Hull, C. L. *Hypnosis and suggestibility*. New York: appleton, 1933.

Hull, C. L. *Principles of behavior*. New York: appleton, 1943.

Hull, C. L. Joseph Jastrow: 1863-1944. *American Journal of Psychology*, n. 57, p. 581-585, 1944.

Hull, C. L. *Essentials of behavior*. New Haven: Yale University Press, 1951.

Hull, C. L. *A behavior system*. New Haven: Yale University Press, 1952.

Hunt, M. *The story of psychology*. Garden City: Doubleday, 1993.

Huppert, F.; So, T. Flourishing across Europe: Application of a new conceptual framework for defining well-being. *Social Indicators Research*, n. 110, p. 837-861, 2013.

Hustvedt, A. *Medical muses: Hysteria in Nineteenth-Century Paris*. Nova York: W.W. Norton, 2011.

Hyman, I.; Boss, S.; Wise, B.; McKenzie, K. & Caggiano, J. Did you see the unicycling clown: inattentional blindness while walking and talking on a cell phone. *Applied Cognitive Psychology*, n. 24, p. 597-607, 2010.

Innis, N. Tolman and Tryon: early research on the inheritance of the ability to learn. *American Psychologist*, n. 47, p. 190-197, 1992.

Innis, N. Edward Chace Tolman. In: a. Kazdin (Ed.), *Encyclopedia of psychology*. New York: Oxford University Press, 2000, v. 8.

Innis, N. William McDougall: a major tragedy? In: G. Kimble & M. Wertheimer (Eds.), *Portraits of pioneers in psychology*). Washington: american Psychological Association, 2003, v. 5, p. 91-108.

Instituto de Seleção e Orientação Profissional [ISOP]. Sumário das atividades de 1967/1977. *Arquivos brasileiros de psicologia aplicada, 30*, v. 1-2, p. 307-336, 1978.

I.Q. Zoo. Time. Irwin, F. (1943). Edwin Burket Twitmyer: 1973-1943. *American Journal of Psychology*, n. 56, p. 451-453, 28 fev. 1955.

Irwin, F. Edwin Burket Twitmyer: 1973-1943. *American Journal of Psychology,* n. 56, p. 451-453, 1943.

Isa, T.; Fetz, E. & Muller, K. Recent advances in brain--machine interfaces. *Neural Networks*, n. 22, p. 1201-1202, 2009.

Isbister, J. N. *Freud*: an introduction to his life and work. Cambridge: Polity Press, 1985.

Iskender, M. & Akin, A. Social self-efficacy, academic locus of control, and Internet addiction. *Computers and Education*, n. 54, p. 1101-1106, 2010.

Ivtzan, I.; Gardner, H.; Bernard, I.; Sekhon, M.; Hart, R. Wellbeing through self-fulfillment: Examining developmental aspects of self-actualization. *The Humanistic Psychologist*, v. 2, n. 41, p. 119-132, 2013.

Jackson, J. Racially stuffed shirts and other enemies of mankind: Horace Mann Bond's parody of segregationist psychology in the 1950s. In: a. Winston (Ed.), *Defining difference*: race and racism in the history of psychology. Washington: american Psychological Association, 2004, p. 261-283.

Jacó-Vilela, A. M. *Dicionário histórico de instituições de psicologia no Brasil*. Brasília, Rio de Janeiro: Conselho Federal de Psicologia, Imago, 2011.

Jacobson, J. Z. *Scott of Northwestern*: the life story of a pioneer in psychology and education. Chicago: Mariano, 1951.

Jahoda, G. Theodor Lipps and the shift from sympathy to empathy. *Journal of the History of the Behavioral Sciences*, n. 41, p. 151-163, 2005.

James, E. M. *Sowing the seeds of the psychology of women*: Helen Bradford Thompson Woolley and the mental traits of sex. Unpublished manuscript, 1994.

James, W. *The principles of psychology*. New York: Holt, 1890. (Reprinted 1950, Dover Publications.)

James, W. *Talks to teachers*. New York: Holt, 1899.

James, W. *The varieties of religious experience*. New York: Longmans, Green, 1902.

James,W. *Psychology*: briefer course. New York: Holt, 1892.

James,W. *Pragmatism*. New York: Longmans, Green, 1907.

Jardine, L. *Ingenious pursuits*: building the scientific revolution. New York: Doubleday, 1999.

Jastrow, J. *Autobiography*. In: C. Murchison (Ed.), A history of psychology in autobiography. New York: Russell & Russell, 1961, v. 1, p. 135-162. (Original work published 1930.)

Jaynes, J. The problem of animate motion in the seventeenth century. *Journal of the History of Ideas*, n. 31, p. 219-234, 1970.

Jayson, S. New tests shed light on how dogs think; smartest breeds. *USA Today*, 8 ago. 2009.

Jensen, B. The perils of multitasking. Arts & sciences. *The Johns Hopkins University,* v. 2, n. 10, p. 19, 2013.

Jeshmaridian, S. Edward Bradford Titchener's life and work: a source of international psychology. *International Psychology Bulletin*, v. 11, n. 2, p. 20-22, 2007.

Johnson, G. The ten most beautiful experiments. New York: Knopf, 2008.

Johnson, M. G. & Henley, T. B. (Eds.). *Reflections on the principles of psychology*: William James after a century. Hillsdale: Erlbaum, 1990.

Johnson, R. Searching for Kohler's Casa Amarilla. *The General Psychologist*, n. 31, p. 1-3, 2007.

Johnson, R.; McClearn, G. E.; Yuen, S.; Nagoshi, C. T.; Ahern, F. M. & Cole, R. E. Galton's data a century later. *American Psychologist*, n. 40, p. 875-892, 1985.

Jonçich, G. *The sane positivist*: a biography of Edward L. Thorndike. Middletown: wesleyan University Press, 1968.

Jones, E. *The life and work of Sigmund Freud*. New York: Basic Books, 1953, 1955, 1957, 3 v.

Jones, M. C. A laboratory study of fear: the case of Peter. *Pedagogical Seminary*, n. 31, p. 308-315, 1924.

Jones, M. C. Albert, Peter, and John B. Watson. *American Psychologist*, n. 29, p. 581-583, 1974.

Jostmann, N., Lakens, D. & Schubert, T. Weight as an embodiment of importance. *Psychological Science*, n. 9, p. 1169--1174, 2009.

Joyce, N.; Faye, C. Skinner air crib. *Association for Psychological Science: Observer,* v. 7, n. 23, p. 1-3, 2010.

Judd, C. H. Autobiography. In: C. Murchison (Ed.), *A History of Psychology in autobiography*. New York: Russell & Russell, 1961, v. 2, p. 207-235. (Original work published 1930.)

Judge, T.; Erez, A.; Bono, J.; Thoresen, C. Are measures of self-esteem, neuroticism, locus of control, and generalized self-efficacy indicators of a common core construct? *Journal of Personality and Social Psychology,* v. 3, n. 83, p. 693-710, 2002.

Jung, C. G. *The psychology of the unconscious*. Leipzig: Franz Deuticke, 1912.

Jung, C. G. *Memories, dreams, reflections*. New York: Random House, 1961.

Kahneman, D.; Krueger, A.; Schkade, D., Schwartz, N. & Stone, A. Perspective: would you be happier if you were richer? A focusing illusion. *Science*, v. 312, n. 5782, p. 1908--1910, 2006.

Kamm, J. *John Stuart Mill in love*. London: Gordon & Cremonesi, 1977.

Kanazawa, S. Evolutionary psychology and intelligence research. *American Psychologist*, n. 65, p. 279-289, 2010.

Kandel, E. *The Age of insight: The quest to understand the unconscious in art, mind, and brain, from Vienna 1900 to the present.* Nova York: Random House, 2012.

Kandel, E. The new science of mind. *New York Times*, 8 set. 2013, p. 12.

Karabel, J. *The chosen*: the hidden history of admission and exclusion at Harvard, Yale, and Princeton. Boston: Houghton Mifflin, 2005.

Karier, C. *Scientists of the mind: Intellectual founders of modern psychology*. Chicago: University of Illinois Press, 1986.

Kasparov, G. The chess master and the computer [Resenha de *Chess metaphors: Artificial intelligence and the human mind,* de D. Raskin-Gutman, Cambridge: MIT Press, 2009.] *New York Review of Books*, 11 fev. 2010.

Kean, S. Treasures in the Attic. *Washingtonian Magazine*, jul. 2013, p. 47-51.

Keiger, D. A profession built through metaphor. *Johns Hopkins Magazine*, p. 48-49, mar. 1993.

Keiger, D. The story that doesn't compute. *Johns Hopkins Magazine*, p. 40-45, nov. 1999.

Keller, F. Burrhus Frederic Skinner, 1904-1990. *Journal of the History of the Behavioral Sciences*, n. 27, p. 3-6, 1991.

Kellman, J. Chew on this: Gum chewing helps test taking? Research suggests it does. *The Chicago Tribune*, 7 mar. 2013.

Kelly, R. M. & Kelly, V. P. Lillian Moller Gilbreth (1878--1972). In: a. N. O'Connell & N. F. Russo (Eds.), *Women in psychology*: a biobibliographic sourcebook. New York: Greenwood Press, p. 117-124, 1990.

Kelly, T. Is the internet the secret to happiness? *Time*, 14 maio 2010, on-line.

Kennedy, M. Bicentenary and padded suit may help revise views of 18th century astronomer Royal Nevil Maskelyne. *Guardian*, 3 jan. 2011.

Kerr, J. *A most dangerous method*: the story ofJung, Freud, and Sabina Spielrein. New York: Knopf, 1993.

Keynes, R. *Darwin, his daughter, and human evolution*. New York: Riverhead Books, 2002.

Kiesow, F. Autobiography. In: C. Murchison (Ed.), *A history of psychology in autobiography*. New York: Russell & Russell, 1961, v. 1, p. 163-190. (Original work published 1930.)

Kihlstrom, J. F. Psychodynamics and social cognition: notes on the fusion of psychoanalysis and psychology. *Journal of Personality*, n. 62, p. 681-696, 1994.

Kihlstrom, J. F.; Barnhardt, M. & Tataryn, D. J. The psychological unconscious: found, lost, and regained. *American Psychologist*, n. 47, p. 788-791, 1992.

King, D. & Wertheimer, M. *MaxWertheimer and Gestalt theory*. New Brunswick: transaction Publishers, 2005.

King, D.; Wertheimer, M.; Keller, H. & Crochetiere, K. The legacy of Max Wertheimer and Gestalt psychology: 60th anniversary, 1934-1994. *Social Research*, n. 61, p. 907-935, 1994.

King, J.; Weiss, A.; Sisco, M. Aping humans: Age and sex effects in chimpanzee (Pan troglodytes) and human (Homo sapiens) personality. *Journal of Comparative Psychology*, v. 4, n. 122, p. 418-427, 2008.

Klein, A. A forgotten voice: a biography of Leta Stetter Hollingworth. Scottsdale: Great Potential Press, 2002.

Koelsch, W. A. Freud discovers America. *Virginia Quarterly Review*, n. 46, p. 115-132, 1970.

Koelsch, W. A. *Clark University*: 1887-1987. Worcester: Clark University Press, 1987.

Koenigsberger, L. *Hermann von Helmholtz*. New York: Dover, 1965.

Koffka, K. *The growth of the mind*. New York: Harcourt, 1921.

Koffka, K. Perception: an introduction to the Gestalt-theorie. *Psychological Bulletin*, n. 19, p. 531-585, 1922.

Koffka, K. Principles of Gestalt psychology. New York: Harcourt, 1935.

Köhler, W. *The mentality of apes*. Berlin: Royal Academy of Sciences; New York: Harcourt Brace, 1917, 1924, 1927.

Köhler, W. *Static and stationary physical Gestalts*. Braunschweig: Vieweg, 1920.

Köhler, W. *Gestalt psychology*. New York: Liveright, 1929.

Köhler, W. *Gestalt psychology*. In: D. Krantz (Ed.), *Schools of psychology*. New York: appleton-Century-Crofts, 1969, p. 69-85.

Köhler, W. Kurt Koffka. *The Psychological Review*, v. 2, n. 49, p. 97-101, 1942.

Köhler, W. *Gestalt psychology*: an introduction to the new concept in modern psychology. New York: Liveright, 1947.

Köhler, W. Gestalt psychology today. *American Psychologist*, n. 14, p. 727-734, 1959.

Köhler, W. Gestalt psychology. In D. Krantz (Ed.), *Schools of psychology* (p. 69-85). Nova York: Appleton-Century-Crofts, 1969.

Kolbert, E. Big score: When mom takes the SAT's. *New Yorker*, 3 mar. 2014, p. 38-41.

Konorski, J. Autobiography. In: G. Lindzey (Ed.), *A history of psychology in autobiography*. Englewood Cliffs: Prentice-Hall, 1974, v. 6, p. 183-217.

Korn, J. H.; Davis, R. & Davis, S. F. Historians' and chairpersons' judgments of eminence among psychologists. *American Psychologist*, n. 46, p. 789-792, 1991.

Kosmachevskaya, E. & Gromova, L. Ivan Petrovich Pavlov and William [Horsley] Gantt: a meeting of generations, unknown photographs. *Neuroscience and Behavioral Physiology*, n. 37, p. 303-309, 2007.

Kotter-Gruhn, D.; Smith, J. When time is running out: Our changes in positive future perception and their relationships to changes in well-being in old age. *Psychology and Aging*, v. 2, n. 26, p. 381-387, 2011.

Kreshel, P. J. John B. Watson at J. Walter Thompson: the legitimatization of "science" in advertising. *Journal of Advertising*, v. 19, n. 2, p. 49-59, 1990.

Kressley-Mba, R. On the failed institutionalization of German comparative psychology prior to 1940. *History of Psychology*, n. 9, p. 55-74, 2006.

Kristensen, P. & Bjerkedal, T. Explaining the relation between birth order and intelligence. *Science*, n. 316, p. 1717, 2007.

Kruger, D. Evolutionary psychology and the evolution of psychology. *Psychological Science Agenda*, maio 2009.

Krüll, M. *Freud and his father*. New York: Norton, 1986.

Kuhn, T. S. *The structure of scientific revolutions*. 2. ed. Chicago: University of Chicago Press, 1970.

Külpe, O. *Outline of psychology*. Leipzig: Engelmann, 1893.

Kunzmann, U.; Little, T. & Smith, J. Is agerelated stability of subjective well-being a paradox? Cross-sectional and longitudinal evidence from the Berlin Aging Study. *Psychology an Aging*, n. 15, p. 511-526, 2000.

Lacey, H.; Smith, D. & Ubel, P. Hope I die before I get old: mispredicting happiness across the adult lifespan. *Journal of Happiness Studies*, n. 7, p. 167-182, 2006.

Lacoursiere, R. Freud's death: Historical truth and biographical fictions. *American Imago*, n. 66, p. 107-128, 2008.

Lancaster, J. *Making time*: Lillian Moller Gilbreth: a life beyond "Cheaper by the Dozen". Boston: Northeastern University Press, 2004.

Landy, F. J. Hugo Münsterberg: Victim or visionary? *American Psychologist*, n. 47, p. 787-802, 1992.

Lange, L. Sleeping beauties in psychology: comparison of hits and missed signals in psychological journals. *History of Psychology*, n. 8, p. 194-217, 2005.

Langer, E. George A. Miller Dies at 92: Psychologist helped lead cognitive science revolution. *Washington Post*, 1 ago. 2012 (edição on-line).

Larson, C. The Watson-McDougall debate: "The debate of the century". *Monitor on Psychology*, v. 10, n. 11, p. 3, 1979.

Lashley, K. *Brain mechanisms and intelligence*. Chicago: University of Chicago Press, 1929.

Laskow, S. Good 'Til the Last Drop. *Lapham's Quarterly*, 2013, p. 1-6. Disponível em: <http://www.Laphamsquarterly/org/roudtable/roundtable/good-til-the-last-drop.php>.

Lears, T. J. J. William James. *Wilson Quarterly*, p. 84-95 outono de 1987.

Leary, D. Telling likely stories: the rhetoric of the new psychology, 1880-1920. *Journal of the History of the Behavioral Sciences*, n. 23, p. 315-331, 1987.

Leary, D. A profound and radical change: how William James inspired the reshaping of American psychology. In: R. Sternberg (Ed.), *The anatomy of impact*: what makes the great works of psychology great. Washington: american Psychological Association, 2003, p. 19-42.

Leary, D. Between Peirce (1878) and James (1898): G. Stanley Hall, the origins of pragmatism, and the history of psychology. *Journal of the History of the Behavioral Sciences*, n. 45, p. 5-20, 2009.

Leavitt, D. *The man who knew too Much. Alan Turing and his invention of the Computer.* Nova York: Norton, 2006.

Lee, D. N. Charles Henry Turner: Animal behavior scientist. *Scientific American*, 13 fev. 2012. Disponível em: <http://scientificamerican,com/urban-scientist/2012/0213/charles--henry-turner-animal-behaviorscientist/>.

Lee, P.; Moss, C. Wild female African elephants (Loxodonta Africana) exhibit personality traits of leadership and social interaction. *Journal of Comparative Psychology*, v. 3, n. 126, p. 224-232, 2012.

Lehrer, J. Depression's upside: Is there an evolutionary purpose to feeling really sad? *New York Times Magazine*, 28 fev. 2010.

Lemov, R. *World as laboratory*: experiments with mice, mazes, and men. New York: Hill & Wang, 2005.

Lepore, J. Not so fast: scientific management started as a way to work. How did it become a way of life? *The New Yorker*, 12 out. 2009.

Lerman, H. *A mote in Freud's eye*: *From psychoanalysis to the psychology of women*. New York: Springer-Verlag, 1986.

Lerner, V.; Margolin, J. & Witztum, E. Vladimir Bekhterev: his life, his work and the mystery of his death. *History of Psychology*, n. 16, p. 217-227, 2005.

Levingston, S. *Little demon in the city of light: A true story of murder and mesmerism in Belle Époque Paris*. Nova York: Doubleday, 2014.

Lewin, K. *Principles of topological psychology*. New York: McGraw-Hill, 1936.

Lewin, K. Field theory and experiment in social psychology: concept and methods. *American Journal of Sociology*, n. 44, p. 868-896, 1939.

Lewin, K.; Lippitt, R. & White, R. Patterns of aggressive behavior in experimentally created social climates. *Journal of Social Psychology*, n. 10, p. 271-299, 1939.

Lewis, R. W. B. *The Jameses*: a family narrative. New York: Farrar, Straus and Giroux, 1991.

Ley, R. *A whisper of espionage*: wolfgang Köhler and the apes of Tenerife. Garden City Park: avery Publishing Group, 1990.

Leys, R. & Evans, R. B. *Defining American psychology*: the correspondence between Adolf Meyer and Edward Bradford Titchener. Baltimore: Johns Hopkins University Press, 1990.

Lichtman, F.; Shattuck, S. The short animated life of A. R. Wallace. *New York Times*, 4 nov. 2013.

Lieberman, D. A. Behaviorism and the mind: a (limited) call for a return to introspection. *American Psychologist*, n. 34, p. 319-333, 1979.

Lieberman, D.; Haselton, M. Darwinian psychology: Where the present meets the past. *Evolutionary theory and Psychology, Psychological Science Agenda*, maio 2009.

Lilienfeld, S. Public skepticism of psychology: Why many people perceive the study of human behavior as unscientific. *American Psychologist,* v. 2, n. 67, p. 111-129, 2012.

Lin, L. Breadth-biased versus focused cognitive control in media multitasking behaviors. *Proceedings of the National Academy of Sciences*, n. 106, p. 15521-15522, 2009.

Lingiardi, V.; De Bei, F. Questioning the couch: Historical and clinical perspectives. *Psychoanalytic Psychology,* v. 3, n. 28, p. 389-404, 2011.

Ljunggren, B. *Great men with sick brains and other essays*. Park Ridge: american Association of Neurological Surgeons, 1990.

Locke, E. It's time we brought introspection out of the closet. *Perspectives on Psychological Science*, v. 4, n. 1, p. 24-25, 2009.

Locke, J. *An essay concerning human understanding*. New York: Dover, 1959. (Original work published 1690.)

Loeb, J. *Forced movements, tropisms, and animal conduct*. Philadelphia: Lippincott, 1918.

Logan, C. A. When scientific knowledge becomes scientific discovery: the disappearance of classical conditioning before Pavlov. *Journal of the History of the Behavioral Sciences*, n. 38, p. 393-403, 2002.

Logue, A. W. The origins of behaviorism: antecedents and proclamation. In: C. E. Buxton (Ed.), Points of view in the modern history of psychology. Orlando: academic Press, p. 141-167, 1985.

Lott, B.; Rogers, M. Ethnicity matters for undergraduate majors in challenges, experiences, and perceptions of psychology. *Cultural Diversity and Ethnic Minority Psychology,* v. 1, n. 17, p. 204-210, 2011.

Lourenço, E.; Assis, R. M.; Campos, R. H. F. (Org.) *História da psicologia e contexto sociocultural.* Belo Horizonte: Editora PucMinas, 2012.

Lowry, R. *The evolution of psychological theory*: a critical history of concepts and presuppositions. 2. ed. Hawthorne: aldine, 1982.

Lück, H. E. Story or history: what did Wolfgang Köhler really do on Tenerife? *History of Psychology Newsletter,* n. 22, p. 80-82, 1990.

Lutz, T. *American nervousness, 1903*: na anecdotal history. Ithaca: Cornell University Press, 1991.

Lyubomirsky, S., King, L. & Diener, E. The benefits of frequent positive affect: does happiness lead to success? *Psychological Bulletin,* n. 131, p. 803-855, 2005.

Mach, E. *The analysis of sensations.* Chicago: Open Court, 1914. (Original work published 1885.)

Mackenzie, B. *Behaviourism and the limits of scientific method.* Atlantic Highlands: Humanities Press, 1977.

MacLeod, R. B. Review of Cumulative record by B. F. Skinner. *Science,* n. 130, p. 34-35, 1959.

MacLeod, R. B. (Ed.). *William James*: unfinished business. Washington: american Psychological Association, 1969.

Maddux, J. The power of believing you can. In: C. Snyder & S. Lopez (Eds.), *Handbook of positive psychology.* New York: Oxford University Press, 2002, p. 277-287.

Madigan, S. & O'Hara, R. Short-term memory at the turn of the century: Mary Whiton Calkins's memory research. *American Psychologist,* n. 47, p. 170-174, 1992.

Mahony, P. *Freud and the rat man.* New Haven: Yale University Press, 1986.

Mahony, P. Freud as family therapist: Reflections. In: t. Gelfand & J. Kerr (Eds.), *Freud and the history of psychoanalysis.* Hillsdale: the Analytic Press, 1992, p. 307-317.

Makari, G. *Revolution in mind*: the creation of psychoanalysis. New York: Harper, 2008.

Malcolm, J. *In the Freud archives.* New York: Knopf, 1984.

Malthus, T. Essay on the principle of population. New York: Dutton, 1914. (Original work published 1789.)

Mandler, G. Origins of the cognitive revolution. *Journal of the History of the Behavioral Sciences,* n. 38, p. 339-353, 2002a.

Mandler, G. Psychologists and the National Socialist access to power. *History of Psychology,* n. 5, p. 190-200, 2002b.

Mandler, G. *A history of modern experimental psychology.* Cambridge: MIT Press, 2007.

Marcus, G. Where are the elixirs of yesteryear when we hurt? *The New York Times,* 26 jan. 1998.

Markel, H. *The anatomy of addiction: Sigmund Freud, William Halstead and the Miracle Drug, Cocaine.* Nova York: Vintage, 2011.

Marken, R. You say you had a revolution: methodological foundations of closed-loop psychology. *Review of General Psychology,* n. 13, p. 137-145, 2009.

Markoff, J. It started digital wheels turning: In the age of steam, A British mathematician brainstormed a contraption that inspired dreams of computers. Experts in London intend to spend a decade piecing it together. *New York Times,* 8 nov. 2011.

Marr, J. Marian Breland Bailey: the mouse who reinforced. *Arkansas Historical Quarterly,* n. 61, p. 59-79, 2002.

Martin, D. Ulric Neisser is dead at 83; Reshaped study of the mind. *New York Times,* 26 fev. 2012, p. 22.

Martin, J. The education of John Dewey: a biography. New York: Columbia University Press, 2002.

Marx, M. H. & Cronan-Hillix, W. A. *Systems and theories in psychology.* 4. ed. New York: McGraw-Hill, 1987.

Maslow, A. H. *Motivation and personality.* 2. ed. New York: Harper & Row, 1970.

Massimi, M. *História da psicologia brasileira. Da época colonial até 1934.* São Paulo: EPU, 1990.

Massimi, M. (Org.) *História da psicologia no Brasil do século XX.* São Paulo: EPU, 2004.

Masson, J. M. *The assault on truth*: Freud's suppression of the seduction theory. New York: Farrar Straus Giroux, 1984.

Masson, J. M. (Ed.). *The complete letters of Sigmund Freud to Wilhelm Fliess, 1887-1904.* Cambridge: Harvard University Press, 1985.

Mather, J. & Anderson, R. Personalities of octopuses. *Journal of Comparative Psychology,* n. 107, p. 336-340, 1993.

Matson, F. W. *The broken image.* New York: Braziller, 1964.

May, W. W. A psychologist of many hats: a tribute to Mark Arthur May. *American Psychologist,* n. 33, p. 653 663, 1978.

Mazlish, B. *The fourth discontinuity*: the coevolution of humans and machines. New Haven: Yale University Press, 1993.

McCarthy, T. Great aspirations: The postwar American college counseling center. *History of Psychology,* v. 1, n. 17, p. 1-18, 2014.

McCoy, T. A computer just passed the Turing test in Landmark trail. *Washington Post,* 9 jun. 2014.

McDougall, W. *Introduction to social psychology.* London: Methuen, 1908.

McDougall, W. *Psychology*: the study of behavior. London: Oxford University Press, 1912.

McDougall, W. Autobiography. In: C. Murchison (Ed.), *A history of psychology in autobiography.* Worcester: Clark University Press, 1930, v. 1, p. 191-223.

McGraw, M. B. Memories, deliberate recall, and speculations. *American Psychologist,* n. 45, p. 934-937, 1990.

McGuire, W. (Ed.). *The Freud/Jung letters.* Princeton: Princeton University Press, 1974.

McKeachie, W. J. Psychology in America's bicentennial year. *American Psychologist,* n. 31, p. 819-833, 1976.

McReynolds, P. *Lightner Witmer*: His life and times. Washington: american Psychological Association, 1997.

Mellor, S. How do only children differ from other children? *Journal of Genetic Psychology,* n. 151, p. 221-230, 1990.

Merton, R. Priorities in scientific discovery. *American Sociological Review*, n. 22, p. 635-659, 1957.

Messer, S. & McWilliams, N. The impact of Sigmund Freud and The Interpretation of Dreams. In: R. Sternberg (Ed.), *The anatomy of impact*: what makes the great works of psychology great. Washington: american Psychological Association, 2003, p. 71-107.

Migone, P. Psychoanalysis on the Internet: A discussion of its theoretical implications for both online and offline therapeutic technique. *Psychoanalytic Psychology*, v. 2, n. 30, p. 281-299, 2013.

Milar, K. Overcoming "sentimental rot": one of the first female psychologists tried to bring gender research out of the Dark Ages. *Monitor on Psychology*, n. 41, n. 2, p. 26-27, 2010.

Miles, L., Nind, L. & Macrae, C. Moving through time. *Psychological Science*, n. 21, p. 222-223, 2010.

Mill, J. Analysis of the phenomena of the human mind. London: Baldwin & Cradock, 1829.

Mill, J. S. Autobiography. In: *the Harvard Classics*. New York: Collier, 1909. (Original work published 1873.)

Miller, G. A. *Language and communication*. New York: McGraw--Hill, 1951.

Miller, G. A. The magical number seven, plus or minus two: Some limits on our capacity for processing information. *Psychological Review*, n. 63, p. 81-97, 1956.

Miller, G. A. *Psychology*: the science of mental life. New York: Harper & Row, 1962.

Miller, G. A. The constitutive problem of psychology. In: S. Koch & D. Leary (Eds.), *A century of psychology as science*. New York: McGraw-Hill, p. 40-45, 1985.

Miller, G. A. Autobiography. In: G. Lindzey (Ed.), *A history of psychology in autobiography*. Stanford: Stanford University Press, v. 8, p. 391-418, 1989.

Miller, G. A. The cognitive revolution: a historical perspective. *Trends in Cognitive Science*, n. 7, p. 141-144, 2003.

Miller, G. A. Animal behavior: Signs of empathy seen in mice. *Science*, v. 312, n. 5782, p. 1860-1861, 2006.

Miller, G. A. & Buckhout, R. *Psychology*: the science of mental life (2. ed.). New York: Harper & Row, 1973.

Miller, M. V. Anybody who was anybody was neurasthenic. *The New York Times*, 7 jul. 1991.

Miller, R. Editorial explaining the change in name of this journal to journal of experimental psychology: Animal learning and cognition. *Journal of Experimental Psychology: Animal Learning and Cognition*, v. 1, n. 40, p. 1, 2014.

Milton, J. *The road to malpsychia*: humanistic psychology and our discontents. San Francisco: Encounter Books, 2002.

Miron, J. *Prisons, asylums, and the public: Institutional visiting in the nineteenth century*. Toronto, Canadá: University of Toronto Press, 2011.

Moore, J. Some historical and conceptual background to the development of B. F. Skinner's "radical behaviorism". *Journal of Mind and Behavior*, n. 26, p. 85-124, 2005.

Morawski, J. G. & Hornstein, G. A. Quandary of the quacks: the struggle for expert knowledge in American psychology, 1890-1940. In: J. Brown & D. K. van Keuren (Eds.), *The estate of social knowledge*. Baltimore: Johns Hopkins University Press, p. 106-133, 1991.

Morgan, C. L. Autobiography. In: C. Murchison (Ed.), *A history of psychology in autobiography*. New York: Russell & Russell, 1961, v. 2, p. 237-264. (Original work published 1930.)

Morse, M. Facing a bumpy history: The Much-Maligned theory of phrenology gets a tip of the hat from modern neuroscience. *Smithsonian Magazine*, out. 1997. Disponível em: <http://www.smithsonianmag.com/historyarcheology/object_oct97.html>. Acesso em: 17 jun. 2018.

Motjabai, R. & Olfson, M. National trends in psychotropic medication polypharmacy in office-based psychiatry. *Archives of General Psychiatry*, n. 67, p. 26-36, 2010.

Mozer, P. R. *Esboço de uma história da psicologia*. São Paulo: Grêmio da FFLCH-USP, 1965. Datilografado.

Mullberger, A. Spanish experience with German psychology prior to World War I. *Journal of the History of the Behavioral Sciences*, n. 44, p. 161-179, 2008.

Müller, J. *Handbook of the physiology of mankind*. Coblenz: Hölscher, 1833-1840, 3 v.

Munsey, C. Does marriage make us happy? *Monitor on Psychology*, v. 9, n. 41, p. 21-21, 2010.

Münsterberg, H. *Atlantic Monthly*, p. 159-167, 8 fev. 1898.

Münsterberg, H. *Psychotherapy*. New York: Moffat Yard, 1909.

Münsterberg, H. *Psychology and industrial efficiency*. Boston: Houghton Mifflin, 1913.

Münsterberg, M. *Hugo Münsterberg*: his life and work. New York: appleton, 1922.

Murchinson, C. (Ed.) *Psychologies of 1930*. New York: Arno Press. Recuperado de https://archive.org/details/psychologiesof1930unse, 1973.

Murdoch, S. IQ: a smart history of a failed idea. New York: wiley. 2007.

Murphy, G. Robert Sessions Woodworth, 1869-1962. *American Psychologist*, n. 18, p. 131-133, 1963.

Murray, J.; Thomson, M. Age-related differences in cognitive overload in an audio-visual memory task. *European Journal of Psychology and Education*, v. 1, n. 26, p. 129-141, 2011.

Myers, G. E. *William James*: his life and thought. New Haven: Yale University Press, 1986.

Natsoulas, T. Consciousness. *American Psychologist*, n. 33, p. 904-916, 1978.

Neisser, U. *Cognitive psychology*. New York: appleton-Century--Crofts, 1967.

Neisser, U. *Cognition and reality*. San Francisco: w. H. Freeman, 1976.

Neisser, U. Ulric Neisser. In: G. Lindzey & W. Runyan (Eds.), *A history of psychology in autobiography*. Washington: american Psychological Association, 2007, v. 9.

Nesse, R.; Ellsworth, P. Evolution, emotions, and emotional disorders. *American Psychologist*, n. 64, p. 129-139, 2009.

Newton, R. *Galileo's pendulum*: from the rhythm of time to the making of matter. Cambridge: Harvard University Press, 2004.

Nichols, P. *Evolution's captain*: the dark fate of the man who sailed Charles Darwin around the world. New York: HarperCollins, 2003.

Nicholson, I. Review of Maslow, Toward a psychology of being. *The General Psychologist*, v. 42, n. 2, p. 25-26, 2007.

Nicholson, I. A. M. Giving up maleness: abraham Maslow, masculinity, and the boundaries of psychology. *History of Psychology*, n. 4, p. 79-91, 2001.

Nicolas, S.; Sanitioso, R. Alfred Binet and experimental psychology at the Sorbonne laboratory. *History of Psychology*, v. 4, n. 15, p. 328-362, 2012.

Nobre, L. N.; Freitas, R. R. A evolução da pós-graduação no Brasil: histórico, políticas e avaliação. *Brazilian Journal of Production Engineering*, n. 3, v. 2, p. 18-30, 2017. Recuperado de http://periodicos.ufes.br/BJPE/article/view/v3n2_3.

Noll, R. *The Jung cult*: origins of a charismatic movement. Princeton: Princeton University Press, 1994.

Noll, R. *The Aryan Christ*: the secret life of Carl Jung. New York: Random House, 1997.

Nyman, L. Documenting history: an interview with Kenneth Bancroft Clark. *History of Psychology*, n. 13, p. 74-88, 2010.

O'Donnell, J. M. The crisis of experimentalism in the 1920s: E. G. Boring and his uses of history. *American Psychologist*, n. 34, p. 289-295, 1979.

O'Donnell, J. M. *The origins of behaviorism*: american psychology, 1870-1920. New York: New York University Press, 1985.

Ogburn, W. F. & Thomas, D. S. Are inventions inevitable? *Political Science Quarterly*, n. 37, p. 83-100, 1922.

Ogden, R. M. Oswald Külpe and the Würzburg school. *American Journal of Psychology*, n. 64, p. 4-19 1951.

Oishi, S., Diener, E. & Lucas, R. The optimum level of well-being. *Perspectives on Psychological Science*, n. 2, p. 346--360 2007.

Olson, L. *Those angry days: Roosevelt, Lindbergh, and America's fight over World War II*. 1939-1941. Nova York: Random House, 2013.

Olt, R. *Members of the APA adherence to the classical views of Alfred Adler*. Dissertation Abstracts International (section B: the sciences and engineering), 70, 2009.

Ophir, E., Nass, C. & Wagner, A. Cognitive control in media multitaskers. *Proceedings of the National Academy of Sciences*, n. 106, p. 15583-15587, 2009.

Overskeid, G. Looking for Skinner and finding Freud. *American Psychologist*, n. 62, p. 590-595, 2007.

Padilla, A. M. Note on the history of Hispanic psychology. *Hispanic Journal of Behavioral Science*, v. 2, n. 2, p. 109-128, 1980.

Paris, B. J. *Karen Horney*: a psychoanalyst's search for self--understanding. New Haven: Yale University Press, 1994.

Parker-Pope, T. What clown on a unicycle? Studying cellphone distraction. *New York Times*, 22 out. 2009.

Pate, J. L. & Wertheimer, M. Preface. In: J. L. Pate & M. Wertheimer (Eds.), *No small part*: a history of regional organizations in American psychology. Washington: american Psychological Association, 1993, p. xv-xvii.

Patterson, T. & Joseph, S. Person-centered personality theory: Support from self-determination theory and positive psychology. *Journal of Humanistic Psychology*, n. 47, p. 117-139, 2007.

Pauly, P. J. Psychology at Hopkins: Its rise and fall and rise and fall and .... *Johns Hopkins Magazine*, p. 36-41, dez. 1979.

Pauly, P. J. G. Stanley Hall and his successors: a history of the first half-century of psychology at Johns Hopkins. In: S. H. Hulse & B. F. Green, Jr. (Eds.), *One hundred years of Psychological Research in America*: G. Stanley Hall and the Johns Hopkins tradition). Baltimore: Johns Hopkins University Press, 1986, p. 21-51.

Pavlov, I. P. *Conditioned reflexes*: an investigation of the physiological activity of the cerebral cortex. New York: Dover Publications, 1960. (Original work published 1927.)

Pawlowski, B.; Atral, R. & Dunbar, R. Sex differences in everyday risk-taking behavior in humans. *Evolutionary psychology*, n. 6, p. 29-42, 2008.

Peel, J. D. Y. *Herbert Spencer: The evolution of a sociologist*. Nova York: Basic Books, 1971.

Pendergrast, M. *For god, country, and Coca-Cola: The unauthorized history of the great American soft drink and the company that makes it*. Nova York: Scribners, 1993.

Penna, A. G. *História das idéias psicológicas*. Rio de Janeiro: Zahar, 1981.

Pennebaker, R. The mediocre multitaskers. *The New York Times*, 30 ago. 2009.

Pennisi, E. Animal cognition: social animals prove their smarts. *Science*, v. 312, n. 5871, p. 1734-1738, 2006.

Pepperberg, I. *Alex and me*: how a scientist and a parrot uncovered a hiddel world of animal intelligence and formed a deep bond in the process. New York: Collins, 2008.

Pervin, L. The science of personality. 2. ed. New York: Oxford University Press, 2003.

Pettit, M. Joseph Jastrow, the psychology of deception, and the racial economy of observation. *Journal of the History of the Behavioral Sciences*, n. 43, p. 159-175, 2007.

Petitta, L.; Borgogni, L. Differential correlates of group and organizational collective efficacy. *European Psychologist*, v. 3, n. 16, p. 187-197, 2011.

Phelps, A.; Forbes, D. Treating post-traumatic stress disorder--related dreams: What are the options? *Expert Review of Neurotherapeutics*, v. 11, n. 12, p. 1267-1269, 2012.

Phillips, L. Recontextualizing Kenneth B. Clark: an Afrocentric perspective on the paradoxical legacy of a model psychologistactivist. *History of Psychology*, n. 3, p. 142-167, 2000.

Philogene, G. (Ed.). *Racial identity in context*. The legacy of Kenneth B. Clark. Washington: american Psychological Association, 2004.

Pickens, W. Society for the history of psychology news. *History of Psychology*, v. 3, n. 16, p. 225-226, 2013.

Pickering, G. *Creative malady*. New York: Oxford University Press, 1974.

Pickering, M. *Auguste Comte*: an intellectual biography. Cambridge: Cambridge University Press, v. 1, 1993.

Pickren, W. Tension and opportunity in post – World War II American psychology. *History of Psychology*, n. 10, p. 279--299, 2007.

Pigeon guided missiles. *Military Times*, 10 nov. 2010, p. 1-3.

Pillsbury, W. *Essentials of psychology*. New York: Macmillan, 1911.

Pillsbury, W. B. Margaret Floy Washburn, 1871-1949. *The Psychological Review*, v. 2, n. 47, p. 99-107, 1940.

Pinker, S. Obituaries: George A, Miller (1920-2012). *American Psychologist*, v. 6, n. 68, p. 467-468, 2013.

Planck,M. *Scientific autobiography*. New York: Philosophical Library, 1949.

Pollack, A. Man uses chip to control robot with thoughts. *The New York Times*, 13 jul. 2006.

Popplestone, J. A. & McPherson, M. W. *An illustrated history of American psychology*. Dubuque: Brown & Benchmark, 1994.

Postmes, T. & Branscombe, N. Influence of long-term racial environmental composition on subjective well-being in African-Americans. *Journal of Personality and Social Psychology*, n. 83, p. 735-751, 2002.

Powell, R. The Little Albert mystery isn't solved. *Monitor on Psychology*, v. 41, n. 4, p. 4, 2010.

Powell, R. Little Albert, lost or found: Further difficulties with the Douglas Merrite hypothesis. *History of Psychology*, v. 1, n. 14, p. 106-107, 2011.

Powell, R.; Boer, D. P. Did Freud mislead patients to confabulate memories of abuse? *Psychological Reports*, n. 74, p. 1283-1298, 1994.

Pozios, V. K.; Kambam, P. R.; Bender, H. E. Does media violence lead to the real thing? *New York Times*, 25 ago. 2013.

Prelow, H., Mosher, C. & Bowman, M. Perceived racial discrimination, social support, and psychological adjustment among African-American college students. *Journal of Black Psychology*, n. 32, p. 442-454, 2006.

Pressey, S. L. Autobiography. In: E.G. Boring & G. Lindzey (Eds.), *A history of psychology in autobiography*. New York: appleton-Century-Crofts, 1967, v. 5, p. 313-339.

Prochnik, G. *Putnam Camp*: Sigmund Freud, James Jackson Putnam, and the purpose of American psychology. New York: Other Press, 2006.

Raby, P. *Alfred Russel Wallace*: a life. Princeton: Princeton University Press, 2001.

Ramos, S. Revisiting Anna O.: a case of chemical dependence. *History of Psychology*, n. 6, p. 239-250, 2003.

Reed, E. S. *From soul to mind*: the emergence of psychology from Erasmus Darwin to William James. New Haven: Yale University Press, 1997.

Reed, J. Robert M. Yerkes and the comparative method. In: E. Tobach (Ed.), *Historical perspectives and the international status of comparative psychology*. Hillsdale: Erlbaum, 1987a, p. 91-101.

Reeves, R. *John Stuart Mill*: victorian firebrand. New York: the Overlook Press, 2009.

Reuchlin, M. *História da psicologia*. São Paulo, Difel, 1959.

Reynolds, D. S. *Walt Whitman's America*: a cultural biography. New York: Alfred A. Knopf, 1995.

Richards, R. J. Wundt's early theories of unconscious inference and cognitive evolution in their relation to Darwinian biopsychology. In: w. G. Bringmann & R. D. Tweney (Eds.), *Wundt studies*: a centennial collection. Toronto: Hogrefe, 1980, p. 42-70.

Richards, R. J. *Darwin and the emergence of evolutionary theories of mind and behavior*. Chicago: University of Chicago Press, 1987.

Richardson, J. Howard Andrew Knox and the origins of performance testing on Ellis Island, 1912-1916. *History of Psychology*, n. 6, p. 143-170, 2003.

Richardson, R. *William James*: in the maelstrom of American modernism. Boston: Houghton Mifflin, 2006.

Richelle, M. N. *B. F. Skinner*: a reappraisal. Hove, England: Erlbaum, 1993.

Richtel, M. Forget gum; walking and sing phone is risky. *The New York Times*, 17 jan. 2010.

Ridley, M. *Nature via nurture*: genes, experience, and what makes us human. New York: HarperCollins, 2003.

Rilling, M. John Watson's paradoxical struggle to explain Freud. *American Psychologist*, n. 55, p. 301-312, 2000.

Riskin, J. The defecating duck, or the ambiguous origins of artificial life. *Critical Inquiry*, n. 29, p. 599-633, 2003.

Ritvo, L. B. *Darwin's influence on Freud*: a tale of two sciences. New Haven: Yale University Press, 1990.

Roazen, P. *Freud and his followers*. New York: Knopf, 1975.

Roazen, P. *Meeting Freud's family*. Amherst: University of Massachusetts Press, 1993.

Roback, A. A. *History of American psychology*. New York: Library Publishers, 1952.

Roberts, B., Walton, K. & Bogg, T. Conscientiousness and health across the life course. *Review of General Psychology*, n. 9, p. 156-168, 2005.

Robinson, D. Gustav Fechner: 150 Years of *Elemente der Psychophysik*. *History of Psychology*, v. 4, n. 13, p. 409-410, 2010.

Robinson, F. G. *Love's story told*: a life of Henry A. Murray. Cambridge: Harvard University Press, 1992.

Rodis-Lewis, G. *Descartes*: his life and thought. Ithaca: Cornell University Press, 1998.

Roethlisberger, F. J. & Dickson, W. J. *Management and the worker*: an account of a research program conducted by the Western Electric Company, Chicago. Cambridge: Harvard University Press, 1939.

Rogers, C. R. *On becoming a person*. Boston: Houghton Mifflin, 1961.

Rogers, C. R. Autobiography. In: E. G. Boring & G. Lindzey (Eds.), *A history of psychology in autobiography*. New York: appleton-Century-Crofts, 1967, v. 5, p. 341-384.

Rogers, C. R. *A way of being*. Boston: Houghton Mifflin, 1980.

Rogers, C. R. & Russell, D. *Carl Rogers*: the quiet revolutionary, an oral history. Roseville: Penmarin Books, 2002.

Rogoff, B.; Paradise, R.; Arauz, R.; Correa-chavez, M. & Angelillo, C. First-hand learning through intent participation. *Annual Review of Psychology*, n. 54, p. 175-203, 2003.

Romand, D. Fechner as a pioneering theorist of unconscious cognition. *Consciousness and Cognition*, v. 1, n. 21, p. 562-572, 2012.

Romanes, G. J. *Animal intelligence*. London: Routledge & Kegan Paul, 1883.

Rose, A. The invention of uncertainty in American Psychology: Intellectual conflict and rhetorical resolution, 1890--1930. *History of Psychology*, v. 4, n. 14, p. 356-382, 2011.

rose, p. *parallel lives*: five victorian marriages. new york: Knopf, 1983.

Rosen, J. Missing link: Alfred Russel Wallace, Charles Darwin's neglected double. *The New Yorker*, 12 fev. 2007.

Rosenzweig, S. *Freud, Jung, and Hall the king-maker*: the historic expedition to America (1909). Seattle: Hogrefe & Huber, 1992.

Ross, B. William James: Spoiled child of American psychology. In: G. A. Kimble, M. Wertheimer & C. White (Eds.), *Portraits of pioneers in psychology*. Washington: american Psychological Association, 1991, p. 13-25.

Ross, D. *Granville Stanley Hall: the Psychologist* as prophet. Chicago: University of Chicago Press, 1972.

Rossiter, M. W. *Women scientists in America*: struggles and strategies to 1940. Baltimore: Johns Hopkins University Press, 1982.

Rotter, J. B. Generalized expectancies for internal versus external control of reinforcement. *Psychological Monographs*, n. 80, 1966. (Whole n. 609)

Rotter, J. B. *The development and applications of social learning theory*: Selected papers. New York: Praeger, 1982.

Rotter, J. B. Internal versus external control of reinforcement: a case history of a variable. *American Psychologist*, n. 45, p. 489-493, 1990.

Rotter, J. B. Expectancies. In: Walker C. E., (Ed.), *History of clinical psychology in autobiography*. Pacific Grove: Brooks/Cole, v. 2, p. 273-284, 1993.

Routh, D. The rise and fall in the scientific reputation of Carl Rogers. *The Clinical Psychologist*, v. 3, n. 64, p. 11-12, 2010.

Rowe, D. C., Vazsonyi, A. T. & Flannery, D. J. No more than skin deep: Ethnic and racial similarity in developmental process. *Psychological Review*, n. 101, p. 396-413, 1994.

Rowe, F. B. Whatever became of poor Kinnebrook? *American Psychologist*, n. 38, p. 851-852, 1983.

Russo, N. F. & Denmark, F. L. Contributions of women to psychology. *Annual Review of Psychology*, n. 38, p. 279-298, 1987.

Rutherford, A. Radical behaviorism and psychology's public: B. F. Skinner in the popular press, 1934-1990. *History of Psychology*, n. 3, p. 371-395, 2000.

Rutherford, A. *Beyond the box*: B. F. Skinner's technology of behavior from laboratory to life. Toronto: University of Toronto Press, 2009.

Rutherford, A. B. F. Skinner: Scientist, celebrity, social visionary. *Association for Psychological Science: Observer*, v. 2, n. 25, p. 1-5, 2012.

Ryan, R. M. & Deci, E. L. On happiness and human potentials: a review of research on hedonic and eudaimonic well--being. *Annual Review of Psychology*, n. 52, p. 141-166, 2001.

Sadger, I. *Recollecting Freud*. Madison: University of Wisconsin Press, 2005.

Salas, E. & Cannon-Bowers, J. A. The science of training: a decade of progress. *Annual Review of Psychology*, n. 52, p. 471-499, 2001.

Sample, I. Eureka! Lost manuscript found in cupboard. Disponível em: <www.guardian.co.uk>. Acesso em: 19 fev. 2006.

Sand, R. Pre-Freudian discovery of dream meaning. In: t. Gelfand & J. Kerr (Eds.), *Freud and the history of psychoanalysis*. Hillsdale: analytic Press, 1992, p. 215-229.

Sanua, V. D. Wundt's American students reminisce: "We like thee not Professor Wundt!" *History of Psychology Newsletter*, v. 25, n. 4, p. 54-61, 1993.

Sarter, M., Bernston, G. G. & Cacioppo, J. T. Brain imaging and cognitive neuroscience. *American Psychologist*, n. 51, p. 13-21, 1996.

Saunders, B. *Ivan Pavlov: Exploring the mysteries of behavior*. Berkeley Heights, NJ. Enslow Publishers, 2006.

Sawyer, T. F. Francis Cecil Sumner: his views and influence on African American higher education. *History of Psychology*, n. 3, p. 122-141, 2000.

Sayers, J. *Mothers of psychoanalysis*: Helene Deutsch, Karen Horney, Anna Freud, Melanie Klein. New York: Norton, 1991.

Scarborough, E. Cheiron's origins: personal recollections and a photograph. *Journal of the History of the Behavioral Sciences*, n. 40, v. 2, p. 207-211, 2004. doi: 10.1002 /jhbs.20018.

Scarborough, E. Understanding the animal mind: Margaret Washburn insisted that animal consciousness could be experimentally studied. *Monitor on Psychology*, v. 8, n. 41, p. 28-29, 2010.

Scarborough, E. & Furumoto, L. *Untold lives*: the first generation of American women psychologists. New York: Columbia University Press, 1987.

Scarf, M. The man who gave us "inferiority complex," "compensation", "aggressive drive" e "style of life". *The New York Times* Magazine, 10ff, 28 fev. 1971.

Scarr, S. Twenty years of growing up. *Psychology Today*, p. 24-28, maio 1987.

Schmit, D. Revisioning antebellum American psychology: the dissemination of Mesmerism, 1836-1854. *History of Psychology*, n. 8, p. 403-434, 2005.

Schultz, D. P. *Intimate friends, dangerous rivals*: the turbulent relationship between Freud and Jung. Los Angeles: tarcher, 1990.

Schultz, D. The breaking point: Combat fatigue took its Toll on the fighting men during World War II. *WWII History*, 8 jun. 2013, p. 10-11.

Schultz, D.; Schultz, S. E. *A history of modern psychology*. 5a. ed. Florida: Harcourt, Brace Jovanovich, 1992.

Schuster, D. *Neurasthenic nation: America's search for health, happiness, and comfort, 1869-1920*. New Brunswick, NJ: Rutgers University Press, 2011.

Schur, M. *Freud*: living and dying. New York: International Universities Press, 1972.

Scott, R. & Dienes, Z. Knowledge applied to new domains: the unconscious succeeds where the conscious fails. *Consciousness and Cognition*, n. 19, p. 391-398, 2010.

Scott, W. D. *The theory and practice of advertising*: a simple exposition of the principles of psychology in their relation to successful advertising. Boston: Small, Maynard, 1903.

Scull, A.; MacKenzie, C. & Hervey, N. *Masters of bedlam*: the transformation of the mad-doctoring trade. Princeton: Princeton: University Press, 1996.

Seabrook, J. Fragmentary knowledge: was the antikythera mechanism the world's first computer? *New Yorker*, 14 maio 2007.

Searle, J. R. Minds, brains, and programs. *Behavioral and Brain Sciences*, n. 3, p. 417-424, 1980.

Seligman, M. E. P. Phobias and preparedness. *Behavior Therapy*, n. 2, p. 307-320, 1971.

Seligman, M. E. P. Positive social science. *APA Monitor*, 1 abr. 1998.

Seligman, M. E. P. *Authentic happiness*: using the new positive psychology to realize your potential for lasting fulfillment. New York: Free Press, 2002.

Seligman, M. *Flourish: A visionary new understanding of happiness and well-being*. Nova York: Free Press, 2011.

Seligman, M. E. P. & Csikszentmihalyi, M. (Eds.). Positive psychology [special issue]. *American Psychologist*, v. 55, n. 1, 2000.

Seligman, M. E. P.; Steen, T., Park, N. & Peterson, C. Positive psychology progress: Empirical validation of intervention. *American Psychologist*, n. 60, p. 410-421, 2005.

Severo, R. Kenneth Clark, who helped end segregation, dies. *The New York Times*, p. 1, n. 23, 2 maio 2005.

Shapin, S. Man with a plan: Herbert Spencer's theory of everything. *The New Yorker*, 13 ago. 2007.

Shedler, J. The efficacy of psychodynamic psychotherapy. *American Psychologist*, n. 65, p. 98-109, 2010.

Sheldon, K. & King, L. Why positive psychology is necessary. *American Psychologist*, n. 56, p. 216-217, 2001.

Shepherd, N. *A price below rubies*: Jewish women as rebels and radicals. Cambridge: Harvard University Press, 1993.

Shields, S. Ms. Pilgrim's progress: the contributions of Leta Stetter Hollingworth to the psychology of women. *American Psychologist*, n. 30, p. 852-857, 1975.

Shields, S. The variability hypothesis: the history of a biological model of sex differences in intelligence. Signs: *Journal of Women in Culture and Society*, n. 7, p. 769-797, 1982.

Shields, S. Passionate men, emotional women: psychology constructs gender differences in the late 19th century. *History of Psychology*, n. 10, p. 92-110, 2007.

Shields, S. & Bhatia, S. Darwin on race, gender, and culture. *American Psychologist*, n. 64, p. 111-119, 2009.

Shore, M. Psychology and memory in the midst of change: the social concerns of late 19th-century North American Psychologists. In: C. Green, M. Shore & T. Teo (Eds.), *The transformation of psychology*: influences of 19th century philosophy, technology, and natural science. Washington: american Psychological Association, 2001, p. 63-86.

Shorto, R. *Descartes' bones*: a skeletal history of the conflict between faith and reason. New York: Doubleday, 2008.

Showalter, E. *Hystories*: hysterical epidemics and modern culture. New York: Columbia University Press, 1997.

Sibbald, D. A.; Erhard, W.; McLeod, J. & Hooper, R. Individual personality and the spatial distribution of groups of grazing animals: an example with sheep. *Behavioural Processes*, n. 82, p. 319-326, 2009.

Siebert, C. The animal self. *The New York Times*, 22 jan. 2006.

Siegel, A. & White, S. H. The child study movement. In: H. W. Reese (Ed.), *Advances in child development and behavior*. New York: academic Press, v. 17, 1982, p. 233-285.

Siegert, R. & Ward, T. Clinical psychology and Evolutionary psychology: toward a dialogue. *Review of General Psychology*, v. 6, n. 3, p. 235-259, 2002.

Silva, J. A.; Biasoli-Alves, Z. M. M. Notícia: Franco Lo Presti Seminerio (1923-2003): O homem, o professor, o amigo. *Psicologia: Teoria e Pesquisa*, n. 19, v. 2, p. 189-191, 2003. Recuperado de http://www.scielo.br/pdf/ptp/v19n2/a14v19n2.pdf.

Simon, L. *Genuine reality*: a life of William James. New York: Harcourt Brace, 1998.

Simonton, D. & Baumeister, R. Positive psychology at the summit. *Review of General Psychology*, n. 9, p. 99-102, 2005.

Simpson, J. C. It's all in the upbringing: doctor, lawyer, artist, thief? *Johns Hopkins Magazine*, n. 62-65, abr. 2000.

Singer, P. W. *Wired for war*: the robotics revolution and conflict in the 21st century. New York: Penguin Press, 2009.

Skinner, B. F. *The behavior of organisms*. New York: appleton, 1938.

Skinner, B. F. Baby in a box. *Ladies Home Journal*, 30ff, out. 1945.

Skinner, B. F. *Walden Two*. New York: Macmillan, 1948.

Skinner, B. F. *Science and human behavior*. New York: Free Press, 1953.

Skinner, B. F. A case history of scientific method. *American Psychologist*, n. 11, p. 221-233, 1956.

Skinner, B. F. Pigeons in a pelican. *American Psychologist*, n. 15, p. 28-37, 1960.

Skinner, B. F. Autobiography. In: E. G. Boring & G. Lindzey (Eds.), *A history of psychology in autobiography*. New York: appleton-Century-Crofts, 1967, v. 5, p. 387-413.

Skinner, B. F. *The technology of teaching*. New York: appleton--Century-Crofts, 1968.

Skinner, B. F. *Contingencies of reinforcement*. New York: appleton-Century-Crofts, 1969.

Skinner, B. F. *Beyond freedom and dignity*. New York: Knopf, 1971.

Skinner, B. F. *Particulars of my life*. New York: Knopf, 1976.

Skinner, B. F. *The shaping of a behaviorist*. New York: Knopf, 1979.

Skinner, B. F. Intellectual self-management in old age. *American Psychologist*, n. 38, p. 239-244, 1983.

Skinner, B. F. What is wrong with daily life in the Western world? *American Psychologist*, n. 41, p. 568-574, 1986.

Skinner, B. F. Can psychology be a science of mind? *American Psychologist*, n. 45, p. 1206-1210, 1990.

Slotten, R. *The heretic in Darwin's court*: the life of Alfred Russel Wallace. New York: Columbia University Press, 2004.

Smirle, C. Profile: Rosalie Rayner: Psychology's Feminist Voices, 2013. Disponível em: <http://feministvoices.com/rosalie>. Acesso em: 17 jun. 2018.

Smith, D. The theory heard 'round the world. *Monitor on Psychology*, v. 33, n. 9, p. 30-32, 2002.

Smith, L. Multimedia 1890s: How the magic lantern came to America's psychology classrooms and attracted students to the Burgeoning field. *Monitor on Psychology*, v. 10, n. 42, p. 30-32, 2011.

Smith, R. *Between mind and nature*. Londres: Reaktion Books Ltd, 2013.

Smith, L. D., Best, L. A., Cylke, V. A. & Stubbs, D. A. Psychology without p values: Data analysis at the turn of the 19th century. *American Psychologist*, n. 55, p. 260-263, 2000.

Smith, M. Thinking man's mystery: stolen Descartes letter returned. *Yahoo! News*, 8 jun. 2010.

Snell-Rood, E.; Wick, N. Anthropogenic environments exert variable selection on cranial capacity in mammals. *Proceedings of the Royal Society: Biological Sciences, 280*, 1769, 22 out. 2013.

Snyder, C. R. & Lopez, S. J. (Eds.). *Handbook of positive psychology*. New York: Oxford University Press, 2001.

Snyder, L. *The philosophical breakfast club: Four remarkable friends who transformed science and changed the world*. Nova York: Broadway Books, 2011.

Sokal, M. James McKeen Cattell, Nicholas Murray Butler, and academic freedom at Columbia University, 1902-1923. *History of Psychology*, n. 12, p. 87-122, 2009.

Sokal, M. M. The unpublished autobiography of James McKeen Cattell. *American Psychologist*, n. 26, p. 626-635, 1971.

Sokal, M. M. *An education in psychology*: James McKeen Cattell's journal and letters from Germany and England, 1880-1888. Cambridge: MIT Press, 1981.

Sokal, M. M. James McKeen Cattell and mental anthropometry: Nineteenth-century science and reform and the origins of *Psychological testing*. In: M. M. Sokal (Ed.), *Psychological testing and American society, 1890-1930*. New Brunswick: Rutgers University Press, 1987, p. 21-45.

Sokal, M. M. Origins and early years of the American Psychological Association, 1890-1906. *American Psychologist*, n. 47, p. 111-122, 1992.

Sokal, M. M. Practical phrenology as psychological counseling in the 19th-century United States. In: C. Green, M. Shore & T. Teo (Eds.), *The transformation of psychology*: Influences of 19th-century philosophy, technology, and natural science. Washington: American Psychological Association, 2001, p. 21-44.

Sokal, M. M. Cattell, Columbia, and academic freedom: Rarely used sources enrich analyses of this significant episode. *History of Psychology*, v. 1, n. 14, p. 100-104, 2011.

Spear, J. Prominent schools or other active specialties? A fresh look at some trends in psychology. *Review of General Psychology*, n. 11, p. 363-380, 2007.

Spence, K. W. Clark Leonard Hull: 1884-1952. *American Journal of Psychology*, n. 65, p. 639-646, 1952.

Spencer, H. *The principles of psychology*. London: Smith & Elder, 1855.

Sperry, R. W. The impact and promise of the cognitive revolution. In: R. L. Solso & D. W. Massaro (Eds.), *The science of the mind*: 2001 and beyond. New York: Oxford University Press, 1995, p. 35-49.

Spillmann, J. & Spillmann, L. The rise and fall of Hugo Münsterberg. *Journal of the History of the Behavioral Sciences*, n. 29, p. 322-338, 1993.

Standage, T. *The Turk*: the life and times of the famous 18th--century chess-playing machine. New York: walker, 2002.

Stanley, J. & Brody, L. The founder of gifted-child education [review of Klein's A forgotten voice: a biography of Leta Stetter Hollingworth]. *Contemporary Psychology*, n. 49, p. 729-731, 2004.

Staudinger, U. M. More than pleasure? Toward a psychology of growth and strength. [Review of the book Well-being: the foundations of hedonic psychology]. *Contemporary Psychology*, n. 46, p. 552-554, 2001.

Staudinger, U. M., Fleeson,W. & Baltes, P. B. Predictors of subjective physical health and global wellbeing. *Journal of Personality and Social Psychology*, n. 76, p. 305-319, 1999.

Steele, R. S. Paradigm lost: Psychoanalysis after Freud. In: C. E. Buxton (Ed.), *Points of view in the modern history of psychology*. Orlando: academic Press, p. 221-257, 1985.

Stein, B. Money can buy one form of happiness, massive global study finds. *Washington Post*, 1 jul. 2010.

Sterba, R. F. *Reminiscences of a Viennese psychoanalyst*. Detroit: wayne State University Press, 1982.

Sternberg, R. J. *Cognitive psychology*. Fort Worth: Harcourt Brace, 1996.

Stevens, D. On every box of cake mix, evidence of Freud's theories. *The New York Times*, 12 ago. 2005.

Stiles, A. Go rest, young man. *Monitor on Psychology*, v. 1, n. 43, p. 32-34, 2012.

Stock, A. Hermann von Helmholtz (1821-1894) - A Pioneer of Psychology. Adolf Wurth Center for the History of Psychology, University of Wurzburg, Alemanha, 2013. Disponível em: <http://www.awz.uni-weurzburg.de/en/news/single/artikel/ Hermann-vo/print.html>.

Stoloff, M.; McCarthy, M.; Keller, L.; Varfglomeeva, V., Lynch, J.; Makara, K.; Simmons, S. & Smiley, W. The undergraduate psychology major: an examination of structure and sequence. *Teaching of Psychology*, v. 37, n. 1, p. 4-15, 2010.

Stone, A.; Schwartz, J.; Broderick, J. & Deaton, R. A snapshot of the age distribution of psychological well-being in the United States. *Proceedings of the National Academy of Sciences* (edição *online*), 17 maio 2010.

Stossel, S. Book review: still crazy after all these years: a history and analysis of psychotherapy from Freud's couch to the present. *New York Times Book Review*, 21 dez. 2008.

Stott, R. *Darwin's Ghosts: The secret history of evolution*. Nova York: Spiegel & Grau, 2012.

Stubbe, H.; Langenbach, M. (Org.) *Seminário nacional: história da psicologia no Brasil*. Rio de Janeiro: PUC, 1988.

Stumpf, C. *Psychology of tone*. Leipzig: Hirzel, 1883, 1890.

Stumpf, C. Autobiography. In: C. Murchison (Ed.), *A history of psychology in autobiography*. New York: Russell & Russell, 1961, v. 1, p. 389-441. (Original work published 1930.)

Sturm, T. Is there a problem with mathematical psychology in the 18th century? A fresh look at Kant's old argument. *Journal of the History of the Behavioral Sciences*, n. 42, p. 353--357, 2006.

Sucupira, N. Antecedentes e primórdios da pós-graduação. *Fórum educacional*, n. 4, v. 4, p. 3-18, 1980. Recuperado de http://bibliotecadigital.fgv.br/ojs/index.php/fe/article/download/60545/58792

Sullivan, B.; Thompson, H. Brain, interrupted. *New York Times*, 5 maio 2013.

Sulloway, F. J. *Freud*: biologist of the mind. New York: Basic Books, 1979.

Sulloway, F. J. Reassessing Freud's case histories: the social construction of psychoanalysis. In: t. Gelfand & J. Kerr (Eds.), *Freud and the history of psychoanalysis*. Hillsdale: analytic Press, p. 153-192, 1992.

Sulloway, F. & Zweigenhaft, R. Birth order and risk taking in athletes: a meta-analysis and study of major league baseball. *Personality and Social Psychology Review* (edição *online*), p. 1-13, 30 abr. 2010.

Suzuki, L. A. & Valencia, R. R. Raceethnicity and measured intelligence: Educational implications. *American Psychologist*, n. 52, p. 1103-1114, 1997.

Swade, D. *The difference engine*: Charles Babbage and the quest to build the first computer. New York: Viking, 2000.

Taormina, R.; Gao, J. Maslow and the motivation hierarchy: Measuring satisfaction of the needs. *The American Journal of Psychology*, v. 2, n. 126, p. 155-177. 2013.

Tay, L.; Diener, Ed. Needs and subjective well-being around the world. *Journal of Personality and Social Psychology*, v. 2, n. 101, p. 354-365, 2011.

Taylor, E. Psychotherapeutics and the problematic origins of clinical psychology in America. *American Psychologist*, n. 55, p. 1029-1033, 2000.

Temple, J. Alan Turing recalled as computer-pioneer. *The San Francisco Chronicle*, 23 jun. 2012.

Terman, L. Autobiography. In: C. Murchison (Ed.), *A History of Psychology in autobiography*. New York: Russell & Russell, 1961, v. 2, p. 297-331. (Original work published 1930.)

Thomas, R. George John Romanes. In: a. Kazdin (Ed.), *Encyclopedia of psychology*, v. 7, p. 113-115, 2000.

Thompson, H. *The mental traits of sex*: an experimental investigation of the normal mind in men and women. Chicago: University of Chicago Press, 1903.

Thompson, T. Benedictus behavior analysis: B. F. Skinner's magnum opus at fifty [Book review of The behavior of organisms: an experimental analysis]. *Contemporary Psychology*, n. 33, p. 397-402, 1988.

Thorndike, E. L. Animal intelligence: an experimental study of the associative processes in animals (monograph supplement n. 8). *Psychological Review*, n. 5, p. 68-72, 1898.

Thorndike, E. L. *The elements of psychology*. New York: Seiler, 1905.

Thorndike, E. L. *Human learning*. New York: appleton, 1931.

Thurstone, L. L. Autobiography. In: E. G. Boring, H. S. Langfeld; H. Werner & R. M. Yerkes (Eds.), *A history of psychology in autobiography*. Worcester: Clark University Press, 1952, v. 4, p. 295-321.

Titchener, E. B. *An outline of psychology*. New York: Macmillan, 1896.

Titchener, E. B. The postulates of a structural psychology. *Philosophical Review*, n. 7, p. 449-465, 1898a.

Titchener, E. B. *Primer of psychology*. New York: Macmillan, 1898b.

Titchener, E. B. *Experimental psychology*: a manual of laboratory practice. New York: Macmillan, 1901-1905.

Titchener, E. B. *A textbook of psychology*. New York: Macmillan, 1909.

Titchener, E. B. The method and scope of psychology. In: L. Benjamin (Ed.), *A history of psychology*: Original sources and contemporary research. 2. ed. New York: McGraw-Hill, 1910.

Titchener, E. B. Prolegomena to a study of introspection. *American Journal of Psychology*, n. 23, p. 427-448, 1912a.

Titchener, E. B. The schema of introspection. *American Journal of Psychology*, n. 23, p. 485-508, 1912b.

Tierney, J. A new gauge to see what's beyond happiness. *New York Times*, 17 maio 2011, p. D2.

Timmer, J. US acceptance of evolution holds steady overall, drops among republicans. *Scientific Method: Science and Exploration*, 31 dez. 2013.

Todes, D. P. From the machine to the ghost within: Pavlov's transition from digestive physiology to conditional reflexes. *American Psychologist*, n. 52, p. 947-955, 1997.

Todes, D. P. *Pavlov's physiology factory*: experiment, interpretation, laboratory enterprise. Baltimore: Johns Hopkins University Press, 2002.

Tolman, E. C. *Purposive behavior in animals and men*. New York: appleton, 1932.

Tooby, J. & Cosmides, L. Conceptual foundations of Evolutionary psychology. In: Buss, D. (Ed.), *Handbook of evolutionary psychology*. New York: John Wiley, 2005.

Townsend, K. *Manhood at Harvard*: William James and others. New York: Norton, 1996.

Turner, C. H. A preliminary note on ant behavior. *Biological Bulletin*, n. 12, p. 31-36, 1906.

Turner, F. J. The significance of the frontier in *American history*. New York: Holt, 1947.

Turner, M. *Philosophy and the science of behavior*. New York: appleton-Century-Crofts, 1967.

Turner, R. S. Helmholtz, sensory physiology, and the disciplinary development of German psychology. In: Woodward W. R. & Ash, M. G. (Eds.), *The problematic science*: psychology in nineteenth-century thought. New York: Praeger, p. 147-166, 1982.

Uhlmann, E. & Swanson, J. Exposure to violent video games increases automatic aggressiveness. *Journal of Adolescence*, n. 27, p. 41-52, 2004.

Utsey, S.; Payne, Y.; Jackson, E. & Jones, A. Race-related stress, quality of life indicators, and life satisfaction among elderly African Americans. *Cultural Diversity and Ethnic Minority Psychology*, n. 8, p. 7-17, 2002.

Van Boven, L. Experientialism, materialism, and the pursuit of happiness. *Review of General Psychology*, n. 9, p. 132-142, 2005.

Vande Kemp, H. G. Stanley Hall and the Clark school of religious psychology. *American Psychologist*, n. 47, p. 290-298, 1992.

Veenhoven, R. Is life getting better? How long and happily do people live in modern society? *European Psychologist*, n. 10, p. 330-343, 2005.

Vezzani, S., Marino, B.; Giori, E. An early history of the gestalt factors of organization. *Perception*, v. 2, n. 41, p. 148--167, 2012.

Viner, R. Melanie Klein and Anna Freud: the discourse of the early dispute. *Journal of the History of the Behavioral Sciences*, n. 32, p. 4-15, 1996.

Vitello, P. George A, Miller, A pioneer in cognitive psychology, is dead at 92. *New York Times*, 2 ago. 2012, p. A17.

Von Mayrhauser, R. T. Making intelligence functional: Walter Dill Scott and applied Psychological testing in World War I. *Journal of the History of the Behavioral Sciences*, n. 25, p. 60-72, 1989.

Wade, N. *Psychologists in word and image*. Cambridge: MIT Press, 1995.

Wagemans, J.; Elder, J.; Kubovy, M.; Palmer, S.; Peterson, M.; Singh, M.; von der Heydt, R. A century of Gestalt psychology in visual perception: I. Perceptual grouping and figure-ground organization. *Psychological Bulletin*, v. 6, n. 138, p. 1172-1217, 2012.

Waldrop, M. M. *The dream machine*: J. C. R. Licklider and the revolution that made computing personal. New York: Viking, 2001.

Washburn, M. F. *The animal mind*: a textbook of comparative psychology. New York: Macmillan, 1908.

Washburn, M. F. *Autobiography*. In: C. Murchison (Ed.), A history of psychology in autobiography. Worcester: Clark University Press, 1932, v. 2, p. 333-358.

Watson, C. The sartorial self: William James's philosophy of dress. *History of Psychology*, n. 7, p. 211-224, 2004.

Watson, J. B. *Animal education*. Chicago: University of Chicago, 1903.

Watson, J. B. [Review of C. H. Turner, "A preliminary note on ant behavior"]. *Psychological Bulletin*, n. 4, p. 296-297, 1907.

Watson, J. B. [Review of Pfungst's Das Pferd des Herrn Von Osten]. *Journal of Comparative Neurology and Psychology*, n. 18, p. 329-331, 1908.

Watson, J. B. Psychology as the behaviorist views it. *Psychological Review*, n. 20, p. 158-177, 1913.

Watson, J. B. *Behavior*: an introduction to comparative psychology. New York: Holt, 1914.

Watson, J. B. *Psychology from the standpoint of a behaviorist*. Philadelphia: Lippincott, 1919.

Watson, J. B. *Behaviorism*. New York: Norton, 1925.

Watson, J. B. *Psychological care of the infant and child*. New York: Norton, 1928.

Watson, J. B. Behaviorism. *Encyclopaedia Britannica*, v. 3, p. 327-329, 1929.

Watson, J. B. *Behaviorism* (Rev. ed.). New York: Norton, 1930.

Watson, J. B. Autobiography. In: C. Murchison (Ed.), *A history of psychology in autobiography*. Worcester: Clark University Press, 1936, v. 3, p. 271-281.

Watson, J. B. & McDougall, W. *The battle of behaviorism*. New York: Norton, 1929.

Watson, J. B. & Rayner, R. Conditioned emotional reactions. *Journal of Experimental Psychology*, 3, 1-14, 1920.

Watson, P. *The German genius*: Europe's third renaissance, the second scientific revolution, and the twentieth century. New York: HarperCollins, 2010.

Watson, R. *The great psychologists*. 4. ed. Philadelphia: Lippincott, 1978.

Watson, R. *Cogito, ergo sum*: the life of René Descartes. Boston: Godine, 2002.

Webster, R. *Why Freud was wrong: Sin, science, and psychoanalysis*. Nova York: Basic Books, 1995.

Weiner, J. *The beak of the finch*: a story of evolution in our time. New York: Alfred A. Knopf, 1994.

Weiss, A., King, J. & Perkins, L. Personality and subjective well-being in orangutans. *Journal of Personality and Social Psychology*, n. 90, p. 501-511, 2006.

Welsh, A. *Freud's wishful dream book*. Princeton: Princeton University Press, 1994.

Werth, B. *Banquet at Delmonico's*: Great minds, the Gilded Age, and the triumph of evolution in America. New York: Random House, 2009.

Wertheimer, Max *Productive thinking*. New York: Harper, 1945.

Wertheimer, Michael *A brief history of psychology*. 2. ed. New York: Holt, Rinehart and Winston, 1979.

Wertheimer, Michael & King, D. B. Max Wertheimer's American sojourn, 1933-1943. *History of Psychology Newsletter*, v. 26, n. 1, p. 3-15, 1994.

Wertheimer, M.; King, D. B. Max Wertheimer's American sojourn, 1933-1943. *History of Psychology Newsletter,* v. 1, n. 26, p. 3-15, 1994.

White, A. D. *A history of the warfare of science with theology in Christendom*. New York: Free Press, 1965. (Original work published 1896.)

White, S. H. Child study at Clark University, 1884-1904. *Journal of the History of the Behavioral Sciences*, n. 26, p. 131-150, 1990.

White, S. H. G. Stanley Hall: from philosophy to developmental psychology. In: R. D. Parke, P. A. Ornstein, J. J. Rieser & C. Zahn-Waxler (Eds.), *A century of developmental psychology*. Washington: american Psychological Association, 1994, p. 103-125 .

Wiener, D. N. *B. F. Skinner*: benign anarchist. Boston: allyn & Bacon, 1996.

Will, G. Out of catastrophe, renewal. *St. Petersburg (FL) Times*, 31 dez. 2009.

Wilson, E. O. *Sociobiology*: a new synthesis. Cambridge: Harvard University Press, 1975.

Wilson, E. O. *Naturalist*. Washington: Island Press/Shearwater Books, 1994.

Wilson, F. Mill and Comte on the method of introspection. *Journal of the History of the Behavioral Sciences*, n. 27, p. 107-129, 1991.

Wilson, T. Knowing when to ask: introspection and the adaptive unconscious. *Journal of Consciousness Studies*, n. 10, p. 131-140, 2003.

Winchester, S. *The map that changed the world*: William Smith and the birth of modern geology. New York: HarperCollins, 2001.

Windholz, G. Pavlov and the Pavlovians in the laboratory. *Journal of the History of the Behavioral Sciences*, n. 26, p. 64-74, 1990.

Windholz, G. Ivan P. Pavlov: an overview of his life and psychological work. *American Psychologist*, n. 52, p. 941-946, 1997.

Windholz, G. & Lamal, P. A. KöhlerWs insight revisited. *Teaching of Psychology*, n. 12, p. 165-167, 1985.

Winkielman, P,; Berridge, K. & Wilbarger, J. Unconscious affective reactions to masked happy versus angry faces influence consumption behaviors and judgments of value. *Personality and Social Psychology Bulletin*, n. 31, p. 121-135, 2005.

Witmer, L. Clinical psychology. *American Psychologist*, n. 51, p. 248-251, 1996. (Original work published in *The Psychological Clinic*, n. 1, p. 1-9, 1907)

Wojcik, E. Girl Scouts' "Science of Happiness Badge" Promotes Positive Psychology. *Monitor on Psychology,* v. 1, n. 43, p. 11, 2012.

Wolpe, J. & Plaud, J. J. Pavlov's contributions to behavior therapy: the obvious and the not so obvious. *American Psychologist*, n. 52, p. 966-972, 1997.

Wong, W. Retracing the footsteps of Wilhelm Wundt: explorations in the disciplinary frontiers of psychology and in Volkerpsychologie. *History of Psychology*, n. 12, p. 229-265, 2009.

Wood, G. *Edison's Eve*: a magical history of the quest for mechanical life. New York: Knopf, 2002.

Woodworth, R. S. *Dynamic psychology*. New York: Columbia University Press, 1918.

Woodworth, R. S. *Psychology*. New York: Holt, 1921.

Woodworth, R. S. *Experimental psychology*. New York: Holt, 1938, 1954.

Woodworth, R. S. The adolescence of American psychology. *Psychological Review*, n. 50, p. 10-32, 1943.

Woodworth, R. S. *Dynamics of behavior*. New York: Holt, 1958.

Woolley, B. *The bride of science: Romance, reason, and Byron's daughter*. Nova York: McGraw-Hill, 1999.

Woolley, H. T. Psychological literature: a review of the recent literature on the psychology of sex. *Psychological Bulletin*, n. 7, p. 335-342, 1910.

Woolley, H. T. The psychology of sex. *Psychological Bulletin*, n. 11, p. 353-379, 1914.

Wozniak, R. James Mark Baldwin: Professional disaster, and the European connection. *Rassegna di Psicologia,* v. 2, n. 26, p. 111-128, 2009.

Wozniak, R.; Santiago-Blay, J. Trouble at Tyson Alley: James Mark Baldwin's arrest in a Baltimore Bordello. *History of Psychology,* v. 4, n. 16, p. 227-248, 2013.

Wray, H. The new phrenology? *Association for Psychological Science,* v. 5, n. 21, 12 maio 2010. Disponível em: <http://www.psychologicalscience.org/index.php/news/were-only-human/the-new-phrenology?>. Acesso em: 17 jun. 2018.

Wu, T. How today's computers weaken our brain. *New Yorker*, 9 set. 2013, edição on-line.

Wundt, W. *Contributions to the theory of sensory perception*. Leipzig: winter, 1858-1862.

Wundt, W. *Lectures on the minds of men and animals*. Leipzig: Voss, 1863.

Wundt, W. *Principles of physiological psychology*. Leipzig: Engelmann, 1873-1874.

Wundt, W. Zur Erinnerung an Gustav Theodor Fechner. *Philosophische Studien*, n. 4, p. 471-478, 1888.

Wundt, W. *Outline of psychology*. Leipzig: Engelmann, 1896.

Wundt, W. *Cultural psychology*. Leipzig: Engelmann, 1900-1920.

Wynne, C. D. L. *Animal Cognition*: the mental lives of animals. New York: Palgrave/St. Martin's, 2001.

Xu, J. & Roberts, R. The power of positive emotions. *Health Psychology*, 29, 9-19, 2010.

Yerkes, R. M. Autobiography. In: C. Murchison (Ed.), *A history of psychology in autobiography*. New York: Russell & Russell, v. 2, p. 381-407, 1961. (Original work published 1930.)

Yerkes, R. M. & Morgulis, S. The method of Pavlov in animal psychology. *Psychological Bulletin*, n. 6, p. 257-273, 1909.

Young, J. E. B. Titchener's brain on display. Advances in the *History of Psychology* (AHP.APPS01. YORKU.CA/?P=826). Acesso em: 2010.

Young, J.; Green, C. An exploratory digital analysis of the early years of G. Stanley Hall's American journal of psychology and pedagogical seminary. *History of Psychology*, v. 4, n. 16, p. 249-268, 2013.

Young-Bruehl, E. *Anna Freud*: a biography. New York: Summit Books, 1988.

Youniss, J. G. Stanley Hall and his times: too much so, yet not enough. *History of Psychology*, v. 9, n. 3, p. 224-235, 2006.

Yu, C. K.-C. The effect of sleep position on dream experiences. *Dreaming*, v. 3, n. 22, p. 212-221, 2012.

Zagrina, N. Ivan Petrovich Pavlov and the authorities. *Neuroscience and Behavioral Physiology*, n. 39, p. 383-385, 2009.

Zaretsky, E. *Secrets of the soul*: the social and cultural history of psychoanalysis. New York: Alfred A. Knopf, 2004.

Zenderland, L. *Measuring minds*: Henry Herbert Goddard and the origins of American intelligence testing. New York: Cambridge University Press, 1998.

Zhihao, O. A critical presentation of the life and work of Franz Anton Mesmer, MD and its influence on the development of hypnosis. *European Journal of Clinical Hypnosis*, v. 1, n. 8, p. 32-40, 2008.

Zimmer, C. *Soul made flesh*: the discovery of the brain and how it changed the world. New York: Free Press, 2004.

Índice onomástico

X

Y

Z

Índice remissivo

Q

R

S

T

V

W

Z